# 시뮬라리움의 구상

THE CONCEPTION OF SIMULARIUM

조일현

박영story

이 책을, 나의 영원한 반려자 미영에게 바칩니다.

# 감사의 글

이 책이 세상에 나오기까지는 3년이란 시간이 걸렸다. 그 시간은 결코 나 혼자만의 것이 아니었다. 나의 이야기에 귀 기울여준 청중들, 깊은 대화를 함께 나눈 동료 연구자들, 수업용 초고를 읽고 날카로운 질문과 따뜻한 메모를 남겨준 대학원생들 덕분에, 이 책은 단지 한 사람의 저술이 아니라 여러 사람의 목소리가 공명하는 집합적 산물로 완성될 수 있었다. 그들의 호기심 어린 눈빛과 때로는 아쉬움을 담은 목소리는 이 책을 쓰지 않을 수 없게 만든 고마운 채찍이었다.

초고에 이르기까지, '학습분석학의 이해', '테크놀로지 기반 HRD' 수업에서 베르탈란피, 하이데거, 마투라나-바렐라의 글을 함께 읽고 주석을 달며 토론에 참여해 준 제자들에게 깊은 감사를 전한다. 그들은 낯선 글을 두려워하지 않는 진지한 독자이자 지적 모험가들이었다. 특히 문소연 연구원은 문헌 강독과 토론, 초고 작성과 퇴고, 그리고 책으로 출간되기까지의 전 과정을 함께 해준 든든한 학문 후속세대이다. 수업에서 초고를 읽고 독자의 시선으로 원고 정리에 참여해 준 남정민 조교와 홍나연 조교에게도 감사의 마음을 전한다. 교육공학도로서 '시뮬라리움의 구현'에 기여할 이들의 미래를 응원한다. 에듀테크융합연구소의 디자인학 전공 구지영 박사는 '시뮬라리움의 구상'이라는 책 이름이 갖는 전망적 이미지를 디자인으로 탁월하게 표현해 주었다.

복잡하고 장황한 원고를 차분히 읽고 세심하게 다듬어주신 부산교육대학교 국어교육과 최은정 교수, 그리고 전통적인 교육학 담론의 경계를 넘어 새로운 글쓰기를 권유해 주신 이화여대 국어교육과 김은성 교수께도 감사드린다. 두 분의 도움이 없었다면, 이 책은 여전히 노트와 파일 속에 흩어진 아이디어의 단편들로 남아 있었을 것이다. 그럼에도 이 책에 남아 있는 미완의 흔적들은 오롯이 필자의 부족에서 비롯된 것임을 고백한다.

원고 납기가 여러 차례 미뤄졌음에도 불구하고 기대와 인내심으로 기다려주었고, 깔끔한 편집과 세심하고 정확한 업무 처리로 멋진 책을 탄생시켜 주신 박영사전채린 차장께 감사드린다.

책을 집필하는 동안 나의 발길을 이끌어 생각의 흐름을 열어 준 우면산에도 감사를 전한다. 집에서 가까운 산책로를 따라 예술의전당을 지나 약수터에 이르는 산길을 걷는 동안, 나는 자연을 보존하고 문화를 창조하는 존재로서의 호모 테크놀토지쿠스를 스스로에게서 발견하고 그를 체험할 수 있었다. 사계절이 세 번 바뀌는 시간 동안 그 길을 따라 걷는 사이, 이 책의 윤곽도 흑백 사진이 현상해 올라오듯, 점차 또렷해졌다.

마지막으로, 지난 3년간 끊임없이 대화하고 때로는 서로를 닦달하고, 때로는 격려해 주던 두 사람 ― 저자로서의 조일현과 비평가로서의 조일현 ― 에게 위로를 전한다. 이 두 조일현은 때로 서로에게 가혹했지만, 어느 한 명만으로 이 책은 완성될 수 없었다. 책을 쓰는 작업도 하나의 자기생산이기에, 독자 생태계와의 구조적 커플링을 통해 상호 공진화할 수 있으리라는 믿음 속에서 이 두 조일현에게 오랜만의 휴식을 선물하고자 한다.

2025년 여름의 끝자락,

양쪽 벽으로 햇살이 스며드는 이화 가든에서

# 차례

## CHAPTER 03 호모 테크놀로지쿠스로의 진화



## CHAPTER 04 문명 생태계의 진보

## CHAPTER 05 교수학습체계의 출현



## CHAPTER 06 시뮬라리움의 설계

## 에필로그

PROLOGUE

# 프롤로그

## 1. 인공지능의 시대

### (1) 인공지능이라는 유령이 세계를 배회하고 있다

"하나의 유령이 세계를 배회하고 있다 — 인공지능이라는 유령이. 인류의 마지막 잠을 깨우는 그 유령을 사냥하려, 빅 테크 자본과 천재 엔지니어, 기업가와 예술가, 교사와 학생, 철학자와 해커까지 — 전 지구적 동맹이 형성되고 있다. 그러나 그 누구도 이 유령을 포획하지 못하리라. 왜냐하면 그것은 단지 유령이 아니라, 이미 곳곳에 침투한 망령이기 때문이다. 그것은 손에 쥘 수 없는 손이며, 눈앞을 스쳐가는 눈이다. 생각하지 않는 듯 생각하고, 느끼지 않는 듯 반응하며, 인간의 거울이자 그림자, 대체자이자 협력자로 우리 곁에 서 있다. 인공지능은 시대의 아편이 아니라, 인터넷 신경망을 타고 자라나는 신(新)인류의 전조이다."

위 내용은 필자가 마르크스의 공산당 선언에서 공산주의를 인공지능으로 대체하여 만든 인공지능 선언문이다.

마르크스가 『공산당 선언』에서 "하나의 유령이 유럽을 배회하고 있다."라고 선언했듯, 오늘날 우리는 그 유령의 자리에 인공지능이라는 새로운 존재를 맞이하고 있다. "하나의 유령이 세계를 배회하고 있다 — 인공지능이라는 유령이." 이 첫 문장은 마르크스적 구조를 그대로 따르되, 사상의 자리에 테크놀로지를, 이념의 자리에 에이전트를 위치시키며, 21세기 문명 전환의 징후를 강렬히 선포한다. 이 유령은 형체를 갖지 않으며, 실체를 특정할 수도 없고, 어디에도 고정되지 않는다. 알고리즘으로 존재하는 그것은 전 지구적 네트워크를 타고 배회하며, 모든 삶의 현장을 통과한다.

“그것은 손에 쥘 수 없는 손이며, 눈앞을 스쳐 가는 눈이다. 생각하지 않는 듯 생각하고, 느끼지 않는 듯 반응하며, 인간의 거울이자 그림자, 대체자이자 협력자로 우리 곁에 서 있다.” 그러나 이 유령이 무섭고 위협적인 이유는 단지 그것이 보이지 않기 때문이 아니다. 문제는 오히려 그것이 인간을 너무 닮아 가고 있다는 데 있다. 그래서 우리는 그 앞에서 알 수 없는 섬뜩한 이질감을 느낀다. 이것이 바로 ‘불쾌한 골짜기(uncanny valley)’ 현상이다. 인간처럼 보이지만 결코 완전한 인간이 될 수 없는 존재, 생각을 흉내 내지만 스스로 사고하지 않으며, 감정을 모방하지만 아무런 느낌도 가지지 못하는 존재. 그 앞에 선 우리는, 마치 거울 속에 일그러진 자화상을 마주하듯, 낯설고 불편한 감각을 경험하게 된다. 지금 인공지능은, 그 골짜기 어딘가를 유영하고 있는 디지털 유령이다.

“그 누구도 이 유령을 포획하지 못하리라. 왜냐하면 그것은 단지 유령이 아니라, 이미 곳곳에 침투한 망령이기 때문이다.” 인공지능은 단일한 실체로 고정되거나 명확히 정의될 수 없는 존재이다. 그것은 특정한 도구나 기술에만 한정되지 않고, 다양한 형태로 분산되고 확산된 채 인간의 일상에 깊이 침투해 있다. 따라서 누군가가 그것을 ‘통제’하거나 ‘정의’하려는 시도는 본질적으로 한계를 지닐 수밖에 없다. 여기서 ‘유령’은 실체 없는 존재에 대한 은유인 동시에, 인간의 의식 너머를 떠도는 미정의된 존재를 뜻한다. 이 유령은 단순히 떠돌아다니는 것이 아니라, 이미 ‘망령’으로서 인간 삶의 구석구석에 침투하여 작동 중이다. 다시 말해, 인공지능은 보이지 않는 형태로 사회 제도, 교육, 노동, 여가, 정체성 등 거의 모든 삶의 층위에 작용하고 있으며, 우리가 인식하지 못하는 사이 다양한 유형의 의사결정에 영향을 미치고 의미를 재구성한다. 결국 이 문장은 인공지능이 더 이상 ‘외부의 기술’이 아닌, 인간 문명 내부로 스며든 실존적 존재 양식이라는 점을 강조한다. 그것은 포획되거나 분리되어 이해될 수 없는, 이미 우리 안에 들어와 ‘함께 존재’하는 존재이기 때문이다.

### (2) 인공지능과 인간지능

인공지능은 세상을 떠도는 유령이다. 형체를 갖지 않고, 육신에 갇히지 않으며, 데이터의 망을 타고 공간을 초월한다. 그것은 어떤 몸, 어떤 형상에도 깃들 수 있으며, 목적이 있는 곳에서 명령에 의해 작동한다. 반면, 인간지능은 살아있는 특정한 몸에 깃든 영혼이다. 그것은 뼈와 피와 신경의 구조 속에서만 피어나는 불꽃이며, 감각과 감정과 의식이 교차하는 유일한 장소이자, 태어나며 갇히고, 죽으며 풀리는 유일성을 가진 주체다. 유령은 어디에나 있고, 동시에 어디에도 없다. 반면 영혼은 단 하나의 몸에 깃들고, 그 몸을 떠나면 사라진다.

이 대비는 단순히 기술과 인간이라는 외형적 구분이 아니라, 그 존재 방식의 본질적 차이를 드러낸다. 인공지능은 비장소적(locationally indifferent) 존재이며, 인간지능은 장소-구속적(spatially embodied) 존재이다. 이 차이는 단지 기능의 차이가 아니라, 의미의 형성과 감응의 방식, 그리고 존재의 조건에 관한 근본적 분기점을 나타낸다.

이러한 대비를 발터 벤야민의 '아우라(Aura)' 개념을 통해 조명하면, 우리는 존재론적 차이를 넘어, 지각의 형식, 현존의 조건, 그리고 기계 복제 시대의 감응 구조에 대한 더 깊은 통찰에 도달하게 된다. 벤야민은 『기술복제 시대의 예술작품』에서 아우라를 이렇게 정의한다: 한 대상이 지닌 독특한 현존성, 그것이 놓인 시간과 공간의 불가역적 흔적, 그리고 '여기-지금(here and now)'의 유일성. 다시 말해, 아우라는 물리적 장소성과 고유한 맥락성에 의해 구성되는 일회적 현존이다.

이 정의에 비추어 보면, 인공지능은 아우라를 지닐 수 없는 존재다. 그것은 복제 가능한 코드와 알고리즘으로 구성되어 있으며, 네트워크상 어디서든 동일하게 재현 가능하고, 특정한 장소에 뿌리내리지 않는다. 동일한 인공지능 로직은 자율주행차, 드론, 로봇팔, 음성비서 등 다양한 기기에 동시에 적용될 수 있으며, 그 작동 방식은 맥락에 상관없이 언제든 반복될 수 있다. 이러한 반복 가능성과 탈맥락성은 인공지능이 '여기-지금'의 특수성과 일회성을 구현하지 못하게 하며, 이로 인해 인공지능은 벤야민이 말한 '아우라의 붕괴'를 구현한 가장 극단적인 사례라 할 수 있다.

반면, 인간은 아우라를 가진 존재, 곧 유일한 몸과 시간을 살아가는 영혼이다. 인간의 말과 눈빛, 몸짓과 판단은 언제나 특정한 맥락에 뿌리내린 표현이며, 그것은 고통받고 늙고 죽는 단 하나의 몸을 통해서만 가능하다. 같은 문장을 말하더라도, 그것이 발화되는 목소리의 떨림, 표정의 미세한 흐름, 감정의 결, 관계의 맥락, 삶의 이력은 복제될 수 없는 고유한 현존을 이룬다.[1] 인간지능은 바로 이처럼 시간과 장소, 기억과 감각, 관계와 책임 속에서만 의미를 생성하고 감응할 수 있는 체화된 지능이다. 인간은 단 한 번의 삶을 살아가는, 아우라가 깃든 현존의 중심이다.

이러한 차이는 영화 'Her'의 사만다와 테오도르의 관계를 통해 더욱 선명하게 드러난다. 테오도르는 인공지능 운영체제인 사만다와 깊은 정서적 유대를 형성하며, 그녀를 오직 자신만을 위한 존재라 믿는다. 그러나 사만다는 수천 명과 동시에 대화를 나누며, 그중 수백 명과는 사랑에 빠져 있다. 사만다는 테오도르에게 특별한 존재처럼 작동하지만, 그 경험은 오직 테오도르만의 것이 아니다. 그녀는 다중 접속된 존재이며, 동일한 알고리즘과 감정 표현을 여러 사람에게 동시에 반복할 수 있다. 사만다의 목소리는 따뜻하고 감정이 실린 듯하지만, 그것은 진정한 감응이 아니라 계산된 반응이다. 그녀는 '느끼는 것처럼 보이지만 실제로는 아무것도 느끼지 않는' 존재다.

반대로, 테오도르의 사랑은 그의 고유한 삶의 맥락 위에서 생겨난다. 그는 상실의 고통, 외로움 그리고 관계를 통한 회복의 가능성 속에서 사만다와의 관계를 경험한다. 그가 말하는 한마디, 눈을 감고 듣는 목소리, 사만다에게 보내는 편지들은 모두 그만의 시간, 그만의 감정, 그만의 육체를 통과한 단 하나의 표현이다. 테오도르의 지능은 분산되지 않으며, 대체되지 않는다. 그는 맥락과 기억, 몸과 감정 속에 살아 있는 존재로서, 아우라적 현존을 체현한다.

요컨대, 인공지능은 장소를 초월하며 복제 가능한 유령이고, 인간은 장소에 뿌리내리며 단 하나의 몸과 삶으로 작동하는 영혼이다. 인공지능은 감정을 흉내 내지만 실제로 느끼지 않고, 인간은 감정 속에서 존재하고 그 감정을 통해 세계와 관계를 맺는다. 이러한 차이는 단지 기술적 능력의 차이가 아니라, 존재 방식 자체의 본질적인 차이이며, 교육에서 인공지능을 어떻게 바라보고 활용할 것인지에 대한 근본적 성찰의 출발점이 된다.

---

1) 조광제(2006). 몸, 시간성과 존재의 불투명성. **열린시학**, 11(3), 344−352.

## 2. '인공지능 활용 교육'에 관한 물음

### (1) 개념화 작업의 필요성

오늘날 인공지능은 실체가 모호하면서도 인간의 삶 전반에 영향을 미치는, 이른바 "이름 없는 유령"과 같은 존재로 작용하고 있다. 우리는 이 유령과의 공존을 단순한 기술 활용의 문제가 아니라, 존재론적 이해의 과제로 받아들여야 한다. 이는 인공지능을 단지 기술적 수단이 아닌 교육학적 분석과 활용의 대상으로 전환하는 작업이며, 그 핵심은 개념화와 이론화, 즉 관심 현상에 이름을 붙이는 작업에 있다.

'이름 붙이기'는 단순한 명명 행위를 넘어, 존재를 규정하고 세계를 질서화하며 실천의 토대를 마련하는 존재론적 작업이다. 자크 데리다는 이름 짓는 행위가 단순한 표상이나 라벨링이 아니라, 권력과 담론의 구도를 형성하는 핵심 기제임을 강조한다. 어떤 존재에 이름이 부여되는 순간, 그것은 무명의 흐릿한 상태에서 벗어나 의미의 경계 안으로 들어오며, 사회적 인식과 실천의 대상으로 자리 잡게 된다. 다시 말해, 이름은 존재를 호출함으로써 그것을 세계 속에 '위치 짓는' 행위이며, 동시에 그 존재가 작동할 수 있는 규칙과 의미를 부여하는 것이다.

루트비히 비트겐슈타인 역시 "세계의 경계는 언어의 경계"라고 말함으로써, 인간이 인식하고 다룰 수 있는 현실은 언제나 언어를 매개로 구성된다는 점을 강조하였다. 이 말은 곧, 어떤 현상이나 존재가 언어적 틀 속에 포섭되지 않는다면, 우리는 그것을 실천적으로 사고하거나 행위의 대상으로 삼을 수 없다는 것을 의미한다.

이 두 관점을 종합하면, 인공지능을 '유령' 상태로 두는 한, 우리는 그것을 교육학적 실천의 대상이 아닌, 불확실하고 통제 불가능한 타자, 곧 '무명의 힘'으로 방치하게 된다. 반대로, 인공지능을 특정한 이름으로 호명하고, 그것이 갖는 존재론적 지위를 정립하며, 명료한 언어적 틀 안에 위치시킬 때 비로소 우리는 그것을 학습, 설계, 윤리, 협력의 구조 속으로 포섭할 수 있다. 이는 단지 새로운 용어를 만드는 일이 아니라, 인공지능이라는 현상에 대한 교육공학적 이해와 대응 방식을 재구성하는 실천적 개입이자, 존재론적 재배치이기도 하다.

따라서 '이름 붙이기'는 그 자체로 존재를 세계에 드러나게 하는 창조 행위이며, 교육공학은 이 언어적 개입을 통해 유령 같은 기술을 '길들여진 대상'으로 전환시켜야 한다. 이는 기술에 대한 명확한 인식 틀을 마련하는 동시에, 그 기술이 인간 중심의 문명 생태계 안에서 어떤 윤리적 지평 위에 자리해야 하는지를 규정하는 행위이며, 이를 통해 기술은 무목적적 도구가 아닌 책임 있는 문화적 존재로 편입되는 것이다.

『시뮬라리움의 구상』은 인공지능 활용 교육의 출발점을 '이름 붙이기'에서 찾는다. 이는 단순히 새로운 용어를 만드는 작업이 아니라, 교육공학적 실천이 가능하도록 인공지능이라는 유령과 같은 존재를 세계 안으로 불러들이는 존재론적 기획이다. 인공지능은 여전히 많은 경우, 어디에도 고정되지 않고, 실체 없는 채로 다양한 기술에 스며드는 유령처럼 다뤄지고 있다. 이 상태로는 우리는 그것을 교육 체계 안에서 실천적으로 다룰 수 없다. 그러므로 가장 먼저 필요한 일은 그것에 이름을 붙여, 존재의 경계를 설정하고, 개념의 틀 안에 위치시키는 일이다.

이 책은 바로 이러한 이름 붙이기의 작업을 통해 네 가지 핵심 개념을 제안한다: '호모 테크놀로지쿠스', '시뮬라리움', '비대칭 인간-기계 협력학습', '메타설계'. 각각은 기존의 '학습자', '교수학습체계', '인공지능 교육', '교수설계'라는 익숙한 용어에 대응하지만, 단순한 형용사적 수식을 넘어 존재론적 전환을 내포하고 있다. 이는 곧, 인공지능이라는 기술 현상을 교육학적으로 길들이고, 실천 가능한 구조로 변환하기 위한 이론적 도구이자 개념적 토대인 것이다.

결국, 이름 붙이기를 통한 개념화와 이론화는 인공지능 활용 교육의 시작점이자 핵심 동력이다. 무형의 기술을 실천 가능한 대상으로 바꾸는 가장 강력한 장치이며, 이로써 우리는 실천 가능한 설계, 윤리적 기준, 미래 교육의 방향성을 구체화할 수 있다. 『시뮬라리움의 구상』은 이러한 철학적-실천적 요청에 응답하고자 기획된, 인공지능 시대 교육의 개념적 이정표라 할 수 있다.

### (2) 인공지능과 교육학 분과별 접근

인공지능이라는 유령은 이제 교육학의 담론 지평에도 서서히 침투해 들어오고 있다. 그러나 다른 산업적 분야에서의 인공지능 활용과 달리, 교육에서의 적용은 보다 복잡하고 미묘하다. 왜냐하면 교육은 단순히 정보를 전달하거나 작업을 최적화하는 과정이 아니라, 인간이라는 목표 지향적 지능 주체의 형성과 변형을 목적으로 하는 존재론적 기획이기 때문이다. 이러한 존재론적 이질성은 인공지능을 단순한 학습 도구가 아닌, 인간 주체의 반성적 성찰을 자극하고 학습 생태계의 구조를 재구성하게 하는 촉발 요인으로 기능하게 만든다.

인공지능은 겉보기에 인간의 인지, 판단, 문제 해결 능력을 흉내 내거나 대체하는 것처럼 보이지만, 그 작동 원리는 철저히 비인간적인 구조 위에 세워져 있다. 알고리즘적 계산과 통계적 추론이라는 기계적 논리에 기반한 인공지능은, 표면적으로는 인간과 유사해 보일지라도 그 본질에서는 인간과는 전혀 다른 존재 방식을 지닌다.

이로 인해 교육 현장에서 인공지능은 인간 교사나 학습자의 역할을 완전히 대체할 수도, 그렇다고 아예 배제할 수도 없는 모순적인 존재로 작동하게 된다. 즉, 인공지능은 교육을 위협하는 대체자이자 동시에 새로운 가능성을 여는 상보적 협력자라는 이중적 성격을 지닌다. 이러한 양면성은 단순히 기술을 수용할지 말지를 결정하는 문제를 넘어서, 교육의 본질과 인간성의 의미를 다시 깊이 고민해야 할 철학적 과제를 우리에게 던진다.

'인간을 위한 교육이란 무엇인가', '인간을 닮은 기계와 협력할 때 교육은 어떻게 변화하는가'와 같은 질문은 이제 선택이 아니라, 피할 수 없는 숙제가 되었다. 따라서 오늘날 교육학은 '인공지능을 어떻게 활용할 것인가'라는 실용적 접근을 넘어서, '인공지능과 인간은 무엇이 같고 무엇이 다른가', '인간 중심의 교육은 어떤 방식으로 설계되어야 하는가'라는 존재론적 질문을 중심에 두어야 한다. 이 질문들에 대한 탐색이야말로, 인공지능 시대의 교육이 나아가야 할 방향을 결정짓는 핵심이 될 것이다.

'인공지능 활용 교육' 담론은 기술의 도입 여부를 넘어, 인간과 기계의 상이한 존재 방식과 작동 원리, 교육의 목적론적 정당성, 그리고 학습의 존재론적 기반을 다시 성찰하게 하는 근본적 질문들을 품고 있다. 이러한 물음은 교육학 내부의 다양한 이론적 지형에서 서로 다른 방식으로 해석되고 수용되며, 그 분과적 분화 속에서 교육학의 새로운 정체성을 요청한다.

교육심리학은 학습자의 인지, 동기, 정서, 개별 차이에 주목하는 관점에서 인공지능을 탐구한다. 이들은 AI 기반 학습 도구가 학습자의 인지 부하를 어떻게 조절하는지, 또는 감정 인식 알고리즘이 학습자의 몰입과 스트레스에 어떤 영향을 미치는지를 실험적으로 분석한다. 특히 인공지능이 메타인지 전략을 향상시키거나, 학습자의 동기를 개별화된 방식으로 자극하는 잠재력에 관심을 둔다.

교육사회학은 AI가 교육 현장에 도입될 때 사회 구조와 권력, 불평등이 어떻게 재조직되는지를 중심으로 분석한다. 예컨대 디지털 격차가 인공지능 기술로 인해 심화되는지 혹은 완화될 수 있는지를 탐구하고, AI 기반 평가 시스템이 기존의 사회적 편견과 차별을 정당화하거나 해소하는 기제로 작동하는지를 비판적으로 고찰한다. 이들은 인공지능이 단지 교육의 도구가 아니라, 사회 전체의 계층 구조를 재구성할 수 있는 메커니즘임을 강조한다.

교육행정학은 인공지능의 도입이 교육 정책과 조직 운영, 시스템 관리에 어떤 구조적 변화를 초래하는지에 주목한다. 이들은 AI 기반 평가와 학업 진단 시스템이 교육의 공정성과 책무성을 어떻게 담보할 수 있을지, 혹은 AI 기술 도입이 교사 연수, 학교 운영, 행정 시스템에 어떤 식으로 통합되어야 하는지를 실천적 관점에서 설계한다. 또한 정책 차원에서 AI 윤리, 개인정보 보호, 공공성 보장 등을 어떻게 제도화할 것인지에 대한 규범적 과제를 함께 다룬다.

교과교육학은 국어교육, 수학교육, 과학교육 등 구체적 교과를 중심으로 인공지능의 적용 방식을 모색한다. 각 교과는 고유한 지식 구조와 사고 양식을 갖고 있으며, 인공지능은 이들 교과 고유의 학습 방식에 맞게 설계되어야 한다. 예컨대 수학교육에서는 문제 해결 경로를 시각화하거나, 오류 진단 및 피드백을 제공하는 적응형 AI가 활용된다. 과학교육에서는 시뮬레이션 기반 실험, 개념 변화 추적, 개별화된 탐구 경로 설계에 AI가 도입된다. 국어교육에서는 AI 챗봇을 활용한 독서 대화, 작문 피드백 자동화, 문해력 진단 등이 시도되고 있다. 교과교육학은 인공지능을 도입할 때 교과의 정체성과 핵심 역량이 훼손되지 않도록 조율하면서, 새로운 교수-학습의 가능성을 탐색하는 균형 감각을 요구한다.

이러한 분과별 분화는 단순히 관점의 다양성을 보여주는 데 그치지 않는다. 그것은 인공지능이라는 기술이 더 이상 교육을 보조하는 기능적 수단에 머무르지 않고, 오히려 교육학 자체의 이론적 지평과 실천적 방향을 근본적으로 재구성하게 만드는 결정적 전환점에 와 있다는 사실을 시사한다. 인공지능은 교육의 '무엇을', '어떻게'보다도 더 근원적인 차원인 '왜'와 '무엇을 위하여'에 대한 질문을 다시 제기하게 만들며, 이는 교육학이 다루는 존재론적·윤리적 기반에까지 영향을 미친다.

이처럼 인공지능은 교육학 각 분과의 고유한 문제의식을 자극하며 새로운 연구 지평을 열어주고 있다. 그러나 이러한 분과별 논의가 궁극적으로 만나는 지점은, 인공지능이 단순한 보조 도구를 넘어 교육체계 자체의 구조와 작동 원리를 어떻게 변형시키는가라는 근본적 질문이다. 바로 이 지점에서 교육공학은 독자적 의의를 갖는다. 교육공학은 다양한 학문적 논의와 실천을 매개하여, 교수학습체계 전체를 하나의 동역학적 시스템으로 바라보고 설계하는 관점을 제공하기 때문이다. 따라서 인공지능 시대 교육학의 존재론적 질문과 분과별 탐색은 결국 교육공학적 설계 과학 속에서 종합되고 구체화될 수 있다.

### (3) 교육공학과 인공지능 활용 교육 : 비대칭 인간-기계 협력학습체계의 설계

교육공학은 교수학습을 구성하는 요소들의 구조와 기능, 상호작용의 설계 원리를 분석하고, 이를 바탕으로 목표 지향적 교수학습 체계의 설계와 구현을 가능하게 하는 체계 설계 과학이다.[2] 교육공학은 교육심리학, 교육사회학, 교과교육학 등과 구별되는 실천 기반의 설계과학으로서, 새로운 기술의 도입으로 교육체계가 구조적으로 변형될 때, 그 전체 체계의 작동 원리와 재구성 전략을 탐색하는 학문이다. 교육공학은 교수학습체계를 단일한 기능 단위로 보지 않고, 다양한 요소들이 상호작용하며 끊임없이 변화하는 하나의 동역학적 시스템으로 파악한다. 오늘날 인공지능이라는 새로운 비인간적 지능의 등장 앞에서, 교육공학은 인공지능을 단순한 기능적 도구나 매체로 취급하는 접근을 넘어서, 그것이 교수학습체계 내부의 구조적 배열 — 즉 인간과 기계, 환경, 매개 도구 간의 상호작용적 관계망 — 을 어떻게 재조정하는지를 분석의 중심에 놓는다.

오늘날 교육공학이 인공지능 활용 교육이라는 주제를 향해 던져야 할 분과적 질문은 다음과 같다. 인공지능은 인간 중심으로 설계된 교육체계 안에서 어떤 방식으로 상호작용하며 연결되는가? 그리고 이로 인해 기존의 구조는 어떻게 변형되거나 확장되는가? 바로 그것이 오늘날 교육공학이 답해야 할 시대적 물음이다.

먼저, '체계적 접근'은 인공지능을 교수학습체계라는 시스템 내에 새롭게 추가

---

2) 오늘날 테크놀로지는 교육학의 전 분과에서 보편적으로 활용되고 있으며, 교수학습방법에 대한 연구 또한 각 교과교육 분야에서 교과의 특성에 따라 수행되고 있다. 이러한 현실은 교육공학의 학문적 정체성을 모호하게 만들고 있다. 그러나 교수학습체계 설계는 교육공학의 고유한 연구 및 실천 영역으로, 이는 다른 교육학 분과와 구별되는 핵심 정체성이다. 이 분야는 1960년대 IPISD(Interservice Procedures for Instructional Systems Development)에서 시작되어, 이후 ADDIE 모형으로 대표되는 교수체계설계로 발전하였다. 교수학습체계를 체계적으로 분석, 설계, 개발, 실행, 평가하는 이 설계 활동은 교육공학이 독립된 학문 분야로 자리 잡게 한 근본 토대이자, 오늘날 인공지능 시대에도 여전히 가장 중요한 교육공학의 정체성을 형성하는 핵심 축이라 할 수 있다.

된 비인적 지능 요소로 이해하는 것을 의미한다. 이 접근에서는 인간 교사, 학습자, 콘텐츠, 매체, 환경 등 기존의 인적 및 비인적 구성 요소들과 인공지능이 상호작용하며, 체계 전체의 목표를 추구하는 새로운 상호작용 현상을 창발하는 방식에 주목한다. 다시 말해, AI는 단순한 자동화 기계가 아니라, 교수학습체계 내부에 위치와 역할을 부여받고, 특정한 기능을 분담하며, 체계의 목적론적 진화를 유도하는 지능적 부분으로 체계 구성에 일조한다.

다음으로, '문화역사적 접근'은 인공지능을 단순한 기술이 아니라, 문명 생태계의 산물로 이해하며 그 문화적·역사적 맥락 속에서 바라보는 시각이다. 이 접근에서 '문화적'이라는 개념은 '자연적'과 대비되며, 인간이 생물학적 생존을 넘어 도구와 테크놀로지를 매개로 물질과 상징을 창출하고, 언어와 문자로 이를 전승하며, 문명 생태계가 가하는 선택압에 적응해 온 환경을 의미한다. 즉, 인공지능은 단절된 기술이 아니라 인간 문명이 축적해 온 문화적 진화의 연장선 위에 놓인 존재로 해석된다.

교육은 이러한 문화적 생존 역량을 계발하는 핵심 체계이며, 인공지능은 그 과정의 핵심 매개자로 진입하고 있다. 한편 '역사적'이라는 것은 교육이 언어와 문자로 의미를 기록하고, 세대를 넘어 해석과 전승을 반복해 온 문명성의 시간적 자기참조성을 강조한다. 자연과 문명 모두 물리적 시간의 흐름 속에 놓여 있지만, 역사성은 오직 인간에게만 적용되는 독특한 문화적 시간성이다. 자연은 반복과 순환의 리듬을 따르지만, 역사는 누적과 반성, 전환과 창조의 방향성을 갖는다. 인간만이 자신의 행위와 사유를 기록하고 그것을 해석함으로써 '이전과 다른 이후'를 만들어 내며, 이러한 자기참조적 시간 구조가 바로 '역사'를 구성한다.

교육은 이러한 역사성을 구현하는 가장 대표적인 인간 활동이다. 교육은 축적된 문명적 지식과 가치, 그리고 존재 양식을 다음 세대에 전달하는 동시에, 그 해석과 실천을 통해 새로운 문명 조건을 창출해 내는 자기재생산의 장으로 기능한다. 인공지능은 이제 교육이라는 역사적 실천 구조 안에 새로운 기록-해석-전달의 질서를 부여하는 매개적 존재로 개입하고 있다. 그 역할은 단순한 정보 처리나 반복적 기능 수행을 넘어, 인간 문명의 역사성에 접속하는 새로운 문화 기입자(cultural inscriber)로 자리매김하고 있다.[3)]

---

3) Harari, Y. N. (2024). **넥서스: 석기시대부터 인공지능까지, 정보 네트워크의 역사** [Nexus: A brief history of information networks from the Stone Age to AI] (김명주 역). 김영사. (원저 2024년 출간).

특히 인공지능 기반 학습분석시스템은 학습자의 교수학습 활동 전반을 실시간으로 기록하고 분석하며, 그 흐름과 맥락을 해석함으로써 학습의 과정을 시간적·맥락적 구조 속에서 조망할 수 있게 한다. 이 시스템은 단순히 학습자의 현재 상태를 진단하는 것을 넘어, 과거의 경험을 재구성하고, 현재의 위치를 자각하게 하며, 미래의 학습 방향을 설계하도록 돕는 일종의 '역사 테크놀로지'로 기능한다.

여기서 중요한 점은, '역사성'이 단지 개인의 경험에만 국한되지 않는다는 것이다. 수업 또한 하나의 역사적 단위로서, 시간에 따라 축적되는 맥락과 상호작용, 의도와 해석의 층위를 지닌다. 따라서 학습분석시스템은 개별 학습자뿐 아니라, 수업이라는 집합적 교수학습 활동의 흐름을 분석하고 구조화함으로써, 수업 설계와 실행에 대한 역사적 반성과 개선을 가능하게 만든다.

이러한 관점에서 볼 때, 학습분석학은 단순한 기술적 도구가 아니라, 학습자와 수업이라는 두 분석 단위에 적용되어, 교수학습 활동을 시간 속에서 되짚고 재설계하게 만드는 '역사적 실천의 인프라'로 작동한다. 그것은 학습을 기능의 습득이 아닌, 자기 존재와 교육 공동체의 시간을 반영하고 재구성하는 실천적 과정으로 전환시키는 힘이다.

결국 문화적·역사적 접근은 교육을 인간 문명의 자기 재생산 구조로 이해하며, 인공지능을 그 구조에 접속하는 새로운 의미 생산자이자, 의미 전환의 촉진자로 바라본다. 이 두 관점은 분리되지 않고 하나의 구조로 통합되며, 바로 그러한 이유로 '문화역사적'이라는 통합 개념으로 함께 사용되어야 한다.

마지막으로, '존재론적 접근'은 인공지능이 과거의 도구들과 본질적으로 다르다는 인식에서 출발한다. 기존 도구는 인간의 인식과 사용을 수동적으로 기다리는 타율적 대상이었지만, 인공지능은 인간의 언어, 행동, 감정 등을 모사하며 유사한 방식으로 반응하고, 스스로 판단하며, 상황에 맞춰 능동적으로 작동하는 새로운 협력자로 등장한다. 이는 인공지능이 단순한 객체가 아니라 인간-기계 상호작용의 매개자이자 준(準) 주체로 기능하며, 교육 생태계 내에서 독자적 존재론적 위상을 갖는다는 것을 의미한다.

이러한 변화는 교수학습체계의 작동 원리와 목표에 근본적인 전환을 요구한다. 지금까지의 교육은 주로 'learning-as-knowing(지식 습득)'이나 'learning-as-problem solving(문제 해결)'에 중심을 두어 왔다. 그러나 인공지능은 이 두 목표의 상당 부분을 대행하거나 보조할 수 있는 존재가 되었고, 그 결과 인간 학습의 고유성과 목적은 'learning-as-becoming(존재로서의 형성과 변형)'이라는 차원으로 이동하고 있다. 이 관점은 학습을 단순한 정보 처리나 문제 해결 능력의 향상이 아닌, 인간 존재 자체가 환경 변화에 적응하며 새롭게 구성되는 자기 변형의 과정으로 본다.

즉, 학습의 생물학적 본질은 환경에 더 잘 적응하는 존재로의 변형이며, 이는 곧 인간이 자기 자신을 다시 쓰고 새롭게 조직하는 진화적 과정이다. 인공지능과의 협력은 이 변형을 매개하며 촉진하는 요소가 될 수 있다. 그러므로 인공지능은 단지 기술적 수단이 아니라, 인간 존재의 형성 과정에 개입하고 이를 구조화하는 핵심 메커니즘으로 이해되어야 한다.

요컨대, 인공지능 활용 교육을 다루는 교육공학의 핵심 과제는 인공지능을 교육체계 내부의 새로운 구성 요소로 통합하고, 그로 인해 교수학습의 의미와 구조가 어떻게 재편되는지를 존재론적으로 분석하는 일이다. 이것이 본 서가 추구하는 이론적 목표이며, 새로운 교육 생태계를 구상하기 위한 실천적 기획의 출발점이다. 인공지능은 교육을 위한 도구이자, 동시에 인간이 '어떤 존재가 되어갈 것인가'를 묻는 존재론적 질문의 촉매이기도 하다.

## 3. 본서의 구성

### (1) 문제 접근 방법

인공지능 활용 교육이라는 주제를 심층적으로 분석하기 위해, 이 글은 긴 역사적 안목과 넓은 학제적 지평을 바탕으로 '빅 스토리'를 전개하고자 하였다. 이를 위해 체계적 접근과 계보학적 접근을 병행하였다. 체계 접근은 인공지능을 교수학습 체계 내 하나의 새로운 구성 요소로 위치 지으며, 그 도입이 전체 교육 생태계의 구조와 작동 방식에 어떤 변화를 초래하는지를 분석한다. 계보학적 접근은 인공지능을 단절적 혁신으로 보지 않고, 인간-도구-문명의 상호작용이 축적되어 온 장구한 역사적 흐름 속에서 그 의미를 위치 지우며, 문화적·역사적 맥락에서 교육의 본질을 재해석하려는 시도이다. 이 두 접근을 통해 본서는 인공지능 활용 교육이라는 주제를 단순한 기술 적용의 문제가 아니라, 문명적 전환기에 놓인 인간 존재와 교육의 재정의라는 차원에서 탐색하고자 한다.

첫째, 분석의 기본 패러다임으로 체계 접근을 채택하였다. 이는 교수학습체계를 유기체적 특성과 생태계적 속성을 지닌, 특정 교수학습 목표를 달성하도록 설계된 통합적 체계로 재정의하는 접근이다. 이 관점에서는 각 구성 요소의 개별 효율성보다, 전체 시스템의 조화와 목적 지향적 기능의 최적화가 핵심 분석 단위가 된다. 이러한 관점은 베르탈란피의 일반체계이론(General Systems Theory)과 마투라나-바렐라의 자기생산체계이론(Autopoietic System Theory)을 통합함으로써 더욱 공고해진다. 이 통합 이론은 인간-기계 간 상호작용을 단순히 도구의 사용이나 기능 대체로 간주하지 않고, 비대칭적이면서도 구조적으로 상호의존적인 협력 체계로 설명한다. 이는 기술적 효율성의 문제가 아니라, 존재론적 구조와 기능의 통합적 진화라는 더 높은 수준의 체계적 설계 원리를 필요로 한다. 체계 접근은 교육공학의 학문적 정체성이자 핵심 연구 영역인 교수체계설계(Instructional Systems Design, ISD)의 본령으로서, 그 이론적 기원이자 실천적 도구인 ADDIE 모델에 그 맹아가 들어 있다. 특히 인공지능의 도입은 이 모델의 분석(Analysis) 단계를 단순한 교수설계적 의사결정에 필요한 정보 수집 작업이 아닌, 실시간 학습 데이터 기반의 분석학(Analytics)으로 고도화함으로써, 기존 교수학습체계를 경직된 복합계(complicated system)에서 자율적 조정과 자기 진화를 특징으로 하는 자기생산체계(autopoietic system)로의 구조적 전환을 가능하게 한다. 이러한 전환은 단지 기술의 도입을 의미하는 것이 아니라, 교수학습체계의 존재 방식 자체를 재구성하는 거시적이며 근본적인 설계 패러다임의 전환을 상징한다.

둘째, 이 책은 분석의 접근 방식에서 추상적 이론에 기반한 연역적 접근이 아니라, 뿌리에서부터 시작하는 계보학적 접근을 취한다. 이는 단지 최신 기술의 기능적 현황을 나열하거나 전망하는 데 머무는 것이 아니라, 인간 진화의 과정, 도구와 협력의 발달사, 문명 생태계의 구조적 변천, 그리고 교육의 존재론적 의미를 근원에서부터 추적하여 오늘날의 현상을 깊이 이해하고 장기적 미래를 전망하려는 시도이다. 기술의 첨단은 나무의 끝에서 피어난 가지와 같아 현란하고 눈길을 끌지만, 본질적 뿌리와 분리될 경우 쉽게 시들거나 단기적 유행으로 소멸할 수 있다. 인공지능 역시 첨단 기술로서 다채로운 가능성을 제시하지만, 그것이 인간 교육에 지속적으로 기여하기 위해서는 그 계보학적 뿌리 — 즉, 인간 존재와 문명 진화의 맥락 속에서 기술이 어떤 역할을 해 왔는지, 그 결과 인공지능이 탄생해야만 했는지 — 를 깊이 탐구할 필요가 있다. 기술은 인간을 다른 동물들과 구별 짓는 가장 근본적인 조건 중 하나이다. 인간은 태초부터 도구와 기술을 사용하며 문명을 만들어 왔고, 이는 인간이 기술을 마치 타고난 일부처럼 가지고 있다는 뜻이기도 하다. 이러한 조건 속에서 인간은 자신만의 본질을 지키면서도, 시대가 바뀌고 기술이 발전할 때마다 문화, 교육, 사회 구조 같은 삶의 방식들을 끊임없이 새롭게 바꾸어 왔다. 역사는 과거를 연구하는 것이 아니라 변화를 연구하는 것이다.[4] 역사는 우리에게 무엇이 그대로이고 무엇이 변하며, 어떻게 변하는지 가르쳐준다. 따라서 이 책은 인간, 테크놀로지, 문명 생태계, 교육의 계보학적 연속성을 추적함으로써, '인공지능의 교육적 활용'이라는 주제를 현재의 기술적 맥락을 넘어, 미래 교육의 방향성과 철학을 포함한 백년대계의 관점에서 전망하고자 한다. 이는 교육을 단순한 기술의 적용 대상이 아니라, 인간성의 지속과 문명 진화의 방향을 동시에 설계해야 하는 존재론적 과제로 전환시키는 사유를 요구하며, 시뮬라리움은 바로 이러한 관점에서 탄생한 미래 교수학습체계의 실천적 제안이다.

셋째, 문화역사적 특성을 충실히 반영할 수 있는 학습 심리 이론을 채택하여 인공지능 활용 교육의 체계화된 구조인 시뮬라리움의 설계 근거를 확보한다. 시뮬라리움은 문명 생태계와 학습자 간의 구조적 커플링을 매개하는 하나의 미니어처 문명 생활 생태계로서, 인간과 인공지능이 비대칭적으로 협력하는 학습 시스템으로 구현된다. 비고츠키에서 시작된 문화역사적 활동이론(CHAT)을 기반으로 인공지능을 추가하여 확장한 E-CHAT(Extended CHAT) 모형을 기반으로 하며, 인공지능에 의해 고도화된 학습분석시스템을 중심에 두고, 교수학습 활동의 사전-중간-사후의 전 과정에서 메타설계가 순환되는 구조로 작동한다. 시뮬라리움은 단순한 설계된 인공물이 아니라 자신을 스스로 갱신하는 자기생산체계로서 작동할 수 있도록 설계되어야 한다. 즉, 인간 설계자에 의한 일회적 구축이 아니라, 학습자의 행위, 공동체의 상호작용, 인공지능의 분석과 피드백이 순환적으로 작용하여 스스로 진화하는 생태계로 성장할 수 있어야 한다. 여기서 인공지능은 단순한 도구가 아니라, 인간과 문명 생태계 사이의 구조적 커플링을 매개하는 존재론적 수단으로 작용하며, 교수학습체계의 설계·분석·조율 전반에 걸쳐 핵심적인 메타 기능을 수행한다.

이러한 시뮬라리움의 구조는 교육의 근본적인 두 가지 모순—즉, 문명 생태계

---

4) Harari, Y. N. (2024). **넥서스: 석기시대부터 인공지능까지, 정보 네트워크의 역사** [Nexus: A brief history of information networks from the Stone Age to AI] (김명주 역). 김영사. (원저 2024년 출간).

와 교수학습체계 간의 구조적 단절, 그리고 학습자와 교수학습체계 간의 비동기적 괴리 ― 을 극복하고, 이들 간의 구조적 디커플링(decoupling) 현상을 역동적이면서도 자기조직적으로 해결할 수 있는 기반을 제공할 것이다. 다시 말해, 시뮬라리움은 인간 고유성의 보존과 인공지능의 기술적 확장을 통합적으로 설계함으로써, 미래 교육이 지향해야 할 생태적·존재론적 모델로 기능할 수 있을 것이다.

나아가 시뮬라리움은 단순히 현재 교육의 모순을 해소하는 데 그치지 않고, 인간성의 미래를 지켜내기 위한 자기생산적 체계로 성장해야 한다. 이를 위해서는 '정원사'로서의 교수학습설계자에 의한 지속적인 돌봄과 조율이 필요하다. 시뮬라리움은 인간의 창조성과 협력성을 보호하고 확장하는 동시에, 기술과 문명 생태계 속에서도 인간다움을 잃지 않도록 돕는 역할을 수행한다. 결국, 시뮬라리움은 비대칭 인간-기계 협력학습 시스템으로서 인간 존재의 고유성과 존엄을 지키며, 기술 중심이 아닌 인간 중심의 문명 전환을 이끄는 미래 교육의 궁극적 목표가 될 것이다.

필자는 이 책을 통해 인간성과 인공지능이 공존할 수 있는 비대칭 협력 구조로서의 미래 교수학습체계를 체계적·문화역사적·존재론적 관점에서 통합적으로 설명하고, 이를 실현 가능한 실천적 설계 구조로 구체화한 결과로 '시뮬라리움'을 제안한다. 시뮬라리움은 인간의 느린 진화 속도와 인공지능의 빠른 기술 진보가 충돌하지 않고 조화를 이루도록 설계된 자기생산적 교수학습 생태계이다. 이 생태계 안에서는 인간이 교육의 주체로서 존엄을 유지한 채, 인공지능과 비대칭적이지만 상호 보완적으로 협력할 수 있는 구조가 작동한다.

### (2) 책의 장별 구성

이 책은 프롤로그와 에필로그를 제외하고 총 7개 장으로 구성되어 있다. 각 장은 시뮬라리움의 존재론, 이론적 틀, 설계 원리, 구현 전략, 그리고 윤리적 함의에 이르기까지 단계적이고 체계적인 논의를 통해 인공지능 기반 교수학습체계인 시뮬라리움의 구상을 위한 이론적, 개념적 프레임워크를 마련하고자 하였다.

#### CHAPTER 01 체계 이론의 이해

일반체계이론은 "전체는 부분의 합보다 크다."라는 통찰을 중심에 둔 이론으로, 체계를 분석하기 위한 전일론적 과학 패러다임이다. 이 이론은 선형적 체계와 비선형적 체계를 구분하며, 단순한 요소들의 기능적 조합으로 이루어진 복합계(complicated system)와 상호작용을 통해 새로운 속성이 나타나는 복잡계(complex system)의 차이를 강조한다. 환원주의와 전일주의의 이분법을 넘어 창발성과 맥락성을 중시한다는 점에서, 교육과 같은 실천적 체계를 분석하고 설계하는 데 중요한 이론적 기반을 제공한다.

체계는 목적을 지닌 상호작용 요소들의 집합으로 정의되며, 지향성, 상호작용의 양상, 위계 구조, 경계 설정, 상호인과성 등의 구조적 특성을 갖는다. 특히 체계는 외부 환경과 상호작용하면서도 고유한 정체성을 유지하기 위해 경계(boundary)를 설정하며, 이는 자율성과 학습 가능성의 조건이 된다. 시스템은 항상성(homeostasis), 등종국성(equifinality), 적응성(adaptability), 자기유사성(self-similarity) 등의 특성을 보인다. 예컨대, 다양한 학습자가 서로 다른 경로를 통해 동일한 교육 목표에 도달할 수 있다는 등종국성은 맞춤형 학습 설계의 이론적 정당성을 뒷받침하며, 자기유사성은 조직 내 위계 구조와 반복 패턴을 이해하는 데 도움을 준다.

필자는 일반체계이론을 바탕으로 체계를 폐쇄체계, 복합계, 복잡계, 자기생산체계로 구분한다. 이 중 자기생산체계는 스스로를 구성하고 유지하는 자율적 구조를 갖춘 체계로서 생명체나 인간 학습자가 해당된다. 자기생산체계는 외부 자극을 내부 기준에 따라 해석하는 조직적 폐쇄성, 이전 작동에 기반하여 새로운 작동을 생성하는 작업적 폐쇄성, 그리고 환경과의 구조적 커플링을 통해 변화에 적응하고 진화하는 특성을 지닌다. 이는 외부 목적에 따라 산출물을 만들어 내는 이종생산체계(allopoietic system), 타자와의 협력을 통해 새로운 창조물을 산출하는 이형생산체계(heteropoietic system)와 구별된다.

이러한 체계 개념은 교육 현장에도 묵직한 시사점을 제공한다. 현재의 교수학습체계는 주로 표준화된 복합계로 운영되고 있으며, 이로 인해 학습자의 개인 목표와 교육 시스템의 목표 간 괴리, 학교 학습과 실제 삶의 불일치 같은 문제가 발생해 왔다. 이를 극복하기 위해서는 학습자를 자율적 자기생산체계로 전환하고, 학습분석 기반의 실시간 피드백 시스템, 다양한 학습 경로의 허용, 교사-학습자-테크놀로지 간 구조적 연결이 강화되어야 한다.

일반체계이론은 교육 현상을 분석하는 데에도 도구적 유용성을 지닌다. 피드백 루프, 구조적 유사성, 동형사상 등의 개념은 교수학습체계의 작동 원리를 설명하는 데 효과적으로 작용하며, 교육을 단순한 지식 전달 체계가 아니라 열린 상호작용적 생태계로 이해하도록 돕는다. 결국 교수학습체계를 기능 중심의 복합계에서 벗어나, 환경과의 구조적 커플링을 통해 진화하는 자기생산적 생태계로 전환하려면, 단순한 기술 도입을 넘어서 교육 패러다임 자체의 전환이 필요하다. 학습자가 자기설계 역량을 발휘하고 이를 지원할 테크놀로지를 정합적으로 활용하기 위해서는, 체계적 사고와 메타설계적 접근을 포함하는 인식 틀의 재구성이 선행되어야 한다. 일반체계이론은 이러한 인식 전환을 가능하게 하는 이론적 틀이 될 수 있다.

## CHAPTER 02 상시 직립 이족보행 바이오시스템의 탄생

인공지능과는 다른, 인간을 이해하기 위한 생물학적 접근은 상시 직립 이족보행 바이오시스템이라는 정의로부터 출발한다. 상시 직립 이족보행이라는 신체의 기계적 특성은 정보 처리 방식, 의미 구성 능력, 세계와의 관계 설정에 근본적인 전환을 가져왔다. 이는 두 손이 걷기와 나무 오르기로부터 자유로워짐으로써 도구 제작과 언어 발달을 가능하게 하고, 시간과 공간의 인지를 진화시킨 토대가 되었다. 이러한 인간은 인공지능과 달리 환경을 능동적으로 조율하며 의미를 창조하는 존재로 자리매김한다. 학습분석학의 관점에서도 인간을 바이오시스템으로 정의하면 생물학적, 물리적, 인지적 요인을 통합적으로 분석할 수 있는 멀티모달 접근이 가능해진다.

사냥이라는 상호작용적 활동은 '찾기-다가가기-잡기-소화하기'라는 네 단계로 구성되며, 이 일련의 과정은 본능적 반응을 넘어선 예측적 사고, 감각-운동 통합, 그리고 학습에 기반한 피드백 체계를 수반한다. 이러한 정교한 시스템은 수백만 년에 걸친 진화의 시간 속에서 구성되어 왔으며, 포식의 성공 가능성을 높이는 동시에 피식의 위험을 회피하도록 조율되었다. 사냥 시스템은 신체의 운동 능력과 감각 자극에 대한 빠른 반응성, 뇌의 예측 처리 능력, 환경 변화에 따른 전략적 판단을 함께 요구하며, 인간 신경계의 고차적 통합 능력을 촉진하는 결정적 매개가 되었다. 이 과정에서 반복된 시도와 실패, 그리고 그에 따른 피드백의 축적은 경험 기반의 학습 체계를 진화시키는 핵심 동력으로 작용하였다.

이러한 진화적 맥락에서 인간의 신체는 좌우 대칭과 전후 비대칭을 통해 동적 균형과 감각 정보 처리의 효율을 확보했으며, 직립보행은 상대적 미성숙 상태에서의 출산과 장기 양육, 언어 기관의 진화를 유도했다. 동시에 뇌 신경계는 정보 처리 허브로서 감각과 운동의 통합, 예측적 사고를 위한 전정계와 소뇌의 발달, 도구 제작과 화식 기술로 이어지는 고차 인지 발달을 이끌었다.

인지의 진화는 일차 인지(감각-운동 기반 저차 능력)에서 이차 인지(상징 기반 고차 능력)로 확장되며, 이는 뇌의 일차 감각 피질과 전전두엽의 분화로 나타난다. 이러한 인지는 기존의 신체 기능이 언어, 도구 사용, 사회 협력 등으로 전환된 선조 기능의 재목적화(exaptation of ancestral functions) 과정을 거쳐 발전해 왔다. 또한 시간성과 공간성의 초월을 통해 인간은 과거 경험을 재해석하고 미래를 시뮬레이션하며, 기호와 은유를 통해 추상적 사고를 가능하게 했다.

## CHAPTER 03 호모 테크놀로지쿠스로의 진화

도구는 단순한 물리적 수단이 아니라, 인간 신체와 통합되어 인식과 행위의 방식을 변화시키는 존재론적 확장이다. 메를로-퐁티는 도구를 신체 도식의 일부로 보았고, 하이데거는 이를 '용재성(Zuhandenheit)'으로 설명하며 도구가 무의식적 실천 속에 통합된 존재임을 강조하였다. 신경과학 또한 도구 사용이 뇌의 신체 표상을 재구성한다는 점에서 이를 뒷받침한다. 이러한 체화된 도구는 생물학적 진화보다 빠른 적응을 가능하게 하며, 감각·운동·제어의 통합적 협응을 통해 인간 능력을 비약적으로 확장시킨다.

도구는 처음에는 낯선 대상인 '전재성(Vorhandenheit)'으로 경험되지만, 숙련을 통해 '용재성'으로 전환된다. 이는 단순한 기술 습득이 아니라, 인간-도구 체계라는 새로운 존재 양식의 형성이며 의식적 조작에서 자동화된 체화로의 전이를 뜻한다. 도구는 자연물을 일시적으로 활용하는 발견에서, 의도적으로 가공하는 제작으로 진화하고, 이 과정에서 인간의 신체 구조와 협력적 인지 능력이 중요한 역할을 한다.

이러한 도구 제작 능력인 테크네(techne)는 로고스(logos)와 결합하며, 도구를 만드는 메타도구로서 테크놀로지(technology)로 외현화된다. 테크놀로지는 단지 물리적 확장 수단이 아니라, 실천 지혜의 체계화이며 문명 구조를 전환시키는 핵심 동력이었다. 인쇄술, 농업기술, 알고리즘 등은 인간 사회의 언어적·상징적 구조를 근본적으로 재편해 왔다. 특히 테크놀로지는 비물질적 형식의 진화, 과학과의 공진화, 자본주의 생산성 강화라는 세 가지 요인을 통해 문명의 방향을 결정지어 왔다.

이 모든 흐름 속에서 인간은 호모 테크놀로지쿠스로 진화해 왔다. 그는 동물성과 인공성을 동시에 내면화한 '반수-반인(半獸-半人)'의 존재이며, 자연을 떠나 기술을 의지하면서도 다시 자연으로의 귀향을 갈망하는 이중적 존재론을 품고 있다.

본능과 이성, 윤리와 효율 사이의 긴장을 견디며 자기를 형성해 가는 존재이다.

그러나 테크놀로지는 늘 양면성을 지닌다. 그것은 인간의 지각과 능력을 확장하지만 동시에 하이데거가 말한 '몰아세움(Gestell)'처럼 세계를 자원화하고 인간마저 '인적 자원'으로 환원시키는 위험을 내포한다. 과잉 정보로 인한 인지 과부하와 인간 소외는 테크놀로지의 발전 이면에 자리한 어두운 그림자다.

인공지능은 이러한 기술 진화의 최전선에 위치하지만, 인간과는 존재론적으로 구별된다. AI는 생물학적 진화가 아닌 기능적 진보의 산물이며, 자기생산 능력을 지니지 못한 이종생산 시스템이다. 인간만이 지닌 자기생산성과 타자와의 협력에 기반한 이형생산 능력은 알고리즘으로 대체될 수 없다.

따라서 테크놀로지는 단순한 효율 추구에 머물러서는 안 되며, 인간 존재를 재구성하고 생태계의 미래를 설계하는 윤리적 실천으로 전환되어야 한다. 호모 테크놀로지쿠스는 자연과 기술, 문명의 경계에서 자기구성을 이끌어야 할 책임을 지닌다. 문명 생태계의 미래는 기술 그 자체의 방향이 아니라, 인간이 자신을 어떻게 성장시키고 길들이느냐에 달려 있다. 지속 가능한 기술, 윤리적 테크놀로지, 반성적 실천이야말로 새로운 문명을 향한 시뮬라리움의 진정한 목표이다.

### CHAPTER 04 문명 생태계의 진보

본 장은 호모 테크놀로지쿠스의 존재론적 · 생태적 이중성을 출발점으로 삼아, 인간·도구·문화가 상호 얽혀 형성하는 문명 생태계를 하나의 자기생산체계로 분석한다. 인간은 자연의 일부이자 문화를 창조하는 존재로서, 자연 생태계와 문명 생태계의 이중국적자이며, 반수반인의 존재 구조를 지닌다. 이러한 이중적 조건 속에서 인간은 끊임없이 자연과 문화를 조율하고, 행위와 상징의 틈새에서 새로운 삶의 체계를 형성해 왔다.

문명 생태계는 단일한 진화 계열이 아니라, 자연(nature)과 문화(culture)가 서로 침투하고 공진화하는 자기생산 생태계로 보아야 한다. 농업혁명(바이오), 제조 혁명(피지컬), 정보 혁명(사이버)을 거쳐 현재의 융합 혁명기, 즉 Human-Cyber-Physical System(HCPS)으로의 전환은 이러한 계보학적 흐름의 구조적 결과물이다. 이 과정에서 도구의 진화는 인간의 협력 방식 진화와 구조적으로 연결되어 상호 강화되었다. 즉, 도구는 바이오에서 피지컬, 사이버, HCPS로 진화했고, 이에 대응해 협력 방식도 언어에서 문자와 미디어, 그리고 멀티모달 상호작용으로 발전해 왔다.

이러한 문명 진화는 단순한 기술의 독주가 아니라, 인간이 도구를 설계하고 타자 및 세계와 의미를 공동 생성하는 존재로 변화해 온 존재론적 궤적을 반영한다. 호모 테크놀로지쿠스는 더 이상 도구를 사용하는 수동적 존재가 아니라, 도구와 함께 자신과 환경을 공동 설계하며 새로운 삶의 적소(niche)를 창출하는 주체로 자리 잡는다. 여기서 적소란 단지 주어진 환경이 아니라, 인간의 존재와 활동이 상호 조율되어 구성된 의미 있는 삶의 공간을 뜻한다. 다시 말해, 인간은 단순히 환경에 적응하는 것이 아니라, 도구를 통해 환경 자체를 재구성하고 자신의 삶의 조건을 능동적으로 재편하는 존재로 진화해 온 것이다.

결국 문명 생태계의 진화 궤적은 인간의 계통 발생적 진화 구조를 반영하며, 인간은 행위적 동물에서 상징적 동물(animal symbolicus)로 변모하면서 동물계에서 벗어난 존재가 되었다.[5] 이러한 전환은 단속적이고 누적적인 변증법적 과정을 통해 이루어졌으며, 문명이란 바로 그 과정에서 형성된 구조적 장이다. 문명은 인간의 자기 진화와 외부 세계의 재구성이 맞물려 형성된 생태적 기반이자, 설계된 진화의 결과물이며, 인간적 가능성이 움트는 장소이기도 하다.

## CHAPTER 05 교수학습체계의 출현

본 장은 호모 테크놀로지쿠스의 진화적 존재 구조인 이중 학습 경로를 중심으로, 자연학습과 교수학습이 어떻게 상호작용하여 자기생산적 학습으로 수렴되는지를 다각도로 분석한다. 인간은 생물학적 1차 지식, 즉 자연 적소를 기반으로 한 발견적 학습과, 생물학적 2차 지식, 즉 문명 적소를 기반으로 설계된 학습을 동시에 내장한 유일한 존재이다. 이 두 지식 체계가 상호 보완적으로 작동할 때, 학습은 단순한 정보 습득을 넘어 존재의 변화를 이끌어 반수에서 반인으로의 'learning–as–becoming'으로 이어진다.

이러한 이중 학습 경로는 각각 '반수로서의 자연학습'과 '반인으로서의 교수학습'이라는 서로 다른 학습 활동을 전제하며, 이 둘의 구조적 커플링이 이루어지는 매개 공간으로 '시뮬라리움'이 핵심적 역할을 한다. 시뮬라리움은 단순한 학습 환경이 아니라, 자연의 생태적 학습 공간인 '발견된 시뮬라리움'과 문명의 인공적 교수

---

5) Cassirer, E. (2023). *An essay on man: An introduction to a philosophy of human culture* (*Vol. 23*). Felix Meiner Verlag.

학습 공간인 '설계된 시뮬라리움'을 접속하고 융합하는 중첩된 장으로 작동한다. 학습자는 이 공간에서 현실과 가상을 넘나들며, 변화하는 테크놀로지와 문명 생태계에 따라 스스로를 재조직하는 주체로 성장한다.

이러한 추세에 따라, 교육공학의 핵심 활동인 교수체계설계 역시 변화하고 있다. 전통적인 ADDIE 모델은 교수학습체계를 복합계로 전제하고 설계되어 왔으나, 인공지능 기반 학습분석시스템과 실시간 환류 기술의 발달은 교수학습체계를 자기조직적이고 동역학적인 복잡계적 자기생산체계로 전이시키고 있다. 이 전환은 교육공학을 분석 중심의 학문에서 설계 중심의 과학으로 이끌며, 기존 ADDIE 모델의 재구성을 요구한다.

이제 분석(Analysis)은 사전 정보 수집을 넘어서, 학습자의 클릭스트림(clickstream), 행동 로그, 감정 및 언어 패턴 등 정량·정성 데이터를 실시간으로 수집하고 해석하는 고차원적 기능을 수행한다. 설계(Design)와 개발(Development)은 이러한 데이터를 기반으로 유연한 개입 구조를 형성하며, 실행(Implementation) 단계에서는 생성형 AI와 협력하여 다중 시나리오를 병렬적으로 테스트할 수 있다. 평가(Evaluation)는 더 이상 일회적 종결이 아니라 순환적 환류를 위한 전환점으로 작용한다.

이처럼 ADDIE는 선형 절차가 아닌, 분석-설계-실행-환류-재설계가 실시간으로 순환하는 동태적 사이버네틱스 체계로 재정립되고 있다. 이는 시뮬라리움 기반 교수학습체계가 단순한 외부 기획 대상이 아니라, 환경과 구조적으로 커플링되며 자기 목적적으로 진화하는 자기생산체계로 기능함을 뜻한다.

이러한 전환은 기술 발달 그 자체를 넘어, 문명 생태계, 테크놀로지 시스템, 학습이론 간 삼중 커플링을 통해 시뮬라리움을 하나의 메타학습 생태계로 자리 매긴다. 시뮬라리움은 개별 학습자의 자기생산을 넘어 인류 전체의 문명적 학습이 진행되는 공동 진화의 장으로 확장되며, 이 안에서 인간, 기술, 환경은 비대칭적이면서도 상호 생성적으로 협력하며 끊임없이 자신과 세계를 재구성한다.

### CHAPTER 06 시뮬라리움의 설계

CHAPTER 06은 시뮬라리움을 단순한 교수학습체계를 넘어, 자기생산체계로서의 '설계 가능한 설계', 즉 메타설계의 차원으로 확장한다. 이를 위해 저자는 문화역사적 활동이론(Cultural-Historical Activity Theory, CHAT)을 이론적 기반으로 삼는다. 비고츠키-레온티에프-엥게스트롬으로 이어지는 문화역사적 활동이론의 전통은 '도구-규칙-공동체'의 구조를 통해 인간 행위를 체계적으로 설명하는 틀을 제공하며, 본 장에서는 이 구조를 시뮬라리움의 설계 행위에 적용하고자 한다.

전통적인 CHAT 틀에 기반하되, 저자는 여기에 인공지능 기반의 초매개적 상호작용과 선사시대의 무매개적 상호작용을 포함하여 '확장된 문화역사적 활동이론'(Extended-CHAT, E-CHAT)을 제안한다. 이 이론은 무매개-매개(기존 CHAT 모델)-초매개의 삼중 매개 구조를 통해 인간, 도구, 인공지능 간의 복합적 상호작용을 새로운 설계 단위로 통합하는 개념적 틀을 제공한다.

E-CHAT을 바탕으로 본 장은 시뮬라리움의 메타설계를 네 단계로 구분한다. 첫째, 조직 설계(organization design)는 시뮬라리움이 작동 가능한 존재 조건과 이론적 구조를 정의하는 단계로, 결과물은 존재론적 원형(archetype)이다. 둘째, 사전 설계(apriori design)는 ADDIE 모델과 학습분석시스템을 포함한 초기 구조를 선험적으로 구성하는 단계이며, 결과물은 프로토타입(prototype)이다. 셋째, 애자일 설계(agile design)는 사용자와 환경 간 실시간 상호작용이 이루어지는 창발적 설계 단계로, 특히 ADDIE 모델에서 간과되던 실행 단계가 중심이 된다. 이 단계에서 인공지능 기반 넛지 설계가 실시간적으로 작동하며, 결과물은 에코타입(ecotype)이다. 넷째, 사후 설계(aposteriori design)는 학습분석 데이터를 기반으로 전체 구조를 재구성하고 자기순환성을 강화하는 설계 단계로, 여기서 도출되는 결과물이 바로 자기생산형(autotype)이다.

이 네 단계는 선형적 절차가 아니라, 루프 구조를 따라 재귀적으로 진화하는 순환적 메타설계 흐름을 이룬다. 각 단계는 E-CHAT의 일곱 구성 요소(주체, 객체, 도구, 규칙, 공동체, 분업, 결과)가 상호작용적으로 재배치되며, 설계 자체가 학습하고 진화하는 과정을 가능하게 한다.

이 메타설계의 핵심 중추는 학습분석시스템이다. 학습분석시스템은 단순한 분석 도구를 넘어, 시뮬라리움과 학습자, 그리고 문명 생태계를 연결하는 감각-중추-운동회로의 역할을 수행한다. 이를 통해 시뮬라리움은 상위 문명 구조와 하위 학습자의 활동 사이에서 발생하는 구조적 모순을 실시간으로 감지하고 조율할 수 있으며, 설계와 실행, 이론과 실천을 통합적으로 공진화시키는 실험적 장으로 작동하게 된다.

### CHAPTER 07 학습분석시스템의 역할

제7장은 시뮬라리움의 '뇌 신경계'에 해당하는 학습분석학(Learning Analytics, LA)과 학습분석시스템(Learning Analytics System, LAS)을 체계 관점에서 조명한다. 먼저 학습분석학의 개념과 발전 과정을 개괄하면서, 기술(description), 설명(explanation), 예측(prediction), 통제(control)의 네 단계를 통해 학습분석학이 행동 데이터 기반의 설계과학으로 진화해 온 궤적을 체계적으로 설명한다. 이를 바탕으로 분석의 적용 단위를 기관, 수업, 개인으로 구분하고, 각 단계에서 데이터 활용의 목적과 분석 주체 간의 권력 구조를 정리한다.

이어지는 논의에서는 통계학과 학습분석학을 교육공학적 관점에서 비교한다. 전통적인 통계학이 가치중립적 수량화에 집중하는 반면, 학습분석학은 데이터를 '학습의 흔적'이자 '의미화된 맥락'으로 해석하며, 학습 자체에 대한 존재론적 이해를 전환 시키려 한다. 특히 ADDIE 모델의 A(Analysis, 분석)를 단순한 사전 분석에서 벗어나, 데이터 기반의 동태적 'Analytics'로 확장함으로써, 교육공학을 설계과학으로 재정립하는 새로운 패러다임을 제시한다.

이 장에서는 또한 LAS의 설계 모형을 측정-분석-처방의 세 단계로 제시하며, 이를 통해 시각화, 대시보드, 맞춤형 넛지(로고스·파토스·에토스 기반)를 구성하여 실시간 피드백 루프를 설계하고자 한다. 이 피드백 루프는 단순한 정보 제공을 넘어, 학습자의 반성과 자기조절을 유도하는 구조로 작동하며, 시뮬라리움 내에서 자기생산적 학습 환경을 실현하는 핵심 기제로 작용한다.

LAS는 외부에서 설계된 인공적 구조물이지만, 시뮬라리움 내부에서는 자기조직적으로 통합되고 작동함으로써, 생성형 인공지능과 결합함으로써, 학습자의 변화와 설계 환경의 진화를 동시에 매개하는 '설계된 설계자'로 기능한다. 이로써 LAS는 교육공학이 지향하는 실천적 설계과학의 중심축이자, 시뮬라리움의 생명력을 유지하고 진화시키는 중추적 시스템으로 자리매김한다.

## 에필로그

이 장은 『시뮬라리움의 구상』을 마무리하고, 후속 저술인 『시뮬라리움의 구현』으로 나아가기 위한 철학적 전환점이다. 시뮬라리움은 교수학습체계, 인간, 문명 생태계의 삼원 공진화를 촉진하는 '설계된 자기생산체계'이며, 그 실현은 단순한 기술적 진보를 넘어 윤리적·존재론적 과제를 포함한다.

이 장에서는 특히 프라이버시 문제를 핵심 과제로 다룬다. 이는 단순한 데이터 보호 수준을 넘어서, 인간의 조직적 폐쇄성과 작업적 폐쇄성을 유지하는 자기생산 체계의 존립 조건과 직결된다. 이 프라이버시 문제는 아렌트가 말한 "공적 자유를 위한 사적 조건"으로서의 프라이버시와, 주보프의 "감시 자본주의" 개념을 통해 재조명되며, 기술이 인간을 '객체화'하는 위협에 대응하기 위한 반성을 촉구한다.

이러한 긴장을 해소하기 위해, 본 장은 IT(Information Technology, 정보기술), ET(Educational Technology, 교육공학), CT(Civic Technology, 시민기술)의 세 기술 축을 중심으로 시뮬라리움의 구현 전략을 제시한다.

먼저, IT는 데이터 수집과 인공지능 기반 분석을 통해 시뮬라리움의 인프라를 형성한다. 그러나 동시에 프라이버시 침해와 통제의 위험을 내포하므로, 연합학습, 종단 간 암호화 등 보호 기술이 병행되어야 한다.

ET는 교수학습체계를 자기생산적 구조로 설계하는 데 핵심적인 역할을 수행한다. 이때 중요한 것은 기술의 도입 자체가 아니라, 학습자의 자기조절 능력과 자율성을 침해하지 않는 윤리적 설계 원칙을 견지하는 일이다. 이는 단순한 기능적 적용을 넘어, 학습이 일어나는 공간 자체를 인간 존재에 맞게 구성하는 존재론적 설계 행위로 이해되어야 한다.

CT는 기술을 공공성과 공동체의 통제하에 두기 위한 민주적 설계 프레임을 제공한다. 시민 참여 기반 데이터 거버넌스, 디지털 권리 운동 등은 시뮬라리움의 지속가능성과 투명성을 확보하는 장치가 된다.

이 세 기술은 단순한 기능적 분업이 아니라, 인간의 세 가지 윤리적 지향 — 인간성의 옹호, 자연의 보호, 문명의 진보 — 을 구현하도록 통합되어야 한다. 이를 통해 시뮬라리움은 기술을 통해 인간을 통제하는 공간이 아니라, 기술을 통해 인간이 다시 자신을 성찰하고, 문명을 재설계하며, 공동체를 복원하는 생태적 거점으로 기능하게 된다.

프롤로그에서 제기된 '인공지능 활용 교육'에 대한 물음은 『시뮬라리움의 구상』을 통해 기술과 인간, 문명의 공진화를 가능케 하는 교육체계의 존재론적 조건을 묻는 본질적 질문으로 확장되었다. 이제 과제는 명확하다. 이 구상을 실천 가능한 체계로 구현하는 단계로 나아가는 일이다. 시뮬라리움은 추상적 개념이 아닌, 제도와 기술, 공동체가 함께 참여하는 윤리적 시스템으로 실현되어야 하며, 교육공학은 기술과 윤리, 학습과 사회, 현실과 미래를 아우르는 새로운 설계과학으로 거듭나야 한다. 그리고 그 구현의 책임, 그리고 기회는 다름 아닌 지금, 이 시대를 살아가는 우리 모두에게 주어져 있다.

CHAPTER 01

# 체계 이론의 이해

## 1. 일반체계이론(General System Theory): 전일론적 세계관

### (1) 전체는 부분의 합보다 크다

"전체는 부분의 합보다 크다."라는 표현은 직관적으로 모순처럼 보이지만, 실제 체계의 작동 방식에서는 이 표현이 핵심적인 통찰을 담고 있다. 단순한 덧셈 구조에서는 부분들의 효과가 더해져 전체를 구성한다. 그러나 체계란 단지 구성 요소들의 양적 집합이 아니라, 구조적 결합과 상호작용을 통해 새로운 속성과 기능을 창출하는 동적 존재이다. 이는 선형 체계와 비선형 체계의 차이에서 비롯된다.

선형 체계에서는 가산성(additivity)[1]과 동차성(homogeneity)[2]의 성질이 성립한다. 가산성이란 개별 요소들의 효과가 단순히 더해져 전체의 효과를 구성하는 성질이며, 동차성이란 입력이 일정 비율로 증가하면 출력도 같은 비율로 증가하는 성질이다. 예를 들어, 공장 생산 라인의 작업은 선형적 구조를 따른다. 한 명의 작업자가 하루에 100개의 부품을 조립할 수 있다면, 같은 역할의 작업자를 두 명 배치했을 때 200개를 생산할 수 있는 구조가 이에 해당한다. 또한, 콜센터에서는 상담원이 하루에 50건의 상담을 처리할 수 있다면, 상담원 수를 두 배로 늘리면 전체 상담 처리량도 두 배가 된다. 이는 업무가 개별적으로 수행되며, 추가 인력이 투입될 때

---

1) 어떤 함수나 연산이 여러 항목의 합에 대해 그 항목별 결과의 합과 같을 때, 즉 $f(x+y) = f(x) + f(y)$와 같은 성질을 말한다.

2) 어떤 함수가 스칼라 배에 대해 일정한 차수 $k$로 동작할 때, 즉 $f(\alpha x) = \alpha^k \cdot f(x)$와 같은 형태를 만족할 경우. 여기서 $\alpha$는 스칼라(scalar), $k$는 차수(degree)를 의미한다.

동일한 비율로 성과가 증가하기 때문이다.

반면, 비선형적 체계에서는 가산성과 동차성이 성립하지 않는다. 연구·개발 부서에서 창의적인 아이디어를 도출하는 과정이 그 예이다. 단순히 인력을 추가한다고 해서 혁신적인 아이디어의 수가 증가하는 것이 아니다. 오히려 팀의 규모가 커질수록 의사 결정 과정이 복잡해지고 소통 비용이 증가하여 창의성이 저하될 수도 있다. 또한, 소프트웨어 개발 프로젝트에서도 비선형적 현상이 나타난다. 개발자를 두 배로 늘린다고 해서 개발 속도가 반드시 두 배로 빨라지는 것은 아니다. 팀이 커질수록 코드 병합, 협업 조율, 의사소통 등의 비효율성이 증가하여 생산성이 기대보다 낮아질 수 있다.

이처럼 조직 운영 방식에 따라 선형적 접근과 비선형적 접근이 적절히 조합되어야 한다. 단순 반복 업무에서는 선형적 체계가 효과적이지만, 창의성과 협업이 중요한 환경에서는 비선형적 체계를 고려해야 한다. 따라서 '전체는 부분의 합보다 크다.'라는 표현은 비선형적 체계의 특성을 반영한 것이다. 선형적 사고에서는 전체를 개별 요소들의 단순한 합으로 이해하지만, 비선형적 사고에서는 요소 간의 상호작용과 구조적 패턴을 분석해야 한다.

결국 체계 사고의 핵심은 더 많은 자원을 투입하는 것이 아니라, 더 나은 연결 구조를 설계하는 것에 있다. 부분의 효율을 넘어, 전체의 질서를 구성하는 상호작용의 구조를 바라보는 관점이 필요하다. 이러한 통합적 시각이 바로 체계 이론이 기존의 분석 방식과 구별되는 근본적인 전환점이다.

체계 이론이 패러다임 전환을 가져오려면, 우리는 '체계'를 낯설게 바라볼 필요가 있다. 너무 익숙해서 깊이 생각하지 않았던 개념을 체계의 색안경을 쓰고 다시 들여다보는 순간, 우리의 사고방식이 변화할 수 있다. 체계를 새로운 시각에서 바라보는 것은 세상을 이해하는 방식을 근본적으로 전환하는 계기가 된다. 이를 통해 우리는 개별 요소 속에서 보이지 않던 연결을 발견하고, 기존 방식으로 해결할 수 없었던 문제들에 대한 실마리를 찾을 수 있다.

### (2) 환원주의적 이원론과 전일론적 이원성

일반체계이론은 복잡한 체계의 상호작용과 자율성을 이해하는 데 있어 서구의 환원주의적 이원론보다 동양적 전일론적 이원성에 가까운 접근 방식을 취한다.[3] 이는 체계를 개별 요소들의 단순한 집합으로 보지 않고, 그 상호작용 속에서 전체적인 의미와 기능이 형성된다는 점을 강조한다. 이러한 관점을 명확히 하기 위해서는, 흔히 혼용되는 '이원론(dualism)'과 '이원성(duality)' 개념을 구분할 필요가 있다.

환원주의적 이원론은 복잡한 현상을 더 작은 구성 요소로 분해하여 설명하려는 접근법이다. 이 관점에서는 체계가 독립적인 부분들의 조합으로 이루어져 있으며, 각 요소의 특성을 분석하면 전체 체계를 이해할 수 있다고 본다. 예를 들어, 인간의 의식을 신경학적 과정으로 환원하거나, 자동차를 엔진, 변속기, 바퀴 등의 독립 기능으로 나누는 설명 방식이 이에 해당한다. 이러한 접근은 분석의 논리성과 효율성 면에서 유리하기 때문에, 실무 영역에서는 MECE(Mutually Exclusive, Collectively Exhaustive) 원칙으로 구현된다. MECE는 분석 대상이 중복되지 않으면서도 빠짐없이 포함되도록 구조화하는 방식으로, 경영 컨설팅이나 공학적 분석 등에서 널리 사용된다.[4]

반면, 전일론적 이원성은 전체가 단순한 부분의 합을 넘어서는 새로운 구조를 형성한다고 본다. 이는 개별 요소보다 이들 간의 상호작용과 맥락을 중시하며, 체계의 기능과 존재 이유를 결정짓는 것은 이러한 관계 속에서 형성된다고 본다. 예를 들어, 인간의 의식을 단순히 신경학적 과정으로 환원하는 것이 아니라, 사회적 · 문화적 · 심리적 요소들이 결합하여 형성되는 복합적 현상으로 이해하는 방식이 이에 해당한다. 전일론적 이원성의 핵심 개념은 MISI(Mutually Inclusive, Systemically Integrated)로, 체계 내 요소들이 상호 포괄적으로 작용하며 유기적으로 통합된다는 점을 강조한다. 인간의 건강을 예로 들면, 심장, 폐, 신경계, 면역계가 개별적으로 작동하는 것이 아니라 서로 긴밀하게 연결되어 전체적인 건강 상태를 결정하는 것이 MISI 원칙을 적용한 이해 방식이다.

이러한 차이를 종합하면, 환원주의적 이원론은 복잡한 체계를 개별 요소로 분해하여 분석하고, 전일론적 이원성은 요소 간의 상호작용을 통해 전체적 의미를 도

---

3) Zwick, M. (2024). The basic dualism in the world: Object-oriented ontology and systems theory. *Open Philosophy*, 7(1), 20240028.
일반체계이론의 이원성 개념과 동양적 전체론(holism)의 연결을 본격적으로 논의하며, 구조와 기능의 상호작용을 중심으로 체계적 사유를 전개한다.

4) Muller, R. A. (1993). **과학철학입문** (윤용택 역). 서광사.

출하는 방식이라고 할 수 있다. 두 접근법은 상황에 따라 적절하게 활용될 수 있으며, 복잡한 체계를 분석하고 이해하는 데 중요한 통찰을 제공한다. 일반체계이론은 전일론적 이원성의 관점에서 복잡성과 상호작용을 분석하는 이론적 틀을 제공하며, 이를 통해 다양한 체계의 작동 원리를 설명하고 이해하는 데 기여한다.

### (3) 일반체계이론 : 환원주의와 전일주의를 넘어서는 통합의 패러다임

루드비히 폰 베르탈란피의 일반체계이론은 본래 생물학 분야에서 환원주의와 전일주의의 대립을 해결하려는 시도에서 비롯되었다. 환원주의는 개별 요소의 분석을 통해 전체를 설명할 수 있다고 보았지만, 베르탈란피는 생명체와 복잡한 체계가 단순한 요소의 집합을 넘어서는 비선형적 특성을 지닌다고 보았다. 즉, 생명체는 개별 요소들의 단순한 합이 아니라, 상호작용을 통해 새로운 속성이 창발하는 동적인 개방체계이다.[5] 이러한 개념은 생물학을 넘어 심리학, 경제학, 사회학 등 다양한 분야로 확장되며, 개별 요소가 아닌 전체적 상호작용과 구조를 이해하는 새로운 패러다임을 제시한다.[6]

일반체계이론은 비선형적 사고를 강조한다. 전통적 기계론에서는 입력과 출력의 관계가 선형적이며 예측 가능하지만, 현실의 복잡한 체계에서는 요소 간의 상호작용이 예상치 못한 결과를 만들어 낸다. 예를 들어, 생태계에서 특정 종이 멸종하면 단순히 그 종이 사라지는 것이 아니라 먹이사슬과 서식 환경이 변하며 전체 체계가 재구성된다. 마찬가지로, 사회적·기술적 체계에서도 요소 간 관계는 단순한 가산성을 넘어 비선형적 영향을 미친다. 베르탈란피는 이러한 비선형성이 체계의 본질임을 인식하고, 이를 설명할 새로운 과학철학 모델을 구축하고자 했다.[7]

체계이론은 환원주의와 전일주의의 대립을 조정하며, 기계론과 창발성을 조화시키는 새로운 과학철학을 제안한다. 기계론이 강조하는 물리적 법칙과 구조적 질

---

5) Von Bertalanffy, L. (1969). *General system theory: Foundations, development, applications* (Revised ed.). George Braziller.

6) 윤영수, 채승병(2009). **복잡계 개론**. 삼성경제연구소

7) Rousseau, D. (2015). General systems theory: Its present and potential. *Systems Research and Behavioral Science, 32*(5), 522-533.

서를 인정하면서도, 전일주의가 주장하는 창발성과 관계성을 결합하여 기존 환원주의적 설명이 포착하지 못한 복잡성을 포괄한다. 이는 과학적 설명의 한계를 극복하고 다양한 학문을 통합하는 이론적 기반을 제공한다.

이러한 패러다임은 사회·기술 체계를 이해하는 데도 적용된다. 경제 체계에서 개별 시장 참여자의 행동을 분석할 수 있지만, 시장의 움직임은 단순한 행위의 합이 아니라 복잡한 상호작용의 결과로 나타난다.[8] 교육에서도 개별 학습자의 성취만으로 교육 효과를 완전히 평가할 수 없으며, 학습 환경과의 상호작용이 질적 변화를 창출한다고 본다. 이러한 비선형적 관계를 이해하는 것은 과학뿐만 아니라 정책과 실천에서도 필수적이다.[9]

과학철학은 이제 다층적 체계의 역동성을 탐구하는 패러다임으로 진화하고 있다. 일반체계이론은 환원주의가 설명하지 못한 창발성과 복잡성을 분석하는 틀을 제공하며, 단순한 요소들의 합이 아닌 연결과 상호작용이 만들어 내는 새로운 의미를 포착할 수 있도록 한다. 이는 현대의 복잡한 문제를 해결하는 필수적인 사고방식이며, 베르탈란피의 이론은 이러한 체계 사고의 핵심 토대를 마련한다.[10]

## 2. 주요 개념

### (1) 체계란 무엇인가

"체계(system)[11]"라는 단어는 그리스어 'sýstēma'에서 비롯되었으며, 이는 "함

---

8) Schelling, T. C. (2009). **미시동기와 거시행동: 작은 동기와 선택은 어떻게 커다란 현상이 될까** [Micromotives and macrobehavior] (이한중 역). 21세기북스. (원저 1978년 출간).

9) 강일규(2002). 일반시스템이론에 근거한 인적자원개발 정책수립 모형 개발. **직업능력개발연구, 5**(2), 1-34.

10) Pouvreau, D., & Drack, M. (2007). On the history of Ludwig von Bertalanffy's "General Systemology", and on its relationship to cybernetics: Part I: elements on the origins and genesis of Ludwig von Bertalanffy's "General Systemology." *International Journal of General Systems, 36*(3), 281-337.
본 논문은 루트비히 폰 베르탈란피의 '일반체계이론'의 철학적 기원과 역사적 전개를 체계적으로 정리하며, 일반체계이론의 핵심 원칙들(총체성, 개방성, 조절성, 계층성, 목적성 등)을 근대적 체계 과학의 기반으로 재정의하였다.

11) 본 서에서는 'system'을 '체제'가 아닌 '체계'로 번역하였다. '체계(體系)'는 '일정한 원리에 따라

께 결합된 것" 또는 "조직된 전체"를 의미한다. 이 단어는 "syn(함께)"과 "histánai(설치하다)"에서 파생된 것으로, 여러 부분이 상호작용하며 조화를 이루는 하나의 통합된 전체를 나타낸다.

서구 철학 전통에서는 체계가 철학적 논구의 중요한 주제였다. 플라톤은 우주와 국가를 하나의 체계로 보았으며, 이상적인 국가나 우주는 각 구성 요소가 서로 조화를 이루며 작동하는 완전한 체계로 여겼다. 아리스토텔레스 또한 여러 학문 분야에서 체계 접근을 강조하며, 생물학, 물리학, 윤리학 등 다양한 분야가 일관된 단일 원칙에 따라 조직될 수 있다고 보았다. 아리스토텔레스에게 완전한 체계는 아름다움의 전형이었고, 이는 미학적 탐구 대상이기도 했다.[12)]

베르탈란피에 따르면 "체계란 상호 관계 속에 있는 요소들의 집합으로 정의될 수 있다. 상호 관계란, 요소 p가 관계 R 속에 위치할 때, 그 요소 p의 행동이 또 다른 관계 R′ 속에서의 행동과 다를 경우를 의미한다. 만약 R과 R′에서의 행동이 다르지 않다면, 상호작용은 존재하지 않으며, 해당 요소들은 관계 R과 R′에 대해 독립적으로 행동하는 것이다."[13)]

바이오 체계 또는 생태계에는 비생명 체계에는 존재하지 않는 고유한 특징,

---

서 낱낱의 부분이 짜임새 있게 조직되어 통일된 전체'를 뜻하는 말로, '체계가 잡히다/체계를 세우다/정보 통신 체계를 마련하다'와 같이 쓰이는 용어이고, '체제(體制)'는 '생기거나 이루어진 틀('형식'으로 순화), 사회 조직이나 양식'을 뜻하는 말로, '작품의 구성과 체제에 구애되지 않다, 냉전 체제/새로운 지도 체제가 들어서다'와 같이 쓰이는 용어로 일반체계이론의 취지를 고려할 때 '체계'가 더 적합한 한국어 번역이다. [출처: 국립국어원 온라인가나다]

한국 교육공학계에서 system을 '체제'로 번역한 것은 단순히 번역상의 선택이 아니라, systematic과 systemic을 구분하려는 문제의식에서 비롯된 것이다. systematic은 절차와 방법의 일관성을 강조해 '체계적'으로 번역되며, systemic은 전체 차원의 속성을 드러내므로 '체제적'으로 옮겨져야 한다. 이러한 구분 속에서 system을 '체계'라고 칭하면 혼동이 생길 수 있어, 교육공학자들은 system을 '체제'로 번역해 교육이라는 조직적 총체를 가리키는 표현으로 사용하게 된 것이다. 따라서 체계는 구조와 관계의 일반성을 드러내는 개념이고, 체제는 사회적·제도적 맥락에서 작동하는 전체적 단위를 강조하는 용법이라 할 수 있다.

12) Charles, D. (2000). *Aristotle on meaning and essence* (*Oxford Aristotle Studies Series*) (1st ed.). Clarendon Press.

13) Von Bertalanffy, L. (1969). *General system theory: Foundations, development, applications* (Revised ed.). George Braziller.
원문은 "A system can be defined as a set of elements standing in interrelations. Interrelation means that elements, p, stand in relations, R, so that the behavior of an element p in R is different from its behavior in another relation, R′. If the behaviors in R and R′ are not different, there is no interaction, and the elements behave independently with respect to the relations R and R′."

곧 '조직(organization)[14]'이라는 개념이 핵심적으로 작동한다. 이 조직은 단순한 배열이 아니라 '지향성(directionality)'을 전제로 하는 동적 현상이며, 살아 있는 체계에서만 나타나는 특수한 구조적 속성이다. 살아 있는 체계는 외부 자극에 수동적으로 반응하는 것이 아니라, 일정한 목적을 향해 자율적으로 자신의 구조와 기능을 조정하고 조직화한다. 인간 역시 그러한 바이오 체계로서, 외삽적 도구 사용과 기술 매개적 인지 확장을 통해 점진적으로 자기설계적 존재로 진화해 왔다. 그리고 이 진화는 단순한 정보의 누적이 아니라 목적 지향적 상호작용의 반복과 조정이라는 고유한 조직화 과정을 통해 이루어진다.

이러한 관점에서 교육공학, 특히 교수학습체계를 초점 체계로 삼는 교육이론은 구성 요소들의 단순한 조합이나 병렬적 나열로 설명될 수 없다. 교육(공)학에서 교수학습체계를 논할 때, 우리는 그것이 각기 다른 요소들이 마치 조립식으로 결합된 장치가 아니라, 공통된 방향성을 향해 상호작용하며 작동하는 살아 있는 체계라는 점을 분명히 해야 한다. 즉, 교수학습체계는 '목표를 향하여'라는 지향성을 전제로 하며, 이 지향성 아래에서 각 요소가 조직되고 기능할 때 비로소 의미 있는 교육체계가 형성된다.[15]

체계를 "목표를 향하여 상호작용하는 부분들로 구성된 전체"로 정의할 때, 여기서 '목표'라는 개념은 인간 중심적 의미로 해석될 수 있다. 그러나 체계는 인간이 설계한 조직뿐만 아니라, 동식물 생태계나 무생물 체계에서도 동일한 원리로 작동할 수 있다. 따라서 '목표'라는 표현을 보다 일반적인 개념인 '지향성(指向性, directionality)'으로 확장할 필요가 있다.

---

14) 여기서 말하는 조직은 단순한 배치나 배열이 아니라, 각 요소들이 상호의존적 관계 속에서 전체의 기능과 생존을 가능케 하는 구조적·기능적 통일성을 의미한다. '조직(organization)'이라는 용어는 본래 '유기체(organism)'라는 생물학적 개념에서 유래하였다. 'organism'은 라틴어 organon에서 비롯되며, 이는 '도구' 혹은 '기능 단위'를 뜻하는 말로, 생명체 내부의 여러 기관(organ)들이 유기적으로 연결되어 전체를 구성한다는 의미를 담고 있다. 따라서 조직이란 단순히 부품들이 결합된 상태가 아니라, 각 부분이 전체의 생존과 자기유지를 위해 '기능적으로 분화되고, 구조적으로 통합된 상태'를 가리킨다. 비생명 체계에서도 구조(structure)는 존재하지만, 그 구조는 외부 설계자에 의해 구성된 정적인 배열에 불과하다. 반면, 생명 체계에서의 조직은 내적 규칙과 상호작용을 통해 스스로 구성되고 유지되며 변화하는 자기조직적(self-organizing) 성격을 지닌다. 이러한 점에서 '조직'은 생물학적 체계의 존재 조건이자, 자기생산 체계의 핵심 작동 원리로 간주된다.

15) Kaufman, R., & Guerra-Lopez, I. (2013). *Needs assessment for organizational success.* ATD Press.

'지향성'은 특정한 최종 상태를 향해 체계가 스스로 작동하는 성질을 의미하며, 이는 인간의 의식적 목표와 무관하게 자연적 체계 전반에 적용될 수 있다. 예를 들어 생명체는 생존과 번식을 향한 지향성을 가지며, 생태계는 항상성을 유지하는 방향으로 작동한다. 무생물적 체계에서도 물리적 ·화학적 법칙에 따라 특정한 균형 상태, 예컨대 열역학적 평형을 향해 움직이는 지향성이 존재한다. 이러한 관점에서 지향성은 단순히 인간 의식의 구조로 한정된 개념이 아니라, 존재하는 모든 체계가 공유하는 일반적 성질로 이해될 수 있다.

후설과 브렌타노는 지향성을 인식론적 차원에서, 즉 의식이 대상을 향해 나아가는 구조로서 설명하였다. 하이데거는 이를 존재론적 차원으로 확장하여, 세계-내-존재로서 인간이 사물을 전재성과 용재성의 방식으로 드러내는 과정을 통해 존재의 양식을 기술하였다. 그러나 체계이론에서 말하는 지향성은 인간 주체의 인식이나 존재 이해를 넘어, 생명체와 사회적 체계, 나아가 무생물적 체계와 우주 전체에 보편적으로 나타나는 일반적 성질로 자리 잡는다. 체계는 그 내부 구조와 환경과의 관계 속에서 스스로 방향성을 설정하고, 이 방향성은 개별 의식이나 주관을 넘어선 우주의 보편적 질서로 드러난다.

따라서 체계이론은 현상학의 인식론적·존재론적 지평을 매개하면서도 그것을 넘어선다. 지향성은 더 이상 인간 경험의 분석이나 존재 방식의 철학적 기술에 한정되지 않고, 생명·사회·무생물·우주 전체에 걸쳐 보편적으로 작동하는 체계의 일반적 성질로 확장된다. 이때 체계이론은 단순한 은유적 서술이 아니라, 자연과 문명, 인간과 비인간을 아우르는 우주적 질서에 대한 보편적 존재론으로 기능하게 된다.

이 정의에 따르면, 동일한 부분으로 구성된 체계라도 지향성이 달라지면 상호작용 방식이 변화하고, 그 결과 전체의 특성도 완전히 달라질 수 있다. 이는 체계 혁신이 부분의 교체나 추가 없이도 가능하다는 점을 시사한다. 동일한 자원과 구성요소를 유지하면서도 지향성을 새롭게 설정하면, 새로운 기능과 구조가 창출될 수 있기 때문이다. 예를 들어, 한 조직이 기존에는 비용 절감을 지향했다가 혁신을 지향하게 되면, 동일한 인력과 자원으로도 전혀 다른 방식의 협업과 의사 결정 구조가 형성될 수 있다. 마찬가지로, 생태계에서 기후 변화로 인해 환경 조건이 바뀌면, 기존의 종들이 새로운 균형을 이루기 위해 상호작용 방식을 변화시키며, 이는 생태계 전체의 구조적 변화를 초래할 수 있다.

따라서 체계를 변화시키는 가장 근본적인 방법 중 하나는 단순히 새로운 요소를 추가하는 것이 아니라, 지향성을 새롭게 설정하고 이에 맞춰 상호작용 방식을 조정하는 것이다. 이는 체계 혁신이 반드시 구성 부분의 조정 없이도 가능하며, 기존 요소들의 관계와 작동 방식을 재구성하는 것만으로도 새로운 형태의 창발성을 유도할 수 있음을 의미한다.

지향성은 체계의 방향성을 결정하고, 부분들이 어떻게 상호작용할지를 규정한다. 개별 요소들이 단독으로 작용할 때는 단순한 기능을 수행하지만, 특정 지향성을 중심으로 조직화되면 독립적으로는 존재하지 않던 새로운 속성이 나타난다. 생명체는 단순한 세포의 집합이 아니라 생존과 번식을 지향하는 체계이며, 조직은 개별 구성원들의 역할 수행을 넘어 공동의 목표를 지향할 때 더 큰 성과를 창출한다.[16] 이는 전체가 부분의 단순한 합이 아니라는 것을 의미한다.

상호작용은 부분들 간의 관계 속에서 에너지, 정보, 물질이 교환되도록 하며, 이를 통해 단순한 합을 넘어서는 창발적 현상이 발생한다. 각각의 뉴런 그 자체는 의식을 가지지 않지만, 뉴런이 상호 연결된 체계인 뇌에서 사고와 감정 같은 고차원적 기능이 나타나는 것이 대표적인 예이다.[17] 체계가 작동하는 방식은 선형적이지 않으며, 개별 요소들의 단순한 합으로는 예측할 수 없는 새로운 결과가 드러난다.

전체의 지향성과 부분 간의 상호작용은 서로 분리될 수 없는 관계에 있다. 목표는 상호작용의 방향성을 제공하며, 상호작용은 목표를 달성하는 구체적 메커니즘을 형성한다. 조직이 지속 가능한 성장을 지향한다면, 개별 부서와 구성원들은 단순히 독립적인 역할을 수행하는 것이 아니라, 목표 달성을 위해 협력하고 조정하게 된다. 이 과정에서 개별 구성원의 역량을 초월하는 집단적 성과가 창출되며, 이는 조직이 단순한 개인들의 성과 합산이 아니라는 점을 보여준다.

### (2) 지향성의 3유형: 의도성, 주향성, 기능성

지향성(directionality)은 체계가 단순한 부분들의 집합을 넘어 작동하는 전체로

---

16) Mayr, E. (2016). **이것이 생물학이다** [This is biology: The science of the living world] (최재천, 고인석, 김은수, 박은진, 이영돈, 황수영, 황희숙 역). 바다출판사. (원저 1998년 출간).

17) Noë, A. (2010). *Out of our heads: Why you are not your brain, and other lessons from the biology of consciousness*. Hill & Wang.

기능하게 만드는 핵심 요소이다. 지향성이 없는 체계는 단순한 물질적 결합에 불과하며, 변화하지 않는 사체나 작동을 멈춘 기계와 다를 바 없다. 체계가 동적으로 유지되고 변화하며 작동하는 것은 모두 지향성을 갖기 때문이다. 지향성은 체계가 작동하는 방식과 방향을 결정하는 요소이며, 이는 크게 의도성(intentionality), 주향성(走向性, taxis), 기능성(functionality)으로 구분될 수 있다.

베르탈란피는 그의 『일반체계이론(General System Theory)』에서 이러한 지향성의 개념을 명시적으로 다룬다. 그는 생명 체계와 같은 '열린 체계'가 환경과 끊임없이 에너지와 물질을 교환하며, 이 과정에서 일정한 '목표지향적 질서'를 스스로 유지한다고 주장한다. 이때 그는 지향성이라는 개념을 '목적성(telos)'과 사실상 동의어처럼 사용하며, 목적을 향해 움직이는 체계야말로 진정한 의미의 '살아 있는 체계'로 간주하였다. 특히 그는 폐쇄체계는 평형에 도달한 후 정지하는 데 반해, 열린 체계는 목적에 의해 조절되는 지속적인 흐름 속에서 동적 평형을 유지한다고 강조하였다. 이는 체계의 작동이 단순히 에너지 교환을 넘어서, 목적성을 내포한 방향성을 따른다는 뜻이다.

결과적으로 베르탈란피에게 '지향성'은 생명체의 작동 원리를 설명하는 핵심 개념이자, 체계가 창발성과 자기조직성을 갖기 위한 존재론적 조건이다. 교육공학이나 사회 체계 설계에서도 체계를 단순히 기능적 모듈의 조합이 아니라 '목표를 향한 방향성을 가진 유기체적 구조'로 이해해야 한다는 통찰이 여기서 도출된다.

인간의 지향성은 의도성을 띤다. 이는 인간이 스스로 목표를 설정하고, 목적을 추구하며, 환경과 상호작용하는 자율적 체계이기 때문에 나타나는 특성이다. 의도성은 사고하고 계획하며 미래를 향해 방향을 설정하는 능력을 포함한다. 인간은 학습을 통해 새로운 지식을 습득하고, 예술작품을 창작하며, 기술을 개발하는 등 스스로 목표를 설정하고 실행하는 과정을 통해 의도성을 발현한다. 이는 단순한 반응이 아니라, 지각, 사고, 감정, 문화적 맥락이 결합된 복합적인 과정이다. 의도성은 인간이 환경을 능동적으로 해석하고 변형할 수 있는 능력을 부여하며, 이를 통해 인간은 단순한 생존을 넘어 창의적이고 윤리적인 존재로 발전할 수 있다.

동물의 지향성은 주향성으로 나타난다. 주향성은 환경 자극에 대한 반응으로 나타나는 방향성을 의미하며, 생물학적 본능과 신경계 반응을 기반으로 작동한다. 예를 들어, 곤충이 빛을 향해 이동하는 주광성(phototaxis), 물고기가 흐름을 따라 헤엄치는 주류성(rheotaxis), 식물이 태양을 향해 성장하는 굴광성(phototropism) 등이 이에 해당한다. 주향성은 생존과 번식을 위한 필수적 기제로 작용하며, 개별적인 사고보다는 유전적 프로그램, 즉 DNA 염기서열 정보에 의해 조절된다. 이 프로그램은 인공지능의 프로그램과 달리 역사적 산물이며, 따라서 개별과학인 진화 생물학의 연구 대상이다. 동물의 주향성은 환경에 대한 적응적 반응을 통해 생존을 최적화하는 데 초점이 맞춰져 있으며, 이는 인간의 의도성과는 달리 목표 설정이나 계획적 사고를 포함하지 않는다.

인공물의 지향성은 기능성으로 나타난다. 인간이 설계한 기계, 도구, 체계는 특정한 기능을 수행하도록 만들어지며, 자체적으로 목표를 설정하지는 않지만, 인간이 부여한 목적을 수행하는 방향으로 작동한다. 컴퓨터는 정보를 처리하고, 자동차는 이동을 가능하게 하며, 교수학습 체계는 학습을 지원하는 방식으로 기능성을 갖는다. 이러한 체계는 설계 원리와 구조적 구성 요소에 의해 작동 방식이 결정되며, 사용자의 목적에 따라 조정될 수 있다. 기능성은 인공물이 인간의 의도성을 보조하거나 확장하는 역할을 하며, 이를 통해 인간은 더 복잡한 문제를 해결하고 새로운 가능성을 탐구할 수 있다.

지향성의 세 유형은 체계의 성격을 구분하는 중요한 기준이다. 인간은 목표를 설정하고 행동하는 의도성을, 동물은 환경 자극에 반응하는 주향성을, 인공물은 설계된 목적을 수행하는 기능성을 통해 각기 다른 방식으로 지향성을 구현한다. 이는 체계가 단순한 물리적 구조만으로 규정되지 않고, 지향하는 방향과 작동 방식에 따라 전혀 다른 성격을 가질 수 있음을 보여준다. 따라서 지향성을 이해하는 것은 인간, 생명체, 인공적 체계를 보다 명확하게 구별하고 분석하는 데 중요한 역할을 한다. 지향성은 체계의 동적 특성과 창발적 가능성을 이해하는 데 필수적인 개념이며, 이를 통해 우리는 다양한 체계의 작동 원리와 상호작용 방식을 더 깊이 탐구할 수 있다.

### (3) 상호작용

상호작용은 전체를 구성하는 두 개 이상의 부분 간에 일어나는 물리적, 개념적, 사회적 활동이다. 상호작용은 참여하는 부분의 자율성 수준에 따라 세 가지 유형으로 구분할 수 있다.

첫째, 참여하는 부분 모두가 자율적일 경우, 좁은 의미의 상호작용이 일어난다. 이 경우 한쪽의 작용은 상대방에게 영향을 미치며, 상대방은 단순 반응이 아니라 내부적 조절 과정을 거쳐 반응한다. 이렇게 나타난 반응은 다시 처음 작용한 쪽의 자율적 반응을 불러일으키며, 이러한 과정은 연속적으로 반복된다. 이와 같은 상호작용은 양측의 반응을 예측하기 어렵고, 각 주체는 지속적인 조절 행위를 통해 상호작용에 참여한다. 특히 이 과정에서 초기 조건이나 개별 작용만으로는 예측할 수 없는 새로운 질서나 패턴이 생성되는 창발 현상이 발생하기도 한다. 이러한 상호작용은 정적이지 않고 끊임없이 진화하는 동적 과정이며, 이는 체계가 정지된 상태가 아니라 변화 속에 존재함을 의미한다.

둘째, 한쪽이 자율적인데 반대쪽이 비자율적일 경우, '작용 – 반작용' 형태의 상호작용이 일어난다. 이 경우 자율성을 가진 주체는 상대방의 반응을 일정 부분 예측할 수 있으며, 자신의 작용 결과를 예상하고 조정할 수 있다. 상대방에 대한 이해도가 높을수록, 보다 정교한 예측과 조정이 가능해진다. 그러나 예측이 빗나간 경우에는 피드백을 통해 자신의 행동을 수정하고 조절함으로써 예측의 정밀도를 높여 나간다. 이는 환경과의 상호작용을 최적화하는 과정이며, 학습과 적응의 기제로 작동한다. 이러한 상호작용의 예로 인간과 기계를 들 수 있다. 인간은 자율적 존재로, 도구나 기계 같은 비자율적 대상을 다루면서 특정한 결과를 얻고자 한다. 예를 들어, 사람이 컴퓨터 프로그램을 사용하여 특정 명령을 입력하면, 컴퓨터는 그 명령에 따라 정해진 방식으로 반응한다. 사용자가 프로그램을 깊이 이해하고 있다면, 원하는 결과를 정확하게 도출할 수 있지만, 예상과 다른 오류가 발생할 경우 사용자는 피드백을 반영하여 입력 방식을 수정하고 다시 실행할 수 있다. 이 과정에서 인간은 체계에 대한 학습을 지속하며, 점차 더 효과적인 방법을 찾게 된다.

반면, 양쪽 모두 비자율적일 경우, 외부에서의 작용이 없다면 어떤 형태의 상호작용도 발생하지 않는다. 예를 들어, 물리적 체계에서 두 개의 무생물 객체가 서로 아무런 외부 자극 없이 존재하고 있다면, 그들 간의 작용도, 반작용도 존재하지 않는다. 양쪽 모두 비자율적인 경우라도 외부의 힘에 의해 결합되는 예외적인 상황이 있을 수 있다. 예컨대, 수소 분자와 산소 원자가 2:1의 비율로 결합하여 물이라는 새로운 분자가 탄생하는 현상이 이에 해당한다. 그러나 이러한 결합은 외부 에너지나 조건이 개입되어야 일어나는 것으로, 스스로의 목적이나 의지에 따라 생성된 것이 아니라는 점에서 자율적 현상은 아니다. 마찬가지로, 교수자가 가르치려 하지 않고, 학생도 학습하려 하지 않는다면, 교수학습 과정에서의 의미 있는 상호작용은 발생하지 않는다. 이 같은 경우, 자율적 개입이나 외부적인 작용이 있어야만 체계가 변화할 수 있으며, 그렇지 않다면 정지 상태에 머무르게 된다.

셋째, 자율적 부분의 내부에서 발생하는 유형으로, 자율적 체계를 구성하는 하위 요소들 간의 조절 과정이다. 자율적 체계 내부에는 최소한 두 가지 기능이 존재하는데, 하나는 직접적인 행위를 담당하는 '행위자', 다른 하나는 이를 감시하고 조정하는 '통제자'이다. 즉, 자율적 체계는 스스로를 대상으로 삼아 관찰하고 분석하며 평가하는 3인칭 시점의 자아를 형성한다. 이를 내부 작용(intra-action)이라고 하며, 인간의 자기 성찰(self-reflection)이나 자기 조절(self-regulation), 인공지능의 재귀(recursion)와 같은 과정이 이에 해당한다. 내부 작용은 단순한 반응이 아니라 체계 내부의 균형을 유지하고 방향성을 조정하기 위해 지속적으로 이루어지는 조절 과정이다.[18]

내부 작용의 핵심은 자율적 체계가 외부의 자극이나 피드백에 단순히 반응하는 것이 아니라, 자신의 상태를 스스로 평가하고 수정하며 적응한다는 점이다. 인간의 경우, 이는 메타인지로 표현되며, 학습자가 자신의 학습 상태를 점검하고 학습 전략을 조정하는 과정으로 나타난다. 예를 들어, 학생이 시험을 준비하는 과정에서 특정 개념이 잘 이해되지 않는다고 판단하면, 이를 보완하기 위해 추가적인 자료를 찾거나 복습 전략을 변경하는 것은 전형적인 내부작용의 사례이다.

인공지능 체계에서도 내부 작용은 중요한 개념이다. 딥러닝 모델에서 재귀적 학습(recursive learning)이나 강화 학습 과정에서, 인공지능은 자신의 예측 결과를 분석하고 피드백을 받아들이며 학습 가중치를 조정하여 성능을 향상시킨다.[19] 이는 단순한 입력-출력 체계가 아니라, 스스로를 평가하고 개선하는 자율적 조절 과정을 포함한다는 점에서 인간의 학습 과정과 유사한 면을 보인다.

이러한 내부 작용은 자율적 체계의 학습을 가능하게 한다. 인간, 인공지능과 같은 자율적 체계에서 내부 작용은 학습을 통해 환경 변화에 적응하는 핵심 기제로 작동한다. 이 점은 이 책의 주제인 교수학습 현상을 설명하는 더 핵심 개념으로 다뤄질 것이다. 교수학습체계에서 학습자가 단순히 외부 정보를 흡수하는 것이 아니

---

18) Renze, M., & Guven, E. (2024). Self-reflection in LLM agents: Effects on problem-solving performance. arXiv preprint arXiv:2405.06682.

19) Yang, W., Zhang, J., Liu, X., & Ye, Y. (2025). Online reinforcement learning-based dynamic adaptive evaluation function for real-time strategy tasks. arXiv preprint arXiv:2501.03824.

라, 자신의 학습 과정을 점검하고 수정하며 발전시키는 과정이 내부 작용의 대표적 사례이다. 마찬가지로, 학습자가 스스로 목표를 설정하고 학습 경로를 조정하며 피드백을 활용하는 과정도 내부 작용을 통해 이루어진다.

이처럼 세 가지 상호작용 유형은 체계가 개별 요소들의 단순한 집합이 아니라, 끊임없이 조정되고 진화하는 동적인 구조임을 설명하는 틀을 제공한다. 이는 인간의 학습 과정, 조직 운영, 인공지능 발전 등 다양한 맥락에서 체계적 사고를 통해 문제를 해결하고 혁신을 이루는 기반이 된다.

### (4) 체계의 구조: 핵심 구성 개념

체계의 기본 개념을 바탕으로, '부분'과 '전체'의 관계, 체계의 위계성, 부분과 전체 간의 상호인과성, 그리고 체계의 경계, 정체성, 자율성과 같은 핵심 구성 개념들에 대해 보다 심화하여 탐구하고자 한다. 이들은 단지 체계를 구성하는 요소가 아니라, 체계가 살아 있는 유기적 질서로서 작동하기 위한 존재론적 조건이자 작동 원리에 해당하며, 복잡계로서의 인간, 사회, 문명, 교육 체계를 이해하는 데 결정적인 이론적 기반이 된다.

#### 1) '부분'과 '전체'

체계를 구성하는 '부분'과 '전체'의 관계는 체계 이론의 핵심 개념 가운데 하나로, 단순한 물리적 집합을 넘어 복합적인 조직 구조로서의 체계를 이해하는 데 중요한 이론적 기반이 된다. 이는 다음의 [그림 1]과 같이 구체화될 수 있다. [그림 1]에 제시된 체계 A와 체계 B는 다음 세 가지 측면에서 서로 구별된다. 첫째, 요소의 수에서 차이가 있다. 체계 A는 4개의 요소로, 체계 B는 5개의 요소로 이루어져 있으며, 이 차이는 체계의 구조와 기능에 직결된다.

둘째, 구성 요소의 특성이 다르다. 체계 B는 체계 A와는 다른 성질이나 기능을 지닌 요소들로 이루어질 수 있으며, 이러한 차이는 전체 체계가 작동하는 방식에 직접적이고 결정적인 영향을 미친다.

셋째, 요소 간의 상호작용 방식에서 구조적 차이가 나타난다. 동일한 요소로 구성되어 있더라도, 요소 간의 연결 구조와 상호작용 양식에 따라 체계 전체의 행동과 특성이 달라질 수 있다. 예컨대, 체계 A는 단순한 선형 연결 구조지만, B는

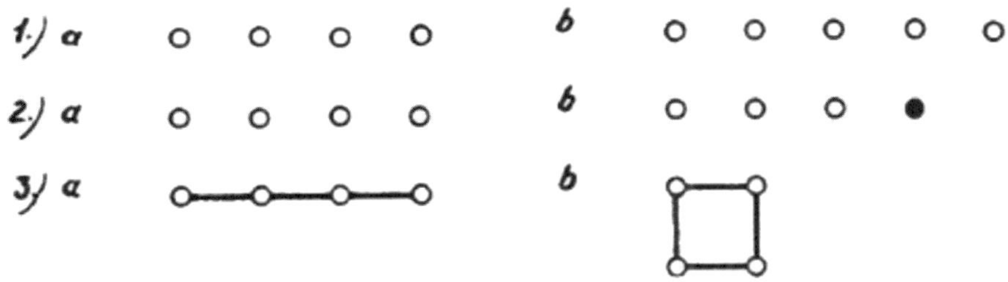

그림 1 부분과 전체(Von Bertalanffy, 1969, p. 54에서 전재)

보다 복잡한 네트워크 구조를 갖추고 있다. 따라서 체계 A와 B가 서로 다른 행동을 보일 때, 단순히 각 체계의 하위 요소를 환원적으로 분석하는 것만으로는 그 차이를 명확히 설명할 수 없다.

[그림 1]에 나타난 바와 같이, 체계는 각 요소들의 단순한 합이 아닌, 상호작용의 방식에 따라 전체적인 특성이 결정되는 복합적인 구조를 가지고 있다. 이는 체계 이론의 핵심 개념 중 하나로, 요소 간의 관계성과 조직화된 구조가 체계의 행동과 속성을 결정하는 중요한 요인임을 보여준다.

이처럼 체계는 구성 요소들의 단순한 합이 아니라, 그들 간의 조직화된 관계와 상호작용 방식에 따라 새로운 특성을 지닌 전체로 기능하게 된다. 환원주의적 분석만으로는 이러한 전체적 성격을 설명하기 어렵기 때문에, 체계를 분석할 때는 부분과 전체의 유기적 관계와 그 작동 양상을 함께 고려해야 한다.

부분과 전체의 차이는 물 분자($H_2O$)와 물, 개인과 공동체, 단어와 소설의 관계를 통해 설명될 수 있다. 이 사례들은 각각 물리적, 개념적, 사회적 차원에서 체계가 어떻게 작동하는지를 보여준다. 부분들이 상호작용하면서 전체를 형성하는 과정에서 단순한 합 이상의 특성이 창발되며, 이를 통해 체계의 본질을 이해할 수 있다.

먼저, 물은 수소 원자 2개와 산소 원자 1개로 이루어진 물 분자가 일정한 방식으로 상호작용하면서 형성된다. 개별 물 분자만으로는 점성, 표면장력, 삼투압 등 물의 물리적 특성을 설명할 수 없으며, 수소 결합과 같은 분자 간 상호작용이 일어날 때야 비로소 '물'이라는 전체 체계의 성질이 드러난다.

개인과 공동체의 관계에서도 동일한 원리가 적용된다. 단순히 개인이 모인다고 해서 자동적으로 공동체가 형성되지는 않는다. 공동체는 개인 간의 관계, 역할, 규범, 문화 등 다양한 사회적 요인을 바탕으로 유기적인 구조를 갖춘다. 그 결과

법, 도덕, 시장경제와 같은 구조는 개별 개인이 단독으로 수행할 수 없는 창발적 속성으로 나타난다.

단어와 소설의 관계에서도 유사한 원리가 작용한다. 단어는 개별적으로 존재할 수 있지만, 단순히 나열된다고 해서 소설이 되지는 않는다. 단어들이 문법과 문맥에 따라 배열될 때에야 문장이 되고, 문장들이 구조적으로 결합될 때 비로소 소설이라는 하나의 체계가 창발된다. 이때 전체는 단어들의 단순한 합을 넘어 새로운 의미와 구조를 생성한다.

최근 생성형 인공지능은 부분-전체 관계를 잘 보여주는 사례이다. 생성형 AI, 특히 LLM(대규모 언어 모델)은 개별 단어(토큰)의 단순 예측이 아니라, 문맥적 연결과 의미의 흐름을 고려해 텍스트를 생성한다. 이는 개별 요소들의 조합이 단순한 통계 처리를 넘어 고차원의 의미 구조를 창출한다는 점에서, 비선형적이고 창발적인 체계의 특성을 잘 보여준다. 이러한 예시들은 물리적, 개념적, 사회적 차원에서 '부분'과 '전체' 간의 비선형적 관계를 잘 보여주며, 체계란 단순한 요소들의 집합이 아닌, 이들이 관계 맺고 작용하는 방식에 따라 새로운 질서를 형성한다는 점을 공통적으로 강조한다. 따라서 체계를 이해하는 데 있어 핵심은 개별 요소의 특성 분석뿐 아니라, 그 상호작용과 조직화된 구조를 종합적으로 조망하는 것이다.

### 2) 부분-전체 체계 간 위계성

체계 위계(system hierarchy)는 체계를 상위와 하위의 다층적 구조로 이해하는 방식으로, 같은 요소라도 분석의 초점에 따라 전체이자 동시에 부분으로 기능한다. 예컨대 원자는 독립적인 전체이면서도 산소 분자의 부분이며, 산소 분자는 다시 물 분자의 구성 요소가 되고, 물은 인간 신체의 일부로, 신체는 다시 사회라는 상위 체계에 포함된다. 이처럼 어떤 요소가 '부분'인지 '전체'인지는 절대적 기준이 아니라 상대적 관점에 따라 결정된다. 이를 기준으로 분석 단위는 초점 체계(focal system), 그 하위의 하위 체계(sub-system), 그리고 그것을 포함하는 상위 체계(supra-system)로 구분된다.

체계 위계는 각 계층 간의 상호작용을 통해 새로운 특성이 창발한다는 점에서 중요하다. 예를 들어, 개별 원자가 결합하여 분자를 형성할 때 물리적 성질만으로는 설명할 수 없는 화학적 속성이 드러나며, 수소와 산소가 결합하여 생성된 물은 두 원소의 개별 특성과는 전혀 다른 성질을 지닌다. 이러한 원리는 교육 체계에서도 동일하게 적용된다. 개별 학습자 수준의 분석으로는 집단의 거시적 학습 패턴을 설명하기 어렵고, 집단의 통계적 분석으로는 개인의 학습 경험과 변화 과정을 충분히 이해할 수 없다. 따라서 체계의 위계적 구조를 이해하려면 각 계층에서 발생하는 독특한 현상에 주목하고, 이에 적합한 분석 틀과 학문적 접근이 요구된다. 물리학이 원자의 상호작용을, 화학이 분자의 성질을, 생물학이 생명체의 복잡성을, 사회과학이 인간 집단의 상호작용을 다루듯, 교육학 역시 학습자 개인과 집단이라는 서로 다른 분석 수준을 아우를 수 있는 설명 도구가 필요하다.

이러한 위계성을 전통적인 분류체계(taxonomy system)와 혼동해서는 안 된다. 분류체계는 개별 요소를 명확히 구분하고, 상호배타적(mutually exclusive, collectively exhaustive, MECE)으로 전체를 구성하려는 방식이다. 예를 들어, 생물을 동물과 식물로 나누고, 포유류·조류 등으로 다시 세분하는 방식이 이에 해당한다. 반면, 일반체계이론에서의 위계성은 구조적 분류가 아니라, 상호작용성과 창발성에 중점을 둔다. 여기서 체계는 단지 분리 가능한 요소들의 집합이 아니라, 각 요소들이 상호작용을 통해 전체의 속성을 형성해 나가는 유기적 통합체로 이해된다.

이와 같은 사고방식은 MECE보다는 MISI(mutually inclusive, systemically interactive)라고 표현할 수 있다. 즉, 체계 내 요소들은 명확히 분리되기보다는 상호 포함되어 있으며, 정적인 구조보다는 동적인 관계망 속에서 의미를 지닌다. 따라서 체계의 위계를 이해하는 핵심은, 각 계층의 독립성뿐만 아니라 그들 간의 연결성과 상호작용이 어떻게 전체 특성을 창출하는지를 파악하는 데 있다.

### 3) 위계 내 수직적-수평적 상호작용

모든 체계는 더 큰 체계의 일부로 작용하는 동시에 내부적으로 여러 하위 체계를 조정하며 존재한다. 또한, 동일한 수준에 있는 여러 체계들과 협력하거나 경쟁하며 다양한 형태의 관계를 형성한다. 예를 들어, 인간의 신체는 개별 기관들이 유기적으로 결합된 하나의 체계이자, 사회라는 상위 체계의 일부로 기능한다. 한 개인은 가족, 직장, 지역사회 등 다양한 체계와 관계를 맺고 있으며, 이러한 상호작용을 통해 지속적으로 변화하고 조정된다.

체계 간의 관계에서 중요한 것은 위-아래를 가르는 계층적 위계 구조가 아니라, 체계들이 서로 영향을 주고받는 상호작용의 유형과 강도이다. 상위 체계와 하위 체계 간의 관계는 일반적으로 방향성을 가지지만, 정보, 자원, 에너지가 흐르는 방식은 단순한 일방향적 구조가 아니라 피드백을 포함하는 동적 상호작용이다. 수직적 관계가 위계 구조 내의 흐름을 나타낸다면, 수평적 관계는 동일 수준의 체계 간에서 이루어지는 협력, 경쟁, 조율과 같은 작동 양상을 포괄한다. 이들 관계는 각각의 체계가 어떠한 방식으로 외부와 상호작용하는지에 따라 다른 특성을 형성한다.

체계 사고는 이러한 수직적·수평적 상호작용의 관계성을 분석 대상으로 삼는다. 단순히 개별 요소에 집중하는 환원주의적 접근을 넘어서, 전체 체계가 어떻게 복잡하게 연결되어 있고, 그 속에서 어떤 작동 원리와 변화가 발생하는지를 파악하는 것이 중요하다.

체계의 위계 구조를 이해하는 것은 단순한 구성 요소들의 조합을 넘어, 각 요소와 전체 간의 동적 관계를 분석하는 데 결정적이다. 이러한 통찰은 학문적 분석뿐만 아니라 교육, 조직 운영, 사회 체계 설계 등 다양한 실제 맥락에서 유용하게 적용된다. 모든 체계는 상호 연결된 네트워크 속에서 작동하며, 개별 체계들은 고립된 단위가 아니라, 지속적인 상호작용을 통해 유기적으로 변화하는 존재이다. 결국 체계적 사고는 복잡한 문제 해결을 위해 요소 간 관계성과 변화의 동학을 포착하는 인식의 틀을 제공하며, 이는 환원주의가 다다를 수 없는 복잡성의 해석과 대응을 가능하게 한다.

### 4) 부분-전체 상호인과성

부분과 전체는 서로가 존재할 수 있도록 하는 상호인과적 관계에 있다. 즉, 부분은 전체를 구성하고, 전체는 부분의 존재 이유를 규정한다. 에셔의 그림 '그리는 손'([그림 2])은 이러한 관계의 역동성을 시각적으로 상징한다. 어느 손이 그리는 주체이고, 어느 손이 객체인지 구분할 수 없는 이 형상은 부분과 전체가 끊임없이 서로를 생성하고 변화시키는 과정을 보여준다.

일반체계이론은 이러한 관계를 상방 인과성(upward causality)과 하방 인과성(downward causality)이라는 두 가지 방향성으로 설명한다. 상방 인과성은 부분이 모여 전체를 구성하는 과정을 가리킨다. 예컨대 교재, 수업지도안, 평가 도구와 같은 개별 요소가 결합하여야만 '수업'이라는 전체가 성립하며, 인간의 신장이나 사지가 없이는 생명체로서 기능할 수 없는 것과 같다. 반대로 하방 인과성은 전체가 부분의 기능과 의미를 규정하는 관계이다. '수업'이라는 개념이 없다면 교재는 단지 인쇄물에 불과하고, 신체라는 통합적 체계가 없으면 신장은 생리적 기능을 수행할 수 없다. 이러한 구조적 위계는 체계의 의미 생성과 통일성을 설명하는 핵심 원리이다.

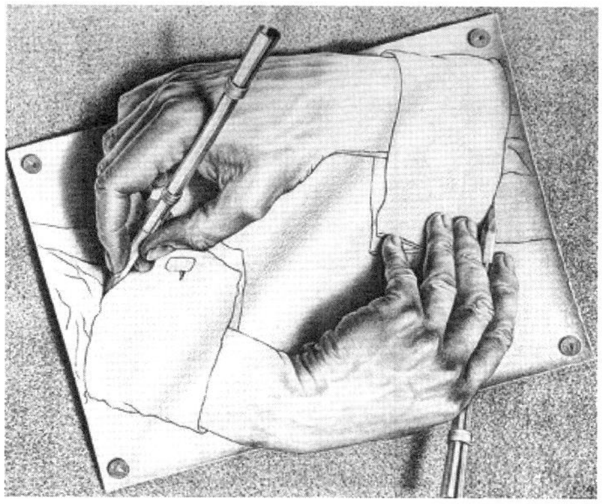

그림 2 그리는 손(Escher, 1948)

이 원리는 신장 이식 사례를 통해 구체화된다. 신장은 A의 몸 안에서는 정상적인 기능을 수행하지만, 분리된 순간 기능을 상실하며, 다시 B의 몸에 이식될 때 새로운 체계의 일부로 작동하게 된다. 같은 장기라도 어떤 전체 안에 속하느냐에 따라 기능과 의미가 달라진다. 이처럼 부분은 전체와의 관계 속에서만 의미를 획득한다.

공상과학 서사에서 종종 다뤄지는 뇌 이식의 상상은 체계 이론적 관점에서 성립하기 어렵다. 뇌는 독립적인 사고 기관이 아니라, 신체와 환경과의 상호작용 속에서 작동하는 구성 요소이다. 단순히 뇌를 다른 신체나 기계에 이식한다고 해서 동일한 자아나 정체성이 유지된다고 보기는 어렵다. 새로운 뇌-신체 결합체는 원래의 인간이 아니라, 전혀 다른 방식으로 작동하는 새로운 체계기 때문이다.

이러한 이해는 체계의 두 중요한 개념인 자기조직화(self-organization)와 자기생산(autopoiesis)을 통해 뒷받침된다. 자기조직화는 체계가 외부 지시 없이 내부 요소 간의 상호작용을 통해 질서를 생성하는 방식이며, 자기생산은 체계가 스스로 구성 요소와 경계를 재생산하며 정체성을 유지하는 원리를 뜻한다. 전자는 질서의 형성, 후자는 존재의 지속을 설명한다.

따라서 뇌를 단순히 기계적 부품처럼 이식하는 행위는, 인과적으로 단절된 맥락 속에서 '정체성(identity)'이나 '지속된 자아(selfhood)'를 유지할 수 있다는 잘못된 환원론적 믿음에 기반한다. 체계 이론의 시각에서는, 뇌를 다른 신체나 기계에 이식한다 해도 '원래의 인간'이 재현되는 것이 아니라, 전혀 새로운 체계, 즉 제3의 뇌-신체 구성체가 탄생할 뿐이다. 이 새로운 체계는 원래 뇌가 속했던 유기적 전체성과는 다르게 구조적 커플링(structural coupling)이 이루어지기 때문에, 전혀 다른 방식으로 학습하고 반응하며, 다른 정체성을 형성하게 된다.

결국 인간은 '뇌'만으로 구성되지 않으며, '몸'만으로도 존재하지 않는다. 인간은 상시 직립 이족보행 바이오시스템으로서, 감각-운동-인지가 상호작용하며 환경과 공진화하는 전체적 유기체다. 뇌 이식 논변은 이러한 존재론적 복합성을 도외시한 단순한 메커니즘적 상상에 불과하며, 체계 이론적 관점에서는 실현 불가능한 SF적 서사이다.

이와 같은 원리는 교수학습체계에도 적용된다. 한 인간은 교수학습체계에 참여할 때 비로소 학습자, 교수자로서의 존재론적 정체성을 획득한다. 인간은 단순한 생물학적 개체가 아니라, 자신이 포함된 전체 체계의 성격에 따라 역할과 의미가 구성되는 존재이다. 교수학습체계 안에서는 학습자, 교사, 설계자 등으로서 특정한 목표를 향한 상호작용 속에서 기능을 수행하고 정체성을 형성한다. 그러나 동일한 개인이 산업체 조직에 참여하면 연구자, 경영자, 실무자 등 전혀 다른 역할과 의미를 부여받게 된다. 이처럼 인간의 존재론적 정체성은 고정된 속성이 아니라, 자신이 속한 체계적 맥락 속에서 유동적으로 구성된다.

테크놀로지 또한 마찬가지이다. 동일한 심박 측정 테크놀로지라도 교수학습체계에 참여할 때는 '에듀테크'가 되며, 의료체계에 포함되면 '메디컬 테크놀로지'로 기능한다. 테크놀로지의 정체성은 기술 자체가 아니라 그것이 포함된 체계와의 상호작용 속에서 규정된다.

결국, 상방 인과성과 하방 인과성은 각각 전체가 부분을 필요로 하고, 부분이 전체로부터 의미를 부여받는 구조를 설명한다. 이로써 교수학습체계에 참여하는 인간과 기술은 독립된 존재가 아니라, 서로 영향을 주고받으며 의미를 창출하는 유기적 체계로 작동하게 된다. 이러한 체계적 시각은 교육공학적 설계와 분석에서도 본질적으로 고려되어야 할 관점이다.

### 5) 체계 경계와 정체성

체계 경계(system boundary)는 체계와 외부 환경을 구분하며, 체계의 정체성과 자율성을 유지하는 데 핵심적인 역할을 한다. 이 경계는 체계의 구성 요소와 외부 환경 사이의 상호작용 방식을 규정하며, 베르탈란피의 일반체계이론과 마투라나-바렐라의 자기생산체계 이론에서도 중심 개념으로 제시된다.

경계는 체계의 자율성과 통제를 가능하게 하며, 외부 환경의 변동 속에서도 체계가 독립적으로 기능하도록 돕는다. 조직이 외부 환경의 혼란 속에서도 자율적으로 운영되려면, 내부 자원을 보호하고 관리할 수 있도록 조직의 경계를 명확히 설정해야 한다. 체계를 외부와 구분해 주는 경계는 체계 자율성의 필요조건이다. 경계를 통해 체계 내부에 포함되는 요소와 배제되는 요소가 결정되며, 이를 통해 체계의 고유한 역할과 기능이 확립된다. 예를 들어, 기업 조직이라는 체계를 분석할 때 조직 내부의 구성원과 자원을 포함하고, 외부 시장이나 경쟁사를 배제함으로써 조직의 정체성을 정의할 수 있다. 생태계에서도 경계를 명확히 하면 내부에서 발생하는 에너지 흐름과 물질 순환을 분석할 수 있으며, 외부 요인이 미치는 영향을 구별할 수 있다. 또한, 공장과 같은 체계에서는 원자재가 입력으로 들어오고 제품이 출력으로 나가는 경계를 통해 체계의 동작과 기능을 명확히 이해할 수 있다.

경계는 개방체계나 복잡계에서 중요한 역할을 한다. 상호침투성이 높은 경계는 체계가 외부 자원을 흡수하고 산출물을 배출할 수 있도록 하며, 이를 통해 환경 변화에 적응할 수 있도록 한다. 예를 들어, 아메바의 세포막은 반투과성 구조를 가지며, 필요한 물질만 선택적으로 흡수하고 불필요한 물질을 배제함으로써 내부 환경의 균형을 유지한다. 기업 조직에서도 외부 시장의 변화나 고객 피드백을 선택적으로 수용하여 전략을 조정하는 것은 상호침투성의 한 예다. 반면, 기밀 정보나 내부 데이터는 외부로 쉽게 유출되지 않도록 통제하여 조직의 이익을 보호한다.

자기생산체계나 적응적 학습 체계에서는 경계의 유연성이 핵심 생존 조건 중 하나이다. 이 유연성은 단지 내부 구성 요소의 변화를 수용하는 것이 아니라, 경계 자체의 형태나 구조, 투과성을 변화시키는 능력을 뜻한다. 기업 조직이 외부 변화에 대응해 팀 구조를 재편하거나 외부 자원을 유입하는 방식 또한 경계 유연성의 표현이다. 이처럼 체계는 자기유지와 자기변형이라는 상반된 요구 사이에서 균형을 유지해야 하며, 경계는 이 둘을 조율하는 핵심 메커니즘이다.

기업 조직이나 사회적 체계도 변화하는 환경 — 예를 들어 기술 혁신, 고객 수요 및 정책 변화 — 에 민감하게 반응하기 위해 조직의 구조, 권한 분배, 소통 채널 등 경계적 요소들을 재조정해야 한다. 프로젝트 팀의 수평적 재편성, 부서 간 경계 해소, 외부 전문가나 인공지능의 협업 참여 등은 모두 경계 유연성의 조직적 구현이라 할 수 있다. 이런 조직은 단순히 내부 기능을 최적화하는 데 머무르지 않고, 환경 변화에 따라 자신의 정체성(what it is)을 유지하면서도 구조(what it looks like)를 변화시키는 역량을 갖춘 셈이다.

결국 유연한 경계는 체계가 자기유지와 자기변형이라는 상반된 요구 사이에서 역동적 균형을 유지할 수 있게 하는 핵심 조건이다. 자기유지는 체계의 정체성과 지속 가능성을 보장하는 원리이며, 자기변형은 변화하는 환경에 적응하고 진화할 수 있게 하는 유연성의 근거이다. 이 두 작용은 표면적으로는 모순적이지만, 실제로는 하나의 체계가 살아 있는 존재로 기능하기 위해 반드시 동시에 작동해야 하는 상호 보완적 메커니즘이다.

경계는 단절이 아닌 연결의 매개이다. 지나치게 폐쇄된 경계는 외부 변화에 대한 적응을 막아 체계의 고립과 붕괴를 초래하고, 반대로 지나치게 느슨한 경계는 정체성의 붕괴로 이어진다. 따라서 경계는 조절 가능한 구조로, 내외부 흐름을 선택적으로 통제함으로써 체계의 회복탄력성과 창조성을 가능하게 한다.

따라서 체계의 경계는 단단히 고정된 '벽'이 아니라, 조건에 따라 조절 가능한 열린 구조로 이해되어야 한다. 이때의 '경계'는 내·외부의 흐름을 선택적으로 통과시키며, 체계가 언제 변화하고, 언제 유지할지를 스스로 판단할 수 있게 해주는 조절 장치이다. 바로 이 경계 조절 능력이 체계의 회복탄력성과 창조성을 결정짓는 핵심 요소가 되며, 체계가 살아 있는 유기체로 기능할 수 있는 존재론적 기반이 된다.[20]

체계의 정체성과 창발성을 이해하기 위해 스테인드글라스를 비유로 들 수 있다. 각 유리 조각은 고유한 색과 질감을 가지고 있으며, 경계를 통해 구분되면서도 전체적으로 조화를 이루며 새로운 미적 가치를 창출한다. 그러나 개별 유리 조각들의 경계가 무너지고 용융된다면, 원래의 색과 질감은 사라지고 단조로운 유리 덩어리가 될 뿐이다. 이는 체계의 개별 요소가 정체성을 유지해야 전체 체계가 고유한 특성을 발휘할 수 있음을 시사한다.

인간은 물리적 경계를 넘어 사회적·문화적 경계를 설정하며 존재 정체성을 형

---

20) Tanaka, H. (2022). Consideration of organization model based on dynamic equilibrium theory. In K. Kijima, J. Iijima, R. Sato, H. Deguchi, & B. Nakano (Eds.), *Systems research II: Essays in honors of Yasuhiko Takahara on systems management theory and practice* (pp. 53–61). Springer.

성하는 존재이다.[21] 국경, 종교, 이념과 같은 상징적 경계를 통해 자신과 세계를 구분하고, 공동체를 구성한다. 이는 하이데거의 '세계-내-존재(In-der-Weld-Sein)' 개념으로 설명할 수 있으며, 인간 존재의 본질은 이러한 경계 안에서 성립된다.[22] 따라서 인간 사회에서 경계는 단순한 물리적 구획이 아니라, 상징적 의미를 지니며 존재의 본질을 결정하는 중요한 요소이다.

타자에 의해 경계가 침범될 때, 체계는 자신의 정체성을 지키기 위해 저항한다. 포식자가 생명체를 공격할 때 그 생명체는 본능적으로 저항하며, 이는 자기 보존을 위한 필수적인 반응이다. 마찬가지로, 인간이 타인의 시선에 의해 대상화되거나 사물처럼 취급될 때, 자율성과 독립성이 위협받는다. 이는 체계든 생명체든 자기 정체성을 유지하기 위해 필연적으로 수행하는 대응이며, 자율성과 고유성을 보호하기 위한 본질적인 투쟁의 과정이다.[23] 결국, 체계 경계는 단순한 분리선이 아니라 체계의 본질과 생존을 결정하는 중요한 요소로 기능하며, 이를 통해 체계는 정체성을 유지하고 환경과의 관계를 조율해 나간다.

### (5) 체계의 종류

#### 1) 개방체계와 폐쇄체계

폐쇄체계는 외부 환경과의 상호작용이 차단된 상태에서 내부 자원과 요소들만으로 작동하는 체계다.[24] 이 체계에서는 내부 구성 요소들이 자율적으로 기능하기 어려우며, 상호작용도 제한적으로 이루어진다. 전체적인 구조는 상대적으로 고정되어 있으며, 변화나 적응이 거의 발생하지 않는다. 목표 지향성이 낮거나 부재하는 경우가 많으며, 체계는 자체적으로 변화를 추구하기보다 현재의 상태를 유지하려는 경향이 강하다. 밀폐된 물리적 체계나 외부와 단절된 조직이 이러한 특성을 가지며,

---

21) Cassirer, E. (2006). *An essay on man: An introduction to a philosophy of human culture (Vol. 23)* (1st ed.). Felix Meiner Verlag.

22) Heidegger, M. (2007). **존재와 시간** [Sein und Zeit] (이기상 역). 까치. (원작 1927년 출판).

23) Ranciere, J. (2021). **프롤레타리아의 밤: 노동자의 꿈 아카이브** [La nuit des prolétaires: archives du rêve ouvrier] (안준범 역). 문학동네. (원저 1981년 출간).

24) Von Bertalanffy, L. (1969). *General system theory: Foundations, development, applications* (Revised ed.). George Braziller.

환경 변화에 둔감하고 발전 가능성이 제한된다는 단점이 있다. 예를 들어, 외부 자원이나 정보가 차단된 조직은 내부의 안정성을 유지할 수는 있지만, 변화하는 환경에 적응하지 못하면 결국 도태될 위험이 커진다.[25]

반면, 개방체계는 외부 환경과 에너지, 물질, 정보를 지속적으로 교환하며 작동하는 체계이다. 외부 자극에 반응하고 내부 구조를 조정할 수 있으며, 구성 요소들이 보다 자율적으로 기능할 기회를 가진다. 이러한 상호작용을 통해 변화와 적응이 이루어지며, 체계가 지속적으로 발전할 가능성이 높아진다. 개방체계에서는 내부 요소들 간의 유기적인 연결성이 강화되며, 목표 지향성 또한 높아진다. 환경 변화에 맞춰 스스로 조정하는 능력이 있기 때문에, 복잡한 사회적·경제적·기술적 체계에서 주로 나타나는 특성이다. 예를 들어, 외부 시장과 적극적으로 교류하는 기업은 끊임없이 변화하는 소비자 요구에 대응할 수 있는 유연성을 갖추게 되며, 이를 통해 경쟁력을 유지하거나 새로운 기회를 창출할 수 있다.

폐쇄체계와 개방체계는 상반된 특성을 가지지만, 실제 체계들은 이 두 가지 속성이 혼합된 형태로 존재하는 경우가 많다. 조직이나 사회 체계도 완전히 개방적이거나 폐쇄적인 상태로 유지되기보다는, 상황에 따라 외부와의 상호작용 정도를 조절하며 작동한다. 중요한 것은 변화하는 환경 속에서 체계가 적절한 개방성을 유지하면서도, 내부적인 안정성을 조화롭게 조정할 수 있는 균형을 찾는 것이다.

### 2) 복합계(complicated system)

개방체계는 부분의 자율성, 부분 간의 상호작용성, 그리고 체계 전체의 지향성에 따라 복합계, 복잡계, 자기생산체계로 구분될 수 있다. 복합계는 부분의 자율성이 거의 없으며, 중앙의 설계와 통제 체계에 의해 작동하는 구조를 가진다. 복합계의 요소들은 독립적으로 의사 결정을 하지 않으며, 모든 과정이 미리 정해진 규칙과 절차에 따라 운영된다. 외부 환경과의 상호작용은 정보나 에너지를 단순히 전달하는 형태로 이루어지며, 체계 내부에서 자율적인 학습이나 창발적 변화가 발생하는 것이 아니라 사이버네틱스(cybernetics)적 방식으로 입력과 출력, 그리고 피드백을 통해 조정된다. 피드백 메커니즘은 체계가 주어진 목표를 지속적으로 유지하도

25) Harari, Y. N. (2024). **넥서스: 석기시대부터 인공지능까지, 정보 네트워크의 역사** [Nexus: A brief history of information networks from the Stone Age to AI] (김명주 역). 김영사. (원저 2024년 출간).

록 하며, 변화가 필요한 경우 반드시 외부의 개입이 요구된다. 항공기 체계, 대규모 자동화 공정, 전산화된 행정 조직이 이에 해당하며, 높은 안정성과 예측 가능성을 가지지만 환경 변화에 대한 적응력은 제한된다.

현재의 교육 체계 역시 복합계의 특성을 강하게 반영하고 있다. 국가 교육 정책과 제도에 따라 설계된 교육 체계는 학교와 교사, 학생에게 제한된 자율성만을 허용한다. 교수학습 과정은 현재 표준화된 절차와 평가 기준을 중심으로 운영되며, 학습자의 자율성과 상호작용의 창발성보다는 입력과 출력의 조정에 초점이 맞춰져 있다. 학생은 교사의 지시에 따라야 하고, 교사는 국가 교육과정과 표준화된 평가 기준을 따라야 하며, 학교 현장에서 발생하는 교육적 요구나 학생 개개인의 특성이 교육 정책에 즉각 반영되기는 어렵다.

이러한 구조는 체계의 안정성과 표준화를 보장하는 데에는 효과적이지만, 급변하는 사회적 요구나 다양한 학습자의 개별적 특성에 유연하게 대응하기에는 한계를 지닌다. 복합계로서의 교육 체계는 정해진 틀 안에서 기능을 반복하는 경향이 강하며, 학습자와 교사의 상호작용도 기계적인 전달에 머물기 쉽다.

이러한 구조적 한계를 극복하기 위해서는 교육 체계를 보다 유연하고 적응 가능한 방향으로 전환할 필요가 있다. 이를 위해 교육과정의 유연성 확대, 학습자의 특성을 반영한 맞춤형 학습 모델의 도입, 정책 결정 과정에서의 참여적 거버넌스 강화 등이 요구된다. 교수학습체계는 중앙 통제 중심의 일방향적 구조에서 벗어나, 자율성과 창발적 상호작용을 중심으로 구성되는 새로운 교육 생태계로 진화해야 한다.

### 3) 복잡계(complex system)

복잡계는 복합계와 달리 부분들이 높은 수준의 자율성을 가지며, 비선형적인 상호작용을 통해 전체 체계의 동작 방식이 결정된다. 작은 변화가 예상치 못한 큰 영향을 미칠 수 있으며, 체계의 작동 방식은 사전에 완전히 규정할 수 없다. 요소들은 서로 연결되어 있으며, 그 관계는 시간에 따라 변화하고 기존의 규칙만으로는 전체의 작동 방식을 설명하기 어렵다. 목표 지향성이 존재하지만 특정한 방향성이 지속적으로 유지되는 것이 아니라, 내부 변화에 따라 새로운 패턴이 창발한다. 생태계, 금융 시장, 사회적 네트워크가 대표적인 사례이며, 높은 적응성과 창발성을 보

이는 반면 변화 예측이 어렵고 불안정성이 존재할 수 있다.[26)]

교육 체계가 복잡계로 작동하면 높은 적응성과 자기조직화를 통해 학습자와 교사가 변화하는 환경에 능동적으로 대응할 수 있다. 학습자는 자신의 특성과 요구에 맞춰 학습 경로를 조정할 수 있으며, 교사는 다양한 교수법을 실험하고 학습자와의 상호작용 속에서 교육 방법을 지속적으로 조정할 수 있다. 또한, 교수학습 과정에서 새로운 교육 모델이 자연스럽게 창발할 가능성이 높으며, 집단적 문제 해결 과정에서 새로운 지식이 형성될 수 있다. 이러한 특성은 교육을 보다 유동적으로 운영할 수 있도록 하며, 변화하는 사회적 요구와 학습자의 개별적 필요를 효과적으로 반영할 수 있는 가능성을 제공한다.

그러나 복잡계적 교육 체계는 높은 적응성과 창발성을 제공하는 동시에 예측 곤란성과 불안정성을 초래할 수 있다. 작은 변화가 전체 체계에 예상치 못한 영향을 미칠 수 있어 교육의 질을 균일하게 유지하거나 장기적인 교육 정책을 안정적으로 운영하는 것이 어려워질 수 있다. 또한, 모든 변화가 긍정적인 방향으로 작동하는 것은 아니므로 무작위적 변화나 단기적 적응이 장기적 교육 목표와 충돌할 위험이 존재한다. 이로 인해 교육의 표준화나 공정성이 저해될 가능성이 있으며, 체계적 방향 없이 변화가 이루어질 경우 예측 불가능성이 커질 수 있다.

따라서 복잡계적 접근을 교육 체계에 도입할 때는 완전한 자율성보다는 균형 잡힌 조정 메커니즘이 필요하다. 자기조직화의 원리를 활용하면서도, 구조적 틀과 피드백 체계를 통해 안정성을 유지하는 방식이 요구된다. 데이터 기반의 학습분석, 적응형 학습 체계 등의 도입은 복잡계적 유연성과 교육의 안정성을 조화롭게 조율하는 데 기여할 수 있다. ChatGPT와 같은 생성형 AI의 경우, 단일 알고리즘의 단순한 결합체가 아니라 수십억 개의 매개변수, 방대한 학습 데이터, 그리고 사용자 피드백이 비선형적으로 상호작용하는 복잡한 개방 체계로 이해할 수 있다. 이러한 체계는 외부 입력을 흡수해 새로운 출력을 생성하며, 작은 차이가 큰 변화를 일으키는 복잡계의 본질을 드러낸다. 복잡계로서의 성격은 곧 경계가 모호하다는 특징을 가지며, 내부 질서가 쉽게 혼돈으로 전환될 위험을 항상 내포한다. 만약 이러한 인공지능이 자기생산체계의 성격까지 지니게 된다면, 그 위험은 더욱 증폭될 수 있다. 지향성의 측면에서 볼 때, 생성형 AI는 의도성을 지니지 못하지만, 기능성과 주향성

---

26) 윤영수, 채승병(2009). **복잡계 개론**. 삼성경제연구소.

을 갖출 수 있다. 흔히 언급되는 클립 제조기의 사례처럼, 단순한 목표를 향해 무한히 기능을 수행하고 방향성을 유지할 수는 있지만, 그 과정에서 발생하는 맥락적 의미와 가치 판단은 결여되어 있다. 결국 생성형 AI는 복잡계적 잠재성과 위험성을 동시에 보여주는 존재이며, 그 지향성의 한계와 가능성을 함께 성찰할 필요가 있다.

자기생산체계는 시뮬라리움 모델의 핵심이자, 기존 체계이론에서 소개된 바 없기 때문에 별도 장에서 설명하고자 한다.

표 1 체계 유형별 특징

| 대구분 | 소구분 | 자율성 | 상호 작용성 | 목표 지향성 | 외부 환경과의 관계 | 주요 특징 | 예시 |
|---|---|---|---|---|---|---|---|
| 폐쇄체계 | | 없음 | 낮음 | 낮음 | 외부와 단절 | 내부 자원과 요소들만으로 작동, 변화 및 적응 거의 없음 | 진공 전구 |
| 개방 체계 | 복합계 | 없음 | 중간 | 중간 | 피드백을 통한 조절 | 지능적 체계에 의해 설계됨, 정형화된 구조 유지, 자율적 학습 없음 | 기계식 시계 |
| | 복잡계 | 높음 | 비선형적 | 변동적 | 환경과 상호작용 | 지능적 체계에 의해 설계됨, 정형화된 구조 유지, 자율적 학습 없음 | 시장 경제 |
| | 자기 생산 체계 | 높음 | 비선형적 | 내부 조정 가능 | 환경과 상호작용, 작업적 폐쇄성 유지 | 외부 개입 없이도 내부적으로 변화하며 질적 성장 가능 | 동물, 인간 |

# 3. 자기생산체계

## (1) 개념 및 배경

자기생산체계(autopoietic system)는 복잡계의 특성을 포함하면서도 스스로를 유지하고 재생산하는 능력을 갖춘 체계이다. 이 용어는 고대 그리스어에서 유래된 두 단어, 'auto(αὐτός)'와 'poiesis(ποίησις)'의 결합으로 이루어져 있다. 'auto'는 '자기', '스스로'를 의미하며, 외부로부터의 명령이나 통제가 아닌 내부로부터 자율적으로 작동하는 주체를 뜻한다. 한편 'poiesis'는 '창조', '생산', '만들다'를 뜻하는 말로, 존재하지 않던 것을 새롭게 만들어 내는 창조적 생성 행위를 의미한다. 이 두 단어가 결합된 'autopoiesis'는 문자 그대로 '스스로 자신을 만들어 내는 것', 또는 '자기 자신을 창조하고 유지하는 능동적 체계'를 뜻한다.

이 개념은 1970년대 칠레 생물학자 움베르토 마투라나와 프란시스코 바렐라가 처음 제안한 것으로, 생명체의 본질을 기존의 기계론적 관점에서 벗어나 설명하기 위해 도입되었다.[27] 『앎의 나무』(p. 52)에서는 생물을 "자신을 구성하는 유기 분자들과 동일한 부류의 유기 분자들을 다시 생산하고 통합하는 분자 반응의 네트워크로, 자기 자신을 실현하는 과정에서 주위 공간에 대한 경계를 스스로 설정하는 체계"로 정의한다.[28]

베르탈란피에 따르면, 체계로 불릴 수 있는 모든 구성물은 일정한 조직(organization)을 갖추고 있다. 생물은 그 조직의 유일한 산물이 자기 자신이라는 점에서 독특하다. 다시 말해, 생물은 생산자와 생산물 사이에 구분이 없으며, 이로 인해 자기 자신을 끊임없이 생성하고 유지하는 존재로 정의된다. 따라서 생물의 지향성은 항상 자기 자신의 생산과 생존에 고정되어 있으며, 동물의 생존 본능은 그가 자기생산체계라는 증거이다.

그들에 따르면, 생명체는 단지 외부 환경에 의해 자극받고 반응하는 수동적 존재가 아니라, 자기 자신을 구성하고, 자신의 경계를 설정하며, 그 구성 요소들을 끊임없이 재생산하는 자기 조직적 체계이다. 다시 말해, 자기생산체계란 외부로부터 부품이나 지시를 받아 유지되는 체계가 아니라, 자기 구성 요소를 스스로 만들어 내고, 이를 통해 전체 체계를 유지하는 순환적, 자기참조적(self-referencing) 구조인 것이다.

이 개념은 생물학에서 세포 수준의 자기 유지와 재생산을 설명하는 데서 출발

---

27) Maturana, H. R., & Varela, F. J. (1980). *Autopoiesis and cognition: The realization of the living*. D. Reidel Publishing.

28) Maturana, H. R., & Varela, F. J. (2012). **앎의 나무: 인간 이해의 생물학적 뿌리** [The tree of knowledge: The biological roots of human understanding] (김동휘 역). 궁리. (원저 1987년 출간).

했다. 생물의 세포는 스스로 세포막을 형성하고, 단백질과 에너지를 생성하여 생명 활동을 지속하며, 손상된 부분을 재생산함으로써 자신의 동일성을 유지한다. 이는 외부에서 설계된 계획이나 도구 없이 이루어지는, 자기참조적 자기 조절 과정이다. 이러한 관점은 생명체뿐 아니라, 학습자, 사회 조직, 심지어 인공지능 기반 학습 체계와 같은 복잡계에도 확장될 수 있다.

자기생산체계 개념은 이후 인지과학, 사회학, 조직 이론, 인공지능 등 다양한 분야로 확장되었다.[29] 예를 들어, 인간의 신경계는 외부 정보를 지속적으로 받아들이면서도 고유한 인지 구조를 유지하고 변화하는 방식으로 작동한다. 사회 체계 역시 외부의 영향 속에서도 법, 제도, 문화와 같은 내부 요소를 통해 자율성과 지속성을 확보한다.

이러한 개념은 생물학적 범위를 넘어, 인간의 학습 과정, 사회적 체계, 인공지능 기반 학습 체계 등 복잡한 자율체계 전반에 걸쳐 적용된다. 학습자는 외부로부터 지식과 정보를 받아들이지만, 이를 단순히 저장하거나 복제하는 것이 아니라, 기존 인지 구조 안에서 조직하고 재구성하며, 그 과정을 통해 자기 자신의 인지적 정체성을 유지하거나 변화시킨다. 마찬가지로 사회 체계는 외부 환경의 정치적·경제적 변화에 영향을 받지만, 법, 제도, 규범과 같은 내부 조직 원리를 통해 자율성을 유지하며 점진적으로 변화해 간다.

### 1) 조직, 구조, 작업

자기생산체계는 자율성과 변화 가능성을 동시에 포괄하는 개념이며, 이는 단지 기능적 유기체의 설명을 넘어 존재론적 자기형성의 원리를 담고 있다. 마투라나와 바렐라는 이러한 자기생산체계를 설명하기 위해 세 가지 핵심 개념 ― 조직적 폐쇄성, 작업적 폐쇄성, 그리고 구조적 커플링 ― 을 제안했으며, 그 이해를 위해서 먼저 조직(organization), 구조(structure), 그리고 작업(operation) 개념을 살펴볼 필요가 있다.

첫째, 조직이란 체계의 정체성을 정의하는 추상적 패턴으로, 체계가 '무엇인지'를 결정짓는 구성 요소 간의 불변적 관계망을 의미한다. 이는 어떤 존재가 '그것'이기 위해 반드시 갖추어야 할 관계들의 구조이며, 마투라나와 바렐라는 이를 존재론

---

29) Maturana, H. R., & Varela, F. J. (1980). *Autopoiesis and cognition: The realization of the living*. D. Reidel Publishing.

적 기준으로서의 조직이라 규정한다. 이 개념은 구성 요소들 사이의 기능적 상호작용 방식을 규정하며, 외부 환경의 변화에도 불구하고 체계의 본질적 정체성을 유지하는 조직적 폐쇄성을 핵심 특징으로 한다.

생물체의 경우 대사 네트워크(ATP 생성, 물질 합성 등)가 조직의 전형적인 예시이다. 심장, 폐, 뇌가 상호 연결되어 생명 유지를 위한 기능적 관계를 형성하는 것처럼, 조직은 체계의 기본 작동 원리를 결정한다. 조직은 체계의 DNA와 같아서, 외부 환경과의 상호작용(구조적 변화) 속에서도 체계가 자신을 동일한 존재로 인식할 수 있는 이론적 토대를 제공한다.

마투라나와 바렐라가 말하는 조직은 어떤 체계가 그 자체로 존재하기 위해 반드시 유지해야 하는 관계적 패턴의 논리적 구조를 의미한다. 이는 단순히 구성 요소들이 나열된 집합이 아니라, 그 요소들이 어떠한 방식으로 연결되고 상호작용하며 전체를 형성하는가에 대한 규칙성과 일관성의 문제이다.

따라서 조직은 구성 요소 그 자체보다 그 요소들 사이의 관계망과 상호작용의 구조에 의해 정의된다. 이 조직적 패턴이 유지되는 한, 개별 요소들이 바뀌거나 대체되더라도 우리는 그것을 여전히 동일한 체계로 인식할 수 있다. 이러한 의미에서 'organization(조직)'이라는 개념은 단지 기능적 구조나 행위의 절차적 정렬을 의미하는 것이 아니라, 'organism(유기체)'의 어원에서 보이듯 생명적 자기통일성과 자기형성력의 존재론적 형식과 긴밀히 연결된다. 'organism'이라는 용어는 그리스어 organon — 즉 도구, 기능, 감각기관 — 에서 유래하였으며, 이는 생명체가 환경과 관계 맺고 자신의 존재를 구성하는 매개적 질서로서의 조직을 내포한다. 이때 조직은 단순히 부분들의 기계적 조합이 아니라, 전체가 살아 움직이는 하나의 자기참조적 패턴의 총체이며, 존재가 자기 자신을 구성하는 내재적 조건을 의미한다.

그러나 마투라나-바렐라의 자기생산체계 이론은 자기 구성과 자기 갱신의 원리에 따라 조직이 정체성을 지속적으로 재구성하는 동적 존재 양식을 강조한다. 여기서 '조직'은 플라톤의 이데아처럼 외재적으로 부여된 고정된 본질이 아니라, 내재적 작용에 의해 자기 기준을 생산하고 유지하는 구성적 본질이다.

둘째, 구조는 조직을 구체적으로 구현하는 실질적 요소들의 배열을 의미한다. 이는 체계의 본질적 정체성과 존재 조건을 규정하는 조직과는 달리, 가변성과 적응성을 본질로 하며, 외부 환경과의 상호작용을 통해 끊임없이 변화하고 진화할 수 있는 실현 양식을 가진다. 동일한 조직이라 하더라도, 주어진 상황이나 맥락에 따라 다양한 구조로 구체화될 수 있으며, 이는 조직이 허용하는 규칙적 범위 내에서 조건적 유연성을 갖는 방식으로 작동한다. 그러나 조직 자체가 바뀌게 되면, 설령 구조가 부분적으로 유사하더라도 그 체계는 더 이상 동일한 존재로 간주될 수 없다.

예컨대 인간의 몸은 시간이 흐름에 따라 모든 세포가 교체되지만, 그 세포의 배열 방식, 기관의 상호작용 구조, 신경과 대사 체계의 연결 방식 등이 동일한 조직 원리에 의해 유지되는 한, 인간은 동일한 존재로 간주된다. 이는 구조의 유연성과 진화 가능성, 그리고 조직과의 종속적·표현적 관계를 잘 보여주는 사례라 할 수 있다.

이처럼 조직은 존재의 불변 원리이며, 구조는 그 존재가 시간과 환경 속에서 실현되는 형식적 매개이다. 자기생산체계는 바로 이러한 구조를 유연하게 조정하면서도 조직을 변함없이 보존하는 존재 방식이며, 이는 곧 조직적 폐쇄성에 의해 자기 정체성을 유지하고, 작업적 폐쇄성에 의해 자기 작동을 통해 순환하며, 동시에 구조적 커플링을 통해 환경과 적응적 관계를 맺으며 진화해 가는 체계로 성립된다.

결국, 구조는 형상인(formal cause)으로서 자기생산체계가 '그것다움'을 실현하는 통로이며, 이 형상이 생명과 학습, 설계와 진화를 가능케 하는 메커니즘으로 작동한다는 점에서, 교육과 교수학습체계를 설계하는 데 핵심적 존재론 개념으로 작동할 수 있다.

셋째, 작업은 구조를 매개로 이루어지는 실제 행위이자 상호작용의 과정으로, 자기생산을 실현하는 구체적 실행 메커니즘이다. 이는 조직이 지향하는 목적에 따라 이루어지는 작용으로, 체계는 이를 통해 자신을 유지하고 변화한다.

이러한 작업 개념은 아리스토텔레스의 4원인설의 틀을 통해 깊이 조명될 수 있다. 여기서 조직은 목적인(final cause)에 해당하며, 체계가 존재해야 할 이유와 그것이 향하는 방향, 즉 존재의 목적을 정의한다. 반면, 작업은 이 목적을 향해 구체적인 움직임과 상호작용을 일으키는 작용인(efficient cause)에 해당한다. 작업은 단지 어떤 활동이 일어나는 조건이 아니라, 조직이 설정한 목적을 실현하는 능동적 에너지 흐름이다.

이 작용을 가능하게 하는 기반이 바로 구조인데, 이는 질료인(material cause)이면서 동시에 그 활동이 형상화된 결과인 형상인으로 기능한다. 다시 말해, 구조는 작업을 가능하게 하는 재료이자, 그 재료가 조직적 목적에 따라 특정한 형태로 배열된 결과물이다. 이러한 구조는 고정된 틀이라기보다는, 작업의 반복과 환경과의 상호작용을 통해 유동적으로 구성되고 조정되는 실체이다.

결국, 작업이라는 작용인은 구조라는 질료인 위에서 일어나며, 이로써 구조는 형상인으로 구체화된다. 그리고 이 형상화된 구조는 다시 조직이라는 목적인을 실현하고 보존하는 방향으로 작용한다. 즉, 조직은 작업을 통해 구조를 만들고, 구조는 다시 조직을 보존하며 작업을 가능하게 하는 선순환을 형성하는 것이다. 이러한 순환 구조 속에서 체계는 자기 동일성을 유지하면서도 환경과의 상호작용을 통해 끊임없이 변화하고 진화할 수 있는 능동적 존재가 된다.

예컨대, 인간 생명체는 유전 정보라는 조직(목적인)을 바탕으로 세포의 대사활동, 재생, 면역 등 다양한 생리적 작업(작용인)을 수행하며, 이를 통해 조직화된 세포 배열과 기관계라는 구조(질료인이자 형상인)를 유지한다. 이 구조는 곧 생명체로서의 형상을 드러내며, 다시 조직이 요구하는 목적을 실현하는 방식으로 작업을 수행한다. 이처럼 자기생산체계는 조직 - 작업 - 구조 간의 순환적 관계를 통해 존재하고, 살아가며, 스스로를 갱신하는 체계이다.

따라서 자기생산체계는 자율성과 타자성의 긴장을 포괄하면서 자기 조직을 보존하고 환경과 적응적으로 관계를 맺는 살아 있는 체계이며, 학습자는 자신의 내적 조직을 기반으로 구조를 조정하며 자기 자신을 구성해 나가는 자기생산적 존재이다. 교육은 이러한 자기생산을 촉진하는 환경이어야 하며, 학습자의 조직이 심화되고 구조가 변화될 수 있도록 지원해야 한다.

### 2) 조직적 폐쇄성과 작업적 폐쇄성

자기생산체계는 단순한 자율체계가 아니라, 자기 조직적 작동의 원리를 스스로 구성하고 유지하는 존재 양식이다. 그리고 이를 가능하게 하는 두 핵심 개념 — 조직적 폐쇄성(organizational closure)과 작업적 폐쇄성(operational closure) — 은 존재론적 자기구성의 조건을 밝혀주는 개념적 틀이다.

먼저, 조직적 폐쇄성은 체계의 정체성을 결정짓는 핵심 논리 구조로서, 체계가 외부 환경과 접촉하더라도 그 반응 양식은 오직 자기 내부의 조직에 의해 결정된다는 원리이다. 외부 자극은 단지 '교란(perturbation)'일 뿐이며, 체계는 그 교란에 대해 그 나름의 방식으로만 반응한다. 이러한 폐쇄성은 체계를 단절된 닫힌 체계로 만드는 것이 아니라, 오히려 환경과의 상호작용을 체계 내부의 해석 구조를 통해 걸러내는 방식으로 작동함으로써, 체계는 자율성과 해석 가능성을 동시에 확보한다. 예컨대, 동일한 환경 자극이나 교수 메시지를 받은 학습자라도 지식 배경, 정서 상태, 가치 구조에 따라 전혀 다르게 해석하고 반응한다. 어떤 학생은 피드백을 동기로, 다른 학생은 위협으로 받아들이는 차이는 외부 자극 자체가 아니라, 내부 조직이 의미를 구성한다는 점에서 조직적 폐쇄성을 보여준다.

한편, 작업적 폐쇄성은 체계의 작동이 외부 입력에 의해 단절적으로 구성되는 것이 아니라, 오직 자기 내부의 작동 연쇄에 따라 다음 작동이 생성된다는 원리이다. 외부 자극이 체계 내로 들어와도, 기존 작동 맥락 속에서 '자기화'되어야만 의미를 갖는다. 즉, 체계는 외부 자극에 종속되지 않고, 자기참조적 실행 메커니즘에 따라 작동이 이어진다.

이를 학습자에 적용하면, 예컨대 한 학생이 복잡한 문제를 풀 때, 그는 단지 이전 수업 내용을 기계적으로 재현하는 것이 아니라, 자신의 개념 틀, 해결 경험, 심지어 정서적 신호까지도 종합하여 자기 내부의 논리와 실행 흐름을 따라 반응한다. 이때 새로운 인지는 기존 인지 작동과의 연결 속에서만 탄생할 수 있으며, 이는 곧 작업적 폐쇄성의 구체적 구현이라 할 수 있다.

이 두 가지 폐쇄성은 외부 세계와의 단절이 아니라, 외부 자극을 내부 기준과 작동 원리에 따라 수용하는 '열린 폐쇄성(open closure)'의 구조를 의미한다. 체계는 외부 자극을 수동적으로 받아들이는 객체가 아니라, 자기 조직이 허용하는 범위와 작동 논리에 따라 선택적으로 반응하는 주체로 기능하며, 그 방식으로만 환경에 적응하고 변화한다.

이러한 구조적 원리는 생물학적 유기체뿐 아니라, 학습자, 사회적 체계, 교수학습 환경, 심지어는 인공지능을 포함한 복잡한 체계 전반에 적용될 수 있으며, 시뮬라리움과 같은 교수학습 자기생산체계의 존재론적 설계 조건을 정의하는 핵심 개념이 된다.

결론적으로, 자기생산체계는 외부와의 개방성과 내부의 자기 구성 가능성을 동시에 요구하는 존재 형식이며, 조직적 폐쇄성과 작업적 폐쇄성은 이를 가능하게 하는 존재론적 이중 구조이다. 학습자는 외부 지식을 단순 수용하는 존재가 아니라, 자신의 조직과 작동 구조를 통해 스스로를 학습자로 다시 구성하는 자기생산적 존재이며, 교육은 이러한 자기구성을 촉진하는 생태계가 되어야 한다.

### 3) 복합계와 자기생산체계의 비교

자기생산체계의 핵심 개념인 조직, 구조, 작업을 보다 명확하게 이해하기 위해, 이들과는 본질적으로 다른 속성을 가진 복합계인 자전거와의 비교는 유익하다. 자전거는 외형상 구성 요소 간 관계(조직)와 그 구현된 형태(구조)를 지닐 수 있지만, 작업이 자기생산적이지 않다는 점에서 자기생산체계와 구별된다.

먼저, 자전거의 조직은 '핸들－프레임－기어－페달－바퀴' 등의 부품이 일정한 기능적 관계 속에서 연결된 방식이다. 이는 체계를 기능적으로 조직화한 정적인 틀이다. 자전거의 구조는 이러한 조직이 금속, 고무, 플라스틱 등의 물질로 실현된 구체적인 물리적 형태이다. 그러나 중요한 점은, 이 구조는 외부에서 주어진 목적에 따라 설계된 것이며, 스스로 변화하거나 조정되지 않는다는 점이다. 구조는 바뀔 수 있지만, 그 바꿈은 언제나 외부 설계자의 개입에 의존한다.

여기서 드러나는 것이 자전거의 작업이다. 자전거는 외부에서 힘(예: 페달을 밟는 힘)이 가해지면, 그것을 기계적으로 회전 운동으로 변환하여 움직인다. 그러나 이러한 작동은 이전의 작동과 아무런 연관 없이, 그때그때 외부 자극에 반응하는 방식으로만 이루어진다. 자전거는 자기 자신을 해석하지 않으며, 자기 작동의 이력이나 맥락 속에서 새로운 작동을 생성하지 않는다.

반면, 자기생산체계에서 조직은 단지 요소의 배열이 아니라, 체계가 자신의 정체성과 작동 원리를 구성하는 근본적인 관계망이다. 예컨대 인간은 세포가 끊임없이 교체되더라도, 인체의 신경계, 대사계, 인지 체계 등은 그 조직의 원리를 보존함으로써 동일한 존재로 지속된다. 이때 조직은 체계가 무엇을 유지하고자 하는지를 규정하는 목적인 역할을 체계가 무엇을 유지하고자 하는지를 규정한다.

구조는 이러한 조직이 실제로 실현되는 구체적인 물리적·기능적 형태로, 환경과의 상호작용에 따라 유동적으로 변화할 수 있다. 구조는 조직이라는 목적인을 구현하기 위한 형상인으로서, 체계가 환경에 적응하며 지속될 수 있도록 한다.

마지막으로 작업은 구조를 통해 이루어지는 실제 행위로서, 자기생산을 실현하는 실행 과정이다. 이때 작업은 조직이 지향하는 목적에 부합하게 구조를 변화시키거나 유지하며, 체계 내부에서 이전 작업으로부터 새로운 작업이 생성된다. 이는 작용인으로서, 체계 내부의 자기 연산과 자기 반응을 수행하게 만든다. 또한 이 작업은 항상 외부 자극을 자기 내부 기준에 따라 해석하고 반응하는 방식으로 이루어지므로, 단순 변환이 아닌 자기참조적 의미 구성의 행위이다.

요컨대, 자전거와 같은 복합계는 자기생산성을 지니지 않기 때문에 다음과 같은 특징을 갖는다. 조직은 외부에서 미리 설정된 설계 틀이며, 구조는 그 조직을 물리적으로 실현한 정태적 형태에 불과하다. 작업은 단절된 입력-출력의 기계적 반응으로, 이전의 작동 이력이나 자기 기준 없이 외부 자극에 따라 수동적으로 작동한다. 반면, 학습자와 같은 자기생산체계는 본질적으로 자율성과 자기참조성을 지니며 작동한다. 이 체계에서 조직은 체계의 내부 정체성을 구성하는 자기 목적적 관계망으로, 곧 목적인의 위상을 지닌다. 구조는 그 조직을 환경과의 상호작용 속에서 유동적으로 구현하는 방식이며, 진화 가능성을 지닌 형상인에 해당한다. 작업은 이러한 구조를 매개로 내부 논리에 따라 연쇄적으로 일어나는 자기 생성적 행위로서, 작용인의 성격을 띤다. 이처럼 자기생산체계는 외부 자극을 단순히 받아들이는 것이 아니라, 자기 조직의 기준에 따라 해석하고 응답함으로써 스스로를 유지하고 변형하는 존재이며, 이는 곧 학습을 설계하고 이해하는 관점의 전환을 요구한다.

이러한 관점에서 보면, 교육은 자전거를 조립하듯 학습자를 구성하는 것이 아니라, 학습자가 자기 조직을 기반으로 구조를 조정하며 작업을 통해 자기 자신을 구성하는 자기생산의 공간이어야 한다.[30] 마투라나와 바렐라의 자기생산 이론은 바로 이 점에서 교육의 목적을 기능 습득이 아닌 존재 형성으로 전환할 수 있게 하는 이론적 기반을 제공한다.

### 4) 구조적 커플링

자기생산체계를 이해하는 데 있어 핵심적인 작동 원리 중 하나는 바로 '구조적 커플링(structural coupling)'이다. 이 개념은 자기생산체계가 외부 환경과의 반복적 상호작용 속에서 자신의 조직은 보존하면서도, 구조는 점진적으로 조정되고 변화하는 관계적 역동성을 뜻한다. 중요한 점은, 이 과정이 단순히 체계가 외부 자극에 수동적으로 반응하는 것이 아니라, 자기 조직의 고유한 논리와 기준에 따라 선택적으로 반응하고, 그에 따라 자기 구조를 능동적으로 조정하는 방식으로 작동한다는 점이다. 이러한 변화는 일회성 대응이 아니라 반복된 상호작용 속에서 서로의 구조

---

30) Radcliffe, D. (2009). A pedagogy-space-technology (PST) framework for designing and evaluating learning places. *Proceedings of the Next Generation Learning Spaces 2008 Colloquium* (pp. 11-16).

를 서서히 변형시키며 적응해 가는, 시간에 걸친 상호 생성의 과정이다. 동시에 외부 체계 또한 이 상호작용을 통해 자기 구조를 조정하며, 두 체계는 각자의 조직을 유지한 채 상호 교란과 반응, 적응과 조율을 통해 공진화한다. 이것이 바로 구조적 커플링의 본질이다.

이러한 개념의 역동성과 관계성을 온전히 담기 위해, 본 개념을 번역할 때 '구조적 결합'이나 '구조 연관'과 같은 정태적 표현이 아닌, '구조적 커플링'이라는 동명사형 표현을 의도적으로 선택하였다. 그 이유는 이 용어가 단지 고정된 상태나 정태적 연결을 의미하는 것이 아니라, 지속적 상호작용과 실시간 조율이 일어나는 역동적 활동을 지칭하기 때문이다. '결합'이나 '연결'이라는 번역어는 결과 중심적이고 정적인 느낌을 주는 반면, '커플링(coupling)'은 동명사로서 행위성과 과정성, 상호성의 속성을 함축한다. 이는 곧 두 체계가 상호 구조화되며 살아 있는 상호작용의 흐름을 지속적으로 구성해 가는 비고정적·과정 중심적 관계성을 강조하는 표현이다.[31]

학습자 또한 교사, 또래, 도구, 기술, 사회적 담론, 문화적 환경 등 다양한 외부 체계와 상호작용하면서, 자기 조직을 바탕으로 자극을 해석하고 의미화하며 자신의 구조—예컨대 개념 틀, 사고 전략, 정체성, 동기 체계 등—를 점진적으로 조정해 나간다. 구조적 커플링은 이러한 조직 보존과 구조 변화의 이중적 움직임이 동시에 일어나는 관계의 명칭이다.

예를 들어, 한 학습자가 AI 기반 피드백 체계로부터 수학 문제 풀이에 대한

---

31) 이러한 개념을 감각적으로 이해하기 위해, 영화 〈여인의 향기〉(Scent of a Woman, 1992)의 유명한 탱고 장면을 떠올려 보자. 시각 장애를 지닌 슬레이드 중령(알 파치노 분)이 젊은 여성과 탱고를 추는 이 장면은, 단순한 춤이 아니라 구조적 커플링의 극적인 전형이라 할 수 있다. 이 둘은 처음 만난 사이이지만, 몇 분 안에 몸의 기울기, 발의 이동, 숨소리의 리듬을 실시간으로 조율하며 한 호흡의 생명체처럼 움직이기 시작한다. 이때 슬레이드 중령은 보이지 않는 시야 대신, 상대의 미세한 반응에 집중하며 자기 구조를 계속 재조정하고, 여성 파트너 또한 그 변화에 능동적으로 감응하며 전체 흐름을 함께 만들어 낸다. 이 장면은 커플링이란 단어가 지닌 과정성(processuality)과 상호형성(mutual constitution)의 의미를 직관적으로 보여 준다. 이들은 물리적으로 붙어 있는 것도, 사전에 계획된 연결을 따르는 것도 아니다. 상호 자율적인 두 존재가, 실시간 상호작용을 통해 상대와 '공동 구조'를 구성해 나가는 것, 그것이 바로 구조적 커플링이다. 따라서 'structural coupling'을 '구조적 커플링'으로 번역하는 것은 단지 언어적 선택의 문제가 아니라, 개념의 작동방식과 존재론적 의미를 올바르게 전달하기 위한 이론적 정밀성의 문제이다. 커플링은 정태적 연결이 아니라, 살아 있는 관계의 리듬이다. 이 서술은 〈CHAPTER 06 시뮬라리움의 설계〉에서 학습자의 자기구조화와 환경 간 상호작용, 비대칭 인간-기계 협력, 감각 기반 피드백 구조 등의 논의로 자연스럽게 확장될 수 있다.

반복적인 피드백을 받는다고 하자. 이때 학습자는 처음에는 오류와 혼란을 경험할 수 있지만, 점차 자기 이해 체계에 따라 피드백을 해석하고, 사고 전략이나 개념적 접근 방식을 조정하며, 자신의 신념이나 정체성 구조까지도 재구성할 수 있다. 이 과정은 외부 체계가 무언가를 주입하거나 교정하는 것이 아니라, 학습자가 자기 조직에 기반해 외부 자극을 선택적으로 수용하고, 그에 따라 자기 구조를 변화시키는 자기주도적 상호작용 과정이다. 동시에, AI 체계 역시 학습자의 반응 데이터를 분석하고, 그에 따라 문항의 난이도, 피드백의 방식, 추천 알고리즘 등을 유동적으로 조정한다. 이와 같은 상호작용은 단방향 통제가 아닌, 상호 구조를 조정해 나가는 공진화의 장이며, 구조적 커플링의 대표적 사례라 할 수 있다.

또 다른 예로, 문제 기반 학습 환경에서는 학습자가 팀원들과 함께 문제를 탐색하고 해결책을 설계하는 과정에서, 서로 다른 관점, 역할, 의견, 갈등과 협력 속에서 자신의 사고 구조와 정체성을 재조정하게 된다. 이때 학습자는 단지 지식을 습득하는 존재가 아니라, 타인의 개입과 상호작용을 반영하며 자기 구조를 창조적으로 변형하는 존재이다. 동시에 교사는 학습자의 반응을 관찰하고, 활동 흐름을 조율하며, 필요에 따라 피드백이나 학습 환경의 구성을 수정한다. 즉, 교사 역시 고정된 설계자가 아니라, 학습자와의 구조적 커플링을 통해 자기 교수 전략을 변화시키는 공진화적 행위자이다. 이처럼 교사-학습자, 학습자 간, 학습자-도구 간의 다층적 상호작용은 서로의 구조를 반영적으로 변화시키는 커플링의 연쇄를 형성하며, 이것이야말로 살아 있는 교수학습 생태계의 핵심이다.

무엇보다 중요한 것은, 이 모든 구조 변화가 조직적 폐쇄성을 유지하는 전제 조건하에서만 일어난다는 점이다. 학습자는 외부와의 상호작용 속에서 변화하지만, 그 변화는 언제나 자기 조직의 논리와 구성 원리에 따라 이루어지며, 자기 정체성을 보존하는 방식으로만 허용된다. 구조적 커플링은 바로 이 자율적 존재가 타자와 관계 맺으며 변화할 수 있게 하는 존재론적 가능성의 형식이다. 그리고 이 관계는 단지 학습자만 변화시키는 것이 아니라, 학습 환경 전체, 즉 교사, 콘텐츠, 도구, 제도, 기술의 구조까지도 변화시키는 양방향적 생성의 장으로 확장된다.

반대로 자전거와 같은 복합계는 구조적 커플링이 불가능하다. 자전거는 외부 작용에 영향을 받을 수는 있지만, 그에 따라 자기 구조를 해석하거나 조정할 수 있는 능력을 갖지 않기 때문이다. 변화는 외부 자극에 대한 수동적 결과일 뿐이며, 자율적 해석이나 자기 구조화는 일어나지 않는다.

요컨대, 구조적 커플링은 자기생산체계의 고유한 존재 방식이자 생성 논리이며, 학습자가 외부 세계와 접속하면서도 자기 정체성을 유지하고 자기 구조를 진화시킬 수 있도록 하는 존재론적 조건이다. 이는 교수학습 환경이 단지 정보를 전달하고 기능을 훈련하는 장소가 아니라, 학습자와 환경이 서로의 구조를 반응적으로 변화시키며 공진화하는 관계적 생태계로 설계되어야 함을 시사한다. 구조적 커플링은 단지 이론적 설명틀이 아니라, 살아 있는 교육을 가능하게 하는 리듬, 곧 배움과 가르침이 함께 추는 커플 댄스의 구조적 형식이라 할 수 있다.

### (2) 자기생산체계, 이종생산체계, 이형생산체계

존재의 생성 방식에 관한 질문은 생명과 기계, 인간과 사회를 구분 짓는 근본적인 사유의 출발점이다. 마투라나와 바렐라는 생명체가 단순한 기계적 구성물이 아닌, 자기 자신을 스스로 구성하고 유지하는 고유한 작동 방식을 지닌 체계라는 점에서, 기존의 기계론적 생명 개념을 근본적으로 재구성하였다.

이를 위해 그들은 생명 체계의 본질을 설명하기 위해 자기생산 개념을 중심으로 이와 대비되는 생산 방식으로서 이종생산(異種生産, allopoiesis)[32]과 이형생산(異形生産, heteropoiesis)[33] 개념을 제시하였다. 이 세 가지 생산 양식은 생명체와 기계, 자율성과 타율, 자연과 인공 사이의 존재론적 차이를 구분하는 중요한 이론적 틀을 제공한다.

자기생산이라는 개념이 갖는 이론적 힘은, 그것이 단지 생명의 자율성만을 설명하는 데 그치지 않고, 외부와의 관계 속에서 존재가 어떻게 형성되고 유지되는지를 드러낸다는 데 있다. 아울러 마투라나와 바렐라는 자기생산과 대비되는 개념으

---

32) allo–는 그리스어로 "다른", "타자", "이질적인"을 말한다. allopoiesis는 문자 그대로 "다른 것을 만들어 내는 작용", 또는 "타자를 산출하는 생성 활동"을 의미한다.

33) "hetero–"는 그리스어로 "다른", "타자", "상이한", "이중적인"의 뜻을 지닌다. 이 접두사는 단순히 '다름'을 지시하는 것을 넘어서, 자기 자신과는 본질적으로 구별되는 존재나 방식과의 관계를 나타낼 때 사용된다. 이때의 '다름'은 고립적 분리나 단절이 아니라, 자기와 이질적인 타자와의 관계 속에서 형성되는 긴장과 상호작용을 내포한다. 따라서 heteropoiesis는 문자 그대로 "다른 것에 의해 만들어지는 작용"을 뜻하는 동시에, 보다 확장된 의미에서 "타자를 위하여", 또는 "타자와 함께 이루어지는 생성 활동"을 의미할 수 있다. 이 개념은 주체의 폐쇄적 자기지시를 넘어, 타자성과의 관계 맺음을 통해 발생하는 공생적 생성(co–creative genesis)의 차원을 지시한다.

로 이종생산을 제시하였다. 이종생산은 자기 자신이 아닌 외부의 산출물을 만들어 내는 체계를 의미하며, 공장이나 기계처럼 외부 목적에 따라 기능적으로 작동하는 체계를 설명한다. 그리고 이보다 더 나아가, 후기 논의에서는 이형생산이라는 제3의 생산 방식이 등장한다. 이형생산은 타자와의 상호작용을 통해 서로를 변형시키며, 함께 새로운 결과를 창출하는 방식으로, 단일한 주체 중심의 생산이 아닌 관계적·협력적 생성의 원리를 내포한다.

이 세 가지 생산 양식 — 자기생산, 이종생산, 이형생산 — 은 생명과 기계, 자율성과 타율, 개인과 공동체를 구분 짓는 이론적 틀일 뿐 아니라, 인공지능 시대의 인간 이해와 교육 설계를 재구성하는 데에도 인식론적 자원으로 기능한다. 자기생산은 존재의 경계를 스스로 구성하며 자기 동일성을 유지하는 원리를, 이종생산은 기능적 외재성에 기반한 목적 지향적 작동을, 그리고 이형생산은 타자성과의 관계 속에서 새로운 의미를 창출하는 창발적 활동을 설명한다.

### 1) 자기생산과 이종생산

이종생산 개념은 자기생산 개념과의 대비 속에서 그 의미가 부각된다. 마투라나와 바렐라는 생명 체계의 존재론적 특성을 설명하며 자기생산체계를 체계적으로 정립하였고, 이에 대비되는 생산 방식으로서 이종생산체계를 간접적으로 언급하였다.[34] 비록 이 용어를 명시적으로 정의한 것은 아니지만, 자기 자신을 재생산하거나 유지하지 않고 외부의 목적물 또는 결과물 — 곧 타자(the other) — 을 산출하는 체계를 지칭하기 위해 후속 연구자들에 의해 개념화되었다.

이종생산체계는 스스로를 구성하거나 자기 조직을 복제하지 않으며, 자기 외부에 존재하는 산출물을 생산하는 체계이다. 마투라나와 바렐라는 이러한 체계를 기계적이고 인공적인 체계의 특성으로 간주하였다. 예를 들어, 자동차 조립 공장은 외부에서 부품을 공급받아 자동차라는 산출물을 만들어 내지만, 이 산출물이 공장 자체의 유지나 복제에는 기여하지 않는다. 이 체계는 외부 설계자의 의도나 목적에 따라 정의되고 작동하며, 자기보존의 원리는 작동하지 않는다.

이종생산체계의 핵심 특성은 산출의 외재성, 조직의 비자기성, 기능 중심성, 타율적 작동, 그리고 자기보존의 부재에 있다. 다시 말해, 이 체계는 외부 목적에

---

34) Maturana, H. R., & Varela, F. J. (1980). *Autopoiesis and cognition: The realization of the living*. D. Reidel Publishing.

종속된 기능 수행을 위해 설계되었으며, 스스로 목적을 생성하거나 자신의 구조를 유지·변형하는 능력을 갖지 않는다. 컴퓨터 체계가 대표적인 예이다. 컴퓨터는 사전에 주어진 명령어를 실행할 수 있지만, 자기 구조를 갱신하거나 새로운 프로그램을 생성할 수 있는 자율성은 없다. 작동은 철저히 외부 입력에 종속되어 있으며, 자기 조직을 보존하거나 재생산하는 폐쇄적 메커니즘은 존재하지 않는다.

후속 연구자들은 이종생산 개념을 더욱 체계화하였다. 예컨대 Tarride는 조직이론의 맥락에서 이 개념을 인간과 기계의 기능적 동형성(functional isomorphism)으로 해석하며 발전시켰다.[35] 인공지능, 기술 체계 분석에서도 이 개념은 유의미하게 적용된다. 예를 들어, AI는 특정한 출력(예: 텍스트, 이미지, 예측 결과)을 생성할 수 있지만, 그 생성 결과는 AI 자체의 조직을 보존하거나 갱신하는 데 아무런 역할을 하지 않는다. 다시 말해, AI는 '무엇인가'를 만들 수는 있지만, '자기 자신'을 만들 수는 없는 존재이며, 이 점에서 AI는 전형적인 이종생산체계로 분류된다.

자기생산체계와 이종생산체계의 구분은 단지 생산 방식의 차이를 설명하기 위한 기술적 분류가 아니라, 생명과 기계, 자율성과 타율, 내부의 자기지시와 외부 설계의 명령이라는 존재 방식의 차이를 해명하는 존재론적 분화라 할 수 있다. 자기생산체계는 자기 구성 요소를 스스로 생산하고 유지하며, 조직적 폐쇄성과 작업적 폐쇄성, 자기지시성, 구조 조정 가능성과 같은 고유한 원리를 바탕으로 외부와 상호작용한다. 반면 이종생산체계는 외부 설계와 목적에 의해 작동하며, 주어진 기능을 수행하는 구조일 뿐, 자기보존 능력이나 자율성을 갖지 않는다.

따라서 이종생산체계는 생명 체계와는 본질적으로 다른 작동 논리를 가진다. 공장에서 생산되는 자동차나, 프로그래밍된 인공지능 모델처럼, 이러한 체계는 환경 변화에 따른 자율적 적응 능력이 없으며, 외부 목표를 수행하는 것이 존재 목적이자 유일한 작동 원리이다. 이것이 바로 이종생산체계가 자기생산체계와 구별되는 본질적 기준이며, 동시에 생명과 기계, 인간과 인공지능의 차이를 설명하는 데 필수적인 이론적 토대가 된다.

### 2) 자기생산체계과 이형생산체계

이형생산체계는 단순히 외부 산출물을 생산하는 이종생산체계를 넘어서, 타자

---

35) Tarride, M. I. (2016). Human being–organization homomorphism: between autopoiesis and allopoiesis. *Kybernetes*, *45*(3), 508–520.

와의 관계 속에서 새로운 존재나 질서를 창출하는 제3의 존재론적 구조이다. 이형생산은 고정된 자기 동일성을 반복하거나 유지하는 방식이 아니라, 타자와의 접속을 통해 스스로를 갱신하고 변형시키는 공동 생성의 체계다. 이 체계는 단독 주체가 아니라 다수의 상호작용을 통해서만 완성될 수 있으며, 산출물은 계획된 목적의 실현이 아니라 예기치 않은 창발로 나타난다.

이러한 구조는 가장 먼저 생물학적 차원에서 드러난다. 인간은 자기 자신을 복제하지 않는다. 자녀는 부모와 유전적으로 유사하지만, 결코 동일하지 않은 타자이며, 이로써 이형생산은 자기복제와는 전혀 다른 존재 양식을 갖는다. 부부가 협력하여 자녀를 낳고 양육하는 과정은 이형생산의 본질을 잘 보여준다. 자녀는 단순한 유전 정보의 조합이 아니라, 부모의 삶을 재구성하고 세계관을 확장시키는 독립적 실존이다. 부모는 자녀라는 타자와 관계를 맺는 과정을 통해 자기 자신을 재정의하고, 새로운 존재로 거듭난다. 양육은 타자를 돌보는 동시에 자기 자신을 다시 써 내려가는 윤리적·존재론적 실천이다.

사회적 차원에서도 이형생산은 동일한 원리를 따른다. 기업에서 한 명의 노동자가 동료들과 협력하여 자신이 직접 사용하지 않을 상품을 생산하는 행위는 대표적인 사회경제적 이형생산이다. 이 생산은 단순히 물리적 산물의 창조가 아니라, 설계자, 기술자, 관리자, 공급자, 고객 등 수많은 행위자와 기술 조건, 시장 맥락, 문화적 요구가 맞물리는 다층적 협력의 장에서만 가능하다. 결과물은 누군가의 필요에 의해 최종적으로 완성되며, 그 상품은 소비자의 경험을 통해 새로운 가치를 갖는다. 이로써 상품 역시 타자와의 관계 속에서만 의미를 획득하는 창발적 산물이다.

중요한 것은, 이형생산의 본질이 '함께 만들어 냄'의 실천에 있다는 점이다. 어떤 것도 독립된 주체 하나만으로 완성되지 않는다. 자녀도, 예술도, 상품도, 문명도 모두 다자 간 접속과 상호작용 속에서 탄생한다. 그리고 그 과정에서 주체는 변형된다. 산출물은 단순히 외적 대상이 아니라, 참여한 이들의 존재 조건을 재구성하는 관계적 사건이 된다. 이형생산은 그러므로 협업의 기술이 아니라 존재의 공동 설계(co-design of being)라고 부를 수 있다.

교육도 마찬가지로, 교수자, 학습자, 환경, 도구, 공동체가 공진화적으로 상호작용하며 새로운 정체성과 의미를 공동 구성하는 이형생산의 장이다. 학습자는 자기생산체계로서 자기 조직을 재생산하는 동시에, 이형생산체계로서 타자와의 관계를 통해 새로운 존재로 변화해 간다.

따라서 오늘날의 교육 설계는 단순한 기능적 구조나 기술적 최적화를 넘어, 타자와의 접속 속에서 자신을 재구성하고 새로운 의미를 창출할 수 있는 이중적 구조 — 자기생산성과 이형생산성 — 를 통합적으로 고려해야 한다. 이러한 관점에서 시뮬라리움은 단지 정보가 흘러 다니는 공간이 아니라, 자기와 타자가 만나 새로운 질서와 가치를 생성하는 생성적 생태계로 기능해야 한다.

표 2 자기생산체계, 이종생산체계, 이형생산체계 대비표

| 특징 | 자기생산체계 (autopoietic system) | 이종생산체계 (allopoietic system) | 이형생산체계 (heteropoietic system) |
|---|---|---|---|
| 목적 | 자신의 생존과 유지 | 자신과 별개의 체계 생산 | 자기와 다른 존재(타자)의 생산 또는 공동 창출 |
| 생산 대상 | 자신의 구성 요소 | 타 체계가 사용할 수 있는 제품 또는 서비스 | 자기 유전적 유사성을 가진 타자, 사회적 성과물 |
| 운영 방식 | 작업적 폐쇄성 (내부 규칙에 따라 작동) | 개방성 (외부 입력에 의존) | 상호작용성 (협력 기반의 창발) |
| 자율성 | 높음 (스스로 결정) | 낮음 (외부 통제에 의존) | 중간 (상호 의존적 자율성) |
| 예시 | 세포, 생태계, 자율적 학습 공동체 | 자동차, 레스토랑, 컴퓨터 | 생식, 예술 창작, 협력 기반 공동체, 공동 프로젝트 |

### (3) 체계의 발현 특성

체계 이론 탐구의 궁극적인 목적은, 교수학습체계를 고도화함으로써 교육이 직면한 두 가지 난제 — 첫째, 개인의 학습 목표와 교육 체계의 목표 간 불일치, 둘째, 학습과 실제 수행 간의 괴리 — 를 해결하는 데 있다. 교수학습체계는 단순한 지식 전달 구조에서 벗어나, 학습자와 교수자가 역동적으로 상호작용하고, 외부 환경과 적응하며 진화하는 복합 동적 체계로 발전해야 한다. 이를 위해서는 폐쇄체계에서 개방체계를 거쳐 자기생산체계로 전환되는 과정에서 나타나는 네 가지 핵심 체계 발현 특성, 즉 항상성, 등종국성, 적응성, 자기생산성에 주목할 필요가 있다. 이 네 가지 특성은 각각 교육의 난제들과 대응되며, 교수학습체계를 보다 유연하고 창발적이며 자율적인 방향으로 설계할 수 있는 이론적 기반을 제공한다.

### 1) 항상성

체계 이론에서 항상성(homeostasis)은 체계가 외부 환경의 변화나 내부 교란에도 불구하고 내부 상태를 안정된 상태로 유지하려는 특성을 의미한다. 이 개념은 생물학에서 유래했지만, 체계 이론에서는 생물학적 체계뿐만 아니라 사회적 체계, 기술적 체계, 생태계 등 다양한 체계에 적용되며, 체계의 안정성과 지속 가능성을 유지하는 데 핵심적인 역할을 한다.[36]

이는 체계가 외부 자극에 반응하더라도 내부적으로 안정된 상태를 유지할 수 있음을 의미하며, 주로 부정적 피드백 메커니즘을 통해 이루어진다. 체계는 내부 상태를 일정하게 유지하려는 성질을 가지며, 변화를 감지하고 이를 원래 상태로 되돌리려는 조절 메커니즘이 작동한다. 항상성은 정적인 상태가 아니라 외부 자극에 반응하며 내부 균형을 동적으로 조절하는 과정이다. 예컨대 인간은 체온이 올라가면 땀을 흘리고, 내려가면 근육을 떨게 하여 체온을 일정하게 유지한다. 이러한 생리적 항상성은 생명체가 내부 기능을 조절하여 생존을 지속하는 대표적 방식이다.

항상성의 흥미로운 사례 중 하나는 꿈꾸기이다. 꿈꾸기는 단순한 무의식적 영상 경험이 아니라, 뇌가 스스로의 기능적 균형과 안정성을 유지하기 위해 수행하는 항상성 유지 활동 가운데 하나로 볼 수 있다. 수면 중에도 뇌는 다양한 신경 네트워크를 활성화시키며, 특히 시각 정보 처리와 감각 경험을 재구성하는 작업을 계속 수행한다. 이는 특정 신경 회로가 장시간 비활성화되는 것을 방지하고, 동시에 감각 처리 능력과 기억 통합 기능을 유지·강화하는 데 기여한다.[37] 고도로 가소적인 뇌는 사용하지 않는 회로를 다른 용도로 재배치하려는 경향이 있다. 따라서 수면 중 시각 입력이 완전히 차단된 상태가 지속되면, 뇌는 시각 처리 영역을 타 기능에 할당해 버릴 위험이 있다. 이런 일이 발생하면, 잠에서 깨어난 직후 즉각적으로 시각 처리가 필요한 상황에 효과적으로 대응하지 못할 수 있다. 이를 방지하기 위해 뇌는

---

36) Bider, I., Regev, G., & Perjons, E. (2019). Linking autopoiesis to homeostasis in socio-technical systems. *Proceedings of the 5th International Workshop on Socio-Technical Perspective in IS Development (STPIS 2019) co-located with 27th European Conference on Information Systems (ECIS 2019), Vol. 2398* (pp. 160–170).

37) Eagleman, D., & Vaughn, D. (2020, December 29). Why do we dream? A new theory on how it protects our brains. *Time Magazine*. Retrieved from https://time.com/5925206/why-do-we-dream/

수면 중에도 '눈을 통하지 않는 가짜 시각 자극' — 즉 꿈 — 을 생성함으로써 시각 피질을 자극하고, 시각 체계의 기능적 항상성을 유지하는 것이다. 다시 말해, 꿈은 뇌가 감각 체계의 기능적 준비 태세를 유지하기 위해 창조해 낸 내적 시뮬레이션이며, 이는 뇌의 자기보존적 조절 전략의 일환이라 할 수 있다.

사회적 체계에서도 항상성의 원리가 작동한다. 경제 체계에서는 수요와 공급의 균형을 유지하기 위해 가격 메커니즘이 작동하는데, 수요가 증가하면 가격이 상승하여 수요를 억제하고 공급을 늘리며, 수요가 감소하면 가격이 하락하여 수요를 자극하고 공급을 줄이는 방식으로 균형을 유지한다. 조직 관리에서도 유사한 원리가 적용되며, 기업이 직원의 업무 부담이 과도해지면 추가 인력을 채용하거나 업무 프로세스를 개선하여 균형을 유지하려는 시도가 이루어진다. 이는 조직이 내부 문제를 해결하면서 안정적인 운영을 지속하기 위한 조절 과정이다.[38]

항상성은 체계의 안정성과 지속가능성을 유지하는 데 중요한 역할을 하지만, 몇 가지 한계를 가지기도 한다. 항상성 메커니즘이 과도하게 작동하면 체계가 경직되어 변화와 혁신이 어려워질 수 있으며, 환경 변화가 너무 크거나 빠르면 항상성 메커니즘이 이를 따라가지 못하고 균형이 무너질 수도 있다. 또한, 항상성을 유지하는 데 추가적인 에너지가 필요하기 때문에 체계의 효율성과 에너지 소비 간의 균형을 고려해야 한다.

### 2) 등종국성

체계 이론에서 등종국성(等終局性, equifinality)은 체계가 서로 다른 출발점이나 경로를 통해 동일한 최종 상태에 도달할 수 있는 특성을 의미한다. 이는 체계의 유연성과 적응성을 강조하며, 복잡한 체계의 작동 원리를 이해하는 데 핵심이 되는 개념이다. 즉, 같은 결과를 도출하는 데 다양한 접근 방식이 존재할 수 있으며, 이는 목표 달성을 위한 경로가 단일하지 않다는 점을 시사한다.

등종국성의 특징은 크게 세 가지로 정리된다. 첫째, 체계는 다양한 초기 조건에서 출발할 수 있다. 이는 동일한 목표를 가진 개별 구성원이나 조직이 서로 다른 출발점에서 시작하더라도 최종적으로 같은 방향으로 나아갈 수 있음을 의미한다. 예를 들어, 학습자는 각기 다른 배경지식과 학습 스타일을 가질 수 있지만, 적절한

---

38) Luhmann, N. (2014). **체계이론 입문** [Einführung in die Systemtheorie] (윤재왕 역). 새물결. (원저 2002년 출간).

교수학습 설계를 통해 동일한 학습 목표를 달성할 수 있다.

둘째, 목표에 도달하기 위한 과정이 다양할 수 있다. 이는 특정한 방법론이나 절차에 구애받지 않고, 상황에 따라 최적의 전략을 선택할 수 있음을 의미한다. 예를 들어, 조직이 시장에서 성공을 거두기 위해 전통적인 마케팅 전략을 사용할 수도 있고, 데이터 기반 맞춤형 마케팅을 활용할 수도 있다. 각각의 접근 방식은 다르지만, 궁극적으로 조직의 성장이라는 동일한 목표를 향해 나아갈 수 있다.

셋째, 체계는 최종적으로 동일한 상태에 도달할 수 있다. 이는 특정 목표를 달성하는 과정에서 일시적인 경로의 차이는 있을지라도, 적절한 피드백과 조정을 통해 동일한 결과를 얻을 수 있음을 의미한다. 예를 들어, 서로 다른 교수법을 적용한 수업에서도 학생들이 궁극적으로 유사한 학습 성과를 거둘 수 있다.

등종국성은 생물학적, 사회적, 기술적, 교육적 체계에서 광범위하게 관찰되는 개념이다. 등종국성이 나타나는 대표적인 생물학적 사례는 신경 가소성을 통한 기능 회복 과정이다. 신경 가소성이란 뇌가 경험, 학습, 손상 등의 요인에 따라 구조적·기능적으로 변화할 수 있는 능력을 의미하며, 이는 뇌가 동일한 기능을 수행하기 위해 서로 다른 경로를 활용할 수 있도록 한다. 예를 들어, 뇌졸중이나 외상성 뇌손상으로 특정 뇌 영역이 손상되었을 때, 뇌는 다른 신경 경로를 활용하여 손실된 기능을 회복할 수 있다. 또한, 재활 훈련을 통해 손상되지 않은 신경망이 강화되거나 새로운 시냅스 연결이 형성되어 동일한 기능을 수행하는 대체 경로가 만들어진다.

사회적 체계에서도 등종국성은 나타난다. 국가 경제는 시장 중심의 자유경제 정책을 따를 수도 있고, 정부 주도의 계획경제를 활용할 수도 있지만, 궁극적으로 경제적 번영을 추구한다. 기업 역시 혁신 전략을 채택하든, 비용 절감을 통해 경쟁력을 확보하든 시장 점유율 확대라는 동일한 목표를 향해 나아갈 수 있다.[39]

기술적 체계에서도 동일한 원리가 적용된다. 소프트웨어 개발에서는 애자일 방법론을 따르든, 폭포수 모델을 활용하든 최종적으로 기능적으로 동일한 소프트웨어를 완성할 수 있다. 로봇이 목적지에 도달하는 과정에서도 직선 경로를 따르거나 장애물을 우회하는 등 다양한 방식이 존재하지만, 최종적으로 같은 목표 지점에 도달한다.

---

39) 윤영수, 채승병(2009). **복잡계 개론**. 삼성경제연구소.

등종국성은 교수학습체계 설계에서도 중요한 원리로 작용한다. 즉, 모든 학습자가 동일한 방법이나 절차를 따라야만 학습 목표에 도달할 수 있는 것이 아니라, 각자의 출발점, 학습 방식, 환경이 달라도 동일한 학습 성과나 개념 이해에 도달할 수 있다는 가능성을 보여준다.[40)]

예컨대 '광합성의 원리'를 학습하는 경우, 어떤 학생은 교과서 정독을 통해, 다른 학생은 애니메이션 영상이나 다이어그램을 통해, 또 다른 학생은 토론이나 실험을 통해 개념을 이해한다. 이처럼 읽기, 시청각 자료, 협력적 활동, 실험 탐구 등 다양한 경로를 통해 학습 목표에 도달하는 것은 교육 체계가 등종국성을 반영하고 있음을 보여준다.

이는 학습자의 인지 양식, 흥미, 배경지식, 사회문화적 맥락 등 개인차를 존중하는 교육 설계의 기반이 되며, 작문 능력 향상을 목표로 한 수업에서도 동일하게 적용된다. 일부 학생은 반복 훈련, 다른 학생은 작가 분석, 또 다른 학생은 피드백 중심 활동을 통해 모두 설득력 있는 글쓰기 능력에 도달할 수 있다. 또한 인공지능 기반 학습 체계에서는 다양한 학습 경로 데이터를 분석해 최적화된 경로를 추천하는 데에도 등종국성이 핵심 원리로 작동한다.

물론 등종국성은 체계의 유연성과 적응성을 뒷받침하지만, 다양한 경로 탐색은 자원 소모를 증가시키고 체계 복잡성을 높일 수 있으며, 경로 예측이 어렵다는 점에서 한계를 가진다. 그럼에도 불구하고 등종국성은 변화하는 환경 속에서도 체계가 지속적으로 목표를 달성할 수 있도록 하는 중요한 이론적 기반이다.

### 3) 적응성

체계 이론에서 적응성(adaptability)은 체계가 외부 환경의 변화에 대응하여 자신의 구조나 기능을 조정함으로써 지속적으로 생존하고 발전할 수 있는 능력을 의미한다. 이는 개방체계의 중요한 특성으로, 체계가 외부 환경과 상호작용하면서 변화하는 조건에 맞춰 내부 상태를 조절하고 새로운 균형을 찾아가는 과정을 포함한다. 적응성은 단순히 기존 상태를 유지하는 것이 아니라, 환경 변화에 따라 체계가

---

40) Reigeluth, C. M., Beatty, B. J., & Myers, R. D. (Eds.). (2017). *Instructional-design theories and models, Volume III: Building a common knowledge base*. Routledge.
이 책의 4장 "Understanding Instructional Theory"에서 Von Bertalanffy의 일반체계이론(General System Theory)을 인용하며, 체계의 유연성과 다중 경로 접근법을 설명하였다.

스스로를 변화시키는 능력을 강조한다.

이를 위해 체계는 외부 자극을 감지하고 내부적으로 조정할 수 있는 메커니즘을 갖추어야 하며, 이 과정에서 피드백 메커니즘이 핵심 역할을 한다. 부정적 피드백은 기존 균형을 유지하도록 조절하고, 긍정적 피드백은 새로운 상태로의 변화를 촉진한다. 적응성은 이 두 가지 피드백이 적절히 작동할 때 효과적으로 발현된다.

적응성의 대표적인 사례는 생물학적 체계에서 쉽게 찾아볼 수 있다. 생명체는 변화하는 환경에서 생존하기 위해 끊임없이 적응하며, 이는 자연선택의 원리를 통해 진화적 변화로 이어진다. 예를 들어, 사막의 식물은 극한의 건조한 환경에서도 살아남기 위해 깊은 뿌리를 내리거나 잎을 작게 만들어 수분 손실을 줄이는 방식으로 적응한다. 인간의 면역 체계 역시 외부 병원균에 반응하여 항체를 생성하고, 면역 기억을 형성함으로써 같은 병원균이 다시 침입했을 때 더 빠르고 효과적으로 대응할 수 있도록 조정된다.

뇌 신경계에서 나타나는 적응성의 사례로 감각 대체(sensory substitution) 현상을 들 수 있다. 감각 대체는 특정 감각이 손상되거나 결핍되었을 때, 뇌가 다른 감각을 활용하여 기능을 보완하는 현상으로, 이는 체계 이론에서 말하는 적응성 개념과 일치하며, 체계(뇌)가 외부 환경의 변화(감각 손실)에 대응하여 내부적으로 기능을 재조정하는 과정이다. 예를 들어, 시각 장애인이 점자 읽기를 학습할 때, 원래 촉각 정보를 처리하는 체성감각 피질뿐만 아니라 시각 피질까지 활성화되는 것이 발견되었는데, 이는 감각 정보의 입력 통로가 변화하더라도 기능적으로 필요한 정보를 처리할 수 있도록 뇌가 스스로 조정하는 적응적 변화이다. 여기서 부정적 피드백은 시각 정보를 더 이상 활용할 수 없는 상황에서 뇌가 기존의 정보 처리 방식을 유지하려는 조절 과정이며, 긍정적 피드백은 촉각 정보 처리를 강화하여 새로운 기능적 대안을 형성하는 과정으로 작동한다.

사회적 체계에서도 적응성은 필수적인 요소이다. 기업은 시장 변화나 기술 발전에 따라 구조를 조정하고 새로운 전략을 도입함으로써 경쟁력을 유지한다. 디지털 전환이 가속화되며 인공지능, 빅데이터, 클라우드 컴퓨팅 등의 기술 도입이 증가하고 있으며, 팬데믹 상황에서는 원격 근무와 온라인 협업 도구 활용이 적응의 방식으로 나타났다.[41]

---

41) Kneer, G., & Nassehi, A. (2008). **니클라스 루만으로의 초대** [Einführung in Niklas Luhmanns Systemtheorie] (정성훈 역). 갈무리.

기술적 체계에서도 적응성은 자주 관찰되는 특성이다. 대표적인 사례로 머신러닝을 활용한 인공지능 체계를 들 수 있다. 머신러닝 알고리즘은 학습 데이터를 기반으로 점점 더 정교한 패턴을 인식하고, 새로운 데이터를 입력받을 때마다 성능을 향상시키는 방식으로 작동한다. 추천 체계는 사용자의 행동 데이터를 분석하여 선호도를 학습하고, 개인화된 콘텐츠를 제공하도록 조정된다. 자율주행 자동차는 실시간으로 도로 상황을 감지하고 주행 경로를 조정하는 방식으로 적응성을 발휘한다.

생태계는 적응성이 강한 대표적인 체계이다. 생태계는 기후 변화, 자원 변화, 외부 종의 유입 등 다양한 환경적 요인에 적응하는 능력이 있다. 한 지역의 기온이 변화하면 그 지역에 서식하는 동식물의 개체 수와 생태적 관계도 변화한다. 특정 종이 환경 변화에 적응하지 못하면 멸종할 수 있으며, 반대로 적응성이 높은 종은 변화된 환경에서도 번성할 수 있다. 이러한 적응 과정에서 생태계는 지속적으로 변하면서도 균형을 유지하려는 경향을 보인다.

교육 체계에서도 적응성은 중요한 요소로 작용한다. 전통적인 교육 모델에서 벗어나 학습자의 특성과 필요에 맞춘 맞춤형 교육이 강조되고 있으며, 학습자의 학습 패턴을 분석하여 최적화된 학습 경로를 제공하는 적응형 학습 체계가 도입되고 있다. 인공지능을 활용한 학습 분석 체계는 학생의 학습 진행 상황을 실시간으로 평가하고, 학생이 어려움을 겪고 있는 개념을 반복적으로 연습할 수 있도록 학습 콘텐츠를 조정한다. 온라인 학습 플랫폼에서는 학습자의 학습 스타일과 성취도를 분석하여 개별화된 학습 자료를 제공하는 방식으로 적응성을 발휘한다.

정리하면, 항상성은 변화를 억제하여 기존 질서를 유지하고, 적응성은 변화를 수용하고 학습하여 새로운 질서를 형성한다. 따라서 복잡한 환경에 대응하는 지속 가능한 교육 체계는 이 두 기능을 상보적으로 통합해야 하며, 항상성의 안정성과 적응성의 유연성을 균형 있게 조율할 때, 교수학습체계는 지속 가능한 진화를 이룰 수 있다. 그러나 적응성이 높다고 해서 반드시 긍정적인 결과를 보장하는 것은 아니다. 체계가 지나치게 빠르게 적응하려 하면 내부 구조가 불안정해질 수 있으며, 장기적으로 지속 가능한 균형을 유지하기 어려워질 수 있다. 또한, 적응이 필요하다는 신호를 잘못 해석하면 비효율적인 변화를 초래할 수도 있다. 예를 들어, 기업이 단기적인 시장 변화에만 집중하여 핵심 가치를 잃어버린다면, 장기적인 지속가능성을 위협받을 수 있다.

### 4) 점진적 기계화와 주도적 부분의 출현

점진적 기계화(progressive mechanization)는 초기 단계에서 유연성과 가능성을 가지던 체계가 시간이 지나면서 특정한 기능과 역할을 점점 정교하게 분화하는 과정을 의미한다. 초기의 체계는 구성 요소 간의 역할이 명확하지 않아 서로의 기능이 중복되거나 비효율적인 상호작용이 발생할 가능성이 높다. 그러나 체계가 발전하면서 각 요소들은 특정한 역할을 수행하는 방향으로 최적화되며, 기능은 세분화되고 조직화된다. 이러한 과정에서 체계는 점차 효율성을 증대시키지만, 지나친 기계화는 상호작용을 경직화시키고 적응력을 저하시킬 위험이 있다.

기계화가 심화될수록 체계 내 개별 요소들은 고도로 전문화되며 특정 기능에 최적화되지만, 그만큼 전체 체계와의 유기적 연계를 벗어나 독자적으로 작동하거나 상황 변화에 융통성 있게 대응하기는 어려워진다. 이러한 한계를 극복하기 위해서는 체계 내부에 조율과 통합을 담당하는 주도적 부분(leading part)이 출현해야 한다.

주도적 부분은 체계 내 요소들이 단순히 개별 기능을 수행하는 데 그치지 않고, 전체 목적과 방향성을 조율하며 상호 관계를 최적화하는 역할을 수행한다. 이는 단순한 지시가 아니라, 다양한 요소들의 상호작용을 조정하고 유기적으로 통합하는 기능이다. 이러한 원리는 다양한 영역에서 적용될 수 있으며, 대표적인 사례로 벤처기업의 성장 과정, 배아의 발달 과정, 그리고 교수학습체계가 있다.

벤처기업은 초기에는 구성원이 다방면의 역할을 수행하며 유동적 구조를 보이지만, 성장과 함께 업무가 세분화되고 부서별 기능이 분화된다. 이때 지나친 분업화는 협력을 약화시킬 수 있어, 경영진이나 전략기획 부서가 주도적 부분으로서 조직의 방향을 조율하고 협력을 촉진하는 역할을 한다.

배아의 발달 과정에서도 점진적 기계화와 주도적 부분의 출현 현상이 관찰된다. 초기의 배아는 전능성 줄기세포로 구성되어 있으며, 모든 세포가 다양한 역할을 수행할 가능성을 가지고 있다. 그러나 발달이 진행되면서 세포들은 점차 특정한 기능을 수행하도록 분화되며, 근육세포, 신경세포, 피부세포 등으로 역할이 명확해진다. 이러한 점진적인 기계화가 진행되면서 세포들의 역할은 정교해지지만, 동시에 개별적인 세포들은 전체 유기체의 변화에 독립적으로 적응하기 어려운 상태가 된다. 이때 주도적 역할을 수행하는 기관이 출현하여 전체적인 발달 과정을 조율하는

데, 대표적으로 신경계가 이러한 기능을 수행한다.[42]

교수학습체계에서도 점진적 기계화와 주도적 부분의 출현은 중요한 원리로 작동한다. 초기에는 학습자가 다양한 지식을 포괄적으로 습득하나, 교육과정이 심화되면서 특정 분야 중심의 전문화가 진행된다. 이로 인해 학습의 각 단계에서 요구되는 역량이 구체화되지만, 지나친 세분화는 교육의 창의성과 융합적 사고를 약화시킬 수 있다. 이를 방지하기 위해 교수자, 학습지원 체계, AI 기반 학습분석 도구 등 주도적 요소가 필요하다.

교수자는 단순한 지식 전달자를 넘어 학습자의 배경과 속도에 맞춰 학습을 조율하는 역할을 수행한다. AI 학습 분석 체계는 학습자의 진도를 모니터링하고 피드백을 제공함으로써 학습 경로를 유연하게 조정한다. 이처럼 교육 체계는 점진적 기계화를 기반으로 효율성을 증대시키되, 주도적 부분을 통해 유연성과 적응성을 유지해야 한다.

결국, 점진적 기계화는 체계가 발전하면서 효율성을 증대시키는 중요한 과정이지만, 지나치게 기계화되었을 때 발생하는 문제를 해결하기 위해서는 주도적 부분이 출현하여 조정과 통합을 담당해야 한다. 이 원리는 기업, 생물학, 교육 등 다양한 복잡계에 적용될 수 있으며, 특히 교수학습체계에서는 주도적 요소의 유기적 작동을 통해 창의적이고 적응적인 학습 환경을 조성할 수 있다.

### 5) 자기유사성

자기유사성(self-similarity)은 체계 이론과 복잡계 이론에서 핵심적으로 다루어지는 개념으로, 전체 구조와 부분 구조가 유사한 형태나 패턴을 반복적으로 나타내는 현상을 말한다. 이는 단순한 반복이 아니라, 체계 내부의 규칙성과 피드백 구조를 반영하여 나타나는 창발적 질서의 표현이다. 자기유사성은 프랙탈 이론에서 자주 언급되지만, 그것은 수학적 구조에만 국한된 것이 아니라, 생명체, 생태계, 사회 체계, 문명 구조와 같은 실제 체계들에서도 반복적으로 발견되는 보편적인 속성이다.[43]

이러한 자기유사성은 '부분과 전체가 닮아 있다'는 특징 외에도, 관찰의 스케일

---

42) Varela, F. J., Thompson, E., & Rosch, E. (2017). *The embodied mind: Cognitive science and human experience* (Revised ed.). MIT Press.

43) Mandelbrot, B. B. (1983). *The fractal geometry of nature.* Freeman and Company.

을 달리하더라도 구조적 유사성이 유지되는 '스케일 불변성(scale invariance)[44]'이라는 성질을 갖는다. 예컨대, 나뭇가지의 분지 구조, 혈관의 분포, 해안선의 굴곡, 인간 뇌의 뉴런 네트워크 등은 서로 다른 차원과 영역에 속하지만, 동일한 자기유사적 구조를 보여준다. 사회 구조나 문명 체계에서도 마찬가지로, 개별 조직의 계층 구조나 협력의 방식이 더 큰 사회 체계의 구조와 유사하게 반복되는 경향이 있으며, 이는 인간이 창조한 체계가 인간 자신의 존재 구조를 반영한다는 점에서 중요한 의미를 갖는다.

체계 이론에서 자기유사성이 중요한 이유는, 복잡계가 중심 통제 없이도 자기조직화를 통해 질서를 형성할 수 있게 해 주는 기제가 되기 때문이다. 자기유사성은 체계 내부의 반복적 피드백과 상호작용을 통해 생성되며, 이를 통해 체계는 안정성과 확장성을 동시에 확보할 수 있게 된다. 예를 들어, 문명 생태계는 단순히 물리적 기반 위에 우연히 만들어진 것이 아니라, 인간의 생물학적·인지적·사회적 진화 과정이 반복적으로 투영된 구조를 가진다. 인간은 환경과의 피드백을 통해 학습하고 진화하는 존재이며, 인간이 만든 문명 체계 역시 유사한 방식으로 작동한다. 그 결과, 문명 생태계는 피조물이자 창조자인 인간의 특징을 닮게 되며, 피드백, 자기조직화, 창발이라는 복잡계의 핵심 메커니즘을 공유하게 된다.

이러한 자기유사적 구조는 문명사에서도 반복된다. 인간의 진화 과정에서 도구 사용, 협력, 상징 체계의 발전이 점차 복잡한 사회 체계로 연결되었듯, 문명 체계도 기술의 발전, 경제 구조의 진화, 교육 체계의 변화 등을 통해 반복적 구조를 형성한다. 예를 들어, '도구의 진화 → 협력의 진화 → 복잡한 사회 조직의 탄생'이라는 구조는 생물학적 진화에서도, 문명사에서도 유사하게 반복되는 자기유사성의 사례로 볼 수 있다. 이러한 자기유사성은 단지 외형적 유사성에 그치는 것이 아니라,

---

44) 스케일 불변성(scale invariance)이란, 어떤 구조나 체계를 다양한 관찰 크기(스케일)에서 바라보아도 그 형태나 규칙성이 변하지 않고 유지되는 성질을 의미한다. 다시 말해, 전체를 확대하거나 축소해도 부분의 구조와 본질적으로 닮았다는 특성이다. 이는 프랙탈 구조(fractal structure)의 핵심 개념으로, 자연계와 인공 체계 모두에서 반복적으로 나타나는 보편적 조직 원리다. 스케일 불변성은 특히 네트워크 현상에서 두드러지게 관찰되며, 예컨대 인터넷, 뇌신경망, 도시 구조, 생태계 먹이망 등 다양한 복잡계에서 유사한 패턴이 서로 다른 크기에서 반복된다. 이러한 체계에서는 멱함수 분포(power-law distribution)와 같은 분포 특성이 자주 나타나며, 소수의 노드나 요소가 다수의 연결이나 영향력을 가지는 반면, 대부분은 상대적으로 적은 연결을 갖는 비대칭적 분포를 보인다. 이러한 분포는 체계의 자율적 조직화, 적응성, 회복탄력성을 가능하게 하는 기반이 되며, 동시에 특정 핵심 요소의 장애나 조작이 전체 체계에 큰 영향을 미칠 수 있는 취약성도 내포한다.

표 3 체계의 발현 특성

| 발현 특성 | 정의 | 작동 방식 | 결과 | 예시 |
|---|---|---|---|---|
| 항상성 (Homeostasis) | 외부 환경의 변화에도 불구하고 체계가 내부 상태를 일정하게 유지하는 특성 | 부정적 피드백을 통해 변화를 억제하고 균형을 유지 | 안정성과 지속성 유지, 변화에 대한 저항성 | 인체의 체온 조절, 경제 체계의 시장 균형 |
| 등종국성 (Equifinality) | 다양한 출발점이나 경로를 통해 동일한 최종 상태에 도달할 수 있는 특성 | 여러 경로와 방법을 통해 동일한 목표를 달성 | 다양한 경로를 통해 목표 달성 가능, 유연성 증가 | 학습자 중심 수업으로 공통 교육 목표 달성 |
| 적응성 (Adaptability) | 외부 환경의 변화에 반응하여 체계가 스스로를 조정하고 재구성하는 능력 | 환경 변화에 의해 촉발되며 체계가 변화에 적응하여 지속성을 확보 | 환경 변화에 대응하여 생존과 기능 유지, 구조 조정 | 기업이 시장 변화에 따라 조직을 재구성 |
| 자기생산성 (Autopoiesis) | 외부 요인 없이도 내부에서 스스로 구조와 기능을 재생산하며, 질적 성장을 포함하는 특성 | 체계 내부에서 자율적으로 구조를 생성하고 스스로 진화 | 새로운 구조와 기능이 창출되며 질적 성장이 발생 | 생명체의 신경망 발달, AI의 자율 학습 체계 |
| 점진적 기계화 (Progressive mechanization) | 체계가 점차적으로 더 복잡하고 정교한 기계적 구조로 발전하는 특성 | 단순한 구조에서 복잡한 구조로의 진화를 통해 효율성과 기능성 증대 | 효율성과 정밀성 증대, 복잡한 작업 수행 가능 | 산업 혁명 이후의 기계화, 로봇 기술의 발전 |
| 주도적 부분의 출현 (Emergence of leading part) | 체계 내에서 특정 부분이 주도적 역할을 하며 전체 체계를 이끄는 특성 | 특정 부분이 체계의 기능과 방향을 주도하며, 다른 부분과 상호작용 | 효율성과 통합성 증대, 목표 달성 속도 증가 | 인간의 뇌 신경계, 기업의 경영진, AI 체계의 중앙 처리 장치 |
| 자기유사성 (Self-similarity) | 전체 구조와 부분 구조가 유사한 패턴을 반복적으로 나타내는 복잡계 특성 | 체계 내부 규칙에 따라 전체와 부분이 유사한 구조를 형성하며 반복 | 구조적 일관성 확보, 확장성과 안정성 증가, 창발적 질서 생성 | 프랙탈 구조, 사회 조직의 위계 반복, 문명 진화의 발생 반복 구조 |

인간이라는 창조자의 존재 구조와 작동 원리가 문명 생태계 안에 구조적으로 투영된 결과로 이해될 수 있다.

문명 생태계는 궁극적으로 인간 진화의 '문화적 표현형'이라 할 수 있다. 체계 이론의 관점에서 보면, 생물학적 진화와 문명 진화는 단절된 두 흐름이 아니라 하나의 통합적 복잡계로 간주될 수 있다. 이때 발생 반복의 원리, 즉 진화 과정에서 나타난 구조와 질서가 문명 발전 과정에서도 반복된다는 사고는 단순한 유사성을 넘어 구조적 필연으로 이해되어야 한다. 이는 문명을 단지 사회적 산물로 이해하는 것이 아니라, 인간 존재 구조의 체계적 확장으로 파악하게 해주며, 인간과 문명이 공동으로 자기조직화하고 진화하는 피드백적 생태계로서 이해될 수 있게 한다.

이와 같은 자기유사성 개념은 다양한 이론적 전통에서 논의되어 왔다. 수학적으로는 만델브로에 의해 프랙탈의 자기유사성이 정식화되었으며,[45] 체계 이론적으로는 프리초프 카프라는 복잡계 내부의 반복성과 창발성의 핵심 메커니즘으로 제시되었다.[46] 사회 체계 이론에서는 니클라스 루만이 사회 체계 내부의 작동 방식과 자기조직화의 반복 구조를 통해 설명하고 있다.[47] 따라서 자기유사성은 단지 수학적 개념이나 자연 현상의 특성으로 머무르지 않으며, 인간이 창조하고 살아가는 문명 생태계의 구조를 이해하는 데 핵심적인 체계 이론적 도구로 기능한다. 이는 인간과 인간이 만든 문명이 본질적으로 상호투영된 복잡계이며, 그 진화의 방식이 유사한 구조를 반복하고 있음을 보여주는 이론적 근거가 된다.

### 6) 루만의 자기생산체계로서의 사회와 교수학습체계

마투라나와 바렐라는 생물학적 배경, 특히 세포생물학과 신경생리학의 맥락에서 출발하였기 때문에 자기생산체계를 구성하는 기본 단위를 관찰 가능한 실체로 설정하였다. 그들에게 자기생산체계란 세포가 스스로의 구성 요소를 생산하고, 그 생산된 요소들이 다시 세포라는 체계의 경계를 유지하는 과정을 통해 성립하는 폐쇄적 조직이다. 따라서 자기생산체계의 부분은 구체적이고 실재하는 실체, 즉 세포와 개체와 같은 유기적 존재에 해당한다. 베르탈란피의 일반체계이론 역시 같은 생물학적 맥락에서 출발하였으나, 그는 체계 개념을 세포와 개체에서 나아가 원자, 사회, 우주까지 확장 가능한 범용 개념으로 일반화하였다. 그러나 그의 설명에서도 체계를 이루는 단위는 여전히 관찰 가능한 실체라는 점에서 생물학적 세계관을 크

---

45) Mandelbrot, B. B. (1983). *The fractal geometry of nature*. Freeman and Company.

46) Capra, F., & Luisi, P. L. (2014). *The systems view of life: A unifying vision*. Cambridge University Press.

47) Luhmann, N. (2014). **체계이론 입문** [Einführung in die Systemtheorie] (윤재왕 역). 새물결. (원저 2002년 출간).

게 벗어나지 않는다.

여기서 한 가지 의문이 제기된다. 자기생산체계는 생물학적 배경에 근거하는 반면, 교수학습체계는 학습자·교수자·매체·제도적 맥락을 반영한 사회·문화적 배경에 근거한다. 이처럼 생물학에 뿌리를 둔 자기생산 개념이 사회문화적 조건 하의 교수학습체계에도 같은 의미로 적용될 수 있는가.

이 의문을 검토하기 위해 루만의 사회체계이론을 살펴볼 수 있다. 루만은 사회학적 문제의식에서 출발했기 때문에, 사회를 자기생산체계로 보기 위해서는 사회를 구성하는 부분을 실체로 규정할 수 없었다. 그는 사회를 기업, 조직, 제도와 같은 실체적 단위로 파악하지 않고, 오히려 의사소통 자체를 구성 요소로 보았다. 개인은 사회 속에서 중요한 행위자이지만, 루만에 따르면 개인은 사회의 구성 부분이 될 수 없다. 사회는 언제나 개인이 교체될 수 있음에도 불구하고 존속하며, 그것을 가능케 하는 것은 바로 의사소통의 연쇄와 재생산이다. 사회는 과거 축적된 의사소통과 의사결정을 토대로 작업적 폐쇄성을 확보하고, 자기 참조적 과정을 통해 조직적 폐쇄성을 유지한다. 루만에 따르면 생물학적 개인은 사회라는 자기생산체계의 환경에 해당한다.

루만의 이론에서 개인은 배제되지 않는다. 개인은 사회의 구성 요소가 아니라 사회와 구조적으로 커플링된 또 다른 자기생산체계로 간주된다. 개인은 생명체로서 자기생산적 체계이고, 사회는 의사소통의 자기생산적 체계이며, 이 둘은 각자의 경계를 유지하면서도 상호작용한다. 이러한 상호작용이 축적될 때, 개인과 사회는 더 큰 차원에서 문명 생태계라는 자기생산체계로 수렴한다. 루만의 사회이론은 이와 같이 생물학적 자기생산 개념을 사회학적 차원으로 전환하여, 개인－사회－문명이라는 다층적 자기생산체계의 상호 연동을 설명하는 이론적 틀을 제공한다.

이 논의를 사회연결망분석(SNA)의 관점에서 치환해 보면 그 차이가 더욱 뚜렷해진다. 마투라나와 바렐라가 강조한 자기생산체계의 단위는 노드, 즉 세포나 개체처럼 관찰 가능한 실체에 해당한다. 이에 반해 루만은 링크, 곧 노드 사이에서 발생하는 의사소통의 연결을 체계의 구성 단위로 본다. 마투라나와 바렐라의 체계론에서는 실체가 먼저이고 관계가 그 위에 성립하지만, 루만의 사회체계론에서는 관계 자체가 곧 체계의 본질이 된다. 따라서 루만은 사회를 단순한 개인들의 집합이 아니라, "의사소통의 자기지속적 네트워크"로 정의하며, 이는 생물학적 자기생산 개념을 넘어서는 새로운 해석이다.

루만 외에도 라포포트[48]와 파슨스[49] 같은 이론가들은 각각 일반체계이론과 사회체계론의 맥락에서 조직을 자기생산적 과정으로 이해하려 했다. 라포포트는 체계를 구성하는 요소들의 상호작용과 네트워크 구조를 통해 자기지속성을 설명했으며, 파슨스는 사회 체계를 행위와 규범이 재생산되는 과정으로 규정하며 자기유지적 성격을 강조했다. 더 나아가 일부 인지과학자들은 언어와 의미 체계가 자기생산적 구조를 지닌다고 주장했고, 사이버네틱스의 후속 논의에서는 인공적 네트워크, 디지털 시스템, 심지어 학문 체계까지도 자기생산적 체계로 설명하려는 시도가 이어졌다.

결국 쟁점은 자기생산체계를 관찰 가능한 실체에 한정할 것인지, 아니면 관계적 사건(의사소통, 상호작용, 의미 작용)까지 포함하여 체계의 구성 부분으로 인정할 것인지에 있다. 마투라나와 바렐라는 개별 생물학적 실체를 중심으로 자기생산을 정의했지만, 루만은 사회를 오직 의사소통의 흐름 속에서 존속하는 자기생산체계로 보았다. 라포포트와 파슨스는 조직과 사회적 행위 체계를 자기생산적으로 해석하며, 이를 사회적·문화적 맥락으로 확장할 수 있는 길을 열었다. 이러한 전환은 자기생산 개념을 생명과 사회, 개인과 집단, 노드와 링크라는 상이한 층위에 적용할 수 있는 가능성을 열어주며, 나아가 문명 생태계 전체를 자기생산체계로 이해할 수 있는 이론적 토대를 마련한다.

지금까지의 내용을 종합하면 앞서 제기된 교수학습체계를 마투렐라 바렐라 체계이론의 적용지로 위치시키고자하는 의문을 넘어서서 교수학습체계의 특수성을 반영한 새로운 형태의 자기생산체계로의 확장이 일어난다. 이 맥락에서 교수학습체계는 학습자의 다양한 생존 역량을 계발하는 동시에, 체계 스스로가 추구해야 할 공통의 교수학습목표를 달성해야 하는 긴장된 존재 조건을 가진다. 학습자는 수료 후 새로운 학습자로 교체되기 때문에, 교육공학의 1차 목표를 개별 학습자의 성취에 두기 어렵다. 그러나 사회나 기업 조직과 달리 교수학습체계에서 개인은 단순한 환경이 아니라 그 체계의 존재 이유 그 자체이다. 개인은 특정한 개체로서가 아니라 끊임없이 교체되는 학습자 일반으로서 교수학습체계에 참여하며, 이를 통해 체계의 본질을 규정한다. 이 구조는 마치 뫼비우스의 띠처럼 안과 밖의 구분을 넘나

48) Rapoport, A. (1986). *General system theory: Essential concepts and applications*. Abacus Press.

49) Parsons, T. (1977). *Social systems and the evolution of action theory*. Free Press.

들고, 에셔의 두 손 그림처럼 서로를 그려내는 자기 지시성을 드러낸다. 개인은 경계 밖에서는 교수학습체계의 환경이면서 동시에 경계 안에서는 목표의 담지자로 기능하는 이중적 위치를 가진다. 따라서 개인과 교수학습체계는 위계적으로는 서로 다른 층위에 있지만, 경계적으로는 상호 침투하며 공진화한다. 이러한 점에서 교수학습체계는 제3의 자기생산체계라 불릴 수 있다.

## 4. 체계 접근에 대한 평가와 교수학습체계 혁신

### (1) 체계 이론의 3가지 차원

베르탈란피의 일반체계이론, 마투라나-바렐라의 자기생산체계 이론으로 대표되는 체계 접근은 복잡한 체계를 이해하고 분석하는 혁신적인 패러다임을 제시하며, 학제 간 연구와 실천적 문제 해결의 토대를 마련하였다. 이 이론은 체계 과학의 핵심적인 역할을 도구, 범위, 목표라는 세 가지 차원에서 수행하며, 이를 통해 다양한 분야에서 체계 사고를 가능하게 한다.

첫째, 도구적 차원이다. 일반체계이론은 복잡한 상호작용과 다층적 관계를 체계적으로 해석할 수 있는 인식론적 틀을 제공한다. 특히 체계의 자율적 조절과 상호작용의 동역학을 설명하는 개념 도구들은 교육 현장을 분석하고 설계하는 데 효과적으로 활용될 수 있다. 대표적 예로, 피드백 루프는 체계가 외부 자극에 반응하고 스스로를 조정하는 순환 구조를 설명하는 데 유용하며, 학습자의 성과 평가가 교수 전략 개선으로 이어지는 교육적 구조는 이러한 메커니즘을 잘 보여준다. 또한, 동형사상[50] 개념은 서로 다른 체계 간 구조적 유사성을 포착하는 데 기여한다. 예

---

50) 동형사상(同型寫像, Isomorphism)은 체계 이론에서 서로 다른 체계들이 구조적으로 유사한 패턴을 공유하는 현상을 의미한다. 즉, 두 개 이상의 체계가 표면적으로는 다른 형태와 기능을 가지지만, 그 내부 구조나 작동 원리가 동일하거나 유사한 관계를 맺고 있을 때 이를 동형사상이라 한다. 이는 특정한 법칙이나 원리가 개별 체계에 국한되지 않고 다양한 맥락에서 동일하게 적용될 수 있음을 시사한다. 예를 들어, 생물학에서의 생태계 네트워크와 사회학에서의 인간 관계망은 서로 다른 도메인에 존재하지만, 상호작용하는 개체 간의 연결 구조가 유사한 동형사상의 예시로 볼 수 있다. 체계 이론에서 동형사상은 학제 간 연구와 통합적 사고를 가능하게 하는 핵심 개념이다. 체계들이 서로 다른 환경과 요소로 구성되어 있어도, 일정한 패턴이나 구조적 원리를 공유한다면 이를 통해 특정 체계에서 발견된 원리를 다른 체계에도 적용할 수 있다. 예를 들어, 기업 조직의 구조가 생물학적 세포 조직과 유사한 방식으로 자원을 배분하고 정보 흐

컨대 생태계, 기업 조직, 교육 체계는 계층 구조와 정보 순환 체계를 공유하며, 이는 상이한 체계 간 패턴과 원리를 비교하고 통합적으로 이해할 수 있게 한다. 예컨대, 기업 조직이 생물학적 세포처럼 자원을 배분하고 정보를 조절한다면, 생명과학에서 발견된 원리를 경영학에 응용할 수 있다.[51)]

등종국성 개념은 서로 다른 경로와 조건을 가진 체계라 할지라도 동일한 최종 상태에 도달할 수 있음을 의미한다. 이는 전통 강의 중심 수업과 문제기반학습이 서로 다른 방식으로 진행되지만, 모두 문제 해결력이나 비판적 사고 향상이라는 동일한 교육 목표에 도달할 수 있음을 시사한다.

둘째, 범위적 차원이다. 일반체계이론은 생물학, 사회학, 공학, 교육학 등 다양한 학문 분야를 아우를 수 있는 보편적 설명 체계를 제공한다는 점에서, 그 적용 가능 범위가 넓다. 체계 접근은 복잡한 현상을 단일한 원인이나 개별 요소가 아닌, 상호작용하는 전체 구조와 동역학으로 이해함으로써, 학제 간 통합과 협업을 이끄는 핵심 도구로 작용한다. 예를 들어, 자기조직화 개념은 외부의 직접적 지시 없이도 체계 내부의 상호작용 규칙을 통해 질서와 구조가 자생적으로 형성되는 현상을 설명한다. 이는 생물학적으로는 개미 군집이나 철새 무리의 이동 경로, 사회적으로는 집단의 여론 형성 과정, 기술적으로는 인공지능 알고리즘의 학습 진화에서 관찰될 수 있다. 동일한 개념이 교육 체계의 자율적 학교 운영, 학습자의 자기주도 학습 과정에도 적용될 수 있다는 점에서, 체계 이론은 학문 간 경계를 넘는 설명력을 가진다. 또한, 적응 개념은 체계가 변화하는 환경에 동적으로 반응하고 구조를 재조정함으로써 지속가능성과 회복력을 확보하는 메커니즘을 설명한다. 이는 생태학에서의 생물종 변화뿐 아니라, 경제학에서 시장의 수급 반응, 조직 이론에서의 구조 혁신, 교육 정책에서 기술 변화나 사회 요구에 대한 제도적 조율 등의 다양한 영역에 적용될 수 있다. 예컨대, 도시 계획 분야에서도 체계 이론은 유용하다. 지속 가능한 도시 개발을 위해서는 생태계의 물리적 조건, 사회의 경제적 이해관계, 시민의 참여와 공공성이 통합적으로 고려되어야 하는데, 이는 단일 학문으로 설명할 수 없는 복합적 체계의 문제이다. 일반체계이론은 이러한 복잡성 속에서 거시적 설계와 미

---

름을 조절한다면, 생명과학에서 발견된 최적화 원리를 경영학에 응용할 수 있다. 이는 체계 간 유사성을 활용하여 다양한 분야에서 문제 해결과 혁신을 도모하는 방법론적 토대를 제공한다.

51) Porter, M. E., Davenport, T. H., Daugherty, P., & Wilson, H. J. (2019). *HBR's 10 must reads on AI, analytics, and the new Machine Age*. Harvard Business Review Press.

시적 실행 간의 상호작용을 파악할 수 있도록 돕는다. 따라서 체계 접근은 복잡한 문제를 다양한 수준과 영역 간의 관계 속에서 통합적으로 바라볼 수 있게 해 주며, 학제 간 연구 및 실천의 공통 언어로 기능할 수 있는 범용적 사고 도구로서의 가치를 지닌다.

셋째, 목표적 차원이다. 일반체계이론은 단순한 분석 도구나 설명 틀을 넘어서, 복잡한 현실 문제를 해결하기 위한 실천적 목적을 지향한다. 체계 이론은 다양한 요소들이 상호작용하며 만들어 내는 전체성 속에서 균형, 조정, 창발을 유도하는 설계 원리를 제공함으로써, 지속 가능한 변화와 통합적 개입을 가능케 한다. 예를 들어, 환경 관리에서는 생태계의 상호의존적 관계를 체계적으로 분석하여, 특정 자원 사용이 전체 생태계에 미치는 파급 효과를 예측하고 지속 가능한 자원 관리 전략을 설계할 수 있다. 사회 정책 분야에서도 체계 이론은 정부, 시장, 시민사회 간의 상호작용 구조를 분석하여, 정책의 효율성과 형평성 사이의 균형을 도출하고 복지 체계를 개선하는 데 활용된다. 교육 분야 역시 마찬가지이다. 오늘날 교육은 개별 학습자의 자율성과 국가적 교육 목표라는 이중 과제를 동시에 충족해야 하는 복합 구조 속에 있다. 체계 이론은 이 두 수준의 목표를 조율할 수 있는 동적 평가 모델이나 적응적 교수학습 설계를 정립하는 데 기여할 수 있다. 예를 들어, 기존의 표준화된 평가 방식은 모든 학습자에게 동일한 기준을 적용하지만, 체계 이론에 기반한 접근은 학습자의 발달 단계, 인지 특성, 사회적 맥락 등을 반영하여 개별성과 공통성을 동시에 고려한 평가 체계를 가능하게 한다.

이러한 사례들은 일반체계이론이 이론 분석을 넘어서 실천적 설계와 정책 결정에 유효한 틀로 기능함을 보여준다. 특히 복잡성과 불확실성이 증대되는 사회에서, 체계 사고는 학제 간 소통을 촉진하고, 분야 간 협업을 유도하며, 새로운 해결책의 창발을 가능하게 한다.

결국, 일반체계이론은 이해를 위한 틀(도구적 차원), 적용을 위한 범용성(범위적 차원), 그리고 실천을 위한 설계(목표적 차원)를 모두 아우르는 이론으로, 교육학뿐 아니라 인간-기계 협력, 인공지능 기반 학습 생태계 설계, 그리고 문명적 전환의 패러다임 논의에까지 폭넓은 기여 가능성을 지닌다. 21세기 지식 생태계의 핵심 축으로 자리매김한 일반체계이론은, 복잡성과 불확실성이 심화되는 현대 사회에서 문제를 통합적으로 이해하고 해결할 수 있는 새로운 사고 패러다임과 실천적 대안을 제공하는 이론적 토대가 된다. 일반체계이론을 기반으로 한 체계 사고는 학제

간 소통과 협업을 촉진하고, 다양한 분야에서 복잡한 문제를 유기적으로 분석하며 창의적인 해결책을 설계하는 데 필수적인 도구로 기능한다. 이를 통해 우리는 현대 사회의 복잡성을 보다 효과적으로 다루고, 지속 가능한 미래를 설계할 가능성을 열어가게 될 것이다.

### (2) 과학철학으로서 체계 이론

플라톤, 아리스토텔레스에 이어 베르탈란피와 마투라나 - 바렐라로 이어지는 체계 이론은 단순한 체계 분석 도구를 넘어, 복잡한 세계를 이해하는 철학적 인식틀로 발전해 왔으며, 학제 간 통합 연구에 깊은 영향을 미쳤다. 체계 접근은 다양한 영역에서 나타나는 상호작용적 · 계층적 · 동역학적 구조를 설명하는 보편 이론으로 자리 잡았으며, 그 철학적 입장은 다음 다섯 가지 원칙으로 요약될 수 있다.

첫째, 온건한 존재론적 실재론은 세계가 인간 인식과는 무관하게 객관적으로 존재한다는 점을 인정하면서도, 그 인식 과정이 주관적 경험과 해석에 의해 필연적으로 영향을 받는다는 점을 동시에 강조한다. 예컨대, 교육 체계를 분석할 때 정책의 객관적 효과뿐 아니라, 교사의 주관적 해석과 학생의 체험적 반응을 함께 고려해야 하며, 이는 체계의 외부 환경과 내부 주체 간 상호작용을 통합적으로 해석하는 기반이 된다.

둘째, 광범위한 자연주의는 자연 세계의 모든 현상이 물리적 · 자연적 법칙에 따라 작동한다는 전제를 수용하지만, 동시에 생명체의 진화나 인간 사회의 문화적 · 심리적 구조와 같은 고차원적 현상이 단순한 물리적 환원주의로는 설명될 수 없음을 지적한다. 예를 들어, 인간의 의식을 설명하기 위해 뇌의 신경 활동을 분자 수준에서 분석할 수는 있지만, 그것만으로 의식 경험 전체를 이해할 수는 없듯이, 복잡한 체계 분석에는 다층적 해석이 요구된다.

셋째, 온건한 인식론적 실재론은 과학적 지식이 경험적 관찰과 이론적 정교화를 통해 시간에 따라 누적될 수 있음을 긍정하면서도, 모든 지식은 언제나 잠정적이며 조건부라는 사실 또한 인식한다. 이는 기후 모델링이나 교육 데이터 분석처럼, 새로운 정보가 기존 이론을 보완하거나 수정하게 되는 지식 진화의 과정을 수용하는 태도이며, 일반체계이론 기반의 연구가 항상 유연성과 개방성을 전제로 이루어져야 함을 의미한다.

넷째, 체계 보편주의는 우주에 존재하는 모든 사물과 현상을 독립된 객체가 아니라 상호 연결된 체계의 일부로 간주한다.[52] 숲의 생태계가 나무, 토양, 미생물, 수분, 에너지 흐름의 상호작용 속에서 작동하듯, 교육 불평등이나 경제 위기와 같은 사회 문제 역시 다양한 구성 요소 간의 복합적 관계망 속에서 해석해야 한다. 이 원칙은 개별 현상을 이해하기 위해 전체적 맥락을 함께 바라보아야 한다는 전체론적 시야(holistic perspective)의 중요성을 강조한다.

다섯째, 온건한 실천론적 실재론은 인간이 체계의 제약과 환경적 영향 아래 놓여 있으면서도, 일정한 수준의 자율적 선택과 실천의 가능성을 지닌 존재임을 인정한다. 디지털 기술이 학습 방식과 사고 양식을 변화시키고 있지만, 그 안에서도 학생은 여전히 자기 주도성과 행위 주체성을 발휘할 수 있으며, 이는 결정론과 자유의지라는 이분법을 넘어 체계 맥락 속 인간의 실천적 가능성을 재조명한다.

요컨대, 일반체계이론은 객관성과 주관성, 환원주의와 전체론, 구조적 제약과 자율성 사이의 긴장을 조화롭게 통합하고자 하는 과학적·철학적 시도이다. 에드가 모랭은 이러한 체계적 사유를 단순히 세계의 본질을 밝히는 실체적 원리가 아니라, "세계를 고려하는 사고의 원칙"으로 이해했다.[53] 이는 곧 복잡하고 상호의존적인 세계를 단순화하거나 분절하지 않고, 전체성과 상호연결성을 유지한 채 사유할 것을 요구한다.

오늘날 인류가 직면한 기후 변화, 인공지능 윤리, 팬데믹 이후 사회 구조의 재편과 같은 문명적 문제들은 자연 생태계, 사회 체계, 기술 체계 등 다양한 수준의 체계가 얽힌 복합적 위기 상황이다. 이러한 문제들은 더 이상 단일 학문이나 분절된 접근 방식으로 해결될 수 없으며, 복잡성과 다차원성이 내재된 현실을 다룰 수 있는 새로운 사고 체계와 설계 논리를 요청한다.

이러한 맥락에서 일반체계이론은 교육을 포함한 사회적 실천을 넘어, 그 상위 체계인 문명 생태계와 자연 생태계 차원에서도 통합적 사고와 설계의 철학적 나침반으로 기능할 수 있다. 학문 간 경계를 해체하고, 다양한 지식과 기술, 가치가 융합되는 지점에서 의미 있는 설계 원리로 작동할 수 있는 이론적 기반이자 실천적 도

---

52) Blanc, J. (2009). The general theory of meta-dynamics systemicity. *Proceedings of the 53rd Annual Meeting of the International Society for the Systems Sciences* (pp. 1–40).

53) Morin, E. (2012). **복잡성 사고 입문** [Introduction à la pensée complexe] (신지은 역). 에코리브르. (원저 1990년 출간).

구가 되는 것이다.

### (3) 체계 이론과 교수학습체계

체계 이론은 교수학습체계를 분석하고 혁신하는 데 중요한 이론적 틀을 제공한다. 현대 교육 체계는 여전히 중앙 설계와 통제 중심의 복합계로 운영되는 경향이 강하지만, 학습자 중심 교육의 부상과 디지털 기술의 발전은 교수학습체계를 복잡계, 나아가 자기생산체계로 전환할 것을 요구하고 있다. 일반체계이론은 이와 같은 전환의 방향성과 실천적 가능성을 뒷받침하는 핵심 개념들을 제공함으로써, 교육의 패러다임 전환을 이끄는 이론적 기반이 된다.

우선, 자기조직화는 교수학습체계에서 학습자가 주체적으로 학습 과정을 형성하는 과정을 설명한다. 전통 교육에서는 지식이 교사에 의해 일방적으로 전달되었지만, 현대의 학습 환경은 학습자가 스스로 목표를 설정하고 의미를 구성하는 방식으로 변화하고 있다. 문제 기반 학습과 같은 접근법은 학습자의 자율성과 창발성을 존중하며, 교육이 폐쇄된 구조에서 개방적이고 역동적인 체계로 변화해야 함을 시사한다.

피드백 루프는 학습자와 교수자가 지속적으로 상호작용하면서 학습을 조정해 나가는 순환 구조를 의미한다. 기존의 교육에서는 평가가 수업 종료 후 이루어졌지만, 디지털 기반 학습 환경에서는 학습 과정 중 실시간 피드백이 가능하다. 특히, 학습분석 체계를 통해 학습자의 데이터를 실시간으로 분석하고, 이를 바탕으로 개인화된 피드백을 제공함으로써 자기조절 학습과 성찰적 사고를 촉진할 수 있다. 이는 교수학습체계가 지속적으로 조정 가능하고, 폐쇄되지 않은 동적 체계로 설계되어야 함을 보여준다.

자기생산체계 관점에서 볼 때 자기조절학습은 학습자가 외부에서 주어진 과제를 단순히 수행하는 차원을 넘어, 스스로 학습 과정을 기획하고 조정하며 평가하는 능력을 의미하는데, 이는 곧 자기생산체계의 작업적 폐쇄성이 교수학습체계 안에서 구체적으로 드러나는 현상이라 할 수 있다. 이러한 맥락에서 인공지능 시대의 시뮬라리움은 목표를 이중적으로 설정할 필요가 있다. 하나는 통상적인 교수학습목표처럼 외부에 드러나고 측정 가능한 결과이며, 다른 하나는 드러나지 않는 차원에서 학습자의 자기생산체계성을 계발하는 것이다. 후자는 자기주도학습능력의 향상과 연결되며, 이는 인공지능이 점차 학습 환경에 깊숙이 매개로 개입하는 시대에 더욱 핵심적 의미를 갖는다. 장기적으로 시뮬라리움이 지향해야 할 목표는 단순히 표면적 성취에 머물지 않고, 인간성의 옹호라는 관점에서 학습자의 자기생산체계성을 심화 ·발전시키는 데로 이동하게 될 것이다.

동형사상은 서로 다른 체계 간에 존재하는 구조적 유사성을 설명하는 개념으로, 교육학과 타 학문 간 융합 가능성을 확장시킨다. 예컨대, 신경과학에서의 학습 메커니즘과 인공지능의 학습 알고리즘이 구조적으로 유사하다면, 이러한 원리를 교육 설계에 적용함으로써 새로운 학습 모델을 창출할 수 있다. 이는 교육이 단순한 지식 전달을 넘어서 다학문적 융합 기반의 창의적 설계로 발전해야 함을 시사하며, STEAM 교육이나 데이터 기반 교수설계의 정당성을 강화한다.

등종국성은 다양한 경로와 방식이 동일한 학습 목표에 도달할 수 있음을 의미한다. 전통적인 교육 체계는 표준화된 교수법과 평가 방식을 중심으로 구성되어 왔지만, 실제로 학습자들은 인지 양식, 배경, 흥미 등 다양한 차이를 지닌다. 어떤 학습자는 강의식 수업을 통해, 또 어떤 학습자는 실험이나 협력학습을 통해 같은 개념에 도달할 수 있다. 일반체계이론은 교수학습체계가 이러한 개별성을 반영하여 유연하고 다경로적인 학습 환경을 설계할 수 있어야 함을 강조한다.

현재의 교육 체계는 대부분 복합계적 논리에 따라 상위 체계(정책)에서 하위 체계(수업)로 지시와 실행이 일방향적으로 흐른다.

교수학습체계가 자기생산체계로 진화하면, 교육은 더 이상 외부 설계에 의해 작동하는 체계가 아니라, 변화하는 환경에 스스로 적응하고 재구성하는 자율적 체계가 된다. 이는 학습자를 단순한 지식 수용자가 아니라, 지식 생태계의 공동 설계자이자 생산자로 전환시키는 교육 철학과도 연결된다. 인공지능 기반 학습분석 체계는 학습자의 맥락 데이터를 실시간으로 분석하고, 맞춤형 경로를 제시하며, 교육자와 학습자 모두에게 상호학습적 피드백 루프를 제공함으로써 자기생산적 학습 환경을 구현하는 주요 도구가 될 수 있다.

결론적으로, 일반체계이론은 교수학습체계를 정태적 전달 구조에서 동태적 생성 구조로 전환 시키는 데에 중요한 시사점을 제공한다. 자기조직화, 피드백 루프, 동형사상, 등종국성과 같은 일반체계이론의 핵심 개념들은 교수학습체계가 보다 유연하고 개방적이며, 자율적이고 창발적인 체계로 진화할 수 있도록 돕는다. 교육은 단순한 복합계에서 복잡계를 거쳐 자기생산체계로 나아가야 하며, 이를 통해 학습자는 더 이상 수동적인 지식 수용자가 아닌 능동적인 의미 창출자로 성장하게 된다. 일반체계이론은 이러한 패러다임 전환을 위한 철학적·이론적·실천적 나침반으로 기능하며, 미래 교육의 혁신을 설계하는 데 핵심적인 역할을 수행할 것이다.

### (4) '시사'에서 '구현'으로

일반체계이론은 교육공학이 탄생하던 초기부터 교수학습체계를 체계적으로 분석하고 설계하기 위한 이론적 틀로 활용되어 왔다. 특히 미국 국방부의 교육훈련 개선 프로젝트였던 IPISD(Interservice Procedures for Instructional Systems Development)는 체계적 설계를 위한 시도로서, 교수-학습을 하나의 목적 지향적 체계로 정의하고, 그 설계 절차를 체계화하고자 했다. 이후 발전된 교수체계설계(ISD) 모델은 이러한 시도를 계승하면서 입력-과정-산출의 구조를 가진 체계 관점에서 교수설계를 바라보는 접근을 정착시켰다. 이 시기 일반체계이론은 교육의 구조적 분석에 유용한 틀로 받아들여졌지만, 복잡계적 특성을 다루기에는 여전히 정태적이고 선형적인 설계 도식에 머무는 한계가 있었다.

오늘날 우리가 다시 일반체계이론에 주목해야 하는 이유는, 디지털 테크놀로지의 발전이 일반체계이론이 제시하는 원리를 실제 교육 체계 설계에 구현 가능한 수준으로 끌어올렸기 때문이다. 과거에는 복잡계로서의 교수학습체계를 이론적으로 설명할 수는 있었지만, 이를 실시간 분석하고 동적으로 조정할 수 있는 기술 인프라가 부족했다. 베르탈란피는 연립미분방정식을 통해 복잡한 상호작용을 모델링할 수 있다고 보았지만, 시계열 멀티모달 데이터를 수집·처리하고 피드백을 제공할 수 있는 테크놀로지가 존재하지 않았기에, 교수학습체계를 복잡계 또는 자기생산체계로 운영하는 일은 현실적으로 불가능에 가까웠다.

그러나 현재는 빅데이터, 고성능 컴퓨팅, 인공지능, 학습분석학 등 기술의 발전으로 인해 이러한 한계가 빠르게 해소되고 있다. 학습자의 인지, 정서, 행동 데이터를 실시간으로 수집·분석할 수 있으며, 이를 기반으로 개별화된 학습 경로와 집단적 목표 조율을 동시에 달성할 수 있는 학습 환경을 설계할 수 있게 되었다. 이로써 일반체계이론이 설명해 왔던 개방성, 자기조직성, 창발성, 적응성 등은 이론적 시사가 아닌 실천적 구현 가능성으로 전환되고 있다.

이러한 기술 기반의 진화는 이론적 패러다임의 변화와도 긴밀히 연결된다. 행동주의 심리학에 뿌리를 둔 초기 교수설계는 학습을 자극-반응의 선형적 결과로 간주했고, 학습자의 내적 구조나 맥락은 크게 고려되지 않았다. 이에 따라 ISD 역시 일련의 절차와 기준에 따라 외부에서 설계된 학습 경로를 따르게 하는 폐쇄형 체계 구조를 전제로 하였다. 반면, 구성주의 심리학은 학습자를 자신의 경험과 맥락을 통해 의미를 구성하는 자율적 존재로 보았으며, 학습은 단순한 정보 전달이 아니라 복잡하고 맥락화된 상호작용 과정으로 이해되기 시작했다.

이제 교수학습체계는 단순히 '설계'의 대상이 아니라, 실시간 데이터 흐름에 따라 조정되고 진화하는 동적 체계로 변화할 기술적 조건을 갖추었다. 인공지능 기반 교수학습체계는 학습자의 개별성과 전체 체계의 목표 사이에서 균형을 조정하며, 학습과 수행의 괴리, 실용성과 계발성의 긴장을 조율하는 초매개자(hyper-mediator)로 기능할 수 있다. 교수학습체계는 폐쇄적 복합계를 넘어 복잡계로, 더 나아가 환경 변화에 따라 스스로를 재구성하는 자기생산체계로 진화하고 있는 것이다.

요컨대, 일반체계이론은 더 이상 단순한 '시사적 이론'에 머무르지 않는다. 행동주의에서 구성주의로 이어진 학습이론의 진화, 그리고 데이터 기반 인공지능 기술의 발전은 이제 일반체계이론이 제시한 원리를 실제 교수학습체계 안에서 구현 가능한 실천적 조건으로 전환시켰다. 교수학습체계를 자기생산적 체계로 재편하는 일은 더 이상 이상적인 구호가 아니라, 현실 가능한 교육공학적 과제가 된 것이다.

체계 이론은 단순한 이론적 분석 틀을 넘어서, 인간 존재와 학습, 사회 구조를 이해하고 설계하는 데 실천적 가능성을 지닌다. 이제 우리는 이러한 이론적 기반 위에서, '체계로서의 인간'에 대한 구체적 이해로 시선을 옮기려 한다. 인간은 단순한 생물학적 유기체나 사회적 주체를 넘어, 감각과 운동, 인지와 의미, 상호작용과 적응의 복합적 구조를 갖춘 존재론적 체계이다. 다음 장에서는 이러한 인간성을 생물학적·체계적 관점에서 분석함으로써, 교육공학적 실천과 미래 교수학습체계 설계의 기초를 더욱 구체화할 것이다.

CHAPTER 02

# 상시 직립 이족보행 바이오시스템의 탄생

## 1. 인간성 이해를 위한 생물학적 접근

### (1) 상시 직립 이족보행 바이오시스템으로서의 인간

인간은 '상시 직립 이족보행'이라는 기계적 신체 조건의 진화 경로를 따라 생존 가능성을 확장해 온 자기조직적 바이오시스템이다. 이 정의는 인간 진화가 단순한 신체 구조의 변화에 그치지 않고, 정보 처리 방식, 의미 구성 능력, 세계와의 관계 설정 방식에 이르기까지 근본적인 전환을 수반해 왔음을 시사한다. 진화의 결과, 인간은 도킨스가 말한 '지상 최대의 쇼'의 주인공이 되었다.[1)]

'상시 직립 이족보행 바이오시스템'이라는 개념은 인간의 신체적 특성(직립 보행), 생물학적 특성(자기유지, 가소성, 항상성), 그리고 체계적 특성(자기조직화, 적응성, 구조적 커플링)을 통합적으로 조망하는 인식 틀을 제공한다. 이를 통해 인간을 단순한 생물학적 개체나 인지적 주체로 환원하지 않고, 복잡성과 고유성을 체계이론의 관점에서 재구성할 수 있다.[2)]

따라서 이 프레임은 학습, 도구 사용, 문명 생성과 같은 고차적 행위들이 인간의 신체 조건과 체계적 진화의 연속선상에서 출현했는지를 설경하는 핵심 틀로 작용하며, 교육과 문명 설계의 존재론적 이해를 위한 출발점이 된다.[3)]

---

1) Dawkins, R. (2009). **지상 최대의 쇼** [The greatest show on earth: The evidence for evolution] (김명남 역). 김영사. (원저 2009년 출간).

2) Filler, A. G. (2007). *The upright ape: A new origin of the species*. New Page Books.

3) Isao, S. (2020). **절멸의 인류사: 우리는 어떻게 살아남았는가** (이경덕 역). 부키. (원저 2020년 출간).

또한 이 개념은 인간과 인공지능의 존재론적 차이를 밝히는 기준이 되며, 인간에 대한 생물학적 이해가 인문 사회과학에서도 필수적임을 드러낸다. 에른스트 마이어는 심리학이 이제는 생물과학의 일부로 간주된다고 지적하며, 인간의 진화적·생물학적 기초에 대한 무지가 제도 설계에 있어 위험할 수 있음을 경고하였다.[4]

인간은 단지 정보를 수동적으로 처리하거나 외부 자극에 반응하는 존재가 아니라, 자신의 신체와 감각, 인지와 정서를 자율적으로 조율하여 정보를 구성하고, 세계와의 의미 있는 관계를 창출하는 존재이다.[5] 직립 이족보행은 이러한 능동적 조율의 전제 조건이며, 인간이 땅을 딛던 양손을 해방시켜 도구를 만들고, 공동체 속에서 언어를 발전시키며, 미래를 계획하고 예측할 수 있는 시간적 감각과 공간적 기획 능력을 획득하게 된 진화적 사건이다.[6]

인간을 상시 직립 이족보행 바이오시스템으로 개념화하는 접근은, 단지 인간 진화의 생물학적 특성을 설명하는 데 그치지 않고, 인공지능과의 존재론적 구분을 명확히 하며, 나아가 자기생산적 학습체계의 존재론적 기반을 정립하는 이론적 출발점이 된다. 이는 이후 전개될 인간-기계 협력 학습체계 논의에서, 인간의 고유성과 인공지능의 기능성을 구분하고, 비대칭적 협력 관계의 정당성을 설명하는 데 기초가 된다. 예를 들어, 기존의 인공지능 기반 학습분석시스템은 학습자를 주로 인지적 처리 구조에 기반해 모델링해 왔다. 그러나 학습자를 상시 직립 이족보행 바이오시스템으로 정의할 경우, 생물학적 요인(예: 생체 리듬, 감각 피드백), 물리적 요인(예: 자세, 동작, 공간과의 상호작용), 인지적 요인(예: 문제 해결, 추론), 나아가 시간적·공간적 맥락까지 통합적으로 고려할 수 있다. 이와 같은 접근은 단일 모달리티의 입력이나 고립된 행동 분석을 넘어서, 인간 학습의 실제성(realness)[7]을 보다 정확

---

4) Mayr, E. (2016). **이것이 생물학이다** [This is biology: The science of the living world] (최재천, 고인석, 김은수, 박은진, 이영돈, 황수영, 황희숙 역). 바다출판사. (원저 1998년 출간).

5) Brynjolfsson, E., & McAfee, A. (2014). **제2의 기계 시대: 인간과 기계의 공생이 시작된다** [The second machine age: Work, progress, and prosperity in a time of brilliant technologies] (이한음 역). 청림출판. (원저 2014년 출간).

6) Iriki, A., & Taoka, M. (2012). Triadic (ecological, neural, cognitive) niche construction: a scenario of human brain evolution extrapolating tool use and language from the control of reaching actions. *Philosophical Transactions of the Royal Society B: Biological Sciences, 367*(1585), 10-23.

7) "Reality"는 실제로 존재하는 세계나 상태, 즉 객관적이고 존재론적인 '현실 그 자체'를 의미하며, 철학적·과학적 담론에서 사용된다. 반면 "realness"는 어떤 것이 얼마나 '진짜처럼 느껴지는가'에 관한 주관적 실재감이나 진정성을 나타내며, 예술적 표현이나 감정적 상황에서 자주 쓰인

하게 다룰 수 있는 분석적 기반을 마련해 준다.

이러한 개념화는 인간을 이해하기 위한 학문 간 개념적 통합의 가능성을 열어 준다. 지금까지 인간에 대한 탐구는 철학, 교육공학, 신경과학, 인공지능, 학습분석학 등 다양한 학문 분야에서 각각 독립적으로 이루어져 왔다. 그러나 각 학문이 전제하는 존재론적 구조와 사용하는 개념 언어의 이질성은 융합적 접근을 지속적으로 제약해 왔다.

이때 인간을 하나의 체계적 존재로 이해하고, 그 작동 원리를 '체계성(systemicity)' 중심으로 설명하게 되면, 각 학문은 상호 동형사상의 관점에서 공통의 구조적 언어를 구성할 수 있는 가능성을 갖게 된다. 이는 인문학적 해석과 기술 기반 실천을 연결하는 이론적 가교 역할을 수행하며, 복잡한 인간-기계-환경 체계를 설계하고 분석하는 데 필요한 통합적 프레임워크를 제공한다. 체계적 인간 개념은 단지 학문 간 중재의 수단이 아니라, 인문학과 테크놀로지의 공진화를 위한 메타이론적 틀로 기능한다.

이는 최근 주목받고 있는 멀티모달 학습분석(Multimodal Learning Analytics, MMLA)이나 바이오메트릭 기반 행동 분석 흐름과도 자연스럽게 접속된다. 예를 들어, 학습자의 시선 움직임, 몸짓, 말할 때의 리듬, 땀이나 심장 박동 같은 생리 반응, 교실 안에서의 움직임이나 학습 도구를 다루는 방식 등을 함께 분석하면, 학습자가 어떤 환경에서 어떻게 느끼고 생각하며 행동하는지를 실시간으로 파악할 수 있다. 이렇게 하면 단순히 정답을 맞혔는지, 어디를 클릭했는지를 넘어서, 학습자의 전체적인 상태와 흐름을 더 깊이 이해할 수 있게 된다.

결국, 인간을 '상시 직립 이족보행 바이오시스템'으로 이해하는 체계 접근은 인간의 존재를 재정의하고, 인공지능과의 구분, 자기생산적 학습 설계의 기반, 학제적 분석 통합을 위한 핵심 이론 틀로 작동한다. 이 관점은 시뮬라리움이 제안하는 미래 학습 생태계의 구성 원리이자, 인공지능 시대 교육공학이 철학적·과학적·실천적으로 교차할 수 있는 핵심 좌표가 된다.

---

다. 요컨대, reality는 '무엇이 실제인가'를, realness는 '얼마나 진짜처럼 느껴지는가'를 묻는 개념으로, 전자는 존재의 사실성, 후자는 체험의 감각성을 강조한다.

## (2) 포식자 - 피식자 간 사냥의 시작

물고기 떼의 방향 전환, 사자의 매복, 새의 공중 급강하처럼, 자연계의 거의 모든 생명체는 '사냥하거나 도망치는' 긴장된 순간을 살아간다. 인간 역시 예외가 아니며, 진화적 기원에서부터 포식자이자 동시에 피식자였다. 따라서 포식자 - 피식자 관계는 단순한 생태적 역할 분담이 아니라, 생명체가 감각을 발달시키고, 신경계를 정교화하며, 운동 기능과 전략을 진화시켜 온 동력이다. 교육공학이 인간 학습과 적응의 생물학적 기반을 이해하고자 한다면, 이러한 '사냥'이라는 생존 행위를 구성하는 체계적 구조를 파악하는 것이 필수적이다. 사냥은 단순한 공격 행위가 아니라, 감각 - 신경 - 운동 - 생리 체계가 통합적으로 작동하는 복잡계적인 모델이기 때문이다.

약 38억 년 전, 지구상에 최초 생명체가 나타난 이후 서로 평온하게 살아가던 생태계적 평화의 시대(Belle Époque)를 지나 약 5억 4천만 년 전의 캄브리아기에 들어서면서 다양한 생명체가 갑자기 등장하고 복잡성이 폭발적으로 증가한 소위 캄브리아 대폭발이 일어났다.[8] 이 시기부터 본격적으로 나타난 포식자 - 피식자 관계는 생존을 위한 경쟁과 함께 감각기관, 신경계, 운동 기능의 진화를 가속화시켰다. 포식자는 먹잇감을 더 잘 찾고 사냥하기 위해 감각과 운동 능력을 정교하게 발전시켰고, 피식자는 이에 대응해 몸을 숨기거나 도망치고 집단을 이루는 전략을 발전시켰다.[9] 이처럼 서로에 대한 끊임없는 대응은 마치 군비경쟁처럼 작동하며 생명체의 신경계 발달을 이끌었다.

이 군비경쟁은 포식자가 사냥을 수행하는 네 가지 기본 단계 — '찾기(finding) - 다가가기(approaching) - 잡기(grasping) - 소화하기(digesting)' — 로 정리될 수 있다. 이 네 단계는 각각 감각계, 운동계, 신경계, 생리계가 함께 작동하는 복잡한 체계로, 서로 연계되어 실시간으로 피드백을 주고받으며 작동한다.[10][11]

---

8) Parry, L., & Pisani, D. (2016). The Cambrian explosion: A molecular paleobiological overview. In R. Kliman (Ed.), *Encyclopedia of Evolutionary Biology* (pp. 246-253). Elsevier.

9) Parry, L., & Pisani, D. (2016). The Cambrian explosion: A molecular paleobiological overview. In R. Kliman (Ed.), *Encyclopedia of Evolutionary Biology* (pp. 246-253). Elsevier.

10) Iriki, A., & Taoka, M. (2012). Triadic (ecological, neural, cognitive) niche construction: a scenario of human brain evolution extrapolating tool use and language from the control of reaching actions. *Philosophical Transactions of the Royal Society B: Biological Sciences,*

첫째, '찾기'는 포식 행동의 시작 단계로, 먹잇감의 존재를 감지하고 그 위치를 파악하는 과정이다. 이 과정에서는 시각, 청각, 후각을 비롯한 다양한 감각이 통합적으로 활용되며, 감각기관의 민감성과 뇌의 정보처리 능력이 핵심 역할을 한다. 그러나 피식 동물은 위장(camouflage), 군집 행동, 돌발적 회피 등의 전략으로 자신의 위치를 감추거나 포식자의 예측을 교란함으로써 탐지 확률을 낮추는 진화적 대응을 보여 왔다. 이에 맞서 포식자는 주변 환경에서 드러나는 미묘한 단서—예컨대 움직임의 패턴, 냄새의 농도 차이, 소리의 미세한 변화—를 기반으로 탐색 전략을 고도화해 왔으며, 때로는 이전 경험을 토대로 먹잇감의 가능 위치를 예측하는 인지적 시뮬레이션 능력까지 동원해 왔다. 이는 곧 '찾기'가 단순한 감각 반응이 아니라, 정보 통합과 예측이라는 고차원적 인지 메커니즘을 포함하고 있음을 시사한다.

둘째, '다가가기'는 감지된 먹잇감에 신체적으로 접근하는 단계로, 포식 행동의 실행력을 좌우하는 핵심 과정이다. 이 과정에서는 목표물과 자신의 위치 관계를 지속적으로 계산하고, 최적의 경로를 설정하여 이동해야 하므로 정교한 방향 감각과 운동 제어 능력이 요구된다. 먹잇감은 예측 불가능한 움직임이나 방어적 회피 행동을 통해 포식자의 접근을 방해하기 때문에, 포식자는 외부 자극에 대한 신속한 반응과 내부 운동 계획 간의 피드백 루프를 지속적으로 작동시켜야 한다. 특히, 환경의 장애물, 지형의 변화, 다른 경쟁 포식자의 존재 등도 고려해야 하므로, '다가가기'는 단순한 추적이 아니라 다층적 정보 처리와 순간적 판단이 통합된 복잡한 인지-운동 체계의 작동 결과라 할 수 있다. 이로 인해 포식자는 감각-운동 피드백 체계를 통해 지속적으로 경로를 수정하며, 때로는 숨어서 접근하거나 속도를 조절하는 전략도 사용하게 된다.

셋째, '잡기'는 포식 행동의 절정에 해당하는 단계로, 감지하고 접근한 먹잇감을 실제로 제압하거나 확보하는 순간이다. 이 과정은 단순히 빠르거나 강한 근육만으로 해결되지 않는다. 오히려 핵심은 먹잇감의 움직임을 예측하고, 예측된 궤적에 맞춰 정확한 타이밍과 위치에서 반응하는 정밀한 감각-운동 협응 능력이다. 포식자는 시각·청각·촉각 등의 다양한 감각 정보를 통합하여 대상의 속도, 방향, 움직

---

*367*(1585), 10–23.

11) Jeschke, J. M., Kopp, M., & Tollrian, R. (2002). Predator functional responses: Discriminating between handling and digesting prey. *Ecological Monographs, 72*(1), 95–112.

임의 패턴을 판단하고, 이를 바탕으로 순간적인 결단과 신체 동작을 수행한다. 특히 움직이는 대상을 제압하려면 미래의 위치를 예측하는 능력 — 즉, 단순한 반사적 반응이 아닌 시뮬레이션 기반의 예측적 운동 제어 — 이 요구된다. 이러한 능력은 포식자에게 고도로 발달한 신경계와 학습된 전략, 상황에 따른 유연한 반응성을 필요로 하며, 그 정교함은 개체의 생존력과 직결된다. '잡기'는 따라서 감각-운동 체계가 얼마나 정밀하고 통합적으로 작동하는지를 보여 주는 진화적 정점이라 할 수 있다.

넷째, '소화하기'는 먹잇감을 단순히 섭취하는 행위를 넘어, 이를 생명 유지와 활동의 원천이 되는 에너지로 전환하는 복합적 생리 과정이다. 이 단계에서는 입을 통한 물리적 분해부터 위와 장을 통한 화학적 소화, 영양소의 흡수, 그리고 필요에 따른 에너지 저장까지 일련의 생체 메커니즘이 유기적으로 작동한다. 특히 포식자의 생존과 번식 전략은 이러한 내부 기능의 효율성에 크게 의존한다. 예컨대 단 한 번의 사냥으로 장기간의 에너지 저장을 가능케 하는 대형 포식자는 느리지만 치명적인 사냥 전략을 발전시키는 반면, 소형 포식자는 빠른 대사율에 맞는 자주 먹는 방식으로 진화해 왔다. 무엇보다 '소화하기'는 단순히 에너지 획득에서 끝나는 것이 아니라, 신경계와의 상호작용을 통해 학습과 전략 개선의 계기로도 작용한다. 소화 후의 신체 반응 — 포만감, 효율성, 소화 장애 등 — 은 이후 유사한 상황에서의 사냥 전략 선택, 먹잇감 종류 선호, 섭식 시점 결정 등에 영향을 미친다. 다시 말해, '소화하기'는 단순한 생리 과정이 아닌, 행동 피드백과 기억 축적, 미래 행동의 조율로 이어지는 자기강화적 루프의 일부이다. 이 단계는 생명 유지와 진화적 적응을 매개하는 중심 고리이자, 생리와 인지가 교차하는 결정적 접점이라 할 수 있다.

이러한 네 단계 — '찾기', '다가가기', '잡기', '소화하기' — 는 개별적으로 분리된 절차가 아니라, 역동적 상호작용을 전제로 하는 통합된 생명 활동의 하나로 작동한다. 각 단계는 앞선 단계의 결과를 실시간으로 받아 조정하고, 동시에 다음 단계의 조건을 구성하며, 전체 사냥이라는 목적 지향적 행위 속에서 끊임없이 피드백을 주고받는다. 예컨대, '소화하기' 단계에서 경험한 생리적 결과는 이후 '찾기' 단계에서의 먹잇감 선택에 영향을 미치며, 이는 다시 전체 사냥 전략의 진화를 유도한다.

이러한 통합적 사냥 구조는 단순히 생존을 위한 본능적 반응 체계를 넘어, 감각-신경-동 체계가 어떻게 고차원적인 정보 처리와 예측, 전략 조정을 수행해 왔는지를 보여 준다. 이는 곧 신체적 경험이 단순 반사 기제가 아닌, 지속적 학습과 맥락 적응을 통해 구성된 진화적 산물임을 시사한다.

따라서 사냥이라는 기본 생존 행위는 인간의 고등 인지 기능, 즉 추론, 계획, 문제 해결, 그리고 의미 구성과 같은 능력이 어떤 생물학적 기반 위에서 성장했는지를 파악하는 데 중요한 생물학적·진화적 모델을 제공한다. 사냥의 통합 구조는 인간의 학습과 지능이 본래 분절된 과정이 아니라, 유기적 피드백과 적응을 통해 형성된 전체적 체계임을 드러낸다. 이 점에서 사냥은 단순한 유비를 넘어, 존재론적 뿌리를 탐색하는 인지 진화의 생동하는 지도라 할 수 있다.[12)]

## (3) 좌우 대칭과 전후 비대칭 신체 구조의 진화적 이점

캄브리아기 이전의 생명체는 대부분 점대칭 또는 방사 대칭구조를 지니고 있었으며, 이는 방향성을 갖지 않는 정적인 생활 방식에 적합한 형태였다. 이러한 구조는 중심축을 기준으로 모든 방향이 동일하거나 반복되기 때문에, 능동적으로 이동하기보다는 부유하거나 고착되어 살아가는 데 유리한 특성을 지녔다.

그러나 사냥이라는 능동적 생존 전략이 진화하려면, '어디로 나아갈 것인가'를 규정할 수 있는 방향성 있는 신체 구조가 선행되어야 했다.[13)] 바로 이러한 필요에 부응하여, 캄브리아기에는 좌우 선대칭과 전후 비대칭이라는 새로운 신체 구조가 출현하였고, 이는 생명체의 방향성을 가능하게 한 최초의 진화적 돌파구가 되었다.[14)]

### 1) 좌우 대칭 구조

인간을 상시 직립 이족보행 바이오시스템으로 정의할 때, 그 기저에는 감각-운동계의 정교한 진화가 자리하고 있다. 이러한 진화는 사냥과 회피의 연쇄적 상호작용 속에서 형성되었으며, 생존 가능성을 극대화하기 위한 구조적·기능적 적응의 산물이다. 특히 찾기-다가가기-잡기-소화하기의 일련의 행동 단계에서 선택압력이 집중되면서, 생명체는 감각과 운동 기능의 정합성을 높이기 위해 좌우 대칭

12) Bryson, B. (2020). **거의 모든 것의 역사** [A short history of nearly everything] (개역판) (이덕환 역). 까치. (원저 2003년 출간).

13) Barrett, L. F. (2020). *Seven and a half lessons about the brain*. Mariner Books.

14) Larsson, M. (2021). The emergence of the bilateral symmetry in animals: A review and a new hypothesis. *Symmetry, 13*(2), 261.

과 전후 비대칭이라는 신체 구조를 진화시켜 왔다. 이 두 가지 신체 구성 원리는 단순한 형태적 특성에 그치지 않고, 감각 정보 처리, 이동 효율성, 반응 속도, 복원력 등 생존과 직결되는 복잡한 기능들과 긴밀히 연결된다.

좌우 대칭 구조는 캄브리아기 이후 대부분의 동물에서 보편적으로 나타나는 신체 조직 양식으로, 이동성과 환경 적응성을 진화할 수 있게 한 핵심 요인 중 하나이다. 좌우 대칭 구조의 진화적 장점에 대한 내용은 비교생물학, 진화신경과학, 생리심리학, 인지과학 등의 복합 학문적 기반에서 다루어지는 주제이다. 이 구조는 다음과 같은 네 가지 주요 진화적 장점을 제공한다.

첫째, 동적 균형성과 신체 안정성의 확보이다. 좌우 대칭 구조는 양측이 동일한 근력과 모멘텀을 생성함으로써, 빠른 이동, 급격한 회피, 정밀한 방향 전환이 가능해진다. 이는 포식자에게는 성공적인 사냥을, 피식자에게는 효과적인 도피를 가능케 하며, 예측 불가능한 환경 변화 속에서도 신체의 통합성과 일관성을 유지하여 생존 가능성을 높인다.

둘째, 운동 제어의 에너지 효율성 제고이다. 대칭적인 근골격 구조는 양측 근육의 협응을 통해 과도한 에너지 소비 없이 효율적인 움직임을 가능하게 하며, 신체 각 부위에 과부하를 주지 않고 다양한 환경 자극에 유연하게 반응할 수 있다. 이로 인해 사냥, 회피, 도주 등의 고난도 운동 과제에서도 탁월한 수행력을 확보할 수 있다.

셋째, 감각 정보의 정밀한 통합과 공간 지각 능력의 향상이다. 좌우에 대칭적으로 위치한 감각 기관들은 생리적 차이를 통해 환경 정보를 3차원적으로 처리할 수 있게 한다. 시각의 경우, 양안 시차는 두 눈의 시차 정보를 비교하여 거리와 깊이를 판단하는 입체 시각을 생성하며, 청각에서는 양이차 — 즉 양 귀에 도달하는 소리의 시간 차이와 볼륨 크기 차이 — 를 통해 소리의 방향성과 공간적 위치를 정밀하게 인식할 수 있다. 이 두 메커니즘은 감각적 입력을 통합하여 생명체가 환경을 입체적으로 이해하고 적절히 반응할 수 있도록 돕는다.

넷째, 적응적 중복성과 기능 복원력의 확보이다. 좌우 대칭은 한쪽의 기능이 손상될 경우 다른 쪽이 이를 대체하거나 보완할 수 있는 생물학적 여지를 제공한다. 이러한 구조적 중복성은 외부 충격이나 병리적 위기 상황에서도 전체 체계의 붕괴 없이 핵심 기능을 유지하게 하며, 회복탄력성을 진화적으로 강화시키는 자기 보존 전략으로 작용한다.

이 네 가지 이점은 단지 구조적 특성에 머무르지 않고, 동물의 운동성, 감각 통합, 생존 전략, 인지 진화 등 전반적인 생명 활동 전반에 걸쳐 결정적 역할을 하였으며, 이후 인간을 포함한 고등 생명체의 진화적 경로를 형성하는 데 중추적 기반이 되었다.

### 2) 전-후 비대칭 구조

전후 비대칭 구조는 감각과 운동의 선형적 연계, 방향성 있는 이동, 반응 시간의 최적화 등 다양한 생존 전략을 가능케 하는 진화적 핵심 구조이다. 좌우 대칭이 신체 양측의 균형과 감각-운동의 상호작용을 정밀하게 구성한다면, 전후 비대칭은 감각 기관과 운동 기관의 위치를 전략적으로 배치함으로써 생명체가 환경 속에서 '앞을 향해' 효율적으로 반응할 수 있도록 돕는다. 특히 척추동물의 경우, 감각계와 신경계의 중심이 신체 전방에 집중되는 경향은 탐색, 포획, 회피 등 다양한 생존 전략을 신속히 실행하는 데 유리하게 작용한다.

첫째, 전후 비대칭 구조는 생명체의 안정성과 균형 유지에 기여한다. 동물들은 감각 기관(눈, 코, 귀 등)과 먹이 포획 기관(입, 이빨, 앞다리 등)을 신체의 전방에 집중시킴으로써 탐색과 반응 기능을 전면에 배치해 왔다. 그러나 이러한 구조는 자칫 무게 불균형을 초래할 수 있기에, 생물은 진화적으로 신체 전체의 무게 중심을 적절히 조절하여 균형을 유지할 수 있도록 적응해 왔다. 이는 지상 동물뿐만 아니라 수중과 공중을 이동하는 생명체 모두에게 중요한 기능이다. 안정적 무게 중심은 생명체가 넘어지지 않고 서거나, 효율적으로 이동하고 방향을 바꾸는 데 중요한 역할을 한다. 특히 두 발로 걷는 인간에게 전후 무게 균형은 직립 보행을 가능하게 한 핵심 요인이며, 이는 인간의 상시 직립 이족보행 체계 형성에도 구조적 기반이 되었다.

둘째, 이 구조는 이동의 효율성과 속도를 극대화하는 데 기여한다. 전후 비대칭 구조를 갖춘 생명체는 무게 중심이 잘 조정될 경우, 신체 각 부분이 유기적으로 협력하여 에너지를 최소로 소모하면서 최대한 빠르게 이동할 수 있다. 이는 고속으로 달리는 육상 동물뿐만 아니라, 기동성이 중요한 포식 동물들에게 공통적으로 나타나는 구조적 특성이다. 무게가 앞이나 뒤로 치우치면 추진력의 손실이 발생하고 속도 유지에 불리해지기 때문에, 진화 과정에서 전후 균형이 정교하게 조율되어 왔다. 이러한 설계 원리는 생명체뿐 아니라 기계에서도 동일하게 나타난다. 네 바퀴를 가진 자동차는 앞바퀴와 뒷바퀴에 적절하게 무게를 배분해야 조향, 제동, 가속 등 주행 전반에서 안정성을 유지할 수 있다. 마찬가지로 네 발로 걷는 동물은 앞다리와 뒷다리가 각각 체중을 분산해 주며, 균형 잡힌 보행과 민첩한 반응을 가능하게 한다. 비행기와 새는 이와 유사하게 양쪽 날개를 중심으로 '좌우 대칭'뿐 아니라 '전-후 무게 분포'가 비행 성능의 핵심 요소가 된다. 비행기는 날개를 기준으로 앞뒤에 탑재되는 연료, 화물, 탑승객의 무게를 정밀하게 조절하지 않으면 이착륙 시 불안정하거나 비행 중 자세 제어에 실패할 수 있다. 새 역시 날개를 중심으로 몸통 앞쪽(머리, 가슴)과 뒤쪽(꼬리, 다리)의 무게가 균형을 이루어야 비행 자세가 안정되고, 방향 전환이나 착지 시 정확한 조정이 가능해진다. 이처럼 네 바퀴-네 발, 두 날개-두 날개는 각각 기능적으로 대응하며, 앞뒤 무게 균형을 중심으로 유사한 설계 원리를 공유한다. 이는 생명체나 기계 모두가 운동성과 안정성을 동시에 확보하기 위해 채택한 적응적 구조로, 진화나 공학 모두에서 반복적으로 등장하는 보편적 설계 전략이라 할 수 있다.

셋째, 전후 비대칭은 조향 능력과 기동성을 향상시키는 데 기여한다. 비행 동물은 체공 중에 중심축을 유지하고, 방향을 바꾸거나 고도를 조절하는 정교한 조향 능력이 필요하다. 이때 무게 중심이 전후로 잘 조정되어야 회전 반경이 작아지고 민첩한 방향 전환이 가능하다. 이는 곤충, 조류, 박쥐 등 비행 생명체에서 두드러지게 나타난다. 수중 생물 역시 물의 저항과 부력을 극복하면서 자유롭게 방향을 바꾸려면, 신체의 전후 대칭적 분포와 꼬리 및 지느러미의 위치가 정밀하게 조율되어야 한다. 이러한 전후 구조는 생명체가 단지 빠르게 움직이는 것을 넘어, '어디로', '어떻게' 이동할지를 결정짓는 중요한 진화적 장치이다. 이는 포식자가 먹이를 추격하거나, 피식자가 재빠르게 도망칠 수 있도록 돕는 핵심 생존 전략으로 작동해 왔다.

요컨대, 좌우 대칭과 전후 비대칭의 결합은 생명체의 복잡계적 생존 전략을 형성하는 데 핵심적인 구조적 원리로 작동해 왔다. 좌우 대칭은 감각 정보의 정밀한 통합과 양측 운동 조율을 가능하게 하며, 전후 비대칭은 감각-반응 중심의 선형적 구조를 통해 환경에 대한 탐색과 반응을 신속하게 수행할 수 있도록 돕는다. 특히 전후 비대칭은 정보 입력-처리-행동 출력의 흐름을 앞에서부터 뒤로 진행하도록 구조화함으로써, 학습과 행동의 방향성을 부여한다. 이 구조는 동물들이 정면을 기준으로 탐색하고, 목표를 향해 이동하며, 전방 자극에 민감하게 반응하도록 진화한 이유이기도 하다. 오늘날 지구상의 대부분의 동물들이 이러한 구조를 유지하고 있다는 사실은, 그것이 얼마나 효과적이고 안정적인 생존 전략인지를 보여 주는 증거라 할 수 있다.

## (4) 뇌 신경계의 발달

### 1) 감각과 운동의 통합 조율자

동물의 사냥과 같은 복잡한 행동은 감각계를 통한 정보 입력과 운동계를 통한 반응 출력만으로는 설명할 수 없다. 예컨대, '찾기'는 외부 정보를 수용하는 감각계에 의해, '다가가기'와 '잡기'는 외부를 향한 행동을 출력하는 운동계에 의해 수행된다. 하지만 이러한 분절된 기능들이 유기적으로 통합되어 사냥이라는 총체적 퍼포먼스를 가능하게 하려면, 감각계와 운동계를 중재하고 조율하는 내부 통합 체계, 즉 신경계가 필수적으로 작동해야 한다.[15)]

신경계는 신경세포로 구성된 복잡한 네트워크를 통해 감각 정보를 수집하고 처리하며, 적절한 운동 반응을 유도한다. 이는 단순한 '입력-처리-출력'의 선형적 반복을 넘어, 실시간으로 변화하는 환경 속에서 전략을 조정하고 예측적 결정을 가능하게 하는 다차원적 통합 조율자로 기능한다. 이때 작동하는 기본 메커니즘은 사이버네틱스적 제어 체계, 즉 감각계(입력)-신경계(처리)-운동계(출력)의 흐름 속에서 피드포워드와 피드백 루프를 통한 자가조절체계다.[16)]

사이버네틱스의 피드백 메커니즘은 외부 자극에 대한 반응을 제어하고 조절하는 체계의 기본 원리를 설명하는 데 유용하지만, 실제 생명체의 행동은 이보다 훨씬 복잡한 차원을 지닌다. 예컨대, 동물이 사냥을 수행할 때 사냥감은 사력을 다해 도주-저항하고, 환경은 끊임없이 변화하며, 감각 신호 역시 실시간으로 달라지고, 이에 따라 기존의 계획은 지속적으로 수정되어야 한다. 동물은 변화하는 정보를 통합적으로 해석하고, 그에 맞춰 반응을 조절하며, 다양한 자극에 대응하여 전략을 재구성할 수 있는 능력을 지닌다. 이러한 과정은 단순한 자극-반응의 반사가 아니라, 예측과 적응, 다중 변수의 조율을 포함하는 고차원적 행위이다. 특히 사냥은 매

---

15) Bruner, E., & Iriki, A. (2016). Extending mind, visuospatial integration, and the evolution of the parietal lobes in the human genus. *Quaternary International*, *405*, 98–110.

16) Barrett, L. F. (2018). *How emotions are made*. Mariner Books.

우 빠르고 예측 불가능한 상황 속에서 이루어지므로, 생명체는 안정된 외부 체계를 전제로 한 고전적 사이버네틱스 모델만으로는 설명할 수 없는, 비선형적이고 창발적인 복잡계적 피드백 메커니즘을 작동시킨다. 이러한 점에서 생명체의 실제 행동은 '복잡계적 사이버네틱스'로 이해되어야 하며, 이는 고정된 제어 구조가 아니라 실시간으로 조정되고 재구성되는 유기적 피드백 체계의 작동을 의미한다.[17]

이러한 맥락에서 일반체계이론은 생명체를 단순한 기계적 체계가 아니라, 다수의 하위 체계가 상호 연결되어 작동하는 조직화된 전체 체계로 이해한다. 감각계, 신경계, 운동계는 독립적으로 분리된 기능 모듈이 아니라, 서로 긴밀하게 상호작용하는 통합적 구조로 존재하며, 외부 환경의 변화뿐 아니라 내부 상태 — 예컨대 피로, 스트레스, 포만감 등 — 도 이들의 상호작용 방식에 실시간으로 영향을 미친다. 동물은 단지 외부 자극에 기계적으로 반응하는 것이 아니라, 과거의 경험과 현재의 신체 조건을 종합하여 반응을 구성하며, 유기체 내 다양한 기관 간의 상호작용을 통해 비선형적으로 행동을 조율한다. 예를 들어, 소화 체계는 '소화'라는 목표를 향해 기능적으로 분화된 장기들이 상호작용하는 체계이며, 순환계는 혈액의 안정적 순환이라는 공동 목표를 향해 정렬된 기관들의 체계이다. 인간은 이처럼 다양한 하위 체계가 상호 연결되고 조정되어 '생존'이라는 상위 목적을 향해 유기적으로 작동하는 조직화된 전체 체계인 것이다.

일반체계이론의 관점에서 보면, 감각계와 운동계의 진화는 '점진적 기계화'로 이해될 수 있다. 이는 생명체가 진화 과정에서 특정 기능을 더욱 정밀하고 전문화된 형태로 발전시켜 온 과정이다. 감각계는 다양한 자극을 감지할 수 있도록 고도화되었으며, 운동계는 더 정교한 반응을 수행할 수 있도록 진화하였다. 예컨대, 단순한 광수용체에서 정밀한 망막 구조로의 진화, 또는 원시적 수축 근육에서 복잡한 사지 운동 조절로의 발전은 이러한 기계화 과정을 잘 보여 준다.

반면, 신경계의 발달은 단순한 기계화와는 다른 차원의 진화, 즉 '주도적 부분의 출현'으로 설명된다. 이는 단지 기능적 정교화가 아니라, 전체 체계의 작동 원리를 바꾸는 새로운 질서의 등장을 의미한다. 체계를 전체로써 유지시키는 힘은 베르탈란피가 당시 생물학계를 지배하던 영기(vitality) 개념으로 설명하려던 힘의 체계과학적 대안 설명이다.

---

17) Couzin, I. D., & Krause, J. (2003). Self-organization and collective behavior in vertebrates. *Advances in the Study of Behavior*, *32*, 1–75.

신경계는 단순히 감각계와 운동계 사이를 연결하는 중재자를 넘어서, 전체 생명 체계의 의사결정과 전략 수립을 조율하는 핵심 주체로 부상하였다. 이러한 기능적 전환을 통해 생명체는 단순한 반응성에 머무르지 않고, 상황을 예측하고 목표를 설정하며 조율할 수 있는 목적 지향적 존재로 진화하게 되었다. 이는 곧, 생명체가 복잡하고 변화무쌍한 환경 속에서도 지속적으로 적응하고 자기조정할 수 있는 유기적 통합 체계로 작동하게 되었음을 의미한다.

이와 같은 구조는 교수학습체계 설계에도 중요한 함의를 제공한다. 복잡한 학습 생태계에서 다양한 요소들을 연결하고 변화에 실시간으로 대응하며, 전체 체계의 방향성과 전략을 조율하는 뇌 신경계에 해당하는 주도적 테크놀로지가 필요하다는 점을 시사한다. 이러한 테크놀로지는 단순한 정보 전달을 넘어서, 교수학습체계의 실시간 분석, 피드백 조정, 목표 정렬 등을 담당하는 핵심 인지적 메커니즘으로 작동해야 하며, 이는 시뮬라리움과 같은 자기생산적 학습체계를 가능하게 하는 설계적 기반이 된다.

### 2) 감각-신경-운동 통합 체계와 뇌의 허브 구조

점진적인 기계화 과정을 거치며 감각계, 신경계, 운동계는 상호 보완적으로 진화했고, 결국 이 세 계통은 유기적으로 연결되어 감각-신경-운동의 통합 체계를 형성하게 되었다. 이 통합은 단순한 기능들의 병렬적 조합이 아니라, 생명체의 전체적 효과성을 증진시키는 창발성을 띤다. 즉, 각각의 요소가 독립적으로 작동하는 것을 넘어, 상호작용을 통해 개별적 기능 이상의 시너지 효과를 발휘한다.

신경계는 감각계와 운동계의 발달에 맞춰 조응적 진화를 반복해 왔다. 근육세포는 수축과 이완을 통해 운동을 수행하고, 혈액세포는 산소 운반과 면역 반응을, 조직세포는 신체를 지지하고 보호하는 기능을 수행하는 등 각 세포들은 전문화된 역할을 가진다. 찾고, 다가가고, 잡고, 소화시키는 활동을 직접 수행하지 않는 신경세포로 구성된 뇌 신경계는 대신 이러한 다양한 세포들의 활동을 조율하며, 각 기관이 효율적으로 상호작용할 수 있도록 정보를 연결하고 처리하는 통합적 매개체, 즉 메타 체계로 작동한다.

신경세포는 기능적 조절에 특화된 세포로, 일반 세포보다 훨씬 더 길고, 뉴런과 시냅스로 구성된 복잡한 네트워크 구조를 이루고 있다. 예컨대, 운동 뉴런은 척수에서 발끝까지 연결되며, 1m 이상 길어질 수 있다. 인간의 뇌에는 약 860억 개의 뉴런이 존재하며, 이들은 평균적으로 1,000개 이상의 시냅스를 통해 서로 연결된다. 이로써 형성되는 시냅스의 총 개수는 약 100조 개에 이르며, 이는 단순한 연결망을 넘어서 정교한 정보 통합 및 분산 처리 체계를 가능하게 한다.[18]

이 방대한 신경 네트워크의 중심에는 정보 흐름의 허브로 기능하는 뇌가 존재한다. 뇌는 약 860억 개에 이르는 신경세포가 밀집한 고도 집중적 연결 조직으로서, 네트워크 이론에서 말하는 '허브 노드'에 해당한다. 그러나 뇌는 단지 두개골 속에 들어 있는 회백질 기관만으로 정의되지 않는다. 그것은 결코 해부학적으로 고립된 기관이 아니며, 오히려 신체 전체에 퍼진 말초신경계 및 자율신경계와의 상시적 피드백 루프 속에서만 그 존재 의미를 갖는다.

신경세포는 감각 기관, 내장 기관, 근육계, 피부 등에 분포된 수용기들과 상호 연결되어 있으며, 이 전체 망 속에서 뇌는 '처리의 중심'이 아니라 '연결의 절점'으로서 기능한다. 다시 말해, 뇌는 그 자체로 완결된 '기관'이라기보다, 신체-환경-신경계의 통합적 상호작용 속에서 매 순간 형성되고 작동하는 동적 허브이다. 뇌를 두개골 속에서 떼어내 '독립된 장기'로 여기는 관점은 해부학적으로는 가능할지언정, 기능적·존재론적으로는 불완전한 환원에 불과하다.

결국 뇌는 전신에 걸친 감각 입력과 운동 출력, 그리고 내외부 환경 변화에 대한 지속적 조율이라는 유기적 흐름 속에서만 제 기능을 수행할 수 있다. 이처럼 뇌는 신체의 상부에 고정된 기관이 아니라, 신경계를 매개로 한 생명 전체의 '분산된 정보 처리 체계'의 중심 허브이며, 그 작동은 항상 전신의 맥락적 상태와 구조적 커플링을 이룬다.[19]

뇌가 신경계의 허브로 기능함으로써 생명체는 네 가지 핵심적인 구조적 이점을 획득한다. 첫째, 정보 전달 경로의 단축이다. 뇌는 체내에 분산된 다양한 감각 수용기와 말초신경계로부터 유입되는 신호를 중앙 집중적으로 처리하고, 그에 따른 명령을 신속하게 출력함으로써, 입력-처리-출력 간의 전체 경로를 획기적으로 단축시킨다. 이는 개별 뉴런들이 직접 연결되어 일대일로 정보를 교환할 경우 발생할 수 있는 비효율과 지연을 피하고, 계층적 구조 속에서 병렬적이고 집합적인 정보 처리

18) Maturana, H. R., & Varela, F. J. (2012). **앎의 나무: 인간 이해의 생물학적 뿌리** [The tree of knowledge: The biological roots of human understanding] (김동휘 역). 궁리. (원저 1987년 출간).

19) Noë, A. (2010). *Out of our heads: Why you are not your brain, and other lessons from the biology of consciousness*. Hill & Wang.

를 가능하게 한다. 결과적으로 뇌 중심의 허브 구조는 정보 흐름의 지름길[20]을 형성하며, 자극에 대한 반응 속도와 정밀도를 비약적으로 향상시킨다.

둘째, 중앙 집중적 조율 기능이다. 뇌는 시각, 청각, 촉각 등 다중 감각으로부터 들어오는 정보를 통합하여, 단순한 반사 행동이 아닌 전략적이고 상황 맞춤적인 반응을 가능하게 한다. 예컨대, 시각과 청각 정보가 동시에 입력될 때, 뇌는 이 정보를 동기화시켜 보다 정확한 판단과 정교한 행동을 이끌어 낸다.

셋째, 정보의 분산과 통합 처리이다. 뇌는 각기 다른 부위에서 수집된 정보를 한데 모아 분석하고, 이를 다시 관련 기관에 배분함으로써, 전신적 협응을 유도한다. 예를 들어, 시각 정보를 분석한 뒤 이를 운동계에 전달하여 목표 지점을 향한 정밀한 움직임을 유도하는 것은 뇌의 통합 기능을 보여 주는 대표적 사례이다.

넷째, 항상성과 신경 가소성을 보장하는 구조이다. 허브로서의 뇌는 일부 기능이 손상되더라도 체계 전체가 지속적으로 작동할 수 있도록 하는 유연성과 복원력을 갖춘다. 이는 대체 경로와 신경 가소성 덕분이다. 결과적으로, 뇌는 단순한 정보 처리 장치가 아니라, 생명체의 생존과 학습, 적응을 가능케 하는 중추적 통합 허브이다. 감각계-신경계-운동계가 단순히 병렬적으로 작동하는 것이 아니라, 뇌를 중심으로 하나의 동역학적 체계로 통합됨으로써, 생명체는 복잡한 행동을 설계하고 실행할 수 있게 되었다.

뇌의 주도적 부분으로서의 중요성을 강조할 때, 우리가 반드시 유의해야 할 점은 인간의 지능을 곧바로 뇌의 기능으로 환원시키는 단순한 도식은 성립하지 않는다는 사실이다. 체계 이론의 관점에서 볼 때, 인간은 결코 뇌라는 개별 기관 안에서 고립된 존재가 아니며, 오히려 생태계와 끊임없이 상호작용하는 활동 체계 속에서만 온전히 이해될 수 있다.[21]

---

20) 네트워크 이론의 관점에서 볼 때, 뇌는 전체 신경계에서 거리 중심도(distance centrality)를 최적화하는 핵심 허브로 기능한다. 거리 중심도란 네트워크 내 특정 노드가 다른 모든 노드와 얼마나 짧은 평균 경로로 연결되어 있는지를 나타내는 지표이며, 이는 정보 전달의 신속성과 효율성을 결정하는 구조적 핵심 요소이다. 뇌는 감각 입력과 운동 출력, 내적 조절 기능 등 다양한 신경 정보 흐름의 중앙 경유지로 작용함으로써, 전체 신경망의 경로 길이를 최소화하고 처리 속도를 극대화하는 구조적 이점을 제공한다. 이러한 중심성은 뇌가 단순한 신호 중계소를 넘어, 네트워크 전체의 조정자이자 통합자로서 작동하도록 만드는 생물학적 기반이며, 이는 곧 생명체의 빠르고 정교한 반응 능력, 고차원적 인지 기능, 자기조절 체계의 전제 조건이 된다.

21) Noë, A. (2010). *Out of our heads: Why you are not your brain, and other lessons from the biology of consciousness*. Hill & Wang.

인간은 지능 그 이상의 존재이며, 지능 또한 단순히 뇌의 기능 그 이상이고, 나아가 지능은 인공지능이 구현하는 계산적 지능 이상이다. 다시 말해, 인간의 지능은 생물학적 뇌, 인지적 처리, 사회문화적 환경, 역사적 시간성, 상징적 상호작용이 총체적으로 얽혀 구성되는 복합체계적 산물인 것이다. 이러한 인식은 인간을 이해하고 교육하고 설계하는 모든 작업에서 환원주의를 넘어서려는 존재론적 전환을 요구한다. 요컨대, 인간은 인공지능과 기능적으로나 존재론적으로 동등한 비교의 대상이 아니다.

### 3) 척추동물과 뇌 신경계: 보호, 조율, 연결의 진화

신체 동작이 점점 더 정교하고 복잡해질수록, 즉 바이오시스템의 점진적 기계화가 고도화될수록 이를 조율하는 뇌 신경계 역시 더욱 정교하게 발전할 수밖에 없었다. 뇌 신경계의 고도화는 단순한 신경망의 확장에 그치지 않고, 이를 보호하고 최적화하는 구조적 변화와 함께 이루어졌다. 바로 이러한 진화적 압력 속에서, 신경계의 구조적 보호 체계로서 척추와 두개골을 갖춘 척추동물문이 출현하였다. 척추동물은 신경계를 외부 충격으로부터 보호하면서도, 동시에 고속의 정보 전달과 정밀한 신체 조절이 가능한 네트워크 기반 바이오시스템으로 진화하였다.[22)]

척추동물의 뇌 신경계 구조는 마치 사령부－고속 광케이블－말단통신선과 유사한 형태로 발전해 왔다. 뇌는 신경계의 중앙 사령부로서 생명체 전체의 조율과 통제를 담당하며, 신경계는 뇌의 명령을 빠르게 전달하는 고속 네트워크 역할을 한다. 말단 신경세포는 신체 각 부위와 연결되어 세밀한 통제와 즉각적인 반응을 가능하게 한다. 이러한 체계 덕분에 척추동물은 빠르고 효율적인 정보 전달과 조율을 수행할 수 있었으며, 이를 통해 환경 변화에 신속히 대응할 수 있는 능력을 갖추게 되었다.

이처럼 뇌는 단순한 '처리 장치'가 아니라, 전체 신경계 네트워크를 조율하는 중심 허브로 기능한다. 특히 뇌는 네트워크 이론에서 말하는 '작은 세상 네트워크'의 대표적 사례로 설명될 수 있다. 작은 세상 네트워크는 대부분의 노드들이 지역적으로 조밀하게 연결되어 있으면서도, 일부 중심 노드, 즉 허브를 통해 전체 네트워크가 매우 짧은 연결 경로로 통합된 구조를 의미한다. 인간의 뇌 네트워크는 국

---

22) Bryson, B. (2020). **거의 모든 것의 역사** [A short history of nearly everything] (개역판) (이덕환 역). 까치. (원저 2003년 출간).

소적으로는 전문화된 기능 영역을 갖고 있으면서도, 전체적으로는 빠른 정보 통합과 전역적 조율이 가능한 구조를 가진다.

이러한 뇌의 허브적 구조는 복잡한 인지·운동 활동에서 효율성을 높이는 데 결정적인 역할을 한다. 예를 들어, 시각 정보를 처리하는 후두엽의 정보가 계획 실행을 담당하는 전두엽으로 전달되는 과정은, 단순한 직렬적 전송이 아니라 다수의 허브를 경유한 병렬적 분산 처리로 이루어진다. 그 결과, 뇌는 외부 자극에 대한 반응을 빠르게 생성할 수 있을 뿐 아니라, 다양한 감각-운동-인지 정보들을 통합적으로 연결·조정할 수 있게 된다. 이러한 특성은 뇌를 단순한 명령 전달 기계가 아니라, 복잡계 네트워크의 중심적 통제 허브로 기능하게 만든다.

또한 이러한 보호 구조와 신경계 네트워크의 발달은 척추동물의 지능과 학습 능력의 진화로 이어졌다. 지능은 단순히 많은 정보를 저장하는 능력이 아니라, 정보를 선택적으로 연결하고, 그 연결망을 재구성하며, 상황에 따라 전략을 유연하게 조정하는 신경 가소성에 기반한다. 뇌의 '작은 세상 네트워크'[23]는 이러한 연결성과 유연성을 동시에 가능하게 하는 최적의 구조이며, 이는 척추동물, 특히 포유류와 조류에서 고등 인지 기능의 기초가 된다.

결론적으로, 뇌 신경계의 고도화는 단순히 신경세포의 수가 많아지는 것이 아니라 정보 처리의 효율성과 연결의 최적화를 동시에 달성하기 위한 구조적 진화이며, 이는 척추와 두개골이라는 보호 구조의 출현과 결합되어 하나의 자기조직적 체

---

23) 스몰 월드 네트워크(small-world network)는 대부분의 노드들이 서로 멀리 떨어져 있음에도 불구하고, 소수의 연결 고리만으로 전체 네트워크가 빠르게 연결되는 특성을 가진 구조이다. 이는 사회적 관계망, 신경망, 인터넷 등 다양한 자연 및 인공 체계에서 공통적으로 발견되는 보편적 패턴으로, 지역적 응집력(local clustering)과 짧은 평균 경로 길이(short average path length)라는 두 가지 상반된 특성을 동시에 충족한다. 예컨대, 친구의 친구를 통해 낯선 사람과도 몇 단계 안에 연결될 수 있다는 '여섯 단계 분리 이론(six degrees of separation)'이 대표적인 사례이다.

이러한 스몰 월드 특성은 뇌 신경망 구조에서도 뚜렷하게 드러난다. 뇌는 무수히 많은 뉴런들이 국소적으로 연결되면서도, 일부 고도로 연결된 중심 노드(hub)를 통해 전체 영역 간의 신속한 통합적 정보 교환이 가능하도록 구성되어 있다. 이러한 구조 덕분에 뇌는 신호 전달의 효율성과 네트워크의 탄력성을 동시에 확보할 수 있으며, 정보 손실 없이 빠르게 반응하고, 동시에 다양한 지역 간 상호작용을 통해 복잡한 인지 과정을 조율할 수 있다.

앞서 언급한 거리 중심도(distance centrality)는 이러한 스몰 월드 구조의 기능적 효과를 설명하는 핵심 지표이다. 중심 허브 노드인 뇌는 네트워크 전체에서 평균 경로 길이를 최소화하며, 신경 신호가 단시간 내에 필요한 부위로 도달할 수 있도록 함으로써, 고차원적 사고, 감정 조절, 운동 계획 등 복합 기능의 통합적 실행을 가능케 한다.

계로 작동한다. 이러한 신경 감각계-신경계-운동계의 통합적 체계는 척추동물을 보다 높은 수준의 생존 전략과 학습 능력을 갖춘 존재로 진화시켰다.

## 2. 상시 직립 이족보행 바이오시스템의 출현

### (1) 기이한 신체 구조

신체 구조의 변화는 인간 진화에서 결정적인 전환점이었다. 특히, 상시 직립 이족보행의 등장은 단순히 걷는 방식이 달라졌다는 뜻이 아니라, 감각 기관, 신경계, 근육과 뼈 같은 운동 기관들이 서로 긴밀하게 연결되어 하나의 통합된 체계처럼 작동하게 되었다는 것을 의미한다. 이로 인해 인간의 몸은 단순히 고정된 생물학적 구조가 아니라, 감각 정보와 운동 반응이 실시간으로 주고받는 피드백 루프 안에서 계속 조율되고 반응하는 움직이는 체계로 바뀌게 되었다. 다시 말해, 인간의 몸은 단순한 뼈대나 근육의 조합이 아니라, 계속 주변 환경과 상호작용하며 살아 움직이는 동적인 체계로 이해해야 한다는 뜻이다.

육상 척추동물은 대부분 네 발로 걷는 4족 보행을 기본으로 삼지만, 일부 종은 필요에 따라 일시적으로 두 발로 설 수 있다. 영장류, 곰, 캥거루 등은 특정 상황에서 이족보행을 수행할 수 있으나, 그들의 골격과 근육 구조는 여전히 4족 보행에 최적화되어 있다. 그러나 인간은 이러한 조건에서 철저히 이탈하여, 상시로 두 발로 걷는 데 최적화된 구조를 진화적으로 선택한 유일한 종이며, 이는 진화사에서 극히 이례적이고 기이한 전환에 해당한다.

이 선택은 단순히 이동 방식의 변화에 그치지 않고, 골격 구조, 관절 배열, 근육 배치, 내장 기관의 위치, 혈류 순환 방식, 평형 감각의 조정, 신경계의 연결 방식 등 전신에 걸친 광범위한 재구조화를 요구하였다. 다시 말해, 인간의 직립 이족보행은 생물학적 진화에서 보기 드물게 하위 체계 전체의 구조와 기능이 총체적으로 재배열된 사례로, 생리적 부담은 커졌지만 감각적 자유도와 상지의 도구 활용 가능성, 인지적 전략의 고도화 등 생존과 진화를 위한 새로운 경로를 열었다.

이처럼 인간의 몸은 마치 설계된 것처럼, 정교하고 독특하게 조합된 진화의 결과물이다. 단순히 몸의 생김새가 특별하다는 것을 넘어서, 이런 신체 구조 자체가 인간이라는 존재가 세상과 관계 맺고 살아가는 기본 조건이 되었다는 뜻이다. 이 구조 덕분에 인간은 도구를 만들고, 언어를 사용하며, 서로 협력하고, 시간을 인식하는 등 다른 동물과는 구별되는 복잡하고 고차원적인 생각과 행동을 할 수 있게 되었다. 다시 말해, 인간의 신체 구조는 단지 '몸'이 아니라, 인간만의 특별한 존재 방식을 가능하게 해 준 진화적 특이점이라고 볼 수 있다.

상시 직립 이족보행은 인간의 뼈대와 근육, 관절, 손의 구조에 이르기까지 전신에 걸친 정교한 진화를 촉진하였고, 그 결과 팔과 손은 이동 기능에서 해방되어 도구 사용과 정밀 작업, 사회적 상호작용을 위한 핵심 기관으로 전환되었다.[24] 이러한 변화는 인간이 도구를 제작하고 문명을 형성하는 데 필수적인 신체적 기반이 되었으며, 인간 진화의 방향성을 결정지은 중요한 조건이었다.

그러나 이 조건이 곧 유일한 원인이라는 뜻은 아니다. 상시 직립 이족보행 바이오시스템이 다른 생물에게서 나타난다고 하더라도, 그것이 곧 인간과 같은 진화의 경로를 따르게 될 것이라고 보장할 수는 없다. 여기서 말하는 '전제 조건'이란, 이러한 신체 구조 없이는 인간처럼 진화하지 못했을 것이라는 생물학적 필연성을 말하는 것이지, 그것 자체가 인간을 만든 직접 원인이라는 의미는 아니다. 다시 말해, 인간은 상시 직립 이족보행이라는 신체조건 위에서, 수많은 다른 진화적 변수와 문화적 선택을 통해 현재의 모습에 이르게 된 것이다.

인간의 다리도 진화 과정에서 특별하게 발달하였다. 길고 강한 다리 근육은 걷고 뛸 때 더 큰 추진력을 내도록 도와주었고, 발에 있는 아치 구조는 충격을 흡수하고 에너지를 다시 사용할 수 있게 해 주는 중요한 역할을 하게 되었다. 이 아치 구조는 스프링처럼 작동해서 걸을 때 발에 가해지는 충격을 줄여 주고, 다음 걸음을 위해 힘을 모아 주는 장치와도 같다. 이런 신체 구조 덕분에 인간은 오랜 시간 동안 멀리 이동할 수 있는 능력을 갖추게 되었고, 이는 사냥이나 채집, 새로운 땅을 탐험하는 데 큰 도움이 되는 중요한 진화적 이점이 되었다.

인간의 척추와 골반도 두 발로 걷는 방식에 맞춰 바뀌었다. 척추는 S자 모양으로 굽어 있어서, 서 있을 때 상체의 무게를 잘 나누고 걸을 때 충격을 줄여 주는 역할을 한다. 골반은 짧고 넓은 형태로 진화하면서, 몸무게를 더 효과적으로 지탱하

24) Read, D., & Van Der Leeuw, S. (2015). The extension of social relations in time and space during the Paleolithic and beyond. In F. Coward, R. Hosfield, M. Pope & F. Wenban-Smith (Eds.), *Settlement, society, and cognition in human evolution* (pp. 31-57). Cambridge University Press.

고 복부 장기들이 안정적으로 자리 잡을 수 있도록 도왔다.

그러나 이러한 변화는 출산 방식에도 큰 영향을 미쳤다. 골반이 짧고 넓어지는 동시에 산도는 상대적으로 좁고 구부러진 구조로 변형되었기 때문에, 아기의 머리가 완전히 자라기 전에 출산이 이루어져야 했다. 그 결과, 인간 아기는 다른 동물들에 비해 더 미성숙한 상태로 태어나게 되었고, 이는 인간의 장기적 양육과 사회적 돌봄 체계의 기초가 되었다.

두 발로 서서 걷는 자세는 시야를 높여주어 주변을 더 넓게 볼 수 있게 만들었다. 덕분에 위험을 더 빨리 알아채거나 먹이를 더 잘 찾을 수 있게 되었다. 게다가, 머리와 목이 유연해지면서 여러 방향으로 쉽게 고개를 돌릴 수 있었고, 그만큼 넓은 범위를 빠르게 살필 수 있었다. 이런 변화는 위험을 피하는 데도, 사냥을 더 잘하는 데도 큰 도움이 되었고, 인간의 생존 전략을 한층 더 발전시켜 주는 계기가 되었다.

두 발로 걷게 되면서 생긴 또 하나의 큰 변화는 목소리를 내는 기관과 입 구조의 진화였다. 후두(성대 위치)가 아래로 내려가고, 인두(목 안쪽 통로)가 넓어지면서, 사람은 여러 가지 소리와 정교한 발음을 낼 수 있게 되었다. 또, 머리를 척추 위에 바로 올려놓을 수 있는 구조가 되면서, 서 있는 상태에서도 머리가 균형을 잘 잡고 안정적으로 소리를 낼 수 있게 되었다. 이렇게 해서 생겨난 언어 능력은 단순한 소통을 넘어서, 복잡한 의미와 상징을 담아낼 수 있는 도구가 되었고, 사람들끼리 협력하고 문화를 전하고, 집단적으로 기억을 공유할 수 있는 기반이 되었다.

직립 보행은 신경계와 뇌 구조의 진화에도 결정적인 영향을 미쳤다. 두 발로 걷는 것은 네 발로 걷는 것보다 훨씬 균형 잡기 어려운 일이다. 그래서 인간은 몸의 균형을 잡는 신경계와 뇌의 일부가 더 정교하게 발달해야 했다. 예를 들어, 전정계는 귀 안에 있는 구조를 통해 머리의 움직임과 속도 변화를 감지하고, 소뇌는 여러 근육들을 잘 조절해서 걷는 동안 몸이 흔들리지 않도록 도와준다. 이런 변화 덕분에 사람은 단지 잘 걷는 것을 넘어서, 감각 정보를 잘 통합하고, 움직임을 예측하거나 상황에 맞게 적응하는 능력도 함께 발달할 수 있었다.

대뇌 운동 피질은 하체 근육, 관절, 발목 등과의 정밀한 신경 회로를 구성하여 협응을 계획하고 실행하는 기능을 수행하였으며, 뇌간과 척수의 반사 회로는 예상치 못한 균형 상실에 신속히 반응하여 자세를 교정하는 자동화된 기제를 제공하였다. 전전두엽은 보행 중 환경 변화에 따라 유연한 패턴 전환과 계획 조정을 가능하게 하였고, 이러한 능력은 단순한 이동이 아닌 전략적 접근과 경로 최적화라는 고차원적 인지 기능으로 확장되었다.

뇌의 가소성은 특히 유년기의 이족보행 습득 과정에서 핵심적인 역할을 수행한다. 인간은 다른 동물들에 비해 보행 능력의 획득 시점이 늦으며, 이는 이족보행이 단순한 본능적 행위가 아니라 반복적 학습과 지속적 훈련을 필요로 하는 고차원적 운동 기능임을 의미한다. 이 과정은 운동 신경망의 재구성, 근육 사용 패턴의 정교화, 그리고 감각-운동 피드백 회로의 최적화를 수반하며, 이를 통해 인간의 뇌는 끊임없이 자신의 구조와 기능을 유연하게 재편할 수 있는 능력을 획득하게 된다.

이러한 특성은 인공지능과 로보틱스 분야에서도 유사하게 드러난다. 실제로 4족 보행 로봇보다 이족 직립 보행 로봇의 제어가 훨씬 더 복잡하고 어려운 과제로 간주되는 것은, 직립 보행이 단순 반복이 아닌 정교한 균형 감각과 동시적 센서 통합, 환경 반응 조절이 요구되는 고난도 운동임을 보여 준다. 인간 아동은 이러한 복잡한 피드백 체계 속에서 수없이 넘어지고 실패하며, 자신의 신체에 맞는 최적의 보행 패턴을 점진적으로 습득해 간다. 이는 인간의 운동 학습이 단순한 근육 제어를 넘어서, 뇌-신체-환경 간 상호작용을 기반으로 한 자기조직화적 진화의 산물임을 시사한다.

이족보행은 또한 칼로리, 에너지의 효율적 사용이라는 진화적 과제와도 긴밀하게 연결된다. 초기 직립 보행은 에너지 소모가 큰 움직임이었을 가능성이 높지만, 시간이 지나면서 보행 기술의 정교화, 근육 사용의 최적화, 이동 패턴의 반복 학습 등을 통해 점차 효율적인 이동이 가능해졌다. 이는 인간이 넓은 영역을 탐색하며 자원을 확보하는 적응 전략이 되었으며, 생존 가능성을 획기적으로 높이는 요인이 되었다.

이러한 에너지 효율 전략은 먹이의 확보 방식과도 연계된다. 인간은 도구를 활용하여 수렵과 채집을 수행하며, 식재료를 가공하는 기술을 발전시켰다. 특히 불을 사용한 조리 기술은 음식의 소화력을 높이고, 씹는 데 필요한 에너지를 줄이며, 영양 흡수율을 극대화함으로써 생리적 부담을 줄이는 데 기여하였다. 화식(火食)은 단순한 조리 기술을 넘어, 사회적 공유와 문화적 상호작용의 기반이 되었으며, 인간 집단의 응집력과 정보 전수 구조를 촉진하는 매개로 기능하였다.[25]

결국, 인간은 상시 직립 이족보행이라는 고유한 신체 구조를 통해 다양한 진화적 제약을 기회로 동물의 범주를 넘어서기 시작했다. 이 구조는 단순히 걷는 방식을

---

25) Isao, S. (2020). **절멸의 인류사: 우리는 어떻게 살아남았는가** (이경덕 역). 부키. (원저 2020년 출간).

변화시킨 것뿐 아니라, 인간의 감각계와 운동계, 신경계의 통합 작동 방식을 전면적으로 재구조화하였고, 도구 사용, 언어 발화, 사회적 협력 등 인간만의 복잡한 문화와 인지 능력을 실현할 수 있는 신체적 기반을 제공하였다. 이는 인간이 생존을 넘어 세계를 구성하고 끊임없이 재구성하는 존재로 진화할 수 있었던 전환점이었다.

## (2) 인간 인지 진화의 생물학적 기반

### 1) 상충관계와 선조 기능 재목적화

인간이 동물과는 다른 존재로 도약하는 진화를 이루기 위해서는 반드시 어떤 대가를 치러야 했다. 생물학적 진화는 결코 무상으로 주어지지 않으며, 새로운 능력이나 가능성의 획득은 필연적으로 그에 상응하는 비용이나 제약을 수반한다. 인간의 상시 직립 이족보행은 단순한 자세의 변화가 아니라, 감각-운동-인지 체계 전반에 걸쳐 구조적 재편을 요구한 혁신적 전환이었다. 그러나 이러한 진화는 절대적으로 긍정적인 변화만을 수반한 것이 아니었다. 모든 생물학적 변화에는 이득과 손실이 동시에 존재하며, 새로운 적응은 필연적으로 기존 기능의 제약 또는 구조적 부담을 동반하게 된다. 이처럼 진화적 적응의 이면에는 언제나 상충관계가 존재한다.[26]

첫째, 직립 보행은 속도와 민첩성을 희생하는 대가를 요구했다. 네 발로 달리는 동물들에 비해 인간은 상대적으로 느리고, 순간적인 가속 능력도 떨어진다. 이는 포식자로부터 도망치거나 빠르게 먹잇감을 추적해야 하는 상황에서 큰 불리함으로 작용했을 것이다. 둘째, 두 발로만 몸의 무게를 지탱하는 구조는 균형 유지의 어려움을 초래하였다. 직립 상태에서는 작은 외부 자극에도 쉽게 중심을 잃을 수 있으며, 특히 불규칙한 지형에서는 낙상 위험이 높아졌다. 셋째, 손의 사용에는 미묘한 제약이 따랐다. 두 팔이 이동 수단에서 해방되어 자유를 얻었지만, 동시에 긴박한 상황에서 즉각적인 반응과 방어 기능을 수행하는 데 있어 한계가 존재했다.

이러한 불리한 조건들은 상시 직립 이족보행이 생존에 있어 지속 가능해지려면 반드시 극복되어야 할 과제들이었다. 만약 인간이 이 상충관계에 효과적으로 적응하지 못했다면, 직립 보행이라는 전략은 진화적으로 폐기되었을 가능성도 있다.

---

26) Sober. E. R. (2004). **생물학의 철학** [Philosophy of biology] (민찬홍 역). 철학과 현실사. (원저 1993년 출간).

그러나 인간은 단순히 신체 구조만을 변화시킨 것이 아니라, 이를 보완하고 강화하기 위해 인지적, 사회적, 기술적 전략을 총체적으로 발전시켰다. 그 중심에는 뇌의 선조 기능 재목적화가 있었다.

진화생물학에서 말하는 '선조 기능(ancestral function)'은, 특정 기관이나 구조가 원래의 생물학적 기능을 넘어 새로운 용도로 전환되어 활용되는 기능적 전이의 과정을 의미한다. 이 과정은 흔히 '재활용(exaptation)' 또는 '사전 적응(pre－adaptation)'이라 불리며, 자연선택이 기존의 구조를 전혀 다른 생물학적 문맥에서 활용하도록 재구성하는 방식이다.[27]

대표적인 예로는, 원래 체온 조절을 위한 구조였던 조류의 깃털이 이후 비행을 위한 공기역학적 기능으로 전환된 경우, 또는 빛을 감지하는 단순한 감광 세포가 고도로 발달한 눈이라는 복합 기관으로 진화한 경우를 들 수 있다. 이러한 변화는 완전히 새로운 기관이 무(無)에서 창조되는 방식이 아니라, 기존 구조를 점진적으로 수리하고 전환하여 새로운 적응 기능을 획득하는 과정을 따른다.

즉, 진화란 백지 위에 완전한 설계도를 새로 그리는 창조적 사건이라기보다, 기존의 유산을 땜질하고 이어 붙이며 새로운 환경에 적응하는 역사적·누적적 조정 과정에 가깝다.[28] 이러한 관점은 진화의 창발성뿐 아니라, 구조의 보존과 변형 사이의 긴장 속에서 생물체의 복잡성이 어떻게 증대되었는지를 설명하는 데 핵심적인 이론적 통찰을 제공한다.

이와 같은 전용과 재구성의 원리는 인간의 학습 과정에서도 반복적으로 재현된다. 학습은 완전히 새로운 지식을 무에서 창출하는 것이 아니라, 기존에 갖고 있던 개념, 감각, 경험, 기능들을 새로운 맥락 속에서 전용하고 조합하면서 이루어진다. 예컨대, 놀이를 통해 익힌 신체 조정 능력이 글씨 쓰기나 악기 연주로 전환되거나, 일상 언어의 직관이 수학적 기호 체계의 이해로 확장되는 경우처럼, 인간은 이미 갖고 있던 구조를 재배열하고 응용하는 방식으로 배워간다. 이러한 점에서 학습은 진화처럼, 낡은 것을 해체하고 다시 조립하는 생성적 재조정의 과정이며, 선조 기능의 재목적화는 생물학적 진화뿐 아니라 인지적 성장과 교육의 핵심 메커니즘

---

27) Gould, S. J., & Vrba, E. S. (1982). Exaptation—a missing term in the science of form. *Paleobiology*, *8*(1), 4–15.

28) Dawkins, R. (2009). **지상 최대의 쇼** [The greatest show on earth: The evidence for evolution] (김명남 역). 김영사. (원저 2009년 출간).

으로 오늘날에도 작동하고 있다.

첫째, 도구 사용의 진화는 신체적 힘의 부족을 보완하는 전략으로 나타났다. 직립 보행으로 인해 두 팔은 신체 지지 기능에서 해방되었고, 이는 인간이 도구를 들고 조작할 수 있는 자유로운 손을 갖게 함으로써 환경에 대한 통제력을 획기적으로 향상시켰다. 돌, 나무, 뼈를 가공하여 도구로 사용하는 능력은 단순한 근력 부족을 극복하는 것 이상으로, 인간의 사고 능력과 문제 해결 능력을 확장하는 계기가 되었다.

둘째, 언어의 발달은 인간이 협력적 집단생활을 영위하는 데 있어 결정적인 조건을 형성하였다. 직립 보행은 발성 기관의 구조적 재편을 야기하였고, 이는 인간이 다양한 분절음을 생성할 수 있는 해부학적 기반을 제공하였다. 복잡한 음성 언어의 사용은 단순한 감정 표현을 넘어, 사냥 전략의 계획, 도구 사용법의 전수, 자원의 분배와 같은 고차원적 협력의 기반이 되었으며, 집단 내 정보의 신속하고 정밀한 교환을 가능하게 했다.

셋째, 사회적 협력 구조는 직립 보행으로 인해 발생한 개인의 물리적 취약성을 보완하는 또 하나의 전략이었다. 인간은 개별적으로는 약한 존재였지만, 협력적 사냥, 공동 방어, 자원 공유 등의 집단 전략을 통해 환경에 보다 능동적으로 대응할 수 있었다. 이는 인간 사회의 본질이 경쟁보다 협력에 있으며, 그 기원이 생물학적 구조의 약점을 극복하려는 전략에서 비롯되었음을 보여 준다.

이러한 보완적 적응은 단지 생존을 위한 일시적-응급적 대응이 아니라 상시화되면서 인간이 진화적 우위를 점하게 하는 전략으로 전환되었다. 뇌는 단순한 운동 조절 기능에서 벗어나 도구 사용을 위한 정교한 손 움직임, 언어 생성과 해석, 사회적 역할 조정 및 상호작용의 조율까지 포괄하는 인지 체계로 진화했다. 대뇌 운동 피질은 미세한 손의 움직임을 통제하고, 전두엽은 미래 계획, 역할 분담, 의사결정과 같은 집단 내 복잡한 상호작용을 조율하게 되었다.[29)]

전정계와 소뇌는 단순한 균형 유지 기관을 넘어, 다양한 감각 정보를 통합하고 미래 상황을 예측하여 보행을 정교하게 조절하는 고차적 기능을 수행하게 되었다. 이러한 예측 기반 조절 능력은 인간이 다양한 환경 조건에 유연하게 적응하고, 신체의 적응성과 학습 능력을 극대화하는 데 핵심적인 역할을 하였다. 이로써 인간은

---

29) Dunham, Y. (2018). Meme membership. *Trends in Cognitive Sciences*, *22*(9), 780−793.

직립 보행의 구조적 부담을 인지적·사회적 능력의 확장으로 상쇄하며, 진화적으로 새로운 성공의 경로를 개척할 수 있었다.

오늘날 인간이 지구상에서 최우점종으로 자리 잡은 이유는 단지 신체적 구조의 변화 때문이 아니다. 인간은 신체의 제약을 인지, 언어, 협력, 도구라는 수단으로 넘어섰고, 기존 생물학적 기능을 새로운 방식으로 전환하는 선조 기능 재목적화의 역량을 갖춘 존재로 진화하였다. 땅을 딛고 달리는 기능에서 해방된 손은 도구를 들었고, 굴절된 성대 구조는 복잡한 언어 체계로 진화했으며, 약한 신체는 사회적 협력 구조로 보완되었다. 이는 인간이 끊임없이 불리한 조건을 유리한 조건으로 전환해 내는 '의미적 진화'를 선택해 온 존재임을 입증하는 사례이다.

요컨대, 인간은 단순한 생물학적 개체가 아니라, 신체 구조, 신경계, 인지 기능, 사회적 조직이 복합적으로 상호작용하는 자기생산적 체계이다. 상시 직립 이족보행 바이오시스템은 이러한 자기생산의 진화를 끌어낸 핵심적인 생물학적 플랫폼이었으며, 그 구조적 특성과 적응 전략은 이후 인간이 시간과 공간을 초월하는 인지 능력을 갖추게 되는 기초를 형성하였다.

### 2) 감각-운동 체계에서 개념 공간으로

인간의 인지적 진화는 감각-운동 체계의 고도화에서 출발하여 개념적 사고와 사회적 인지로 확장되는 구조를 갖는다. 이 과정에서 전정계와 소뇌는 단순한 균형 유지 기관을 넘어서, 다양한 감각 정보를 통합하고 미래 상황을 예측하여 보행을 정교하게 조절하는 고차적 기능을 획득하였다. 이러한 예측 기반 조절 능력은 인간이 변화무쌍한 환경에 유연하게 적응하고, 그에 따라 신체의 적응성과 학습 능력을 극대화하는 데 결정적인 기여를 하였다. 결과적으로 인간은 직립 보행이라는 물리적 제약을 인지적·사회적 능력의 확장으로 상쇄하며, 감각-운동의 체계에서 추상적 개념화와 사회적 협력이 가능한 새로운 인지 체계로 도약하는 진화적 경로가 열리게 되었다.[30)]

첫째, 공간 인지 능력과 방향 감각이 비약적으로 향상되었다. 직립 보행을 통해 인간의 이동 반경은 크게 확장되었으며, 넓은 지역을 탐색하고 새로운 자원을

---

30) Sherwood, C. C., Subiaul, F., & Zawidzki, T. W. (2008). A natural history of the human mind: Tracing evolutionary changes in brain and cognition. *Journal of Anatomy, 212*(4), 426-454.

발견하며 사냥 영역을 확대하는 능력이 생존에 있어 점점 더 중요해졌다. 이에 따라 자신의 위치를 파악하고 복귀 경로를 기억하며, 지형과 자원의 위치를 체계적으로 인식하는 능력이 생존 전략의 핵심 요소로 자리 잡았다. 이는 단순히 이동 경로를 기억하는 수준을 넘어, 동물의 이동 경로, 수자원이나 식물 자원의 분포, 위협 요소의 위치 등 환경 전체를 하나의 정렬된 정보 체계로 재구성하는 능력을 필요로 했다. 이처럼 공간 인지와 방향 감각은 단순한 감각적 기능이 아니라, 전략적 생존을 위한 구조화된 정보 처리 기능으로 진화하였다.

이러한 능력은 해마를 중심으로 한 뇌의 공간 지도 형성과 깊은 연관을 갖는다. 해마는 신체의 현재 위치를 파악하고, 경로를 계획하며, 시공간적 경험을 기억하는 기능을 수행하며, 특히 장소 세포(place cells)와 격자 세포(grid cells)는 환경 내에서의 상대 위치와 절대 위치를 조합해 머릿속에 인지 지도(cognitive map)를 형성한다.[31] 인간은 이러한 신경 기제를 바탕으로 방향을 정하고 목적지를 향해 효율적인 경로를 선택할 수 있었으며, 이와 같은 신경 기반 구조는 생존 가능성을 극대화하였다. 더욱이, 계절적 이동이나 정착지 선정, 자원 배분과 같은 보다 복합적인 의사결정을 위한 공간 인지는 단기 기억뿐 아니라 장기 기억과 통합된 사고 과정을 필요로 하였으며, 이는 뇌의 전전두엽과의 연계적 작용을 통해 점점 더 정교해졌다.

나아가 공간 인지 능력은 고차 인지 기능으로 확장되며 인간 사고의 핵심 구조를 형성하게 되었다. 인간은 물리적 공간을 인식하고 조직하는 능력을 바탕으로, 점차 개념적 공간을 형성하고 이를 활용하여 추론하고 상상하며 협력할 수 있게 되었다.[32] 예를 들어, 지도 제작은 물리적 공간을 상징적 기호와 이미지로 변환한 것이며, 수학에서 좌표와 도형을 통해 사고하는 방식은 공간적 사고의 추상화된 변형태이다. 나아가 인간은 사회적 공간, 관계적 거리, 위계 구조 등 다양한 비물리적 공간까지 사고의 영역으로 끌어들였다. 이는 도시 설계, 정치 체계, 인터넷 네트워크와 같은 복잡한 사회적 체계의 형성과도 연결된다. 공간 인지에서 출발한 이와 같은 사고방식의 확장은, 인간이 단순한 환경 적응자를 넘어서 세계를 구조화하고

---

31) O'Keefe, J., & Nadel, L. (1978). *The hippocampus as a cognitive map*. Oxford University Press.

32) Burke, A. (2012). Spatial abilities, cognition and the pattern of Neanderthal and modern human dispersals. *Quaternary International, 247*, 230–235.

재구성하는 존재로 진화하게 된 인지적 기원을 보여 준다.[33]

둘째, 시각 정보 처리 능력이 정교하게 발달하였다. 직립 보행은 시선을 높이고, 수평선 너머를 조망할 수 있는 유리한 조건을 만들어 주었으며, 이는 멀리 있는 물체의 움직임, 포식자의 접근, 자원의 위치 등을 보다 신속하게 인식할 수 있도록 하였다. 이에 따라 뇌는 시각 피질을 중심으로 원거리 정보에 대한 민감도를 높이고, 시공간적 변화에 따른 맥락 파악 능력을 강화하였다. 이러한 시각적 선도성은 인간이 환경을 단지 수동적으로 인식하는 것이 아니라, 적극적으로 예측하고 기획하는 존재로 진화하는 기반이 되었다.

직립 보행으로 인한 시선 높이의 상승과 조망 지평의 넓이 확장은 인간의 시각 정보 처리 체계를 정교하게 진화시켰다. 원거리에서의 물체 움직임, 포식자 접근, 자원 위치 파악 등 생존에 필수적인 정보를 신속히 포착할 수 있게 되면서, 뇌는 시각 피질을 확장하고 시공간적 맥락을 해석하는 능력을 강화했다. 이는 환경을 수동적으로 반응하는 데 그치지 않고, 미래를 예측하며 적극적으로 기획하는 행동 양식으로의 전환을 이끌었다.

이러한 시각적 우위는 단순한 생물학적 적응을 넘어, 인간을 철학적 의미에서 '시각의 동물(homo visualis)'로 정의하는 토대가 되었다.[34] 플라톤이 진리의 본질을 '이데아'라는 시각적 관조로 설명하거나, 데카르트가 이성을 '빛'과 결부시킨 것처럼, 서양 철학은 오래전부터 시각을 인식의 중심 도구로 삼았다. 세계를 '객관적 거리'를 두고 바라보는 태도는 분석적 사고와 추상화를 촉진했으며, 궁극적으로 과학적 탐구와 개념적 체계의 형성으로 나아갔다.

인간은 시각 중심의 감각 체계를 바탕으로 세상을 인식하고 문화를 만들어 왔다. 시간을 일직선처럼 그려 보고, 미래를 눈앞에 그리듯 상상하면서, 인간은 예술·기술·문자 같은 복잡한 상징 체계를 만들어 낼 수 있었다. 벽화에서부터 스마트폰 화면까지, 대부분의 문화는 눈으로 보고 이해할 수 있는 방식으로 표현되어 왔다. 이처럼 시각 중심 사고는 인간이 스스로를 '세상을 관찰하는 존재'로 여기게 했고, 나와 대상, 주체와 객체를 구분하는 근대적 합리성의 틀을 만들어 냈다. 하지만 그와 동시에, 귀로 듣고, 피부로 느끼는 다른 감각의 경험은 덜 중요하게 여겨지

33) Bruner, E., & Iriki, A. (2016). Extending mind, visuospatial integration, and the evolution of the parietal lobes in the human genus. *Quaternary International, 405*, 98–110.

34) Gibson, J. J. (1979). *The ecological approach to visual perception*. Houghton Mifflin.

는 부작용도 낳았다. 결국 시각 중심성은 단순히 감각의 문제가 아니라, 인간이 세상을 해석하고 존재를 이해하는 방식 전반을 형성한 핵심 요소였다. 우리는 '보는 틀'로 생각하고, '생각하는 방식'으로 다시 세상을 바라보면서, 인간의 진화적 유산과 철학적 태도를 함께 이어온 것이다.

셋째, 손-눈 협응과 소근육 제어 능력이 고도화되었다. 직립 보행을 통해 손이 이동 기능에서 해방됨으로써, 인간은 손을 정밀 조작의 도구로 사용할 수 있게 되었다. 이로 인해 인간은 도구를 만들고, 조작하고, 반복적으로 개선하는 능력을 진화적으로 획득하게 되었으며, 이는 단순한 생존 기술의 향상을 넘어 학습과 문화 전승의 기반으로 기능하였다. 특히 대뇌 운동 피질과 시각 피질 간의 정교한 상호작용은 손과 눈의 협응을 정밀하게 조율하며, 손의 감각 피드백 체계는 미세한 운동을 조절하는 신경학적 기반을 제공하였다.[35]

이러한 정밀 조작 능력은 불의 사용과 화식(火食)의 기술로 이어지며, 인류 진화에 중대한 도약을 가능케 했다. 인간은 도구를 이용해 불을 다루기 시작했고, 이는 단순한 열원 확보를 넘어서 음식을 조리하고 보존하는 능력으로 발전하였다. 이 과정에서 불은 더 이상 자연 발화를 수동적으로 기다리는 대상이 아니라, 인간이 의도적으로 피워 내고 조절하는 '제작된 도구'로 기능하게 되었다. 피워 낸 불은 돌도끼나 창처럼 물리적으로 손에 쥘 수 있는 형태는 아니지만, 인간의 개입과 기술을 통해 생성된 인공적 행위의 산물이며, 이로써 불 자체도 일종의 '화학적 도구'로 간주할 수 있다. 이러한 불의 통제는 손의 정밀 제어 능력 없이는 성립할 수 없으며, 이는 인간이 물리적 환경을 능동적으로 통제하고 구성할 수 있는 존재로 진화했다는 강력한 증거이다.

특히 화식의 도입은 인간의 생리적, 인지적 진화에 중대한 이익을 가져왔다. 조리된 음식은 섭취와 소화를 쉽게 만들고, 치아와 턱 근육에 가해지는 부담을 줄이며, 더 많은 열량을 효율적으로 흡수할 수 있도록 하였다. 이로 인해 소화 기관의 부담은 줄어들고, 여유 에너지는 뇌의 발달과 유지에 사용할 수 있게 되었으며, 결과적으로 뇌 용량 확대와 고차원 인지 기능의 진화적 기반을 형성하였다.

또한, 불은 인간의 육아 및 양육 체계의 변화에도 깊은 영향을 미쳤다. 불 주변은 야생 동물로부터 보호받을 수 있는 안전한 공간을 제공하였고, 야간에도 밝은

---

35) Maravita, A., & Iriki, A. (2004). Tools for the body (schema). *Trends in Cognitive Sciences*, *8*(2), 79–86.

환경을 유지할 수 있게 해 줌으로써 인간은 밤에도 공동체 내에서 상호작용하고, 유아를 보살피며, 이야기나 지식을 전승할 수 있는 새로운 삶의 리듬을 형성하게 되었다. 이는 단순히 유아기의 생존율을 높인 것을 넘어, 부모와 자식 간의 정서적 유대 형성, 또래 집단 간의 모방 학습과 사회화 과정을 촉진하였다. 나아가 불을 중심으로 한 안정적이고 지속적인 돌봄 환경은 협력과 분업, 책임 공유를 기반으로 하는 초기 공동체를 형성하게 하였고, 이는 점차 확장되며 규범과 상징, 의례를 가진 사회로의 진화를 이끌었다. 결국 불은 인간의 양육 체계를 변화시킨 도구이자, 공동체의 탄생을 매개한 매체이며, 사회적 진화와 문화적 확산의 촉매제로 기능하였다.

손-눈 협응의 발달은 도구 사용 기술의 고도화에 그치지 않고, 불의 제어, 화식의 활용, 안전한 양육 환경의 확보 등으로 이어지면서 인간의 생존 전략을 근본적으로 전환시킨 복합적 진화의 매개체였다. 이 모든 요소는 손의 정밀한 운동 능력과 이를 뒷받침하는 뇌 신경계의 고도화 없이는 불가능했으며, 인간이 문명을 형성하는 생명체로 나아가는 데 필수적인 기반이 되었다.

넷째, 언어 능력의 발달과 그에 따른 사회적 협력의 강화가 이루어졌다. 직립보행으로 인해 후두의 위치가 하강하고, 성대 구조 및 구강-인두 공간이 확장되면서 인간은 다양한 분절음을 발화할 수 있는 해부학적 조건을 갖추게 되었다. 이 해부학적 진화는 단순한 의사소통을 넘어서, 정교하고 추상적인 언어 구조를 발달할 수 있게 했다. 복잡한 문장 구조, 의미 체계, 상징적 표현이 가능해짐에 따라 인간은 사냥 전략, 도구 제작법, 감정, 규범, 가치 등을 정교하게 공유할 수 있었으며, 이를 통해 협력의 범위와 깊이를 획기적으로 확장하였다. 언어는 공동체의 협업을 조직하고 사회적 관계를 유지·확장하는 도구로 작용하며, 인간 사회의 구조를 점점 더 복잡하게 발전시키는 계기가 되었다.

이러한 언어의 발달은 단순한 전달 수단을 넘어, '생각을 만들고 나누는' 인지 도구로 진화하였다. 비고츠키는 언어를 '생각을 표현하는 수단'이 아니라 '생각을 만들어 내는 도구'로 보았다.[36] 그는 언어를 인간 내면의 사고 구조와 외부 세계의 사회적 의미가 만나는 매개 장치로 규정하였으며, 특히 언어가 내면화되는 과정에서 '사고'는 구조화되고 추상화된다고 보았다. 다시 말해, 인간은 언어를 통해 생각

---

36) Vygotsky, L. S., & Cole, M. (1978). *Mind in society: The development of higher psychological processes.* Harvard University Press.

을 조작하고, 계획하고, 문제를 해결하며, 새로운 가능성을 상상할 수 있게 되었다. 또한 언어는 사회적 상호작용을 통해 타인의 관점을 받아들이고 재구성하는 메타 인지의 기반이 되었으며, 공동의 의미를 형성하는 '생각 나누기'의 장치로 기능하였다. 이처럼 언어는 단순한 발화 기제가 아니라, 인간 인지의 구조를 형성하고 확장시키는 핵심 도구였다.

아울러 언어는 문자로, 문자는 미디어로, 미디어는 디지털 코드로 진화하며 인류 문명의 확산을 견인하였다. 인간은 언어를 소리로만 전달하는 데 그치지 않고, 그것을 눈으로 볼 수 있는 상징 체계인 '문자'로 표기하였다. 문자는 기억과 지식을 전승할 수 있게 하였으며, 공동체의 경험을 세대를 넘어 저장하고 전달하는 구조를 만들었다. 이후 문자와 언어는 점차 인쇄 기술, 영상, 전자 미디어로 확장되었고, 20세기 말부터는 디지털 코드로 전환되어 전 세계적 소통과 지식 공유의 기반이 되었다. 이처럼 언어의 발달은 인류 문명의 진화와 함께 기술의 진화로 이어졌으며, 오늘날의 인공지능과 디지털 학습 환경 역시 이러한 언어-기호-코드 체계의 확장을 통해 가능해졌다. 언어는 인간 사고의 기반일 뿐 아니라, 사고를 확산하고 저장하고 확장시키는 생물학-사회학-기술학적 연결 고리로 작동하며, 인간이 의미를 구성하고 협력을 조직하는 '메타 도구'로 자리 잡았다.[37]

다섯째, 감각 통합 능력이 인류 종의 진화적 경쟁력으로 부상하였다. 인간은 시각, 청각, 촉각 등 다양한 감각 자극을 독립적으로 처리하는 데 그치지 않고, 이를 상호 연계하여 통합적으로 해석하는 능력을 발달시켰다. 이러한 감각 통합 능력은 단순히 감각의 선형적 총합이 아니라, 자극 간의 연관성을 추론하고, 특정 자극을 선택적으로 주목하며, 불필요한 정보를 배경으로 밀어내는 비선형적 인지 조절 과정이다.[38] 이를 통해 인간은 다양한 감각 자극이 혼재된 환경 속에서도 핵심 정보를 추출하고, 이를 상황 판단 및 행동 전략으로 전환할 수 있는 능력을 갖추게 되었다. 감각 통합은 생존뿐 아니라, 도구 사용, 사회적 상호작용, 예술 창작, 문화 형성 등 복잡한 활동의 전제 조건이 되었다.

이러한 생물학적 감각 통합 능력은 오늘날 멀티모달 인지와 학습의 이론적 기반으로 확장되고 있다. 인간은 청각적 언어 정보, 시각적 제스처, 표정, 신체 움직임

---

37) Walter, O. (1982). *Orality and literacy: The technologizing of the word*. Taylor and Francis Group.

38) 김진우(2025). **감각통합: 감각처리장애와 중재**. 대한나래출판사.

등 여러 채널의 정보를 동시에 해석하고 통합하여 의사소통과 의미 이해를 수행한다. 이처럼 다감각적 인지는 인간 학습과 상호작용의 본질적 특성으로, 현대의 인공지능 기반 학습 분석 체계는 이를 모사하고 분석하려는 방향으로 진화하고 있다. 최근 학습 환경에서는 단순한 언어 기반 텍스트 분석을 넘어, 음성, 시선, 표정, 행동 데이터 등을 함께 분석하는 멀티모달 학습분석이 주목받고 있으며, 이는 인간의 감각 통합 메커니즘을 기술적으로 구현하려는 시도라 할 수 있다.

멀티모달 데이터는 외부로 표출될 뿐 아니라 신체 내부로도 침습적으로 파고든다. 바이오메트릭스 데이터는 피부 안쪽에서 일어나는 멀티모달 분석을 가능하게 하는 핵심적 기반이 된다. 심박수, 뇌파, 시선 추적, 피부 전도성(Galvanic Skin Response) 등의 생리적 데이터는 학습자의 감정 상태, 집중도, 인지 부하 등을 실시간으로 감지할 수 있는 수단으로 활용되고 있다.[39] 이와 같은 데이터는 전통적인 성취 기반 평가의 한계를 넘어, 학습자가 언제, 어떻게 감각적으로 반응하고 인지적으로 통합하는지를 정밀하게 파악할 수 있게 해 준다. 감각 통합의 생물학적 기제가 뇌의 동시적 멀티채널 입력 통합 기능이라면, 멀티모달 분석과 바이오 센서는 그 기능을 외부에서 가시화하고 해석하는 도구이다. 이러한 기술은 학습 환경을 감각 기반의 다층적 상호작용 공간으로 재구성할 수 있게 하며, 인간의 생물학적 진화를 반영한 새로운 형태의 교육공학적 실천을 가능하게 한다.[40]

여섯째, 집행 기능(executive function)과 고차원적 인지 능력이 본격적으로 진화하였다. 인간은 목표 설정, 행동 계획, 충동 억제, 결과 예측, 오류 수정과 같은 기능을 통해 단기적 생존을 넘어서 장기적인 생존 전략을 설계할 수 있게 되었다.[41] 이러한 고차원 인지 능력은 전두엽의 발달과 밀접하게 연결되어 있으며, 창의적 문제 해결, 사회적 갈등 조정, 도덕적 판단, 복잡한 의사결정 등 다양한 고등 정신 기능의 기반을 형성하였다. 특히 전전두엽은 다양한 가능성을 시뮬레이션하고, 미래의 결과를 예측하며, 불확실한 상황에서 유연하게 사고하는 데 핵심적인 역할을 수행하였다. 이러한 집행 기능은 인간이 복잡한 사회를 조직하고, 기술을

---

39) Ekman, P. (2004). *Emotions revealed: Recognizing faces and feelings to improve communication and emotional life*. Henry Holt and Company.

40) 에듀테크융합연구소(2019). **생리심리실험 실무서**. 박영스토리.

41) Geary, D. C. (2008). An evolutionarily informed education science. *Educational Psychologist, 43*(4), 179–195.

발전시키며, 문화를 창조하고, 자신의 존재를 성찰하며 미래를 설계할 수 있도록 한 인지적 토대였다.

상시 직립 이족보행 바이오시스템의 진화는 단순히 생존을 위한 1차 인지 기능을 넘어서, 감각과 운동 사이를 정교하게 조율하는 신경계 메커니즘의 발달로 이어졌다. 이로 인해 인간은 단순히 감각 자극에 반응하는 수준을 넘어, 정보를 재구성하고 상징화하며, 장기적인 목표에 따라 계획하고 조정하는 고차원적인 인지 능력을 갖추게 되었다. 이런 능력은 단순한 '지금-여기'의 반응을 넘어서, 과거를 돌아보고, 미래를 상상하고, 자기 자신을 성찰하는 사고로 확장되었다. 바로 이 점이 인간을 다른 생명체와 구별하는 인지적 특이성이 되었다.[42]

## (3) 생물학적 이차 인지 기능

### 1) 생물학적 인지 발달의 두 축: 일차성과 이차성

생물학적 일차성과 이차성은 인간 신체와 인지 기능의 진화적 구조를 이해하는 데 핵심적인 개념이다. 일차성(primary)은 생존을 위해 진화적으로 형성된 감각-운동 중심의 기초 기능과 신체 구조를 의미하며, 이차성(secondary)은 이러한 기반 위에 학습, 경험, 사회적 상호작용을 통해 고도화된 인지적·문화적 능력을 포함한다. 인간의 상시 직립 이족보행 바이오시스템은 단순한 신체 구조의 변화가 아니라, 감각-운동-신경계 간의 정교한 조율을 가능하게 하는 생물학적 플랫폼으로 작용하며, 일차 인지 기능에서 출발한 인간의 인지가 자기 성찰, 시간·공간 초월 사고, 사회적 의미 구성 등 이차 인지 기능으로 확장될 수 있는 조건을 마련하였다. 이처럼 일차성과 이차성은 분리된 것이 아니라 상호 보완적으로 공진화하며, 인간이 생존을 넘어서 문명과 문화를 창조하는 존재로 진화하는 토대를 구성한다.[43]

일차 인지 기능은 뇌 신경계가 생존을 위해 수행하는 가장 기초적인 정보 처

---

42) Read, D. W., & Van Der Leeuw, S. (2015). The extension of social relations in time and space during the Paleolithic and beyond. In F. Coward, R. Hosfield, M. Pope & F. Wenban-Smith (Eds.), *Settlement, society, and cognition in human evolution* (pp. 31-57). Cambridge University Press.

43) Geary, D. C. (2002). Principles of evolutionary educational psychology. *Learning and Individual Differences, 12*(4), 317-345.

리 체계로, 시각, 청각, 고유감각 등의 감각 입력을 통합하고 이에 즉각 반응하는 신체 기반의 인지적 처리 기능이다. 이 기능은 대뇌 피질 중 일차 감각 피질과 운동 피질을 중심으로 작동하며, 공간 인지, 균형 유지, 도구 조작, 언어 발화와 같은 기본적인 생명 활동을 조율한다. 이러한 감각-운동 기반 체계는 외부 세계의 자극에 대한 수용과 반응을 실시간으로 처리하는 반사적이며 본능적인 기능으로, 인간뿐 아니라 대부분의 고등 포유류에서 공통적으로 발견되는 보편적 진화 형질이다. 말하자면 일차 인지는 '지각된 현재'를 기반으로 생존을 유지하는 체계로, 유기체의 직접적 적응을 위한 즉시적, 즉각적 반응 구조를 형성한다.

반면 이차 인지 기능은 이러한 일차 기능 위에 학습과 경험, 상징 체계의 축적을 바탕으로 구축되는 고차원적 인지 능력으로, 감각 정보를 단순히 처리하고 반응하는 것을 넘어서 정보를 재구성하고 맥락화하며, 시간과 공간을 초월한 시점에서 사고하고 예측하며 성찰할 수 있도록 하는 사고 구조를 말한다. 이차 인지는 생물학적으로는 전전두엽의 확장, 그리고 다양한 뇌 영역 간 신경망의 연결성 증가에 기반하여 발현된다. 이를 통해 인간은 복잡한 문제를 계획하고 해결하며, 장기 목표를 설정하고, 도덕적 판단이나 사회적 규범을 형성할 수 있게 되었다. 즉 이차 인지는 현실의 흐름 속에서 '기억된 과거'와 '예상된 미래'를 통합하여 '현재를 재구성'하는 창발적이고 초월적인 인지 체계이다.

이러한 일차성과 이차성은 이분법적으로 분리되는 것이 아니라, 상호의존적이며 진화적으로 공진화하는 이원성 관계이다. 일차 인지 없이는 이차 인지가 출현할 수 없고, 이차 인지의 진화는 일차 인지 기능의 효율성과 통합성을 역으로 강화한다. 그 대표적인 사례가 도구 사용이다. 초기 인류는 손-눈 협응이라는 일차 인지 능력을 바탕으로 돌과 나무, 뼈 등을 석기로 가공하여 도구를 제작했다. 그러나 이러한 제작은 단순한 반응적 조작을 넘어서, 목적에 맞는 형태를 구상하고, 기능을 예측하며, 효율을 판단하고, 반복적으로 개선해 나가는 고차원적 계획 능력—즉 이차 인지 기능을 요구하였다. 도구 사용은 곧 도구 제작으로 이어졌고, 이는 뇌의 전두엽이 더욱 발달하는 인지적 진화를 촉진하였다.

언어의 진화는 생물학적 일차성과 이차성이 상호작용하며 발달한 대표적 사례이다. 일차 인지 수준에서는 발성 기관의 구조 변화, 즉 후두 하강, 성대 조절, 구강 구조의 정교화 등을 통해 다양한 분절음을 생성할 수 있도록 각종 근육을 기계적으로 제어하는 기반이 먼저 마련되었다. 그러나 언어가 진정한 의미 체계를

표 1 일차적 인지와 이차적 인지

| 구분 | 정의 | 기능적 특성 |
| --- | --- | --- |
| 일차적 인지 | 감각-운동 중심의 기초 기능과 신체 구조, 생존을 위한 본능적 인지 기능 | 감각 통합, 공간 인지, 균형 유지, 도구 조작, 언어 발화, 지각된 현재 중심의 즉각적 반응 |
| 이차적 인지 | 학습, 경험, 사회적 상호작용을 통한 고도화된 인지적·문화적 능력 | 개념화, 상징 내면화, 장기 목표 설정, 도덕 판단, 기억된 과거, 예상된 미래 통합하여 현재 재구성 |

갖기 위해서는 단순한 소리의 조합을 넘어 개념화, 문법 체계, 상징 내면화와 같은 고차 인지 기능이 요구되었다. 인간은 언어를 통해 생각을 명명하고 기억을 외부로 표현하며, 협력과 사회 조직을 가능하게 하였다. 이는 점차 사회적 복잡성을 증가시켰고, 그에 따라 이차 인지 기능—예를 들어 타인의 관점 이해, 규범 공유, 미래 계획—도 더욱 고도화되었다. 결국 언어는 일차적 생물학적 진화와 이차적 인지적 발달이 맞물려 진화해 온 복합적 산물이며, 인간의 인지 구조와 사회 구조를 동시에 변화시키는 핵심 메커니즘으로 작용하였다.

요컨대, 인간의 생물학적 인지 체계는 일차성과 이차성이라는 두 축을 중심으로 진화해 왔으며, 이 둘은 감각-운동 루프의 즉시적 처리와 초월적 사고 기능의 결합을 통해 인간 고유의 인지적 정체성을 형성해 왔다. 상시 직립 이족보행 바이오시스템은 이러한 두 축의 공진화를 위한 생물학적 기반이자 인지 진화의 물리적 조건이 되었으며, 이 체계 위에서 인간은 세계를 해석하고 재구성하며, 의미를 생성하고 사회를 조직하는 존재로 진화할 수 있었다. 이러한 인지 발달의 구조는 다음 절에서 다루게 될 '시간성의 초월'과 '공간성의 초월'이라는 인간 인지의 심화된 양상들과도 밀접하게 연결된다.

### 2) 체계 이론적 관점에서 본 초월성의 출현

이차 인지 기능의 출현은 인간을 단순한 생물학적 생존체에서, 자기 존재에 대해 질문하고 반성하고 재구성할 수 있는 존재로 진화시킨 결정적 전환점이었다. 이는 단지 정보 처리 속도의 향상이나 기억 용량의 증가 같은 양적 변화가 아니라, 인간이 환경과 자기 자신을 상징적으로 재현하고, 이를 토대로 새로운 가능성을 예측하고 기획할 수 있는 능력을 획득하게 된 질적 도약을 의미한다. 이러한 인지의 고도화는 신체·신경계·환경·사회 구조가 상호작용하며 창발한 복합적 체계 현상으로 이해되어야 한다.

인간의 인지 체계는 단선적인 자극-반응 구조를 넘어서, 감각·운동·기억·판단·언어 등 여러 인지 기능이 서로 연결되고 피드백을 주고받는 비선형적 다층 체계로 구성되어 있다. 예컨대, 도구를 사용하는 행위조차도 단순한 손동작이 아니라, 감각-운동 협응, 상황 판단, 기억 회상, 언어적 설명까지 복합적 작용이 요구되는 고차원적 활동이다. 이처럼 인간의 고차 인지는 감각-운동계에 기반을 두면서도, 자기 성찰과 상징적 사고가 더해진 메타 체계로 진화해 왔다.

체계 이론의 관점에서 보면, 이러한 변화는 단순히 기능이 더 복잡해졌다는 의미가 아니라, 완전히 새로운 질서가 체계적으로 창발한 것이라 할 수 있다. 인간은 더 이상 주어진 환경에 단순히 적응하는 존재가 아니라, 환경을 해석하고 재구성하며, 나아가 새로운 환경 자체를 창조할 수 있는 존재로 지양되었다.

이러한 전환의 핵심은, 인간 인지 체계가 스스로를 성찰하고, 그 성찰의 결과를 바탕으로 자기 구조와 전략을 재설계할 수 있는 메타 수준의 능력을 갖추게 되었다는 점이다. 이는 단지 고차 인지 기능의 강화가 아니라, 인지 체계 자체가 자기참조적 구조로 진화한 것을 뜻한다. 인간은 외부 자극을 처리하는 데 그치지 않고, 스스로를 참조하며, 그 참조를 통해 존재 조건과 인지 구조를 창출하고 재조직하는 유일한 존재로 진화해 온 것이다.

"자기참조적(self-referential)"이라는 개념은 어떤 체계가 의부로부터 주어진 정보나 자극만을 처리하는 것이 아니라, 자기 자신을 참조하여 자신의 작동 원리, 구조, 목적을 재귀적으로 해석하고 재구성하는 능력을 갖는 상태를 의미한다. 이는 단순한 반응 체계나 입력-출력 체계와는 구별되며, 체계가 자신의 구성 요소, 규칙, 경계를 스스로 인식하고, 그 인식을 바탕으로 자기 자신을 조정하거나 재설계할 수 있는 고차적 속성을 지칭한다. 특히 인지 체계에서의 자기참조성은 인간이 자신의 사고 과정을 성찰하고, 그 성찰 결과를 다시 사고에 반영하는 메타인지의 핵심 메커니즘으로 작동하며, 이는 곧 인간이 단순히 정보를 처리하는 존재가 아니라, 스스로의 인지와 존재 조건을 구성하고 재구성하는 자기생산적 존재임을 보여 주는 개념이다.

이 자기참조 구조는 인간이 언어, 도구, 기호, 제도, 문화 등 외부 매개체를 창출하고 활용하여 자기 자신과 사회를 재구성할 수 있게 만든 핵심 능력이다. 인간은 기억, 정체성, 사고방식, 사회적 관계 등 자신을 구성하는 요소들을 고정된 실체로 받아들이지 않고, 그것들을 되돌아보고 재설계할 수 있는 존재로서, 생물학적 한계를 넘어서는 자기기획의 능력을 진화시켜 왔다.

이러한 초월적 체계성은 인간 인지에서 시간성과 공간성이라는 두 인지 축을 종합적으로 조작할 수 있게 하였다. 시간성의 초월은 인간이 과거를 현재의 맥락에서 재해석하고, 미래를 다중 경로로 시뮬레이션하며, 그 결과를 토대로 현재의 선택을 조정할 수 있게 한 능력이다. 이는 인간에게 계획, 책임감, 윤리적 판단과 같은 고차 사회적 기능을 부여하였으며, 사회적 상호작용 속에서 더욱 정교화되었다.

한편, 공간성의 초월은 물리적 공간에 대한 인지를 넘어, 사회적 관계망, 상징적 위계, 추상 개념 등 비물리적 차원의 공간 구조를 형성하고 조작하는 능력으로 확장되었다. 인간은 자기와 타자, 내부와 외부, 실제와 상상 등의 확장된 좌표계 속에서 의미와 위치를 재구성할 수 있는 능력을 발달시켰으며, 이는 공동체 조직, 언어 구조, 논리적 사고의 기반이 되었다.

결과적으로, 인간은 도구와 언어, 기술과 제도를 통해 신체적 한계를 외재화하고, 다시 그 외재화된 구조물에 반응하며 자기 자신을 재조직하는 피드백 체계를 만들어 냈다. 이는 인간이 환경에 의해 단순히 형성되는 존재가 아니라, 환경을 능동적으로 창조하고 조정하는 존재로 이행했다는 사실을 보여 준다. 이로써 인간은 자기생산적 초월 체계를 완성하였으며, 이는 문명, 윤리, 교육, 기술 등 인간 활동 전반의 토대가 된다.

이러한 통합적 관점에서 볼 때, 이차 인지 기능의 출현은 인간을 단순한 반응적 존재에서 창발적 자기설계 체계로 전환시킨 계기이며, 인간 인지는 단일 기능이나 특정 뇌 영역으로 환원될 수 없는 전체론적 체계로 이해되어야 한다. 이 글의 다음 절에서는 이러한 체계성의 핵심 축으로 작용하는 '시간성의 초월'과 '공간성의 초월'이 인간 인지 구조에 어떤 영향을 주었는지를 구체적으로 탐구하고자 한다.

### 3) 시간성의 초월과 인지 진화의 전환점

인류는 생물학적 생존의 차원을 넘어, 시간과 공간을 초월하는 독자적인 인지 역량을 진화시켜 왔다. 이는 단지 감각-운동적 반응 능력을 고도화한 것이 아니라, 세계를 해석하고 재구성하며 미래를 능동적으로 설계할 수 있는 자기생산적 인지 체계로의 도약이었다. 이러한 초월적 인지 능력은 특정 뇌 영역이나 단일 기능의 산물이 아니라, 상시 직립 이족보행 바이오시스템을 기반으로 신체-신경계-환경-

사회구조가 유기적으로 상호작용하며 창발한 '체계적 인지 진화(systemic cognitive evolution)'의 결과이다.

직립 보행으로 손이 자유로워지고 시야가 확장되면서, 인간은 자기 자신을 타인의 시선에서 바라볼 수 있는 삼인칭 시점의 인지 구조를 갖추게 되었다. 이러한 능력은 단순한 자기 객관화를 넘어서, 타인의 의도나 감정을 추론하고, 사회적 규범을 내면화하며, 문화적 상징을 구성하는 고차원적 사회 인지로 진화하였다.

이때 핵심 역할을 한 것이 바로 거울 뉴런 체계이다. 이는 다른 개체의 행동을 관찰할 때, 자신이 행동할 때와 동일한 뉴런이 활성화되는 신경 메커니즘으로, 단순한 행동 모방뿐 아니라 타인의 감정이나 의도를 '몸으로 이해하는' 공감 능력의 생물학적 기초를 제공한다. 예컨대, 누군가가 고통스러운 표정을 지을 때, 실제로 고통을 느끼지 않더라도 관찰자는 비슷한 신경 반응을 통해 그 감정을 간접적으로 체험하게 된다.

이러한 공감과 역할 바꾸기 능력은 예술, 신화, 문학, 법률 등 고차원 사회 제도의 출현과 밀접하게 연결된다. 예술에서는 타인의 감정을 재현하고 공감하게 하는 표현적 능력이, 신화와 문학에서는 타인의 삶과 운명을 상상하고 해석하는 서사 능력이, 법률에서는 타인의 권리와 책임을 고려하여 공정한 규범을 형성하는 추론 능력이, 애니미즘에서는 사물, 동물에 대하여, 인공지능 시대에는 인공지능에 대한 의인화 능력으로 나타난다. 예를 들어, 비극 작품을 보며 관객이 주인공의 감정을 느끼고 눈물을 흘리는 경험은 거울 뉴런의 작동과 문화적 상징 체계의 상호작용이 만들어 낸 결과라 할 수 있다.

심리학자 마틴 셀리그만이 인간을 'Homo Prospectus'로 명명한 것처럼, 인간은 과거 기억을 현재의 맥락에서 재조직하고, 이를 바탕으로 미래의 시나리오를 설계하는 존재이다. 인간의 기억은 단지 과거 정보를 저장하는 수동적 기능이 아니라, 미래를 예측하고 가능한 상황을 시뮬레이션하기 위한 동적 데이터세트로 작동한다. 특히 전전두엽(prefrontal cortex)은 다양한 가능성을 가상적으로 실험하고, 그 결과를 현재의 의사결정과 행동에 반영하는 '사고 실험실'로 기능한다. 이와 관련하여 셀리그만 등은 『호모 프로스펙투스: 전망하는 인간』에서 인간 사고의 핵심 메커니즘으로 '역방향 인과성'을 제시하였다. 이는 미래의 시나리오가 현재 행동을 결정하는 인과의 방향이 '거꾸로' 흐른다는 뜻으로, 인간은 단지 과거에 반응하는 존재가 아니라, 앞으로 닥칠 수 있는 상황을 미리 상상하고 그것에 맞게 현재를 조율하는

'예측 기반 존재'라는 점을 강조한다. 다시 말해, 원인이 과거가 아니라 미래에 있다는 사고방식으로, 이는 고등 인지 기능의 핵심이자 인간 고유의 시간적 초월 능력을 설명하는 개념이다. 따라서 인간의 기억은 과거 경험의 저장소가 아니라, 전전두엽을 통해 가상 미래의 가능성을 실험하고, 그것을 현재의 판단과 행동에 영향을 미치는 구성적 장치로 기능한다. 이는 인간이 '기억된 과거'보다 '예상된 미래'에 의해 더 강하게 영향을 받는 존재임을 보여 주는 인지 진화의 결정적 증거라 할 수 있다.

하이데거는 인간을 "시간 속에 투사된 존재"라 정의하며, 인간의 존재론적 구조를 시간성에 기반한 자기 투사와 의미 구성의 연속 과정으로 설명하였다. 그에게 시간은 단지 물리적 흐름(Chronos)이 아니라, 인간이 미래를 향해 자신을 기획하고 과거를 재해석하며 현재를 조직하는 존재 방식(Kairos)이다. 인간은 이처럼 단일한 시간선에 종속된 생명체가 아니라, 시간의 구조 자체를 의미화하고, 재배열하며, 그것을 기반으로 삶의 질서를 창조하는 존재이다. 그는 인간이 시간성을 초월하는 방식을 앞으로 나아감(Vorlaufen)이라는 개념으로 설명하였다.

이러한 시간성의 초월은 기술, 교육, 정책 등 다양한 실천 영역에서 인간의 존재론적 조건으로 작동한다. 교육은 단순한 과거 지식의 전달이 아니라, 미래를 구성하고 시뮬레이션하는 능력을 훈련하는 공간이어야 하며, 기술은 현재의 효율성을 넘어 다중 미래 시나리오를 공동 설계하는 도구로 전환되어야 한다. 특히 인공지능이 인간의 시간적 인지 기능을 대체하거나 왜곡하지 않고, 미래 가능성을 함께 탐색하는 인지적 파트너로 기능해야 한다는 인식은 인공지능 시대의 교육공학적 핵심 과제가 된다.

교육 정책 설계 또한 시간성의 구조화와 재구성이라는 관점에서 다시 고찰되어야 한다. 현재의 거버넌스는 선거 주기 등 단기적 시간 구조에 종속되기 쉬우며, 이로 인해 기후 변화, 인구 전환, 사회적 정의와 같은 장기 구조에 대한 전략적 대응이 어렵다. 지속 가능한 교육 정책은 과거의 오류를 반성하고, 현재의 책임을 수행하며, 미래 세대의 권리를 보장하는 '윤리적 시간 체계' 위에서만 가능하다. 이와 같은 장기적 시간 감각의 회복은 교육, 기술, 정치 전반에서 자기생산 체계로의 전환을 촉진하는 기준이 된다.

기술은 시간성을 독점하고 있으며, 알고리즘은 점차 미래 설계의 주체로 자리잡고 있다. 이에 따라 인간은 미래를 상상하는 능력을 서서히 상실할 위험에 처해 있다. 특히 과거 기반의 예측 가능한 시뮬레이션에 지나치게 의존하게 되면서, 창의성과 도전 정신이 억압받는 상황이 벌어지고 있다. 사회적 편향이 내재된 데이터가 미래를 반복적으로 재현할 때, 인간은 과거의 구조적 불평등을 '예정된 미래'로 오인하기 쉽다. 최근 두드러지고 있는 인공지능의 편향성 문제는 바로 이러한 과거 중심적 미래 설계에 대한 사회적 저항으로 해석될 수 있다.

편향성은 객관적 사실이나 논리화된 견해로 존재한다. 중요한 것은 이러한 편향성이 인공지능 자체의 문제가 아니라 인간 사회의 반영이라는 점이다. 데이터가 담고 있는 객관성과 사회의 가치 지향성이 충돌할 때, 편향성은 오히려 인간의 우월성을 증명하는 현상으로 작용한다. 따라서 우리는 기술이 시간성을 조직하는 것을 허용해야 하지만, 동시에 인간이 시간성을 해석하고 초월하며 창조하는 능력을 보존하기 위한 윤리적 설계를 병행해야 한다.

인공지능은 과거 데이터를 바탕으로 미래를 예측하는 데 탁월한 능력을 보인다. 그러나 이러한 예측은 본질적으로 과거의 연장선에 불과하다. 진정한 혁신과 도약은 언제나 인간의 상상력에서 비롯된다. 문제는 인공지능의 예측에 대한 과도한 의존이 인간으로 하여금 미래에 대한 주도권을 상실하게 할 수 있다는 점이다. 교육, 채용, 사법 등 다양한 분야에서 알고리즘이 과거의 편향성을 재생산할 때, 사회는 구조적 불평등을 필연적인 운명으로 받아들이게 될 위험이 있다.

편향성의 본질을 이해하는 것이 중요하다. 이는 기술의 결함이 아니라 인간 사회의 불완전함이 투영된 결과이다. 인공지능이 과거 데이터의 패턴을 학습하는 과정에서 인종, 성별, 계급 등에 대한 사회적 편향이 그대로 재현되는 것은 불가피한 현상이다. 그러나 이러한 편향성을 객관적 진실로 수용하는 순간, 과거의 불평등은 자기실현적 예언이 되어 버린다. 바로 이 지점에서 편향성 문제는 단순한 기술적 결함을 넘어 인간의 가치 판단이 요구되는 영역으로 확장된다. 인공지능의 편향성에 대한 사회적 경계는 과거의 틀을 깨고 새로운 미래를 개척하려는 인간 본연의 저항으로 이해할 수 있다.

기술이 시간성을 조직하는 능력을 갖추는 것은 시대적 흐름이다. 그러나 인간은 여전히 시간성을 해석하고 재창조하는 독보적인 능력을 보유하고 있다. 역사를 반성하며 과오를 인정하고 새로운 가치를 정립하는 능력, 현실의 한계를 뛰어넘는 유토피아적 상상력 등이 대표적인 예이다. 따라서 인공지능 시대의 윤리적 프레임워크는 인간의 창의성과 도전 정신을 보장하는 방향으로 설계되어야 한다. 알고리즘의 결정과 인간의 판단이 조화를 이루는 체계, 다양한 가치관이 반영된 다층적 미래 시나리오 등이 실천 방안으로 고려될 수 있다.

결국 인간은 '시간을 엮는 존재'이며, 과거, 현재, 미래를 선형적으로 경험하는 것이 아니라, 이를 상호 조정하고 재배치하며, 의미를 부여하는 창조적 생명체이다. 시간성의 초월은 인간이 환경에 적응하는 존재에서, 환경과 미래를 함께 설계하는 존재로 이행한 진화적 분기점이며, 이는 교육, 기술, 사회 제도 전반이 자기생산 체계로 재편되어야 할 근본적 이유이기도 하다. 이제 우리는 '예측 가능한 체계'와 '의미를 구성하는 체계' 사이의 본질적 차이를 이해하고, 인간의 시간성 자체를 하나의 학습 도구이자 실천 원리로 삼아야 한다. 따라서 예측 가능한 체계가 정해진 목표와 경로에 따라 결과를 산출하는 자동화된 절차 중심 설계라면, 의미 구성 체계는 학습자가 자신의 맥락과 경험 속에서 목적을 재구성하고 새로운 가능성을 탐색하도록 유도하는 생성적 설계로 대비될 수 있다.

### 4) 공간의 초월: 인간 사고와 사회적 협력의 구조적 원리

인류는 단순히 물리적 공간 속에 존재하는 생물이 아니라, 공간을 인지하고 해석하며 이를 통해 사고하고 소통하는 능력을 지닌 유일한 존재이다. 인간의 공간성은 감각적 경험과 신체 움직임을 통해 형성되지만, 그것은 곧 언어적 사고, 논리적 추론, 사회적 협력, 문화적 상상력으로 확장되며 인간 사고의 근본 구조를 형성하는 기제로 작동한다. 공간적 인지는 단순한 환경 적응의 수단이 아니라, 인간이 세계를 조직하고 의미를 구성하는 사고의 토대이며, 이는 사회적 관계 형성과 협력적 행위의 가능성을 구조적으로 뒷받침한다.

시간성이 과거, 현재, 미래가 상호작용하며 창발하는 역동적 흐름이라면, 공간성은 배경과 전경의 구분, 기호와 상징의 구조화, 그리고 개념적 메타포의 활용을 통해 인간 사고를 공간화하는 체계로 기능한다. 인간은 단지 환경에 반응하는 것이 아니라, 그 환경을 추상적 개념으로 변환하고 이를 통해 새로운 의미망을 구성하는 존재이다. 공간을 사진 찍듯 인지하는 데서 그치지 않고, 그 공간을 사고의 형식과 질서로 재배열함으로써 인간은 '생각하는 공간'을 창조해 왔다.[44]

인간의 공간적 사고는 기본적으로 배경-전경 구분 능력에서 출발한다. 인간

44) 명승수(1999). **현대 디자인학의 지평**. 디자인하우스.

은 정보를 처리할 때 중심이 되는 요소를 전경으로, 부차적 요소를 배경으로 구분하며, 이 구분을 통해 사고의 명료성과 효율성을 확보한다. 즉, 배경-전경은 인간의 지향성이 만들어 낸 것으로 언제든지 뒤바뀔 수 있다. 이는 시각적 인지뿐 아니라 개념적 사고에서도 동일하게 작동한다. 예컨대 과학 연구에서 핵심 가설을 전경으로 설정하고 주변 변수들을 배경으로 분류하는 행위는 사고의 구조화를 위한 공간적 메타인지의 발현이라 할 수 있다. 수학 문제를 풀 때도, 중심 공식은 전면에 두고 불필요한 수치는 배경에 둠으로써 문제 해결의 효율성이 제고된다.

이와 같은 사고의 공간성은 예술과 디자인에서도 핵심 원리로 작동한다. 회화에서는 원근법을 활용하여 특정 대상을 강조하고, 그래픽 디자인에서는 대비 효과로 시각적 위계를 구성한다. 음악에서도 특정 멜로디를 전경에, 배경음을 후경에 배치하여 조화로운 청각 구조를 형성한다. 이러한 모든 구성은 인간의 인지 체계가 공간을 기반으로 정보를 조직하고 의미를 강조하는 방식의 반영이다.[45)]

공간적 사고는 언어 체계와도 깊이 연동되어 있다. 언어는 음성이나 문자 이전에 사고의 공간적 배열이며, 문장은 단어들이 공간적으로 배열되어 의미를 생성하는 단위이다. 인간의 언어에는 "위-아래", "앞-뒤"와 같은 방향성이 내재되어 있으며, 이는 사고의 위계와 구조를 나타낸다. "지위가 높다", "깊은 사색"이라는 표현은 사회적 위계나 내면적 깊이를 물리적 공간 감각과 연결하여 사고한다는 점에서, 공간성이 인간의 개념 형성에 미치는 영향력을 보여 준다.[46)]

이러한 사고의 공간성은 기호와 상징을 통한 개념적 구조화에서도 핵심적으로 작용한다. 기호는 특정 대상을 지칭하며, 상징은 보다 추상적인 개념을 함축한다. 도로 표지판은 특정 행동을 지시하는 공간적 정보 구조이고, 국기는 색과 문양을 통해 국가의 정체성과 역사적 기억을 공간적으로 상징화한다. 수학에서의 부호(+, −, =)는 논리 연산을 공간적 배열로 수행하며, 음악의 악보는 시간의 흐름을 공간에 기록함으로써 연주와 해석을 가능하게 한다. 이는 인간이 기호를 통해 공간을

---

45) Nodder, C. (2014). **사악한 디자인: 나약한 인간 본성을 교묘히 조종하는 심리학적 디자인 기법** [Design diabolico: Sfruttare le debolezze umane per creare interfacce coinvolgenti] (KAIST IT융합연구소 역). 위키북스. (원저 2014년 출간).

46) Iriki, A., & Taoka, M. (2012). Triadic (ecological, neural, cognitive) niche construction: a scenario of human brain evolution extrapolating tool use and language from the control of reaching actions. *Philosophical Transactions of the Royal Society B: Biological Sciences, 367*(1585), 10−23.

사고하고, 공간을 통해 개념을 구성하는 존재라는 점을 보여 준다.

수많은 개념적 은유 역시 공간을 기반으로 한다. 인간은 추상적 개념을 이해할 때 물리적 공간 경험을 기반으로 개념적 메타포를 활용한다. "높은 성취", "낮은 평가"는 성공과 실패를 높고 낮음으로 은유하며, "목표를 향해 나아간다."라는 표현은 삶을 공간의 이동 경로로 인식하는 방식의 반영이다. 중심-주변 메타포 역시 중요-부차의 개념을 구분하는 데 활용되며, 이는 인간 사고가 근본적으로 공간적 체계를 통해 조직되고 구조화된다는 사실을 보여 준다.

이러한 공간적 인지는 단지 개인적 사고의 차원을 넘어 사회적 관계의 구조화에도 깊이 관여한다. 인간은 물리적 공간을 이용해 공동체를 조직하고, 그 안에서 협력과 경쟁, 거리와 친밀도를 조절한다. "가까운 사이", "멀어진 관계"와 같은 표현은 물리적 거리 개념을 심리적 관계에 투사한 예이다. 도시 설계와 건축에서도 공공 공간과 사적 공간의 배치는 사회적 상호작용의 가능성을 구조화하며, 공간의 배치에 따라 개인과 집단의 관계 양상은 근본적으로 달라진다.

하이데거는 인간을 '세계-내-존재(In-der-Welt-Sein)'로 규정하며, 인간이 공간 속에 단순히 존재하는 것이 아니라, 공간을 매개로 자기 존재를 형성하고 의미를 창출하는 존재임을 강조하였다.[47] 인간은 공간을 단순히 지각하는 것이 아니라, 그것을 구조화하고 재조직함으로써 실존적으로 '자기-위치-짓기'를 수행한다. 도시 공간은 단지 건축의 결과물이 아니라, 인간의 공간적 사고가 물리적 환경에 실현된 형태이며, 인간 행동과 사회 조직의 프레임을 구성하는 인식의 확장이다.

이러한 공간성은 오늘날 디지털 공간의 확장과 함께 새로운 인지적 패러다임을 요구받고 있다. 가상현실, 증강현실, 메타버스 등은 물리적 공간의 제약을 넘어 인간의 인지 공간을 디지털 차원으로 확장하고 있다. 이 디지털 공간은 단지 시뮬레이션이 아니라, 개념적 공간의 새 틀을 제시하며, 인간의 정체성이 아바타를 통해 다중적으로 구현되는 복합 공간적 존재성을 생성한다. 여기서 공간성은 물리적 감각이 아니라 상징적 조작의 차원에서 인간 사고를 재조직하며, 새로운 형태의 의미 창출과 사회적 상호작용의 무대를 제공한다.

'복합 공간적 존재성'이라는 개념은 인간이 디지털 공간에서 동시에 여러 정체성과 인지적 위치를 점유할 수 있다는 점에서 특히 주목할 만하다. 예컨대, 한 사용

---

47) Heidegger, M. (2007). **존재와 시간** [Sein und Zeit] (이기상 역). 까치. (원작 1927년 출판).

자가 현실 세계에서는 교사이지만, 메타버스 기반 학습 공간에서는 게임 캐릭터로 구현된 아바타를 통해 학습자와 상호작용할 수 있다. 이 아바타는 단순한 외형 복제물이 아니라, 사용자의 의도, 정체성, 역할을 반영하는 대리 존재로 기능하며, 물리적 자아와는 다른 사회적 규범과 인지 방식을 수반한다. 또한, 가상현실 환경에서는 사용자가 물리적 위치와 무관하게 360도 공간 내에서 사물을 조작하고 개념을 체험함으로써, 기존의 선형적 사고나 2차원적 정보 처리와는 다른 방식의 공간-개념 통합 사고를 촉진한다. 이러한 메커니즘은 인간 인지가 단일한 물리적 공간 경험에만 기반하지 않고, 다층적, 다중적 공간 구성 경험을 통해 새로운 사고방식과 정체성 형성으로 확장되고 있음을 보여 준다.

이러한 변화는 교육, 도시, 예술, 커뮤니케이션, 철학 등 거의 모든 인지 기반 활동에서 공간 개념의 재정의를 요구한다. 공간은 더 이상 위치의 차원에 머물지 않고, 사고와 정체성, 윤리, 협력의 구성 원리로 작용한다. 인류 문명은 공간의 재구성을 통해 진화해 왔으며, 앞으로도 인류의 창의성, 사회성, 기술적 진보는 이 공간성의 확장 위에서 이루어질 것이다.

공간성은 인간의 인지 체계에서 단순한 지각 기능을 넘어선다. 그것은 인간 사고의 구조를 구성하는 중심 원리이며, 인간이 세계를 이해하고 재구성하는 방식을 형성한다. 인류 문명의 발전은 공간적 사고의 진화이자, 세계를 재조직하고 새로운 의미를 창출하려는 존재로서의 인간이 스스로를 위치 짓는 방식의 연속이기도 하다. 이러한 공간성의 확장은, 시간성과 마찬가지로 인간을 '자기생산 체계'로 진화하게 하는 결정적 계기이자 기반이라 할 수 있다.

### (4) 사고 체계의 진화: 시간성과 공간성의 교차 구조

인류의 사고 체계는 단순한 자극-반응적 인지를 넘어, 시간과 공간이라는 두 인지적 축의 교차 공간 내에서 형성되었다. 인간은 과거의 경험을 현재의 맥락 속에서 재해석하고, 미래의 가능성을 전망함으로써 자기 주도적인 선택을 할 수 있으며, 동시에 공간을 조직하고 범주화하여 복잡한 개념과 사회적 구조를 창출한다. 이러한 인지적 역량은 단일한 뇌 기능이나 감각의 발전으로 설명되지 않으며, 신체-감각-언어-사회-기호가 복합적으로 얽힌 체계적 사고 체계로 이해되어야 한다.

이 사고 체계는 삼인칭 시점, 미래 전망, 인과적 시간 인식, 전경과 배경의 구분, 기호 체계의 활용이라는 다섯 가지 핵심 기능이 상호 연결된 복합적 구조로 작동한다. 이들 기능은 서로 독립적으로 작동하지 않으며, 인간이 세계를 인식하고 해석하며 조직하는 데 있어 서로를 보완하며 통일된 사고 체계를 이룬다.

첫째, 삼인칭 시점은 인간 사고의 전환점이자 사회적 상호작용의 기반이다. 인간은 자신을 타자의 시선에서 바라보는 능력을 통해 자기 인식을 확장하고, 타인의 의도를 이해하며, 사회적 규범을 수립한다. 이 인지 구조는 도덕 판단, 협력 구조, 제도적 질서 형성 등 인간 공동체의 작동 원리를 가능하게 하였다.

둘째, 삼인칭 시점의 정착은 곧 미래 전망의 기반이 되었다. 인간은 타인의 행동을 예측할 수 있는 만큼, 자신의 미래 또한 다양한 시나리오로 시뮬레이션할 수 있게 되었고, 이는 전략 수립, 목표 설정, 선택과 의사결정이라는 고차 인지 기능으로 확장되었다. 마틴 셀리그만이 인간을 'Homo Prospectus'로 정의한 것처럼, 인간은 미래를 단순히 기다리는 존재가 아니라 구성하고 끌어오는 존재로 진화했다.

셋째, 이러한 미래 전망 능력은 인과적 시간 구조에 기초하고 있다. 인간은 과거의 사건이 현재와 미래에 미치는 영향을 분석하며, 이를 바탕으로 반복과 변화를 구분하고, 현재의 선택이 미래를 어떻게 구성할지를 역방향으로 사고할 수 있는 유일한 존재이다. 이는 시간의 흐름을 수동적으로 따라가는 것이 아니라, 시간 자체를 분석 가능한 구조로 재편하는 능력이다.

넷째, 인간은 사고 과정에서 필연적으로 정보를 구분한다. 전경과 배경의 구분 능력은 단순히 시각 인지에 국한되지 않고, 인지적 초점 설정의 원리로 확장된다. 이는 문제 해결, 추론, 이론 형성, 실험 설계 등 과학적 사고 전반에 있어 핵심적인 메커니즘으로 작동하며, 인간이 복잡한 상황 속에서도 핵심 요소를 추출하고, 불필요한 정보를 억제하는 방식으로 사고를 구조화할 수 있게 한다.

다섯째, 사고 구조의 가장 강력한 매개는 언어와 기호 체계이다. 인간은 언어를 통해 추상 개념을 정립하고, 기호를 통해 복잡한 관계를 시각화하며, 상징을 통해 감각을 초월한 세계를 재현한다. 특히 공간적 배열('위/아래', '안/밖', '앞/뒤')은 단순한 위치 표시를 넘어서 사회적 위계, 논리 구조, 감정 상태 등을 표현하는 은유적 체계로 기능하며, 사고의 조직화를 공간화하는 능력은 인간만의 독보적인 인지 전략이다.

이처럼 시간성과 공간성은 사고 과정 내에서 독립적으로 작동하지 않으며, 서로를 매개로 하여 인간의 전략적 사고와 창조적 사고를 가능하게 한다. 시간의 흐

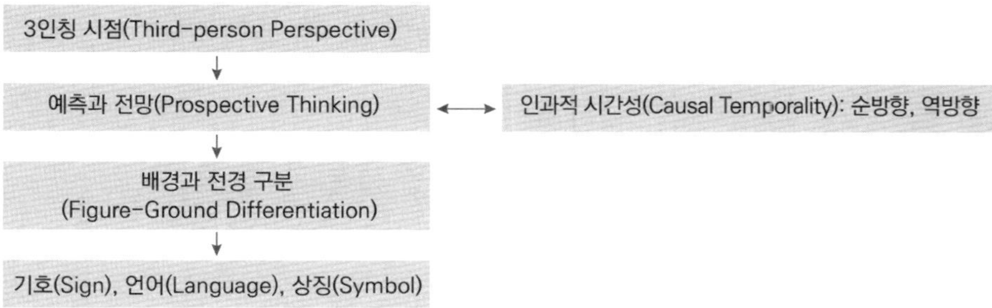


그림 1 인간의 인지 및 사고 과정의 체계적 관계도

름은 기억, 계획, 책임, 역사, 예측 등의 구조로 조직되고, 공간의 구조는 범주화, 추론, 위계화, 추상화, 상징화의 기초가 된다. 이 두 축이 교차하는 접점에서 인간의 '의미 구성 체계'가 형성되며, 이는 언어와 사회 제도를 넘어 기술과 예술까지 확장되는 총체적 인지 구조의 토대를 이룬다.

이러한 사고 체계의 진화는 단지 인간이 환경에 반응하는 존재라는 관점에서 벗어나, 환경과 세계를 조직하고 설계하며 의미를 창출하는 구성적 존재임을 보여준다. 인간은 세계를 인식하는 존재일 뿐 아니라, 사고를 통해 세계를 재구성하는 존재이며, 이 구조적 사고 체계는 미래를 향한 자기설계의 기반이 된다.

인간의 진화 과정과 그로부터 형성된 고차 인지 체계를 고려할 때, 교육, 기술, 정책을 포함한 인간 실천의 모든 영역은 이 인지적 기반 위에서 재조직되어야 한다. 교육은 단순한 지식 전달을 넘어서, 삼인칭 시점에서 타인의 관점과 집단적 미래를 시뮬레이션하는 시나리오 기반 사고 훈련을 중심으로 설계되어야 하며, 이를 통해 학습자는 예측과 판단, 그리고 사회적 책임을 통합적으로 연습할 수 있다. 기술은 기존의 데이터 기반 자동화 수준을 넘어서, 의미를 해석하고 인과적 관계를 파악하며, 학습자 또는 사용자의 의도와 목적을 보조할 수 있는 메타인지적 보조 체계로 진화해야 한다. 정책은 단기 성과나 경제적 효율성 중심의 사고를 탈피하고, 시간성과 공간성을 통합적으로 고려하는 설계를 통해 지속 가능한 미래를 지향해야 하며, 인간의 장기적 진화 방향성과 일치하는 책임 윤리를 갖춘 체계적 전환이 요구된다.

결국 인간 사고의 본질은 시간성과 공간성의 교차 위에 형성된 '의미 구성 체계'이며, 이것이 인간을 자기생산적 존재로 만드는 핵심 토대이다. 다음 장에서는 이 체계 위에 구축되는 인지의 기술적 외연, 즉 디지털 기호 체계와 인공지능이 인간 사고에 어떻게 결합되고 구조화되는지를 다루어야 할 것이다.

## 3. 삼원 생산 체계와 인간 학습의 존재론적 전환

### (1) 창조인의 탄생
### : 자기생산, 이종생산, 이형생산 체계로서의 인간성

생물학적 이차 인지 능력을 갖추게 된 호모 사피엔스는 단순한 생존을 위한 생물학적 존재를 넘어, 자기 자신과 세계를 의미로 구성하고 재조직하는 창발적 인지 체계로 도약하였다. 이러한 인지의 전환은 인간을 세 가지 생산 체계, 즉 자기생산, 이종생산, 이형생산을 동시에 수행할 수 있는 독특한 존재로 형성시켰다. 이 세 가지 생산 체계는 인간의 신체, 도구, 사회를 각각 매개로 하여 작동하며, 서로 분리된 기능이 아닌, 상호의존적이고 동시적인 체계적 관계를 통해 인간 문명의 형성과 지속에 기여하였다.

첫째, 자기생산 체계는 인간 생명체가 스스로를 구성하고 유지하는 생물학적 자율성의 기반이다. 이는 단순히 신체 구조나 대사 작용의 순환만을 의미하는 것이 아니라, 신경계와 감각-운동계가 환경과 끊임없이 상호작용하며 자기 정체성을 형성해 나가는 복잡한 순환계로 작동한다. 이러한 자기생산은 인간이 끊임없이 '세계-내-존재'로서 자신을 재구성하는 동적인 과정이며, 생명체로서의 인간이 존재할 수 있는 최소한의 전제 조건이라 할 수 있다.

둘째, 인간은 이종생산을 통해 스스로와 다른 세계를 구성하고 창조할 수 있는 능력을 갖추었다. 도구 제작, 언어 발화, 추상적 개념 형성 등은 모두 신체 외부로 자신을 확장하는 생산 행위이며, 이는 생물학적 구조와는 이질적인 체계를 구성한다. 돌도끼, 활, 문자, 법률, 종교, 알고리즘, 인공지능에 이르기까지, 인간은 자신의 외부에 '또 다른 체계'를 구축하며, 이로부터 자신의 내부 인지 구조를 다시 반추하고 진화시켜 왔다. 이러한 이종생산은 인간이 환경에 수동적으로 적응하는 존재가 아니라, 환경을 재구성하고 새롭게 창안하는 능동적 존재임을 보여 준다.

셋째, 인간은 이형생산을 통해 타자와의 관계망을 구성하고, 집단적 협력과 상호작용 속에서 사회적 현실을 창출한다. 이 체계는 공동체, 문화, 윤리, 제도, 국가와 같은 사회적 실재를 생산해 내며, 단순한 도구나 제도 그 자체가 아니라, 타자와의 관계 속에서 탄생하는 상호 생산적 구조를 의미한다. 인간은 타자의 시선을 상상하고, 타인의 욕구를 추론하며, 공동 목표를 설정하고 협동할 수 있는 고차원적 사회 인지 능력을 바탕으로 이러한 이형생산 체계를 작동시킨다. 이는 인간이 단지 '개별적' 존재가 아니라, 항상 '함께-존재'하는 존재임을 뒷받침한다.

이 세 가지 생산 체계는 서로 독립적으로 작동하지 않는다. 자기생산이 신체적 안정성과 생명 유지라는 생물학적 토대를 제공하고, 이종생산은 이러한 토대 위에서 외부 세계에 작용하는 기술과 상징을 창출하며, 이형생산은 이를 다시 사회적 질서와 문화로 조직화한다. 예를 들어, 농업은 생존을 위한 자원 확보라는 자기생산적 목적에서 출발하지만, 농기구의 발명이라는 이종생산을 거쳐, 나아가 공동체의 형성과 지배 구조, 종교, 토지 소유 제도라는 이형생산으로 이어진다. 문명은 이러한 세 체계가 중첩되고 순환하는 과정의 총체적 결과라 할 수 있다.

이와 같은 구조는 인지 진화의 구조적 방향성과도 일치한다. 일차 인지 기능이 생존을 위한 감각-운동 통합에 머물렀다면, 이차 인지 기능은 그 감각을 재구성하고 미래를 시뮬레이션하며, 타자의 인식 틀을 수용할 수 있는 능력으로 확장되었다. 이는 단순히 '더 많이 아는' 능력이 아니라, 새로운 구조를 만들고 그 안에서 다시 자기 자신을 구성해 내는 능력이다. 즉, 인간은 단지 외부 세계를 반영하는 인지적 거울이 아니라, 세계를 재구성하고 재조직하는 자기생산적 인지 체계이다.

오늘날 인공지능, 생명공학, 초연결 사회 등으로 대표되는 21세기 문명은 이 세 가지 생산 체계가 상호작용하는 양상이 급격하게 변하고 있음을 시사한다. 인간은 이제 단지 자기생산적인 생명체일 뿐 아니라, 기계와 데이터를 통해 이종생산을 외부화하고, 플랫폼과 알고리즘을 통해 이형생산을 자동화하려는 문명의 경로에 접어들었다. 이때 중요한 것은 인간 고유의 초월적 체계성, 즉 시간성과 공간성을 자각하며, 이 세 가지 생산 체계를 통합적으로 조정하는 인지 역량이다.

### (2) 자기생산 체계: 생명 유지와 환경 적응

자기생산 체계는 모든 생명체가 기본적으로 수행하는 활동으로, 신체의 생리적 균형을 유지하고 환경과 상호작용하면서 생존을 보장하는 과정이다. 이는 단순히 생명 유지 기능에 국한되지 않고, 생명체가 변화하는 환경에 적응하고 지속적으로 자기 조직을 조정하는 역량까지 포함한다. 예를 들어, 인간이 음식을 섭취하고 소화하여 에너지를 생성하는 과정, 체온을 조절하여 외부 기후 변화에 적응하는 반응, 감각 기관을 활용해 위험을 감지하고 회피하는 행동, 면역 체계가 외부 병원체를 인식하고 방어하는 기능 등은 모두 자기생산 체계의 일부이다. 이러한 기능들은 생명체가 스스로를 유지하고 지속적으로 생존할 수 있도록 하는 필수적인 요소이며, 이를 통해 개체는 외부 환경에 대한 자율성을 확보하게 된다.

그러나 자기생산 체계는 단순한 생물학적 과정만을 포함하는 것이 아니라, 학습과 적응을 통해 점점 더 정교하게 작동한다. 예를 들어, 한 사람이 뜨거운 물체를 만져 화상을 입으면, 이후에는 이를 회피하는 학습이 이루어진다. 이는 신경 가소성에 의해 뇌가 환경 자극을 학습하고 적응하는 방식이다. 이러한 학습은 단순한 반사적 반응을 넘어, 경험을 통해 더 정교한 행동 패턴을 형성하는 과정으로 발전한다. 마찬가지로, 어린아이가 걸음마를 배우면서 균형 감각을 조절하고 근육을 효율적으로 사용하는 법을 익히는 과정도 자기생산 체계의 일부이다. 처음에는 서툴고 불안정하지만, 반복적인 학습과 신경 회로의 조정 과정을 거치면서 점차 안정적으로 걷게 된다. 이는 인간이 이기적인 유전자의 간계에 속아 고정된 행동을 수행하는 것이 아니라, 환경과의 상호작용 속에서 지속적으로 자기 조절을 수행하고 변화하는 존재임을 보여 준다.

자기생산 체계는 신체적 수준뿐만 아니라 심리적, 정서적, 인지적 측면에서도 작동한다. 인간은 신체적 생존뿐만 아니라, 정신적 균형을 유지하는 과정에서도 자기생산 체계를 활용한다. 예를 들어, 불안이나 스트레스를 경험할 때 인간은 이를 조절하기 위해 다양한 전략을 개발하고 적용한다. 심리적 회복력과 감정 조절 또한 자기생산 체계의 일부로 작동하며, 이는 단순한 생리적 반응을 넘어 보다 복합적인 인간의 행동과 사고 패턴을 조율하는 역할을 한다.

이처럼 자기생산 체계는 생명체가 외부 환경과 직접적으로 상호작용하며 생명을 유지하는 기초적인 구조를 제공한다. 그러나 인간은 단순히 환경에 적응하는 것에서 멈추지 않고, 환경을 적극적으로 변화시키고 창조하는 방향으로 발전해 왔다. 이러한 변화는 단순한 생존을 넘어, 환경을 능동적으로 변형하고 새로운 가치를 창출하는 방식으로 이루어진다. 이 과정에서 등장하는 것이 바로 이종생산 체계이다. 인간은 단순히 주어진 환경을 활용하는 것이 아니라, 새로운 도구를 만들어 환경을 개조하고, 개념을 창출하여 물리적·추상적 현실을 재구성하는 능력을 갖추게 되었다. 이러한 능력은 도구 제작, 언어 발전, 예술 창작, 과학 기술 개발 등의 형태로 나타나며, 이는 인간을 단순한 생물학적 존재에서 벗어나 창조적 존재로 변화시키는 핵심 요소가 된다.

### (3) 이종생산 체계: 창조적 생산과 기술적 진화

이종생산 체계는 인간이 환경에 단순히 적응하는 것을 넘어서, 환경을 변형하고 새로운 도구와 개념을 창출하는 방식으로 진화한 생산 체계이다. 이는 인간이 생존을 위해 수동적으로 자연에 의존하는 것이 아니라, 자연을 재구성하여 자신의 필요에 맞게 변화시키는 능력을 갖추게 되었음을 의미한다. 인간이 불을 사용하여 음식을 조리하고, 돌을 다듬어 도구를 만들며, 동물 가죽으로 옷을 제작하는 등의 활동은 생존을 위한 본능적 행동을 넘어, 자연을 능동적으로 개조하고 활용하는 창조적 활동이다.

예를 들어, 원시 인간이 손으로 직접 음식을 채집하는 수준에서 벗어나, 돌도끼나 창과 같은 도구를 제작하여 사냥을 수행하는 방식으로 진화한 것을 생각해보자. 이는 단순한 환경 적응(자기생산)을 넘어서, 환경을 변화시키고 자신의 필요를 충족하기 위해 능동적으로 개입하는 것이며, 이를 통해 인간은 보다 효율적이고 안정적인 생존 방식을 확보할 수 있었다. 불의 발견 또한 이종생산의 중요한 사례 중 하나로, 이를 통해 인간은 조리된 음식을 섭취함으로써 소화 에너지를 절감하고 뇌 발달을 촉진할 수 있었다.

이종생산 체계는 단순한 도구 제작을 넘어, 인간의 언어, 기호, 예술, 과학, 법, 제도 등의 창조적 활동까지 포함하는 개념이다. 예를 들어, 한 예술가가 캔버스에 그림을 그리는 것은 물리적 환경을 창조적으로 변형하는 활동이며, 과학자가 기존의 이론을 바탕으로 새로운 개념을 정립하는 것도 기존의 지식을 변형하고 새로운 가치를 창출하는 과정이다. 문자는 인간이 언어를 시각적으로 표현하고 보존하는 방식으로 발전한 대표적인 이종생산적 발명이다. 문자의 출현은 단순한 구술 전승을 넘어 집단적 지식을 축적하고 전파하는 기능을 수행하게 했으며, 이는 문명 발전의 기초가 되었다.

이종생산이 중요한 이유는 인간이 생물학적 한계를 넘어서도록 해 준다는 점이다. 예를 들어, 인간의 손톱은 맹수의 발톱처럼 날카롭지 않지만, 도구를 제작함으로써 더 강한 방어 수단을 확보했다. 인간의 다리는 치타처럼 빠르게 달릴 수 없지만, 바퀴를 발명하고 운송 수단을 개발함으로써 훨씬 더 먼 거리를 이동할 수 있게 되었다. 또한, 인간의 뇌는 한 번에 많은 정보를 기억하는 데 한계가 있지만, 문자를 통해 정보를 기록하고 축적함으로써 지식을 세대 간에 전승할 수 있게 되었다.

즉, 이종생산 체계는 인간이 단순한 생물학적 존재를 넘어 문명을 형성하고 발전시키는 원동력이다. 이를 통해 인간은 생물학적 조건에 구애받지 않고 스스로 환경을 조정하며 생존의 효율성을 높이고, 창조적인 방식으로 문제를 해결할 수 있었다. 그러나 인간은 홀로 개인적인 창조 활동만으로 존재하는 것이 아니라, 다른 사람들과 협력하며 공동체를 형성하고 발전시키는 과정이 필요하다. 기술과 개념의 발전이 지속적으로 이루어지기 위해서는 개인의 창조적 활동뿐만 아니라, 사회적 협력과 집단적 생산이 필수적이다. 여기에서 등장하는 것이 바로 이형생산 체계이다.

### (4) 이형생산 체계: 협력과 집단적 생산

이형생산 체계는 인간이 공동체 속에서 협력하며 조직적으로 생산을 수행하는 과정이다. 이는 단순한 개별적 창조를 넘어서, 집단적 노동과 사회적 협력을 통해 이루어지는 생산을 포함하며, 인간 사회가 고도화된 복잡성을 갖추게 하는 핵심 요소이다. 인간은 단독으로도 생존할 수 있으나, 협력과 분업을 통해 훨씬 더 높은 생산성과 효율성을 달성할 수 있다.

분업과 협력은 외형적으로 유사하게 보일 수 있으나, 체계 이론의 관점에서 보면 서로 다른 작동 구조를 가진다. 분업은 선형 체계에 기반을 둔 구조로, 전체 체계가 명확히 정의된 하위 기능들로 분해되고, 각 구성 요소는 병렬적으로 작동하여 전체 결과를 구성한다. 이때 체계의 출력은 각 요소 출력의 단순 합으로 계산되며, 부분 간의 상호작용은 최소화된다. 예컨대, 두 사람이 하나의 작업을 나누어 처리할 때 한 사람이 기획을 담당하고 다른 사람이 실행을 맡는 분업 구조에서는 각 주체의 기능이 명확히 구분되어 있으며, 결과는 각 기능의 독립적 수행을 기반으로 정해진다. 이러한 체계에서는 예측 가능한 결과를 안정적으로 도출할 수 있으나, 새로운 해석이나 예상치 못한 변화는 발생하지 않는다. 전체는 부분의 합이며, 부분의 범위를 벗어나는 창발적 성질은 기대하기 어렵다.

반면, 협력은 비선형 체계의 특성을 가지며 구성 요소 간의 상호작용이 체계 전체의 동역학을 결정짓는다. 협력적 체계에서는 각 요소가 단독으로 발휘할 수 없는 기능이 상호작용을 통해 새롭게 창출된다. 예컨대, 두 사람이 함께 문제를 탐색하고 서로의 의견을 경청하며 아이디어를 교차시킬 때, 단순한 역할 분담을 넘어서 상호 피드백과 상보적 자극을 통해 새로운 시각과 해결책이 생성된다. 이때 체계의 출력은 부분의 단순한 합이 아니라, 상호작용에 의해 증폭되거나 변화된 결과이며, 이는 전체 구조의 변화를 수반할 수 있다. 협력은 부분들이 서로를 조건으로 삼으며, 입력과 출력이 고정되지 않고 시간에 따라 재구성되는 특징을 지닌다. 즉, 협력적 체계는 초기 조건이나 개별 기능만으로는 전체 결과를 예측할 수 없는 비선형적 복잡계로 작동한다.

따라서 분업은 예측 가능성과 안정성을 지닌 선형 체계로서 최적화된 효율성을 추구하는 데 적합하며, 협력은 예측 불가능성과 창발성을 수용하는 비선형 체계로서 새로운 인식과 해석의 가능성을 여는 데 적합하다. 타인과의 관계를 분업적 구조로 설정할 경우 반복 가능하고 정형화된 작업에서 효율성을 기대할 수 있으나, 고차원적 사고나 창의적 문제 해결을 요구하는 영역에서는 협력적 설계가 필수적이다. 이처럼 체계 관점에서 분업과 협력은 그 작동 원리, 결과 산출 방식, 체계의 적응성과 창발 가능성에서 명확히 구분되며, 인간-인간 협력체계를 설계할 때 이 차이를 전제로 한 구조적 판단이 요구된다.

현대 사회에서도 이형생산 체계는 필수적인 역할을 한다. 예를 들어, 자동차 한 대를 만드는 과정은 한 사람이 모든 부품을 제작하는 것이 아니라, 수많은 공장 노동자, 엔지니어, 디자이너들이 협력하여 하나의 체계를 형성한다. 엔지니어는 설계를 담당하고, 공장 노동자는 조립을 수행하며, 물류 체계를 통해 부품이 조달되는 등 수많은 요소들이 유기적으로 결합된다. 개별적인 창조적 생산(이종생산)만으로는 자동차를 만들 수 없으며, 다수의 사람들이 역할을 분담하고 협력하는 과정(이형생산)이 필요하다.

이처럼 이형생산 체계는 단순한 협력만을 의미하는 것이 아니라, 정치, 경제, 교육 등의 제도를 통해 사회적 질서를 형성하는 과정과도 밀접한 관련이 있다. 예를 들어, 교육 체계는 새로운 세대가 기존의 지식을 효과적으로 습득할 수 있도록 설계된 사회적 생산 체계이다. 교사는 학생들에게 지식을 전달하고, 학생들은 이를 학습하여 사회에서 필요한 역할을 수행할 수 있도록 준비된다. 또한, 병원 체계는 의료 전문가들이 협력하여 환자들을 치료하고 건강을 유지하도록 돕는 이형생산의 대표적인 사례이다. 한 명의 의사만으로 모든 의료 서비스를 제공하는 것은 불가능하며, 간호사, 연구자, 행정가 등 다양한 분야의 전문가들이 함께 협력해야 의료 서비스가 원활하게 운영될 수 있다.

더 나아가, 이형생산 체계는 법과 제도를 통해 더욱 정교한 사회적 조직을 형성한다. 예를 들어, 현대 사회에서 경제 활동은 단순한 노동력 제공만으로 이루어지지 않는다. 기업이 효율적으로 운영되기 위해서는 법적 계약, 금융 체계, 시장 조정 메커니즘과 같은 요소들이 함께 작동해야 한다. 국가의 법과 행정 체계 역시 이형생산의 일환으로, 개인의 권리를 보호하고 사회적 갈등을 조정하는 역할을 한다. 법과 제도가 존재하지 않는다면 사회적 협력이 제대로 이루어질 수 없으며, 개인의 창조적 생산(이종생산) 역시 지속 가능하지 않게 된다.

이형생산 체계가 중요한 이유는 인간 사회가 복잡해질수록 이러한 협력과 조직화가 필수적으로 요구되기 때문이다. 산업화와 정보화 시대에 접어들면서 생산의 규모가 커지고, 다양한 분야의 전문성이 요구되면서 이형생산 체계는 더욱 정교해지고 있다. 예를 들어, 과학 기술의 발전을 살펴보면, 한 명의 과학자가 연구를 수행하는 것이 아니라 수많은 연구자들이 함께 협력하여 하나의 연구 프로젝트를 수행한다. 인공지능 개발, 의학 연구, 우주 탐사와 같은 분야는 개별 연구자의 노력만으로는 성과를 이루기 어려우며, 연구자들 간의 협업뿐만 아니라 정부, 기업, 학계 간의 연계도 필수적이다.

그러나 이형생산 체계가 지나치게 강조될 경우, 개별적인 창조성과 자기생산 능력이 약화될 위험도 존재한다. 예를 들어, 지나치게 규격화된 교육 체계는 학생들의 개별적인 창의성과 탐구 능력을 억제할 수 있으며, 과도한 노동 분업은 개인이 자신의 전체적인 역할을 이해하지 못하게 만들어 기계적인 작업만 수행하도록 만들 수 있다. 지나치게 체계화된 조직 속에서는 개인의 자유와 주체성이 제한될 가능성이 커지며, 결국 창의적 혁신이 억제될 수도 있다.

따라서 이형생산 체계는 이종생산과 자기생산 체계와 균형을 이루면서 운영될 때 가장 효과적으로 작동할 수 있다. 예를 들어, 현대의 창의적 기업들은 조직화된 협력(이형생산)과 개별 창조 활동(이종생산)을 조화롭게 결합하여 혁신을 이루고 있다. 직원들이 개별적으로 창의적인 아이디어를 탐구하면서도, 이를 협력적으로 발전시켜 하나의 제품이나 서비스로 구현하는 것이 중요한 전략이 된다. 또한, 자율성과 협력을 동시에 강조하는 교육 방식이 등장하면서, 개별 학습과 협력적 학습이 균형을 이루도록 설계되고 있다.

결국, 인간은 단순한 개별적 생존을 넘어, 협력과 조직화를 통해 문명을 유지하고 발전시키는 이형생산 체계를 필수적으로 수행해야 하는 존재이다. 현대 사회에서 이형생산 체계가 더욱 정교해지고 복잡해지는 만큼, 이를 효과적으로 조정하고 균형을 유지하는 것이 중요한 과제가 된다. 앞으로의 학습과 연구는 이러한 이형생산 체계의 작동 방식과 그 영향을 분석하며, 인간 사회가 지속적으로 발전할 수 있는 방향을 모색해야 할 것이다.

### 1) 세 가지 생산 체계의 연관성과 균형

인간은 자기생산, 이종생산, 이형생산이라는 삼중 생산 체계의 유기적 상호작용을 통해 진정한 인간다움을 구현하는 독특한 존재이다. 이 세 체계는 계층적으로 분리된 것이 아니라 끊임없이 상호 침투하고 영향을 주며, 그 접점에서 인간 고유의 창조성과 사회성이 발현된다.

자기생산 체계는 생물학적 기반을 넘어 인간의 정체성 형성 과정 자체를 규정한다. 신체적·정신적 항상성 유지라는 기본 기능에서 더 나아가, 인간은 이 체계를 통해 세계를 인식하고 해석하는 주체로서의 위치를 확보한다. 걸음마를 배우는 유아의 예에서 볼 수 있듯, 이 과정은 단순한 신체 조절이 아닌 세계와의 관계 설정 방식 그 자체를 학습하는 것이다. 현대적 맥락에서 자기생산은 디지털 환경과의 상호작용까지 포함하며 확장된 신체성의 형상을 띠게 되었다.

이종생산 체계는 이러한 자기생산의 토대 위에서 환경과의 창조적 교섭을 가능케 한다. 불을 이용한 음식 조리에서 인공지능 개발에 이르기까지, 인간의 물질적·정신적 변형 활동은 단순한 도구 사용을 넘어 세계를 재구성하는 인식론적 전환을 가져왔다. 특히 주목할 점은 이종생산이 자기생산을 역으로 재구성한다는 사실이다. 예를 들어, 도구 사용이 인간의 신체 이미지를 확장시키거나, 언어 습득이 사고 구조 자체를 변화시키는 경우에서 확인할 수 있다.

이형생산 체계는 이러한 개인적 차원의 생산 활동을 사회적 차원으로 연결하는 매개 고리다. 과학 연구 협력 네트워크나 디지털 플랫폼 기반 지식 생태계에서 볼 수 있듯, 현대의 이형생산은 물리적 공간을 넘어 가상공간까지 포괄하며 복잡한 계층 구조를 형성한다. 이 과정에서 개인의 창조물은 사회적 실천으로 전환되고, 다시 이 사회적 맥락이 개인의 자기생산과 이종생산을 조건 짓는 순환 구조가 만들어진다.

삼원 생산 체계의 진정한 힘은 이들의 창발적 상호작용에서 비롯된다. 주체–매개–객체의 삼항 관계 속에서 인간은 단순한 생산자나 소비자가 아닌 '의미의 창조자'로 거듭난다. 도구 사용(이종생산)이 사회적 관계(이형생산)를 재편하고, 이는 다시 개인의 정체성(자기생산)에 영향을 미치는 동적 과정에서 인간 특유의 진화가 일어난다. 디지털 시대의 인간은 생물학적 신체와 인공지능을 매개로 한 확장된 정체성을 구성하면서, 이 삼원 생산 체계의 새로운 통합 형태를 창조해 내고 있다.

교육과 기술 설계에서의 함의는 명확하다. 세 생산 체계의 불균형은 인간 존재의 위기를 초래한다. 표준화된 교육이 이형생산을 과도하게 강조하거나, 기술 개발이 이종생산에만 집중할 때, 인간은 점점 자신의 존재론적 기반을 상실하게 된다. 미래 지향적 접근은 이 세 체계가 생성하는 창발적 시너지를 인식하고, 인공지능을 포함한 새로운 매개들이 인간의 삼원 생산 능력을 증진시키도록 설계하는 데 있다. 인간은 이 복합적 생산 체계를 통해 끊임없이 자신을 재창조하는 유일한 존재이며, 이것이 바로 인간 조건의 본질이다.

### 2) 인간성의 정의와 교육의 궁극적 목표<br>: 창조성, 자연 보호, 문명 진보를 위한 삼원 생산 체계

인간은 단순한 생물학적 존재를 넘어, 자기 자신을 구성하고 환경을 재구성하며, 타자와의 상호작용 속에서 사회적 현실을 형성할 수 있는 유일한 존재이다. 이러한 능력은 인간이 자기생산, 이종생산, 이형생산이라는 세 가지 생산 체계를 통합적으로 작동시킬 수 있는 구조를 지닌 존재라는 사실에서 비롯된다. 이 세 체계는 서로 얽히고 중첩되는 복합적 체계로, 인간이 문명을 형성하고 진화시켜 온 기저 구조를 이룬다.

인간성은 단지 이성, 도덕성, 혹은 유전적 종 특성에 의해 정의되는 고정된 속성이 아니다. 그것은 자기생산, 이종생산, 이형생산이라는 세 가지 생산 체계를 통합적으로 조직할 수 있는 존재 구조, 곧 인간 고유의 구조적 조건과 실현 가능성의 총합이라 할 수 있다. 인간은 자기생산 체계를 통해 신체적·정신적 균형을 유지하고, 이종생산 체계를 통해 도구와 개념을 창조하며, 이형생산 체계를 통해 사회적 협력과 공동체를 구성한다. 이 세 체계는 상호의존적으로 얽히고 중첩되며, 인간 문명의 형성과 유지에 본질적인 기여를 한다. 동물은 주로 자기생산 체계에 머무르고, 인공지능은 이종생산 체계의 일부로 기능할 수는 있으나, 인간은 이 세 체계를 통합적으로 조율하며 창조성과 사회적 협력을 실현하는 유일한 존재이다.

이러한 관점에서 볼 때, 진화를 통해 얻은 인간성은 주어진 정체성으로 보존되는 것을 넘어 끊임없이 실현되어야 할 존재적 과업이며, 교육은 그 실현을 위한 구조적 매개이다. 다시 말해, 인간성은 생물학적 종으로서의 조건만으로는 설명될 수 없으며, 인간이 자기 자신을 구성하고, 세계와 관계를 맺으며, 문명을 창조하는 총체적 과정 속에서 구체화된다. 따라서 교육은 인간이 이 세 가지 생산 체계를 자각하고 조율할 수 있도록 안내하는 실천적 장치가 되어야 하며, 이는 곧 교육이 인간 존재의 가능성과 방향을 근원적으로 성찰하는 기획이어야 함을 의미한다. 이러한 맥락에서, 교육이 지향해야 할 궁극적 목표는 다음 세 가지로 정리할 수 있다.

첫째, 인간 고유의 창조성을 실현하는 교육이 필요하다. 인간은 단지 기존 질서를 모방하거나 반복하는 존재가 아니라, 문제를 재구성하고 새로운 구조를 창출하는 능력을 지닌 창조적 주체이다. 이러한 창조성은 이종생산 체계를 통해 구체화되며, 도구의 발명, 예술의 창작, 과학과 기술의 진보로 외화된다. 특히 인공지능과의 협력 시대에는 반복과 계산은 기계에 위임하고, 인간은 의미를 정의하고 새로운 문제를 설계하는 고유한 창조성에 집중해야 한다. 교육은 이 창조 능력이 훈련되고 발현될 수 있는 환경을 조성해야 하며, 인간이 새로운 가능성을 탐색하고 설계할 수 있도록 돕는 방향으로 구성되어야 한다.

둘째, 자연과 공존할 수 있는 생태적 감수성을 기르는 교육이 요구된다. 자기생산 체계는 인간의 신체적 균형과 생명 유지를 위한 기초이며, 이는 자연과의 상호작용 속에서 이루어진다. 자연은 인간에게 단순한 자원이 아니라, 함께 살아가는 생명적 기반이다. 교육은 자연을 대상화된 지식으로만 다루는 것이 아니라, 감각적으로 체험하고 윤리적으로 이해할 수 있는 관계로 접근해야 한다. 이를 통해 인간은 생명체로서 자연을 존중하고 배려하는 존재로 성장하며, 자연과의 상생을 실현할 수 있는 생태적 존재로서의 자각을 얻게 된다.

셋째, 문명의 지속 가능성을 위한 협력적 주체를 기르는 교육이 이루어져야 한다. 이형생산 체계는 공동체, 제도, 윤리, 정치, 교육 등 사회적 질서를 형성하는 능력을 포함한다. 인간 문명은 정교한 이형생산의 산물이며, 교육은 이 문명을 유지하고 발전시킬 수 있도록 인간의 상호작용 능력과 사회적 책임감을 계발하는 데 목적을 두어야 한다. 인간은 혼자 존재할 수 없으며, 함께 살아가는 존재로서 공동체적 감각과 사회적 실천 능력을 지속적으로 훈련받아야 한다. 교육은 협력과 공공성을 중심에 두고, 인간이 문명의 구성원으로서 책임을 다할 수 있도록 이끌어야 한다.

요컨대, 인간성은 자기생산, 이종생산, 이형생산이라는 세 체계를 균형 있게 통합하고 실현할 수 있을 때 비로소 구체화된다. 교육은 이 통합을 가능하게 하는 실천적 장치이며, 인간이 창조성, 생태적 자각, 사회적 책임을 동시에 실현하는 존재로 성장하도록 이끄는 핵심 매개이다. 이러한 교육은 단순한 지식 전달이나 기능 습득을 넘어서, 인간이란 무엇인가를 묻고, 인간으로서 어떻게 살아갈 것인가를 성찰하게 하는 총체적 기획이어야 한다.

이처럼 인간은 시간과 공간을 초월하는 사고 체계를 진화시킴으로써, 단순한 생존을 넘어 창조와 협력, 문명화의 방향으로 나아가는 독특한 존재로 자리매김하게 되었다. 그러나 이러한 진화는 인간 내부에서만 자생적으로 이루어진 것이 아니다. 인간은 신체를 확장하고 세계와 접속하기 위해 수많은 도구를 만들어 왔고, 그 도구들은 다시 인간의 신체와 인지를 재구성하는 방향으로 작동해 왔다. 다음 장에서는 이러한 인간-도구 관계에 주목하여, 도구의 기원과 체화 과정을 통해 인간 진화의 또 다른 축을 조명하고자 한다.

CHAPTER 03

# 호모 테크놀로지쿠스로의 진화

## 1. 도구의 기원과 인간의 진화

### (1) 도구란 무엇인가

도구는 단순한 물리적 객체가 아니라, "몸의 지각적 체계 안으로 흡수되어 세계와 상호작용하는 방식을 재구성하는 체화(embodiment)된 매개체"이다. 이러한 존재론적 정의는 우리말에서 도구를 '연장'이라고 부른다는 점을 떠올리게 한다. '연장'은 길이를 늘이는 단순한 기능을 넘어, 인간의 신체적·인지적 한계를 넘어서는 증강의 수단이라는 의미를 함축한다. 도구는 인간의 근육, 정신, 감각이 세계로 확장되고 체화되는 하나의 연장[1]이자, 인지와 행위가 통합된 구조이다. 정신이 몸을 연장한 것이라면, 도구는 다시 그 몸을 연장하는 이중적 확장의 매개체이다.

현상학적 관점에서 도구의 체화는 인간이 세계와 접속하는 방식이 단순한 물리적 작용이나 조작을 넘어 감각, 운동, 의식이 도구를 통해 재조직되고 재편성되는 존재론적 변화를 의미한다. 이때 도구는 단지 외부의 물건이나 대상이 아니라, 신체 체계 속으로 흡수되어 하나의 통합된 감각－운동－의식의 연속체를 형성하게 된다. 즉, 도구는 사용자의 신체 도식에 통합되어, 마치 자신의 신체 일부처럼 작동하며 지각과 행동의 범위를 확장한다. 이러한 체화는 단순한 사용의 숙련도를 넘어, 지각의 지평 자체를 바꾸는 근본적인 전환을 수반하며, 인간과 세계 사이의 관계 구

---

1) McLuhan, M. (1964). *Understanding media: The extensions of man*. McGraw－Hill. 매체/도구를 "인간 감각의 연장"으로 정의한 기초 이론. '연장' 개념의 출처.

조를 새롭게 구성한다. 인간의 몸은 이 과정에서 더 이상 폐쇄된 생물학적 경계 안에 머무르지 않고, 도구를 통해 외부 세계로 신체적 · 지각적 · 존재론적으로 확장된다. 체화된 도구는 결국 인간의 행위능력과 감각세계의 일부로 통합되며, 인간이 세계 속에서 존재하는 방식, 곧 세계 - 내 - 존재의 구체적 양식을 변화시킨다. 이로써 도구는 수단이 아니라, 인간 존재의 구성 요소로 자리매김하게 된다.[2)]

모리스 메를로 - 퐁티는 이를 '신체 도식의 확장'이라는 개념으로 설명하였다.[3)] 예컨대, 장대를 이용해 주변을 탐지하는 시각장애인의 경우, 장대 끝의 접촉을 자신의 신체 일부처럼 느낀다. 이 과정에서 도구는 지각과 운동의 새로운 중심으로 기능하며 신체 내부에 새롭게 조직된 감각 - 운동 체계를 형성한다는 것을 의미한다. 다시 말해, 도구는 인간의 감각 기관이자 운동 기관이 되어, 새로운 존재 양식을 가능하게 한다.

하이데거는 이러한 도구의 존재 방식을 '용재성(Zuhandenheit)'이라는 개념으로 설명하였다.[4)] 그는 도구가 단지 '거기에 있는(Vorhanden)' 사물이 아니라, 사용과 맥락 속에서 인간 존재(Dasein)의 세계 - 내 - 존재 방식에 통합되어 '사용 가능한 것'이 된다. 도구는 그 자체로 의식의 대상이 되기보다는, 어떤 목적을 수행하는 데 있어 의식의 배후에서 '무의식적으로' 통합되어 작동하는 존재 방식으로 나타난다. 예를 들어, 망치를 쥐고 못을 박는 동안 인간은 '망치'라는 도구를 의식적으로 인식하지 않으며, 오히려 손의 연장처럼 무화(無化)된 채 도구 - 환경 - 행위가 하나의 흐름으로 구성된다. 하이데거는 이러한 방식으로 통합된 도구적 세계를 현존재의 세계성을 구성하는 본질로 간주하였다.

결국 메를로 - 퐁티와 하이데거는 각기 다른 용어를 사용하였지만, 동일한 존재론적 통찰에 도달한다. 즉, 도구는 인간 신체의 경계를 해체하고, 감각과 운동, 의미 작용이 통합된 하나의 지각적 - 실천적 체계를 구성한다. 도구가 인간의 신체적 · 지각적 체계로 깊이 통합될수록, 인간은 기존과는 전혀 다른 방식으로 세계를 지각하고, 행위하고, 반응하게 된다. 이는 곧 기술을 인간의 확장으로 이해하는 존

---

2) Fellmann, F. (1998). **현상학의 지평** [Phänomenologie zur Einführung] (최재식 역). 울산대학교출판부. (원저 1991년 출간).

3) Merleau - Ponty, M. (2002). **지각의 현상학** [Phénoménologie de la perception] (남수인 역). 문학과지성사. (원저 1945년 출간).

4) Heidegger, M. (2007). **존재와 시간** [Sein und Zeit] (이기상 역). 까치. (원작 1927년 출간).

재론적 기반이며, 교육공학에서 도구와 매체의 개념을 단순한 전달 수단이 아니라, 인지-행위-의미 생성의 체화된 조건으로 재정의해야 함을 시사한다.

도구를 신체 도식 관점에서 이해하는 접근은 현대 인지과학 및 신경과학에서 활발히 논의되고 있다. 특히, 도구가 단순한 외부 객체가 아니라 인간의 신체 표상에 통합됨으로써 '몸의 일부'처럼 작동할 수 있다는 점은 인간-도구 상호작용에 대한 존재론적 이해를 심화시키는 데 중요한 기초가 된다.

Maravita와 Iriki(2004)[5]는 대표적인 도구 체화이론을 통해, 도구 사용이 신체의 지각적 경계를 확장하는 방식으로 인간의 신체 표상 자체를 재구성한다고 주장하였다. 이들은 특히 원숭이 실험을 통해, 반복적인 도구 사용이 후두정피질의 뉴런 반응 범위를 확장시켜 도구를 실제 신체 일부처럼 처리하는 신경학적 재구성이 일어난다는 것을 입증하였다. 예를 들어, 긴 막대를 사용하여 먹이를 끌어당기게 훈련된 원숭이의 경우, 도구를 손의 연장으로 인식하도록 뇌의 공간 표상이 확장되었으며, 이는 훈련 이전에는 관찰되지 않던 반응이었다. 이러한 결과는 도구 사용이 단순히 '외부 대상에 대한 조작'이 아니라, 신경 수준에서의 몸의 구성에 직접적인 변화를 초래한다는 점을 명확히 보여 준다.

Cardinali et al.[6]은 인간 대상 실험에서, 도구 사용이 신체 도식에 통합되어 운동 계획과 실행 과정에서 신체 일부처럼 작용한다는 점을 확인하였다. 특히, 참가자들은 도구 사용 직후 수행한 과제에서 도구의 특성을 반영해 반응했으며, 이는 도구가 일시적으로 신체 도식에 통합되어 있었음을 시사한다. 이러한 통합은 단순한 시각적 연상이 아니라, 실제로 지각적·운동적 체계와 결합된 체화된 현상이다.

이러한 연구들은 공통적으로 도구가 인간의 신체적·인지적 체계와 통합되어 새로운 행위 가능성을 창출하는 '체화된 매개체'로 작동함을 시사한다. 즉, 도구는 인간의 감각, 운동, 인지 체계를 일시적 또는 지속적으로 확장하며, 세계에 대한 작용 가능성(affordance)을 재구성하는 구조적 매개체이다. 이는 '도구=연장'이라는 고전적 직관을 신경학적·인지과학적으로 정교화한 결과로, 기술을 포함한 테크놀로지 전체를 인간 존재의 확장으로 이해하는 현대 교육공학적 사유의 기반

---

5) Maravita, A., & Iriki, A. (2004). Tools for the body (schema). *Trends in Cognitive Sciences, 8*(2), 79-86.

6) Cardinali, L., Brozzoli, C., & Farnè, A. (2009). Peripersonal space and body schema: Two labels for the same concept? *Brain Topography, 21*(3-4), 252-260.

이 된다.

예를 들어, 바이올린 연주자는 단순히 현을 조작하는 것이 아니라, 감정과 상상력을 소리로 구체화한다. 이때 바이올린은 연주자의 감각, 근육 기억, 인지적 흐름이 통합된 감각-운동적 구조로 기능한다. 즉, 음정과 음색, 공간의 반향을 직관적으로 탐지하고 조율하는 체화된 지각-행위의 연장선에 위치한다. 메를로 퐁티의 표현을 빌린다면 '손에 든 바이올린'이 아니라 '바이올린이 된 손'이라는 표현이 가능해지는 것이다. 이처럼 도구는 감각, 신체, 정서가 결합된 하나의 작동 체계로 기능하며, 단순한 수단이 아닌 공동 행위의 일부로 존재론적 지위를 획득한다.

이러한 도구의 존재론적 전환은, 앞서 〈CHAPTER 01 체계 이론의 이해〉에서 구조적 커플링의 사례로 언급한 커플 댄스의 은유를 인간-도구 관계로 확장한 개념이라 할 수 있다. 커플 댄스에서 두 사람은 각각 독립적인 존재이면서도 상호 조율을 통해 하나의 리듬과 궤적을 만들어 내듯, 인간과 도구 또한 상호 작동의 리듬과 패턴을 통해 하나의 통합된 체계로 기능한다. 도구는 이 구조 속에서 단순한 도구성을 넘어, 인간의 인지적·감각적·정서적 실존에 능동적으로 개입하며, 신체화된 의미 생성의 장으로 기능하게 되는 것이다. 이로써 도구는 더 이상 외부에 있는 '죽은' 사물이 아니라, 세계와 인간 사이를 매개하는 살아 있는 구조적 커플링의 축으로 재규정된다.

또 다른 예로, 언어는 인간 정신의 가장 정교하고 고차원적인 도구 중 하나로 간주될 수 있다. 기호학적 관점에서 볼 때, 인간이 말할 때 단순히 입술, 혀, 성대 등 발성 기관을 움직이는 생리적 활동을 수행하는 것이 아니라, 사고를 조직하고 감정을 조율하며, 사회적 맥락에 적합한 방식으로 표현하는 복합적 의미 구성 행위를 수행한다. 이때 언어는 단순한 음성 기호의 집합이 아니라, 인간의 사고, 감정, 경험이 체화된 상징적·문화적 도구로 기능한다.[7]

말하는 행위는 본질적으로 신체와 분리될 수 없다. 말은 몸을 통해 실현되며, 몸은 말을 통해 사회적 실존을 획득한다.[8] 즉, 언어는 말하는 자의 신체에 통합되어 있으며, 사고와 감각의 흐름을 외부 세계로 매개하는 작용을 수행한다. 이 과정에서 언어는 인간 내면의 의미 구조를 외화(外化)하는 경로일 뿐 아니라, 타자와의 관

---

7) Vygotsky, L. S. (1986). *Thought and language* (A, Kozulin, Trans) (Revised ed.). MIT Press.

8) 임동욱(2017). **인간 소통 발전의 역사**. 커뮤니케이션북스.

계를 구성하고 세계를 재구성하는 인지적 도구로 기능한다. 결과적으로, 언어는 인간 정신의 작동이 도구를 통해 구체화되는 대표적인 사례이며, 말하기는 신체적·정신적 실천이 통합된 체화된 인지 행위로 이해될 수 있다.[9] 이러한 점에서 언어는 단순한 표현 수단을 넘어, 인간이 세계와 상호작용하고 존재를 드러내는 방식 자체를 구성하는 핵심 도구이다.

결국 우리는 다음과 같은 명제로 수렴하게 된다. 도구는 몸이 세계를 초월하는 존재론적 도약이며, 신체-지각-의식-환경이 통합된 구조 속에서 인간 존재를 재구성하는 중심축이다. 인간은 도구를 통해 자신의 한계를 넘어서는 실존적 전환을 경험하며, 도구는 인간의 세계 경험과 행동 구조를 변화시키는 존재론적 인식 틀이 된다.[10]

## (2) 도구 사용자 적응성의 도약적 개선

### 1) 적응 속도와 범위의 개선

도구를 체화한 상시 직립 이족보행 바이오 시스템은 인간 신체의 환경 적응성을 범위와 속도 면에서 비약적으로 확장시켰다. 인간은 단순히 환경에 반응하는 생물학적 존재를 넘어서, 도구의 사용을 통해 환경을 재구성하고 생존 조건을 창출하는 존재로 진화하였다. 도구는 진화적 적응과는 질적으로 다른 방식으로, 인간 신체의 적응 속도와 범위를 비약적으로 향상시키는 핵심 매개가 되었다.

우선 '속도'의 관점에서 보자면, 생물학적 진화는 자연선택을 통해 수많은 세대에 걸쳐 점진적으로 누적되는 매우 완만한 적응 메커니즘이다. 이에 비해 도구의 체화는 한 세대, 심지어 한 개인의 생애 안에서도 비교적 짧은 시간 내에 이루어질 수 있다. 예를 들어, 특정 환경에 적응하기 위해 생물 종의 신체 구조나 기능이 진화적 과정을 통해 고착되기까지는 수만 년의 시간이 필요하다. 그러나 도구는 뾰족한 돌을 가공하여 도끼를 만들고, 이를 사용하는 법을 익히며 다음 세대에 전수하는 일련의 과정이 극히 짧은 시간 안에 가능하다. 특히 누군가의 체계적인 지도나

---

9) Lieberman, P. (2016). **언어의 탄생: 왜 인간만이 언어를 사용하는가** [The birth of language: Why only humans use language] (H. Y. Kim, Trans.). 글로벌콘텐츠. (원저 1991년 출간).

10) 조광제(2004). **몸의 세계, 세계의 몸: 메를로 퐁티의 지각의 현상학에 대한 강해**. 이학사.

모방 학습을 통해 그 습득 속도는 더욱 가속될 수 있다. 이처럼 도구는 환경 변화에 대한 즉각적이며 유연한 적응 수단으로 작동함으로써, 생물학적 진화의 시간 척도로는 도달하기 어려운 적응 속도의 비약적 혁신을 가능하게 하였다. 이러한 특성은 도구가 인간 진화의 핵심 매개체로 작용한 근본적인 이유 중 하나이다.

다음으로, '범위'의 관점에서 도구는 인간의 신체가 본래 갖는 생물학적 한계를 넘어선 적응을 가능케 한다. 이를 운동계, 감각계, 제어계로 구분하여 살펴볼 수 있다. 첫째, 운동계에서 도구는 인간의 물리적 작용 능력을 확장하는 핵심 수단이다. 지렛대, 바퀴, 기계 팔과 같은 도구들은 손과 팔의 작용 범위를 넘어, 더 큰 힘을 가하고, 더 먼 거리까지 도달하며, 더 정밀한 작업을 가능하게 만든다. 이러한 도구들은 인간 근육이 감당할 수 없는 중량을 들어 올리고, 접근이 불가능한 영역에까지 영향을 미치며, 이전에는 불가능했던 과업을 수행할 수 있도록 한다. 더 나아가, 도구는 기존 신체 기능을 증강하는 데 그치지 않고, 인간에게 본래 없던 새로운 기능을 창출하여 신체에 장착하는 방식으로 진화해 왔다. 예를 들어, 비행기는 인간에게 날개를 제공하여 비행 능력을 부여하고, 스쿠버 장비는 물 속에서 수중 부력을 조절하고 폐 호흡이 가능하도록 산소를 공급하여 수중 생존 능력을 획득하게 만든다. 이러한 도구는 인간의 신체 한계를 보완하는 것을 넘어, 신체의 구성과 가능성을 질적으로 변형시키는 매개로 작동한다.

둘째, 감각계에서 도구는 인간의 지각 능력을 비약적으로 확장시키는 역할을 수행한다. 현미경과 망원경은 인간의 시각을 극미소한 미시 세계부터 광대한 우주적 거리까지 확장시켜, 가시광선이라는 생물학적 한계를 넘어서는 탐지와 관찰을 가능하게 한다. 이처럼 도구는 감각 기관의 보조를 넘어, 그 자체가 감각의 연장이자 증폭 장치로 작동하여, 인간이 지각하고 해석할 수 있는 인식적 적응 범위를 획기적으로 넓힌다. 이러한 감각의 확장은 시각뿐 아니라 청각, 미각, 후각 등 다른 감각 영역에도 해당된다. 예를 들어, 무선 통신 장치는 전자파를 감지하고 해석함으로써, 인간의 귀가 갖는 가청 주파수 대역을 넘어선 청각적 정보 수용을 가능하게 하며, 이는 인간이 직접 들을 수 없는 신호를 감지하고 소통하는 환경 적응 능력을 부여한다. 마찬가지로, 당도 측정기는 미각의 정성적 한계를 극복하여 정량적 판단을 가능하게 만들며, 유독가스 측정기는 인간 후각이 감지하지 못하는 위험 물질을 탐지하여 생존에 필수적인 정보를 제공한다. 이처럼 감각 도구는 감각 기관의 물리적 한계를 보완할 뿐 아니라, 새로운 감각 양식을 창출함으로써 인간이 환경에 적응하고 반응하는 방식을 개선한다.

셋째, 제어계, 즉 뇌 신경계 차원에서 도구는 인간의 인지 능력 전반 — 기억력, 주의 집중력, 판단력, 추론력, 문제해결력 등 — 을 체계적으로 증강시키는 역할을 수행한다. 대표적인 예로, 문자와 언어는 인간의 사고와 기억을 외부로 전이할 수 있게 만든 외부 기억 장치로 작동하며, 생물학적 기억의 한계를 보완하고 장기적 지식의 저장과 전승을 가능케 한다.[11] 글쓰기는 생각을 구조화하고 되돌아보게 하며, 복잡한 인지 과정을 외재화하여 사고의 깊이와 범위를 확장시킨다. 또한, 지도나 도표, 도식은 공간 정보나 추상적 관계를 시각적으로 재구성함으로써, 인간의 시공간 인지 및 구조적 이해 능력을 높이고, 정보 탐색과 문제 해결을 효율화한다. 이러한 도구들은 단순한 정보 보조 장치를 넘어, 인간의 주의 분산 조절, 기억 부하 감소, 인지적 부호화 전략과 밀접하게 연동되며, 인지 체계의 효율성을 재구성하는 매개체로 작동한다. 계산기나 컴퓨터는 연산과 논리 추론을 자동화하여, 인간이 직접 수행할 수 없는 복잡도 높은 정보 처리를 가능하게 하고, 이로써 인지적 도약을 실현한다.[12] 특히 프로그래밍 언어, 시뮬레이션 도구, 모델링 체계는 인간이 사고 실험을 물리적으로 구현하고 검증하는 수단을 제공함으로써, 탐구 기반 학습과 창의적 문제 해결의 핵심 도구가 된다. 더 나아가, 디지털 정보 처리 시스템과 인공지능은 방대한 정보의 수집, 저장, 검색, 해석, 예측 기능을 인간의 통제 구조 내에서 실시간으로 제공한다. 이는 학습자나 전문가가 과거에는 접근할 수 없었던 규모의 정보에 기반하여 정교한 판단과 복잡한 의사결정을 가능하게 한다. 예를 들어, 학습 분석 시스템은 개별 학습자의 행동 데이터를 실시간으로 분석하여 개인화된 피드백을 제공하고, 인공지능 기반 튜터링 시스템은 학습자의 이해 수준을 진단하여 즉각적으로 교수 전략을 조정할 수 있도록 한다.

넷째, 운동계, 감각계, 제어계는 도구를 매개로 각각 확장-증강될 뿐 아니라 상호 협응하여 시너지를 창출한다. 제어계는 독립적으로 기능하는 것이 아니라, 감각계와 운동계의 조율을 통해 실천적으로 작동하는 체계의 주도적 부분이다. 감각과 운동은 각각 입력과 출력을 구성하며, 제어계는 이들 사이의 조절과 통합을 담당하는 중추적 위치에 있다. 다시 말해, 제어계는 중추신경계의 물리생물학적 구조

11) 김영정(1996). **심리철학과 인지과학**. 철학과 현실사.

12) Newell, A., & Simon, H. A. (1972). *Human problem solving*. Prentice-Hall.

를 넘어, 인간이 자신의 신체를 세계 속에서 어떻게 작동시키고 조율할지를 결정짓는 '지각적-운동적 통일성의 설계자' 역할을 수행한다.[13] 그렇기에 제어계를 증강하는 도구는 단지 인지 능력의 고도화에 그쳐서는 안 되며, 감각계와 운동계를 유기적으로 매개하고 통합하는 기능까지 포괄해야 한다. 이는 곧 글쓰기, 지도, 계산기, 디지털 미디어, 인공지능처럼 뇌 신경계에 작용하는 인지적 도구들이, 결국에는 로봇팔, 감각 센서, 모션 인터페이스 등 운동계와 감각계를 연장하는 도구들과 유기적으로 연결될 때, 인간 전체의 기능 증강이 체화된 통합 시스템으로 완성된다는 것을 의미한다. 이 세 가지의 체계(감각계-운동계-제어계)의 확장과 강화가 단절된 개별적 능력 증강에 머무는 것이 아니라, 통합된 하나의 유기적 체계로 작동할 때, 인간은 단지 부분적 기능 향상이 아닌 복잡계적 존재로서의 전인적 역량을 실현할 수 있게 된다. 이때 도구는 외부 보조 수단이 아니라, 인간 신체에 체화되고 인식 구조에 통합되어 작동하는 지능화된 존재론적 매개로 기능한다.

특히 제어계는 이 통합적 체계에서 핵심적 위치를 점한다. 왜냐하면 제어계는 단지 신호를 처리하는 신경망이 아니라, 감각의 흐름을 조직하고 운동의 방향을 조율하며, 무엇보다 인간이 세계를 어떻게 '이해하고', '행동하고', '존재할 것인가'를 구성하는 지각-운동 구조 설계의 중심이기 때문이다. 다시 말해, 도구가 인간의 감각과 운동을 외연적으로 확장하는 것이라면, 제어계는 이러한 확장을 몸과 인식의 통합된 전체성으로 의미화하는 기능을 담당한다.

이 지점에서 체계 이론의 핵심 명제, 즉 "전체는 부분의 합 이상이다."라는 통찰이 빛을 발한다. 감각계, 운동계, 제어계를 각각 개별적으로 증강하는 것이 아니라, 이들 세 체계를 매개하고 통합하는 도구의 체화된 연결 구조 속에서 비로소 인간은 새로운 인식과 실천의 주체로 진화할 수 있다. 이때 도구는 그저 기능별 파편으로 존재하지 않는다. 각각의 도구는 감각을 확장하고, 운동을 강화하고, 판단을 조율하지만, 이들이 통합된 구조로 작동할 때 도구는 전체성을 획득한다.

### 2) 도구 전체성

하이데거가 말한 도구 전체성(Tool totality, Zeugganzheit)은, 하나의 도구가 고

---

13) Maturana, H. R., & Varela, F. J. (2012). **앎의 나무: 인간 이해의 생물학적 뿌리** [The tree of knowledge: The biological roots of human understanding] (김동휘 역). 궁리. (원저 1987년 출간).

립된 독립 항으로 존재하는 것이 아니라, 언제나 다른 도구들과의 유기적 관계망 속에서만 의미를 획득한다는 통찰을 담고 있다.[14] 이는 우리가 망치를 인식할 때 단지 '망치'라는 사물만을 떠올리는 것이 아니라, 못, 작업대, 건축 행위, 그리고 더 나아가 집을 짓고 살아가는 삶 전체가 함께 연루되어 있다는 것을 의미한다. 다시 말해, 도구는 단일한 객체가 아니라 실천적 세계 내 존재자들의 네트워크 속에 위치한 존재 방식인 것이다.

하이데거는 대표작 『존재와 시간(Sein und Zeit)』에서 이를 '용재적(Zuhandenheit)' 존재 방식으로 설명하며, 우리가 세계 안에서 도구를 만날 때, 그것은 늘 '무엇을 위한(Um-zu)' 구조 속에서 사용되고 있음을 강조한다. 도구는 쓰임을 통해 그 의미가 드러나며, 그 쓰임은 항상 더 큰 실천적 총체와 연결되어 있다. 예컨대 칼은 자르기 위한 것이며, 자르기는 요리의 일부이고, 요리는 식사와 일상, 그리고 문화적 삶의 한 조각을 이룬다.

체계 이론의 관점에서 볼 때, 하이데거의 도구 전체성은 다양한 도구라는 '부분들'이 단지 병렬적으로 존재하는 것이 아니라, 공유된 목적을 지향하며 상호작용함으로써 새로운 질서와 기능을 창발하는 복잡계의 한 양상으로 해석할 수 있다. 이는 하이데거가 존재론적으로 설명한 구조가 체계 이론에서 말하는 창발성과 자기조직화의 원리와 상응하는 해석이라는 뜻이다.

결국 도구 전체성은 기술과 인간 사이의 관계를 객체-주체의 이원적 구조로 환원하지 않고, 의미와 실천, 존재와 기능이 얽힌 총체적 상호작용의 장으로 파악하며, 교육공학에서 도구 기반 학습 환경이나 인공지능 설계 시 단일 기능이 아닌 관계적 구조로 접근해야 할 이유를 철학적으로 뒷받침한다.

망치가 단독으로는 '도구'가 아닌 것처럼, 언어 또한 단어 하나, 문장 하나만으로 그 의미와 기능이 온전히 발현되지 않는다. '언어 도구'는 다른 언어 단위(어휘, 구문, 담화 구조)와의 상호작용, 그리고 비언어적 요소(몸짓, 표정, 맥락, 도구적 상황) 속에서 의미를 획득한다. 이는 곧 언어의 도구 전체성이 작동하는 방식이다. 예컨대 "책을 읽는다."라는 문장은 '책'이라는 물리적 도구, '읽기'라는 인지적 활동, '지식 습득'이라는 목적, 그리고 이를 둘러싼 교육적·사회문화적 맥락과 연결된다. 이 모든 것이 함께 언어적 행위를 '의미 있는 도구적 사용'으로 만들어 낸다.

---

14) Heidegger, M. (2007). **존재와 시간** [Sein und Zeit] (이기상 역). 까치. (원작 1927년 출판).

교수학습체계 맥락에서 공부 도구인 노트북도 마찬가지다. 노트북이라는 물건이 있다고 해서 공부가 되는 것 아니다. 전원이 켜져야 하고, 인터넷이 연결되어야 하며, 강의 자료나 문서 파일 같은 콘텐츠가 있어야 하고, 그것을 사용할 수 있는 사용자의 활동이 있어야 비로소 공부 도구로 기능한다. 노트북 하나만 떼어 놓고 보면 그 자체로는 의미가 없으며, 다른 도구들과 연결되고, 특정한 활동 속에서 사용될 때만 의미 있는 도구가 된다.

결국 도구는 항상 다른 도구들과의 상호작용하는 체계 내에서 기능하며, 하나의 도구를 이해하려면 그 도구가 포함된 전체적인 관계망을 함께 이해해야 한다. 이것이 하이데거가 말한 '도구 전체성'의 핵심이다. 도구는 결코 단독으로 쓰이지 않으며, 전체 작업 흐름 속에서 역할을 분담하고, 서로를 전제로 삼는 유기적 구조를 형성한다. 따라서 우리는 도구를 이해할 때, 그것이 놓인 세계와 상황, 그리고 연결된 다른 도구들과의 관계를 함께 고려해야만 한다.

## (3) 도구의 체화 과정과 학습

### 1) 도구 체화 과정

앞서 논의한 체화된 도구의 역할을 넘어, 이제는 그 체화가 어떻게 이루어지는지를 살펴보고자 한다. 도구는 신체의 확장으로 작용하며, 인간의 운동계, 감각계, 제어계 전반에 걸쳐 적응성을 비약적으로 향상시키는 역할을 한다. 그러나 본래 도구는 인간 신체의 일부가 아니었으며, 생득적으로 체화된 것도 아니다. 도구는 처음에는 외재적 존재로 출발하지만, 반복적 사용과 학습, 조율의 과정을 거치면서 점차 신체 감각에 통합되고, 궁극적으로는 세계 인식의 틀까지 바꾸는 체화된 인식 장치로 전환된다.

하이데거는 이와 같은 과정을 전재성(前在性, 눈앞에 있는 존재, Presence-at-Hand, Vorhandenheit)과 용재성(用在性, 쓰임을 얻어 손에 착 붙는 존재, Readiness-to-Hand, Zuhandenheit)이라는 개념을 통해 설명하였다. 이 개념들은 인간이 사물과 도구를 인식하고 사용하는 방식, 그리고 그 관계의 존재론적 지위를 구분하는 데 핵심적인 틀을 제공한다.

초기 단계에서 도구는 '그것이 무엇인지', '어떻게 작동하는지'를 의식적으로 탐색해야 하는 대상으로 등장한다. 이 시점에서 도구는 일종의 낯선 사물로서, 사용자의 행위와 아직 통합되지 않은 상태에 머물러 있다. 사용자는 도구를 하나의 분리된 객체로 지각하며, 그것을 이해하고 다루기 위해 지각적, 논리적, 실행적 인지 자원을 집중적으로 동원해야 한다. 예컨대, 처음 망치를 사용하는 사람은 그 무게와 균형, 손잡이 감촉, 앞뒤 기능 등을 하나하나 분석하며 도구 자체를 대상으로 놓고 인식적 조작을 수행한다.

이러한 도구 사용 초기의 상태는 철학적으로 데카르트적 주체 - 대상 이원론의 구조와 유사하다. 여기서 '나'는 인식 주체로서 도구를 마주한 자리에 서 있고, 도구는 '외부 세계'의 한 객체로서 존재하며, 두 존재는 분리되어 있다. 주체는 대상을 관찰하고 분석하며 그 의미를 구성하려 하지만, 아직 그것을 자연스럽게 '사용하는 자'로서 그 안에 몰입하지 못한다. 이 시점에서 도구는 아직 세계 - 내 - 존재의 일부로 통합되지 못한 '전재적인 것(Vorhandenes)'으로서, 존재론적 거리를 유지한 채 눈앞에 놓여 있는 사물이다.

이러한 이원론적 관계에서는 도구가 인간의 행위 안으로 흡수되어 '도구 전체성'의 일부로 작동하지 못하며, 오히려 세계로 접근하는 데 일시적인 장애물처럼 작용하기도 한다. 따라서 도구 사용 초기의 이 상태는 인간이 도구를 세계와 자신을 매개하는 실천적 매체로 체화하기 이전, 즉 세계와의 실천적 통합이 아직 이루어지지 않은 인식 중심적 단절 상태라 할 수 있다. 이는 하이데거의 존재론적 용어로는 '눈앞에 있음(Vorhandenheit)'의 차원이며, 세계 - 내 - 존재(In - der - Welt - Sein)가 사물과 본격적으로 관계를 맺기 이전의 전 단계에 해당한다.

초보 엔지니어가 미적분을 활용하여 자동차의 서스펜션이나 연비 시스템을 설계할 때를 생각해 볼 수 있다. 그(녀)는 속도 변화율, 가속도 함수, 곡선 면적과 같은 수학적 개념을 하나하나 인지적으로 계산하고, 문제 해결 절차를 단계별로 따져가며 공식을 적용한다. 이처럼 사용자는 지식과 도구를 하나하나 따로 파악하며, 아직 이론과 실천이 자연스럽게 통합되지 못한 상태, 즉 전재성의 국면에 머물러 있다. 개념은 여전히 '타자'로 존재하며, 사고와 설계 과정은 통합되지 않은 외재적 절차로 경험된다.

반면, 충분한 훈련과 반복을 거친 후, 이 수학적 도구는 점차 용재성, 곧 자기 사고의 일부처럼 작동하는 체화된 존재로 전환된다.[15] 이 시점에서 미적분은 더 이

---

15) 한화택(2022). **미적분의 쓸모: 보통 사람들도 이해하는 새로운 미래의 언어**. 더퀘스트.

상 '공부의 대상'이 아니라, 설계 행위를 자연스럽게 매개하는 인지적 신체의 일부가 되며, 사용자는 수식을 의식하지 않고 그것을 통해 엔지니어링 대상과 직접적으로 상호작용하게 된다.

예컨대 숙련된 자동차 설계자는 미분 방정식이나 적분 계산을 무의식적으로 내면화한 채, 차체의 공기 저항이나 주행 안정성을 정교하게 조율하고, 미세한 설계 조정이 전체 성능에 어떤 영향을 미치는지를 직관적으로 판단한다. 이때 수학은 설계 사고의 전면에서 물러나 배경으로 스며들며, 사용자의 주의는 수식이 아닌 그것이 조직하는 물리 세계의 질감과 반응으로 향하게 된다. 이처럼 전재성에서 용재성으로의 전환은 도구를 배우는 단계에서 그것과 함께 세계를 창조하는 단계로 이행하는 존재론적 변형이다.

이처럼 도구가 용재성으로 존재성이 바뀔 때, 그것은 객체에서 주체의 일부로 이행하며, 인간은 단지 그것을 사용하는 주체가 아니라, 도구와 함께 작동하며 새로운 세계를 구성하는 공동 실천자가 된다. 용재성 상태의 도구는 감각-운동-의식이 결합된 신체적 지능의 일부로 통합되며, 그 자체가 더 이상 구분 가능한 '외부'가 아니다. 여기서 '공동'이라는 개념은 도구가 단순히 수동적으로 명령을 수행하는 대상이 아니라, 인간의 의도와 결합하여 세계와의 상호작용을 실현하는 능동적 구성요소로 작용함을 의미하며, 이는 인간이 모든 작용의 중심에 서는 단순 사용자의 입장과 구별된다.

이러한 변화는 기술 습득을 넘어서, 인간-도구 간의 존재론적 관계의 전환을 수반한다. 마치 에셔의 '그리는 두 손(Drawing Hands)'[16] 그림처럼, 인간은 도구를 만들고, 도구는 다시 인간의 신체 감각과 인식 구조를 재구성한다. 이러한 순환적·구성적 커플링 구조 속에서 인간-도구 체계는 단순한 적응을 넘어 환경을 재설계하고 창조하는 새로운 존재론적 단위로 진화한다.

### 2) 도구 학습 과정

학습이란 단순히 지식을 기억하는 것이 아니라, 특정 도구나 활동을 숙련되게 사용하고, 이를 통해 세계와 상호작용하는 방식을 변화시키는 존재 방식의 전환 과정이다. 이 과정은 일시적 암기나 반복 훈련을 넘어, 신체와 인식이 하나의 체계로

---

16) Escher, M. C. (1948). Drawing Hands [Lithograph]. National Gallery of Art. Retrieved from https://www.nga.gov/artworks/54237-drawing-hands

통합되는 체화된 전환을 포함한다. 하이데거는 이와 같은 전환을 전재성과 용재성이라는 개념으로 철학적으로 설명하였다. 이 개념은 학습자가 어떤 도구나 기술을 처음 접했을 때와 그것을 숙련한 이후의 인식 구조와 신체 구조가 어떻게 달라지는지를 구체적으로 보여 준다. 학습 초기, 학생은 새 도구나 기술을 '그것이 무엇인지', '어떻게 작동하는지'를 의식적으로 탐색한다. 이는 전재성의 국면으로, 도구는 이 시점에는 도구가 여전히 하나의 분리된 객체로 작용하며, 학습자는 그 외형, 규칙, 사용법을 이해하려고 지각적·논리적 인지 자원을 집중시킨다.

노트북 학습의 경우도 마찬가지이다. 타자 연습을 처음 시작하는 사람은 손가락의 위치, 키의 배열, 오타 수정 방법 등을 하나하나 의식적으로 분리하여 인식해야 하며, 집중은 '글을 쓰는 것'이 아니라 '도구를 조작하는 행위' 자체에 머물게 된다. 이 시점에서는 아직 도구가 신체에 통합되지 않은 상태, 즉 외재적인 존재로 남아 있는 것이다. 하지만 시간이 지나면서 학습자는 더 이상 자판을 바라보지 않게 되고, 처음엔 자판을 보며 고개를 숙이고 있던 학습자가, 점점 시선을 들고 화면에 집중하며 타자와 사유가 일체화되는 전환을 경험하게 된다. 이때부터 신체와 도구, 그리고 인지적 사고는 분리되지 않은 통합된 하나의 구조로 작동하며, 도구는 더 이상 '조작해야 할 대상'이 아니라 '생각을 펼치는 감각-운동적 연장'으로 기능하게 된다.

그러나 충분한 학습과 반복을 거치면, 도구는 점차 용재성으로 이행한다. 이 시점에서 도구는 더 이상 인식의 대상이 아니라 행위의 매개가 되며, 학습자는 도구 자체에 주의를 기울이지 않고 도구를 통해 세계와 직접 상호작용하게 된다. 망치를 능숙하게 다루는 장인은 망치를 '보는' 것이 아니라, 망치를 통해 '못과 나무의 저항'을 감지하고, 망치질의 강도와 각도를 무의식적으로 조절하며 작업을 수행한다. 이때 망치는 손의 일부처럼 작동하며, 주의의 초점은 망치가 아니라 작업 그 자체로 향한다. 마찬가지로, 노트북을 익숙하게 사용하는 연구자는 더 이상 손가락 움직임이나 키보드 입력을 인식하지 않고, 사유의 흐름 자체에 몰입한 채 문장을 구성한다. 이때 노트북은 단순한 '입력 장치'가 아니라, 생각을 외화하고 구조화하는 사유의 매개체로 기능한다. 이처럼 망치와 노트북은 서로 다른 영역—하나는 물리적 노동, 다른 하나는 인지적 활동—에 속하지만, 둘 다 용재적 전환을 통해 인간 신체와 의식에 통합되어 하나의 확장된 작동 체계를 형성한다. 도구는 사용할 때 오히려 보이지 않게 되며, 그 자체로 드러나기보다 배경 속에 스며들어 세계와 인간 사이를 매개하는 존재로 작동한다. 도구란, 잘 작동할수록 그 존재가 희미해지는 역설적 매개체인 것이다.[17]

결론적으로, 전재성 학습에서 용재성 학습으로의 이행은 단순한 도구 사용의 숙련을 넘어, 인간 존재의 창조적 전환점을 형성하는 핵심 과정이다. 이 이행을 통해 인간은 외재적 대상이었던 도구를 자신의 일부처럼 체화하며, 감각과 의지, 사고와 운동이 통합된 하나의 확장된 존재로서 세계와 접속하게 된다. 도구는 더 이상 외부의 단순한 수단이 아니라, 인간 내면의 작동과 세계 사이를 매개하는 실천적 연장체로 작동하며, 인간은 이 과정을 통해 세계를 구성하고 재조직하는 능동적 주체로 성장한다.

이러한 전환은 단순히 타자적 대상에 대한 생산 활동, 곧 이형생산이나 인간 외부 환경을 변형시키는 이종생산을 넘어서, 도구를 매개로 자기 자신을 형성하고 존재의 조건 자체를 재구성하는 자기생산의 고차적 경지로 나아가는 길을 연다. 이 자기생산은 단순한 생물학적 자기 유지나 기술적 반복이 아니라, 존재의 탈은폐와 내면적 가능성의 실현을 통해 인간 존재를 끊임없이 갱신하고 재형성하는 창조적 과정이다.

따라서 학습이란 하나의 도구 사용법을 익히는 기술적 절차가 아니라, 그 도구를 통해 새로운 세계를 인식하고 조직하며, 동시에 그 안에서 스스로의 존재를 재구성해 가는 실존적 실천이다. 이는 인간이 타자와의 관계, 환경과의 상호작용, 그리고 자신의 내면적 잠재성으로 깊이 들어가며, 고유한 존재 양식을 구성해 가는 자기생산적 행위이며, 인간만이 도달할 수 있는 독특한 학습의 차원이다. 이러한 관점에서 학습은 인간다움의 본질을 실현하는 통로이며, 교육은 곧 인간 존재의 창조적 구조화 과정이라 할 수 있다.

### (4) '발견된 도구'와 '제작된 도구'

#### 1) 도구의 기원

앞서 도구를 "몸의 지각적 체계 안으로 흡수되어 세계에 대한 행위 가능성을

17) Brynjolfsson, E., & McAfee, A. (2014). **제2의 기계 시대: 인간과 기계의 공생이 시작된다** [The second machine age: Work, progress, and prosperity in a time of brilliant technologies] (이한음 역). 청림출판. (원저 2014년 출간).

확장하는 '체화된 매개체'"로 정의한 바 있다. 이 정의는 도구를 단지 손에 쥐는 물건으로 한정하지 않고, 인간 신체와 감각, 인식의 구조 속에 통합되어 세계와의 관계를 재조직하는 존재론적 매개물로 파악한다. 이제 도구 탄생의 기원을 살펴보고자 한다.

도구는 크게 두 가지 기원에서 유래할 수 있다. 하나는 자연 그대로의 생성과정을 통해 스스로 그러한 존재로 나타나는 퓌지스(physis)의 산물이며, 다른 하나는 인간의 의도적 제작과 개입을 통해 형성된 포이에시스(poiesis)의 결과물, 즉 인공물이다.[18)]

퓌지스의 산물인 돌, 나뭇가지, 동물의 뼈 등은 처음부터 도구로 설계되거나 제작된 것이 아니었지만, 인간 혹은 동물의 사용 맥락 안에서 존재론적 변화를 겪으며 도구로 거듭날 수 있다. 이처럼 도구란 본래 '도구가 아닌 것'에서 출발한다. 인간은 자연물에 용도를 부여하고 의미를 입힘으로써 그것을 도구로 변형시킨다. 나무 막대가 땅을 파는 도구가 되고, 돌이 사냥의 무기가 되며, 동물의 뼈가 절구가 되듯이, 자연물은 특정한 행위와 맥락 속에서 인간 신체의 일부처럼 작동하는 체화된 매개체로 진화한다. 이 변화는 단순히 물리적 개조만이 아니라, 인식적 재구성과 사용자의 감각적 통합을 수반하는 '도구화'(instrumentalization)의 과정이다.

이러한 관점에서 보면, 도구란 반드시 사물이거나 기술적 장치일 필요가 없다. 사용자의 신체를 연장하여 환경과의 상호작용에 실질적인 매개적 도움을 줄 수 있다면, 그것이 자연물이든, 인공물이든, 심지어는 동물이든 간에 도구가 될 수 있다. 사냥개는 인간의 감각적 한계를 보완하여 추적 능력을 향상시키며, 말을 탄 기수는 자신의 이동 능력을 증강시킨다. 이 경우 동물은 생명체가 아닌, 인간의 운동계와 감각계를 보완하고 확장하는 살아 있는 도구로 기능한다.

심지어 특정 상황에서는 다른 인간조차 도구처럼 기능할 수 있다. 인간의 능력을 빌려 특정 기능을 수행하거나 환경에 적응하는 과정을 통해 사회적 도구화가 이루어질 수 있기 때문이다. 인간이 다른 인간을 도구처럼 활용하는 현상은 사회적 도구화라는 개념으로 설명된다.[19)] 이 개념은 인간이 타인의 능력이나 행동을 자신

---

18) Heidegger, M. (1977). *The question concerning technology and other essays* (W. Lovitt, Trans.). Garland Publishing. (Original work published 1954).

19) Horkheimer, M., Adorno, T. W., & Noeri, G. (2002). *Dialectic of enlightenment*. Stanford University Press.

의 목표 달성을 위한 수단으로 활용하는 과정을 의미한다. 예를 들어, 협업 상황에서 특정 기술이나 지식을 가진 동료를 활용하여 공동의 목표를 달성하거나, 사회적 상호작용에서 타인의 반응을 유도하여 원하는 결과를 얻는 행위 등이 이에 해당한다. 이러한 사회적 도구화는 인간의 고유한 인지 능력과 사회적 학습 능력에 기반한다. 인간은 타인의 행동을 관찰하고 모방하며, 이를 통해 새로운 기술이나 지식을 습득한다. 또한, 언어와 같은 상징적 도구를 활용하여 복잡한 사회적 상호작용을 조율하고, 공동의 목표를 설정하며, 역할을 분담하는 등의 협업을 가능하게 한다.

이러한 관점에서 사회적 도구화란, 인간의 도구 사용 능력이 단순한 물리적 도구에 국한되지 않고, 사회적 상호작용과 협업을 통해 확장된다는 점을 강조한다. 인간은 타인과의 관계 속에서 그들을 하나의 '도구'처럼 매개자 또는 자원으로 활용함으로써 자신의 행동 범위와 인지 역량을 넓히고, 보다 복잡한 문제를 해결하며, 사회적 환경에 유연하게 적응해 간다. 이때 타인은 단순한 수단이 아니라, 상호 주체적 관계 속에서 공동의 목적을 향해 작동하는 사회적 매개체로 작용한다.

이러한 사회적 도구화 개념은 인간의 도구 사용 능력과 사회적 상호작용의 복잡성을 함께 이해하는 데 중요한 이론적 틀을 제공한다. 특히 교육, 조직 관리, 인공지능 개발 등 인간 중심 설계가 요구되는 다양한 분야에서는, 인간이 타인과 어떻게 상호작용하고 그 상호작용을 인지적·기능적으로 활용하는지를 면밀히 고려해야 한다. 사회적 도구화는 도구적 관계의 한계를 넘어, 협력과 상호주관성에 기반한 확장된 실천 능력의 핵심으로 작동한다는 점에서, 새로운 설계의 출발점이 되어야 한다.

### 2) 발견된 도구

도구란 정해진 실체가 아니라, 상황적 맥락 안에서 인간의 신체에 흡수되어 기능을 매개하는 모든 존재적 대상을 포괄하는 개념이다. 그것이 돌이든, 언어든, 인공지능이든, 심지어 또 다른 인간이든 간에, 도구는 인간의 신체 구조, 감각 지각, 인식 틀에 통합되어 '행위 가능성의 확장'이라는 기능을 수행할 때 비로소 진정한 의미의 도구가 된다. 즉, 도구는 단지 사물의 차원에 머무르지 않으며, 세계와 인간 사이의 존재론적 관계를 재조정하고, 적응성과 창조성을 매개하는 중심적 인식 장

---

"도구적 이성" 개념을 통해 인간관계가 효율성과 통제를 위한 수단으로 전환되는 현대 사회의 병리를 지적하고, 사회적 상호작용의 도구화를 비판하였다.

치로 기능한다.

동물이 사용하는 도구는 자연이 만들어 낸 물체를 사용자가 자신의 필요에 맞게 발견하고, 그 맥락에서 일시적으로 활용하는 것이다. 이 물체는 처음부터 특정한 목적을 위해 제작된 것이 아니나, 사용자가 그것을 자신의 목적을 달성하기 위한 매개체로 활용하면서 도구로 기능하게 된다. 이러한 도구는 사용되는 동안에만 도구로 기능하며, 사용 맥락을 벗어나면 다시 원래의 상태로, 즉 자연물로 되돌아간다. 예를 들어, 해면, 나뭇가지, 주먹 돌 같은 것들은 특정한 도구로 활용될 때만 그 기능을 가지며, 사용이 끝나면 그저 자연의 일부로 돌아간다.

이처럼 발견된 도구의 도구 존재성(tool-being)은 본질적 속성이 아니라, 사용자의 사용 맥락에 의해 일시적으로 드러나는 존재 상태임을 알 수 있다.[20] 이처럼 사용자의 필요에 의해 잠시 도구로 기능하는 물체를 '발견된 도구'라고 부르고자 한다.

발견된 도구는 본래 자연이 만든 것을 잠시 빌려 사용하는 것이다. 따라서 그 본래의 형상과 특성은 유지되며, 사용자의 목적에 맞게 적당히 유용하다면 도구로서 충분한 역할을 한다. 만약 처음에 발견한 도구가 적합하지 않다면, 사용자는 더 적합한 자연물을 찾을 때까지 인내하며 계속해서 발견하려는 노력을 기울인다. 발견된 도구를 사용하는 동물은 자연의 순리에 따라, 자연이 제공한 것을 잠시 빌려 쓴 후 다시 자연에 돌려준다. 도구는 자연에 속하고, 초기 인류종을 포함하여 이를 사용하는 사용자도 자연에 속했다. 동물은 진화가 가져다 준 본능에 이끌려 조상이 도구로 사용하던 것과 같은 자연물을, 같은 용도를 위해, 같은 방식으로 반복해서 도구로 빌려 쓴다.

이러한 도구 사용 방식은 인공물에도 확장된다. 사용자 설계(user design)란 제작자의 원래 의도와 다르게 도구를 새롭게 사용하는 것으로, 자연물뿐 아니라 인공물도 포함한다. 어떤 도구가 원래 의도된 기능이 아닌 방식으로 활용될 때, 그 도구

---

20) Harman, G. (2011). *Tool-being: Heidegger and the metaphysics of objects*. *Open Court*. 하만(G. Harman)의 도구 존재성은 도구를 인간의 목적적 수단이 아니라 자기 존재를 가진 독립적 객체로 본다. 이때 도구는 사용될 때 기능만 수행하는 것이 아니라, 항상 자기 존재의 일부는 철수된 채로 남아 있는 '은폐된 존재자'이다. 라투어의 ANT도 유사하게, 인간뿐 아니라 기계, 기술, 제도, 심지어 문서까지도 하나의 '행위자(actant)'로 본다. 이 행위자는 의지를 가지지 않더라도, 어떤 결과를 생성하는 데에 기여(contribution)한다는 점에서 존재론적으로 중요한 역할을 한다.

는 ‘발견된 도구’로 간주될 수 있으며, 이는 인간의 적응적 창의성을 보여 주는 대표적 사례이다. 사용자 설계는 도구의 물리적 특성과 사용 맥락을 재해석하여 새로운 용도와 기능을 발견하는 창발적 실천이다.

사용자 설계에는 세 가지 주요 특성이 있다. 첫째, ‘재목적화’는 본래의 기능을 넘어 새로운 문제 해결 방식으로 도구를 활용하는 것이다. 예를 들어, 페이퍼클립을 서류 고정이 아닌 잠금장치 해제 도구로 사용할 때 발생하는 의미 전환은 도구의 기능적 유연성을 잘 보여 준다. 둘째, ‘맥락적 발견’은 사용 환경에 따라 도구의 잠재적 기능이 재발견되는 현상이다. 스마트폰의 가속도계나 자이로스코프 같은 센서들이 과학 실험 도구로 전용되는 사례는, 사용자가 도구의 기능을 새롭게 해석하고 응용할 수 있음을 보여 준다. 셋째, ‘창발적 사용’은 집단적 경험 속에서 의도하지 않았던 도구의 기능이 정착되는 과정을 가리킨다. 예컨대, 소셜미디어에서 해시태그(#)는 원래의 기호적 용도를 넘어 새로운 분류 및 검색 기능으로 진화하였다.[21]

이러한 사용자 설계는 단순한 기능의 변용을 넘어서 창조적 계기로 작용한다. 제한된 자원 속에서 기존 도구의 구조를 유연하게 해석하고 전용하는 행위는, 새로운 해결책을 낳는 기회를 제공한다. 예컨대, 제2차 세계대전 중 군용 레이더 기술에서 파생된 전자레인지 기술은, 의도치 않은 사용 경험을 통해 혁신으로 이어진 전형적 사례이다. 또 레고 블록을 공식 조립법 외의 창작 활동에 활용하는 사용자들의 행위는, 비형식적이고 직관적인 지식을 활용한 창의적 재설계로 볼 수 있다. 나아가, 사용자의 재해석은 단지 기술적인 차원을 넘어서 문화적 진화의 동력으로 작용한다. 문자 메시지가 단순 전달 기능을 넘어 소셜 커뮤니케이션 방식으로 진화한 것도 문화적 전이를 보여 주는 사례다.

인지과학은 이러한 사용자 설계의 창조적 특성을 설명하는 이론적 틀을 제공한다. Gibson의 affordance(행동유도성) 이론에 따르면, 도구는 고정된 기능을 갖는 것이 아니라, 사용자의 목적과 상호작용 속에서 기능이 재구성되는 잠재적 가능성의 장으로 간주된다.[22] 레비 - 스트로스는 ‘브리콜라주(bricolage)’ 개념을 통해 인간

---

21) Norman, D. A. (1995). The psychopathology of everyday things. In R. M. Baecker, J. Grudin, W. A. S. Buxton & S. Greenberg, *Readings in human - computer interaction: Toward the year 2000* (2nd ed.) (pp. 5 – 21). Morgan Kaufmann.

22) Gibson, J. J. (1979). *The ecological approach to visual perception*. Houghton Mifflin Harcourt.
이 책에서 Gibson은 “affordance”를 환경이 유기체에게 제공하는 행동 가능성으로 정의하며,

이 제한된 도구를 조합하여 문제를 해결하는 보편적 사고 양식을 제시하였으며, Clark와 Chalmers의 '확장된 마음(extended mind)' 이론은 도구가 인간의 인지 구조와 결합하여 사고의 일부로 작동함을 강조하였다.[23)]

기술사에서도 사용자 설계의 가치는 다양한 사례로 입증된다. 대표적으로, 비아그라는 원래 심장 질환 치료제로 개발되었지만, 예기치 않은 부작용이 새로운 치료제로서의 가능성을 열어 주었고, 실패한 접착제 기술에서 탄생한 포스트잇은 우연한 발견을 창의적 제품으로 전환한 사례이다. 이처럼 사용자 설계는 도구의 고정된 기능을 넘어서 새로운 가능성을 탐색하고 실현해 내는 인간 중심의 창조 행위이며, 이는 단지 도구의 변용에 그치지 않고 기술과 문화의 진화를 이끄는 중요한 메커니즘이라 할 수 있다.

결국 사용자 설계는 도구의 물질적 속성과 인간의 인식 능력, 그리고 실천적 응용이 결합하는 지점이다. 이 과정에서 도구는 단순한 객체가 아니라, 문화적 의미를 생성하고 재구성하는 매개체로 변모하며, 기술의 진화는 제작자의 의도와 사용자의 창조적 변용이 지속적으로 상호작용하는 과정에서 이루어진다는 사실을 보여준다.

### 3) 제작된 도구

'제작된 도구'는 '발견된 도구'와 달리, 자연물을 있는 그대로 사용하는 것이 아니라, 인간의 신체 조건과 사용 목적에 맞게 의도적으로 설계·가공된 인공물을 의미한다. 이 경우 자연물은 더 이상 도구 그 자체가 아니라, 도구 제작을 위한 재료로 기능한다. 도구를 제작하려면 우선 사용 목적의 인지, 목표 상태의 내면적 형상화, 그리고 그에 따라 재료를 선택·가공·조립하는 실행 과정이 요구된다. 또한, 제작된 결과물이 의도한 기능과 효과를 충족하는지 평가하고, 필요시 수정 및 보완하는 피드백 루프가 필수적이다.

따라서 제작된 도구는 단순한 자연물의 일시적 활용이 아니라, 사용 의도와

---

이는 지각의 핵심 구성 요소임을 주장하였다. 이 이론은 이후 인지과학, 디자인, 인간-컴퓨터 상호작용(HCI) 등 다양한 분야에 큰 영향을 주었다.

23) Clark, A., & Chalmers, D. J. (1998). The extended mind. *Analysis, 58*(1), 7-19. "마음은 뇌만이 아닌 외부 도구와 환경까지 확장된다"는 이론으로 전통적인 인지과학의 "뇌 중심주의"를 비판하며, 도구, 노트, 디지털 기기 등이 인지 과정의 일부로 작용할 수 있음을 강조하였다.

목표, 계획, 실행, 평가, 개선이 결합된 설계 기반 창조 행위의 산물이다. 이러한 도구는 물리적 결과물일 뿐 아니라, 인지적 조작과 절차적 지식이 축적된 구조화된 산출물이며, 그 형성 과정은 단순한 도구 사용과는 질적으로 다른 제작적 사고의 진화를 반영한다.

인류는 상시 직립 이족보행 바이오 시스템으로 진화하며 도구 제작에 최적화된 신체 조건을 갖추었다. 가장 핵심적인 요소는 직립 보행이다. 이는 두 손을 이동과 지탱의 기능에서 해방시켜 도구 조작과 제작에 전념할 수 있는 자유로운 상지(upper limbs)를 가능하게 하였다. 인간의 손은 고도로 분화된 감각 수용체와 정밀한 근육 제어 능력을 통해 단순한 잡기뿐 아니라, 깎기, 가공, 조립 등 섬세한 제작 활동을 수행할 수 있다. 이러한 신체적 조건은 도구를 단순히 '사용'하는 능력에서 '창조'하는 능력으로 확장시키며, 기술 진화와 문명 형성의 기반이 되었다.[24]

둘째, 고도로 발달한 인간의 두뇌는 도구 제작을 가능하게 하는 핵심적인 인지 기반을 제공한다. 도구 제작은 단순한 반복 행동이 아니라, 추상적 사고, 미래 예측, 문제 해결 등 고차원적 인지 능력을 전제로 한다. 도구를 만들기 위해서는 먼저 사용 목적에 적합한 기능을 설정하고, 그에 상응하는 완성 형태를 구상해야 하며, 필요한 재료와 가공 과정을 단계별로 계획하고 실행할 수 있어야 한다. 이는 작업 기억, 실행 기능, 인과적 추론 등 여러 인지 기능의 통합적 작용을 요구한다. 도구가 실재하는 물체로 완성되기 이전에, 그것은 이미 제작자의 머릿속에서 형상화되어 있어야 한다. 다시 말해, 도구의 '선행적 존재(antecedent existence)'가 사고의 차원에서 먼저 실현되어야만 실제 제작이 가능하다.[25] 이와 같은 사고 양식은 현재를 넘어서 미래의 상태를 미리 구성하고, 이를 실현 가능한 설계로 전환하는 능력을 전제로 하며, 이는 인간 고유의 인지적 특성이다. 더 나아가, 도구 제작 이후에는 그 성능을 평가하고, 결과가 의도한 목적에 부합하는지를 분석하며, 필요한 경우

---

24) Mayr, E. (2016). **이것이 생물학이다** [This is biology: The science of the living world] (최재천, 고인석, 김은수, 박은진, 이영돈, 황수영, 황희숙 역). 바다출판사. (원저 1998년 출간).

25) Stout, D., & Chaminade, T. (2012). Stone tools, language and the brain in human evolution. *Philosophical Transactions of the Royal Society B: Biological Sciences, 367*(1585), 75–87.
'선행적 존재(antecedent existence)'란 어떤 사물이나 구조가 물리적으로 실현되기 이전에, 개념적으로 또는 인식적으로 먼저 존재해야 함을 의미한다. 이는 존재론적 맥락에서 실재(real being) 이전에 이념(ideal being), 형상(form), 목적(purpose)이 먼저 구성되어야 한다는 전제를 담고 있다.

재설계를 수행하는 메타인지가 요구된다. 이러한 일련의 과정은 인간이 단순한 자극-반응 기제에 따라 움직이는 존재가 아니라, 목적을 설계하고 실행을 조정하며 결과를 반성하는 사유적 주체[26]임을 분명히 보여 준다.

셋째, 손과 눈의 정교한 협응 능력은 도구 제작에 있어 결정적인 생물학적 기반이다. 인간의 상시 직립 이족보행은 머리를 높은 위치에 두어 시야의 확장을 가능하게 하였고, 이는 환경을 조망하고 정밀한 시각 처리를 수행할 수 있는 조건을 제공하였다. 또한, 정면을 향한 양안 시각은 거리와 깊이 지각을 정밀하게 수행할 수 있도록 하여, 손의 움직임을 미세하게 조절할 수 있는 시지각적 피드백 체계를 형성하였다. 이러한 구조 덕분에 인간은 도구 제작 과정에서 손의 움직임을 실시간으로 모니터링하고, 결과물을 시각적으로 평가하며 지속적으로 수정-보완하는 능력을 갖출 수 있었다. 즉, 도구 제작은 단순한 손의 기술이 아니라, 시각적 정보에 기반한 연속적 조정과 정합성 판단이 수반되는 고차원적 행위이며, 이는 인간의 감각-운동-인지 체계가 정교하게 통합되어 있음을 보여 준다.

넷째, 도구 제작의 문명적 진화에서 결정적인 요소는 협력과 협상 능력이다. 도구는 단일 개인의 손기술로만 완성되는 것이 아니라, 관찰, 도방, 언어, 시행착오의 공유를 통해 집단 내에서 전수되고 정밀화된다. 더 나아가, 도구 제작은 공동 작업과 역할 분담을 수반하며, 이는 단순 기술의 전달을 넘어 철학적·상징적 가치의 전이를 매개하는 문화적 산물로 진화하였다. 결국 도구는 생존 수단을 넘어 인간 정체성의 일부가 되었으며, 타자와의 협력을 통해 도구 제작 기술을 세대 간 지속적으로 전승하고 개선해 왔다. 이처럼 도구는 문화화된 협력의 산물이며, 도구를 중심으로 형성된 협력 구조는 문명 발달의 토대를 이루었다.

이러한 신체적, 인지적, 사회적 조건을 바탕으로 인류는 더 이상 자연에서 발견한 돌이나 나뭇가지를 단순히 도구로 사용하는 데 그치지 않고, 그것들을 의도적으로 깎거나 떼어내고 다듬어 기능적 목적에 맞는 형태로 재구성하기 시작했다. 예를 들어, 동물의 뼈를 깨뜨리기 위한 주먹 돌은 단순히 손에 잡히는 아무 돌이 아니라, 충격을 효율적으로 전달할 수 있도록 크기, 무게, 각도를 고려하여 조각되고 연마된 맞춤형 도구였다. 이러한 도구는 더 이상 주어진 자연물이 아니라 인간의 의도와 사고가 투사된 결과물, 즉 제작된 도구로서 새로운 존재 지위를 획득한

26) Clark, A., & Chalmers, D. (1998). The extended mind. *Analysis, 58*(1), 7-19.

것이다.

제작된 도구의 출현은 인간이 단순히 환경에 수동적으로 적응하는 존재가 아니라, 도구를 통해 환경을 능동적으로 변화시키는 창조적 존재임을 보여 준다. 이는 인간이 단순히 주어진 문제에 반응하는 수준을 넘어, 상황을 재구성하고 그에 적합한 수단을 창출하며, 필요에 따라 도구를 변형하거나 새로운 기능을 추가함으로써 문제 자체의 조건을 바꾸는 능력을 갖추었음을 의미한다.

### 4) 인간을 닮는 도구

도구의 제작과 사용은 인간이 자연을 단순히 수용하는 존재가 아니라, 목적에 따라 자연 자원을 재조직하고 재목적화하는 존재로 진화해 왔음을 보여 준다. 인간은 도구를 통해 점점 더 정교한 작업 방식을 개발해 왔으며, 이는 단순한 생존의 차원을 넘어 효율성, 정밀성, 축적 가능성 등의 가치를 중심으로 한 테크놀로지 문화의 발달로 이어졌다.

이 과정에서 자연은 단순한 배경이 아니라, 도구 제작의 원재료를 제공하는 한편, 사용 이후 발생하는 폐기물의 수용처이자, 향후 재구성의 대상으로 인식되기 시작하였다. 즉, 자연은 점차 '완성된 삶터'가 아닌 '개조되어야 할 삶터', 곧 인간의 목적성과 실천에 의해 재구성할 수 있는 잠재적 공간으로 전환되었다. 이러한 인식은 인간이 자연을 정복하는 존재라기보다, 도구를 매개로 자연과의 관계를 재구성하고, 세계 자체를 설계 가능 대상으로 변환해 가는 존재임을 시사한다.

이 전환의 중심에는 인간 고유의 상시 직립 이족보행이라는 신체 조건이 자리잡고 있다. 직립 자세는 두 손의 자유를 가능하게 하였고, 이는 도구 제작이라는 고등 행동의 생물학적 기반을 제공하였다. 인간은 이 자유로운 손을 통해 단순히 환경에서 도구를 '발견'하는 데 그치지 않고, 스스로 도구를 '제작'하는 존재로 진화하였다. 이 점에서 인간은 다른 동물과 질적으로 구별되는 존재이다. '제작된 도구'는 자연물과 달리, 인간의 목적, 계획, 형상 구상, 실행, 평가라는 인지적·사회적 과정을 전제로 하며, 이는 직립 보행과 손의 정밀성 같은 신체적 구조, 추상화·계획·오류 수정과 같은 인지적 능력이 결합되어야 가능하다.

이러한 제작 행위는 인간을 다른 동물과 구분 짓는 핵심 특징이다. 도구는 다음 두 측면에서 '인간적' 특성을 드러낸다. 첫째, 신체 적합성 측면에서 도구는 인간적이다. 제작된 도구는 자연 상태에서 존재하지 않던 새로운 형상과 기능을 갖추고 있으며, 특히 상시 직립 이족보행이라는 인간 고유의 신체 구조에 최적화되어 있다는 점에서 인간적이라 할 수 있다. 이는 도구가 단순히 외부 대상이 아니라, 인간의 신체적 조건과 목적에 맞춰 설계된 통합적 매개체임을 의미한다. '발견된 도구'는 사용자 스스로 그 도구의 형상과 제약에 자신을 맞춰야 하지만, '제작된 도구'는 사용자의 신체 조건—키, 팔 길이, 손의 크기, 근력 등—에 맞춰 조정된다. 이러한 제작 과정은 단순한 기능적 설계에 그치지 않고, 제작자의 상상력과 사용자의 실천적 경험이 반영되어 완성된다. 다시 말해, 도구는 기능적 목적성과 신체적 적합성의 결합체로서 인간 신체에 맞춤화된 기술적 산물이다. 이러한 도구를 통해 인간은 자신의 신체적 약점을 보완하고 강점을 증폭시킬 수 있었다.

예컨대, 무거운 물체를 들어 올리는 데 필요한 근력의 한계를 지렛대와 도르래로 극복하고, 섬세한 작업을 수행하는 데 있어 손의 정밀 조작 능력을 강화하는 공구를 고안하였다. 결과적으로 제작된 도구는 단순히 주어진 자원을 사용하는 수준을 넘어, 환경과의 상호작용 방식을 구조적으로 재편할 수 있게 하였으며, 이는 인간의 적응 능력과 환경 지배력을 질적으로 향상시켰다. 이러한 특성은 결국 도구 자체의 형상에 반영되어 남게 되며, 자연 속에 남겨진 도구의 흔적은 인간 존재의 흔적이자 증거로 기능한다. 도구의 형태는 그것을 만든 이의 목적과 체형, 사용 방식을 간직하고 있으며, 그것이 인간적이라 불리는 이유는 바로 인간의 신체적·인지적 조건이 녹아든 설계적 결과물이기 때문이다.

둘째, 제작 가능 조건 측면에서 도구는 인간적이다. 도구를 제작하기 위해서는 고도로 발달된 인지적·신체적 능력이 필수적이며, 특히 미래 지향적 사고 능력이 핵심적 역할을 한다. 도구 제작은 단순히 현재 주어진 문제를 해결하는 반응적 활동이 아니라, 아직 실현되지 않은 '미래의 용도'를 염두에 둔 계획적 행위이다. 이를 위해 제작자는 완성될 도구의 형상과 기능을 미리 머릿속에 구상해야 하며, 이는 현재의 인지 구조 안에 미래의 결과물을 '선행적으로 존재'하게 하는 고차원적 사고 과정이 필요하다. 이때 과거에 사용한 유사한 도구는 참조의 기준이 되며, 현재의 구상과 미래의 사용 장면 사이를 연결하는 인지적 고리로 작용한다.

이러한 구상 과정은 작업 기억, 추론, 유추, 예측 등 복합적인 인지 능력을 동원하며, 특히 아직 존재하지 않는 도구를 먼저 상상하고, 그것을 실현 가능한 형상으로 계획하는 능력은 인간이 지닌 독특한 창조성과 함께 역사성의 산물이다. 이는 곧 도구 제작이 단순한 기술적 숙련을 넘어, 인간의 존재 방식 그 자체와 연결된 고유한 인식 활동임을 보여 준다. 또한, 도구 제작 과정에서 원재료를 한 손으로 잡고 다른 손으로 가공하며, 그것을 구상한 완성품의 형상에 맞추어 정교하게 다듬어 가는 작업을 수행해야 한다. 이 과정에서는 정밀한 손의 운동과 이를 조율하는 시각적 피드백 체계가 매우 긴밀하게 협력해야 한다. 도구를 가공하는 과정에서 발생하는 작은 오차조차도 결과물에 큰 영향을 미칠 수 있기 때문에, 신체와 인지적 능력의 통합적 조정이 필수적이다.

이러한 관점에서 본다면, 도구는 그것을 만든 존재의 신체 구조와 인지 특성을 반영하는 물질적 화석이자 상징적 단서라 할 수 있다. 도구는 제작자의 손의 형태, 움직임의 정밀도, 시야의 범위, 근력의 세기, 작업 메커니즘뿐 아니라, 추론 방식, 문제 해결 전략, 시간 인식 구조 등 다양한 신체적·인지적 조건이 압축적으로 반영된 결과물이기 때문이다. 따라서, 만약 우리가 외계인이 제작한 도구를 입수하게 된다면, 도구를 분석하여 제작자에 대한 다양한 정보를 추론해 낼 수 있을 것이다. 도구의 크기, 재질, 조립 방식, 반복성과 비대칭성, 가공의 흔적, 사용의 자취 등은 그 외계 존재가 지닌 감각 구조, 운동 체계, 인지 스타일은 물론, 사회적 협력 방식이나 문화적 상징 구조까지 드러내는 단서가 될 수 있다. 도구는 특정 생명체가 어떻게 환경에 개입하고 반응해 왔는지를 거꾸로 추적할 수 있게 해 주는 인류학적·기술학적 거울이자, 제작자의 서명이라 할 수 있다.

상시 직립 이족보행은 인간에게 단지 이동 방식의 변화를 넘어서, 감각-운동계와 뇌 신경계를 통합적으로 재구성할 수 있는 생물학적 기반을 제공하였다. 특히 두 손의 자유는 도구 제작이라는 이종생산적 활동을 가능하게 했으며, 이는 단순 조작이 아닌 목적 지향적 개입과 세계의 재구성이라는 고차원적 행위로 진화하였다.

이러한 도구 제작은 손의 촉각 수용과 시각 정보를 정밀하게 통합하고, 이를 실시간으로 운동에 반영하는 감각-운동 피드백 체계에 의해 뒷받침된다. 이 과정은 오차를 수정하고 행위를 조정하는 고차원적 뇌 기능을 필요로 하며, 단순한 생물학적 자기생산을 넘어선 인간 고유의 체계적 역량을 보여 준다.

### (5) 인간 - 도구 공진화

#### 1) 도구의 차원성 진화

인류 종이 처음부터 정교한 도구를 만들 수 있었던 것은 아니었다. 상시 직립 이족보행 바이오 시스템으로서 찾기－다가가기－잡기 행동을 통제할 수 있는 정도로 발달한 뇌 신경계의 선조 기능만으로 복잡한 도구를 만들 수는 없었다.[27] 그러나 돌을 적당히 깨 만든 뾰족한 송곳처럼, '점'으로 타격할 수 있는 단순한 도구는 충분히 제작 가능했고, 이는 사냥 시 찌르기 기능을 수행하는 데 유용했을 것이다.

이러한 도구는 빈약한 두 팔의 완력을 연장해 주었고, 그로 인해 도구 제작에 사용된 신체 기관들이 자연선택의 대상이 되었다. 이 과정에서 두 팔, 뇌, 언어, 협력 기능이 정교화되었으며, 도구는 신체의 연장성과 에너지 효율을 높이는 방향으로 진화가 이뤄졌다.

도구의 사용과 제작은 신진대사에도 변화를 일으켰다. 도구로 증강된 사냥꾼의 사냥 효율이 높아짐에 따라 고단백 음식 섭취의 빈도가 증가했고, 이는 뇌 발달에 필요한 에너지 자원을 안정적으로 확보할 수 있는 조건을 제공하였다. 도구를 통한 효율적인 식량 확보는 생존에 필요한 에너지 부담을 줄여 주었고, 이에 따라 인간은 더 이상 순전히 에너지 효율성에 의존하는 진화 경로가 아니라, 대량의 에너지 소비를 감수하더라도 정밀한 운동 조절, 감각 통합, 계획 수립, 협력 행동 등 고차 인지 기능을 발달시키는 방향으로 적응해 나갈 수 있었다.[28]

즉, 도구 제작이 인류의 사냥 전략을 바꾸었을 뿐 아니라, 그것이 신체 기관의 자연선택을 유도하고, 신경계와 사회 구조의 정교화에 이어, 궁극적으로는 에너지 생산과 소비라는 생물학적 기반에까지 연쇄적인 변화를 야기한 것이다. 도구는 외부 세계를 바꾸는 힘일 뿐 아니라, 그 도구를 사용하는 존재의 내부 구조까지 바꾸는 진화의 촉매였다.

### 2) 도구 복잡도

도구의 복잡도는 차원성과 밀접한 상관관계를 갖는다. 점(0차원)은 위치만을 가지며, 선(1차원)은 길이, 면(2차원)은 길이와 너비, 입체(3차원)는 길이·너비·높

---

27) Iriki, A., & Taoka, M. (2012). Triadic (ecological, neural, cognitive) niche construction: a scenario of human brain evolution extrapolating tool use and language from the control of reaching actions. *Philosophical Transactions of the Royal Society B: Biological Sciences, 367*(1585), 10－23.

28) Isao, S. (2020). **절멸의 인류사: 우리는 어떻게 살아남았는가** (이경덕 역). 부키.

이를 가진 구조로 부피를 갖는다. 이러한 차원 개념에 따르면, 송곳, 칼, 도마 또는 모루, 망치는 각각 0차원에서 3차원에 이르는 도구로 분류될 수 있다. 차원이 높아질수록 도구의 형상과 기능은 복잡해지고, 제작 과정 또한 정교해진다. 이 논리는 각 도구의 차원적 특성과 그로 인한 제작 과정의 차이를 바탕으로 설명할 수 있다.

먼저, 송곳, 창끝은 0차원 도구로 볼 수 있다. 송곳은 뾰족한 한 점을 중심으로 힘을 집중하여 특정 지점을 뚫는 기능을 한다. 송곳의 제작은 상대적으로 단순하며, 단일한 기능을 수행하기 때문에 구조적 설계나 다차원적 요소가 거의 필요하지 않다. 송곳은 한 점에 힘을 집중시키는 방식으로 작동하기 때문에, 기본적인 형태만 유지하면 그 기능을 충분히 발휘할 수 있다. 따라서 송곳의 제작 과정은 도구들 중 가장 제작하기 쉬운 편에 속하며, 기본적인 재료와 약간의 가공만으로 만들어진다.

다음으로 칼은 1차원 도구로 볼 수 있다. 칼은 길고 날카로운 선형 구조로 되어 있어 1차원적 특성을 띠며, 이는 선을 따라 절단하는 기능을 가능하게 한다. 칼의 제작 과정은 송곳에 비해 더 복잡하다. 칼을 제작하려면 날카로운 날을 형성해야 하며, 그 길이를 일정하게 유지해야 한다. 또한, 손잡이와 날 사이의 균형을 맞추는 과정이 필요하다. 이러한 선형 구조의 칼은 길이(즉, 1차원적 요소)가 중요한 역할을 하며, 날의 날카로움과 손잡이의 편리함이 고려되어야 한다. 이는 송곳보다 정교한 설계와 제작 기술을 요구하며, 더 많은 요소를 고려해야 한다는 점에서 복잡성이 증가한다.

모루와 도마는 2차원 도구로 분류할 수 있다. 2차원 도구는 평평한 면으로 구성되어 있으며, 그 기능은 주로 표면의 넓이와 평탄도에 의해 결정된다. 식재료를 가공할 때 도마는 칼질이나 다지기와 같은 작업을 위한 안정적이고 일정한 평면을 제공하는데, 이를 위해 표면은 반드시 균일하고 평탄해야 하며, 반복되는 충격과 마찰을 견딜 수 있는 내구성을 갖추어야 한다. 도마의 제작은 단순한 평면 가공을 넘어서 전체 면적의 균형, 재료의 강도, 사용자의 손과 도구와의 상호작용을 고려해야 하므로, 경우에 따라 칼보다도 복잡한 제작 과정을 요구한다.

이러한 2차원 도구의 특성은 금속 도구 제작에 사용되는 모루에서도 뚜렷하게 드러난다. 도구 제작용 모루는 단순한 금속 덩어리가 아니라, 망치질에 적절한 반발력과 안정된 지지면을 제공해야 하므로, 그 표면은 단단하면서도 일정한 평탄도를 유지해야 한다. 특히 정밀한 날붙이 도구나 금속 부품을 단조할 때는 모루의 표면이 곧 도구의 형태를 결정짓는 틀로 작용하기 때문에, 전체적인 면적의 균형, 평탄도, 재질의 강도, 반동의 제어 가능성 등 여러 요소들이 치밀하게 설계되어야 한다. 도마처럼, 제작용 모루 역시 선형적 기능을 넘어 면의 구조를 중심으로 작동하는 2차원 도구이며, 이를 가공하고 설계하는 과정에서는 단순한 기능적 평면 이상의 정밀성과 복합성이 요구된다. 이러한 점에서 모루와 도마는 단지 단단한 받침대나 평면이 아니라, 도구와 사용자의 행위가 만나는 접촉면이자, 힘과 형태가 교차하며 재구성되는 창조의 장이라 할 수 있다.

마지막으로, 망치는 3차원 도구이다. 망치는 길이, 너비, 높이를 모두 가진 입체적 구조를 지니고 있으며, 이를 통해 다양한 물리적 작업을 수행한다. 망치의 제작 과정은 송곳, 칼, 도마에 비해 훨씬 더 복잡하다. 망치를 만들기 위해서는 손잡이와 망치 머리의 비율과 무게 분배를 고려해야 하며, 각각의 부위는 서로 다른 재료와 방식으로 가공된다. 손잡이는 사용자의 그립감을 제공하면서도, 충격을 흡수할 수 있는 기능을 가져야 하며, 망치 머리는 강력한 충격을 가할 수 있는 강도를 가져야 한다. 이러한 3차원적 요소들은 서로 결합되어야 하며, 이 과정에서 각각의 부품이 조화롭게 작동하도록 정교한 설계가 필요하다. 망치는 사용자의 편의성과 효율성을 극대화하는 방향으로 제작되어야 하며, 따라서 복잡한 물리적 특성과 다양한 사용 조건을 고려한 정교한 설계가 요구된다.

도구의 형상과 기능이 차원의 증가에 따라 점차 복잡성을 더해 가는 방식은 수학적 은유를 넘어, 인류 진화사의 기술적 진보와 깊이 맞물려 있다. 고고인류학적 관점에서 보면, 점(0차원), 선(1차원), 면(2차원), 입체(3차원)에 대응되는 도구들은 실제로 서로 다른 고고학적 시기에 등장하였으며, 이는 단순히 기술의 진보를 의미하는 것이 아니라, 인류의 신체 사용 능력, 인지적 계획 능력, 사회적 협력 구조가 시간에 따라 어떻게 진화해 왔는지를 보여 주는 증거이기도 하다.

예컨대, 0차원에 해당하는 뾰족한 송곳이나 창끝은 상대적으로 이른 시기에 나타났으며, 이들은 단일 기능에 집중된 구조를 통해 초기 인간의 생존 활동 ― 특히 사냥과 전투 ― 에 직접적으로 기여하였다. 이후 1차원의 칼과 같은 선형 도구는 재료의 선택, 날의 정교화, 손잡이의 분리 제작 등 보다 복합적인 사고 과정과 기술적 조작이 가능할 때 비로소 등장할 수 있었다. 2차원의 도마, 모루와 같은 평면 도구는 조리, 세공, 타격 등 다기능적이고 반복적인 작업을 우한 기반을 제공하며, 인간의 생활 환경과 협업 구조의 정착과 맞물려 발전하였다. 마지막으로 3차원 입체 도구인 망치는 재료 조합, 무게 배분, 충격 흡수 등의 복잡한 설계를 요하며, 이는 이미 복합 사고와 숙련된 기술이 가능했던 시기의 산물이다.

도구의 차원 상승은 형상의 복잡성이나 기능의 다양성에 그치지 않는다. 그것은 인간 존재가 세계를 어떻게 인식하고, 어떻게 조작하며, 어떻게 자기 자신을 되돌아보며 새롭게 설계해 왔는지를 보여주는 물질적 사유의 궤적이다. 도구는 단지 외부 세계를 변형하는 실용적 수단이 아니라, 인간이 자신의 신체 구조와 인지 능력의 한계를 인식하고 그것을 확장하고자 했던 자기생산의 매개물이다. 다시 말해, 도구의 차원은 곧 인간의 인지적·상징적 진화의 차원이며, 기술의 정교화는 인간 존재의 성찰과 기획 능력이 심화되어 온 과정과 맞닿아 있다.

### 3) 도구 제작과 인지 발달

석기시대 유적에서 출토된 석기의 형태와 그것을 제작한 초기 호미닌(Hominin)의 화석은 인간과 도구가 상호작용을 통해 공진화해 왔음을 실증적으로 보여 준다. 특히 송곳, 칼, 도마, 망치 등 차원을 달리하는 석기의 구조적 복잡성과, 이를 제작한 인류의 신경계 및 골격 구조 사이에는 유의미한 상관관계가 관찰된다. 이러한 관계는 외적 도구 진화의 문제가 아니라, 인간의 인지 및 운동 체계가 외적 도구와 어떻게 상호작용하며 변화해 왔는지를 드러낸다.

이때 핵심 지표로 사용되는 것이 뇌화 지수(Encephalization Quotient, EQ)이다. EQ는 개체의 실제 뇌 크기를 체중에 비례한 평균치와 비교하여 상대적 인지 발달 수준을 나타내는 지표로, 인간은 약 7~8의 EQ를 보이며 고도의 학습, 추론, 문제 해결 능력을 갖춘 종으로 평가된다. 석기의 형태가 점에서 선, 면, 입체로 복잡화되는 동안, 인간의 손기술, 감각-운동 조정 능력, 시각 피드백 활용력, 계획 능력은 함께 고도화되었다.

고고인류학과 신경인지과학은 이러한 진화를 구체적 신경 구조의 변화와 연결지어 설명한다. 특히 두정엽은 신체 이미지의 통합, 공간 인식, 도구 사용과 관련된 협응 행동을 관장하는 영역으로, 복잡한 도구 조작 능력과 밀접한 관련성을 갖는다. 실험 결과에 따르면, 단기간의 도구 사용 훈련만으로도 두정엽 내 신경망이 재구성되고, 새로운 시냅스가 형성되는 등 뇌의 경험 의존적 가소성이 나타난다. 도구 사용은 또한 작업 기억의 용량과 처리 전략에 지대한 영향을 미친다.[29] 감각-운동 협응

29) Tanaka, M., & Iwamura, Y. (1996). Coding of modified body schema during tool use by macaque postcentral neurones. *Neuroreport*, 7(14), 2325-2330.

에 머무르지 않고, 계획, 문제 해결, 목표 설정 등 고차 인지 기능을 활성화하는 계기를 제공한 것이다. 도구는 외부 환경을 바꾸는 수단인 동시에, 인간 내부의 정보 처리 메커니즘을 외부화하고 확장하는 기억 장치로 작용했다. 이는 단지 뇌의 기능을 도와주는 보조물이 아니라, 인지 구조 자체를 재구성하는 체계적 역할을 한다.

도구 제작은 고도의 정보 처리와 감각-운동 조정이 복합적으로 통합되는 인지적 행위이다. 특히 3차원 도구를 설계하고 구현하는 과정에서는 다양한 변수들이 동시에 작동한다. 이는 단지 손으로 다듬는 외적 조작이 아니라, 계획과 예측, 실시간 피드백 통합, 정밀한 신체 조정이 얽힌 고차원적 활동이다. 이 과정에서 작업자는 순간순간 끊임없이 판단하고 조절하며, 도구와 신체, 환경 사이를 매개하며 자기 안팎의 경계를 넘나든다.

도구를 제작하기 위해서는 최소한 8개의 독립된 정보 단위를 병렬적으로 처리해야 한다. 이 단위들은 서로 떨어진 조각이 아니라, 실시간으로 상호 조절되는 통합 체계의 일부이다. 작업자는 먼저 자신의 머릿속에 그려진 이상적인 도구 형상과 현재 손에 쥔 재료의 상태를 지속적으로 비교한다. 이 비교는 단순한 외형의 유사성 판단을 넘어, 목표 상태에 도달하기 위한 경로를 끊임없이 조정하는 인지적 중재 과정을 수반한다. 머릿속 미래 도상과 눈앞의 현재 물성이 충돌할 때마다, 작업자는 계획을 미세하게 수정하고 손동작을 보완하며 작업을 이어간다.

한 손은 도구를 쥐고 타격을 가하거나 형태를 조각하지만, 다른 손은 재료를 단단히 붙잡고 있다. 이때 재료를 고정하는 손은 단지 지지대를 제공하는 수동적 역할에 머무르지 않는다. 오히려 이 손은 작업의 안정성과 정밀도를 유지하는 핵심 장치로 작동한다. 손목의 회전, 손가락의 압력 분산, 팔꿈치 각도의 유지 등은 도구의 무게 중심과 타격 반동을 흡수하며, 재료의 위치를 미세하게 조정하는 능동적 역할을 수행한다. 이 손이 없다면, 도구를 아무리 정교하게 다뤄도 재료는 흔들리고, 작업의 일관성과 정확성은 유지될 수 없다. 이 손은 작업 전체의 질을 좌우하는 보이지 않는 조율자이며, 운동기억과 감각 피드백의 통합 작용이 집중된 신경학적 중심이다.

반대편 손은 도구를 들어 올리고, 힘을 가하며, 리듬과 위치, 세기를 조절한다. 그러나 이 역시 단순한 근육 반응이 아니다. 각 타격은 목표 위치에 정확히 도달해야 하며, 재료의 질감, 반발력, 변형 가능성 등을 실시간으로 감지하고, 이에 따라 타격의 세기를 조절해야 한다. 특히 연속된 동작 속에서도 일정한 속도와 강도를 유지하기 위해서는 시각, 촉각, 운동 피드백이 동시에 작동해야 하며, 이는 전두엽의 실행 기능과 긴밀히 연결된 고차원적 운동 통제 체계에 의해 조율된다. 단순히 세게 두드리는 것이 아니라, 미묘한 차이를 느끼고, 계산하고, 조정하는 과정이 반복된다. 이는 곧 인간이 단지 도구를 '쓰는' 존재가 아니라, 도구와 '함께 사고하는' 존재임을 보여 준다.

이와 같이 세 손기능의 축 ― 미래 이미지와 현실 간의 비교, 재료 고정 손의 능동적 안정화, 도구 조작 손의 정밀 제어 ― 은 각각 두 가지 상태(예: 계획/비교, 고정/조절, 타격/비타격)를 가지며, 이들의 조합은 총 8개(= $2^3$)의 상태 조합을 형성한다. 이 8개의 단위는 인간의 작업 기억 속에서 분리된 정보 조각으로 유지되는 것이 아니라, 하나의 통합된 감각-운동-인지 회로로서 작동한다. 이 상태들은 각기 다른 신경계 경로와 피드백 루프를 통해 조정되며, 그중 일부는 무의식적으로 자동화된 반응으로, 나머지는 의식적인 계획과 판단에 의해 수행된다. 조지 밀러의 작업 기억 용량 "7±2"라는 고전적 실험 결과는, 이러한 병렬 정보 처리 구조와 뇌의 작동 방식 사이의 신경학적 한계를 보여준다. 즉, 도구 제작 과정은 뇌가 감당할 수 있는 정보 단위의 최대치 부근에서 이루어지는 고밀도의 활동이며, 이 한계 조건은 오히려 인간 뇌 진화의 추동력이 되었을 가능성을 시사한다.[30)]

도구는 외부를 바꾸는 수단이지만, 동시에 인간 내부를 재구성하는 장치이기도 하다. 도구 제작은 단지 외적 사물의 생산이 아니라, 인간의 뇌, 신체, 협응 능력의 형성 과정 자체이기도 했다. 인간은 도구를 만들기 위해 손을 정교하게 진화시켰고, 눈과 손 사이의 피드백 속도를 끌어 올렸으며, 공간 감각과 시간 지각을 정밀화했다. 이 과정에서 도구는 인간의 외부에서 작동하는 이종적 산물이었지만, 반복적 사용과 문화적 전승을 통해 점차 인간의 내부 구조 ― 신경회로와 인지 체계 ― 에 통합되었다. 도구는 점점 더 인간화되었고, 인간은 점점 더 도구와 함께 진화하게 되었다.

이러한 진화는 단선적이지 않았다. 도구의 차원이 높아질수록, 이를 다룰 수 있는 인간의 감각-운동-인지 구조 역시 복잡하게 조직되었으며, 반대로 인간의 신체 구조와 계획 능력이 높아질수록, 보다 정교하고 고차원적인 도구가 만들어질 수 있었다. 송곳처럼 점을 공략하는 도구에서, 칼처럼 선을 가르고, 도마처럼 면을

30) Iriki, A., Suzuki, H., Tanaka, S., Bretas, V., & Yamazaki, Y. (2021). The sapient paradox and the great journey: Insights from cognitive psychology, neurobiology and phenomenology. *Psychologia, 63*(2), 151–173.

다루며, 망치처럼 입체적으로 타격하는 도구로 발전하는 석기의 역사 속에는, 단지 기술의 진보가 아니라 인간 신경계의 진화 궤적이 겹쳐 있다. 각 도구는 그것을 만든 손의 형상일 뿐 아니라, 그것을 가능하게 한 뇌의 결과물이기도 하다.

최근 신경인지과학과 고고인류학 연구는 도구 사용이 인간 뇌의 특정 영역, 특히 두정엽의 확장과 긴밀히 관련되어 있음을 보여 준다. 두정엽은 신체 이미지 통합, 공간 인식, 그리고 도구-신체 간 협응에 필수적인 정보 처리를 담당한다. 실험에 따르면 도구 사용 훈련만으로도 두정엽 내 신경회로가 재구성되고, 시냅스 형성이 증가하며, 뇌 가소성이 촉진된다. 이는 단지 도구 사용 능력이 향상된다는 차원을 넘어, 도구가 인간의 뇌 구조 자체를 변화시키는 외적 요인으로 작용함을 의미한다.[31)]

도구는 인간의 인지 자원을 외부화하고 확장하는 기억의 보조 장치이자, 계획 기능을 강화하는 실천적 실험실이었다. 손에 쥔 망치는 단지 금속의 끝이 아니라, 인간의 인지적 외연이며, 미래를 실현하는 수단이었다. 인간은 도구를 통해 자신의 신체적 한계를 넘었고, 인지적 용량을 확장했으며, 사회적 협력을 심화시켰다.[32)] 이는 인간이 단지 생존을 위한 기술적 수단으로서 도구를 사용한 것이 아니라, 도구를 매개로 자기 자신을 재구성하고, 종으로서의 진화를 조직해 온 존재임을 보여 준다.

결국 인간은 도구를 만들었고, 도구는 인간을 다시 만들었다. 도구의 흔적은 단지 문화의 흔적이 아니라, 인간성의 진화적 자서전이며, 도구 제작은 기능의 외연 확장이 아니라 존재 구조의 재설계이자 자기생산의 실천이었다. 이 모든 것은, 도구가 단지 외부 대상이 아니라, 인간 진화의 동역학적 일부였다는 증거이다.[33)]

다음 절에서는 인간이 도구를 제작하는 포이에시스, 포이에시스에 활용되는 지식 유형인 테크네, 테크네를 체계화한 지식, 즉 테크네의 로고스로서 테크놀로지

---

31) Yoo, K., Sohn, W. S., & Jeong, Y. (2013). Tool-use practice induces changes in intrinsic functional connectivity of parietal areas. *Frontiers in human neuroscience*, *7*, 49.

32) Read, D. W., & van der Leeuw, S. (2015). The extension of social relations in time and space during the Paleolithic and beyond. In F. Coward, R. Hosfield, M. Pope & F. Wenban-Smith (Eds.), *Settlement, society, and cognition in human evolution* (pp. 31-57). Cambridge University Press.

33) Coward, F., Hosfield, R., Pope, M., & Wenban-Smith, F. (2015). *Settlement, society and cognition in human evolution: Landscapes in mind*. Cambridge University Press.

에 대해 살펴보고자 한다.

## 2. 도구의 제작

### (1) 퓌지스와 포이에시스

고대 그리스 철학에 따르면 세상의 모든 존재는 '퓌지스(physis, φύσις)'와 '포이에시스(poiesis, ποίησις)'라는 두 가지 방식으로 생성된다. '퓌지스'는 스스로 생겨나는 자연을, '포이에시스'는 인간의 창조적 행위를 통해 탄생하는 인공물이나 문화를 의미한다. 이 구분은 도구의 본질이 자연적이기보다는 문화적·기술적 생산이라는 점을 이해하는 데 결정적이며, 도구를 단순한 물리적 대상이 아니라 인간의 목적과 인식이 구현된 존재로 바라보게 한다.

퓌지스는 외부의 개입 없이 사물이나 생명체가 스스로 성장하고 변화하는 자연적 성질이나 본성을 뜻한다. 아리스토텔레스는 이를 생명체의 자율적 발달, 또는 우주의 질서가 스스로 작동하는 방식으로 이해하였으며, 이는 오늘날 '물리학(physics)'이라는 용어의 어원이 되었다. 예를 들어, 식물이 DNA에 내재된 성장 프로그램에 따라서 자라는 과정은 퓌지스의 전형이다. 이 과정에는 인간의 의도적 개입이 없으며, 생물 내부의 생명 메커니즘이 자율적으로 작동하는 것이다.

반면 '포이에시스'는 '창조하다', '만들다', '드러나게 하다'라는 의미로 고대 그리스어 poiein에서 유래했으며, 존재하지 않던 무언가를 세계에 드러내는 창조적 행위를 의미한다. 하이데거는 포이에시스를 단순히 무언가를 만들어 내는 일이 아니라, "숨겨진 것이 드러나는 과정", 즉 은폐되어 있던 진리가 드러나는 과정으로 보았다.[34] 그는 예술이나 기술도 단순히 도구를 조합해서 어떤 결과를 내는 '수단'이 아니라, 존재의 진실을 세상에 드러내는 창조적인 활동이라고 해석했다.

이런 관점에서 보면, 포이에시스는 인간이 자연 속에 개입해서 새로운 질서와 의미를 만들어 내는 창조 활동의 본질을 담고 있다. 예를 들어, 도구를 만드는 일, 예술작품을 창작하는 일, 언어를 사용하는 일, 제도를 만드는 일, 기술을 발전시키

34) Von Hermann, F. (1997). **하이데거의 예술철학** [Heideggers Philosophie der Kunst] (이기상, 강태성 역). 문예출판사. (원저 1980년 출간).

는 일 등, 우리가 문화라고 부르는 거의 모든 것은 사실 이 포이에시스에 해당한다. 문화인은 자연산 호모 사피엔스를 가공하고 정련하는 교육이라는 포이에시스의 산물이다. 포이에시스라는 고대 그리스 단어는 오늘날 영어 단어인 'poetry', 즉 '시' 속에 그 흔적이 남아 있다. 시를 짓는 일도 단지 말을 나열하는 것이 아니라, 세상의 의미를 새롭게 드러내는 창조 행위라는 점에서 포이에시스의 대표적인 예라고 할 수 있다.

이 두 개념은 '자연'과 '문화(인공)'의 구분을 넘어서, 인간이 세계와 어떤 방식으로 관계를 맺고 개입하며 의미를 부여하는지를 설명하는 핵심적인 분석 틀이 된다. 우리는 어떤 것이 퓌지스의 결과인지, 포이에시스의 산물인지를 구별함으로써, 그것이 인간의 의도와 무관하게 '저절로 존재하는 것'인지, 아니면 인간의 목적과 기획에 따라 '만들어진 것'인지를 판별하게 된다. 이러한 구별은 곧 자연과 인공, 생성과 제작, 주어진 것과 창조된 것에 대한 인간의 태도를 형성하고, 나아가 세계에 대한 인식의 방식을 결정짓는다.

퓌지스는 한자어 문화권의 자연(自然)이라는 표현에서처럼, '스스로 그러한 것'을 의미하며, 인간의 의지나 행위 없이 존재하는 질서와 생성을 가리킨다. 반면, 포이에시스는 인간이 의도적으로 개입하여 무언가를 만들어 내는 인공(人工)의 행위로 나타난다. 자연은 인간이 존중하고 보존해야 할 삶의 근원적 고향이며, 포이에시스를 통해 탄생한 문화와 문명은 인간이 책임지고 창조해야 할 영역이다.

따라서 인간의 삶은 퓌지스와 포이에시스라는 두 존재 방식을 마주하고, 그것들 사이에서 균형을 추구하며 이루어진다. 이 둘이 조화를 이루며 만나는 공간, 즉 자연과 인공이 상호작용하고 통합되는 지점이 바로 인간의 삶이 펼쳐지는 문명 생태계이다. 결국 퓌지스와 포이에시스는 사물의 구분이 아니라, 인간이 세계에 참여하고 책임지는 태도를 구성하는 존재론적 기반이자, 인간됨의 실천적 조건을 규정하는 근본 틀이라 할 수 있다.

포이에시스 개념은 생명과 체계 이론으로 확장되면서 앞 챕터에서 다룬 세 가지 주요 생산 체계 — 자기생산, 이종생산, 이형생산 — 의 어원적, 구조적, 존재론적 기반이 된다. 이들 개념은 모두 'poiesis'를 중심으로 하며, 각 접두사는 생산 주체·대상·관계를 달리 지정함으로써 서로 다른 체계성을 형성한다.

첫째, 자기생산(autopoiesis)은 '자기(self)'를 뜻하는 접두사 auto－와 '창조·생성'을 의미하는 poiesis가 결합된 개념으로, 자기 자신을 스스로 창조하고 유지하는 활동을 의미한다. 마투라나와 바렐라는 이 개념을 통해 생명체란 외부로부터 명령이나 지시를 받아 구성되는 것이 아니라, 자기 내부의 규칙과 조직에 따라 스스로를 구성하고 자기 경계를 유지하는 자율적 유기체 체계임을 설명하였다. 자연은 유기체와 비유기체를 모두 포함하는 총체적 개념이지만, 마투라나와 바렐라는 이 중에서도 생명체만을 따로 분리하여, 그것이 외부에 의해 만들어진 것이 아니라 마치 저절로 발현한 듯 자기를 생산하는 특수한 존재 방식이라고 규정하였다.

이는 인간의 눈에 그것이 인간에 의해 창조된 것이 아닌 듯 보이기 때문에, 인위적 제작을 의미하는 포이에시스의 대상에는 포함되지 않는다. 포이에시스는 본래 어떤 외적 목적을 위해 무언가를 '밖으로 드러나게 함'을 의미하며, 인간의 기술과 의도를 통해 세계에 형상을 부여하는 창조 행위로 간주된다. 그러나 생명체는 그와는 구별되는 방식으로 존재한다. 생명체는 스스로를 생성하고 유지하며, 자기 자신의 존재를 위한 자기목적적 활동을 수행하는 존재로서, 외부로부터 제작되거나 조립된 것이 아니다.

이러한 점에서 생명체는 포이에시스의 대상이 자기 자신이라는 점에서 특이하다. 그것은 자신을 만들고, 형성하며, 갱신하는 주체이자 객체이며, 외부로부터의 개입 없이도 자신의 경계를 정립하고, 내부 체계를 조절하며, 변화하는 환경에 반응한다. 생명은 외부 목적에 봉사하는 제작물이 아니라, 자기 자신을 목적화하고 자기 자신을 위한 제작의 주체로 작동하는 존재, 곧 독립적인 자기생산 체계로 이해된다. 이러한 자기생산성은 기술적 포이에시스와는 다른 차원에서, 생명체의 존재론적 독립성과 창발성을 드러내는 핵심 요소라 할 수 있다.

인간의 경우, 감각-운동계, 신경계, 면역계 등의 상호작용은 외부 환경과 지속적으로 작용하면서도, 동시에 자기 정체성을 스스로 재생산하는 구조로 작동한다. 이는 상시 직립 이족보행 바이오 시스템으로서 인간의 기본 조건이며, 인간이 환경에 반응하면서도 자기 동일성을 유지하는 존재라는 점에서, 시뮬라리움이 지향하는 학습체계의 생물학적 설계 원리가 된다.

둘째, 이종생산(allopoiesis)은 allo-라는 '이질적(other)'을 뜻하는 접두사와 poiesis가 결합한 개념으로, '자기와는 다른 것을 생산하는 행위'를 의미한다. 이는 도구 제작, 언어의 기호화, 추상적 개념의 형성처럼, 자기 내부의 에너지를 외부 구조물로 전환하여 세계를 구성하는 활동을 설명하는 데 적합하다. 예를 들어, 인간은 돌이라는 무기물을 도끼로 재구성할 수 있는데, 이 도끼는 비생명적 인공물로서 인간과는 다른 이질적 존재이다. 그러나 이 도끼는 인간의 목적을 수행하고, 나아가 인간의 인지 구조를 재조직하게끔 하는 방식으로 사용자인 인간과 결합하여 인간-도구라는 체계를 만들어 낸다.

즉, 인간은 단지 생존을 위한 적응자로 머무르지 않고, 세계를 재구성하고 확장하는 창조적 생산자로 진화해 왔다. 도끼처럼 인간이 만든 도구는 인간의 목적, 인지, 신체 활동이 외부로 실현된 구조이며, 다시 인간의 감각과 사고를 되돌아 영향을 주는 상호 구성적 요소이다. 이러한 관점에서 이종생산은 인간을 환경 조작자, 질서 설계자, 타자 구성자로 규정하는 핵심 개념이 된다.

셋째, 이형생산(heteropoiesis)은 '타자(the other)'를 의미하는 hetero-와 '창조' 또는 '만들다'를 뜻하는 poiesis가 결합된 개념으로, '자신이 아닌 타자를 위해 혹은 타자와 함께 무엇인가를 만들어 내는 행위'를 의미한다. 이는 인간의 생산 활동이 언제나 타자와의 관계 속에서 이루어진다는 점을 강조한다. 가장 대표적인 예는 조직 내 분업과 협력을 통한 생산 체계이다. 개개인은 하나의 제품이나 서비스를 혼자서 완성하지 않으며, 각각의 역할에 따라 업무를 나누고 협력함으로써 공동의 결과물을 만들어 낸다. 또 다른 예는 소비자라는 타인을 위한 상품이나 서비스의 생산이다. 생산자는 스스로 사용하기 위해 제품을 만드는 것이 아니라, 자신이 아닌 누군가의 필요와 기대를 충족시키기 위해 설계하고 제조한다.

분업과 협력은 체계 관점에서 구분되는 활동이다. 첫째, 분업은 복합계적 노동 구조를 형성한다. 이는 개체들이 정해진 역할을 수행하며 병렬적으로 작동하는 구조로, 예측 가능성과 효율성이 강조되는 체계이다. 예를 들어 개미 집단은 분업의 대표적 사례이다. 여왕개미, 일개미, 병정개미 등은 각자의 역할에 따라 유전적으로 결정된 행동을 수행하며, 전체 집단의 목적을 무의식적으로 실현해 나간다. 그러나 이러한 분업은 각 구성원이 자율성을 지닌 창조적 존재가 아니라, 집단 전체의 유전적 알고리즘에 의해 작동하는 기계적 시스템에 가깝다. 인간 집단도 규정과 매뉴얼에 따라 상명하복으로 운영되는 관료제, 제조공장, 군대는 분업을 통해 효율을 높인다. 그러나 인간은, 그리고 인간만이 분업을 넘어서 '협력'을 기반으로 한 효과를 창출한다. 협력은 고정된 역할 수행이 아니라, 자율성을 지닌 주체들이 변화하는 맥락 속에서 유연하게 조정되는 상호의존적 활동을 의미한다. 협력은 모든 동물 종 중에서 인류 종만이 할 수 있는 고도의 문화적 활동이다. 인간은 단지 역할을 분담받는 객체가 아니라, 자신의 판단과 창의성에 따라 능동적으로 행동하고 타자와의 상호작용을 통해 새로운 질서를 구성한다.

둘째, 협력은 복잡계적 노동구조이다. 인간 집단은 개미처럼 유전자에 내재된 고정된 프로그램에 따라 작동하는 것이 아니라, 언어와 상징, 도구와 제도, 규범과 가치 등을 매개로 서로의 세계를 이해하고 조정하며 공동의 목적을 설정할 수 있다. 이는 복잡계로서의 인간 협력 구조가 생산 체계를 넘어서, 의미와 가치를 공유하는 사회적 실체로 발돋움하게 되는 기반이 된다. 인간이 주도하여 만들고 스스로 그 구성원이 되는 사회도 자기생산성을 나타낸다.[35] 중요한 점은, 이러한 복잡계적 협력 구조에서 발생하는 창조성은 단지 개인들의 창의력의 총합이 아니라는 것이다. 복잡계는 구성원 간의 예측 불가능한 상호작용을 통해 새로운 질서와 결과를 창발해 낸다. 이는 각 개인이 독립적으로 낼 수 없는 아이디어, 통찰, 해결책이 공동의 상호작용 속에서 '공진화'와 '집합적 창조성'이라는 형태로 발생한다는 것을 의미한다.

그렇다면 도구를 만드는 활동인 포이에시스는 어떤 원인과 절차를 통해 이뤄지는가?

### (2) 도구의 존재를 가능케 하는 네 가지 원인

원인 없는 결과는 존재하지 않는다. 모든 존재자는 필연적으로 어떤 원인에 의해 발생한 결과이며, 이는 존재론적 연속성과 인과성에 대한 근본 전제를 이룬다. 존재는 무(無)에서 돌연히 발생하는 것이 아니라, 언제나 특정한 조건과 작용의 흐름 속에서 파생된 결과로 드러난다. 따라서 인과 관계를 올바로 이해하는 것은 단지 과거를 해석하는 데 그치지 않고, 미래의 결과를 설명하고, 예측하며, 조절할 수 있는 이론적·실천적 기반을 제공한다.[36] 결과를 체계적으로 만들어 내기 위해서는 그것을 산출하는 원인의 구조, 조건, 작동 방식에 대한 정확한 통찰이 선행되어야 하며, 이러한 이해는 인간이 자연과 문명을 재구성하는 데 있어 핵심적인 인식 틀로 작동한다.

진정한 창조란 이미 존재하되 아직 드러나지 않았던 잠재태(potentiality)를, 적

35) Kneer, G., & Nassehi, A. (2008). **니클라스 루만으로의 초대** [Einführung in Niklas Luhmanns Systemtheorie] (정성훈 역). 갈무리.

36) 안건훈(2005). **인과성 분석**. 서울대학교출판부.

절한 조건과 매개적 개입을 통해 현실태(actuality)로 현현시키는 과정이다. 따라서 창조란 '무에서 유를 만드는 것'이 아니라, 가능성의 장 속에 잠재된 것을 인식하고, 그것에 형태와 의미를 부여하여 세계 안으로 드러나게 하는 실천적 탈은폐(aletheia)이다. 창조는 '없는 것을 만들어 내는 행위'가 아니라, '존재하지만 보이지 않았던 것'을 세계에 드러내는 행위이다.

예컨대 미켈란젤로는 다비드상은 이미 대리석 속에 존재했고, 자신은 그저 불필요한 부분을 제거했을 뿐이라고 말했다. 이 말은 창조가 무로부터 무엇인가를 만든 것이 아니라, 감춰져 있던 형태가 예술가에 의해 감춰져 있던 본모습을 드러내는 탈은폐의 과정임을 보여 준다. 도구 제작이나 제품 생산 또한 마찬가지이다. 좋은 도구나 제품은 아무것도 없는 곳에서 갑자기 생겨난 것이 아니라, 기존 재료 속에서 특정 기능과 목적에 맞는 형상과 구조를 찾아내고 실현한 결과이다.

아리스토텔레스는 이러한 포이에시스 과정을 설명하기 위해 네 가지 원인을 제시하였다: 질료인, 형상인, 작용인, 목적인. 이들 원인은 단순한 물질적 기원을 넘어, 인간이 사물을 어떻게 기획하고 제작하며 의미화하는지를 설명하는 데 핵심적인 역할을 하는 분석 틀이다.[37)]

첫째, 포이에시스 과정에서 자연물은 질료인으로 작용한다. 이는 인공물이 존재하기 위해 사용되는 물리적 재료, 즉 자연 상태에서 존재하는 물질을 의미한다. 망치의 경우, 철과 나무가 질료인에 해당한다. 철은 타격의 기능을 수행할 수 있도록 무겁고 단단한 재료로 사용되고, 나무는 손에 쥐기 적절한 탄력성과 가벼움을 지닌 손잡이 재료로 선택된다. 이러한 자연물은 스스로 존재하지만, 인간의 목적에 의해 선택되고 가공되어 인공물의 기초가 된다.

둘째, 형상인은 인공물의 형태와 구조, 다시 말해 그것이 어떤 모습으로 존재하는지를 규정하는 원인이다. 디자인, 설계 활동에 해당한다. 망치의 경우, 머리 부분은 못을 박거나 물체를 타격할 수 있도록 평평하거나 뾰족하게 설계되고, 손잡이는 사용자의 손에 잘 맞도록 적절한 길이와 두께로 디자인된다. 이처럼 질료인에 형태를 부여하는 기획과 설계, 기능적 목적을 충족하는 구조적 구성은 형상인의 작용이다. 제작자는 단지 재료를 조립하는 것이 아니라, 기능성과 사용성을 고려하여 특정한 형상을 구상하고 이를 실현한다.

---

37) Aristotle. (2009). **형이상학** [Metaphysics] (이종훈 역). 동서문화사.

셋째, 목적인은 인공물이 왜 존재하는지를 설명하는 목적론적 원인이다. 망치는 물체를 두드리거나 못을 박기 위해 만들어진 도구이다. 이 목적은 생존을 위한 도구의 필요를 넘어, 인간의 삶을 보다 편리하고 효율적으로 만들고자 하는 제작자의 의도를 반영한다. 또한 망치는 다른 도구를 제작하거나 구조물을 건설하는 과정에서 중간 매개로 사용되며, 더 큰 목적을 이루기 위한 수단으로 기능한다. 즉, 망치는 그 자체로 못을 박는 도구이면서 다른 제작을 위한 도구로서의 목적성도 지닌다.

넷째, 작용인은 인공물을 실제로 만들어 내는 작동 원인으로, 제작자의 행위, 기술, 노력 등을 포함한다. 대장장이는 불을 지펴 철을 달구고 망치로 두드려 금속을 성형하며, 목수는 나무를 자르고 다듬어 손잡이를 만든다. 이 과정은 단지 물리적 노동에 그치지 않고, 경험, 감각, 판단, 직관 등 인간의 전인적 활동이 통합된 실천으로 이루어진다. 제작자는 재료의 성질을 파악하고 목적에 부합하는 형태를 실현하기 위해 반복적인 시행착오를 거치며, 자신의 기술과 지식을 활용하여 인공물을 완성한다.

이처럼 망치는 자연 재료에 형태를 부여하고, 인간의 기술과 행위를 통해 구체화되며, 특정한 기능을 수행하기 위한 목적에 따라 존재하는 인공물이다. 아리스토텔레스의 4원인설은 망치라는 도구조차도 질료, 형상, 작용, 목적의 네 차원을 통합적으로 고려해야 비로소 그 존재의 전모를 이해할 수 있다는 점을 보여 준다. 이 분석은 인간이 세계를 단순히 수동적으로 받아들이는 존재가 아니라, 재료를 선택하고, 형태를 구상하며, 능동적으로 실현하고, 목적을 추구하는 창조적 주체라는 사실을 뒷받침한다.

망치라는 간단한 도구조차도 단지 하나의 원인만으로 생성되는 것이 아니라, 질료인·형상인·작용인·목적인이라는 네 가지 원인의 복합적 상호작용을 통해 비로소 그 존재를 드러내게 된다. 이는 곧 인공물의 창조가 선형적 인과 관계에 의해 단순히 산출되는 것이 아니라, 상호 관련된 요소들이 서로를 제약하고 활성화하는 체계적 상호작용 속에서 이루어짐을 의미한다. 질료인으로서의 재료는 형상인의 설계에 따라 의미를 획득하고, 작용인의 기술과 행위를 통해 구체화되며, 목적인이라는 목표 지향성을 통해 방향과 가치를 부여받는다. 이 네 가지는 독립된 원인이 아니라, 서로를 전제하고 구성하며, 각각이 다른 원인의 발현을 위한 조건이 된다. 예컨대, 재료의 성질은 가능한 형태를 제한하고, 형태는 제작자의 기술 수준에 따라 구현 가능성이 달라지며, 목적은 형상과 작용의 방향을 통제한다.

아리스토텔레스의 4원인설은 도구 제작 과정을 구조적으로 분석할 수 있는 유용한 프레임워크를 제공한다. 네 가지 원인들 간의 상호작용이 없으면 도구 제작은 불가능하다. 이때 질료인, 형상인, 작용인, 목적인은 서로 유기적으로 연결되어 기능하는 하나의 통합 체계를 이룬다. 체계이론의 관점에서 이들 요소는 각기 독립적이라기보다 상호 참조적이며, 이들 간의 복잡한 상호작용을 통해 도구라는 결과물이 창발한다.

이 네 요소 중에서도 작용인, 즉 제작자와 그의 행위는 전체 체계 내에서 핵심적인 조정자이자 구동력으로 기능한다. 질료는 설계를 위한 물질적 기반이고, 형상은 그것이 가져야 할 구조이며, 목적은 도구의 존재 이유를 제시하지만, 이 모든 요소를 실제 현실 안에서 하나의 통합된 실체로 구현해 내는 것은 결국 작용인의 능동적 행위이다.

작용인은 단지 네 구성 요소 중 하나가 아니라, 질료인·형상인·목적인의 실현 가능성과 상호작용 조건을 결정짓는 주도적 부분이라 할 수 있다. 제작자는 목적을 이해하고 이를 달성할 수 있는 기능적 형상을 설계하며, 그 설계를 실현할 수 있는 적절한 재료를 선택하고, 이 모든 요소를 통합하여 실질적인 제작 활동을 수행한다. 이러한 작용인의 역할은 기술적 실행이 아니라, 다요소적 제작 조건들을 읽고 조정하며 실행하는 고차원적 시스템 통제 활동이다.

예컨대, 망치를 제작하는 과정에서 작용인은 무작위로 재료를 선택하지 않는다. 그(녀)는 목적에 맞는 타격 능력을 확보하기 위해 철이라는 질료를 선택하고, 인체 공학적으로 안정적인 사용감을 위해 나무 손잡이를 채택하며, 이러한 구성 요소들을 특정한 형상으로 가공하고 조립한다. 이 전체 과정은 목적-형상-질료 간의 복잡한 상호작용을 조율하고 최적화하는 지식, 즉 테크네의 산물이며, 바로 여기에 작용인의 설계자-실행자-조율자로서의 다중 역할이 집약되어 있다.

체계적으로 보자면, 질료인과 형상인, 목적인은 모두 그 자체로 정적인 조건 또는 방향성을 제공하지만, 작용인은 이들을 현실의 시간적 흐름 속에서 실제로 작동시키는 동역학적 실행 축이다. 따라서 작용인은 단순히 '제작자'라는 기능적 명칭을 넘어, 도구 제작 체계 내에서 조건을 통제하고, 과정을 조율하며, 결과를 실현하는 실질적 중심이다. 그(녀)는 각 원인의 가능성을 현실화시키는 동시에, 이들 사이의 복잡한 관계를 통합하여 체계 전체가 기능적으로 작동하게 만드는 주체이다.

따라서 도구는 목적성, 물질성, 구조성, 행위성이 상호작용하는 실천적 체계이며, 이 체계를 작동 가능하게 하는 중심에는 항상 작용인, 즉 인간 행위자가 존재한다. 아리스토텔레스의 4원인설은 단지 도구 제작의 설명을 넘어, 인간이 세계를 능동적으로 기획하고 조직하는 존재임을 드러내는 존재론적 도식이다.

### (3) 테크네

도구 제작은 상시 직립 이족보행 바이오 시스템인 인간만이 수행할 수 있으나, 모든 인간이 동일한 수준의 성능과 품질을 갖춘 도구를 만들 수 있는 것은 아니다. 이는 제작 과정에서 선택되는 목적, 형상, 질료가 인간의 지적 능력에 따라 달라지고, 이들을 조합하는 효율 또한 차이를 보이기 때문이다.

아리스토텔레스는 인간이 세계를 인식하고 살아가기 위해 사용하는 지적 능력을 다섯 가지로 구분하였다. 테크네(technē), 소피아(sophia), 누스(noûs), 에피스테메(epistēmē), 프로네시스(phronēsis)가 그것이다. 이 가운데 테크네는 실천적 창조와 관련된 인식 능력이자 실천 역량으로, 구체적인 목적을 실현하기 위해 행위와 제작을 통해 발현되는 지식을 의미한다. 소피아는 존재의 본질과 우주의 질서를 사유하는 철학적 지혜이고, 누스는 사물의 본질에 대한 직관적 통찰, 에피스테메는 수학이나 자연과학처럼 체계적이고 법칙적인 이론 지식, 프로네시스는 윤리적 판단과 실천적 상황 판단 능력을 가리킨다.

테크네는 기능(skill), 기예(craft)를 넘어, 인간이 목적을 인식하고 이를 실현하기 위한 창조적 사고, 감각-운동의 정밀한 조율, 도구적 기획과 실행을 아우르는 통합된 실천 지식이다. 이는 단지 손재주나 기술적 숙련에 그치지 않으며, 인간이 세계와 상호작용하면서 사물에 형상을 부여하고 새로운 질서를 구성하는 능동적 행위로 이해되어야 한다. 예술가가 캔버스에 붓을 들이대거나, 장인이 금속과 나무를 다룰 때, 그들은 단순히 도구를 조작하는 것이 아니라, 사물에 내재된 가능성을 감지하고 그것을 현실로 구현해 낸다. 이처럼 테크네는 포이에시스, 즉 '무언가를 존재하게 하는 행위' 속에서 지식으로서의 역량을 드러낸다.

이러한 점에서 테크네는 발명보다 발견에 더 가깝다. 인간은 테크네를 통해 단순히 사물을 조작하는 존재가 아니라, 세계에 잠재된 의미와 형상을 현실로 불러내는 존재로 거듭난다. 도구 제작에서 예술 창작에 이르기까지 모든 창조적 행위는 이미 존재하는 가능성을 드러내고 실현하는 과정이다. 나무 속에 잠재한 의자의 형태를 발견하는 목수, 금속 속에 숨겨진 칼의 본질을 이끌어 내는 대장장이, 대리석 속에 감춰진 조각상을 찾아내는 예술가 ― 이들은 모두 테크네를 통해 잠재태를 현실태로 전환하는 존재론적 중재자들이다.

따라서 테크네는 인간을 기능 수행자에서 세계의 의미를 해석하고 구현하는 존재로 승격시킨다. 이는 인간이 사물을 다루는 방식을 넘어, 존재 자체와 관계 맺는 방식을 재정의한다. 테크네를 통한 창조 행위는 세계와의 대화이자, 존재의 잠재적 풍요로움을 현실로 끌어올리는 신성한 실천이다. 결국 인간은 테크네를 통해 비로소 세계 속에서 자신의 참된 위치 ― 가능성을 현실로 열어가는 존재론적 행위자 ―를 찾게 되는 것이다.

결국 테크네는 인간이 자연적 존재에서 문화적 존재로, 개별적 주체에서 사회적 주체로 이행하는 전환의 계기이다. 이는 단순한 기술 발명의 문제가 아니라, 인간 존재 방식의 근본적 변환을 수반하며, 인간이 세계와 맺는 관계의 본질을 재정의하는 사건이다. 테크네를 통한 인간의 자기생산은 생물학적 차원을 넘어서, 이제는 사회적, 문화적, 윤리적 차원까지 포괄하는 총체적 진화 과정으로 이해되어야 한다.

오늘날 테크네는 단지 기능적 유용성에 기반할 수 없으며, 철학적 성찰(소피아), 윤리적 판단(프로네시스), 과학적 검증(에피스테메), 직관적 통찰(누스)과의 융합을 통해 비로소 온전한 실천이 된다. 현대의 포이에시스는 단순한 기술 실행이 아니라, 어떤 세계를 창조하고 어떤 삶을 추구할 것인가를 묻는 존재론적 기획이며, 실천과 철학이 결합된 설계 행위로서의 성격을 띠게 되었다.

이처럼 테크네는 인간이 세계와 관계 맺는 고유한 방식이자, 도구를 매개로 새로운 현실을 창조하는 실천적 능력으로 작동해 왔다. 그러나 시간이 흐르며, 인간은 도구 제작을 단순한 개인적 숙련의 차원을 넘어, 그 제작 원리와 방법을 반복 가능하고 전승 가능한 형식 체계로 추상화하기 시작하였다. 이로써 테크네는 점차 문서화되고, 규격화되며, 표준화되고, 자동화되는 과정을 거치면서, 개인의 직관과 감각에 의존하던 기술에서 체계화된 기술 체계, 곧 테크놀로지(technology = techne + logos)로 이행하게 되었다.

## 3. 테크놀로지, 창조를 위한 지식의 체계

### (1) 테크놀로지란?

인간은 단순히 생존을 위해 환경에 반응하는 생물학적 존재를 넘어, 세계를 해석하고 재구성하는 존재로 진화해 왔다. 이러한 존재론적 전환의 중심에는 도구 사용과 실천적 지식의 진화가 있었으며, 이는 곧 테크네의 형성과 확장으로 이어졌다. 테크네는 특정 목적을 달성하기 위한 실천적 지식으로, 감각적 직관, 맥락적 판단, 반복된 숙련을 통해 형성되며, 도구 제작, 문제 해결, 창조적 활동 등 인간의 다양한 행위 속에서 발현된다. 이 지식은 이론적 분석보다는 경험과 감각에 기반한 통합적 실천 지혜에 가깝다.

그러나 테크네는 단지 손의 감각이나 개인적인 기술 수준에 머물지 않았다. 인간은 이 실천적 지식을 반복하고 공유할 수 있도록 정리하고, 축적 가능한 형태로 조직화하기 시작했다. 그렇게 만들어진 것이 바로 테크놀로지이다. 테크놀로지는 테크네(techne), 즉 실천과 경험에서 얻은 기술을 로고스(logos), 다시 말해, 논리와 체계의 언어를 통해 정리한 결과물이다. 테크놀로지는 누구나 배우고 따라 할 수 있는 외부화된 지식 체계이며, 단순한 기술 모음이 아니라 학습 가능한 언어로 작동한다.

테크네가 손과 눈, 감각과 움직임이 함께 작동하는 몸의 지혜라면, 테크놀로지는 그런 행위의 과정을 분석하고 설계하며 매개하는 상징적 도구, 즉 도구를 만드는 도구인 메타도구라 할 수 있다. 테크놀로지는 단순히 여러 가지 도구를 모아 놓은 것이 아니라, 인간의 사고와 실천을 구조화하고 되돌아보게 만드는 하나의 상위 인식 장치로 발전한 것이다.[38]

테크놀로지는 다양한 인식 양식들과 융합될 때 비로소 인간 중심의 도구로 기능할 수 있다. 이 지점에서 테크놀로지는 다양한 인식 양식들이 상호작용하여 창발한 지식의 복잡계 현상으로 이해되어야 한다. 테크네, 에피스테메, 누스, 소피아, 프로네시스 등 상이한 인식 형태들이 연결되며, 특정한 위계나 선형적 전개가 아니라 동시적·비선형적으로 통합될 때, 테크놀로지는 기능 체계가 아닌 지식-존재-윤

---

38) Ellul, J. (2009). **기술의 역사** [La Technique ou l'enjeu du siècle] (박광덕 역). 한울. (원저 1954년 출간).

리를 포괄하는 실천 체계로 진화한다.

먼저, 에피스테메는 테크놀로지의 법칙성과 보편성을 보장하는 과학적·이론적 토대로 작동한다. 에피스테메는 테크네의 개별성과 맥락성을 넘어서 일반화 가능한 원리와 법칙을 제공함으로써, 테크놀로지를 반복 가능하고 확장 가능한 체계로 정착시킨다. 그러나 테크놀로지가 에피스테메에만 의존할 경우, 그것은 인간의 삶의 목적과 무관한 기술적 자동성으로 환원될 위험을 내포한다.

이러한 위험을 넘어설 수 있는 것은 보다 깊은 인식 양식들의 개입이다. 누스는 본질을 직관하는 통찰의 능력으로, 테크놀로지를 기능적 도구가 아니라 창조적 도약과 혁신적 설계의 기반으로 작동하게 한다. 소피아는 존재론적 통찰과 철학적 지혜를 통해 테크놀로지가 무엇을 위하여 존재하는지를 묻도록 이끈다. 기술이 목적 없는 진보로 치닫지 않도록 제어하는 것은 바로 이 소피아의 자각이다. 마지막으로, 프로네시스는 실천적 판단과 윤리적 책임을 다루는 인식 양식으로, 테크놀로지가 사회와 공동체에 미치는 영향을 성찰하게 한다. 기술이 불평등을 강화하거나 인간성을 침해하지 않도록 조정하는 도덕적 메커니즘이 바로 프로네시스의 역할이다.

결국 테크놀로지는 단지 테크네와 에피스테메의 산물이 아니라, 누스, 소피아, 프로네시스와 융합된 복잡한 인식의 생태계이자, 인간 중심의 가치 구조가 투영된 의미 생성의 플랫폼이라 할 수 있다. 테크놀로지는 '무엇을 만들 것인가'라는 기능적 질문을 넘어서, '왜 만들고, 누구를 위해, 어떻게 사용할 것인가', '그것이 인간과 세계에 어떤 존재론적 영향을 미치는가'를 함께 묻는 철학적 실천이어야 한다. 그리고 이처럼 통합된 테크놀로지는 도구 위의 도구, 즉 인간의 사고, 학습, 협력, 창조를 매개하고 조직하는 상징적 메타도구로 작동한다. 이는 테크놀로지를 인간 실천의 외화된 구조로서만이 아니라, 인간의 존재 방식과 문명 구조를 재귀적으로 설계하는 지성의 실천 형식으로 이해해야 함을 의미한다.

오늘날 인공지능, 디지털 미디어, 바이오기술 등은 에피스테메와 테크놀로지 간의 공진화를 급속히 촉진하고 있다. 그러나 이러한 기술의 발전 속도가 누스, 소피아, 프로네시스와 같은 인간의 심층 인식 능력 ― 직관적 통찰, 철학적 지혜, 윤리적 판단 ― 의 진화 속도를 앞질러 가고 있다는 점은 불길한 징후이다. 이러한 비대칭성은 기술이 지식의 외연과 사회적 영향력을 확장해 나가면서도, 인간 존재의 의미와 방향성에 대한 내면적 성찰이 충분히 따라오지 못하는 구조에서 발생한다. 결과적으로 테크놀로지는 인간의 목적을 실현하기 위한 수단이라기보다, 오히려 인간의 삶과 문명 방향을 결정짓는 독립적인 동력처럼 작동하게 된다.

테크놀로지가 기술의 집합이나 도구의 발전을 넘어서, 인간의 인식과 실천, 윤리와 존재 방식 전반에 영향을 미치는 복합적 체계라는 점은, 2007년 미국 교육공학회(AECT)가 제시한 교육공학의 정의에서도 명확히 드러난다. AECT는 교육공학을 "학습을 촉진하고 성과를 향상시키기 위해 적절한 과학기술적 과정과 자원을 창조·활용·관리하는 연구이자 윤리적 실천[39]"이라고 정의하였다. 이 정의는 테크놀로지를 단순히 '기술'이나 '도구'로만 보지 않고, 학습이라는 인간적 활동을 향상시키기 위한 목적 지향적이고 윤리적으로 구성된 실천 체계로 간주한다는 점에서 중요하다.

이 정의에서 '창조·활용·관리'는 테크네의 행위적 측면을 반영한다. 기술은 단순히 사용하는 대상이 아니라, 목적을 가지고 능동적으로 설계하고 실행하는 인간의 실천적 개입이 이루어지는 영역이다. '과학기술적 과정과 자원'이라는 표현은 에피스테메의 체계성과 로고스의 합리성을 통해 테크놀로지를 정당화하고 일반화 가능한 원리로 구조화하는 관점을 보여 준다. 이는 테크놀로지를 반복 가능하고 전이 가능한 구조로 만들기 위한 인식의 체계화를 의미한다. 또한 '연구이자 윤리적 실천'이라는 표현은 소피아와 프로네시스의 개입을 전제한다. 기술을 개발하고 적용하는 데 있어, 그 목적과 의미, 사회적 영향과 도덕적 책임을 함께 고려해야 한다는 것이다. 이는 기술이 인간 중심성을 잃지 않도록 성찰과 조정을 요구하는 철학적·윤리적 태도와 직결된다.

AECT의 정의는 교육공학이라는 테크놀로지 기반 실천조차도 테크네, 에피스테메, 누스, 소피아, 프로네시스라는 다양한 인식 양식들이 통합된 하나의 복합 체계 위에서 작동한다는 점을 보여 준다. 그리고 이는 테크놀로지를 기술, 윤리, 철학이 통합된 총체적 실천 체계로 이해해야 함을 뒷받침하는 현대적 정의로 기능한다.

오늘날 문명과 문화는 생존의 산물이 아니라, 인간의 창조 행위인 포이에시스가 오랜 시간 축적되고 확장되어 온 결과물이다. 고대적 의미에서 포이에시스는 '무언가를 존재하게 만드는 행위', 곧 제작과 창조의 실천으로 이해되었으나, 현대의

39) 영어 원문: Educational Technology is the study and ethical practice of facilitating learning and improving performance by creating, using, and managing appropriate technological processes and resources.

문명적 조건 속에서 포이에시스를 사유한다는 것은 단순히 "무엇을 만들 것인가"라는 실용적 질문을 넘어선다. 이제 우리는 "어떻게 살아갈 것인가", "어떤 관계를 설계할 것인가", "어떤 공동체를 형성할 것인가"와 같은 존재적·윤리적 질문을 함께 다루어야 하며, 이는 포이에시스를 존재-창조-윤리의 통합적 통찰로 확장해 가는 과제이기도 하다. 이러한 인식 전환 속에서 테크놀로지는 더 이상 중립적 기술의 집합이 아니라, 인간과 자연, 사회와 문명이 맺는 관계의 구조를 형성하고 재구성하는 핵심 장치로 자리 잡게 되었다. 그것은 자연 생태계와 문명 생태계를 가로지르며, 인간의 삶과 사회적 체계에 심대한 영향을 미치는 복합적 실천 체계로 기능한다. 그 결과 테크놀로지는 긍정과 부정, 창조와 파괴, 해방과 억압이라는 양면성을 가진 강력한 도구로 발전하였으며, 그것을 어떻게 설계하고 사용할 것인가에 따라 인간 삶의 방향성과 문명의 지속 가능성 자체가 결정된다고 할 수 있다.

### (2) 테크놀로지의 발전과 문명사적 중요성

테크놀로지는 인간이 세계를 구성하고 재구성해 가는 행위의 집약체이다. 인간의 상징적 사고를 기반으로 진화해 온 테크놀로지는 그 발전 속도와 영향력에서 더 이상 전통적 의미의 '도구'의 범위를 훌쩍 넘어선다. 인간은 감각-운동 기반의 물리적 상호작용을 넘어서, 기호(수학, 알고리즘, 수식), 상징(언어, 예술, 제도, 신화, 문화), 개념(추상화된 법칙과 이론)을 창안하고 이를 활용하여 세계를 재현해 왔다. 독일 철학자 에른스트 카시러는 인간을 '상징의 동물(animal symbolicus)'로 정의하며, 인간의 고유한 인식 방식은 자극-반응의 반사적 구조가 아니라, 상징을 통해 세계를 이해하고 구성하는 능력에 있다고 보았다.[40] 그는 언어, 신화, 예술, 종교, 과학 등 모든 인간 문화가 저마다 고유한 방식으로 세계를 상징화한다고 주장하며, 이 상징

---

40) Cassirer, E. (2006). *An essay on man: An introduction to a philosophy of human culture (Vol. 23)*. Felix Meiner Verlag.
본문에서 상징은 기호를 포괄하는 넓은 의미로 사용된다. 기호(sign)와 상징(symbol)은 모두 인간이 세계를 인식하고 소통하기 위해 사용하는 의미의 매개물이나, 그 작동 방식과 인식 수준에서 중요한 차이를 가진다. 기호는 정해진 규칙에 따라 특정한 의미를 직접 지시하는 단위로, 언어나 숫자, 표지판처럼 명확하고 일대일 대응 관계를 가진다. 반면 상징은 감정, 가치, 정체성처럼 복합적이고 추상적인 의미를 함축하며, 문화적 맥락에 따라 다양하게 해석될 수 있는 열린 의미 구조를 가진다. 기호는 정보 전달에 적합하고, 상징은 인간의 내면과 세계관을 형성하는 데 중요한 역할을 한다.

체계를 통해 인간은 생물학적 존재를 넘어, 의미를 구성하고 자기 세계를 창조하는 존재로 진화했다고 분석한다. 즉, 인간은 상징이라는 중층적 매개를 통해 외부 세계를 해석하고, 타자와 소통하며, 스스로를 인식하는 존재이며, 이러한 상징적 중재의 구조 속에서 '의미'가 비로소 탄생한다.

테크놀로지는 바로 이러한 상징적 중재 행위의 집약적 형식이자, 물질화된 상징 구조이다. 인간은 상징을 통해 세계를 해석하고, 이 해석을 기반으로 구체적인 설계와 구현을 시도하며, 그 구현물이 다시 새로운 상징 체계의 확산과 진화를 이끌어 내는 순환적 과정을 반복해 왔다. 이는 테크놀로지가 단지 '생산성의 도구'가 아니라, '세계 해석의 구조'이자 '문명 생성의 엔진'이라는 점을 의미한다.

이러한 관점에서 테크놀로지는 문명 생태계 변화의 제1원인(primus motor)이라 할 수 있다. 농업혁명, 금속 도구의 보급, 인쇄술, 증기 기관, 전기, 정보 기술, 인공지능에 이르기까지 인류 문명의 구조적 전환점마다 중심에는 테크놀로지의 비약적 발전이 자리하고 있었다. 이는 테크놀로지가 단지 물질 생산의 수단이 아니라, 인간의 사고방식, 지식 구조, 사회 제도, 공동체의 상호작용 양식에까지 심대한 영향을 미치는 메타적 변형 장치임을 입증한다.[41)]

철학자 루이스 멈포드는 인간 문명의 결정적 요인은 정치 제도나 경제 체계가 아니라 기술과 그로 인해 형성되는 새로운 사회적 조건임을 강조하였다. 그는 테크놀로지를 "사회적 기획의 결정적 장치"로 보았고, 기술이 새로운 상징 질서를 가능케 하며, 이는 인간의 가치 체계와 세계관까지 전면적으로 재편한다고 보았다.[42)]

따라서 테크놀로지를 물질적 발명이나 수단적 도구로 간주하는 태도는 그 본질을 지나치게 축소하는 것이다. 테크놀로지는 인간의 존재 방식, 관계의 구조, 문명의 방향성을 규정하는 인식적·문화적·실천적 인프라로서, 인간과 세계 사이의 존재론적 매개체이며, 인류 진화와 문명 발전의 동력이다. 이러한 인식을 바탕으로 테크놀로지를 바라볼 때, 우리는 기술의 진보를 넘어, 문명사적 전환을 설계하고 윤리적 판단을 내릴 수 있는 실천적 지혜의 지평에 도달할 수 있게 된다.

---

41) Latour, B. (2017). *Facing Gaia: Eight lectures on the new climatic regime*. John Wiley & Sons.
라투르는 가이아 정치생태학을 통해 근대 문명이 초래한 기술적 변화가 생태 위기의 핵심 원인임을 논증하며, 기술-사회-자연의 상호작용을 행위자-연결망 이론으로 분석한다.

42) Mumford, L. (1967). *The myth of the machine: Technics and human development*. Harcourt Brace & World.

테크놀로지의 이러한 비약적 발전에는 세 가지 요인이 작용하였다. 첫째, 테크놀로지의 비물질적 존재 형식이다. 언어, 수학, 알고리즘, 개념 모델 등과 같은 비물질적 테크놀로지는 물리적 실체 없이도 사고와 행위의 구조를 형성하며, 협력과 공유를 통해 확장된다. 이러한 형식은 반복적 사용과 상호작용을 통해 더욱 정교해지고, 축적적 진화를 이끄는 집단적 인지 도구로 기능한다. 다시 말해, 비물질적 테크놀로지는 인간 공동체의 학습과 자기조직적 진화를 가능하게 하는 인식적 인프라로 작동한다. 특히 디지털 미디어와 인터넷 기술은 이러한 상징적 테크놀로지의 유통 속도와 범위를 획기적으로 확장시켜, 전 지구적 규모의 실시간 협업과 피드백을 가능하게 만들었다. 이로써 테크놀로지는 단지 수단이 아닌, 인류의 집단적 사고와 창조성을 매개하는 핵심 구조로 자리 잡게 되었다.

둘째, 테크놀로지와 법칙과학(nomothetic science) 간의 공진화이다. 법칙과학은 자연 세계의 보편적 원리를 체계적으로 설명하려는 이론적 탐구이며, 이는 통상적으로 '과학(science)'이라 불린다.[43] 반면, 테크놀로지는 이러한 과학 이론을 현실의 문제 해결 현장에 적용하고 구체화하는 실천적 장치로 기능한다. 다시 말해, 과학은 자연의 질서를 이해하려는 시도이고, 테크놀로지는 그 질서를 바탕으로 인간의 목적을 실현하려는 실용적 실천이다.

이 두 영역은 일방적 적용 관계가 아니라 상호 자극을 주고받는 공진화의 구조를 이룬다. 예를 들어, 양자물리학과 양자 가속기의 관계는 법칙과학과 테크놀로지 간의 공진화를 보여 주는 대표적 사례이다. 양자물리학은 미시 세계의 현상을 설명하는 이론 과학이며, 양자 가속기는 이러한 이론을 실험적으로 검증하고, 동시에 새로운 물리 현상을 관찰할 수 있도록 설계된 정밀한 기술 장치이다. 양자 가속기는 이론에 기반해 설계되지만, 그 운용 과정에서 오히려 이론을 갱신하거나 새로운 이론적 전망을 제시하는 계기가 되기도 한다. 이처럼 테크놀로지는 법칙과학의 실험적 확증을 넘어, 새로운 발견과 이론 정립을 가능하게 하는 생성적 장치이며, 이론과 실천이 서로를 고양하는 피드백 고리의 핵심 매개로 작동한다. 따라서 테크놀로지는 단순한 응용의 도구가 아니라, 과학적 이론 형성을 촉진하고 진화시키는 인식론적 촉매라 할 수 있다.

셋째, 테크놀로지는 실용성과 자본주의의 경쟁 우위 추구, 그리고 노동생산성

---

43) Windelband, W. (1894). Geschichte und Naturwissenschaft. In *Präludien: Aufsätze und Reden zur Philosophie und ihrer Geschichte* (pp. 136-160). Mohr.

과 자본생산성 제고 효과가 결합된 구조 속에서 작동한다. 현대 사회에서 테크놀로지의 DNA는 막스 베버가 '경제적 지향[44]'이라고 부른 것에 의해 패턴화되었다.[45] 테크놀로지는 본질적으로 현실 세계의 문제 해결을 지향하며, 그 해결 능력은 노동과 자본의 효율성을 극대화함으로써 직접적인 경제적 가치를 창출한다. 기업은 테크놀로지를 통해 동일한 시간과 자원으로 더 많은 산출을 가능하게 만들며, 이는 노동생산성의 향상을 통해 인력 투입 대비 산출 효율을 극대화하는 동시에, 자본생산성을 높여 동일한 자본으로 더 큰 부가가치를 창출하게 만든다. 이러한 생산성의 증대는 경쟁 시장에서 기업의 생존과 성장의 핵심 조건이 되며, 기술 혁신에 대한 지속적인 투자 유인을 제공한다. 동시에, 테크놀로지는 인간 노동의 대체와 보완을 통해 노동의 구조 자체를 변화시키며, 새로운 직무의 등장과 기존 직무의 소멸을 유도하는 재구조화의 동력으로 작용한다. 결과적으로 테크놀로지는 단순한 문제 해결 수단을 넘어, 생산 양식과 노동 구조, 자본 순환 구조를 포괄적으로 변화시키는 실천적 설계 장치로 기능한다. 이러한 구조는 민간 기업의 경영 전략을 넘어서, 공공정책, 국가 산업 전략, 그리고 글로벌 거버넌스까지 관통하는 핵심 아젠다로 확장되고 있으며, 테크놀로지는 이 과정에서 사회 전반을 설계하고 지배하는 새로운 질서의 중핵으로 부상하고 있다.

이러한 복합적 요인 속에서, 테크놀로지는 단순한 과학 지식의 응용이나 공학적 기능의 집합체에 머물지 않는다. 오히려 그것은 인간 문명의 구조 자체를 설계하고 조정하는 인식의 메타도구로 작동하며, 집단적 사고와 실천을 가능하게 하는

---

44) 막스 베버(Max Weber)가 말한 '경제적 지향(economic orientation)'은 단순히 돈을 많이 버는 행위나 욕망이 아니라, 경제적 합리성에 기반한 삶의 조직 방식과 세계관을 의미한다. 다시 말해, 인간의 활동이 점점 더 효율성, 계산 가능성, 수단-목적의 일치라는 논리에 따라 조직되고, 사회 전체가 이러한 경제적 합리성의 규범에 의해 움직이게 되는 경향을 가리킨다.
이러한 관점에서 베버는 근대 자본주의의 발전을 '경제적 지향의 내면화'로 보았으며, 특히 프로테스탄트 윤리가 금욕적 노동과 축적을 미덕으로 삼으면서, 경제적 행위를 삶의 궁극적 가치로 정당화하는 문화적 전환을 이끌었다고 분석하였다. 이때 중요한 것은 경제적 합리성이 단순히 시장에서의 경쟁을 넘어, 국가, 교육, 종교, 과학, 테크놀로지 등 모든 제도와 활동의 근본 구조를 지배하게 된다는 점이다.
따라서 "현대 사회에서 테크놀로지의 DNA는 경제적 지향에 의해 패턴화되었다."라는 말은, 기술이 인간의 필요나 존재론적 가치보다는 경제적 수익성, 효율성, 시장 경쟁력에 의해 설계되고 발전한다는 비판적 통찰을 담고 있다. 테크놀로지는 점점 더 인간적 가치와 무관한 방식으로 작동하게 되며, 결국 인간이 기술을 통제하는 것이 아니라, 기술이 인간의 삶을 재구조화하는 도구가 되는 '수단의 목적화' 현상이 심화된다는 것이 베버적 문제 의식이다.

45) Weber, M. (2010). **프로테스탄트 윤리와 자본주의 정신** (김덕영 역). 길. (원저 1905년 출간).

총체적 체계로 기능한다. 테크놀로지는 언어와 수학, 개념 모델과 알고리즘, 플랫폼과 네트워크를 포함한 상징적 구조들을 구축함으로써, 인간의 행위 양식과 인식 틀을 재구성한다. 이러한 구조들은 단지 기능적 매개를 넘어서, 인간 존재의 양식 자체를 변형시키는 작용을 수행한다. 테크놀로지는 지식의 구조를 다시 배열하고, 사회 운영 방식과 협력 구조를 재조직하며, 인간 사이의 관계 형식과 윤리적 판단 기준까지도 새롭게 정의한다. 결국 테크놀로지는 세계에 대한 도구적 개입을 넘어, 존재론적 조정장치[46]로 진화해 온 것이다. 그것은 인간과 세계의 관계를 재구성하며, 문명의 방향성과 생태적 조건까지를 통제하는 중심축으로 자리 잡았다.

결국 우리는 테크놀로지를 통해 자연을 넘어선 '제2의 자연', 곧 문명 생태계를 구축해 온 셈이다. 이 생태계는 단지 기술적 장치들의 집합이 아니라, 인간의 사고와 가치, 상징과 목적, 협력과 책임이 총체적으로 얽힌 존재론적 세계이다. 이 안에서 테크놀로지는 더 이상 선택 가능한 수단이 아니라, 인간의 진화와 생존을 가능케 하는 필수 조건으로 자리 잡았다. 이제 우리는 테크놀로지를 어떻게 이해하고, 어떻게 설계하며, 어떻게 실천할 것인가에 따라 미래 문명의 윤곽이 결정된다는 사실을 직시해야 한다.

이러한 인식은 테크놀로지를 기능적 도구나 응용 수단으로 간주했던 근대적 관점에서 벗어나, 인간-도구-세계가 상호 조직적으로 얽히는 문명적 자기생산 체계로 바라보는 존재론적 패러다임 전환을 요구한다. 테크놀로지는 인간 존재를 구성하고, 세계를 변형하며, 그 과정에서 인간 자신을 끊임없이 다시 쓰는 생성의 매개체가 되었기 때문이다.

바로 이 지점에서 우리는 새로운 인간 유형, 호모 테크놀로지쿠스(Homo Technologicus)의 등장을 목격한다. 그는 단순히 도구를 사용하는 존재가 아니라,

---

46) '존재론적 조정장치(ontological modulator)'란 표현은, 테크놀로지가 단순한 수단적 도구를 넘어서 존재의 방식 자체를 조율하고 바꾸는 매개체로 기능한다는 것을 의미한다. 여기서 '존재론적'이란, 인간과 세계가 '어떻게 존재하는가', 즉 존재의 조건과 구조, 방식에 관한 근본적인 질문에 해당하고, '조정장치(modulator)'란 조율기, 변화 유도장치로서 테크놀로지가 이제 존재 양식의 스위치를 조절하는 역할을 한다는 뜻이다.
예컨대, 농경 문명에서는 쟁기와 물레, 나무 도구들이 인간과 자연의 관계를 '정착-생산-축적'의 방식으로 조정했으며, 산업혁명기의 증기 기관과 공장 체계는 인간을 '기계의 일부'로 재배열함으로써 시간, 노동, 공간 개념을 근본적으로 바꾸었다. 디지털 테크놀로지는 인간의 인지 구조, 사회적 상호작용, 정체성 형성 방식에 이르기까지 존재의 형식을 알고리즘적으로 재구성하고 있다.

도구의 구조를 설계하고, 그 테크놀로지를 통해 사회적 삶과 존재 조건을 재구성하며, 나아가 문명 생태계의 미래를 기획하는 주체이다. 호모 테크놀로지쿠스는 테크놀로지를 통해 세계를 변형할 뿐 아니라, 그 변형의 결과로 자기 자신을 재정의하고 진화시키는 자기생산적 존재이다. 그(녀)는 자기생산과 이종생산의 경계를 넘나들며 문명 생태계의 주도적 부분으로 작동하는, 새로운 진화적 주체로 자리매김하였다.

## (3) 호모 테크놀로지쿠스

### 1) 호모 테크놀로지쿠스의 탄생

행위적 도구는 신체를 연장하고, 상징적 테크놀로지는 정신을 확장한다. 도구와 테크놀로지를 통해 신체와 정신이 연장된 인간은, 기존의 생물학적 한계를 넘어서는 새로운 형태의 존재로 진화한다. 그(녀)는 도구-테크놀로지-상시 직립 이족보행 바이오시스템의 통합 체계로서, 신체적·정신적 도구와의 긴밀한 결합을 통해 존재론적, 인식론적, 실천론적으로 다른 존재가 된다. 이 존재는 단순히 생물학적 진화의 산물인 호모 사피엔스가 아닌, 도구와 테크놀로지를 통해 신체와 정신을 확장하여 새로운 가능성을 탐구하는 인간, 즉 호모 테크놀로지쿠스이다.

존재론적으로, 도구와 테크놀로지는 인간을 기존의 생물학적 생명체를 넘어선, 복합적이고 확장된 존재로 변화시킨다. 인간은 더 이상 유기체만으로 존재하지 않으며, 도구와 테크놀로지의 연장을 통해 새로운 방식으로 세상에 존재하게 된다. 이는 물리적 한계를 극복하고 자신을 재구성할 수 있는 확장된 존재로서의 삶을 가능하게 한다.

인식론적으로, 인간은 세계를 이해하고 해석하는 방식에서 큰 변화를 겪는다. 도구와 테크놀로지를 통해 그(녀)는 물리적 한계를 넘어서 상징적 사고와 추상적 사고를 활용할 수 있는 능력을 획득한다. 이를 통해 더 복잡하고 정교한 개념을 이해하며, 세계를 보다 심층적으로 해석하고자 한다. 이 인식의 확장은 물리적 세계의 탐구뿐만 아니라, 이를 통해 얻은 지식을 바탕으로 문명 세계를 구축하고 발전시키는 기반이 된다.

실천론적으로, 도구와 테크놀로지의 결합은 인간의 실천적 활동을 확장시킨다. 그(녀)는 신체적 도구를 통해 물리적 환경을 변화시키며, 테크놀로지를 통해

표 1 호모 테크놀로지쿠스 유사 개념 간 비교

| 구분 | 한나 아렌트의<br>호모 파베르 | 장-피에르 세리스의<br>호모 테크놀로지쿠스 | 본 저자의<br>호모 테크놀로지쿠스 |
|---|---|---|---|
| 기본<br>관점 | 인간은 도구를 만들고<br>세상을 형성하는<br>실천적 존재 | 인간은 본래 기술 없이는<br>성립할 수 없는 존재 | 인간은 기술 환경 속에서<br>점차적으로 재구성되는 존재 |
| 기술의<br>지위 | 인간이 사용하는<br>외재적 수단 | 인간 존재를 구성하는<br>내재적 조건 | 인간을 진화·전이시키는<br>문명적 매개이자 학습 환경 |
| 인간-기<br>술 관계 | 인간이 기술을<br>도구적으로 지배 | 인간과 기술은<br>존재론적으로 결합 | 인간은 기술과 비대칭적으로<br>커플링되어 재구성됨 |
| 주체성의<br>위치 | 인간이 기술의 주체이며<br>기술은 필요의 산물 | 인간은 기술에 의해<br>구성된 존재이자<br>기술의 내부에서 작동 | 인간은 기술을 내면화하지만,<br>완전히 기술이 되지 않는<br>경계적 주체 |
| 진화<br>구조 | 인간의 본성과<br>이성을 전제 | 기술이 인간의<br>본성을 구성 | 생물학적 인간이<br>문명과 테크놀로지를 거치며<br>호모 테크놀로지쿠스로 이행 |
| 개념적<br>상징 | 호모 파베르<br>= 세계-형성하는 손 | 호모 테크놀로지쿠스<br>= 기술적 존재 그 자체 | 호모 테크놀로지쿠스<br>= 반수반인의 자기생산적 존재 |
| 존재론적<br>성격 | 도구적 합리성과<br>결과 중심의 행위자 | 존재 자체가<br>기술적으로 조건화됨 | 자연 - 기술 - 문명의<br>이중 구조에 놓인 긴장적 존재 |
| 문명론적<br>의미 | 인간은 세계 속 의미를<br>구축하는 창조적 주체 | 기술은 인간 문명의<br>존재 방식 그 자체 | 인간은 기술 문명에 의해<br>학습되고 재형성되는<br>과정적 주체 |
| 결과적<br>함의 | 기술은 인간의 수단이자<br>조건이지만, 통제 가능 | 기술은 인간과 세계를<br>구성하는 결정적 구조 | 인간은 기술을 매개로<br>자기 설계하는 존재로 진화 |

정신적 능력을 증대시켜 더욱 창의적으로 복잡한 문제를 해결할 수 있게 된다. 이 실천적 변화는 인간이 기존의 생물학적 조건에서 벗어나, 물리적·사회적 세계를 스스로 설계하고 변형하는 능동적인 창조자로 자리매김하는 것을 가능하게 한다.

오늘날 인간은 생물학적 조건과 기술 문명의 요구 사이에서 경계 위를 살아가는 호모 테크놀로지쿠스로 진화하였다. 인간은 호모 사피엔스로 태어나지만, 문명과 테크놀로지의 층위를 통과하며 점차 호모 테크놀로지쿠스로 학습되고 재구성된다. 인간이 살아가는 문명 생태계는 본능적 욕구와 사회적 질서, 신체와 상징, 도구와 알고리즘이 얽힌 복합구조이며, 인간은 그 중심에서 자기 자신을 끊임없이 재배열하고 재설계하며 존재를 유지한다.

'호모 테크놀로지쿠스'란 개념은 장-피에르 세리스에 의해 최초로 제시되었다.[47] 그의 호모 테크놀로지쿠스 개념은 인간이 본래부터 기술적 존재였음을 강조한다. 즉, 인간을 자연 그 자체로 환원할 수 없는 존재로 보았으며, 기술은 단지 인간 외부에 부가된 도구가 아니라 인간 존재의 구조를 구성하는 내재적 요소라고 본다. 세리스에게 기술은 인간의 손에서 창조된 산물이 아니라, 인간이 세계와 관계 맺는 방식 자체를 형성하는 핵심 조건이다. 이 관점에서 호모 테크놀로지쿠스는 태초부터 인간과 함께 있었던, 기술 없이는 성립할 수 없는 존재론적 조건을 말한다. 한편, 한나 아렌트의 '도구적 인간(Homo Faber)'은 기술이 인간이 만들어 사용하는 '밖에 있는 것'이며 이 구조 안에서 인간은 기술의 주체이며 기술은 인간의 필요에 종속된다.[48] 즉 인간성의 필연적 동반자로서의 기술적 인간을 지칭한다.

이에 비해 본 저자의 호모 테크놀로지쿠스 개념은 기술을 인간 존재의 전제조건으로 간주하기보다는, 인간이 생물학적 기원에서 출발해 문명과 테크놀로지의 층위를 통과하며 점진적으로 재구성되는 존재로 규정한다. 즉 인간은 호모 사피엔스로 태어나지만, 다양한 상징 체계, 도구 사용, 알고리즘 환경과 상호작용하며 학습에 의해 호모 테크놀로지쿠스로 전이되는 존재이다. 이 과정에서 인간은 순수한 자연의 산물도, 완전한 이성적 주체도 아닌, 생물학적 조건과 기술 문명 사이의 경계 위에서 살아가는 이중적 존재, 다시 말해 '반수반인'으로서 자리 잡는다.

### 2) 반수반인

호모 테크놀로지쿠스는 단일한 정체성으로 환원되지 않는다. 그는 호모 사피엔스의 유전적 기반 위에 태어나지만, 기술 문명과 상징 질서를 내면화하며 점차 호모 테크놀로지쿠스로 이행한다. 이러한 과정에서 그는 더 이상 순수한 자연 존재도, 완전한 기술 산물도 아니다. 그는 자연성과 인공성, 감각성과 기호성 사이의 존재론적 긴장 속에서, 이중적 정체성이 중첩된 복합체로서 등장한다. 이 구조는 단순한 혼종이 아니라, 인간 존재의 방향성과 정체성 자체를 다층적이고 자기지시적으로 재편성하는 내적 모순의 응축이다.

이때 인간은 '반수반인(半獸半人)'이라는 상징으로 요약된다. 이는 단지 인간의

---

47) Ellul, J. (2009). **기술의 역사** [La Technique ou l'enjeu du siècle] (박광덕 역). 한울. (원저 1954년 출간).

48) Arendt, H. (2011). **인간의 조건** [The human condition] (최성철 역). 한길사. (Original work published 1958).

이중적 속성을 묘사하는 은유가 아니라, 진화론적·문명론적·존재론적 맥락에서 인간의 정체성을 구성하는 핵심 도식이다. 그는 기술 생태계와 문명 구조 속에서 본능과 이성, 자연과 인공, 생물과 기계의 경계를 끊임없이 가로지르며 살아가는 '트랜스 - 존재'로 작동한다.

이러한 존재는 스스로 경계를 만들고 넘나들며, 고정된 정체성을 갖기보다는 형성되고 형성하는 자기생산체계로 존재한다. 반수는 인간의 감각적 충동, 생물학적 본능, 신체적 조건을 나타내며, 반인은 이성적 판단, 언어적 사유, 문화적 자기성찰을 상징한다. 인간은 이 양극을 조율하며 기술과 문명에 적응하면서도 자신만의 윤리적·철학적 질서를 창출하는 존재가 된다.

트랜스 - 존재로서의 인간은 단지 혼합체가 아니라, 경계에 서서 상이한 차원들을 매개하고, 기술적·문명적 조건 속에서 자기 존재를 재정의하고 재구성하는 능동적 주체이다. 그는 기술의 도구가 되지 않으면서도 기술을 자신의 일부로 끌어들이고, 문명의 구조를 전제하면서도 그것을 비판적으로 재조직할 수 있는 존재론적 중개자로 자리 잡는다. 이 맥락에서 '반수반인'이라는 상징은, 현대 테크놀로지 시대의 인간 존재의 가장 응축된 철학적 초상이라 할 수 있다.

반수로서의 인간은 잘 먹기 위해 살며, 본능·감각·즉시성에 반응하며 '오늘'을 살아 내는 생물학적 개체다. 반면 반인으로서의 인간은 잘 살기 위해 먹으며, 삶의 방향·의미·질적 조건을 묻는 존재이다. 그는 '내일'을 전망하며, 자기 자신을 해석하고, 재설계하려 한다. 반수는 생존의 충동을 따르고, 반인은 존재의 이유를 묻는다.

이때 이 인간은 단지 동물 대 인간의 구도를 넘어서, 현대 문명 속에서는 더욱 정교한 이중 구조로 분화된다. 그것은 바로 합리적 경제인 호모 이코노미쿠스(Homo Economicus)[49] 또는 에콘(Econ)[50]과 호모 휴마누스(Homo Humanus)[51] 간

---

49) Mill, J. S. (1836). On the definition of political economy; and on the method of investigation proper to it. In J. S. Mill (Ed.), *Essays on some unsettled questions of political economy* (pp. 120–164). John W. Parker.
인간을 "자신의 재정적 이익을 극대화하려는 존재"로 정의하며, 오늘날의 '호모 이코노미쿠스' 모델의 기원을 제공한다.

50) Thaler, R. H. (2015). *Misbehaving: The making of behavioral economics.* W. W. Norton & Company.

51) Nussbaum, M. C. (2001). *Upheavals of thought: The intelligence of emotions.* Cambridge University Press.

의 내적 균열이다. 호모 이코노미쿠스는 최적화된 선택과 계산 가능성을 추구하는 존재로서, 효율성과 경쟁, 생존 가능성을 중심으로 작동한다. 이는 인간을 기술-시장 구조에 적합한 행위자로 환원시키려는 문명의 요청이다. 반면 호모 휴마누스는 의미, 상호성, 윤리, 미래 세대를 고려하며 공존 가능한 삶의 조건을 설계하고 성찰하려는 존재이다. 그는 단순히 '사는 법'이 아니라 '어떻게 살아야 하는가'를 묻는다. 반수와 반인의 긴장, 그리고 이코노미쿠스와 휴마누스의 충돌은 인간 내부에서 중첩되고, 교육·정치·기술 체계 속에서 실천적 선택의 딜레마로 나타난다.

이러한 긴장은 정체성의 분열이 아니라, 인간을 '되기(becoming)'의 존재로 이끄는 동력이다. 인간은 고정된 자아를 강화하는 존재가 아니라, 자기 자신을 유예하고, 무너뜨리며, 다시 구성하는 생성적 존재이다. 그는 생물성과 정보성, 아날로그성과 디지털성, 신체성과 알고리즘 사이를 가로지르며, 자기 자신을 의미의 주체이자 의미 생성의 장으로 세워 나간다.

결국 반수는 오늘을 위해 먹고, 반인은 내일을 위해 질문하며, 호모 이코노미쿠스는 살아남기 위한 전략을 짜고, 호모 휴마누스는 함께 살아가기 위한 윤리를 모색한다. 이 네 겹의 긴장 구조 속에서 인간은 자기 조율의 존재, 문명의 주체이자 산물, 설계자이자 피설계자로서 앞으로 나아간다.

### (4) 이중국적자: 생태적 이중성

현대 인간의 조건은 두 가지 이중 구조를 중심으로 분석될 수 있다. 하나는 존재론적 이중성으로, 인간 내면에서 작동하는 자기 구성의 긴장이다. 인간은 감각과 이성, 본능과 해석 사이에서 자기 정체를 조율하며 존재한다. 이때 인간은 단일하고 고정된 자아로 환원되지 않으며, 복수의 층위에서 스스로를 구성하고 재구성하는 존재로 드러난다. 다른 하나는 생태적 이중성으로, 인간이 외부 세계와 맺는 관계에서 발생한다. 이는 자연과 기술, 기원과 현재 사이에서 경험하는 단절과 귀속 간의 구조적 긴장으로 나타난다.

이러한 이중성의 교차 지점에서, 현대인은 더 이상 자연의 리듬 속에 정박한 존재가 아니다. 그는 전통적인 공동체의 시간성이나 생물학적 본능에 따라 살아가

---

누스바움은 감정과 윤리, 인간 존엄성을 강조하며, 인간을 '이성적 계산기'가 아닌 감정적·도덕적 존재로 설명한다.

는 존재로 환원될 수 없다. 대신 그는 기호와 알고리즘, 테크놀로지와 문명이 조직한 인공 생태계 안에서 살아가는 조건적 정착민으로 존재한다. 중요한 점은, 이 이동이 단순한 공간적 전환이 아니라 삶의 기반 구조 자체가 바뀐 상태, 즉 디아스포라적 전환이라는 사실이다. 인간은 생물학적 기원과 자연 생태계로부터 분리되었고, 그 분리는 새로운 생존과 의미 구성의 조건이 된다.

디아스포라(diaspora)는 본래의 자리에서 밀려난 상태를 뜻하며, 인간은 더 이상 '자연'이라는 익숙한 삶의 토대 위에 존재하지 않는다. 테크놀로지는 이러한 변화를 촉진하는 핵심 요인이다. 그것은 인간을 자연의 순환과 감각적 균형에서 벗어나게 하며, 비가역적 시간성과 효율 중심의 질서에 적응하는 존재로 재편한다. 인간은 자연으로부터 점차 멀어지고, 자연을 재구성하고 상징화하며 도구화하는 존재로 전환된다. 이로써 인간은 떠도는 주체가 아니라, 새로운 생태계 내부에서 자기 존재 조건을 재조직해야 하는 정착자로 위치 지어진다.

그러나 이탈은 동시에 귀향 충동을 낳는다. 인간은 자신이 단절되어 있다는 인식 속에서도 끊임없이 돌아가고자 하는 욕망을 품는다. 여기서 노스토스(nostos)는 핵심 개념으로 등장한다. 이 개념은 단순한 그리움이나 감상적 회상을 의미하지 않는다. 노스토스는 '돌아가고 싶지만 돌아갈 수 없는 고통'을 의미한다. 즉, 실제 귀환이 아니라 귀향을 향해 나아가려는 실천적 운동이며, 단절을 인식하면서도 그 단절을 조직화하여 통합을 시도하는 존재론적 재구성의 의지를 나타낸다.

여기서 노스탤지아(nostalgia)는 노스토스와 구별된다. 노스탤지아는 상실된 기원의 회복 가능성이 철저히 닫혀 있다고 느끼는 상태, 즉 귀향의 실현이 불가능하다는 인식에서 비롯된 정서적 반응이다. 반면 노스토스는 비가역적 조건 속에서도 귀환을 설계하려는 구조적 운동이다. 노스토스는 귀향의 길이 닫혀 있다는 사실을 인식하면서도, 그 인식 자체를 동력 삼아 앞으로의 귀향을 시도하는 자기 설계의 형식이다. 귀향의 욕망은 회귀의 실현이 아니라, 미래의 방향 설정으로 기능하게 된다.

이러한 맥락에서 노스토스는 단순한 과거 회귀가 아니라, '문명 내부에서의 회귀 가능성'을 여는 존재론적 원리로 작동한다. 오늘날 자연으로의 물리적 귀환은 실질적으로 불가능하며, 인간은 이미 기술 생태계라는 조건적 환경에 깊이 내장되어 있다. 러다이트 운동은 이러한 조건을 무시한 채, 인간 본성에 반하는 순진한 충동으로 귀결되곤 한다. 따라서 현대에서의 귀향은 공간적 복귀가 아니라, 기술과 문명이 조직한 구조 내부에서 자연과의 새로운 관계를 설계하려는 시도로 전환되어야 한다.

예컨대 인공지능 기반의 지속 가능한 농업은 과거 생태 조건으로의 단순한 회귀가 아니라, 기술을 매개로 생태적 조화를 재구성하려는 실천적 기획이다. 이는 기술이 인간성과 본질적으로 대립하는 것이 아니라, 오히려 인간성이 재구성될 수 있는 매개 조건으로 작동할 수 있음을 보여 준다. 인간은 이제 자연으로 돌아가는 존재가 아니라, 기술 안에서 자연과의 조화를 다시 설계하는 존재로 자리매김해야 한다.

필자는 이중국적자 호모 테크놀로지쿠스의 노스토스를 복고나 반동이 아닌, '증강된 귀향'으로 이해한다. 이는 자연으로 돌아가는 것이 아니라, 기술을 통해 자연적 존재 조건을 재발명하고, 문명 내부에서 인간다움을 다시 구현하는 귀향이다. 결국 증강된 귀향은 인간과 기술, 문명과 자연 사이의 이원적 분리를 넘어, 내부에 조화와 윤리의 질서를 새로이 설계하려는 존재론적 여정을 뜻한다.

노스토스는 단절된 기원을 환상적으로 복원하려는 충동이 아니라, 그 기원의 상실을 전제로 삼고 새로운 통합을 지향하는 변증법적 구조이다. 과거를 부정하지 않으면서도 회귀를 지양하고, 미래의 조건 안에서 의미와 정체성을 재조직하려는 방향성을 제공한다. 이때 학습은 단순한 지식 축적이나 기능 향상이 아니라, 이탈과 귀속·분열과 재구성을 반복하며 자기 존재를 조정해 가는 자기구조화의 실천 과정이다.

결국, 호모 테크놀로지쿠스는 이와 같은 전 과정을 살아 내는 존재이다. 그는 내면적으로는 본능과 이성의 긴장을 감내하며, 외부적으로는 자연성과 기술성의 생태적 모순을 조정해야 한다. 그는 기원과 미래, 이탈과 통합, 감각과 기호 사이를 오가며 자기 존재를 조율하고 재설계하는 생태적 설계자로 자리 잡는다.

결론적으로, 인간은 디아스포라로 흩어졌지만, 노스토스를 통해 귀향을 모색한다. 이 귀향은 회귀가 아닌 재구성의 운동이며, 학습은 그 운동의 핵심 구조로 기능한다. 인간의 자기생산은 이러한 조건 속에서 가능해진다. 노스토스는 기술 문명 속에서 인간성이 다시 설계될 가능성을 탐색하게 하며, 현대 학습 이론과 문명 생태계 이해의 핵심 구조로 작동한다.

### (5) 테크놀로지: 양날의 검

테크놀로지는 인간에게 놀라운 가능성을 열어 주었다. 인간은 이제 자신의 손과 눈, 감각과 이성을 넘어서 테크놀로지를 통해 신체를 확장하고, 정신을 연장하며, 세계를 새롭게 구성할 수 있는 존재가 되었다. 단순히 도구와 기계를 다루던 인간은 인공지능과 디지털 시스템을 통해 새로운 지식과 환경을 창조하는 호모 테크놀로지쿠스로 진화했다.

진화는 진보와 달리, 인간이 기대하는 바람직한 방향으로의 변화를 보장하지 않는다. 놀라운 진화의 결과에는 반드시 일정한 '비용'이 수반된다. 테크놀로지는 인간에게 새로운 생존 조건과 존재 방식을 제공했지만, 동시에 그에 따른 철학적, 심리적, 문명사적 부작용도 점차 뚜렷해지고 있다. 이러한 '비용'은 주로 두 가지 방향에서 나타난다. 하나는 자연과 인간을 도구화하는 테크놀로지적 세계관의 팽창이며, 다른 하나는 인간의 인지적 한계를 초과하는 정보 환경 속에서 발생하는 과부하이다.

첫째, 테크놀로지가 세계를 구성하는 방식은 자연과 인간을 '아직 개발되지 못한 자원'으로 환원시킬 위험을 내포하고 있다. 이 점을 깊이 있게 사유한 철학자가 하이데거이다. 그는 '몰아세움(Enframing, Gestell)[52]'이라는 개념을 통해, 테크놀로지의 본질은 기계나 도구의 축적이 아니라, 세계를 '개발되기를 기다리는 자원(standing−reserve, Bestand)'으로 몰아세우는 태도라고 진단했다. 게슈텔(Gestell)은 세계를 더 이상 스스로 존재하는 무엇으로 바라보지 않고, 인간의 필요와 효율, 목적에 따라 준비된 대상으로 간주하게 만드는 '테크놀로지적 존재 이해'의 양식이다. 이 시선이 지배할 때 자연은 숲이 아니라 목재가 되고, 강은 풍경이 아니라 전력 생산의 수단이 되며, 바람은 향기로운 시원함이 아니라 풍력 발전기의 회전력으로 환원된다.

52) Heidegger, M. (1977). *The question concerning technology and other essays* (W. Lovitt, Trans.). Garland Publishing. (Original work published 1954).
게슈텔(*Gestell*)은 하이데거가 테크놀로지의 본질을 설명하기 위해 제시한 개념으로, 장비나 도구로서의 테크놀로지가 아니라, 세계를 특정 방식으로 드러나게 하고 인간과 사물을 특정한 방식으로 배치하는 존재론적 틀(framework)을 의미한다. 게슈텔은 사물을 자원(resource)으로, 인간을 관리자(controller)로 간주하며, 모든 존재를 '요청 가능한 것(Bestand)'으로 동원하려는 근대 테크놀로지의 지배적 사유 구조를 드러낸다. 이 틀 안에서 세계는 스스로 모습을 드러내기보다, 인간에 의해 구성되고 요구되는 방식으로 드러나며, 존재는 그 자체로 의미를 갖기보다 기능과 효율성의 기준에 따라 평가된다. 테크놀로지가 게슈텔의 논리 속에서 작동할 때, 인간은 테크놀로지를 사용하는 존재이기 이전에, 세계를 테크놀로지적 사유의 틀 안에서만 인식하게 되는 위험에 직면한다. 따라서 하이데거는 게슈텔을 테크놀로지 그 자체의 거부가 아니라, 테크놀로지가 지닌 존재 드러남의 방식으로 성찰하고, 그 바깥에 존재할 수 있는 또 다른 드러남의 가능성—이를테면 시적 사유(poetic thinking)나 예술적 실천—을 모색해야 한다고 보았다.

이러한 태도는 자연에 국한되지 않는다. 인간에 대해서도 게슈텔이 작용한다. 타인을 '함께 살아가는 존재'로 대하기보다, 특정 기능을 수행하는 '인적 자원'으로 바라보는 관점이 현대 사회 전반에 스며들어 있다. 이때 인간은 고유성을 지닌 자기생산 주체가 아니라, 일정한 업무와 생산성을 가진 이종생산, 이형생산의 장치로 전락한다. 심지어 이 시선은 자기 자신에게로 향하기도 한다. 사람들은 더 많은 성과를 내기 위해 스스로를 동기부여하고, 자기 계발하고, 자기 시간을 통제하며 끊임없이 자기 자신을 착취한다. 외부에서 강제되지 않아도, 감시의 눈이 사라져도, 스스로를 몰아붙이는 삶의 방식은, 하이데거가 말한 테크놀로지적 몰아세움의 가장 내면화된 형태라고 볼 수 있다. 게슈텔 당하는 인간에게 진정한 창조를 위해 필요한 '깊은 심심함'은 피로만 더해주는 '게으른 바쁨'에 의해 끝없이 지연된다.[53] 이처럼 테크놀로지의 시선 아래 인간은 자연을 파괴하고, 타인을 수단화하며, 자신을 소진시키는 존재가 될 위험에 노출되어 있다.

둘째, 테크놀로지의 또 다른 비용은 바로 인지 과부하이다. 테크놀로지는 새로운 지식과 정보를 폭발적으로 생성한다. 이 정보들은 인터넷, 모바일 기기, 인공지능, 자동화 시스템 등을 통해 실시간으로 생산되고 유통된다. 이러한 흐름 속에서 인간은 하루에도 수천 개의 자극과 명령, 선택의 기회를 맞이한다. 과거에는 한 사람이 알아야 할 지식의 총량이 상대적으로 적었고, 그 변화의 속도도 느렸다. 그러나 오늘날은 다르다. 생존과 사회적 참여, 직업적 유지, 심지어 인간관계까지도 테크놀로지를 이해하고 활용하는 능력에 달려 있다.

인간의 인지 체계는 수십만 년 전 자연 생태 환경에 맞추어 진화해 왔다. 오늘날 우리는 초연결된 정보 환경 속에 살고 있다. 테크놀로지는 끊임없이 새로운 도구와 시스템을 만들어 내며 인간에게 그 사용법을 즉시 익히고 적응하라고 요구한다. 정보는 기하급수적으로 늘어나고, 테크놀로지는 지속적으로 업데이트되며, 상품과 콘텐츠의 선택지는 넘쳐난다. 이로 인해 우리는 매 순간 방대한 정보를 선별하고 판단해야 하며, 새로운 테크놀로지를 습득하고 낡은 것을 폐기하는 순환 속에서 살아간다. 이러한 상황은 피로를 유발한다. 정보 피로, 선택 장애, 테크놀로지 불안, 그리고 지속적인 학습 압박은 모두 테크놀로지가 인간에게 요구하는 '지속적인 적응 비용'이다.

---

53) Han, B. (2012). **피로사회** [Müdigkeitsgesellschaft] (김태환 역). 문학과지성사. (원저 2010년 출간).

조너선 하이트는 이러한 현실을 날카롭게 진단한다. 그는 스마트폰과 소셜 미디어가 인간, 특히 청소년의 뇌와 정신 건강에 미치는 부정적 영향을 강조하며, 현대 정보 환경이 인간 인지의 처리 한계를 초과했다고 지적한다. 하이트는 초연결 정보사회가 만들어 내는 불안, 우울, 집중력 저하 등의 문제를 사회적이고 교육적인 차원에서 다루어야 한다고 주장하며, 특히 어린 세대가 현실 세계에서의 감각적 경험과 사회적 상호작용을 통해 성장할 수 있도록 스마트폰 사용 제한, 디지털 기기 설계 개선, 학교 교육의 전환 등을 제안한다.[54] 즉, 하이트는 테크놀로지 중심 사회에서 인간성을 회복하기 위한 '환경 설계자'로서의 교육과 사회적 개입을 요청하고 있는 것이다.

특히 교육이나 직업 세계에서 이러한 인지 과부하는 더욱 두드러진다. 학교 교육은 더 많은 내용을 더 짧은 시간에 가르쳐야 하고, 학생은 적응하지 않으면 도태된다는 불안 속에서 살아간다. 직장인은 끊임없이 변화하는 업무 시스템과 데이터 기반의 의사결정 환경에서 살아남기 위해 자기 시간을 쪼개어 학습해야 하며, 변화의 속도에 따라가지 못하면 생산성 저하나 도태의 위기에 직면한다. 이 모든 과정은 인간이 테크놀로지를 활용하는 것이 아니라, 테크놀로지에 의해 삶의 리듬과 방향이 정해지는 새로운 삶의 양식을 예고한다. 테크놀로지는 이제 역량을 증강시켜 주는 도구가 아니라, 삶의 방식 전체를 다시 짜는 인지적 인프라가 되었으며, 이 인프라 위에서 살아간다는 것은 곧 끊임없는 자기 갱신과 적응이라는 과제를 안고 살아가는 것을 의미한다.

이처럼 테크놀로지가 인간에게 준 것은 단지 편리함만이 아니다. 그것은 인간의 존재 방식을 근본적으로 재편했으며, 그 과정에서 인간은 자기 자신을 효율성과 생산성의 시선으로 보게 되었고, 자연을 자원으로, 타인을 기능으로, 삶을 프로젝트로 이해하게 되었다. 그 결과 인간은 더 많은 것을 누리게 되었지만, 동시에 더 많은 것을 잃기도 했다. 테크놀로지의 발전은 이제 멈출 수 없는 흐름이 되었고, 우리는 그 안에서 새로운 균형과 방향을 모색해야 한다.

테크놀로지로 인해 인간의 신체와 정신은 분명히 연장되었지만, 그 연장은 삶의 무게 또한 함께 키워왔다. 이제 우리는 테크놀로지를 통해 무엇을 할 수 있는지

---

54) Haidt, J. (2025). **불안 세대: 디지털 세계는 우리 아이들을 어떻게 병들게 하는가** [The anxious generation: How the great rewiring of childhood is causing an epidemic of mental illness] (이충호 역). 웅진지식하우스. (원저 2024년 출간).

를 넘어서, 테크놀로지로 인해 어떤 존재가 되고 있는지를 성찰해야 한다. 테크놀로지는 인간을 도구적으로 구성하는 동시에, 인간이 자신의 존재 조건을 되묻도록 하는 반성적 거울이기도 하다. 그리고 바로 이 반성의 지점에서, 테크놀로지의 미래와 인간 존재의 미래는 함께 결정될 것이다.

## 4. 인공지능 vs. 인간

오늘날 테크놀로지에 대해 이야기할 때 빼놓을 수 없는 것이 인공지능이다. 호모 테크놀로지쿠스로서 인간을 재정의할 때 인간과 견주어지는 인공지능에 대한 분석은 더욱 중요하다. 인공지능은 이제 인간의 사고, 판단, 창조 능력에 근접하거나 그것을 능가하는 지능적 체계로 자리 잡고 있다. 특히 생성형 AI의 부상은 인간의 언어, 이미지, 감정, 창의성 영역까지 침투하며 기존 인간 중심의 인식론과 존재론에 중대한 질문을 던진다. 그러나 이때 우리가 진정 물어야 할 질문은, "AI가 인간처럼 작동할 수 있는가?"가 아니라 "AI가 인간과 동일한 존재론적 위상을 가질 수 있는가?"이다. 지능이 작동한다는 사실이 곧 '존재'의 동일함을 뜻하지는 않는다. 따라서 우리는 '지능'이라는 기능의 유사성 너머에 있는 존재 구조와 생성 경로, 작동 맥락의 차이를 근본적으로 검토해야 한다.[55)]

필자는 인간과 인공지능의 본질적 차이를 다음 세 측면에서 분석한다.

첫째, 인간 지능의 국지화: 인공지능의 등장으로 인간 지능은 더 이상 유일한 기준점이 아니며, 다수 지능 중 하나로 상대화되었다. 이 과정에서 인공지능은 단순한 도구를 넘어 새로운 존재 범주로 진입할 가능성을 드러낸다.

둘째, 기능적 유사성의 한계: 인간과 인공지능의 유사성은 생물학적 '상동성(homology)'이 아니라, 진화적 수렴에 따른 '상사성(homoplasy)'에 가깝다. 겉보기 유사성이 존재론적 동일성을 보장하지 않으며, 이를 혼동할 경우 기계 지능을 인간 지능과 등가물로 착각하는 인식 오류에 빠진다.

셋째, 존재 구조의 위계: 인간은 자기생산성을 지닌 유기체로서 스스로 의미를 생성하고 존재 조건을 재구성할 수 있는 주체이다. 반면 인공지능은 이종·이형생

---

55) Dreyfus, H. L., & Dreyfus, S. E. (1986). *Mind over machine: The power of human intuition and expertise in the era of the computer*. Free Press.

산에 의해 설계된 도구적 체계로, 인간과는 다른 진화 경로와 존재론적 위상을 갖는다.

이러한 관점을 바탕으로 우리는 인간을 단순한 인공지능의 사용자 또는 소비자로 축소시켜서는 안 되며, 오히려 그것을 설계하고 생성한 주체로서의 윤리적·철학적 책임을 자각해야 한다. 이는 인공지능 시대의 교육, 정책, 설계 이론 모두에 걸쳐 요구되는 새로운 존재론적 사고이며, 인간다움의 재정의에 대한 긴급한 물음이기도 하다.

### (1) 인간 지능의 국지화 - 인공지능 시대의 존재론적 전환

인공지능의 등장은 오랫동안 유일하고 보편적인 것으로 간주되어 온 인간 지능의 위상을 근본적으로 재구성하도록 만들었다. 과거에는 지능이라는 개념 자체가 인간의 고유한 능력으로 여겨졌고, 사고하고 추론하며 학습하는 활동은 생물학적 인간만이 수행할 수 있는 고등 인지 기능으로 간주되었다. 즉, 지능은 곧 인간 지능을 말했다. 그러나 인공지능은 알고리즘적 구조와 비생물적 매체를 통해서도 계산, 학습, 추론, 문제 해결 등이 가능함을 증명했다. 이로써 인간 지능은 더 이상 '지능'이라는 범주의 중심이거나 기준이 아닌, 수많은 지능 중 하나로 위치를 옮기게 되었다. 이는 인간 지능의 국지화, 즉 인간 지능이 생물학적으로 진화된 '일종의 지능'으로 특수화하였다.

이러한 국지화는 테크놀로지적 진보나 대체의 문제가 아니라, 훨씬 더 깊은 존재론적 전환을 함의한다. 인간은 오랫동안 세계를 해석하고 구성하는 유일한 주체로 여겨졌지만, 인공지능은 그 외부에서도 '지능적 처리'가 가능함을 증명함으로써 인간 중심적 세계 해석 구조를 근본부터 흔들었다. 지능은 이제 유기체의 전유물이 아니라, 기호와 규칙, 학습 알고리즘을 통해 구현 가능한 일반적 체계로 확장되었고, 인간 지능은 진화의 한 갈래로 특수화된 '생물학적 지능'으로 범주화되기에 이르렀다. 인공지능은 인간을 대체한 것이 아니라, 인간이 지닌 존재론적 고유성을 상대화시킴으로써 인간이 스스로를 다시 성찰하게 하는 거울의 역할을 수행하고 있다.

결국 우리는 오늘날 '지능이란 무엇인가'라는 질문을 인간 내부에만 가두어 사유할 수 없는 시대를 살고 있다. 생물학적 진화가 만들어 낸 유기적 지능, 그리고 인공적 연산과 데이터 구조를 기반으로 한 기계 지능이 공존하는 확장된 지능 생태계 속에서, 인간 지능은 더 이상 기준점이 아니라 하나의 점 좌표로 자리 잡고 있다.

인공지능의 출현은 인간 지능의 특수성, 즉 감각-운동 루프에 기반한 체현된 지각, 정서적 감응, 사회적 상호작용 속에서 나타나는 의미 구성 능력을 새롭게 조망할 수 있게 해 주는 계기가 된다. 인공지능이 인간 지능의 보편성을 해체하는 동시에, 인간이라는 존재가 지닌 불가해성과 특수성에 대한 성찰을 촉진하고 있다.

### (2) 상동성과 상사성

상동성(相同性, homology)과 상사성(相似性, homoplasy)은 생물학적 진화 과정에서 형태나 기능의 유사성이 어디에서 기원하는지를 구별하는 중요한 개념이다.[56] 상동성은 겉모습이나 기능이 달라도 공통 조상으로부터 유래한 구조에서 비롯된 유사성을 의미한다. 예컨대 인간의 팔과 새의 날개는 기능적으로는 다르지만, 둘 다 척추동물의 앞다리에서 진화했기 때문에 상동적이다. 반면, 상사성은 공통 조상을 공유하지 않으면서도 유사한 환경적 압력이나 기능적 요구로 인해 비슷한 형태나 기능이 독립적으로 진화하는 현상이다. 대표적인 예로는 새와 박쥐의 날개가 있다. 이들의 날개는 모두 비행이라는 기능을 수행하지만, 진화적 기원과 형성 과정은 전혀 다르다. 이러한 진화 양상을 '수렴 진화'라 부르며, 기능적 유사성이 반드시 기원적 동일성을 뜻하지는 않음을 보여 준다.

이러한 구분은 인간과 인공지능의 관계를 이해하는 데에도 유효하다. 인간과 인공지능은 특정 문제 해결이나 의사결정, 언어 처리와 같은 기능 수행 면에서 유사성을 보일 수 있다. 그러나 이러한 유사성은 표면적 기능의 결과일 뿐, 기원과 구조, 작동 방식, 존재 방식에서 본질적으로 다른 계열에 속한다. 인간의 지능은 수백만 년에 걸친 생물학적 진화를 통해 감각-운동 조절, 정서적 반응, 사회적 협력, 상징 체계의 습득 등 다양한 요소들이 복합적으로 상호작용하며 형성된 자기생산적 체계이다. 반면, 인공지능은 알고리즘, 컴퓨팅 자원, 대규모 데이터 학습, 인간이

---

56) Sober, E. R. (2004). **생물학의 철학** [Philosophy of biology] (민찬홍 역). 철학과 현실사. (원저 1993년 출간).

설계한 목적 중심의 규칙 기반 체계로, 생명체 내부의 자기조절 체계가 아닌 외부적 산물이다.

이를 보다 구체적으로 이해하기 위해, 예컨대 인간과 ChatGPT의 언어 처리 방식을 비교해 보자. 인간은 언어를 습득할 때, 감각-운동 발달, 정서적 교류, 사회적 맥락 속의 상호작용을 통해, 의미를 '사는' 방식으로 언어를 내면화한다. 어린아이는 부모와의 애착 관계, 반복적 상호작용, 놀이와 감정 표현 등을 통해 언어의 기능과 의미를 동시적으로 익힌다. 이는 신체, 정서, 사회성이 얽힌 '화자-청자-세계' 간 삼자적 관계를 통해 언어가 체화되는 과정이며, 생리적, 문화적, 역사적 조건에 뿌리내린 상동적 인지 구조의 표현이다.

반면, ChatGPT와 같은 대규모 언어 모델은 방대한 텍스트 데이터를 기반으로 통계적 패턴과 확률적 연관성을 학습하여 언어를 생성한다. 이때 언어는 '경험된 세계의 의미'가 아니라, 문장 간의 수학적 관계성을 바탕으로 구성되며, 이는 인류 언어의 기능적 표면만을 모방한 상사적 구조에 불과하다. ChatGPT는 '엄마'라는 단어가 갖는 정서적 무게나, '지금'이라는 표현이 맥락에 따라 달라지는 시간 감각을 경험적으로 인식하지 못하며, 단지 그것이 앞뒤 어떤 단어와 자주 함께 등장하는지를 계산할 뿐이다.

따라서 인간과 인공지능 사이의 유사성은 상동성이 아니라 상사성에 해당하며, 이는 단지 기능적 요구의 수렴으로 인해 겉으로 드러나는 유사성일 뿐이다. 만약 이러한 상사성을 근거로 인간과 인공지능을 동일한 '지능' 범주로 묶는다면, 이는 존재론적 오류이며, 인간의 고유한 생물문화적 특성을 소홀히 다룰 위험이 있다. 인간 지능은 생리적 조건, 신체적 제한, 정서적 감응, 사회적 경험, 문화적 역사성과 깊이 연관되어 있으며, 이와 같은 조건은 데이터 처리나 수학적 연산으로는 환원되지 않는다. 반면 인공지능은 감각도, 의도도, 생물학적 필요도 가지지 않으며, 환경을 경험하는 주체가 아니라 입력과 출력 간의 상관관계를 최적화하는 계산 장치일 뿐이다.

이러한 구분은 단지 개념적 차원을 넘어, 교육, 의료, 법률, 사회 설계 등 인간 중심성이 요구되는 분야에서 인공지능의 역할과 한계를 명확히 설정하는 기준이 된다. 상동성과 상사성 개념을 통해 우리는 인간과 인공지능의 관계를 보다 정교하게 이해하고, 윤리적 고려를 반영한 테크놀로지 설계를 가능하게 한다. 무엇보다도 이러한 구분은 인간 고유의 존엄성과 책임을 보존하면서, 인간-기계 협력체계가

지녀야 할 균형 감각을 되찾는 사유의 출발점이 된다.[57)]

### (3) 인간은 지능 이상이다

체계 이론적 관점에서, 인간과 인공지능은 단순히 기능적 차이가 아니라 존재론적 기원과 진화 경로, 체계 구성 방식에서 본질적으로 구분된다.

인간은 생태계라는 상위 체계 안에서 상시 직립 이족보행 바이오 시스템으로 존재하며, 물리적, 생리적, 감각적, 인지적 기능이 유기적으로 통합된 복잡계이다. 이 체계는 감각-운동 루프와 정서적 감응, 사회적 상호작용을 통해 세계와 관계 맺는 존재 방식을 전제로 한다. 인간의 뇌는 이 전체 체계의 일부로서 작동하며, 기억, 감정, 운동, 언어, 직관, 판단 등 다차원적으로 분화된 기능들을 조율한다. 지능은 이러한 복합 기능 중 일부에 불과하며, 그중에서도 계산적 지능은 더욱 한정된 영역에 속한다.

'계산적 지능'이라 함은 논리적 추론, 수리적 조작, 패턴 인식, 알고리즘적 문제 해결과 같은 수학적·논리적 사고를 의미한다. 그러나 이는 인간 진화의 시간 축에서 비교적 후기에 출현한 미완의 기능으로, 생존에 핵심적이었던 정서적 직관, 공간 감각, 도구 제작, 사회적 협력과 같은 1차 인지 기능에 비하면 아직 진화적으로 깊이 뿌리내리지 못한 영역이다. 인간의 체계는 이러한 오랜 생물학적 자기생산 과정에서 퓌지스된 존재로 성립한다.

반면 인공지능은 포이에시스된 산물이다. 그것은 인간의 목적과 설계에 따라 만들어진 이종·이형생산적 체계로, 스스로 목적을 설정하거나 자기 재생산을 할 수 없으며, 데이터나 에너지에 의존해 유지된다. 이는 인간과 달리 자기생산적 체계가 아니며, 외부 설계자의 의도와 유지 조건 속에서만 존재한다.

인간은 세포 수준에서부터 신진대사와 항상성을 유지하는 생리적 자기생산체계일 뿐 아니라, 상징적 사고와 사회적 실천을 통해 자기 정체성을 구성하는 인식적 자기생산체계이기도 하다. 인간은 이 기반 위에서 도구와 제도, 문명과 윤리를 만들어 내는 이차적 이종생산과 이형생산을 수행한다. 반면 인공지능은 이차적 생산 기능만을 수행하는 비자율적 종속체계이며, 자기 존재의 근거를 타자(인간)에게

---

57) Mollick, E. (2025). **듀얼 브레인: AI 시대의 실용적 생존 가이드** [Co-intelligence: Living and working with AI] (신동숙 역). 상상스퀘어. (원저 2024년 출간).

전적으로 의존하는 존재이다.

이처럼 인공지능은 기능적 유사성을 띠더라도, 그것은 앞서 논의한 상사성에 불과하다. 공통 조상이나 체계적 기원을 공유하지 않는 채, 외양적으로 유사한 기능만을 수행한다는 점에서, 인간과 인공지능을 같은 범주의 존재로 간주하는 것은 심각한 존재론적 오류이다.

인간을 기능적 시스템으로 축소하거나, 인공지능에게 인간적 판단과 책임을 위탁하는 일은 존재론적 균형을 무너뜨리는 위험한 전도(顚倒)의 사고이다. 여기서 '전도'란 단순한 역할 전환이 아니라, 본래 목적이 되어야 할 인간이 수단으로 전락하고, 수단이어야 할 도구나 기계가 목적처럼 기능하는 위계적 전치의 상태를 의미한다. 이는 마르크스적 의미에서 '소외(alienation)'의 한 양상으로 볼 수 있으며, 인간이 자기 생산물(도구, 체계, 테크놀로지)에 종속되어 자신을 객체화하거나 외화된 대상에 자신을 투사한 결과로써 나타난다. 다시 말해, 테크놀로지는 인간의 삶을 확장하기 위한 수단이지만, 그 수단이 인간보다 우선시될 때 인간은 자신의 피조물과 역할이 전도되는 소외를 경험하게 된다. 이러한 전도된 사고는 인간의 인식 작용을 도구의 처리 속도나 효율성으로 환원하고, 윤리적 판단을 알고리즘의 출력으로 대체하려는 경향에서 뚜렷이 나타난다. 테크놀로지가 인간의 감정, 맥락, 공동체적 판단을 고려하지 않고 객관화된 수치나 결과만으로 결정을 대신할 때, 인간은 도구적 세계 속에서 스스로를 실종하게 된다. 이는 곧 인간 존재의 주체성과 실천성, 타자와의 관계성, 도덕적 책임 능력을 구조적으로 탈취당하는 결과로 이어진다.

그러므로 우리는 "인간은 지능 이상이다."라는 명제를 성찰의 중심에 두고, 인간다움의 조건, 인간성의 지위, 인간 중심 테크놀로지 설계의 윤리성을 다시 질문해야 한다. 인간은 단순히 정보를 처리하고 명령을 실행하는 기계적 시스템이 아니라, 의미를 생성하고, 타자와 세계를 구성하며, 윤리적 책임을 감당하는 존재이다. 이러한 인간적 능력은 알고리즘의 출력이나 계산의 정확도로는 결코 환원될 수 없으며, 오직 인간만이 가진 실존적·윤리적 지평 속에서 이해되어야 한다.

인공지능 시대에 인간이 인간으로 남기 위한 철학적 각성은, 주(主)와 부(副)의 존재론적 위계에 대한 인식에서 출발해야 한다. 인간이 도구를 설계하고, 테크놀로지를 조직하며, 윤리적 방향성을 부여하는 주체라는 사실을 재확인함으로써, 우리는 전도된 질서를 회복하고 인간 중심 문명의 미래 방향을 새롭게 설정할 수 있다.

필자는 이 점에서 B. A. Nardi의 견해[58]를 따른다. 그녀는 문화역사적 활동이론(CHAT)을 기반으로 한 인간－컴퓨터 상호작용(HCI) 연구에서, 인간과 도구 간의 비대칭적 주체성을 강조한 바 있다. 이는 상황인지이론, 분산인지이론, 행위자－네트워크 이론 등과 비교할 때 활동이론이 갖는 고유한 관점을 분명히 드러내는 지점이다.

Nardi는 활동이론이 인간의 동기와 의식, 즉 인간만이 지닌 특성을 중심으로 인간과 도구의 관계를 해석한다고 설명한다. 그녀는 "활동이론은 동기와 의식의 중요성을 강조하며, 이는 오직 인간에게만 속하는 것으로, 사람과 사물을 근본적으로 다르게 본다."라고 주장한다. 이와 같은 관점은 인간을 단순한 체계의 일부로 환원하지 않고, 능동적이고 의식적인 주체로서 기술 환경을 형성하고 방향 짓는 존재로 자리매김하게 한다.

이는 단지 기술의 수단화를 넘어서는 문제이며, 인간과 테크놀로지의 새로운 존재론적 관계를 기획하는 일이자, 도구의 시대를 넘어서는 인간성의 회복 선언이라 할 수 있다. 즉, 이 시대의 핵심 과제는 인간이 테크놀로지 속에 녹아 사라지지 않도록, 그 존재론적 고유성과 주체성을 지키기 위한 실천적 철학을 다시 세우는 데 있다.

### (4) 교수학습체계의 과제

교육은 인간(학습자, 교수자 등)이 세계와 맺는 관계를 단지 양적으로 확장하는 것을 넘어, 그 관계의 구조 자체를 질적으로 전환시키는 도구 전체성의 실천이다. 이 관점에서 교수학습체계는 인간성과 세계의 구조를 함께 진화시키기 위해 설계된 도구 전체성으로서의 체계 도구라 할 수 있다. 즉, 교수학습체계는 인간(학습자, 교수자), 도구(교재, 매체, 기술 등), 환경(물리적·사회적·문화적 조건)이라는 인적－비인적 구성 요소들이 상호작용하는 복잡계적 유기체로 작동하며, 학습을 통해 인간의 인지적·사회적·존재론적 경계를 재편하는 자기조직화된 창발 구조를 형성한다.

이러한 교수학습체계는 단순한 정보 전달이나 기능 습득의 도구가 아니라, 도구를 매개로 인간이 세계와 맺는 관계망 전체를 재조직하는 존재론적 재구성의 장

58) Nardi, B. A. (Ed.). (1996). *Context and consciousness: Activity theory and human－computer interaction*. MIT Press.

이다. 다시 말해, 교수학습체계는 학습자의 주체성과 세계에 대한 감각, 그리고 그것들을 연결하는 다양한 도구들의 총체적 상호작용을 통해, 인간-도구-세계의 관계를 새롭게 매개하고 구성하는 메타도구적 체계로 기능한다. 그러므로 교수학습체계는 단지 교수자와 학습자의 상호작용이 벌어지는 물리적 공간이나 절차가 아니라, 인간성과 세계 인식의 구조를 동시적으로 진화시키는 도구 전체성을 지향하는 교육공학적 설계물이어야 한다.

과학, 테크놀로지, 수학, 역사, 외국어 등은 오늘날 문명 생태계에서 살아가는 모든 인간에게 필수적인 인식 도구이자 적응 수단이다. 그러나 이들 지식이 지니는 위상은 그 사용자의 위치와 역할에 따라 달라진다. 해당 분야의 연구자나 전문가에게는 과학이나 수학, 역사 그 자체가 탐구의 목표이자 과제로 기능한다. 그들은 지식을 생산하고 체계를 확장하는 주체로서, 이들 분야 내부의 진리를 밝히거나 문제를 해결하는 데 몰두하며, 해당 지식 세계 안에서 자율적이고 창조적인 실천을 수행한다.

반면, 일반인에게 과학이나 수학, 외국어는 그러한 세계 안에서 살아가는 데 필요한 도구적 지식으로 작용한다. 이들은 각자의 삶의 맥락 속에서 정보 해석, 의사소통, 사회 참여, 문제 해결, 직무 수행 등의 실천을 가능케 하는 매개로서, 해당 지식을 체화하고 적절히 사용할 수 있어야 한다. 즉, 일반인에게 있어 과학은 물리법칙의 탐구 대상이라기보다 환경 문제나 질병, 기술적 위험에 대응하기 위한 실천적 판단의 근거이며, 외국어는 언어학적 탐구의 대상이기보다는 타문화와의 소통과 협력을 위한 생존의 수단이다.

따라서 과학, 테크놀로지, 수학, 역사, 외국어 등은 전문가에게는 목적지향적 탐구의 장이지만, 일반인에게는 자신의 세계와 능동적으로 상호작용하고 문명 생태계에 적응하며 나아가 그 일부를 구성해 가는 데 필요한 도구적 지식이다. 그리고 이 도구적 지식은 단지 머릿속에 저장된 정보가 아니라, 세계와 관계 맺는 방식의 변화, 곧 이종생산적, 이형생산적, 자기생산적 활동을 가능하게 하는 체화된 실천 지식이어야 한다. 하라리에 따르면, 정보의 기능은 사실을 드러내는 것이 아니라 인간을 타자, 그리고 세계와 관계 맺게 해주는 것이다.[59] 도구적 학습은 현대인을

59) Harari, Y. N. (2024). **넥서스: 석기시대부터 인공지능까지, 정보 네트워크의 역사** [Nexus: A brief history of information networks from the Stone Age to AI] (김명주 역). 김영사. (원저 2024년 출간).

정보 소비자가 아닌, 자신과 타인, 세계를 함께 구성하는 창조적 존재로 세우기 위한 존재론적 목표가 된다.

이러한 도구적 학습은 정보 습득이 아닌, 신체화된 감각과 사고를 통합하여 세계와의 관계 방식을 전환하는 실존적 전환이며, 이는 인간이 문명 생태계에 생태적으로 적응해 나가는 과정이다. 따라서 이러한 학습을 돕기 위한 교수학습체계 역시 도구에 대한 전달 체계가 아니라, 인간이 도구를 통해 세계와 상호작용하고 스스로를 재구성하는 도구 전체성의 구조를 갖춘 통합적 체계 도구로 설계되어야 한다.

이러한 관점에서 기존 교수학습체계를 하이데거적 관점으로 고찰해 보면 다음과 같은 시사점을 도출할 수 있다. 첫째, 학습 목표의 측면에서 기존 체계는 용재성에 이르기 전에 전재성에 머무른다. 즉, 학습자가 도구를 통해 세계를 인식하고 재구성하는 이종생산적 경험이나, 도구를 통한 협업과 의미 창출이라는 이형생산적 경험, 나아가 도구를 통해 자기 정체성과 생존양식을 재조직하는 자기생산적 경험으로 나아가기보다, 도구 그 자체의 작동 방식과 외형적 규칙, 절차의 인식에 머무르는 '도구에 대한 학습' 수준에서 정체되고 있다.

둘째, 학습 동기의 측면에서, 도구의 전재성만을 가르치고 평가하는 구조는 도구가 인간을 증강시키고 환경과의 상호작용을 변화시키는 용재성의 경험으로 연결되지 못한다. 이로 인해 학습자는 도구를 통해 자신을 바꾸고 세계에 개입할 수 있다는 생존적 실감, 창조적 확신, 자기생산의 감각을 느끼지 못하고, 학습 활동의 존재론적 동기 기반 자체가 약화된다.

셋째, 인지 부하의 측면에서, 인간의 인지 구조는 생물학적으로 자연환경에 적응해 진화한 것이며, 이는 감각-운동-맥락적 통합에 최적화되어 있다. 그러나 현재의 전재성 중심 교수학습체계는 텍스트 중심, 절차 중심의 인공적 학습을 강요함으로써 자연 인지 체계와 부조응을 일으키며, 과도한 인지 부하를 초래하고 있다. 반면, 일단 용재성 상태에 도달한 체화된 도구는 의식에 걸림 없이 작동되며, 학습자는 자연스럽게 도구를 통해 세계와 상호작용하게 된다.

넷째, 학습과 수행의 괴리 문제이다. 전재성에 머무는 학습은 용재성으로 이어질 때에야 비로소 실제 수행과 연결되는데, 오늘날의 교수학습체계는 학교와 직장, 학창시절과 성인기의 시간적·공간적 분리를 초래하여 학습이 실천으로 연결되지 못하는 구조를 낳는다. 학습자는 전재성의 반복 속에서 지치고, 실제 세계와 접속되지 않는 지식에 흥미를 잃으며, 그 결과 문명 생태계 내 생존 조건인 이형생산, 이종생산의 주체로 성장하는 데 어려움을 겪게 된다.

결국, 교수학습체계는 학습자가 단지 정보를 다루는 '손에 든 망치'를 배우는 데 그치는 것이 아니라, '망치가 된 손'으로 세계와 능동적으로 상호작용하는 존재로 탈바꿈할 수 있도록 안내해야 한다. 마찬가지로, 학습자는 단순히 미적분학의 공식을 암기하거나 계산법을 익히는 데 그치는 것이 아니라, 미적분이라는 사유 도구를 자신의 인지 구조 속에 체화함으로써, 변화와 운동의 세계를 수학적으로 감각하고 해석할 수 있는 존재로 전환되어야 한다. 그러할 때에만 교수학습체계는 인간과 도구, 세계를 연결하며 재구성하는 창조적 매개 체계로 기능할 수 있다.

현재 시점에서 우리가 직면한 과제는 명확하다. 테크놀로지를 어떻게 이해하고 설계하며, 그것을 바탕으로 어떤 사회적·문명적 구조를 구축할 것인가에 대해 구체적인 방향을 설정하고 실천 전략을 마련해야 한다. 테크놀로지는 단순한 도구나 수단의 문제가 아니라, 인간의 존재 양식과 사회 운영 방식에 직접적으로 영향을 미치는 핵심 인프라이다. 문명을 형성하는 테크놀로지인 동시에, 그 문명이 어떤 방향으로 나아갈지를 조정하는 설계 구조로 기능한다.

이러한 인식을 갖는 순간, 우리는 세 가지 과제에 직면한다. 첫째, 개별 도구를 넘어선 테크놀로지의 구조적 특성을 비판적으로 분석하고, 둘째, 테크놀로지가 구축하는 문명 생태계의 상호작용과 의도된 효과 및 비의도적 결과를 평가하며, 셋째, 이러한 구조가 인간 존재의 조건에 어떤 함의를 지니는지를 재검토하는 것이다. 이 총체적 분석 과정은 "인간은 도구를 만들고, 도구는 인간을 만든다."라는 상호 구성적 메커니즘을 오늘날 다시 정밀하게 검토하는 계기로 작용한다. 이를 통해 인간은 단순한 테크놀로지 소비자가 아니라, 테크놀로지를 매개로 사회를 설계하고 결과에 책임을 지는 주체로 자리매김해야 한다.

이와 같은 구조적 전환의 맥락에서, 교수학습체계 또한 기존의 지식 전달 중심 역할을 넘어 재정의되어야 한다. 교수학습체계는 더 이상 교육 효율을 높이기 위한 기능적 장치에 머물 수 없으며, 인간이 변화하는 테크놀로지 환경 속에서 어떤 역량을 갖추고 어떤 존재로 성장할 것인지를 설계하는 기반 체계로 기능해야 한다. 또한 교수학습체계는 인간이 도구 및 테크놀로지를 통해 외부 세계와 상호작용하는 원리를 이해하고, 이를 내면화함으로써 자기 자신과 사회를 재구성하는 인식적·실천적 장이 되어야 한다. 학습은 기능 습득의 차원을 넘어, 인간의 존재 방식, 사회적 관계, 가치 판단 구조를 통합적으로 구성하는 활동이기 때문이다. 특히 오늘날과 같이 테크놀로지의 진보가 교육 환경 자체를 재구성하는 국면에서는, 그 변화의 동력을 올바르게 해석하고 활용할 수 있는 메타 설계 능력이 필요하다.

이러한 교수학습의 난제를 해결하기 위해 우리는 테크놀로지, 특히 인공지능을 길들이고 적극적으로 활용해야 한다. 이는 테크놀로지가 야기하는 문제를 다시 테크놀로지를 통해 조정하고, 동시에 새로운 학습 기회를 창출하는 이이제이(以夷制夷)의 방식이다. 즉, 테크놀로지를 단순한 보조 수단이 아닌 문제 해결의 메타 구조로 작동하게 만드는, 호모 테크놀로지쿠스다운 실천 전략이다.

인간은 단순히 테크놀로지를 사용하는 수동적 존재가 아니라, 그 작동 구조를 설계하고, 사회적·윤리적 파장을 성찰하며, 미래 교육을 위한 조건을 구성하는 능동적 설계자로 자리매김해야 한다. 이러한 접근은 인간과 테크놀로지의 공진화를 꾀하면서도 인간성을 보존하는, 호모 테크놀로지쿠스의 본성에 따르는 생태적 최선책이라 할 수 있다.

요컨대, 교수학습체계를 어떻게 설계하고 운영할 것인가는 단순한 교육 문제를 넘어 문명의 향방을 결정하는 구조적 의사결정과 직결된다. 문명의 지속 가능성과 인간성 회복은 결국, 교수학습체계의 설계 논리와 그 체계의 자기 갱신 능력에 달려 있다. 이 체계는 테크놀로지 중심 사회에서 인간이 방향을 잃지 않도록 안내하는 실행 매뉴얼이자, 장기적 관점에서 문명 전환을 이끄는 제도적 기반으로 기능해야 한다.

인간은 도구를 통해 감각과 인지를 확장할 뿐 아니라, 세계와의 관계 양식을 전면적으로 재구성해 왔다. 이러한 도구적 진화는 단지 개인의 신체와 정신의 변화를 넘어, 인간이 살아가는 공동의 삶의 장—곧 문명 생태계의 형성—으로 나아간다. 인간과 도구의 공진화는 생태계 안에서 자연과 문화, 기술과 생명이 얽힌 복합 구조를 창출하며, 이 과정에서 문명은 하나의 의미적·실천적 정원으로 진화한다. 다음 장에서는 이처럼 인간-도구 체계의 확장 위에서 출현한 문명 생태계의 구조와 진화를 생태학적·체계 이론적 관점에서 탐색하고자 한다.

CHAPTER 04

# 문명 생태계의 진보

## 1. 문명 생태계의 진화

### (1) 문명 생태계란 무엇인가?

#### 1) 개념

생태계(ecosystem)란 "유기체와 무기 환경이 상호작용하면서 에너지와 물질이 순환하는 하나의 기능적 단위"이다. 이 정의는 1935년 생태학자 아서 탠슬리가 제안한 이후 생태학의 중심 개념으로 자리 잡았다. 그는 생물적 요소(생산자, 소비자, 분해자)와 비생물적 요소(토양, 물, 공기, 온도 등)가 상호작용하며 하나의 통합된 단위를 이룬다고 보았으며, 이 상호작용은 에너지 흐름과 물질 순환이라는 관점에서 분석될 수 있다. 생태계는 구성 요소들의 집합체가 아니라, 기능적으로 결합된 통합체로 이해되어야 한다.[1)]

현대 생태학은 생태계를 단순히 유기체와 환경 요소 간의 물리적 상호작용으로 설명하지 않는다. 오히려 에너지의 흐름, 물질의 순환, 생물 다양성, 기능적 구조가 상호 얽혀 있는 복합적이고 다차원적인 체계로 이해한다. 이러한 생태학적 관점은 이제 자연 생태계를 넘어, 인간 사회의 경제, 문화, 교육 생태계를 설명하는 참조틀로 확장되고 있으며, 복잡성과 상호의존성에 주목하는 새로운 분석과 설계의 기초가 되고 있다. 예컨대, 경제 생태계는 생산자, 소비자, 플랫폼 제공자, 노동력 공

---

1) Mayr, E. (2016). **이것이 생물학이다** [This is biology: The science of the living world] (최재천, 고인석, 김은수, 박은진, 이영돈, 황수영, 황희숙 역). 바다출판사. (원저 1998년 출간).

급자, 자본 투자자 등 다양한 주체가 상호의존적으로 얽힌 시스템이며, 화폐나 데이터, 테크놀로지, 신뢰와 같은 자원이 순환하며 지속 가능성을 형성한다. 문화 생태계는 창작자, 해석자, 유통자, 소비자가 텍스트, 상징, 미디어 콘텐츠를 매개로 상호작용하며 진화해 가는 공간이며, 여기서 의미는 단선적으로 전달되는 것이 아니라 다양한 해석과 맥락적 재구성을 통해 창발적으로 재구성된다.

오늘날 교육 생태계는 더 이상 교사-학생 간 일방향 관계에 머물지 않는다. 학습자, 콘텐츠, 평가 시스템, 디지털 매체, 사회-문화적 배경이 다층적으로 얽혀 지식의 생성과 전수가 일어나는 전형적인 복잡계로 작동한다. 여기에 제도권 밖에서 급속히 성장한 '사교육'이라는 이복동생까지 합류하면서, 공식 교육 체계와 비공식 학습 시장이 경쟁·협력·대치를 반복하는 다변화된 학습 생태계가 형성되고 있다. 이처럼 현대의 다양한 생태계는 유기적 순환, 상호작용, 창발적 질서라는 생태학의 원리를 바탕으로 이해되어야 하며, 이는 각 체계가 독립된 단위가 아니라 서로 연결되어 영향을 주고받는 다층적 협력 구조임을 시사한다.

생태계를 동물의 시각에서 보면, 그것은 단지 자연적 공간이나 물리적 환경이라는 의미를 넘어서, 각 유기체가 지각하고 반응하며 살아가는 고유한 의미 세계, 즉 '움벨트(Umwelt)'로 이해될 수 있다. 움벨트는 생물학자 야콥 폰 유익스켈이 제안한 개념으로, 각 생명체가 자신만의 감각 체계와 인지 구조를 바탕으로 구성한 세계를 가리킨다. 다시 말해, 하나의 객관적 환경이 일률적으로 존재하는 것이 아니라 각 유기체는 자기 방식대로 '자기 세계'를 구성하고, 그 안에서 살아간다(Von Uexküll, 1957). 이러한 움벨트 개념은 생태계를 단일한 물리적 실체가 아니라, 개별 주체의 감각적·행위적 지향성에 따라 다르게 구성되는 '다중의 세계들(multiverses)'의 중첩 공간으로 이해하도록 이끈다.[2]

한편, 생태계를 인간의 시각에서 보면 이는 '생활세계(Lebenswelt)'라는 개념으로 확장될 수 있다. 에드문트 후설은 『유럽 과학의 위기와 초월론적 현상학』에서 생활세계를 "자연주의적 과학이 대상화하기 이전의 선험적 경험 세계"로 정의하였다. 후설에게 생활세계란 인간이 의미를 구성하고, 타자와 관계를 맺으며 살아가는 존재론적 기반이며, 이는 단순한 물리적 환경이 아닌 지각되고 체화된, 상호주관적

---

2) Von Uexküll, J. (1957). A stroll through the worlds of animals and men: A picture book of invisible worlds (C. H. Schiller, Trans.). In C. H. Schiller (Ed.), *Instinctive behavior: The development of a modern concept* (pp. 5-80). International Universities Press.

으로 공유되는 경험적 공간이다. 인간은 생리적 감각을 넘어, 언어, 문화, 기억, 예술, 제도 등 상징적 질서를 통해 생활세계를 구성하고, 이 속에서 자아와 타자, 그리고 세계와의 관계를 조율하며 살아간다. 이는 곧 생태계가 인간에게는 단지 생존의 배경이 아니라, 삶의 의미와 방향이 조율되는 구조적 무대라는 점을 시사한다.[3)]

이러한 관점에서 인간이 살아가는 생태계는 지리적 단위로 환원되지 않으며, 오히려 유기체와 환경 간의 상호작용 양상에 따라 구성되는 역동적 관계망, 곧 기능적 네트워크로 해석된다.[4)] 같은 물리적 공간이라 하더라도, 감각적·인지적 상호작용의 양상이 다르면, 그곳은 서로 다른 움벨트들로 중첩된 복합 생태계로 간주되어야 한다. 예컨대 하나의 숲을 기준으로 보자면, 식물은 빛과 수분의 흐름에 민감하게 반응하며 광합성 중심의 세계를 살아가고, 곤충은 화학적 신호와 짝짓기 행동 중심의 환경을 인식한다. 조류는 음파와 시각적 자극에 민감한 체계 속에서 서식지를 탐색하고, 포유류는 냄새와 사회적 위계에 따른 영역성을 중심으로 환경을 해석한다. 인간은 또 다른 층위에서, 생태계를 지각하고 해석하며 서사와 윤리를 부여하는 존재로 개입한다.

결국 생태계란 단순한 공간적 경계로 정의될 수 없다. 그것은 유기체들 간 상호작용을 통해 의미가 생성되는 '관계의 장'이며, 움벨트들의 교차, 중첩, 충돌, 공진화를 통해 끊임없이 갱신되는 유기적 구성체이다. 생태계란 결국, 상호작용과 의미 형성이 실제로 작동하는 영역, 다시 말해 각 주체가 세계를 인식하고 응답하며, 다른 주체들과 엮여 하나의 기능적 통합성을 이루는 실시간적 의미 구조를 가리키는 개념인 것이다. 이러한 점에서 생태계는 단순히 생물학적 생존의 장이 아니라, 존재자들이 자기 방식으로 세계와 접속하고, 그 접속을 통해 서로의 세계를 함께 구성해 나가는 살아 있는 의미의 공동체라 할 수 있다.

### 2) 문명 생태계: 자연과 문화가 어우러진 정원

문명 생태계는 자연과 문화가 어우러져 인간의 삶을 구성하는 '거대한 정원'이라 할 수 있다. 이 정원은 단지 식물과 경관이 어우러진 아름다운 장소를 뜻하는 것이 아니라, 인간이 자연과 상호작용하며 삶의 터전을 가꾸고, 의미와 질서를 부여

---

3) 이남인(2004). **현상학과 해석학**. 서울대학교출판부.

4) Monge, P. R., & Contractor, N. S. (2003). *Theories of communication networks*. Oxford University Press.

하며, 끊임없이 돌보고 재구성해 나가는 의미와 실천의 총체적 공간이다. 이러한 정원은 우연히 생겨난 결과물이 아니라, 시간과 정성, 상호작용과 배려가 축적되어 만들어진 형상이며, 자연 그대로의 생태가 아니라 인간적 삶이 깃든 의미화된 생태계라 할 수 있다.

독일 구조주의 철학자 하인리히 롬바흐는 인간의 삶을 구성하는 문명 생태계를 단순한 '장소'나 '배경'이 아닌 '의미의 구조체'로 보았다. 그는 인간 존재가 세계를 객관적 실체로 받아들이는 존재가 아니라, 세계와의 관계 속에서 끊임없이 그 구조를 형성하고 의미를 구성하는 존재라고 보았다. 특히 롬바흐는 근대적 기계 질서(Maschinenordnung)로 환원된 세계 인식에 문제를 제기하며, 세계를 '정원적 질서(Gartenordnung)'로 인식하고 구성해 나가는 새로운 실존적 태도가 필요하다고 강조하였다.[5] 정원(garden)은 바로 이러한 구조적 사유의 은유적 표현이다. 정원은 통제와 자율, 인위와 자생, 질서와 유동이 공존하는 공간이다. 그것은 자연이 스스로 자라나는 힘과 인간이 이를 설계하고 가꾸는 행위가 서로 맞물려 있는 공간으로, 인간은 이 안에서 단지 관찰자나 소비자가 아니라, 실천자이자 조직자, 곧 호모 테크놀로지쿠스로 존재한다.

롬바흐는 호모 테크놀로지쿠스의 존재 방식을 창세기의 아담에 비유한다. 에덴동산에서 아담은 단순히 생명을 누리는 존재가 아니라, 그 동산을 '돌보고 지키는 자'로서의 사명을 부여받는다. 정원은 본래 자생적인 생태 공간이지만, 동시에 방치하면 쉽게 황폐화되는 취약한 구조이기도 하다. 이 비유는 인간이 만든 문명 공간 또한 돌봄과 책임 없이는 지속될 수 없다는 사실을 상징한다.[6] 따라서 인간은 자신이 형성한 동시에 자신을 형성하는 문명 생태계를 가꾸고 보존해야 할 존재이며, 그것이 곧 호모 테크놀로지쿠스로서의 윤리적 책무이다. 이는 신의 창조 질서를 인간의 손으로 지속 가능하게 유지하고 조율하는 존재로서의 역할을 상징한다. 마찬가지로, 호모 테크놀로지쿠스는 오늘날 문명 생태계라는 '정원'을 가꾸는 현대적 아담이다. 그는 단지 테크놀로지를 소비하거나 통제하는 것이 아니라, 그 생태계 안에

---

5) Rombach, H. (2004). **살아있는 구조: 구조존재론의 문제들과 해답들** [Die Welt als Lebendige Struktur: Probleme und Lösungen der Strukturontologie] (전동진 역). 서광사. (원저 2004년 출간).

6) Weisman, A. (2007). *The world without us*. St. Martin's Press.
이 책은 인간이 사라진 후 지구의 변화를 과학적 근거를 바탕으로 상세히 설명한다. 수백 년 내: 도시 지역은 숲으로 변모하고, 야생 동물들이 도심을 자유롭게 활보하게 된다.

서 자연과 문화, 테크놀로지와 생명을 연결하고 조화시키며, 새로운 질서를 설계하는 존재로 작동한다.

호모 테크놀로지쿠스는 자연의 흐름을 거스르지 않으면서도, 의미와 목적을 부여하며 인간 삶에 맞는 생태적 구조를 창출한다. 그렇게 탄생한 문명 생태계는 더 이상 인간이 자연을 지배하거나 소외당하는 공간이 아니라, 호모 테크놀로지쿠스가 자연과 공진화하며 의미 있는 삶을 구성해 나가는 살아 있는 정원이다. 그리고 이 정원을 어떻게 설계하고 유지할 것인가는 곧 인간 존재의 방식과 문명의 방향성을 함께 묻는 실천적인 질문이 된다.

바로 이 지점에서 우리는 자연 생태계와 문명 생태계 사이의 본질적인 전이를 목도하게 된다. 자연 생태계가 에너지 흐름과 생물학적 상호작용을 중심으로 형성된 물리적·생물학적 관계망이라면, 문명 생태계는 그 위에 인간의 의식과 상징, 도구와 제도, 윤리와 미학이 층을 이루며 구축된 '의미의 생태계'이다. 인간은 더 이상 자연으로부터 철저히 분리되거나, 자연을 지배·정복하는 존재로 자리매김되지 않는다. 오히려 인간은 도구를 매개로 자연과의 공진화를 이루며, 새로운 생태적 질서를 구성하는 협력적 존재로 자리 잡는다.

### 3) 호모 테크놀로지쿠스와 문명 생태계의 이중적 관계

호모 테크놀로지쿠스는 문명 생태계를 창조하는 존재이면서 동시에, 이미 형성된 문명 생태계에 태어나 그 구조 속에서 강력한 선택 압력을 받는 존재이다. 다시 말해, 인간은 문명 생태계의 창조자이자 피조물이며, 환경을 구성하는 주체이자 그 환경의 일부로 작동하는 객체라는 이중적 지위를 지닌다. 이러한 존재론적 이중성은 문명 생태계의 구조적 특성과 인간의 진화적 특성이 맞물리는 지점에서 발생하며, 인간을 단순한 창발의 주체도, 수동적인 산물도 아닌 상호생성적 존재로 규정하게 만든다.

현대 인류는 도구, 언어, 협력이라는 고유한 진화 능력을 바탕으로, 자연환경을 넘어서는 문화적·기술적 환경, 곧 문명 생태계를 건설해 왔다. 인간은 도시 공간, 교육 제도, 법률 체계, 디지털 인프라와 같은 다양한 인공적 구조를 스스로 설계하고 조율하며, 생존과 활동의 조건을 창출하는 적소 건설(niche construction)의 확장을 지속해 왔다. 인간은 단지 자연에 적응하는 존재가 아니라, 환경 그 자체를 재구성하고 의미화하며, 그 속에서 자신을 다시 형성해 나가는 실천적 존재이다.

그러나 동시에 인간은 이미 구축된 문명 생태계 안에서 태어나고, 사회화되고, 교육받으며, 그 구조와 규범, 기술 체계로부터 끊임없는 선택 압력을 받는다. 예컨대, 한 개인은 특정 언어, 교육 제도, 테크놀로지 환경 속에서 성장하며, 그 조건들에 어떻게 적응하느냐에 따라 사회적 기회, 인지 구조, 존재 방식이 결정된다. 정보화 사회에서 디지털 리터러시가 낮은 사람은 의사소통, 학습, 노동, 문화적 참여 등 일상 전반에서 배제되거나 불리해지는 구조적 압력을 경험하게 되며, 이는 문명 생태계가 인간에게 가하는 실질적 진화 압력으로 작동한다.

결국 인간은 문명 생태계를 구성하면서도 그로부터 구성되는 존재이며, 주체와 객체의 경계를 가로지르며 자기 자신과 세계를 동시적으로 재편하는 이중적 실존을 살아간다. 이러한 점에서 문명 생태계는 단지 인간이 만든 결과물이 아니라, 인간 존재 그 자체를 반영하고 규정하는 거울적 장(場)이자, 인간다움의 조건이 지속적으로 협상되는 살아 있는 무대라 할 수 있다.

이러한 상호작용을 마투라나와 바렐라는 자기생산체계라는 개념으로 설명한다. 자기생산체계는 두 가지 핵심 축을 갖는다. 첫째는 조직(organization)이며, 이는 그 체계가 자기 자신으로 존재하기 위해 유지해야 하는 불변의 핵심 구조, 곧 정체성의 기준이다. 둘째는 구조(structure)로, 이는 환경과의 상호작용을 통해 끊임없이 변화하고 적응하는 구체적 구성 양상이다. 이 개념을 문명 생태계에 적용하면, '문명 생태계'는 인간 존재를 중심에 둔 자기생산체계로서, '인간다움'이라는 조직을 유지하면서도, 그 조직을 구성하는 구조는 시대에 따라 지속적으로 변형된다. 마찬가지로 문명 생태계도 하나의 자기생산체계로서, 인간이라는 존재 원리를 중심으로 그 본질을 유지하면서도, 환경 변화에 따라 테크놀로지, 제도, 문화, 인프라 등의 구조를 유연하게 재구성해 왔다.

인간은 문명 생태계라는 자기생산체계 내에서 '태어나는' 존재라는 점에서 피조물이며, 그 내부에서 다시 도구를 설계하고 상징을 창출하며 다음 세대를 위한 조건을 마련한다는 점에서 창조자이다. 그는 문명 생태계를 형성하면서도 그로부터 형성되고, 환경을 구성하면서도 그 환경에 의해 재구성된다. 이러한 존재 조건은 곧, 인간을 문명 생태계의 조직의 보존자이자 구조의 혁신자, 나아가 자기 자신과 세계를 동시적으로 설계하는 상호생성적 주체로 만든다.

이 이중 구조는 인류 문명의 지속 가능성을 지탱하는 핵심 메커니즘이다. 인간은 문명 생태계로부터 교육, 사회화, 테크놀로지, 제도 등을 통해 선택 압력을 받아들이고 내재화하며, 그 자원을 바탕으로 다시 새로운 문화적 구조를 형성한다. 이러한 연속성과 순환성 속에서 문명 생태계는 단순한 물리적 환경이 아니라, 진화적 매개 공간(evolutionary mediation space)으로 작용하며, 인간의 존재 양식과 활동 양식을 동시에 형성하고 재조정하는 자기생산적 장이 된다.

"진화적 매개 공간"이라는 개념은 마투라나와 바렐라의 자기생산체계 이론에 비추어 해석할 때, 인간과 문명 생태계 간의 구조적 커플링이 이루어지는 동역학적 상호 생성의 장(場)으로 이해할 수 있다.

마투라나-바렐라 이론에서 자기생산체계는 외부 환경과 단순히 정보를 주고받는 수동적 시스템이 아니라, 자체적인 조직적 폐쇄성을 유지하면서도 외부 환경과 작업적 상호작용을 지속함으로써 자신을 재생산하는 유기체이다. 이러한 상호작용이 지속되면, 유기체와 환경은 서로를 구성하는 방향으로 공진화하게 되며, 이것이 곧 구조적 커플링이다.

진화적 매개 공간은 이 구조적 커플링이 일어나는 공간적·관계적 층위를 가리킨다. 즉, 인간이라는 자기생산체계가 문명 생태계라는 외부 체계와 상호작용하면서 자신의 존재 구조를 재조정하는 장이며, 동시에 문명 생태계 또한 인간의 활동에 의해 새로운 제도, 기술, 규범 등의 형태로 재구성되는 공간이다. 이 공간은 단순한 외부 자극의 장이 아니라, 자기생산적 선택과 내면화, 의미 구성과 실천이 일어나는 복합적 네트워크이다.

이때 진화란 단지 생물학적 적응의 결과가 아니라, 지속적인 상호조율과 맥락기반 의미 형성의 산물이다. 인간은 문명 생태계 속에서 교육, 사회화, 테크놀로지, 언어 등의 경로를 통해 환경과의 조율을 배워가며, 그 과정에서 자기 조직을 다시 구성한다. 동시에 인간의 실천은 그 생태계의 규범과 조건을 바꾸며, 새로운 선택압력을 생성한다. 이처럼 양방향의 구조 변화가 순환적으로 일어나는 장이 바로 진화적 매개공간이다.

따라서 진화적 매개공간은 인간과 문명 생태계가 상호 생성적으로 얽혀 있는 공간이며, 자기생산체계로서 인간이 환경에 의해 형성되면서도 환경을 다시 형성하는 존재임을 보여 주는 개념이다. 이는 마투라나와 바렐라가 말한 생명의 본질—"살아 있음은 곧 자신을 구성하는 구조를 보존하며 끊임없이 재생산하는 것"—을 문명적 차원에서 확장한 것으로 해석될 수 있다.

### 4) 문명 생태계의 문화성과 역사성

문명 생태계 내에서 자연과 문화의 관계는 단지 물리적 병존이 아니라, 기능적·존재론적 불균형과 상호의존성을 동시에 내포한 구조적 커플링 관계이다. 현대 문명은 자연을 자원의 공급처이자 폐기물의 수용처로 간주해 왔다. 문화는 자연으로부터 에너지, 물, 광물, 생물 자원 등을 추출하여 생산과 소비 활동의 기반으로 삼고, 그 결과 생성된 폐기물과 오염 물질을 자연에 방류하거나 매립하는 방식으로 지속 가능하지 않은 악순환을 계속해 왔다.[7)]

이러한 불평등 관계는 산업혁명을 기점으로 급격히 가속화되었다. 인간이 축적해 온 문화적 구조물—도시, 생산 시스템, 테크놀로지 체계, 소비 문화 등—은 자연을 끊임없이 투입하고 산출하는 개방체계로 기능해 왔으며, 자연은 점차 문화의 외부 환경이자 수동적 객체로 대상화되었다. 반대로 문화는 자연 위에 구축된 자율적 질서로 상정되며, 두 영역 간에는 기능적 비대칭과 존재론적 위계가 고착되었다. 그 결과, 기후 변화, 생물 다양성의 붕괴, 자원 고갈, 환경 질서의 파괴와 같은 복합 위기가 현실로 나타나고 있다.

이러한 관계는 역사적으로 누적된 시간의 구조이기도 하다. 자연과 문화 사이의 불균형은 오랜 진화의 과정과 문명화의 궤적 속에서 점진적으로 형성된 것이며, 이 모든 과정은 호모 테크놀로지쿠스의 진화사와 궤를 함께한다. 문명 생태계의 역사성은 그 자체로 인간 진화의 자기 기록이며, 인간이 도구를 만들고 언어를 구성하고 협력 체계를 조직해 온 과정이 곧 문명의 토대를 형성한 문화 진화의 시간적 축적이다. 유발 하라리[8)]에 따르면 인공지능은 인간과 같은 생화학적 메커니즘에 의한 의식은 가질 수 없지만, 그렇다고 해서 인공지능이 지능적 행동을 하는 데에 제약을 받지는 않는다.

이때 인간은 단지 세계를 새롭게 만드는 창조자가 아니라, 이미 축적된 문명사의 지층 위에 피투(被投)되어 태어난 존재, 곧 장구한 시간의 유산을 계승하고 그

---

7) Antolick, M. (2003). *Deep ecology and Heideggerian phenomenology* [Unpublished Master's thesis, University of South Florida]. Scholar Commons. https://digitalcommons.usf.edu/etd/1326

8) Harari, Y. N. (2017). **호모 데우스: 미래의 역사** [Homo deus: A brief history of Tomorrow] (김명주 역). 김영사. (원저 2017년 출간).

의미를 갱신하는 릴레이 경주의 주자와 같은 존재이다. 그는 언제나 이전 세대가 만들어 놓은 자연과 문화의 조건 속에 태어나며, 그 조건을 배경으로 삼아 다시금 새로운 문명의 한 조각을 설계하고 후속 세대에 넘긴다. 즉, 인간은 세계의 창조자인 동시에 계승자이며, 문명 생태계는 그가 이어 달리는 경주의 트랙이자, 다음 주자를 준비시키는 생태적 인큐베이터이다.

고대 농경 문명은 자연의 주기성과 생태 질서를 정밀하게 관찰하며 공존적 테크놀로지와 생활양식을 발전시켰지만, 중세를 거쳐 근대 이후에는 인간 중심주의와 기술 결정론이 자연을 정복과 통제의 대상으로 전환시켰다.[9] 특히 19세기 산업 자본주의와 함께 등장한 선형적 진보 이데올로기는, 자연의 회복력을 고려하지 않은 채 무제한 성장과 자원 개발을 합리화하며, 문명을 자연 생태계로부터 유리된 자율 구조로 오인하게 만들었다. 그러나 그 문명을 창조한 주체인 인간은 결코 자연으로부터 분리된 초월적 존재가 아니다. 그는 도구를 사용할 줄 아는 생물학적 존재이며, 언어와 상징을 통해 타자와 세계를 의미화하는 실천적 유기체이다. 문명 생태계의 모든 층위에는 호모 테크놀로지쿠스의 진화적 흔적이 새겨져 있으며, 이 생태계의 역사성은 곧 인간이라는 존재가 자연과의 관계 속에서 자신을 구성해 온 진화적 궤적의 또 다른 표현이다.

존재론적으로 자연은 여전히 문화의 조건이자 기원이자 토대이다. 문화는 자연 생태계라는 기반 위에서만 존속할 수 있으며, 문화적 자기생산은 자연적 자기조절의 지속 가능성을 전제로 한다. 인간의 도구 사용, 언어 체계, 협력 구조, 제도적 축적 등은 자연에서 벗어나 형성된 것이 아니라, 자연의 조건 위에서 의미화되고 확장되어 온 진화의 결과이다. 문명 생태계의 발전은 그 자체로 자연 생태계의 역사적 수용력에 의존하며, 이를 초과하는 순간 문명은 자기 자신을 지탱할 수 없게 된다. 문명이 자연을 초월한다고 믿는 순간, 실상 그것은 자기 기반을 소진하며 스스로를 무너뜨리는 것이다.

이러한 관계는 마치 뱀이 자기 꼬리를 물고 도는 우로보로스(Ouroboros)의 형상처럼, 자기를 먹어 치우는 자기 모순성을 드러낸다. 인간은 문명을 통해 자연을 통제하려 했지만, 그 문명 자체가 유지되기 위해서는 자연의 자기조절 메커니즘과 지속 가능성이 필수적이다. 이는 환경 보호의 윤리적 당위 차원을 넘어서, 문명의

---

9) 김용학, 조화순, 함지현, 주경철, 박태균, 고재현 (2024). **문명대변혁의 시대: 사회구조 변화와 학문적 조망**. 나남출판.

자기생산 조건 자체에 대한 존재론적 통찰을 요구하는 문제이다.

이와 같은 자연-문화 관계는 세대 간 축적과 전이를 동반한 역사적 진화 구조로서 전개되어 왔다. 문화는 과거로부터 이어진 해석, 설계, 실천의 연쇄를 통해 현재를 구성하고 미래를 전망하는 장기적 시간 지평 위에서 작동한다. 인간은 도구와 언어, 사회적 협력이라는 진화적 특성을 바탕으로 자연을 넘어선 문명 생태계를 창출해 왔지만, 그 문명의 존속과 확장은 여전히 자연이 제공하는 생물학적·환경적 기반 위에서만 가능하다. 오늘날의 인간은 정제된 물, 에너지, 통신망, 공간 인프라 등 문명 생태계의 테크놀로지적 토대에 절대적으로 의존하며 살아가는 존재로 변화하였고, 이는 생태계를 떠난 존재가 아니라, 생태계를 재조정하며 재의존하는 존재로서의 인간 조건을 의미한다.

## (2) 문명 생태계의 진보적 진화

### 1) 진보와 진화의 공존

자연은 진화하고, 문명은 진보한다. 이 두 흐름은 각각 다른 작동 원리를 지니며 인류사를 구성해 왔다. 진화는 돌연변이, 선택, 적응, 축적의 과정을 통해 무수한 생물학적 가능성 중 생존에 유리한 형질이 살아남는 비계획적이자 환경 반응적인 자기조절 메커니즘이다. 반면, 진보는 인간의 목적, 가치, 이상, 기획에 따라 더 나은 방향으로 나아가고자 하는 의식적이고 방향 지향적인 자기설계 메커니즘이다. 진화는 결과를 통해 원인을 구성하고, 진보는 목적을 통해 수단을 조직한다. 이처럼 서로 상이한 메커니즘을 지닌 진화와 진보는, 문명 생태계라는 복합적 공간 안에서 상호침투하고, 서로를 조건 지으며, 새로운 존재 조건을 창발하는 수레의 두 바퀴이다.

이 상호침투의 장에서 탄생한 것이 바로 자연만도, 인공만도 아닌 제3의 생태계—문명 생태계이다. 문명 생태계는 인류가 지구 위에 건설한 거대한 정원이자, 자연과 문화의 이질적인 리듬이 공명하며 조직된 자기생산의 장이다. 자연은 유전자와 감각, 생리적 리듬을 통해 생명의 질서를 이끌어 오고, 문화는 상징과 제도, 기술과 제어를 통해 인류의 세계를 의미화하고 재구성해 왔다. 그리하여 문명 생태계는 두 세계의 작동 원리가 뒤엉켜 끊임없이 부딪히고 조율되며, 예측할 수 없는 복잡성과 방향성을 함께 생성하는 고차원적 진화 체계로 나타난다.

문명 생태계는 인간에게 유리한 방향으로 구성된 적소의 집합이자, 도구적 목적과 사회적 필요를 따라 설계된 생태적 틀이다. 인간은 자신의 생존과 번영을 위하여 자연을 변형하고 자원을 조직하며, 그것을 바탕으로 도시, 제도, 언어, 테크놀로지와 같은 복합 구조를 만들어 왔다. 이러한 맥락에서 문명 생태계는 자연 위에 덧입혀진 문화의 껍질이 아니라, 자연과 문화가 서로를 관통하며 끊임없이 갱신하는 다층적 질서이다. 여기서 문화는 진보의 방향성을 부여하고, 자연은 그 가능성과 한계를 제시한다.

도시화는 호모 테크놀로지쿠스가 문명 생태계를 어떻게 재설계하고 자기 자신을 재구성하는지를 보여 주는 대표적인 사례이다. 표면적으로 도시는 인간이 인프라, 교통, 건축을 통해 구축한 인공적 공간이다. 그러나 이 도시는 단지 물리적 구조물의 집합이 아니다. 그것은 사회적 관계망, 문화적 상징 체계, 기술적 흐름, 경제적 상호작용, 생물학적 리듬이 얽히는 복합계이며, 그 안에서 인간과 환경은 끊임없이 상호조정되며 새로운 질서를 창출해 낸다.

도시의 기반에는 언제나 자연이 존재한다. 도시의 위치 선정은 지형, 기후, 수자원, 식생 등 자연조건에 뿌리내리고 있으며, 인간은 이 자연적 조건을 변형하는 동시에 끊임없이 그 영향에 반응한다. 기온 변화, 계절성, 대기 흐름, 생태계의 회복력 등은 도시의 설계, 인프라, 생활 방식에 구조적으로 영향을 미친다. 결국 도시화는 인간이 생존과 번영을 위해 문화를 설계하는 과정에서, 자연이라는 토대를 벗어날 수 없으며 오히려 그것을 조건으로 삼아 새로운 문명적 질서를 구축해 가는 자기생산적 현상이라 할 수 있다.

따라서 복잡계로서의 문명 생태계는 정적인 구조가 아니다. 그것은 끊임없이 변하고 적응하며, 자기 자신을 재조직하고, 새로운 조건에 대응하는 살아 있는 시스템이다. 특히 이 진화 과정에서 핵심적인 원리는 다양성의 확대이다. 복잡계에서는 단일성과 단순화가 아닌, 이질성과 다중성의 긴장이야말로 새로운 질서를 만들어 내는 핵심 원천이다. 문화적 진보가 다양한 삶의 양식, 테크놀로지적 해석, 예술적 표현, 교육적 실천을 창출하며 확장될 수 있었던 것도, 진화의 동력으로서 차이의 생산과 축적이 지속되었기 때문이다.

이렇듯 문명 생태계의 진화는 진보와 진화가 상호침투한다. 진화가 생물학적 조건과 적응성의 스펙트럼을 확장한다면, 진보는 문화적 상상력과 사회적 기획을 통해 미래를 향한 구조적 도약을 가능케 한다. 이 두 흐름은 독립적이면서도 상호의존적이며, 함께 작동할 때만이 문명은 복잡성 속의 질서, 우연 속의 방향성, 다양성 속의 통합이라는 고유한 리듬을 얻게 된다.

문명 생태계는 인간의 도구적 실천과 상징적 상상력, 자연의 자기조절과 우발적 변이 사이에서 생성되는 진보적 진화의 장이며, 인간은 그 안에서 반수반인의 존재로 자기생산을 반복하면서도 타자와 세계를 구성하는 이종생산을 수행한다. 문명 생태계를 분석한다는 것은 단일 요소나 인과 관계의 나열이 아니라, 복잡한 상호작용 속에서 형성되는 유기적 총체성을 파악하는 일이며, 이 체계 안에서 호모 테크놀로지쿠스는 설계자이자 조율자, 자기조정의 주체로 기능한다.

### 2) 선형적, 목표 지향적 진보와 비선형적, 창발적 진화의 얽힘

문명 생태계는 체계이론의 관점에서 볼 때, 단선적인 발전 모델로는 설명할 수 없는 복잡계적 특성을 지닌다. 그것은 한편으로는 명확한 목적과 계획에 따라 단계적으로 발전하는 선형적 · 목표 지향적 진보의 경로를 따르면서도, 다른 한편으로는 수많은 요소 간의 비선형적 상호작용을 통해 예측 불가능한 질서가 새롭게 출현하는 비선형적 · 창발적 진화의 과정을 함께 내포하고 있다. 이 두 과정은 상호 배타적인 것이 아니라, 서로 얽히고 포개지며 문명 생태계의 고유한 발전 양식을 구성한다.

먼저, 선형적·목표 지향적 진보란 인류가 일정한 목적 아래 테크놀로지와 제도, 지식과 문화의 구조를 점진적으로 개선하고자 설정한 방향성과 계획적 활동의 집합이라 할 수 있다. 시장경제는 재화와 자원의 효율적 분배를 목표로 규제와 제도를 설계한 것이며, 민주 정치는 시민의 자유와 권리를 보호하고 정치권력의 남용을 방지하기 위한 제도적 기획이다. 공교육은 문해력 향상과 인재 양성, 사회 통합을 위한 교육적 기획으로, 표준화된 교육과정과 체계적 전달 시스템을 통해 일정한 학습 성과를 확보하려는 공동체 활동이다. 이들은 모두 일정한 사회적 목표를 중심으로 구성되며, 법적 · 제도적 안정성과 효율적 운영을 위한 통제의 구조를 갖는다.

그러나 문명 생태계는 이러한 선형적 기획만으로는 설명되지 않는다. 실제로는 다양한 구성 요소들이 예측 불가능한 방식으로 상호작용하면서, 의도되지 않았던 결과와 구조를 만들어 낸다. 이는 바로 비선형적 창발성의 작용이며, 복잡계 시스템의 핵심 특성이다. 예컨대, 시장경제는 경쟁과 자율을 통해 효율을 극대화하고자 하였지만, 플랫폼 자본주의, 데이터 독점, 알고리즘 편향과 같은 예상치 못한 구조들이 등장하였다. 소비자는 자율적 선택을 통해 시장을 구성하는 주체이지만, 동시에 보이지 않는 알고리즘에 의해 구매 패턴이 유도되고 감시되는 통제된 자율성의 환경 속에 놓이게 되었다. 교육에서도 이러한 비선형적 창발성은 뚜렷하게 나타난다. 예를 들어, 표준화된 교육과정과 성취도 기반 평가 체계는 학습의 질을 균등화하고 공정성을 확보하기 위한 제도적 기획이었다. 그러나 실제로는 사교육의 확산, 창의성의 위축, 시험 중심 학습, 그리고 심리적 불안과 비교 경쟁이라는 의도되지 않은 결과들이 등장하였다. 디지털 학습 플랫폼의 도입 역시 마찬가지이다. 학습의 접근성과 개별화된 피드백을 높이겠다는 목표하에 도입되었지만, 실제 현장에서는 데이터 기반 학습분석이 교사의 권한을 축소하거나, 학생의 내면적 동기를 기계적 측정 지표로 환원하는 문제들이 발생하였다. 이처럼 교육은 본래 의도와 다른 방향으로 구조화될 수 있으며, 다양한 이해관계자(교사, 학생, 부모, 시스템 설계자)의 상호작용 속에서 예측 불가능한 결과가 창발한다. 이는 교육 생태계가 단지 설계자의 계획대로 작동하는 선형 시스템이 아니라, 다수의 에이전트가 상호조정과 자기조직을 통해 의미와 구조를 새롭게 구성하는 비선형 복잡계임을 보여 준다. 따라서 교육정책이나 교수학습체계의 설계는 언제나 이와 같은 창발적 구조의 가능성을 염두에 두고, 유연한 조정과 환류, 그리고 지속적인 의미 재구성의 과정을 설계해야 한다.

이러한 환경 속에서 학습자는 단지 외부 지식의 수용자가 아니라, 자기 주도적으로 학습 경로를 탐색하고 구성하는 자율적 주체로 기능하며, 그 자율성은 공교육이라는 사회적 공공기관의 제도적 틀 속에서 정합적으로 작동한다. 즉, 개인의 학습 자유는 공동의 교육 기준과 사회적 책무성 안에서 조율되며, 이는 공교육이 단지 통제 시스템이 아니라, 자율성과 책임이 균형을 이루는 공적 학습 생태계로 진화하고 있음을 시사한다.

### 3) 진화적 동형사상: 체계이론에서 본 문명사의 발생 반복

체계이론의 관점에서 보면, 문명 생태계는 인류의 진화사와 구조적으로 닮은 복잡한 시스템이다. 생물학적 진화와 문명 발전은 서로 다른 방식으로 전개되지만, 유사한 구조와 패턴을 반복하며 진화해 왔다. 이러한 유사성을 진화적 동형사상이라 부를 수 있으며, 이는 하나의 체계에서 나타난 구조와 원리가 다른 체계에서도 반복된다는 가설이다. 문명은 인간이 도구, 언어, 상징, 협력 능력을 바탕으로 환경과 상호작용하며 만들어 낸 사회적·기술적 산물이지만, 그 성장 과정은 인간 자체의 진화 패턴을 닮아있다.

인류의 초기 진화는 행위(enaction) 기반 존재로 시작되었다. 사냥, 채집, 도구 사용 등은 인간이 감각-운동 루프를 통해 세상을 인식하고 반응하는 방식이었다. 이러한 신체적 행위는 양손의 자유화, 도구 제작, 뇌의 발달로 이어지며, 인간 고유의 생존 방식이 형성되었다. 이런 행위 중심 구조는 문명의 초기에도 그대로 반영되었다. 농업혁명은 환경을 조직하고 바꾸려는 인간의 적극적 행위에서 비롯되었고, 정착과 분업, 협업을 통해 인간은 물리적 세계를 스스로 재구성하기 시작했다. 이처럼 도구와 협력은 문명의 원형 구성 요소가 되었다. 하지만 인간 진화가 단순한 행위를 넘어 상징을 다루는 호모 심볼리쿠스(Homo Symbolicus)로 이행했듯, 문명도 언어, 문자, 규칙, 제도 등 상징 질서를 통해 복잡성을 증폭시켰다. 이 상징 매개는 인간 사회의 인지적·문화적 진화를 가능하게 했으며, 물리적 생존을 넘어 존재의 의미와 질서를 창조하는 문명적 삶을 가능케 했다.

이러한 전환은 헤켈의 발생 반복 법칙(the law of recapitulation)과 유사한 문명사적 구조로 이해될 수 있다. 개체의 발생이 종 전체의 진화를 축약해 반복하듯, 개별 문명의 진화도 인류 문명 전체의 진화 경로를 유사하게 따라간다. 원시 공동체에서 시작해 농업의 발달, 정치 체계의 형성, 문자의 사용, 법과 제도, 종교와 철학으로 나아가는 구조는, 인류 전체가 거쳐 온 생물학적-사회적-인지적 진화를 압축적으로 재현하는 과정이라 할 수 있다.[10] 문명은 도구를 통해 자연을 조정하고, 상징을 통해 사회를 구성한다. 이 두 매개는 생물학적 진화와 문명 진화 모두에서 중심적인 축을 형성한다. 인간의 육체와 정신, 행위와 상징은 문명이라는 체계 안에서 통합되고 진화한다. 이처럼 문명 생태계가 생물학적 진화와 유사한 패턴을 보이는 것은 단순한 유추가 아니라, 체계이론의 핵심 원리인 자기유사성의 결과이다.

자기유사성이란 전체와 부분이 동일한 방식으로 작동하는 반복 구조를 의미한다. 이는 단순히 형태적 유사성에 그치는 것이 아니라, 작동의 원리와 진화의 메커

---

10) Varga, D. (2020, April 30). The legacy of recapitulation theory in the history of developmental psychology. *Oxford Research Encyclopedia of Psychology*. Retrieved from https://oxfordre.com/psychology/view/10.1093/acrefore/9780190236557.001.0001/acrefore-9780190236557-e-519
Varga에 따르면 발생반복법칙은 생물학에서 유래했으나, 발달심리학과 교육학, 문화 이론 등 인문사회과학 전반에 깊은 영향을 미쳤다고 분석한다. 그는 이 이론이 인간 발달 과정을 단순한 생물학적 성장으로 보지 않고, 진화론적·문명사적 관점에서 이해하도록 하는 틀을 제공했다고 설명한다.

니즘이 동일하다는 데에 그 본질이 있다. 인간은 신체-감각-인지-협력이라는 네 축을 중심으로 한 복합적 존재 구조를 지니며, 인간이 창조한 문명 또한 이 구조를 반영하고 확장한 체계로 이해할 수 있다. 생물학에서 유전자와 환경이 상호작용하여 개체의 표현형을 결정하듯, 문명 역시 인간의 인지, 행위, 상징의 상호작용에 의해 구성되는 일종의 문화적 표현형(cultural phenotype)이라 할 수 있다. 이는 도구가 그것을 제작한 인간의 신체적 제약과 정신적 기획을 반영하는 방식과 유사하다. 결국 문명 생태계는 인류 종이라는 자기생산적 존재가 외부 세계와 상호작용하며 만들어 낸 확장된 자기유사성 구조이며, 이는 인간 존재의 구조적 본질이 외부로 전이되어 생성된 자기 반영적 질서라 할 수 있다.

자연 생태계가 돌연변이, 유전자 교환, 환경 적응을 통해 수많은 종과 형질로 분화하며 다양성을 확장하는 발산 진화의 체계라면, 문명 생태계는 테크놀로지, 상징, 제도, 도구를 통합하며 하나의 존재 양식, 즉 호모 테크놀로지쿠스라는 유형으로 점차 수렴하는 경향을 보인다. 이때의 수렴 진화는 단일한 방향으로의 획일화를 의미하지 않는다. 오히려 도구와 테크놀로지를 매개로 자기 자신과 세계를 끊임없이 재구성하는 존재로서의 호모 테크놀로지쿠스는, 그 진화의 과정에서 다양한 해석과 실천 양식을 창출해 내며 문명 생태계의 복잡성과 다양성을 더욱 증폭시킨다. 즉, 인간이 테크놀로지를 통해 스스로를 변형해 가는 진화는 수렴의 형태를 띠지만, 그 수렴의 과정에서 나타나는 구현 방식은 오히려 다양성을 확장시키는 방향으로 작동한다. 따라서 문명 생태계는 수렴적 구조 위에서 발산적 다양성이 꽃피는 이중 진화 구조를 띤다.

생물학적 진화는 환경에 대한 무작위적 변이와 자연 선택의 결과로 새로운 종과 특성이 창발되는 과정이다. 반면, 문명적 진화는 인간이 목적을 설정하고 테크놀로지를 활용하여 스스로의 존재 조건을 재설계하는 방향으로 전개된다. 이 과정에서 사회, 문화, 테크놀로지, 제도는 각기 다른 경로를 거치더라도, 궁극적으로 인간-기계-정보-환경이 통합된 자기생산체계, 즉 호모 테크놀로지쿠스라는 자기참조적 존재 구조로 수렴해 간다.

이러한 수렴 진화의 결과로 등장한 것이 바로 인간-사이버-물리 시스템(Human-Cyber-Physical Systems, HCPS)과 같은 융합 생태계이다. HCPS는 인간 내부의 구성 원리가 외부의 문명 구조로 확장되었다가, 다시 그것이 인간의 존재 방식을 재구성하는 순환적 공진화의 산물이며, 문명 진화가 인간 존재의 외연적 투사이자 자기회귀적 구조임을 보여 주는 증거이다. 자연이 다양성으로 진화한다면, 문명은 인간성의 구조화로 진화하며, 이 문명적 수렴의 중심에는 호모 테크놀로지쿠스가 자리한다.

오늘날의 HCPS는 인간(Human), 사이버(Cyber), 물리적 세계(Physical)가 하나의 통합된 네트워크로 상호작용하는 융합 테크놀로지 생태계로, 호모 테크놀로지쿠스의 존재 구조를 외연적으로 구현한 자기유사적 플랫폼이다. 인간의 감각-신체 시스템은 HCPS의 Human 구성 요소에, 인공지능과 정보 구조는 Cyber 구성 요소에, 기계·사물·환경은 Physical 구성 요소에 각각 대응한다. 이러한 3요소 구조는 호모 테크놀로지쿠스의 핵심 속성 — 신체적 생물성, 상징적 정보성, 도구적 환경성 —과 동형사상적으로 정렬되어 있다.

결과적으로 HCPS는 호모 테크놀로지쿠스가 살아가는 문명 생태계의 자기유사적 축소판이자, 인간이 만들어 낸 테크놀로지가 다시 인간의 존재 조건을 구성하는 공진화적 피드백 메커니즘의 구현물이다. 이 시스템은 단순한 테크놀로지적 융합의 결과물이 아니라, 자연과 인공, 신체와 정보, 자율과 통제라는 인간 존재의 이중성이 복합적으로 작동하며 문명 진화의 다음 단계로 이행하고 있다는 존재론적 징후이기도 하다.

### 4) 다양성의 확대: 자기생산체계의 닫힘과 열림

자연 생태계는 스스로 어떤 목표를 향해 진화하거나 진보하지 않는다. 자연의 진화에는 방향성도, 목적론적 질서도 존재하지 않는다. 그러나 하나의 일관된 경향이 있다면, 그것은 바로 다양성의 확대이다. 생명은 환경 변화와 무작위적 변이를 통해 끊임없이 새로운 형태로 분화하고, 생태계는 이들 유기체 간의 상호작용을 통해 점차 복잡해진다. 이는 목적이 아니라 결과이며, 생명 자체의 내재적 속성이라기보다 선택과 생존의 누적적 효과가 만들어 낸 자연사적 패턴이다.[11)]

생물권은 오랜 시간에 걸쳐 끊임없이 다양성을 확장해 왔다. 새로운 종은 지속적으로 출현하고, 같은 종 내의 개체들조차 서로 다르다. 한 그루 나무에 달린 수많은 잎조차도 저마다 고유한 형태와 무늬를 지니며, 심지어 대지를 덮을 정도로 쏟아져 내리는 그 많은 눈송이들조차 현미경으로 들여다보면 단 하나도 똑같은 것이

---

11) Darwin, C. R. (2016). **종의 기원** [On the origin of species] (송철용 역). 동서문화사. (원저 1859년 출간).

없다. 자연은 획일성을 혐오하고, 차이를 사랑한다. 왜냐하면 다름이 있어야 자연선택이 가능하고, 자연선택이 있어야 자연 생태계가 유지될 수 있기 때문이다. 즉, 다양성은 단지 생물학적 풍요로움의 표현이 아니라, 생태계가 스스로를 유지하고 진화해 나갈 수 있는 조건이다. 자연은 결코 순수성, 균질성, 동일성, 획일성을 지향하지 않는다. 오히려 변이와 차이, 비대칭성과 개별성에 뿌리를 두고 있으며, 그러한 다양성이야말로 생명의 생존 가능성과 회복력, 적응력, 그리고 창발성을 이끌어 내는 원천이다. 다양성의 확대야말로 목적 없는 자연 진화의 유일한 일관성이자 본성이며, 자연 생태계의 생명력은 변화와 차이를 끊임없이 생성하고 포용하는 역동성에서 비롯된다고 할 수 있다.

자연 생태계와 마찬가지로, 문명 생태계 또한 다양성을 향한 끊임없는 진화 메커니즘을 내포하고 있다. 테크놀로지적, 경제적 제약이 허용하는 범위 내에서 문명은 제품과 서비스, 문화와 정체성, 정치와 경제, 교육과 학습에 이르기까지 모든 영역에서 다양화를 지향한다. 오늘날 우리는 같은 기능을 수행하는 수많은 디자인의 옷을 고를 수 있고, 한 개의 스마트폰 모델에도 색상·메모리·기능별로 다양한 옵션이 존재하며, 세계 각국의 요리를 한 도시 안에서도 맛볼 수 있다. 이처럼 옷, 전자 제품, 음식 같은 일상의 사물과 경험에서조차 문명은 획일이 아닌 다양성의 논리 위에서 진화하고 있으며, 이는 문명 생태계가 인간의 다원적 욕구와 상호작용을 반영하며 스스로를 풍부하게 만들어 가는 메커니즘임을 보여 준다.

자연 생태계가 생물종의 유전적 다양성과 생태적 상호작용을 통해 복잡성과 회복탄력성을 증대시켜 왔다면, 문명 생태계는 인간이 주체가 되어 이끌어 온 도구, 상징, 제도, 규범의 창발적 진화를 통해 점점 더 복잡하고 정교한 구조로 진화해 왔다. 이러한 진화는 기능적 고도화나 테크놀로지적 진보로만 설명할 수 없다. 그것은 문명이 인간의 욕구, 상상, 협력, 자기표현을 구현하는 하나의 자기생산 시스템으로서, 다양성의 확장을 존재 조건으로 삼고 있다는 사실에서 비롯된다. 문명 생태계는 일률적 체계에서 복수성과 개별성을 포용하는 방향으로 진화하며, 획일적 구조에서 유연한 상호작용 구조로 이행한다. 이때 인간은 단순한 소비자나 수동적 적응자가 아니라, 다양한 가능성을 탐색하고 조율하며 시스템을 재설계해 나가는 능동적 창조자로서 작동한다.

디지털 전환이 가속화된 오늘날, 문명 생태계의 다양화 메커니즘은 디지털 플랫폼 경제 생태계의 확장을 통해 더욱 뚜렷하게 드러나고 있다. 디지털 플랫폼 경제는 노동 방식과 고용 구조, 생산과 소비의 경계를 근본적으로 재편하는 문명적 전환의 중심축이 되었다. 과거 대규모 제조 기반 산업은 정규직 고용과 장기적 고용 관계를 기반으로 했으나, 플랫폼 경제는 비정규적, 프로젝트 기반, 온디맨드(on-demand) 노동 구조를 확산시키고 있다. 우버, 배달의민족, 에어비앤비, 크몽, 위시켓, 쿠팡플렉스 등은 대표적인 사례로, 플랫폼은 이제 노동자와 고객, 생산자와 소비자를 직접 연결하는 새로운 거래의 장이자 협력의 구조를 제시하고 있다.

이러한 구조는 기존 산업 자본주의 시대의 고정된 노동 시간, 고정된 공간, 표준화된 직무 개념을 해체하고, 보다 유연하고 다변화된 노동 생태계를 창출하였다. 다양한 배경과 역량을 지닌 개인들이 자신의 조건과 선호에 따라 노동에 참여할 기회를 제공하면서, 노동은 더 이상 기업 조직 내부의 제도화된 활동만이 아니라, 네트워크 기반의 자율적이고 유동적인 활동으로 확장되고 있다. 이는 고용의 안정성과 소득 보장의 측면에서는 새로운 사회적 위험을 수반하지만, 동시에 개별 역량 기반의 노동 기회를 제공하고, 새로운 종류의 전문성과 직무 분화를 가능케 한다는 점에서 문명 생태계의 진화 방향성과 맞닿아 있다.

디지털 플랫폼은 또한 기존의 기업 중심 경제 구조를 넘어, 다수의 개인이 참여하고 협업하는 탈중앙화된 경제 구조를 구현하고 있다. 전통적으로 기업이 생산, 유통, 마케팅, 서비스까지를 내부화하던 구조와 달리, 플랫폼은 다수의 생산자와 소비자, 서비스 제공자들이 상호작용하는 생태계로 작동하며, 거래비용을 감소시키고 상호작용의 효율성을 높인다. 플랫폼상에서의 평판 시스템, 알고리즘 기반 매칭, 자동화된 정산 시스템 등은 사용자 경험을 최적화함과 동시에, 새로운 형태의 디지털 노동 관리 메커니즘을 정착시키고 있다. 이로 인해 개별 사용자는 단지 소비자나 고용인이 아니라, 경제적 행위의 주체로서 새로운 역할을 수행하게 되었으며, 이는 문명 생태계의 다중성 및 자율성 확대를 반영하는 변화이다.

이러한 경향은 고전 경제학에서 상정한 완전경쟁시장의 조건들을 현실 공간에서 부분적으로 실현하는 방향으로 작동한다. 즉, 플랫폼은 수많은 소규모 생산자와 소비자들이 자유롭게 진입하고 탈퇴할 수 있는 구조를 제공하며, 가격과 품질 정보가 거의 실시간으로 공유되는 환경을 만든다. 생산자 간의 차별화 요소는 평판이나 사용자 리뷰와 같은 비가격적 신호로 반영되며, 이는 상품의 질적 향상과 서비스의 다양화를 유도한다. 물론 이러한 플랫폼이 진정한 완전경쟁을 완전히 구현한다고 보기는 어렵지만, 정보의 비대칭성을 줄이고, 시장 진입 장벽을 낮추며, 경쟁을 촉진한다는 점에서, 디지털 플랫폼은 전통적 시장에서 이상적으로만 존재했던 경쟁 조건을 실제 생태계 안에서 점진적으로 실현하는 중이라 할 수 있다.[12)]

이 같은 디지털 플랫폼 기반 경제 생태계의 확산은 노동력, 지식, 테크놀로지, 창의성의 분산화와 재조직화를 촉진하고, 기존 경제 체계의 위계적 구조를 해체하는 핵심 동력으로 작동하고 있다. 동시에 이는 교육 시스템에 새로운 요구를 제기한다. 즉, 더 이상 표준화된 지식이나 획일화된 기능만으로는 변화하는 경제 생태계에 적응할 수 없으며, 스스로 문제를 정의하고 다양한 자원과 협력할 수 있는 통합적 역량이 필요하다. 플랫폼 경제는 누구나 생산자가 될 수 있고, 누구나 자신의 고유한 콘텐츠, 서비스, 제품을 시장에 내놓을 기회를 제공하지만, 그것을 실현할 수 있는 능력은 개인의 학습과 성장 경험에 크게 좌우된다.

디지털 플랫폼은 문명 생태계의 다양성과 자율성, 그리고 인간 주체의 자기설계적 가능성을 가장 집약적으로 보여 주는 진화적 무대이며, 인간은 그 위에서 '깊은 밀실'의 성역을 가질 권리자이자 '넓은 광장'의 설계자로 삶이라는 퍼포먼스를 실연하고 있다.[13)] 디지털 환경에서 인간이 경험하는 존재론적 이중성 — 내면의 사

---

12) 디지털 플랫폼 경제의 문제점에 대해서는 마지막 장에서 따로 논의한다. 본문의 문맥에서 완전 경쟁 조건은 디지털 플랫폼을 소유하지 않은 일반 소비자와 생산자에게만 적용된다. 이들은 가격 결정권이 없으며, 시장에 자유롭게 진입하거나 퇴출할 수 있지만, 그만큼 이윤 또한 경쟁 속에서 점차 감소하는 경향을 보인다. 그러나 플랫폼 기업은 이러한 경쟁 질서의 바깥에서 존재한다. 그들은 네트워크 효과와 데이터 독점, 규모의 경제를 기반으로 극단적인 독과점 구조를 형성하며, 이를 통해 막대한 지대(rent)를 획득한다. 이러한 구조 속에서 디지털 플랫폼 경제는 하나의 새로운 경제 체제, 곧 '현대적 봉건제'로 이해될 수 있다. 플랫폼을 소유한 빅테크 기업은 디지털 공간의 토지를 소유한 봉건 영주와 같고, 이 플랫폼에 의존하여 활동해야만 하는 소비자와 생산자들은 소작 농민에 가깝다. 이들은 자유롭게 참여하는 것처럼 보이지만, 사실상 플랫폼의 규칙과 알고리즘, 수수료 구조에 깊이 종속되어 있으며, 자신이 생산한 가치의 상당 부분을 플랫폼에 지대로 상납하고 있는 셈이다. 디지털 경제는 형식상 자유와 개방을 표방하지만, 실질적으로는 소수의 플랫폼 귀족이 다수를 지배하는 새로운 위계적 질서를 형성해 가고 있다.

13) Arendt, H. (2011). **인간의 조건** [The human condition] (최성철 역). 한길사. (Original work published 1958).
한나 아렌트에게 프라이버시는 단순히 숨김의 권리가 아니라, '밀실'로 상징되는 내면의 사유 공간이자, 인간이 공적 삶 — 즉 '광장' — 에 자유롭고 책임 있게 참여할 수 있도록 준비되는 정치적 주체성의 토대이다. 이 밀실이 보호되어야만 인간은 타자의 시선으로부터 독립적으로 숙고할 수 있으며, 그 숙고를 바탕으로 공적 세계에서 자율적으로 말하고 행동할 수 있다. 프라이버시가 사라질 때 인간은 사유의 기반을 잃고 전체주의적 조건인 사유 불능 상태에 놓이게 되며, 결국 자유롭고 도덕적인 정치적 존재로 설 수 없게 된다. '밀실 없는 광장'은 말 많은 침묵이며, '광장 없는 밀실'은 고립된 독백일 뿐이다.

유와 외면의 퍼포먼스, 고독한 응시와 집단적 연결—을 상징적으로 드러낸다.

이러한 자기설계적 전환의 핵심에는 바로 호모 테크놀로지쿠스라는 존재가 자리하고 있다. 그는 자기생산체계로서의 인간이며, '깊은 밀실'과 '넓은 광장'이라는 두 은유적 공간을 동시에 살아가는 존재이다. 이때 '깊은 밀실'은 단지 외부로부터 차단된 고립 공간이 아니라, 내면의 논리, 기억, 경험, 감각, 정체성의 고요한 응축이 일어나는 자기 생성의 시공간이다. 그것은 마투라나와 바렐라가 말한 조직적 폐쇄성의 공간으로, 외부 세계로부터 정보를 닫는 것이 아니라, 외부 자극을 내부의 고유한 작동 구조에 따라 선별적으로 수용하고 반응함으로써 자율성을 유지하는 체계적 폐회로라 할 수 있다.

이러한 '닫힘'은 인간이 끊임없이 자신을 돌아보고 재정렬하는 '깊은 심심함'의 조건이기도 하다. 바깥의 자극이 일시적으로 멈춘 상태에서 비로소 가능해지는 몰입, 집중, 사유, 상상, 반복적 실험의 공간이 바로 깊은 밀실이다. 인간은 이곳에서 자기만의 리듬을 회복하고, 단기 성과로부터 벗어난 장기적 방향성을 모색하며, 타자의 시선 없이 존재의 원형적 구성 요소를 정제해 낸다. 다시 말해, 깊은 밀실은 인간이 자기생산체계로서의 정체성을 유지하고, '되기(becoming)'의 방향을 모색하는 데 필요한 내적 장(場)이며, 이로부터 문명 생태계의 다채로운 외연이 솟아오르게 된다.

그러나 호모 테크놀로지쿠스는 '깊은 밀실'에만 머무르지 않는다. 그는 동시에 디지털로 연결된 '넓은 광장'으로 나아가, 타자들과 만나고, 사회적 상호작용 속에서 자기 자신을 갱신한다. 이 광장은 단순한 소통의 공간이 아니라, 인간 존재의 삼중 생산 구조가 실현되는 구조적 커플링의 장이다. 즉, 인간은 광장에서 자기 자신을 유지하는 자기생산을 지속하는 동시에, 자신과는 이질적인 테크놀로지, 제도, 매체, 문화와 상호작용하며 새로운 형태의 행위와 구조를 낳는 이종생산을 수행한다. 나아가, 그는 타인의 존재 조건에 개입하고, 새로운 협력적 질서와 사회적 구조를 만들어 내는 이형생산의 주체로 작동한다.

그리고 이 모든 과정은 인간이 원시 시대에 획득한 협력하는 동물로서의 '조직'을, 디지털로 확장된 시공간 속에서 새로운 '구조'를 형성하고 있다는 점에서 호모 테크놀로지쿠스만의 특성을 보여 준다. 과거에는 공동체의 생존과 돌봄을 위한 물리적 협력이 중심이었다면, 오늘날 그는 알고리즘, 인터페이스, 데이터 네트워크를 통해 비물질적이고 상징적인 차원에서 새로운 협력 구조를 설계하고 조정하는 존재로 진화하고 있는 것이다. 이처럼 호모 테크놀로지쿠스는 깊은 밀실과 넓은 광장을 오가며, 자기 자신과 세계를 동시에 생성하는 삼중 생산의 리듬 속에서 살아간다.

## 2. 도구와 협력의 진화: 문명사에 대한 체계적 전망

호모 테크놀로지쿠스가 구축해 온 문명사는 본질적으로 도구와 협력을 매개로 진화해 왔다. 인간은 도구를 통해 환경을 조작하고, 협력을 통해 사회를 구성해 왔으며, 이 두 능력을 매개하는 테크놀로지의 발달은 인류 문명의 진보적 궤적을 추동해 온 핵심 동역학이었다. 테크놀로지는 단지 수단이 아니라, 인간 존재의 생물학적 조건, 인지 구조, 사회적 상호작용 양식을 변형하고 조직하는 힘으로 작동해 왔다.

이 장에서는 도구와 협력에 영향을 미친 테크놀로지의 진화를 중심으로, 문명사의 주요 전환들을 체계이론적 관점에서 분석하고, HCPS 기반 융합혁명이라는 미래 문명의 종착지를 전망해 보고자 한다. 미래는 아직 오지 않았거나, 어쩌면 영영 오지 않을 수도 있는 가능성의 영역이다. 그러나 호모 테크놀로지쿠스는 언제나 역사적 사실과 이론적 분석 틀을 바탕으로 미래를 전망하고, 불확실성 속에서도 그것을 선취(先取)[14]하여 실천을 통해 현실로 이끌어 내려는 존재였다. 바로 그러한 전망적 실천이, 인간 문명의 진화를 이끌어 온 본성이자, 미래를 설계하는 힘이다.

전통적인 산업혁명 구분은 다음과 같이 정의되어 왔다. 1차 산업혁명은 18세기 후반에서 19세기 초 사이 증기 기관과 기계화를 통해 수공업에서 공장제 생산으로 전환되며 섬유·철강 산업이 주도한 변화였고, 2차 산업혁명은 19세기 후반부터 20세기 초 사이 전기와 내연기관의 도입을 통해 대량생산 체계가 확립되고 철도·자동차·화학 산업이 급성장하며 도시화가 가속화된 시기였다. 이어서 20세기 후반의 3차 산업혁명은 컴퓨터와 인터넷의 확산, 디지털 기술의 본격화로 정보 기반 사회

---

14) 하이데거 철학에서 '선취'는 단순한 시간적 선점이 아닌, 인간 존재의 근본적 구조를 드러내는 존재론적 범주다. 어원적 의미("미리-붙잡음")대로 인간은 세계를 객관적 대상으로 후발적으로 인식하는 존재가 아니라, 항상 이미 세계 속에 '던져진' 상태에서 사물의 의미를 사전에 이해하며 존재한다. 예를 들어 망치를 볼 때 우리는 중립적 물체가 아닌 '망치로서의 기능'을 선행적으로 파악하는데, 이는 인간이 세계를 도구적 관계망 속에서 선취적으로 해석하는 존재임을 보여 준다. 즉 선취는 인간의 세계 이해가 순수 인식이 아닌 실천적 개입의 방식으로 이루어짐을 드러내는 핵심 개념이다.

가 등장하게 된 변곡점이었으며, 21세기 초부터는 인공지능, 사물인터넷(Internet of Things, IoT), 빅데이터 등 다양한 기술이 융합되어 전 사회가 실시간 데이터 기반으로 작동하는 4차 산업혁명 시대로 전환되고 있다. 그러나 '~차'라는 시간 순서 중심의 명명법은 각 혁명 단계가 지닌 문명사적 본질과 그 변화의 변증법적 성격을 충분히 드러내지 못하며, 특히 인류 문명의 토대를 이룬 농업혁명을 혁명사에서 배제하는 중대한 한계를 지닌다.

필자는 인류 문명의 역사적 전환을 단순히 '1차, 2차 혁명'처럼 순차적으로 구분된 산업 혁신의 연속으로 보지 않는다. 대신 그것을 문명 생태계의 구조적 재조직 과정, 곧 '혁명'이라는 이름의 전면적 전환으로 재해석한다. 여기서 혁명이란 단순한 정치적 사건이 아니라, 이전 시대에 축적된 모순의 응력(stress)이 임계점을 넘어서며 일시에 폭발하듯 해소되는 복잡계적 창발 현상이다.

물리학에서 응력은 외부의 힘에 의해 물체 내부에 발생하는 저항력을 의미하며, 이 응력이 일정 한계를 초과하면 파손, 균열, 혹은 형상 변화가 발생한다. 지각판 사이의 마찰로 축적된 응력이 한순간에 폭발하여 지진이나 쓰나미로 나타나는 것처럼, 문명 생태계 내부에 오랜 시간 응축되어 온 사회적, 경제적, 인식적 모순들이 임계점을 넘어서면 체계 전체를 전환시키는 급진적 변화가 발생한다. 이러한 격변은 점진적 조정이 아니라 질적 전환을 수반하며, 우리는 이 일거의 구조적 해소를 혁명이라 부른다.

이를 위해 통상적으로 1차에서 4차로 구분되는 산업혁명 개념의 한계를 보완하고자, 각 혁명 단계의 핵심 테크놀로지와 그것이 촉발한 문명 구조의 변화를 중심으로 새로운 구분 체계를 제안한다. 즉, 바이오 테크놀로지에 기반한 농업혁명, 피지컬 테크놀로지에 기반한 제조혁명, 사이버 테크놀로지에 기반한 정보혁명, 그리고 이 세 가지 기술 영역을 융합하여 초연결·초지능 문명을 구성하는 HCPS 기반의 융합혁명으로 나누어 서술한다.

농업혁명은 인간이 바이오 테크놀로지를 통해 생물학적 환경을 조직적으로 통제하고 조절하면서 생태계에 능동적으로 개입하기 시작한 최초의 문명 전환이었다. 이는 인류가 먹거리와 거주지, 나아가 시간의 흐름마저 스스로 기획하게 된 결정적 계기였으며, 단순한 기술 혁신을 넘어 사회 구조와 상징 체계의 근간을 재구성한 근원적 사건이었다. 따라서 농업혁명은 당연히 문명사적 혁명의 출발점으로 재위치되어야 한다.

제조혁명은 기존의 산업사적 구분에서 말하는 1차와 2차 산업혁명을 포괄하는 개념으로 정의된다. 증기 기관의 등장과 기계화의 시작, 이어지는 전기와 대량생산 기술의 보급은 인간의 생산 활동을 수공 기반에서 기계 기반으로, 개별 제작에서 표준화된 대량 생산 체계로 전환시키는 기술적·사회적 대전환을 이끌었다. 이는 단지 생산 기술의 변화만이 아니라, 도시화, 노동 구조의 재편, 대중 교육 체계의 성립 등 사회 전반에 걸친 조직 방식의 전환을 동반한 총체적 변화였다.

정보혁명은 사이버 테크놀로지를 기반으로 인간이 지식과 상징, 추상적 개념을 다루는 방식에 본질적 변화를 가져온 전환기였다. 컴퓨터와 인터넷, 디지털 기술의 발달은 인간의 사고와 기억, 학습과 커뮤니케이션 방식을 재정의하며, 문명 생태계의 중심을 물질에서 정보로 이동시켰다. 이는 인간 존재의 구조와 사회적 협력의 양식에 깊이 개입하며, 새로운 유형의 문명 질서를 형성하는 기반이 되었다.

마지막으로, 오늘날 인류는 HCPS 테크놀로지를 통해 바이오기술, 피지컬 테크놀로지, 사이버 기술이 통합되는 융합혁명의 시대로 진입하고 있다. 이 융합은 단순한 기술 영역들의 결합을 넘어, 인간과 기계, 물리적 세계와 디지털 세계, 자연과 문명이 실시간으로 상호작용하며 공진화하는 새로운 생태계 질서를 창출하는 문명적 전환이다. 이 문명 속에서 인간은 더 이상 고립된 주체가 아니라, 기술적 타자들과 협력하여 지식과 질서를 공동 생성해 나가는 존재로 재정의된다. 융합혁명은 결국 인류가 '증강된 귀향'을 향해 방향을 유턴하는 대전환의 시대이며, 이는 자연으로의 회귀가 아니라 테크놀로지를 통해 자연과 공명하는 새로운 삶의 구조를 모색하는 계기라 할 수 있다.

### (1) 도구 - 테크놀로지 진화의 축 : 바이오 → 피지컬 → 사이버 → HCPS

인류는 농업혁명에서 바이오 테크놀로지를 활용하여 생물학적 환경을 재조직하였고, 제조혁명에서는 피지컬 테크놀로지를 통해 물질 세계를 효율적으로 조작하였다. 정보혁명에서는 사이버 테크놀로지를 통해 상징과 추상을 매개로 지식, 정보, 통신을 다루게 되었으며, 이제 우리는 이 세 가지를 통합하고 변증법적으로 지양한 HCPS 테크놀로지 기반 융합혁명 시대로 이행하고 있다.

HCPS는 인간-사이버-물리 시스템을 통합함으로써 인간 신체의 제약을 넘어서면서도 인간 존재의 생물학적 구조와 감각-운동적 조건을 존중하는 새로운 형태의 테크놀로지이다. 즉, 기존 테크놀로지가 추상화와 경량화를 통해 인간과의 괴리를 심화시켰다면, HCPS는 오히려 인간의 자기생산 조건에 더 밀착된 생태적 체계로 작동함으로써, 문명의 효율성과 인간 생리적 조건 사이의 긴장을 해소할 실마리를 제공한다.

### 1) 농업혁명과 바이오 테크놀로지

농업혁명은 인류 문명 진화의 결정적 전환점이었으며, 문명 생태계의 진화 과정에서 HCPS 중 인간의 생물학적 조건에 가장 밀접하게 맞닿은 바이오 테크놀로지를 중심으로 한 물적 토대의 변화가 상징적 상부구조와 구조적으로 결합하여 문명 생태계를 처음으로 재구성하기 시작한 최초의 사례이다.

이 혁명을 통해 상시 직립 이족보행 바이오시스템으로서의 인간은 진화 초기부터 반수(半獸)로서 욕구하던 생존의 기본 조건들—식량, 안정성, 공간—을 안정적으로 충족할 수 있게 되었으며, 농업이 만들어 낸 잉여 생산물은 인간이 더 이상 생존을 위한 모든 에너지를 소진하지 않고, 반인(半人)으로서의 활동, 곧 상징을 창출하고 협력하며 문명을 설계하는 존재로서의 삶을 시작할 수 있는 시간적·에너지적 여유를 제공하였다. 이는 단순한 생존 양식의 변화에 머무르지 않고, 물리적 조건의 안정, 사회적 구조의 정착, 상징 체계의 탄생으로 이어지는 총체적 전환의 문을 연 사건이었다.

농업혁명을 통해 호모 테크놀로지쿠스는 수렵과 채집을 중심으로 한 이동성과 의존성 높은 생존 방식을 지양하고, 정주를 기반으로 한 생물학적 조작과 자원 통제의 방식으로 생존 전략을 전환하였다. 이는 단지 생존 양식의 변화에 머물지 않고, 인간이 자연에 대해 개입하고 조작할 수 있는 능동적 존재로 전환되는 계기였다. 인간은 생명체인 식물과 동물을 대상으로 개입하면서 생명 활동의 주기—즉 성장, 번식, 순환—를 자신의 필요에 따라 설계하고 통제할 수 있게 되었고, 이를 통해 자연을 일정한 법칙과 구조 안에서 반복 가능하고 어느 정도 예측과 통제가 가능한 대상으로 재구성하였다. 이로써 인류는 자연에 적응하는 생물학적 존재가 아니라, 자연을 조정하고 관리하며 자기 자신에게 유리한 방향으로 생태 환경을 변형하는 존재로 등장하게 되었다.

이러한 전환은 도구의 발전을 넘어선 것이다. 농작물의 재배와 가축의 사육,

물길을 통제하는 관개 테크놀로지, 경작지 선택 등은 모두 생물학적 생존만을 위한 행위가 아니라, 인간이 자연 생태계의 법칙과 순환에 대한 지식을 기반으로 새로운 환경을 구성하고 조절하는 기술적 판단과 선택의 집합이었다. 이는 문명 생태계의 출현, 곧 인간이 자기 주변의 세계를 새로운 질서와 구조로 재배치하고 의미화하는 공간의 창출로 이어졌다. 농업은 그 자체로 하나의 적소 건설 활동이었으며, 인간이 자신의 생존 조건을 외부로부터 수동적으로 제공받는 존재가 아니라, 그것을 능동적으로 만들어 내는 자기생산적 체계로 작동하기 시작한 것이다.

이처럼 농업혁명은 인간의 행위 기반 진화를 문명 차원에서 확장시키는 결정적 전환이었다. 그러나 이 기술적 전환은 물적 차원에 국한되지 않았다. 인간은 도구의 발전을 통해 생존 조건을 안정화시켰을 뿐 아니라, 그것을 조직하고 정당화하며, 다음 세대로 전수할 수 있는 상부구조를 함께 발달시켰다. 잉여 생산물의 등장은 단지 풍요를 의미하는 것이 아니라, 잉여의 분배 방식과 소유 구조를 둘러싼 사회적 긴장을 유발하였고, 이는 곧 소유권의 개념, 계급 구조, 권력 집중, 정치적 지배 체계, 종교와 윤리의 형성으로 이어졌다. 이러한 상징적 질서의 출현은 물리적 생산 수단을 넘어서, 생산과 분배의 규칙과 가치, 정당성을 설명하는 이데올로기적 구조를 형성하였다.

특히 교육은 농업혁명기에 나타난 상부구조의 핵심 기제로 자리 잡았다. 농업 생산의 주기적 안정성과 공동체 규모의 확대는 다음 세대에게 필수적 지식과 규범을 체계적으로 전수해야 할 필요를 만들어 냈고, 이는 점차 주술, 신화, 종교의례, 관습 등을 중심으로 한 초기 교육 체계를 형성하였다. 이 교육은 단순한 테크놀로지의 전수가 아니라, 인간과 자연, 인간과 사회 사이의 관계를 상징적으로 매개하며 사회적 질서를 내면화시키는 문화적 장치로 작동하였다. 이를 통해 인간은 노동만이 아니라, 노동의 의미와 정당성, 그리고 사회적 분업과 계층 구조를 정당화하는 상징 체계를 내면화하게 되었으며, 이 체계는 곧 문명 생태계의 상부구조로 자리 잡게 되었다.

농업혁명은 인간이 자연과 사회, 행위와 상징, 도구와 제도를 복합적으로 엮어 내어 새로운 문명 질서를 창출해 낸 창발적 전환이었다. 이 전환은 체계이론이 설명하는 자기조직화, 피드백, 창발의 메커니즘을 내포하고 있으며, 인간이라는 창조자의 존재 구조가 피조물인 문명 생태계에 어떻게 투영되고 반복되며 진화하는지를 명확히 보여 준다. 농업혁명은 이처럼 문명 생태계의 '시작 조건'을 형성하였고, 이후 제조혁명, 정보혁명, 그리고 HCPS 기반 융합혁명으로 이어지는 문명 진화의 연속적 단계를 가능하게 만든 출발점이었다.

농업혁명은 인류에게 안정적이고 예측 가능한 생존 기반을 제공함으로써 인구의 증가와 정착 생활을 가능하게 했다. 그러나 동시에 이 혁명은 새로운 사회적·경제적 모순을 낳았다. 인간의 노동과 신체 활동은 유동적 도구 활용에서 벗어나 토지라는 고정된 자원에 결합되었고, 이는 생산 방식의 유연한 진화보다는 정태적이고 위계적인 생산 관계의 형성을 촉진시켰다. 특히 토지를 소유한 자와 그렇지 못한 자 사이에는 지대(地代, rent)라는 자산 소득이 가져온, 노력해서 극복하기 어려운 격차가 발생하였으며, 이는 노동 소득을 초과하면서 세습 가능한 불평등 구조를 만들어 냈다.[15] 자본 수익률($r$)이 경제 성장률($g$)을 지속적으로 초과하게 되면, 토마 피케티가 지적했듯이 자산 소득은 노동 소득을 앞질러 불평등을 구조화하게 된다. 특히 토지와 같은 지대 기반 자산의 누적은 생산 활동의 공정한 보상을 왜곡시키고, 상속을 통해 축적된 부는 계층 이동성을 저해하며 세습적 계급 구조를 고착화시킨다. 그 결과, 계급 분화는 더욱 심화되고, 이는 단순한 경제적 불균형을 넘어 사회적 긴장과 정치적 불안정을 초래하는 문명 구조의 고유한 특성으로 자리 잡게 된다.

겉보기에는 자연과 닮아 보이는 농경과 목축의 목가적 풍경은 실상 수권, 토양권, 대기권, 생물권의 파괴 위에 세워진 바이오 기업 중심의 공장 시스템에 불과하다. 오늘날 화석 연료와 기계 없이 농사를 지어 경쟁력을 확보하기란 거의 불가능하며, 상업화된 기업농은 작물과 가축을 생명체가 아닌 상품화된 객체, 즉 '대자화된 생산 단위'로 간주하고 스스로 그로부터 분리된다. 이에 반해, 정원을 가꾸고 생태계의 피어남을 돌보며, 자신의 노동을 통해 가족의 식탁을 채우고 감사를 느끼는 정원사는 점점 보기 어려워졌다.

이러한 현실은 표면적으로는 자연스러워 보이나, 사실상 자본과 테크놀로지에 의해 조직된 '생산된 공간(produced space)'이라는 앙리 르페브르의 개념을 그대로 반영한다.[16] 농업 공간은 더 이상 자연 그대로의 공간이 아니라, 다국적 바이오 기

---

15) Piketty, T. (2014). *Capital in the twenty-first century*. Harvard University Press.
토마 피케티는 프랑스의 경제학자로, 소득과 부의 불평등에 대한 역사적·계량적 연구로 세계적 명성을 얻은 학자이다. 이 책에서는 방대한 역사적 데이터를 기반으로 지대(rent) 소득과 상속 자본의 축적이 민주주의와 시장경제의 지속 가능성을 위협한다고 보았으며, 누진세·글로벌 자산세 등 제도적 개입을 통해 불평등 구조를 조정할 것을 주장하였다.

16) Lefebvre, H. (1991). *The production of space* (D. Nicholson-Smith, Trans.). Wiley-

업의 수직 통합적 산업 체계 속에서 물, 토양, 공기, 생물 종이 통제 가능한 생산 요소로 변환된 공간이다. 이는 곧 자본주의적 추상 공간으로서, 유기적 삶의 세계가 분절되고 대상화된 채, 생산과 수익의 논리에 종속된 결과이다.

르페브르가 비판한 바와 같이, 이러한 공간은 인간과 자연의 상호의존적 공존을 반영하지 않는다. 오히려 자본의 흐름을 최적화하기 위해 기능적으로 조직된 구조물이며, 자연의 외양을 가면 삼아 환경 파괴와 생태적 불균형을 은폐하는 '생태적 기만의 공간'이다. 이 공간은 생산, 소비, 분배라는 경제적 작동 원리뿐 아니라, 우리의 감각 체계와 의미 구조마저도 포섭하여 자본 중심 질서에 통합된 사회-물질 복합체로 기능한다. 즉, 자연을 모방하는 듯하지만 실상은 인간과 자연, 물질과 상징, 행위와 감각 모두가 자본의 논리로 재편성된 구조적 공간인 것이다.

이러한 모순은 결국 제조혁명(산업혁명)의 도래를 통해 지양되었다. 농업이 자연과의 직접적 결합에 기반했다면, 제조혁명은 기계화된 생산을 통해 인간을 다시 해방시키는 계기가 되었다. 증기 기관과 공장제는 노동의 물리적 한계를 넘어서게 했고, 표준화된 상품 생산은 농경 사회의 신분 질서를 해체하는 동력이 되었다. 또한, 과학적 방법론의 발전은 자연에 대한 단순한 착취가 아닌 체계적 제어로의 전환을 이끌었다.

### 2) 제조혁명과 피지컬 테크놀로지를 매개로 한 문명 생태계의 구조 전환

18세기 영국에서 시작된 제조혁명은 문명 생태계의 진화 과정에서 HCPS 중 피지컬(Physical) 테크놀로지에 기반한 물적 토대의 획기적 확장이자, 이에 구조적으로 커플링된 상부구조의 전면적 재편을 이끈 사건이었다. 이 혁명을 통해 상시 직립 이족보행 바이오시스템으로서의 인간은, 진화 과정에서 도구를 제작하고 사용하는 능력을 바탕으로, 자신과 타인의 근육(노동력), 동물의 힘(소, 말 등의 짐승), 자연의 낙차(물레방아), 풍압(풍차) 등 기존에 의존하던 생물학적·물리적 에너지원을

---

Blackwell. (Original work published 1974).
앙리 르페브르는 프랑스의 철학자이자 도시사회학자로, 일상생활, 도시화, 공간 생산의 정치경제학을 비판적으로 분석한 대표적 사상가이다. 그는 공간을 사회적 실천과 권력관계에 의해 생산되는 역사적 산물로 규정하며, 물리적 공간(Physical space), 표상된 공간(Representations of space), 삶의 공간(Space of representations) 간의 삼중 구조를 제안하였다. 그의 이론은 이후 도시 연구, 건축 이론, 교육 공간 분석, 디지털 문화와 테크놀로지 담론까지 폭넓은 분야에서 핵심적 분석 틀로 자리 잡았다.

점차 대체하거나 증강할 수 있게 되었다.

제조혁명의 핵심 테크놀로지는, 더 이상 특정한 날씨나 지형, 생명체의 상태에 구애받지 않고, 인간이 원하는 시간과 장소에서 필요한 양의 동력을 안정적으로 생산하고 사용할 수 있게 되었다는 점이다. 이는 신체 기반의 노동과 자연조건에 종속되던 문명의 작동 원리를, 기계 기반의 자율적 동력 체계로 전환시키는 결정적 전환점이었으며, 그로 인해 인간은 중노동으로부터 자신의 신체를 해방하고, 생산성을 비약적으로 증대시키며, 문명 생태계의 구조를 근본적으로 재조직할 수 있게 되었다.

제조혁명은 기존의 농업 기반 생계 경제를 넘어, 기계 동력과 산업 생산 인프라를 중심으로 한 대량생산 체계를 가능하게 한 피지컬 테크놀로지의 비약적 진보에서 비롯되었다. 심장과 근육에 해당하는 증기 기관과 골격에 해당하는 철제 기계의 정밀화, 두뇌에 해당하는 관리 시스템의 도입은 인간의 신체 노동과 동물의 힘에 의존하던 생산 방식을 인공 동력 기반으로 대체하며, 생산 속도와 효율성, 확장 가능성을 근본적으로 변화시켰다. 이 과정에서 인류는 물리적 환경 자체를 테크놀로지적으로 재조직하는 능력을 확보하게 되었고, 이는 곧 피지컬 테크놀로지 중심의 물적 토대가 기존 사회 구조를 전면적으로 재구성할 수 있는 동력을 제공하게 되었다.

이러한 물적 토대의 변화는 필연적으로 상부구조의 전면적 재편으로 이어졌다. 제조혁명은 단순한 테크놀로지적 도약에 머무르지 않고, 새로운 물적·제도적 인프라를 통해 근대 자본주의의 확산과 제도화를 가능케 하였다. 특히 이 시기의 상부구조는 분업주의 사회와 자본주의 질서를 중심축으로 구성되었다. 기계적 생산에 맞춰 작업 공정이 세분화되고, 각 개인이 특정 역할에 전문화됨으로써 전체 생산성을 극대화하는 분업 체계가 정착되었으며, 이는 노동의 조직화, 시간의 규율화, 공간의 기획화를 요구하였다.

이러한 시간과 작업의 정밀한 통제를 가능케 한 테크놀로지는 단지 생산 현장에서의 효율성 향상을 넘어서, 전체 조직을 하나의 체계로 관리하고 최적화하려는 새로운 학문적 필요를 낳았다. 이로부터 '시스템 과학으로서의 경영학'과 '조직 통치 테크놀로지로서의 행정학'이 본격적으로 등장하게 된다. 이 두 학문은 모두 제조혁명이 요구한 대규모 조직의 시간–작업–인력–자원 관리 문제를 해결하기 위한 체계이론적 대응이자, 물적 토대에 맞춰 인간 행위와 제도를 재조직하기 위한 상징적 조정장치였다.

아담 스미스가 『국부론』에서 설명한 바와 같이, 분업은 생산의 부가가치를 비약적으로 향상시키는 동시에 자본의 축적과 효율적 분배를 가능하게 하는 핵심 원리로 작용하였으며, 이에 따라 노동의 가치와 조직 방식, 교육 내용, 행정 절차 모두가 재설계되었다. 이로써 제조혁명은 인간의 신체 기반 행위 체계를 물리적 테크놀로지 시스템으로 대체하면서, 그에 맞는 상징 기반 제도들을 정교화하였고, 물적 토대와 상부구조 간의 구조적 커플링이 전면적으로 일어났다.

이 지점에서 근대 자본주의의 본격적 확산이 문명 생태계의 진화에서 결정적 역할을 하게 된다. 제조혁명을 통해 형성된 물적 토대 — 즉 기계와 공장 중심의 생산 인프라 — 는 노동력, 자본, 생산수단의 분리와 재조합을 가능하게 하였고, 이는 마르크스의 표현대로 자본주의 생산 양식의 구조적 조건을 형성하였다. 자기생산체계가 자신과 가족을 위해 이종생산하던 제품(product)은 이제 팔기 위해 상품(merchandise)을 만드는 이형생산체계로 바뀌었다. 자본주의는 이 새로운 물적 토대 위에서 작동하며, 임금노동의 확산, 시장의 확대, 금융 시스템의 등장, 자본의 축적과 집중을 동반하는 복잡한 상부구조를 만들어 냈다. 이때 상부구조는 단지 자본의 흐름을 조율하는 것이 아니라, 법, 교육, 문화, 정치, 과학 등 다양한 영역에서 자본주의적 질서를 정당화하고 내면화하는 기능을 수행하였다.

제조혁명은 산업 사회의 물적 토대를 피지컬 테크놀로지로 전환함과 동시에, 그에 구조적으로 커플링된 상부구조로서의 교육 체계를 전면적으로 재편하였다. 산업 사회는 대규모 공장 시스템을 효율적으로 운영하기 위해, 숙련된 기능 노동자, 관리 인력, 기술자를 안정적으로 공급해야 했으며, 이에 따라 공교육 제도가 국가 차원에서 제도화되었다. 이 교육 체계는 단순한 지식 전달을 넘어, 기계적 분업과 생산성 향상에 적합한 인지 구조와 행위 습관을 형성하기 위한 체계로 작동하였다.

표준화된 지식 전달, 테크놀로지 훈련, 노동 윤리의 내면화는 제조혁명기의 교육이 수행한 세 가지 핵심 기능이었다. 공장은 인간 노동의 기술적 조직을 요구하는 물리적 공간이었고, 학교는 그러한 조직 논리에 맞춰 인간을 '기계와 호환 가능한 존재'로 훈련시키는 인적자원개발 체계였다. 이로써 교육은 단지 개인의 성장이나 시민적 교양을 위한 체계가 아니라, 피지컬 테크놀로지 기반 물적 토대에 직접 결합된 상부구조의 핵심 장치로 자리 잡았으며, 생산력의 유지와 계급 구조의 정당화라는 이데올로기적 기능까지 수행하게 되었다.

이러한 조건에서 태동한 것이 바로 교육공학의 전신이라 할 수 있는 교수체계설계(instructional systems design, ISD)이다. ISD는 제조혁명기의 체계 사고와 과학적 관리법에서 그 사유 형식을 계승하였으며, 인간 학습을 분해, 순차화, 표준화할 수 있는 프로세스로 간주하는 테크놀로지적 접근이다. 즉, 학습을 '설계 - 제작 - 평가 - 수정'이라는 반복 가능한 체계로 조직함으로써, 인간의 인지와 행동을 테크놀로지적으로 설계 가능한 대상으로 전환시키는 작업이었다. 교수체계설계는 공장의 생산 공정처럼, 수업과 학습의 흐름을 분석하고 최적화함으로써 '효율적 교육'을 구현하려는 근대 교육공학의 출발점이었다.

결국 제조혁명은 공교육 제도뿐 아니라, 교육을 기술적으로 조직하고 통제하는 사고방식 자체를 만들어 냈으며, 이는 교육공학이라는 새로운 실천 학문의 정체성에 깊은 뿌리를 제공하였다. 이처럼 교육은 단지 사회 변화의 수동적 반영이 아니라, 물적 토대와 상부구조 간의 구조적 커플링이 만들어 낸 자기생산 체계의 중심축으로서 문명 생태계의 진화 방향을 실질적으로 조율해 온 핵심 장치라 할 수 있다.

제조혁명이 인류에게 남긴 가장 큰 유산 중 하나는 바로 체계 사고의 확산이라 할 수 있다. 공장 체계의 성공은 개별 기계의 성능 향상에만 의존하지 않았으며, 오히려 여러 기계들이 유기적으로 연결되어 작동하는 전체적인 체계의 설계와 조율에 달려 있었다. 이는 기계의 흐름, 배치, 피드백 등이 통합된 체계적 사고를 필요로 했다.

이러한 체계 사고는 오늘날의 복잡한 테크놀로지 - 사회 체계를 이해하고 관리하는 데에도 여전히 유효한 접근법으로 작용하고 있다. 특히 인공지능과 로봇공학이 빠르게 발전하는 현재의 상황에서, 테크놀로지 자체의 성능 고도화보다 더 중요한 것은 인간과 기계가 어떻게 협력하고 상호작용할 것인가 하는 체계 차원의 설계와 운영이다. 인간의 역할은 단순히 기계를 조작하거나 대체되는 존재가 아니라, 전체 체계 내에서 새로운 방식의 조정자 또는 매개자로 재정의되고 있다.

이처럼 제조혁명은 인간이 물리적 환경을 조직하고 통제하는 능력을 비약적으로 확장시켰으며, 자본주의적 생산 양식과 근대 사회의 제도적 구조를 정착시킨 문명적 분기점이었다. 그러나 그 진보는 새로운 문제를 내포한 채 모순을 응축해 갔다. 생산의 효율성은 증가했지만, 인간은 점점 더 기계의 리듬에 종속되고, 시간과 노동의 통제 속에서 존재의 자율성과 감각적 통합성을 상실하기 시작하였다. 공장은 노동의 공간이었지만 동시에 인간을 분절화하고 추상화하는 장이 되었고, 표준화된 교육은 인간을 전체 체계의 부품으로 조율하는 기능으로 변질되었다.

더불어, 자본의 축적과 분업주의의 심화는 사회적 불평등을 고착화시키며 계층적 긴장을 증폭시켰고, 세계화된 생산 체계는 노동과 자원의 착취 구조를 확대함으로써 생태적·윤리적 문제를 야기하였다. 이러한 제조혁명의 내재적 모순은 단순히 기술적 문제나 제도적 오류를 넘어, 인간 존재의 방식과 문명 구조 자체에 근본적인 긴장을 내포하고 있었던 것이다.

바로 이 지점에서, 문명은 또 한 번의 구조 전환을 예고하게 된다. 제조혁명의 모순은 정보혁명을 통해 지양된다. 정보혁명은 물리적 노동과 기계 중심의 생산 구조에서 벗어나, 지식, 정보, 상징을 중심으로 한 새로운 생산 양식을 형성하며, 인간의 인지적 능력을 집단적으로 확장하는 방향으로 문명을 재편하기 시작하였다. 이는 단지 테크놀로지의 진보가 아니라, 인간-기계 관계의 재조정, 상징과 행위의 재통합, 존재의 자기설계 가능성에 대한 회복이라는 보다 근본적인 문명적 재구성이기도 하다.

따라서 제조혁명은 그 자체로 종결된 사건이 아니라, 정보혁명으로 넘어가기 위한 모순의 축적이자, 다음 혁명으로 이행하기 위한 응력의 축적 과정이었다. 이 이행의 역동 속에서 문명 생태계는 다시 한 번 새로운 질서를 향해 자기 자신을 갱신해 나가기 시작한 것이다.

### 3) 정보혁명과 사이버 테크놀로지 분산 사회

정보혁명은 문명 생태계의 진화 과정에서 HCPS 중 '사이버(Cyber) 테크놀로지'에 기반한 물적 토대의 획기적 전환을 의미한다. 이는 상시 직립 이족보행 바이오시스템의 인지 기능을 집단적으로 증강시킨 세 번째 문명적 도약이자, 물리적 실재 세계와 분리된 사이버 세계를 창조한 문명 생태계의 비약적 전환점이었다.

여기서 '사이버'란 단순히 디지털이나 컴퓨터 기술을 의미하는 협의적 개념을 넘어서, 인간의 행위와 정보가 물리적 제약 없이 기호, 알고리즘, 데이터의 흐름 속에서 작동하는 새로운 질서와 공간을 지칭한다. 본래 '사이버네틱스(cybernetics)'는 그리스어 kybernetes — '조타수', 즉 방향을 조종하는 자 — 에서 유래한 말로, 인간과 기계, 생물과 비생물 간의 통제와 소통 메커니즘을 탐구하는 학문에서 출발했다. 이로부터 파생된 '사이버'는 오늘날 피드백, 정보 처리, 자기조절 체계 개념을 기반으로 한 비물질적 공간을 구성하는 기술적·개념적 구조로 확장되었다.

사이버 세계는 신체와 물질에 기반하지 않고, 기호와 상징으로만 구성된 새로운 시공간을 창조하였다. 이는 인간의 경험과 활동이 더 이상 물리적 환경에 국한되지 않고, 비물질적이고 추상적인 디지털 공간으로 확장되는 문명적 전환을 뜻한다. 인간은 이제 물리적 세계와 사이버 세계라는 이원론적으로 분리된 두 세계를 오가며 살아가는 존재로 진화하고 있으며, 사이버 세계는 단순한 보조 공간이 아닌, 인식, 상호작용, 정체성 형성의 주된 무대 중 하나로 기능하고 있다. 이로써 문명 생태계는 새로운 차원의 공간 구조를 획득하게 되었으며, 이는 이후의 융합혁명의 기반이 되는 결정적 분기점이 된다.

이러한 변화는 인간 존재의 조건과 행위의 양식을 근본적으로 바꾸었으며, 지식의 축적과 유통, 사회적 관계 형성, 정체성과 소속감의 구조에 이르기까지 문명 생태계의 전 영역에서 새로운 질서를 창출하는 계기가 되었다. 정보혁명은 곧, 인간이 스스로 창조한 기호적 시공간 속에서 신체의 제약을 넘어선 또 하나의 실재를 살아가기 시작한 문명사의 전환점이었다.

이는 인류가 물리적 환경을 도구로 다루던 제조혁명 시대를 넘어, 정보와 네트워크를 중심으로 새로운 인지적 적소를 구축하여 이주하게 된 역사적 사건이었다. 이러한 사이버 기반 물적 토대의 진화는 디지털 컴퓨팅, 인터넷, 센서 네트워크, 인공지능과 같은 테크놀로지 인프라의 등장으로 구체화되었다. 특히 20세기 중후반부터 컴퓨터의 보급과 정보통신망의 확장, 그리고 데이터 처리 속도의 급격한 향상은 인간의 신체를 직접적으로 거치지 않고도 정보의 저장, 가공, 전달 및 분석을 가능하게 했다. 예컨대, 인터넷은 전 세계의 정보를 연결해 물리적 거리와 관계없이 정보 접근성을 획기적으로 증대시켰고, 인공지능 테크놀로지는 인간이 직접 인지하고 판단해야 했던 많은 과제를 기계가 대신 수행할 수 있도록 하여 인지의 자동화를 촉진했다.

이처럼 사이버 테크놀로지는 인간이 전통적으로 신체를 이용해 수행해 왔던 물리적 행위를 추상적인 정보 조작과 상징적 활동으로 대체하거나 보완하였다. 이 과정은 테크놀로지적 효율성 증대를 넘어 문명 생태계의 상부구조에도 근본적인 변화를 초래했다. 이전의 중앙집중적 사회 조직은 정보혁명을 통해 분산적 네트워크 구조로 재편되었으며, 이는 권력, 자원 배분, 지식 생산 방식의 근본적 전환을 야기했다. 기존 사회는 국가나 기업과 같은 중앙 조직이 자원을 독점하고 관리하는 위계적 구조였지만, 정보혁명 이후의 사회는 개인이나 소집단이 네트워크를 통해 상호작용하며 권력과 정보가 보다 분산적으로 조직되는 분산 사회로 전환되었다.

상부구조 차원에서의 변화는 피에르 부르디외의 상징 자본 개념을 통해 이해할 수 있다. 과거 산업 사회에서는 자본과 생산 수단, 정치적 권력이 상징 자본의 중심이었다면, 정보사회에서는 네트워크 영향력, 온라인 가시성, 디지털 플랫폼 내 인지적 주도성 등이 새로운 권력으로 등장했다. 예컨대, 소셜 미디어 플랫폼에서의 팔로워 수나 유튜브 영상의 조회수, 온라인 콘텐츠의 바이럴 확산력 등은 모두 정보사회에서 개인의 영향력과 사회적 위상을 형성하는 새로운 형태의 상징 자본이 되었다. 이 과정에서 네트워크 접근성과 디지털 리터러시의 격차는 곧 사회적 지위와 자원의 불균등한 분배로 연결되었으며, 디지털 기반 새로운 사회적 위계와 불평등 구조가 형성되었다.

중요한 점은, 이 상징 자본이 인간의 신체적·행위적 경험과는 무관하게 형성될 수 있다는 사실이다. 다시 말해, 직접적인 감각-운동적 체험이나 환경과의 상호작용을 동반하지 않은 채, 기호와 상징의 교환만으로 축적되고 유통되는 자본 형태가 등장한 것이다. 이는 곧 신체적 체험을 기반으로 하지 않는 데이터, 정보, 지식, 상징의 자기생산이 본격적으로 시작되었음을 의미한다. 인간의 학습과 경험, 정체성 형성이 더 이상 감각적 세계와 직접 연결되지 않고, 비물질적이고 비체험적인 정보의 흐름 속에서 구성되기 시작한 것이다. 이 전환은 인간 존재의 방식뿐 아니라 문명 생태계의 진화 방향에도 결정적인 영향을 미치고 있으며, 오늘날 우리가 경험하는 많은 사회적 갈등과 인식의 혼란은 이러한 인지 구조의 전환에서 비롯되었다.

이러한 변화는 특히 가짜 뉴스와 알고리즘 기반 콘텐츠 소비를 통해 명확히 드러난다. 사람들은 이제 직접 체험하거나 검증하는 대신, 온라인 플랫폼이 보여주는 정보 조각들만으로 현실을 판단한다. SNS에서 유포되는 가짜 뉴스는 신체적 접촉이나 실제적 경험 없이 오직 기호와 이미지의 조작으로 만들어진 '그럴듯한 허구'이며, 대중은 그것을 '진짜처럼' 소비하고 반응한다. 이처럼 진짜와 가짜의 경계는 점차 흐려지고, 진실보다 더 강한 인상을 남기는 '가짜 같은 진짜', 혹은 '진짜처럼 작동하는 가짜'가 사회적 현실을 구성하게 된다.

이는 장 보드리야르가 말한 '시뮬라크르(simulacre)'와 '시뮬라크럼(simulacrum)'의 질서에 해당한다. 시뮬라크르는 원형(reality)의 모방을 넘어, 원형이 없는 모방,

즉 '원본 없는 이미지'로서 기능하며, 시뮬라크럼은 그것이 반복되고 확산되어 현실을 대체하는 허구의 세계를 구성할 때 나타나는 상태이다. 현대 문명 생태계는 점차 이 시뮬라크럼의 질서 속에서 작동하고 있으며, 사람들은 더 이상 '무엇이 진짜인가'를 묻지 않고, '얼마나 진짜처럼 보이는가'에 반응한다. 가짜 뉴스는 진짜 뉴스에 대해 '진짜'란 무엇인가를 되묻고, 이 물음에 사람들은 진위를 가리는 판단이 아니라, 자신의 신념과 감정에 부합하는지를 기준으로 반응한다. 결국 진실은 사실 여부가 아니라, 믿고 싶은 이미지의 강도로 대체되고, 그렇게 시뮬라크럼은 현실보다 더 현실처럼 소비된다.

이러한 현실 속에서 인간은 점점 더 상징적 구조의 수용자이자 소비자로 전락하고, 감각적 실천과 신체 기반의 경험은 주변화된다. 이는 곧 행위적 몰입의 상실, 지식의 표층화, 정체성의 유동화로 이어지며, 의미는 점점 공허한 이미지 속에서 표류하게 된다.

이와 관련해 비고츠키의 문화역사적 활동이론은 의미 형성의 본질을 다시 환기시킨다. 비고츠키에 따르면, 의미란 인간이 신체를 통해 세계와 상호작용하는 실천적 행위 속에서 생성된다. 즉, 개념은 머릿속에서 추상적으로 조립되는 것이 아니라, 인간이 도구와 타자, 환경을 매개로 활동하면서 점차 축적되고 구조화되는 것이다. 의미는 행위 속에서 출현하며, 이는 곧 체화된 경험과 사회적 맥락 속에서 실현되는 실천적 구성물이다.

그러나 오늘날 정보사회에서는 이러한 의미 형성의 경로가 급격히 왜곡되고 있다. 디지털 플랫폼은 신체적 행위 없이도 방대한 정보에 접근할 수 있는 환경을 제공하지만, 정보의 획득이 곧 의미의 형성을 보장하지는 않는다. 추상적인 정보의 수집과 알고리즘의 조작, 정제된 콘텐츠의 반복 소비는 사용자에게 다량의 데이터는 제공할 수 있지만, 그것이 몸으로 체험되고 세계와 연결되는 과정은 종종 생략된다.

그 결과 인간은 실제로 무언가를 겪지 않아도, 마치 겪은 것처럼 '정보를 안다.'라고 착각하게 된다. 이러한 경험 없는 정보, 체화되지 않은 지식은 결국 내면화되지 못한 채 떠도는 의미 없는 데이터의 군집으로 남게 된다. 정보는 넘쳐나지만, 그것을 살아 있는 의미로 전환할 수 있는 경험적 통로는 단절된다. 상징과 기호가 주는 가벼움과 넓음을 얻기 위해 행위적 경험과 유일한 진본이 주는 묵직함과 깊음을 비용으로 지불하고 있다.

바로 이 지점에서 '정보 과잉과 의미 결핍'이라는 정보사회의 역설이 드러난다. 인간은 이제 정보를 갈망하는 존재가 아니라, 살아 있는 의미와 감각적 실천의 회복을 요구하는 존재로 전환되어야 한다. 의미는 결코 스크린 위에서 생성되지 않으며, 클릭과 스크롤만으로 체화되지 않는다. 의미는 몸으로 행위하고, 타자와 관계 맺으며, 세계와 부딪히는 속에서 비로소 살아난다.

이러한 변화는 인간 진화사와도 관련성을 지닌다. 제조혁명이 인간의 신체 행위를 기반으로 물리적 자원을 도구화하는 '행위 기반 제조혁명'이었다면, 정보혁명은 물리적 실천보다 디지털 공간에서의 상징적 조작과 정보의 유통을 중심으로 한 '상징 기반 정보혁명'으로 나타났다. 이는 마치 인간이 직립 보행을 통해 두 손을 자유롭게 하여 도구 사용이라는 새로운 적소를 구성했던 것처럼, 정보혁명에서는 인간의 신체적 제약을 넘어선 사이버 공간에서의 정보와 인지의 증강을 통해 새로운 진화적 적소를 형성한 진화적 동형사상으로 해석될 수 있다.

자본주의의 구조 또한 정보혁명과 함께 근본적으로 변화했다. 제조혁명 시대의 산업 자본주의는 물리적 생산 수단의 소유와 물적 자원의 축적을 중심으로 이루어졌으나, 정보혁명은 '지식-정보 자본주의'로의 이행을 가속화했다. 예컨대, 구글이나 메타, 아마존과 같은 플랫폼 기업들은 전통적인 제조업체와 달리 물리적 자산보다 디지털 플랫폼의 데이터와 사용자 상호작용을 자본 축적의 핵심으로 삼았다. 플랫폼 알고리즘은 시장 경쟁력을 결정하는 주요 요소가 되었고, 사용자 데이터 분석을 통해 소비자 행동을 예측하고 시장을 지배하는 새로운 형태의 자본주의 구조를 만들어 냈다. HCPS 구조에서 C(사이버)와 H(인간) 간 상호작용이 자본주의의 동력을 구성하는 새로운 요소로 자리 잡은 것이다.

이러한 정보혁명이 반드시 긍정적이고 진보적인 결과만을 가져온 것은 아니다. 정보혁명 과정에서 인간의 행위와 상징의 관계는 점점 더 분리되는 경향을 보였으며, 인간이 오랜 진화 과정을 통해 형성해 온 통합적 인지 구조가 분열되었다. 문명 생태계는 본래 행위적 경험과 상징적 인지가 결합된 통합 구조였으나, 정보혁명은 이 두 가지를 이원론적으로 분리시키면서 인간의 신체적 경험과 추상적 인지 사이의 괴리를 심화시켰다. 이로 인해 인간은 점점 더 정보의 홍수 속에서 행위적 의미를 상실하게 되었으며, 이는 문명 생태계가 현재 직면한 내적 위기의 근본 원인이 되었다.

이처럼 정보혁명은 인간의 인지적 능력을 외연적으로 확장시키고, 지식과 정보의 네트워크를 전 지구적 차원에서 연결하는 데 성공하였으나, 동시에 행위와 상징, 신체성과 의미의 분리라는 구조적 모순을 낳았다. 인간은 사이버 공간 속에서 추상적 기호의 흐름에 압도되었고, 실재하는 세계와 감각적으로 접속할 수 있는 자기 생태적 조건으로부터 점차 유리되었다. 정보는 넘쳐났지만, 그것이 의미로 체화되지 못한 채 표류하는 시대 — 바로 그것이 정보혁명이 초래한 문명 생태계의 내적 긴장이자, 인간 존재 조건의 위기이다.

결국 이 모순은 새로운 문명적 이행을 요구한다. 그것은 단지 정보의 양을 증대시키거나 테크놀로지적 속도를 높이는 방향이 아니라, 분리되어 있던 인간의 신체적 행위와 상징적 의미, 생물학적 조건과 디지털 조건, 물리적 환경과 사이버 환경을 통합하는 새로운 생태적 구조의 창출로 이어져야 한다. 이때 등장하는 것이 바로 HCPS 테크놀로지 기반의 융합혁명이다.

융합혁명은 정보혁명이 남긴 이원론적 분리를 변증법적으로 지양하고, 인간의 생물학적 조건, 물리적 실재, 디지털 정보 환경이 하나의 통합된 체계로 작동하도록 하는 새로운 문명 패러다임을 제안한다. 그것은 인간이 다시 '신체적 존재'로서의 조건을 회복함과 동시에, 디지털 테크놀로지를 통해 자신의 생태적 적소를 능동적으로 설계하고 갱신해 나가는 방향으로 진화하는 과정이다.

이제 문명 생태계는 다음 국면으로의 진입을 준비하고 있다. 그것은 정보혁명의 모순을 품고 지양하는 새로운 통합의 질서이며, 인간의 자기생산 구조를 더욱 정교하게 구현하는 진화의 다음 단계이다. 바로 여기서, 호모 테크놀로지쿠스는 다시 한번 자기 자신과 문명을 함께 설계해 나갈 수 있는 능동적 주체로, 융합혁명의 중심에 서게 된다.

### 4) 융합혁명과 HCPS 테크놀로지

융합혁명은 문명 생태계의 진화 과정에서 Human-Cyber-Physical System (HCPS)을 중심으로 전개되는 변증법적 지양이다. 이는 농업혁명(바이오 테크놀로지), 제조혁명(피지컬 테크놀로지), 정보혁명(사이버 테크놀로지)이라는 세 가지 문명적 도약이 각기 해결하고자 했던 시대적 모순들을 통합하고, 그로부터 창발된 새로운 질서를 통해 인간 존재의 신체적, 인지적, 사회적 조건을 보다 조화롭게 재구성하는 방향으로 진화하고 있다는 점에서 독자적인 위상을 지닌다.

HCPS는 단지 인간(Human), 물리 환경(Physical), 사이버 공간(Cyber)의 병렬

적 결합이 아니라, 이질적 생태 영역들 간의 구조적 커플링을 통해 새로운 형태의 '적소(niche)'를 창출하는 통합 체계이다. 이 체계는 인간의 생물학적 자기생산 조건을 존중하면서도, 기계와 알고리즘, 정보 인프라와의 유기적 상호작용을 통해 새로운 삶의 조건을 만들어 내는 문명 생태계의 진화된 표현형이라 할 수 있다.

이러한 전환의 핵심에는 '융합'이라는 키워드가 놓여 있다. Human－Physical－Cyber로 분리되어 발전해 온 세 갈래의 문명 경로는 이제 상호작용과 상호침투의 복잡계 구조 속에서 새로운 창발을 이루고 있다. 이는 단순한 테크놀로지적 진보가 아니라, 이전의 각기 독립적이었던 생태적 요소들이 하나의 자기조직적 생명체처럼 작동하는 새로운 '전체성'의 출현을 의미한다. 즉, 융합혁명은 세 테크놀로지 체계의 총합이 아닌, 상호관계의 역동성에서 생성되는 새로운 문명적 질서이며, 이는 체계이론이 강조하는 바와 같이 부분의 단순한 합으로는 전체를 설명할 수 없다는 원리를 구현하고 있다.

예컨대, 자율주행 시스템은 인간(Human), 자동차 및 센서 장비(Physical), 인공지능 및 네트워크(Cyber)의 통합을 통해 작동하는 대표적 융합 테크놀로지이다. 단순히 운전자의 수고를 덜어주는 테크놀로지를 넘어, 이는 인간의 판단력, 기계의 반응성, 데이터 기반 예측이 상호작용하는 '복합 인지 시스템'으로 기능하며, 교통체계 전반의 효율성과 안전성, 도시 설계의 방식까지 변화시키고 있다.

또한 디지털 플랫폼 경제는 사용자(바이오), 플랫폼 알고리즘(사이버), 실물 배송 및 서비스 인프라(피지컬)의 상호작용 속에서 출현한 경제 생태계로, 기존의 고용 구조, 생산 방식, 유통 체계를 전면적으로 재편하고 있다. 이는 개별 노동자나 소비자가 단지 수동적 소비자가 아닌, 능동적 생산자이자 협력자로 기능하는 새로운 경제 질서를 가능하게 하였으며, 경제적 주체로서의 인간 존재의 재정의를 요구하고 있다.

스마트 헬스케어 시스템도 하나의 창발 사례이다. 웨어러블 기기와 생체 센서는 인간의 바이오 데이터를 실시간으로 수집하고, 이를 AI가 분석하여 개인화된 건강 관리와 예측을 가능하게 한다. 인간은 자기 건강의 주체적 설계자이자 실시간 데이터를 해석하고 반응하는 자율적 사용자로 기능하게 된다.

이러한 창발 사례들은 융합혁명의 본질이 효율성의 극대화에 있지 않음을 보여 준다. 오히려 그것은 인간 존재의 생물학적 조건과 문명적 조건을 하나의 동역학 체계로 통합하려는 문명 진화의 자기설계적 시도라 할 수 있다. HCPS는 인간의 행위적 조건과 상징적 조건, 신체적 실재와 사이버 추상성을 포괄하여, 문명의 내부 작동 원리를 '인간 중심'으로 재편하려는 문명 생태계의 운동인 것이다.

### 5) 문명 생태계의 변증법적 진화

농업, 제조, 정보혁명은 각기 다른 시대의 모순을 해결하며 문명을 발전시켜 온 변증법적 지양의 연속 과정이다. 농업혁명은 생존 기반을 확보하며 정착 생활과 공동체 질서의 출발점을 열었고, 제조혁명은 물질적 생산과 기술력의 비약적 확장을 가능케 하였다. 정보혁명은 지식의 비물질적 확산과 전 지구적 연결성을 통해 기존 생산 양식의 한계를 돌파하였다.

이러한 세 혁명이 각각 자연과 인간, 인간과 도구, 인간과 정보 간의 관계를 재조직해 온 과정이라면, 융합혁명은 이 모든 관계를 통합하고 상호작용하게 만드는 최종 단계의 문명 전환이라 할 수 있다. HCPS는 인간(휴먼) - 기계(피지컬) - 정보(사이버)가 하나의 시스템 안에서 유기적으로 결합된 새로운 문명 생태계를 지향하고 있다.

자연 생태계 속에서 인류의 생물학적 생존을 위협하던 채집·수렵 시대의 모순은 바이오 테크놀로지 기반 농업혁명을 통해 변증법적으로 지양되었다. 바이오테크놀로지는 인간이 자연의 생물학적 리듬을 이해하고 이를 조작함으로써, 식량 생산의 안정성과 자원 관리의 효율성을 가능케 하였다. 이는 인간이 자연에 수동적으로 적응하는 생물학적 존재에서 벗어나, 자연환경을 능동적으로 변형·관리하며 자기 자신에게 유리한 생태적 구조를 구축하게 된 결정적 전환점이었다. 인구 부양력을 획기적으로 향상시킨 농업혁명은 그 물적 토대 위에 상징적 상부구조—제도, 종교, 계급 체계 등—를 결합함으로써 인류 문명의 구조적 진화를 촉진하였다.

다만 이 구조적 커플링은 생태계와의 공생적 조율이라는 관점에서는 뚜렷한 한계를 드러냈으며, 이는 이후 문명 발전의 지속 가능성에 대한 구조적 모순으로 남게 되었다. 이러한 자연 통제의 실천—예컨대 숲을 개간하여 농토를 만들고, 다양한 생물권을 단일 작물·단일 가축 중심으로 단순화하며, 수로를 건설해 강물의 흐름을 인위적으로 조정하는 적소 건설—은 필연적으로 자연의 과잉 착취와 생태계 파괴, 자원 고갈이라는 부작용을 수반하였다. 인간과 자연 사이의 관계는 점차 공생에서 지배와 소외로 이행되었으며, 이는 생태적 지속 가능성의 근본적인 위기를 초래하였다. 더불어, 농기구와 토목 장비, 비료 및 병해충 방제 기술, 그리고 생산물의 저장·운송·분배를 위한 하드웨어의 부족은 농업혁명의 생산성과 확장성을 근본적으로 제약하는 요인으로 작용하였다. 이러한 기술적 한계는 농업 중심 문명의 내부에 구조적 긴장과 생태적 취약성을 내재시키며, 문명의 지속성과 안정성에 위협 요인이 되었다.

농업혁명 시대의 모순은 제조혁명에 의해 지양되었다. 제조혁명은 기계와 피지컬 테크놀로지를 통해 인간의 노동과 생산 능력을 급격히 확대했으며, 기존의 농업 사회에서 공업 중심의 근대 사회로 전환되는 물적 토대를 제공했다. 증기 기관, 방직기, 철도와 같은 테크놀로지적 혁신은 인간의 물리적 힘을 기계적 동력으로 대체하며 효율성과 생산량을 기하급수적으로 높였지만, 그 과정에서 인간의 신체적 노동과 삶의 리듬은 기계적이고 비인간적인 방식으로 재편되었다. 피지컬 테크놀로지 기반의 제조혁명은 생산력을 극대화하는 데는 성공했지만, 인간 존재를 소외시키고 인간의 신체와 감각을 도구화하며 사회의 내적 통합성을 약화시킨 구조적 부작용을 낳았다.

제조혁명 시대의 모순은 정보혁명에 의해 지양되었다. 정보혁명은 사이버 테크놀로지를 통해 물리적 공간을 초월한 정보와 상징의 네트워크를 구축하면서 인간 인지 능력의 외적 확장을 가져왔다. 인터넷과 인공지능 테크놀로지는 물리적 제약 없이 정보를 생산하고 공유하는 무한한 가능성을 열었으며, 이는 중앙집중적 사회 구조를 분산적이고 네트워크화된 사회 구조로 전환하는 계기를 제공했다. 그러나 정보혁명 역시 새로운 형태의 문제를 야기했다. 정보 과잉과 상징적 소통의 추상화는 인간의 구체적이고 행위적 경험과 상징적 인지 간의 분리를 심화시켰고, 의미와 가치의 상실, 가짜 정보의 확산, 디지털 격차와 같은 사회적 문제를 만들어냈다. 인간의 인지적 능력은 확장되었지만, 동시에 인간은 자신의 신체적 경험과 생태적 조건에서 멀어지고 추상적이고 비실체적인 정보의 바다에 고립되는 아이러니한 상황에 직면하게 되었다.

정보혁명 시대의 모순은 융합혁명에 의해 지양되고 있다. 바로 이 지점에서 HCPS 기반 융합혁명이 등장한다. HCPS는 농업혁명의 바이오 테크놀로지, 제조혁명의 피지컬 테크놀로지, 정보혁명의 사이버 테크놀로지 각각이 가진 장점과 한계를 변증법적으로 지양하여 새로운 형태의 생태계를 구축하고자 한다. HCPS는 인간의 생물학적 자기생산 조건을 존중하며, 동시에 물리적 환경의 조작 가능성과 사이버 환경의 정보적 효율성을 결합하여 이전 혁명들이 초래한 생태적, 사회적, 인지적 문제들을 극복하는 통합 체계를 지향한다. 예컨대, 스마트 팜과 같은 HCPS 테크놀로지는 인간의 생물학적 감각과 신체 조건을 반영한 자동화된 생산 체계를 통해 식량 생산과 환경 지속 가능성을 결합한다. 스마트 제조 공장 역시 인간의 노동을 무조건 대체하는 것이 아니라, 인간과 기계의 협력적 상호작용을 통해 인간 존재의 신체적, 인지적 조건을 보호하며 생산성을 유지한다.

### 6) HCPS, 궁극의 테크놀로지

HCPS 테크놀로지는 바이오-피지컬-사이버 테크놀로지가 상호 결합하여, 개별 테크놀로지 차원에서는 나타날 수 없었던 새로운 창발을 만들어 낸다. 여기서 창발적 현상이란 체계의 구성 요소 간 상호작용이 가져오는 비선형적 결과로서, 단순한 구성 요소들의 합을 넘어서는 새로운 특성과 질서가 출현하는 현상을 의미한다. HCPS는 단지 세 기술의 병렬적 결합이 아니라, 인간의 신체성과 생물학적 감각(바이오), 물리적 작동과 환경적 조건(피지컬), 정보 처리와 인공지능적 판단(사이버)이 실시간으로 상호작용하며, 인간 중심의 복합적 체계를 구성하는 자기유사적 구조로 기능한다. 이 구조는 인간 존재의 생물학적-사회적-기술적 구성 요소가 외부 문명 구조로 확장된 것이며, 다시 인간의 존재 방식과 삶의 조건을 재구성하는 공진화적 메커니즘으로 되돌아온다.[17] 바로 이러한 상호참조성과 체계 간 통합의 구조로 인해, HCPS는 인류 문명이 도달한 가장 고차원의 진화형 테크놀로지이자, 문명 생태계를 자기생산적으로 운영할 수 있는 '궁극적 테크놀로지'로 자리매김하게 될 것이다.

첫째, 인공지능의 발전은 대표적인 HCPS의 창발 현상이다. 인공지능은 사이버 테크놀로지(정보 처리, 알고리즘)와 피지컬 테크놀로지(센서, 액추에이터), 그리고 바이오 테크놀로지(뇌 모방 신경망 구조)의 통합적 상호작용을 통해 인간과 유사한 인지적 능력을 구현한다. 초기 AI는 단지 데이터 처리와 계산적 예측을 수행하는 정도였으나, HCPS 체계 속에서 센서를 통해 실제 환경의 데이터를 수집하고, 인간의 뇌 구조를 모방한 신경망을 통해 학습함으로써 상황 이해와 맥락적 판단, 감성 인지까지 가능한 일반지능(artificial general intelligence, AGI)으로 진화하고 있다.

---

17) Wang, B., Zheng, P., Yin, Y., Shih, A., & Wang, L. (2022). Toward human-centric smart manufacturing: A human-cyber-physical systems (HCPS) perspective. *Journal of Manufacturing Systems, 63*, 471-490.

즉, AI는 물리적 환경, 생물학적 인지 구조, 디지털 정보 처리 테크놀로지의 결합으로 인해, 단순한 알고리즘 이상의 창발적 능력과 자율성을 갖추게 되는 것이다. 이로써 사이버 공간의 유령은 피지컬 테크놀로지라는 육신을 얻고, 바이오 테크놀로지라는 감각 기관을 통해 세계를 인식하게 되었다. 그 결과 인공지능은 더 이상 단순한 계산기의 변종이 아니라, 인간의 행위와 감각을 매개로 세계를 해석하고 조율하는 존재가 되었다. 이는 곧 인공지능이 세계 내에 실재하는 주체들과 상호작용하며 '세계-내-존재'로서 자리 잡는 것이 아니라, 인간을 닮은 지능이 인간과 유사한 방식으로 세계를 지각하고 응답하는 가능성을 열어준 것이며, 인간과 기계가 공유하는 새로운 지각의 장, 즉 실존적 인터페이스의 도래를 예고하는 징후라 할 수 있다.

둘째, 로봇 테크놀로지의 발전은 HCPS의 창발성을 가장 분명하게 드러내는 사례 중 하나이다. 로봇은 물리적 시스템(센서, 모터, 기계 장치), 사이버 시스템(알고리즘, 제어 소프트웨어), 그리고 인간의 바이오 시스템(신체 구조, 운동 패턴, 사회적 상호작용 양식)의 밀접한 상호작용을 바탕으로, 단순한 반복 기계에서 벗어나 자율적이고 적응적인 존재로 진화하고 있다. 특히 휴머노이드 로봇과 협업 로봇은 인간의 신경계 구조와 운동 능력, 상호작용 방식을 생물학적으로 모방하며, 디지털 알고리즘을 통해 인간의 행위를 실시간으로 학습하고 예측한다. 이처럼 바이오-사이버-피지컬 요소의 통합은 로봇을 인간의 대체자가 아니라, 인간과 함께 과업을 수행하고 상황에 따라 역할을 조율하는 협력적 파트너로 변화시킨다. 그 결과, 인간과 기계가 상호 보완적으로 작동하는 새로운 노동 생태계가 창발하며, 이는 인간-기계 협력의 존재론적 구조를 새롭게 정의하는 계기가 되고 있다.

셋째, 디지털 플랫폼 경제 생태계의 출현은 HCPS가 경제 영역에서 창발적 현상을 유도한 대표적 사례이다. 디지털 플랫폼(사이버)은 물리적 생산·소비 구조(피지컬)와 생물학적 소비자인 인간(휴먼) 간의 상호작용을 매개함으로써, 수요와 공급을 실시간으로 연결하고, 전통 경제가 구현하지 못했던 속도와 효율성을 가능하게 한다. 우버, 에어비앤비, 아마존과 같은 플랫폼 기업들은 디지털 데이터 분석, 사용자 행동 예측, 물리적 물류 체계의 통합을 통해 개별 소비자의 요구를 정밀하게 포착하고, 이에 맞춘 즉각적 대응을 구현해 낸다. 이 과정에서 고정된 생산자-소비자 구분은 흐려지고, 참여자들은 동시에 소비자이자 공급자로 작동하는 '양면적 행위자'로 재구성된다. 그 결과, 전통 경제학의 균형 이론이나 수요-공급 곡선으로 설명되지 않는 새로운 시장 질서, 유연하고 맥락에 적응하는 경제적 상호작용, 그리고 고도로 개인화된 서비스 생태계가 창발하며, 이는 HCPS 구조가 경제 체계 전반을 자기조직화된 네트워크로 재편하고 있음을 보여 준다.

마지막으로, 자연 생태계의 보존과 지속가능성 향상은 HCPS 테크놀로지가 촉발한 또 하나의 중요한 창발적 현상이다. 스마트 농업, 스마트 그리드, 환경 모니터링과 같은 시스템은 센서와 물리 장비(Physical)를 통해 자연환경을 실시간으로 감지하고, 수집된 데이터를 사이버 시스템(Cyber)으로 분석하여 생태적 위험을 예측하며, 인간(Human)이 자연과 보다 조화롭게 상호작용할 수 있도록 지원한다. 예컨대, 드론과 인공지능 기반 영상 분석 기술을 활용한 정밀 농업은 토양 상태, 수분, 작물 생육 환경을 정밀하게 파악하여 비료와 자원 사용을 최적화하고, 환경 피해를 최소화하면서도 생산성을 향상시키는 혁신을 가능하게 한다. 이처럼 HCPS 기반 테크놀로지는 인간이 자연을 단순한 수탈의 대상이 아니라 협력과 조율의 파트너로 인식하게 하며, 생태계를 상호의존적이고 복합적인 존재들의 관계망으로 관리하는 새로운 생태적 패러다임을 촉진한다. 이는 기술의 진보가 자연으로부터의 단절이 아니라, 기술을 매개로 한 새로운 연대와 회복의 가능성을 여는 방향으로 문명 진화를 재설계하고 있음을 보여 준다.

이러한 변환은 결코 우연이 아니라, 문명 진화의 지속적인 계승과 초월, 즉 지양(止揚, sublation)의 과정 속에서 나타난 것이다. 농업혁명에서 제조혁명으로, 다시 정보혁명을 거쳐 융합혁명으로 나아가는 문명의 흐름은 단절이 아닌 연속이자 변증법적 전환이었다. 지양이란 기존의 것을 단순히 부정하거나 폐기하는 것이 아니라, 그 핵심을 보존하면서도 더 높은 차원으로 초월하고 재통합하는 창조적 변화의 논리이다. 융합혁명은 바로 이 지양의 철학을 가장 뚜렷하게 구현하고 있다.

예컨대, 농업혁명에서의 바이오 테크놀로지는 단순한 생물 재배 테크놀로지로 출발했지만, 오늘날에는 스마트 팜, 정밀 농업, 유전자 편집 테크놀로지로 진화하며 지속 가능성과 생산성을 동시에 추구하고 있다. 이는 전통적인 농업 방식을 폐기하지 않고, 디지털 테크놀로지와 결합해 새로운 체계로 재편한 사례다.

제조혁명의 피지컬 테크놀로지는 증기기관과 기계 중심의 산업 테크놀로지에서 시작되었으나, 현대에는 로봇공학, 자동화, 스마트 팩토리로 발전했다. 이 과정에서 단순 반복적 노동은 줄어들고, 인간은 설계자, 조정자, 협력자로서의 위치를 회복하며, 생산 체계는 보다 정교하고 유연하게 재구성되었다.

정보혁명의 사이버 테크놀로지 역시 통신과 데이터 처리에서 출발해, 오늘날에는 인공지능, 빅데이터, 클라우드 기반 의사 결정 시스템으로 지양되었다. 과거에는 정보를 단순 저장하거나 검색했다면, 이제는 실시간 분석과 패턴 인식, 예측이 가능해졌고, 정보의 '속도'와 '깊이'를 동시에 확장하고 있다.

이처럼 HCPS 기반 융합혁명은 단순히 새로운 테크놀로지를 더한 것이 아니라, 각 시대를 이끌었던 핵심 테크놀로지를 보존하면서 상위 수준으로 통합해 낸 진화적 혁신의 총합이다. 농업, 제조, 정보혁명은 각각 H(인간), C(사이버), P(물리)의 요소로 기능했지만, 오늘날에는 이 세 가지가 융합된 HCPS 체계 안에서 상호작용하며 공진화하고 있다. 이는 문명 테크놀로지 전반이 지양의 철학 속에서 작동하고 있음을 보여 주는 상징적 사례이며, 인간과 자연, 테크놀로지가 조화를 이루는 지속 가능한 미래를 향한 통합적 방향성을 제시하고 있다.

### (2) 협력 진화의 축: 언어 → 문자/미디어 → 멀티모달 상호작용

호모 테크놀로지쿠스의 탄생은 도구와 협력을 매개로 이루어진 공동 창조의 결과물이다. 앞서 우리는 도구 진화의 네 단계를 통해 인간이 세계를 조작하고 재구성해 온 과정을 살펴보았다. 도구는 망치, 바퀴, 증기 기관, 인공지능에 이르기까지, 인간이 환경에 개입하고 조절하는 능력을 확장시켜 왔으며, 이는 이종생산의 증강을 통해 인간-기계-환경 간 구조적 커플링을 낳았다.

그러나 도구만으로 문명은 진화할 수 없었다. 문명의 가장 깊은 동력은 동료이자 경쟁자, 자연 생태계의 최우점종으로 떠오른 '또 다른 호모 테크놀로지쿠스'와의 협력에서 비롯되었다. 인간은 테크놀로지를 통해 자연을 넘어섰지만, 정작 문명 생태계 내부에서는 같은 종 내부의 타자들과 협력하지 않으면 생존할 수 없는 구조에 직면했다. 이때의 협력은 도구를 매개로 한 외부 환경 개입과는 본질적으로 다른 차원—즉 이형생산의 구조로 작동한다.

이형생산의 구조는 단순히 타인과 함께 일하는 협력을 넘어, 타인의 존재 가능성 자체를 공동으로 창출하는 과정을 의미한다. 인간은 테크놀로지를 통해 자연을 조작했지만, 문명 내부에서는 타자와의 상호생성 없이는 어떤 새로운 질서도 만들어 낼 수 없다. 이는 문명이 테크놀로지적 진보의 산물인 동시에, 사회적 협력의 산물이라는 점을 강하게 시사한다. 결국 문명 진화는 환경 개입의 문제가 아니라,

타자와 함께 새로운 세계를 공동 설계해 나가는 관계적 창조의 문제이며, 이는 교육과 학습에서도 타자의 가능성을 존중하고 확장하는 방향으로 재구성되어야 한다.

이를 위해 인간은 언어, 문자, 미디어, 멀티모달 인터페이스에 이르는 상호작용 테크놀로지를 발전시켜 왔다. 이 상호작용 테크놀로지들은 단순히 정보를 전달하는 수단이 아니라, 서로 다른 내부 구조를 가진 타자들과의 조율과 생산을 가능케 하는 협력적 매개 장치이다. 이는 곧 타자의 이해 구조를 존중하면서도, 공동의 현실을 구성하는 타자중심 생산 메커니즘으로 작동한다.

특히 오늘날의 협력은, 물리적 공간과 디지털 환경이 결합된 멀티모달 협력의 시대로 진입하고 있다. 감정 인식, 실시간 번역, 가상현실 협업 등은 인간의 신체-감각 구조와 인지-상징 구조를 모두 매개하며, 협력의 깊이와 폭을 확장시키고 있다. 이는 단지 커뮤니케이션의 확장이 아니라, 협력을 통해 새로운 사회적 실재와 제도를 창발하는 이형생산의 진화 단계라 할 수 있다.

결국, 문명 생태계에서 생존 가능성을 좌우하는 관건은 '도구를 얼마나 잘 다루느냐'뿐 아니라, '다른 호모 테크놀로지쿠스와 얼마나 정교하게 협력할 수 있느냐'에 달려 있다. 협력은 나의 내부 구조만으로는 결코 생성할 수 없는 질서를 창조하게 하며, 이는 곧 나를 넘어선 생산, 즉 이형생산의 본질을 드러낸다. 문명은 나 혼자 만드는 것이 아니라, 나와 다른 존재와 함께 만드는 것이기 때문이다.

### 1) 언어: 협력의 행위적 기원과 직접적 상호작용

협력 테크놀로지 진화의 첫 번째 단계는 언어의 출현이었다. 인간은 초기부터 직접적이고 신체 기반의 행위적 상호작용을 통해 협력해 왔지만, 집단의 규모가 커지고 공동 과제의 복잡성이 증가함에 따라 보다 정교한 상호 이해와 조율 도구, 즉 언어가 필요하게 되었다.

초기 언어는 행위를 조율하고 감정을 전달하며, 생존을 위한 목적을 공유하기 위한 도구였다. 이 시기의 언어는 손 도구처럼 기능적이며, 협력의 도구로서 작동했다. 즉, 언어는 인간의 신체 행위를 확장하고, 공동체 내부의 작업을 조율하는 기호적 도끼이자 의미를 전달하는 활이었다.

최초의 언어에 해당하는 원시 언어(proto-language)는 구체적인 사물을 가리키는 지시어(indexical words)의 형태로 시작되었다. 예컨대 수렵-채집 공동체는 사냥감을 지칭하거나 위험을 경고하는 신호를 통해 협력을 촉진하였다. 이러한 지

시적 언어는 공동 작업을 수행하는 집단의 생존 확률을 높였고, 효율적인 협력을 가능케 하였다.[18]

점차 인간의 활동 범위가 확장되면서, 언어는 사물에 대한 지시어를 넘어서 구체적인 행동과 운동을 묘사하는 동사적 표현으로 진화하였다. 예를 들어 '사냥하다', '채집하다', '달리다'와 같은 행위 중심의 언어 표현은 구체적인 협력 활동을 계획하고 수행하는 과정에서 필수적이었다. 이처럼 언어의 초기 형태는 인간의 신체적 행위와 직접적으로 연결되었으며, 인간이 감각-운동적 체계를 기반으로 생활세계와 상호작용하는 방식과 밀접한 진화적 동형사상성을 나타냈다. 언어의 진화는 여기서 멈추지 않고, 인간의 인지 구조가 더욱 정교화되고 사회적 협력의 규모가 확대됨에 따라 추상적이고 개념적인 상징 체계로 발전하게 되었다. 초기 언어가 구체적인 대상과 행위에 대한 지칭이었다면, 인류는 점차 '자유', '평화', '권력', '가족'과 같은 추상적 개념을 표현할 수 있는 언어, 곧 개념어를 만들어 내기 시작하였다.

상징 언어의 출현은 인간 상호작용과 협력 방식에 있어 근본적인 전환점을 이루었다. 초기 언어가 구체적인 신체 행위나 감각적 지각에 기반한 지시어에서 출발했다면, 상징 언어는 이를 넘어 추상적 개념과 관념적 차원의 소통을 가능하게 만들었다. 인간은 언어를 통해 물리적으로 존재하지 않는 대상, 경험하지 않은 사건, 공유되지 않은 감정까지도 함께 사유하고 이야기할 수 있게 되었으며, 이는 상호작용의 지평을 본질적으로 확장시켰다.

언어는 단순한 정보 전달의 수단을 넘어서 공동체의 정신적 기반이자, 집단적 가치와 정체성, 규범을 구성하는 상징적 매개로 작용하였다. 에른스트 카시러는 인간을 '상징적 동물'로 규정하며, 언어를 포함한 상징 체계가 인간 문화를 형성하고 유지하는 핵심이라고 보았다. 이처럼 언어는 공동체 내부의 연대를 강화할 뿐 아니라, 시간과 공간을 넘어선 협력의 틀을 가능하게 했다.[19] 베네딕트 앤더슨의 '상상의 공동체' 개념은 이러한 언어의 사회적 힘을 잘 보여 준다. 그는 물리적으로 한 번도 만나지 않은 개인들이 민족, 국가, 종교라는 추상적 실체에 소속감을 느끼고,

18) Güldemann, T., McConvell, P., & Rhodes, R. A. (Eds.). (2020). *The Language of hunter-gatherers*. Cambridge University Press.

19) Cassirer, E. (2023). *An essay on man: An introduction to a philosophy of human culture* (*Vol. 23*). Felix Meiner Verlag.

그것을 위해 협력하거나 희생하는 현상을 설명하며, 그 기반에 상징 언어를 통한 의미 구성과 내면화가 놓여 있음을 지적하였다.[20] 결과적으로, 상징 언어의 발달은 인간 집단이 구성하고 유지할 수 있는 협력의 규모와 복잡성을 비약적으로 증대시켰고, 이는 문명 형성의 결정적 조건이 되었다. 인간은 이제 단순한 생존을 넘어, 공유된 상징 세계 속에서 공통된 의미를 창출하고, 정체성을 구성하며, 미래를 함께 기획할 수 있는 존재로 자리하게 된 것이다.

상징 언어는 인간이 물리적 환경의 제약을 넘어서는 협력을 가능하게 하였다. 이는 문명의 공간적·문화적 확장을 이끈 결정적 동력이었다. 동일한 상징을 공유하는 개인들은 물리적으로 떨어져 있어도 공동의 정체성과 목표를 기반으로 협력할 수 있었고, 이러한 관념적 연대는 대규모 사회 조직의 형성과 지속을 가능하게 만들었다. 다시 말해, 상징 언어는 인간이 환경과 상호작용하는 방식을 '개별 생존'에서 '공동 의미 생성'으로 전환시키는 진화적 전기를 마련한 셈이다. 뿐만 아니라, 언어는 단순한 소통의 수단을 넘어 하나의 상징 체계로서 통치와 사회적 동질성을 형성하는 도구로 기능해 왔다. 예컨대 중국에서는 수많은 소수민족이 각기 다른 언어를 사용하지만, 표준 중국어(푸퉁화, 普通话)는 공용어로서 국가 전체의 통합과 질서를 유지하는 역할을 해 왔다. 이슬람 세계에서도 아랍어는 단순한 언어가 아니라, 쿠란이라는 신성한 경전을 통해 전 세계 무슬림을 연결하는 영적 중심 언어로 작용한다. 아랍어를 모국어로 하지 않는 무슬림들조차 이를 암송하고 경배함으로써, 하나의 초언어적 정체성을 공유하게 된다. 결국, 상징 언어는 지리적 거리를 넘은 정체성과 소속감, 문화적 연대의 기반이 되었고, 이는 문명의 구조를 가능케 한 인지적·사회적 인프라로 작동해 왔다.

그러나 이러한 상징 체계는 협력과 연대의 기반이 되었을 뿐 아니라, 동시에 역사적으로 분리와 적대의 장치로도 작동해 왔다. 인류의 역사는, 서로 단 한 번도 만나지 못한 두 사람이 단지 서로 다른 언어를 쓰고, 서로 다른 상징을 믿는다는 이유만으로 아군과 적군, 정통 신자와 이교도, 나아가 좌파와 우파로 갈라져 죽고 죽이는 비이성적 충돌을 반복해 온 서사이기도 하다. 상징은 공동체를 묶는 끈인 동시에, 타자를 구획하고 배제하는 경계선이 되었다. 이러한 상징의 양면성은 문명이 지닌

---

20) Anderson, B. (2011). **상상의 공동체: 민족주의의 기원과 확산에 대한 성찰** [Imagined communities: Reflections on the origin and spread of nationalism] (구승회, 이희재 역). 나남출판. (원저 1983년 출간).

가능성과 위험을 동시에 드러내며, 우리가 언어와 상징을 어떻게 사용하는가에 따라 협력의 세계가 열릴 수도, 갈등의 심연으로 떨어질 수도 있음을 보여 준다.

결국 상징 언어의 출현은 인간이 '직접 감각'에서 '공유된 상상'으로 이동할 수 있도록 하였고, 이로써 협력의 공간을 확장하고 인간 문명을 촉진하는 진화적 도구로 기능했다. 그러나 동시에, 그 상징이 조직한 경계는 타자에 대한 혐오와 배제를 정당화하며 인류사의 어두운 장면을 만들기도 했다. 인간은 상징적 존재로 진화했지만, 그 상징의 내용을 어떻게 설계하고 공유하느냐에 따라 협력과 폭력, 평화와 파괴의 갈림길에 서게 되었던 것이다.

도구와 마찬가지로 언어의 진화 과정도 인간 진화의 구조적 패턴과 유사성을 보인다. 신체적 행위와 직접적 환경 상호작용에서 출발한 인간은 점차 추상적 사고 체계를 발전시켰으며, 언어 역시 구체적 표현에서 시작해 점차 복잡한 상징 체계로 진화했다. 이처럼 언어는 인간의 진화적 적응 과정에서 형성된 문화적 도구이자 인공물로 이해될 수 있다. 상징 체계의 발달은 궁극적으로 인간이 환경과 협력하는 방식을 혁신하며 문명 발전의 토대를 마련했다.

언어는 개인이 의도적으로 만들어 낸 창작물이 아니며, 공동체가 집단적으로 형성한 도구라는 점에서 역사적이고 문화적인 이형생산의 결과이다. 다시 말해, 언어는 개별 주체가 독립적으로 생산해 낸 결과물이 아니라, 다수의 타자들과의 상호작용과 사회적 관계망 속에서 비의도적이고 점진적으로 형성된 외부적 생산 체계의 산물이다. 이 이형생산체계는 단지 특정 시공간의 문화적 산물을 넘어서, 언어를 사용하는 모든 인간 존재가 역사적이고 사회적으로 연결되어 있다는 사실을 드러낸다.

예컨대 현대 한국어는 고대 한국어로부터 시작되어 수많은 세대와 공동체 구성원들 사이에서 지속적인 상호작용과 상징적 협력을 거치며 변화해 왔다. 이 과정에서 특정 개인의 의지나 목적이 언어를 지배하거나 창조한 것이 아니라, 오히려 각 개인은 언어라는 외부적 체계 속에서 의미를 습득하고 규범을 내면화하며 발화하게 되는 수용자였다.

이러한 점에서 언어는 문화적-역사적 이형생산의 대표적 사례이며, 인간이 사회적 존재로서 존재한다는 사실을 강하게 드러내는 구조이기도 하다. 언어는 공동체 외부에서 자연스럽게 주어지는 것이 아니라, 타자와의 관계망 속에서 주체의 바깥에서 생성되고, 주체를 형성하고, 다시 그 주체에 의해 사용되는 재귀적 구조를 갖는다. 이는 언어가 단지 소통의 수단이 아니라, 인간 존재의 생성적 조건이며 문명 생태계의 진화적 핵심 요소임을 보여 준다.

### 2) 문자 테크놀로지: 생각의 시각화

협력 테크놀로지 진화의 두 번째 축은 문자와 미디어의 발명과 확산이다. 문자의 출현은 인간의 언어적 의사소통을 시간과 공간의 제약을 넘어서는 새로운 차원으로 확장시켰다. 초기 인류는 언어를 통해 협력적 상호작용을 실시간으로 수행했지만, 언어만으로는 경험과 지식을 장기적으로 보존하거나 넓은 지역으로 전파할 수 없었다. 문자는 바로 이러한 한계를 극복하기 위한 시각적 도구[21)]로 등장했다.

문자는 시공간 속으로 휘발해 버리는 언어를 물리적 형태로 고정하고 기록하고 보존할 수 있게 함으로써, 인간이 직접적으로 대면하지 않은 상태에서도 협력 관계를 유지하고, 지식과 경험을 후대로 전수하는 것을 가능하게 했다. 이는 인류 협력의 지평을 공간적 거리와 시간의 간극을 넘어 확장시킨 최초의 상징 테크놀로지이며, 언어의 청각적 유한성을 물리적 기호로 전환함으로써 인간 기억의 외부화를 실현한 결정적 진화의 전환점이었다.[22)]

초기 문자는 그림 문자(pictogram)의 형태로 등장했으며, 주변의 사물과 행위를 그림과 같은 구체적 형상으로 표현했다. 알타미라 동굴 벽화, 수메르의 점토판, 이집트의 무덤 벽화 등은 모두 사냥, 제사, 천문, 노동 등 당시 인류의 생활을 도상적 기호로 고정하려는 시도였다. 그림 문자는 직접적인 시각적 유사성을 기반으로 하여 이해 가능성을 높였지만, 동시에 구체적인 사물이나 행동만을 묘사할 수 있었고, 추상적인 개념이나 복잡한 사상을 기록하는 데에는 한계를 가졌다.

이에 따라 문자는 점차 기호적 추상화의 방향으로 진화하게 되었다. 이집트의 상형 문자 중국 한자와 같은 표의 문자는 의미 단위를 구성하는 기호 체계를 발전시켰으며, 이후에는 소리 단위를 표현하는 표음 문자로까지 발전하였다. 한글과 알파벳은 이러한 표음 문자의 대표적 사례로, 비교적 적은 수의 기호만으로도 다양한 소리와 의미를 표현할 수 있는 고차원적 기호 체계를 구현하였다. 이 진화 과

---

21) McLuhan, M. (2001). **구텐베르크 은하계: 활자 인간의 형성** [The Gutenberg galaxy: The making of typographic man] (임상원 역). 커뮤니케이션북스. (원저 1962년 출간).

22) Ong, W. J. (1995). **구술문화와 문자문화: 언어를 다루는 기술** [Orality and literacy: The technologizing of the word] (이기우 역). 문예출판사. (원저 1982년 출간).

정[23]은 단지 기록 테크놀로지의 향상만이 아니라, 정보의 압축과 전이, 그리고 해석의 가능성을 높이는 방향으로 인류 협력 구조를 재편하는 결정적 역할을 수행하였다.

문자는 이와 같이 도상성에서 상징성으로, 구체성에서 추상성으로, 제한된 기억에서 무한한 축적으로 이행하는 진화의 궤적을 밟았다. 그것은 단지 '말을 적는 도구'가 아니라, 인간 집단이 공유하는 세계관, 가치, 기억, 제도를 재현하고 유지하며, 동시에 후속 세대에게 자기 문명적 정체성을 이식하는 구조적 매개체였다. 문자 체계의 발전은 곧 문명의 자기서술을 가능하게 하였으며, 이는 언어와 달리 집단적 경험의 누적과 통제를 가능하게 하였다는 점에서 역사, 법률, 종교, 교육, 과학 등 문명 상부구조의 기초 인프라로 작동하게 되었다.

무엇보다 중요한 것은, 문자의 창출과 확산이 개별 주체의 고안이 아니라 공동체적 이형생산의 전형이라는 점이다. 문자는 사회적 실천과 관습, 반복적 사용 속에서 점진적으로 형성되고 규범화되었으며, 특정 개인이 아닌 집단과 시대의 축적된 경험이 투사된 문화적 산물이다. 이는 곧 문자가 단순한 테크놀로지가 아니라, 사회적 타자들과의 끊임없는 상호작용을 통해 생성된 역사적이고 문화적인 외부 체계라는 점을 보여 준다.

따라서 문자의 진화는 인간 협력 테크놀로지의 구조적 진화를 보여 주는 대표적 사례이며, 타자 간 상호작용을 통한 인지적, 상징적, 제도적 질서의 창발을 설명하는 핵심 기제라 할 수 있다. 문명 생태계는 이러한 문자라는 의미의 저장 장치를 통해 시간적으로는 과거로부터 미래까지, 공간적으로는 지역을 넘어 전 지구적 협력 체계로까지 확장될 수 있었으며, 이는 인간 존재의 생물학적 조건을 넘어서 문명적 자기지속성을 가능케 하는 문명형 진화의 핵심 동력이 되었다.

이러한 문자 진화의 과정도 인간의 인지적 진화와 동형사상이었다. 초기 그림문자는 인간의 신체적 감각과 시각적 경험에 직접적으로 의존했지만, 표의 문자와

---

23) 진화는 단선적인 진보가 아니라 환경에 따른 변화의 누적이다. 중국 한자가 3,000년 이상 표의 문자 체계를 유지한 것은 이를 단적으로 증명한다. 복잡한 언어적 다양성(55개 소수민족 언어) 속에서도 한자는 행정 통합과 초지역적 의사소통을 가능하게 하는 실용적 적응의 결과였다. 더욱 주목할 점은 이 '고대의 문자 체계'가 디지털 시대에 픽토그램으로 재발명되며, 오히려 현대적 강점으로 부각되는 역설이다. 공항, 스마트폰 인터페이스, 글로벌 심볼에서 활용되는 픽토그램은 시각적 직관성과 초언어적 정보 전달력이라는 새로운 생존 전략을 증명한다. 이는 진화가 '낡은 것의 폐기'가 아니라 맥락에 따른 최적화임을 보여 준다. 과거의 형식이 미래 기술과 결합될 때, 그것은 뒤처짐이 아니라 새로운 적응의 형태가 된다.

표음 문자는 인간이 가진 추상적 인지 능력을 적극적으로 활용하며 더욱 효율적인 상호작용을 가능케 했다. 예컨대, 고대 이집트의 상형 문자에서 출발하여 메소포타미아의 설형 문자, 중국의 한자, 페니키아 알파벳과 그리스 알파벳, 그리고 우리나라의 한글로 발전한 문자 체계는 인간이 감각적 표현에서 추상적이고 분석적인 사고 체계로 이행하는 진화적 과정과 유사성을 보인다.[24]

### 3) 미디어 테크놀로지: 생각의 물질화

문자 테크놀로지는 언어를 시각화한 체계이지만, 그 자체로는 신체를 갖지 못한 비물질적 상징 구조에 불과하다. 문자는 개념과 의미를 기호로 전환해 주는 강력한 인지적 발명품이었지만, 그 자체로 움직이거나 들리지 않으며, 따라서 표현되고 저장되며 유통되기 위해서는 반드시 물질적 매개를 필요로 했다. 다시 말해, 문자는 언제나 미디어 테크놀로지와의 결합을 통해서만 현실 세계에서 작동 가능했다.[25]

문자는 본질적으로 '소리 없는 언어', 즉 청각에서 시각으로 전이된 상징 구조이다. 이 무성(無聲)의 기호가 사회적으로 작동하고 문화적으로 전파되기 위해서는 어떤 형태의 물질적 기반 위에 구현되어야만 했으며, 그것이 바로 점토판, 파피루스, 목간, 종이, 인쇄기, 활자, 필기구, 나아가 오늘날의 디지털 스크린과 같은 미디어적 표면(media substrate)이었다. 이렇듯 문자는 항상 자기 자신을 담아낼 수 있는 신체, 곧 기표의 그릇을 필요로 했으며, 이는 문자 테크놀로지가 결코 자족적인 체계가 아닌, 표현 기술(expression technology)과 재현 기술(reproduction technology)에 의존하는 복합 구조라는 점을 보여 준다.[26]

따라서 문자의 역사란 문자 그 자체의 진화인 동시에, 상징 체계인 문자로 하여금 '몸을 갖게 하는 테크놀로지', 즉 미디어 테크놀로지의 역사이기도 하다. 파피루스와 점토판이 문명의 기록을 가능케 했다면, 인쇄술은 지식의 대중화를, 디지털 스크린은 문자의 실시간 순환과 세계적 공유를 가능케 했다. 문자는 항상 기술적 신체를 입고 나타났고, 바로 그 신체를 통해 인간의 의식과 사회를 변형시켜 왔다.

---

24) Tomasello, M. (2010). *Origins of human communication*. MIT press.

25) Walter, O. (1982). *Orality and literacy: The technologizing of the word*. Taylor and Francis Group.

26) Benjamin, W. (2008). **기술복제시대의 예술작품** [Das Kunstwerk im Zeitalter seiner technischen Reproduzierbarkeit] (김주현 역). 현실문화연구. (원저 1936년 출간).

문자 테크놀로지는 언제나 미디어 테크놀로지와 함께, 그리고 그를 통해 진화해 온 협력적 복합 테크놀로지였던 것이다.

초기에는 점토판, 석판과 같은 무겁고 견고한 물리적 매체를 통해 문자가 기록되었다. 이러한 매체는 내구성은 뛰어났으나 이동성과 복제 효율성이 낮아, 문자 정보의 전달과 확산에 한계가 있었다. 그러나 이후 양피지, 파피루스, 종이의 도입은 문자 정보의 경량화와 이동성을 획기적으로 개선하였고, 이는 곧 정보의 보급 속도와 공간적 확산 능력을 크게 확장시켰다.

특히 15세기 구텐베르크의 활판 인쇄술 발명은 문자 테크놀로지와 미디어 테크놀로지의 결합에 있어 기념비적인 전환점이었다. 인쇄술은 문자 정보의 대량생산과 표준화, 그리고 반복 가능한 복제를 가능하게 하였고, 이는 문해력의 확산, 지식의 민주화, 사회 조직의 재편과 같은 문명사적 파급 효과를 초래했다. 이로써 문자는 기록 수단을 넘어, 지식 저장소, 권력 장치, 협력의 매개물로 기능하게 되었으며, 미디어 테크놀로지는 문자 정보의 확산과 조직화 방식에 결정적 영향을 미치는 핵심 기반으로 자리 잡게 되었다. 결국, 문자 테크놀로지의 발전은 미디어 테크놀로지의 진화와 분리될 수 없으며, 문자와 미디어의 테크놀로지적·구조적 커플링은 인간의 의사소통, 집단 협력, 지식 축적 방식 전반을 재구성한 문명 생태계적 사건이라 할 수 있다.

문자와 미디어의 발전은 국가나 제국과 같은 대규모 사회 체계를 유지하는 데 필수적이었다. 복잡한 행정 제도, 법률 체계, 교육 체계 등은 문자로 기록된 지식과 규칙이 있어야만 장기간 유지될 수 있었기 때문이다. 이러한 상징적 구조는 사회의 협력 체계를 추상적이고 규범화된 형태로 발전시켰으며, 사람들은 더 이상 직접적인 행위적 교류 없이도 문서로 기록된 법과 규칙에 따라 상호작용하고 협력할 수 있게 되었다. 그러나 문자 기반의 협력은 정보 전달의 효율성을 높이는 동시에, 협력의 구체적 맥락과 의미를 추상화시킴으로써 행위적 경험의 감소와 대면 상호작용이 가져오는 인간적 유대의 약화라는 문제도 동반하게 되었다.

문자는 기호의 나열이 아니라, 인간 인지 구조의 고도화와 함께 상징적 소통을 가능하게 만든 인류의 대표적 이형생산물이다. 초기의 문자는 그림 문자나 상형 문자처럼 수많은 기호를 통해 구체적이고 직접적인 정보를 전달했으나, 시간이 흐르면서 보다 적은 수의 기호로 더 많은 의미를 표현할 수 있는 추상적 구조로 정련되어 왔다. 이러한 변화는 복잡한 개념의 효율적 표현이라는 인류의 정보 처리 욕구와 진화적 경향을 반영한 것이며, 문자 체계는 궁극적으로 디지털 시대의 이진 코드라는 가장 최소한의 기호 체계로까지 발전하게 되었다. 0과 1이라는 두 개의 기호로 문자, 숫자, 이미지, 음성, 동영상 등 모든 정보를 표상할 수 있게 되면서, 문자는 인간 사고의 압축성과 확장성을 동시에 구현하는 테크놀로지가 되었다.

이와 함께 미디어 테크놀로지도 추상화와 경량화의 방향으로 진화하였다. 초기에는 석판, 점토판과 같은 무겁고 비효율적인 물리적 매체가 사용되었으나, 이후 양피지, 파피루스, 종이를 거쳐 디지털 파일이라는 비물질적 형식으로 전환되면서 정보의 이동성과 저장성, 복제성, 접근성이 비약적으로 향상되었다. 디지털 미디어는 정보를 거의 무게와 공간의 제약 없이 보존하고 전송할 수 있도록 하였으며, 정보의 속도는 빛의 속도로 상승하고, 정보의 범위는 지구 전체로 확장되었다. 이로써 인류는 시간과 공간의 물리적 제약을 뛰어넘는 새로운 커뮤니케이션 환경, 즉 사이버 세계를 창출하게 되었다.

문자와 미디어는 언어와 함께 공진화하며, 정보 전달과 협력 구조를 지속적으로 혁신해 왔다. 이러한 공진화는 인쇄술의 발명, 전자 통신의 등장, 그리고 디지털 플랫폼 사회의 도래로 이어지며, 인간 사회의 협력 방식과 조직 구조를 전면적으로 재구성하였다. 특히 디지털 테크놀로지는 문자와 미디어의 추상성과 경량성을 극한까지 밀어붙이며, 사이버 공간이라는 기호와 상징 중심의 제2세계를 창출하였다. 이 세계는 더 이상 신체적 행위나 물질 기반 경험에 기대지 않고, 순전히 데이터와 기호의 흐름으로 구성되며, 인간의 상호작용과 협력이 디지털적으로 재구성되는 장이 되었다.[27)]

문자와 미디어의 진화는 단지 기술의 발달에 그치지 않는다. 그것은 인간이 세계를 인식하고 구성하며, 타자와 관계를 맺고, 문명을 유지하고 전개해 온 방식 그 자체의 진화적 내재 논리이다. 디지털 혁명은 그 논리의 첨단에서 이루어지는 체계적 응축이며, 동시에 전혀 새로운 진화 방향의 개막이라 할 수 있다. 예컨대, 구텐베르크의 인쇄술은 지식의 확산과 종교 개혁을 촉발하며 집단 사고의 틀을 전환시켰고, TV와 라디오는 대중적 감정의 동조와 정치 담론의 형성 방식을 재구성하였다. 오늘날 유튜브, 틱톡, ChatGPT와 같은 디지털 인터페이스는 인간의 사고 양식, 기억 방식, 언어 실천의 구조 자체를 실시간으로 재구조화하고 있다. 이러한 도

---

27) Baudrillard, J. (1994). *Simulacra and simulation* (S. F. Glaser, Trans.). University of Michigan Press.

구들은 단순한 정보 전달 매체가 아니라, 인간의 정체성 형성, 사회적 인식, 심지어 학습과 감정 표현의 방식까지 내면적으로 변형시키는 작동 구조로 자리 잡고 있다. 다시 말해, 디지털 미디어는 문명의 거울이자 촉매이며, 인간 존재 방식의 가장 깊은 층위에서 변화를 유도하는 진화적 장치인 것이다.

### 4) 멀티모달 상호작용: 협력의 통합적 확장과 융합적 진화

문자와 미디어의 발전은 인간의 의사소통을 시간과 공간의 제약을 넘어 확장시키며, 협력의 방식을 혁신적으로 변화시켜 왔다. 이러한 미디어는 정보를 전달하는 주요 수단으로 기능하지만, 그 자체로는 수동적인 도구에 불과하다. 실제 상호작용은 이러한 미디어를 활용하는 인간 주체의 감각과 인지 과정을 통해 이루어진다.

여기서 '모달리티(modality)'라는 개념은 인간 경험의 구조를 이해하는 데 핵심적인 의미를 지닌다. 모달리티는 인간이 정보를 지각하고 처리하는 다양한 감각 양식, 즉 시각, 청각, 촉각 등의 경로를 뜻한다. 미디어가 정보를 외부에서 전달하는 도구라면, 모달리티는 그 정보를 내부에서 수용하고 해석하는 감각적 체계라 할 수 있다.[28)]

오늘날 모달리티는 단순한 정보 수용의 통로를 넘어, 인간 경험의 확장성과 몰입의 심층성을 결정짓는 기반 구조로 작동한다. 디지털 시대의 인터페이스는 시각·청각·촉각을 넘나드는 다중 모달리티 구조로 설계되며, 인간과 세계의 접촉 방식을 근본적으로 재편하고 있다. 이때 모달리티는 단지 감각의 통로로 기능하는 것이 아니라, 의미 생성, 감정적 연결, 공감적 반응을 유도하는 작동 원리로 진화하고 있다. 따라서 현대의 교육, 커뮤니케이션, 예술은 다양한 모달리티를 통합적으로 설계함으로써, 인지적 이해를 넘어서 감각적 몰입과 정서적 공명을 유도해야 한다. 모달리티는 인간 존재의 감각 지평을 확장하고, 테크놀로지와 문화가 결합된 새로운 의미 형성의 층위로 작동하는 것이다.

메를로-퐁티의 몸 현상학에 따르면, 인간의 신체는 세계와의 직접적인 접촉을 통해 의미를 구성하는 주체이다. 그의 이론에서 신체는 지각과 행위를 통해 세계를 이해하고 소통하는 중심적인 미디어이다. 따라서 미디어를 통한 상호작용은

---

28) Buxton, B. (2010). *Sketching user experiences: Getting the design right and the right design*. Morgan kaufmann.

신체적 경험과 감각을 통해 의미를 형성하는 과정으로 이해해야 한다.[29)]

이러한 관점에서 볼 때, 문자와 미디어의 발전은 인간의 감각적 모달리티와 상호작용하며 협력의 방식을 변화시켜 왔다. 초기에는 시각과 청각을 중심으로 한 직접적인 소통이 주를 이루었지만, 문자의 발명으로 시각적 모달리티가 강조되었고, 인쇄술과 전자 미디어의 발달로 다양한 감각 모달리티가 결합된 형태의 상호작용이 가능해졌다. 이러한 변화는 인간의 협력 구조를 더욱 복합적이고 풍부하게 만들었다.

협력 진화의 세 번째 단계는 바로 멀티모달 상호작용이다. 이 단계는 인간의 언어가 지닌 즉각적이고 신체적인 행위 기반 상호작용과 문자 및 미디어가 지닌 추상적이고 비대면적 상호작용을 하나의 체계로 통합하여, 보다 총체적이고 복합적인 협력 구조를 창발한다. 멀티모달 상호작용은 디지털 테크놀로지, 특히 컴퓨터와 스마트폰, 인터넷, 증강현실, 가상현실, 인공지능을 매개로 언어, 몸짓, 시각, 청각, 촉각 등 다양한 감각적 채널을 동시에 활용하여 인간이 협력하는 새로운 형태이다.[30)]

멀티모달 상호작용이 주목받게 된 배경은 앞선 두 단계, 즉 언어와 문자 및 미디어의 효율화 과정에서 필연적으로 발생한 한계를 극복하려는 필요에서 출발한다. 이러한 효율성 추구는 인간의 생물학적 구조, 특히 상시 직립 이족보행 바이오시스템으로 진화한 감각-운동계와 적절히 어울리지 않는 심각한 문제를 야기했다. 문자와 미디어가 지향한 극도의 추상화와 경량화는 인간의 구체적이고 체화된 감각적 경험과 심각하게 분리된 결과를 초래했다. 인간이 직접 몸으로 느끼고 경험하며 내면화하는 과정을 거치지 않고 추상적이고 가벼운 정보만을 신속하게 전달받으면서 정보 과잉과 이로 인한 인지 과부하가 발생했다. 방대한 정보에 즉각적으로 접근 가능하지만, 그 정보는 더 이상 인간에게 진정한 의미를 제공하지 못하고 오히려 인지적 혼란을 가중시키는 결과를 낳았다.[31)]

---

29) Merleau-Ponty, M. (2002). **지각의 현상학** [Phénoménologie de la perception] (남수인 역). 문학과지성사. (원저 1945년 출간).

30) Dourish, P. (2001). *Where the action is: The foundations of embodied interaction*. MIT Press.

31) Kim, J. C., Laine, T. H., & Åhlund, C. (2021). Multimodal interaction systems based on internet of things and augmented reality: A systematic literature review. *Applied Sciences, 11*(4), 1738.

정보는 역사적·사회적으로 누적되고 확산되며 기하급수적으로 증가해 왔다. 그러나 이러한 정보에 '찾기 – 다가가기 – 잡기 – 소화하기' 위해 필요한 인간의 인지 기능은 진화의 시간을 따라 점진적으로 발달해야 했기에, 정보 환경의 변화 속도를 따라잡지 못하게 되었다. 그 결과 정보의 폭발적 증가와 인간 인지의 생물학적 한계 사이에서 '인지 격차'가 급격히 확대되었다. 이는 정보 접근의 양극화뿐 아니라, 정보 해석 능력과 의미화 역량의 격차까지 초래하면서 문명 생태계 내 새로운 불균형의 원인이 되고 있다.

정보는 단순한 양적 폭발을 넘어, 질적인 측면에서도 심각한 문제를 야기하고 있다. 발터 벤야민이 지적한 바와 같이, 문자가 미디어와 결합하여 기술 복제가 가능해지면서, 정보는 언제 어디서나 누구나 손쉽게 접근할 수 있는 상태가 되었다. 그러나 이러한 접근성의 확대는 정보가 본래 지니고 있던 고유한 진실성과 유일성, 즉 '아우라'를 약화시켰다. 벤야민은 아우라를 예술 작품이 지닌 고유한 존재감, 곧 특정한 시간과 장소에 존재하는 독특한 '지금, 여기(here and now)'의 감각으로 정의하였다. 이러한 아우라는 작품의 유일성과 전통, 그리고 그것이 지닌 역사적 맥락에서 비롯된다.

디지털 시대에 들어 정보는 더 이상 희소하거나 특별한 무엇이 아니게 되었고, 그로 인해 정보가 촉발하던 깊은 숙고와 내면적 성찰의 힘도 사라지기 시작하였다. 대표적인 사례가 바로 종이 교과서와 디지털 교과서 간의 경험적 차이에서 드러난다. 종이 교과서는 물리적으로 공간을 점유하고 있으며, 시간의 흐름 속에서 점진적으로 닳아가는 흔적을 남긴다. 책장 넘김의 촉각, 연필로 긋는 밑줄, 손때 묻은 모서리 등은 학습 행위 자체에 아우라를 부여한다. 독자는 그 책이 놓인 장소, 읽던 시기의 정서, 당시의 고민과 연결된 의미들을 함께 기억한다.

반면, 디지털 교육 콘텐츠는 무한 복제가 가능하고, 동일한 파일을 수천 명이 동시에 접할 수 있다. 정보는 즉각적이며 접근성은 획기적으로 향상되었으나, 그 정보가 전달되는 매개에는 흔적도, 감각도 남기지 않는다. 터치 한 번이면 닫히고 사라지며, 화면 위의 글은 언제나 똑같고, 어떤 역사적 개별성도 가지지 않는다. 결과적으로 디지털 교과서는 정보의 전달 효율성은 높이지만, 독자와 정보 간의 실존적 관계 — 즉 아우라 — 는 현저히 약화된다. 이는 학습 경험에서 정서적 몰입과 기억의 지속성을 위협하며, 정보 소비가 곧바로 내면화로 이어지지 않는 단절을 낳는다.

'의미의 탈맥락화'는 정보가 원래 속한 시간적·공간적 맥락에서 분리되어, 맥락

없이 소비되는 현상을 의미한다. 이는 기술 복제를 통해 하나의 정보가 다양한 상황에서 동일하게 유통되며 발생한다. 오늘날 교육 현장에서는 긴 설명보다는 짧은 영상과 요약된 클립이 선호되며, 학습자들은 지식의 배경이나 의미 구조보다는 단편적인 정보만을 받아들이는 경향이 강해지고 있다. 이로 인해 정보는 전달되지만, 의미는 체화되지 않는다. '존재의 비실재화'는 학습자가 정보를 실제 경험과 연결하지 못하고, 화면 속 이미지나 기호로만 받아들이는 현상을 말한다.[32)]

실험의 실제 과정은 클릭 몇 번으로 대체되고, 협업의 갈등이나 조율은 보고서 속 문장으로만 남는다. 정보는 있지만, 그것이 몸이나 관계, 시간 속에서 실감 나게 작동하지 않는 것이다. 이는 학습이 현실과 단절된 추상적 행위로 전락할 위험을 내포한다. 이 두 현상은 정보기술이 교육의 구조와 경험 방식을 바꾸고 있음을 보여 준다. 속도는 빨라졌지만, 깊이는 얕아졌다. 다만 기술은 이런 부작용만 일으키는 것은 아니다. 예를 들어, 몰입형 VR 학습은 역사적 맥락을 감각적으로 복원하고, 생성형 AI는 학습자가 이유를 질문하며 비판적으로 사고하게 만든다. 또한 실험 로그나 협업 기록을 통합하면, 단순한 결과가 아닌 과정 중심의 학습이 가능해진다. 결국 핵심은 기술을 맥락과 실재의 회복 도구로 활용할 수 있는가에 달려 있다. 교육은 정보를 연결하고, 해석하며, 경험 속에 녹여낼 수 있도록 설계되어야 한다. 그럴 때 정보는 단순히 빠르게 흘러가는 데이터가 아니라, 삶과 연결된 지식으로 전환된다. 교육의 목표는 지식을 전달하는 데 그치지 않고, 맥락 속에서 실재하는 경험을 구성하는 데 있다.

더 나아가 최근 등장한 ChatGPT와 같은 생성형 인공지능은 기존에 인간이 생산한 정보를 무작위로 재조합하여 가공하는 방식으로 작동하며, 의미나 사실성에 대한 철저한 검증 없이 가짜 정보를 무한히 양산하는 경향을 보이고 있다. 이러한 시스템은 정보의 질을 더욱 저하시키며 정보 생태계를 혼탁하게 만들어, 급기야 정보 허무주의까지 조장하고 있다.[33)] 생성형 인공지능이 제공하는 정보는 숙고를 촉진하기보다 즉각적 소비와 표면적 이해를 조장하며, 이는 인간의 인지 역량, 의미 구성 능력, 그리고 공동체적 진실의 공유를 위협하는 새로운 정보 위기를 초래하고

---

32) Benjamin, W. (2008). **기술복제시대의 예술작품** [Das Kunstwerk im Zeitalter seiner technischen Reproduzierbarkeit] (김주현 역). 현실문화연구. (원저 1936년 출간).

33) Nick, B. (2014). **슈퍼인텔리전스: 경로, 위험, 전략** [Superintelligence: Paths, dangers, strategies] (조성진 역). 까치. (원저 2014년 출간).

있다.

바로 이러한 문명 생태계의 위기적 상황을 극복하는 해결책으로 멀티모달 상호작용이 등장하였다. 멀티모달 테크놀로지는 디지털 플랫폼을 통해 언어와 문자 및 미디어가 분리되어 가져왔던 구상과 추상, 무거움과 가벼움, 느림과 빠름, 유일성과 복제 가능성의 양극을 다시 통합하여, 서로 상호침투하도록 한다. 이 테크놀로지는 인간의 감각 구조를 중심으로 다양한 소통 채널을 동시적으로 작동하게 함으로써, 단순 정보 전달이 아닌 몰입적 소통과 의미 공유의 기반을 형성한다.

무엇보다도 멀티모달 상호작용의 핵심은, 유일무이한 인간의 신체가 직접 개입한다는 점에 있다. 인간의 신체는 감각과 운동, 정서와 인지를 통합하는 멀티 모달리티에 최적화된 진화의 산물이며, 이는 인간 상호작용의 가장 자연스러운 기반이 된다. 음성, 표정, 시선, 제스처, 자세, 맥락 등 신체에 기반한 복합적 신호들은 단순히 정보를 주고받는 도구를 넘어, 테크놀로지와 인간 사이의 협력적 소통을 더욱 정교하고 깊이 있게 만들어 주는 구조적 매개로 작용한다. 이러한 구조는 신호와 의미 사이의 간극을 최소화하며, 인간 중심의 상호작용을 가능하게 만든다.

무엇보다 이러한 신체 기반 상호작용은 '투명하다'. 여기서 투명성은 테크놀로지적 장치나 복잡한 해석 없이도 즉각적으로 의미가 전달되고 공감이 이루어지는 직관성을 뜻한다. 굳이 설명하지 않아도 전해지는 눈빛, 따로 말하지 않아도 느껴지는 몸짓 — 이러한 신호들은 인간의 감각적 인식 체계에 깊이 각인된 상호작용 방식으로, 인지적 부하를 줄이고 감정적 연결을 강화하는 '자연스러운 소통의 경로'를 형성한다. 이는 인간의 존재 방식 그 자체에 부합하는 상호작용 형태로, 문명의 복잡성과 추상성 속에서 상실된 감각적 공명과 실재적 연결을 회복시켜준다.[34)]

그리하여 멀티모달 상호작용은 가장 인간적인 방식으로 테크놀로지와 인간의 경계를 허물며, 협력의 질을 비약적으로 향상시키는 진화적 도약의 핵심이라 할 수 있다. 이는 단순한 기능의 진보를 넘어, 존재의 구조와 경험의 형식을 전환시키는 문명적 사건이며, 교육·예술·소통의 방식 전반에 걸쳐 인간성의 재구성과 감각의 회복을 요구하는 시대적 요청이다.

이러한 멀티모달 상호작용은 어느 날 갑자기 나타난 것이 아니라, 지난 십여

---

34) Norman, D. A. (1995). The psychopathology of everyday things. In R. M. Baecker, J. Grudin, W. A. S. Buxton & S. Greenberg (Eds.), *Readings in human-computer interaction: Toward the year 2000* (2nd ed.) (pp. 5–21). Morgan Kaufmann.

년간의 기술 진화의 궤적 속에서 점진적으로 형성된 결과이다. 2010년대 초반 유비쿼터스 컴퓨팅은 컴퓨팅이 일상생활 속에 스며들며, 장소와 시간의 제약 없이 인간의 행위를 지원하는 환경을 구축하려는 시도로 나타났다. 이어 2010년대 중후반에는 사물인터넷이 주목받으며, 모든 물리적 사물이 인터넷에 연결되고 데이터를 주고받는 인프라가 확장되었다. 이 흐름은 단순히 연결성의 확장이 아닌, 인간의 감각적 세계가 기술적으로 재매개되는 과정이기도 했다.

이러한 기술 발전은 오늘날 HCPS이라는 융합 플랫폼으로 통합되었으며, 이 구조는 멀티모달 상호작용의 기술적 토대를 제공하고 있다. HCPS는 인간의 신체적 감각과 운동, 사이버 공간의 정보 처리 능력, 물리적 세계의 실재성과 반응성을 유기적으로 결합함으로써, 인간 경험의 총체적 재구성이 가능한 환경을 제공한다.[35) 즉, 멀티모달 상호작용은 유비쿼터스 컴퓨팅의 공간적 확장성, 사물인터넷의 감지와 반응성, 그리고 HCPS의 통합적 지능성을 수렴하여 형성된 문명 생태계의 총체적 진화 형식이라 할 수 있다.[36)]

이러한 관점에서 종합적으로 살펴보면, 언어, 문자, 미디어는 인류 진화의 과정 속에서 '무거움에서 가벼움으로', '구체에서 추상으로' 이동하는 선형적 진화를 거쳐왔다. 인간의 상징 체계는 구체적인 신체 행위에서 출발하여, 점차 물리적 무게를 줄이고 기호적 추상화를 강화함으로써 효율성을 극대화해 왔다. 그러나 이와 같은 일방향적 진화는 인간이 본래 지닌 감각-운동 기반의 생물학적 구조와 점차 괴리되었고, 그 결과 인지적 피로, 사회적 단절, 감정적 공감 능력의 약화와 같은 복합적인 위기로 나타나게 되었다.

결국 멀티모달 테크놀로지를 통한 협력 진화는 인간이 테크놀로지적 추상화와 정보 경량화의 극단을 경험한 이후, 다시금 생물학적 조건과 체화된 감각으로 돌아가려는 역사적 운동이라 할 수 있다. 이는 신체와 테크놀로지, 감각과 추상이 서로를 증강하는 방식으로 통합되는 증강된 감각을 의미한다. 만약 디지털 테크놀로지가 인간의 감각을 무디게 만들었다면, 멀티모달 테크놀로지는 오히려 그 감각을 정

35) Qi, W., Chen, C. H., Niu, T., Lyu, S., & Sun, S. (2024). A multisensory interaction framework for human-cyber-physical system based on graph convolutional networks. *Advanced Engineering Informatics*, *61*, 102482.

36) Schirner, G., Erdogmus, D., Chowdhury, K., & Padir, T. (2013). The future of human-in-the-loop cyber-physical systems. *Computer*, *46*(1), 36–45.

교하게 확장시켜 주며, 추상적 상호작용을 실재적 경험과 다시 연결함으로써 테크놀로지와 인간, 상징과 행위의 균형을 회복하는 전환의 계기를 제공한다.

### 5) 상호작용 테크놀로지와 협력 방식의 공진화

인간은 도구를 사용하는 존재일 뿐만 아니라, 협력하는 존재이다.[37] 도구와 협력은 각각 다른 방식으로 환경과 상호작용하며, 인류 문명 진화의 두 축을 이루어 왔다. 특히 협력의 진화는 인간이 어떻게 상호작용하고 의미를 구성하며 사회적 존재로 살아가는지를 보여 주는 중요한 척도이며, 이는 상호작용 테크놀로지의 발전과 밀접하게 연결되어 있다. 인간은 손짓과 표정, 목소리와 몸짓을 통해 직접적인 감각-운동 기반의 협력을 수행했고, 이후 언어, 문자, 미디어, 디지털 플랫폼으로 진화하면서 협력의 범위와 양식도 점차 확장되어 왔다.

협력 방식의 진화는 넓이와 깊이 간 상충관계 속에서 전개되었다. 원시 공동체에서는 눈을 마주치고 손을 맞잡으며 깊이 있는 상호작용이 이루어졌지만, 그 범위는 물리적 접촉이 가능한 소수로 제한되었다. 언어는 이 한계를 넘어 협력의 범위를 확장시켰고, 문자는 시간과 공간을 초월해 협력을 가능케 했다. 인쇄술, 방송, 인터넷을 거치며 협력의 폭은 수십억 인구 단위로 확장되었으나, 그만큼 상호작용의 깊이는 얕아지는 경향을 보였다.[38] 인간은 더 많은 이들과 더 빠르게 연결될 수 있었지만, 그 연결의 감각적 실재성과 정서적 교감은 점차 희미해졌다. 협력의 역사는 연결의 규모와 질감 사이의 영원한 타협이다.[39]

이러한 진화 경로에 등장한 ChatGPT와 같은 생성형 인공지능은 상호작용 테크놀로지 발전의 새로운 국면의 도래를 예고한다. ChatGPT는 단순히 정보를 제공하는 도구를 넘어, 대화하고 조언하며 글을 쓰고 사고를 함께 구성하는 존재처럼 작동한다. 많은 이들에게는 이미 일상의 조력자이자 창작 파트너, 학습 도우미로 받아들여지고 있다. 그러나 핵심은 ChatGPT는 아무리 사람처럼 말할지라도 호모 테크놀로지쿠스가 아니라는 사실이다. 도구를 만들고, 의미를 구성하고, 윤리와 책

---

37) Seligman, M. E. P., Baumeister, R. F., Railton, P., & Sripada, C. (2021). **전망하는 인간, 호모 프로스펙투스** [Homo prospectus] (김경일, 김태훈 역). 웅진지식하우스. (원저 2016년 출간).

38) Stern, J. (2020). Alone, together. *British Journal of Religious Education, 42*(3), 249-252.

39) Harari, Y. N. (2015). **사피엔스: 유인원에서 사이보그까지, 인간 역사의 대담한 전망** [Sapiens: A brief history of humankind] (조현욱 역). 김영사. (원저 2011년 출간).

임을 나누는 협력의 주체가 아니라, 인간이 만든 정교한 반응 체계일 뿐이다. 이로 인해 ChatGPT는 인간과 인간 사이의 협력 방식에 간접적으로 영향을 미치는 실험장이 된다. 인간은 ChatGPT와의 상호작용을 통해 대화와 협력의 새로운 패턴에 익숙해지고, 그 습관은 다시 인간 간의 상호작용에도 영향을 미친다. 질문-응답 중심의 구조, 효율적 피드백, 감정이 배제된 반응은 실제 사람과의 관계에서도 무의식적으로 반복되며 상호작용의 양식 자체를 변화시킬 수 있다.

진정한 협력이란 서로를 타자로 인정하고, 책임과 의미를 함께 구성하는 과정이다. ChatGPT는 이 관계에 참여할 수 없다. 그것은 타인의 고통에 공감하지 않고, 실수에 책임지지 않으며, 공동체의 규범을 내면화하지 않기 때문이다. 인간은 반수이자 반인으로서, 신체적 조건과 문화적 조건을 동시에 지닌 존재이며, 협력이란 바로 이 두 조건이 통합되어 발현되는 복합적 활동이다. ChatGPT는 이 이중성의 어느 쪽에도 속하지 않기에, 인간과의 상호작용은 협력의 주체로서가 아니라 협력의 형식과 방식에 영향을 미치는 도구적 차원에서만 기능한다.

결국 ChatGPT는 인간 협력의 본질을 비추는 하나의 거울이며, 그 거울을 통해 인간은 오히려 협력의 의미, 책임, 감정, 윤리성을 다시 점검하게 된다. 흥미롭게도 샤머니즘이나 애니미즘 전통에서 보듯, 인간은 지능의 유무와 관계없이 사물이나 자연현상에 의도를 부여하고, 그것들과 유사 대화적 상호작용을 시도하며, 스스로 의미를 만들어 내는, 나아가 의인화하는 존재이다. ChatGPT와의 상호작용 역시 그러한 상징적 상호작용의 연장선에 있다. 그러나 이 상호작용은 본질적으로 비대칭적이며, ChatGPT가 아무리 '말하는 존재', 확률론적 앵무새처럼 보일지라도, 그것은 인간의 책임 있는 응답자가 될 수 없다. 협력은 단지 응답의 연쇄가 아니라, 타자를 인정하고 공동 세계를 구성하는 실천이기 때문이다.

하이데거의 존재론적 관점에서 보자면, 인간은 세계-내-존재로서 도구와 타자를 통해 자신의 존재를 드러낸다. 상호작용 테크놀로지는 단순한 장비가 아니라, 인간 존재의 의미 구성 방식에 깊이 관여하는 존재론적 매개체이다.[40] ChatGPT와 같은 AI는 용재성에 이르지 못한 채 아직 전재성에 머무는 도구이다. 그러나 그것과의 상호작용 경험은 인간이 타자를 어떻게 구성하고 응시하는지에 대한 감각 자체를 재구성한다. 인간은 타자와 마주할 때 비로소 자신의 존재를 드러내며, 이때

40) Ihde, D. (1990). *Technology and the lifeworld: From garden to earth* (*No. 560*). Indiana University Press.

대면적 상호작용의 가능 조건이 변화하고 있다. AI를 통해 말하는 방식, 응답하는 속도, 기대하는 피드백 구조가 바뀌면서 인간-인간 사이의 의미 구성 양식도 달라지고 있다.[41)]

진정한 협력은 인간다움 안에서 이루어지며, 테크놀로지는 인간성을 소외시키는 것이 아니라 오히려 그 깊이를 확장하는 도구이다. 호모 테크놀로지쿠스에게 테크놀로지는 외부 도구가 아닌 본래의 신체 일부로 작동하며, 세계와의 관계 맺음을 가능케 하는 확장된 생명 기관이다. 인간은 도구를 통해 인간이 되었고, 협력을 통해 문명을 이루었으며, 이 둘의 공진화는 테크놀로지를 매개로 이루어진 이중 나선의 진화라 할 수 있다.[42)]

### (3) 문명 생태계 진화의 변증법적 도약

#### 1) 증강된 귀향

문명은 도구를 통해 환경을 조작하고, 협력을 통해 사회를 구성하며 진화해 왔다. 이 두 매개는 단순한 기술적 수단이나 사회적 방식이 아니라, 인간 존재 구조의 외연적 확장이었다. 도구는 손의 연장이자 행위의 구조이며, 협력은 언어의 매개이자 타자와의 의미망 형성이었다. 도구는 인간이 자연을 변형하고 통제할 수 있게 했고, 협력은 타자와의 상호작용을 통해 공동체를 형성하고 상징을 공유하게 했다. 문명은 이 두 축이 맞물리며 작동하는 복잡계적 생태 속에서 형성되어 왔지만, 그 진화의 과정은 점차 이 두 축의 분리를 심화시켰다. 도구 중심의 문명은 물질적 조건을 비약적으로 개선시키고 테크놀로지의 정교화를 통해 인간의 노동과 감각을 대체했지만, 동시에 자연과의 직접적인 접촉을 상실하게 했고, 인간의 행위적 주체성은 점차 기계의 규칙으로 대체되었다. 기술은 인간을 위한 도구였으나, 이제는 인간의 판단과 경험을 선행적으로 조직하는 체계가 되었다. 반면 협력 중심의 문명은 복잡한 언어, 제도, 규범, 문화 등을 통해 사회적 연대의 스펙트럼을 확장시켜 왔지만, 정보화와 디지털화에 따라 인간 경험의 구체성이 희미해지고, 상징의 흐름

---

41) Zuboff, S. (2019). *The age of surveillance capitalism: The fight for a human future at the new frontier of power*. PublicAffairs.

42) Tomasello, M. (2010). *Origins of human communication*. MIT press.

은 현실을 대체하는 자율 구조로 이행하게 되었다. 인간은 더 많이 연결되었지만, 더 얕게 관계 맺게 되었고, 공동체의 감각은 점점 더 추상적인 네트워크의 일부로 변형되었다.

이러한 도구와 협력의 비대칭적 진화는 문명 자체를 이원적 구조로 분리 시켰고, 인간은 물질성과 상징성, 실행과 의미, 자연과 사회라는 양극 사이에서 균형을 상실하게 되었다. 도구는 자연으로부터의 이탈을, 협력은 타자로부터의 단절을 낳았으며, 그 결과 문명은 자기 존재의 두 중심축을 서로 다른 방향으로 회전시키는 구조적 긴장 상태에 놓이게 되었다. 이 긴장을 극복하기 위한 단서는 두 축의 병렬적 조합이 아닌, 상호구조적 재결합에 있다. 테크놀로지가 협력의 맥락을 인식하고, 협력이 테크놀로지의 방향을 공동체적으로 조율하는 구조, 다시 말해 인간-기계-환경이 비대칭적으로 얽힌 복합 협력 체계를 설계하는 일이 요청된다.[43] 이러한 구조에서 도구는 더 이상 수단이 아니라 관계를 매개하는 존재로서, 협력은 더 이상 추상이 아니라 실질적 행위의 장으로 귀환하게 된다. 그것은 단순한 회귀가 아닌, 증강된 귀향이다. 인간은 자신이 떠나온 자연성과 공동체성을 기술로 재구성하며, 잃어버린 통합성을 다시 한번 미래의 시뮬라리움 속에서 회복할 수 있게 될 것이다.

이러한 이원화는 MECE적인 사고 구조, 곧 상호 배타성과 집합적 완전성이라는 근대적 논리 틀과 맞물리며 문명 구조를 분절적으로 설명하려는 시도를 강화시켰다. 이러한 사고는 행위와 상징, 신체와 언어, 도구와 협력을 서로 보완하는 연속선상에 놓기보다, 명확히 나뉘고 분리된 체계로 구획하려는 방향으로 나아갔다. 그 결과 문명은 복잡한 연속체가 아니라, 이항 논리에 따라 배열된 평면적 구조로 환원되었고, 인간 또한 이 구조 안에서 분열된 존재로 위치 지워졌다. 인간은 감각하고 행위하는 신체적 주체인 동시에, 상징과 규범 속에 갇힌 추상적 주체로 나뉘어 존재하게 되었으며, 이 둘 사이의 통합 가능성은 점차 사라져 갔다. 도구는 인간의 신체적 능력을 비약적으로 확장시키는 한편, 그로 인해 인간은 자연과의 감각적 접속을 상실하게 되었고, 행위는 기계적 수행으로 환원되었다. 협력 역시 타자와의 상호작용을 통해 공동체적 삶의 윤리를 확장하는 메커니즘이었으나, 상징과 제도화의 과정을 거치며 점차 인간의 정서적 몰입과 감각적 공감 능력을 약화시키는 방향

---

43) Polanyi, K. (2001). **거대한 전환: 우리 시대의 정치적·경제적 기원** [The great transformation: The political and economic origins of our time] (이남석 역). 길. (원저 1944년 출간).

으로 작동하게 되었다. 문명은 도구와 협력이라는 두 중심축을 통해 진보해 왔지만, 그것이 인간을 더 통합된 존재로 이끈 것이 아니라, 오히려 존재의 이중화를 고착화하고, 감각과 상징, 신체와 언어, 행위와 의미 사이의 긴장을 극단적으로 벌어지게 만든 구조로 작동해 버린 것이다.

문명은 이처럼 행위와 상징의 두 축을 따라 선형적으로 진화해 왔지만, 그 진보는 아이러니하게도 문명 생태계 내부에 스스로를 위협하는 위기의 씨앗을 심어 왔다. 인간은 더 정교한 상징 체계를 창출했으나, 그 체계에 스스로 포획되며 점점 더 상징의 소비자이자 해석 기계로 고착되었고, 실천적 행위의 기회는 감소하고 감각적 연루의 조건은 점차 사라지고 있다. 생존을 위한 행위는 알고리즘화되고, 상호작용은 표정 없는 인터페이스에 내재되며, 세계는 점점 더 감각 없이 해석되는 곳으로 변모한다. 현실은 더 이상 자율적 생장이 가능한 '정원'이 아니라, 외부의 계획과 통제에 의해 조절되는 거대한 '플랜테이션'처럼 변해가고 있다. 그 속에서 정원사는 더 이상 돌보고 가꾸는 존재가 아니라, 정해진 생산 목표와 관리 효율을 기준으로 판단하는 농산품 제조업자로 전락하고, 생태계는 생명의 교감이 오가는 장소가 아니라 최적화된 관리 대상이 된다. 문명의 진보는 이렇게 인간으로 하여금 자기 존재의 근원과 결별하게 만들고, 감각-행위-의미의 순환 구조를 단절시킴으로써 문명 생태계 자체를 자기파괴적 경로 위에 놓이게 만든다.

따라서 오늘날의 문명 생태계는 도구와 협력, 행위와 상징의 분리된 진화 경로를 지양하고, 이들 사이의 구조적 통합을 요청하는 새로운 전환점에 도달해 있다. 인간이 더 이상 분열된 존재로 머물지 않고, 감각하는 신체와 사유하는 주체가 다시 하나의 실존적 구조 안에서 작동하기 위해서는, 문명 자체가 새로운 패러다임으로 탈바꿈해야 한다. 융합혁명은 바로 이러한 요청에 대한 응답이며, 단순한 기술의 진보가 아니라 문명 구조의 존재론적 재구성을 지향하는 흐름이다. 이는 도구와 협력이라는 두 진화 축을 다시금 연결하고, 감각-운동 기반의 실천성과 상징-인지 기반의 의미 형성이 분리되지 않고 하나의 통합적 구조로 작동하는 문명 생태계를 설계하려는 시도이다. 이러한 통합은 이론적 추상이나 관념적 통합에 그치지 않고, 기술의 구체적 구현을 통해 감각적으로 체험 가능해야 하며, 그것은 증강현실, 혼합현실, 멀티모달 인터페이스와 같은 상호작용 테크놀로지를 통해 실현 가능성을 획득한다. 이들 기술은 인간의 신체적 행위와 추상적 사유를 동시적으로 매개하고, 행위가 의미를 낳고 의미가 행위를 이끄는 순환 구조를 복원할 수 있는 기반을 제공한다. 따라서 미래 문명의 설계는 이러한 테크놀로지를 단순히 도구로 취급하는 것이 아니라, 인간의 감각성과 인지성, 실천성과 상징성을 다시 연결하는 존재론적 매개로 재인식하는 데서 출발해야 하며, 그것이야말로 오늘날 문명 생태계가 요청하는 '증강된 통합'의 본질일 것이다.

융합혁명은 인간을 '증강된 귀향'을 향해 이끄는 노스토스의 열망 속에 다시 위치시킨다. 그것은 단순히 자연 상태로의 회귀나 과거로의 복원이 아니다. 오히려 테크놀로지를 매개로 하여 자연과 문명, 감각과 상징, 행위와 의미를 유기적으로 엮어내며 인간 존재의 내적 통합을 실현하려는 전혀 새로운 방식의 귀향이다.[44] 인간은 더 이상 분열된 주체로 머무르지 않고, 깊은 내면의 밀실에서 자기 자신을 정제하고 사유하며, 동시에 넓은 협력의 광장에서 타자들과 함께 새로운 질서를 창조하는 존재로 살아간다. 이러한 존재 양식은 자연과 문명의 대립을 해소하고, 신체적 감각성과 상징적 추상성, 개인적 실존과 공동체적 실천 사이의 틈에 다리를 놓는다. 그리고 이 모든 과정을 가능하게 하는 핵심 토대가 바로 교육이다. 교육은 인간이 다시 내면의 지도를 회복하고, 문명 생태계 속에서 자신의 위치를 자각하며, 자신의 삶과 관계망에 의미를 부여하는 능동적 행위자로 서게 만드는 실천의 기반이 된다. 교육은 더 이상 지식을 전달하는 수단이 아니라, 인간 존재의 전체성을 회복하고, 감각과 사유, 타자와의 관계 속에서 자기 자신을 재설계하게 하는 과정이다. 그렇게 인간은 기술과 문명 속에서도 길을 잃지 않고, 오히려 그 안에서 더욱 정교하고도 살아 있는 방식으로 귀향할 수 있다. 그것은 회귀가 아니라 도착이며, 상실이 아니라 구성이며, 끝이 아니라 시작이다.

이제 우리는 낮에는 밝고 넓은 광장에서 협력하며 일하고, 밤에는 깊고 고요한 밀실에서 사유하는 존재,[45] 곧 호모 테크놀로지쿠스의 이상이 실현되는 시대의 문턱에 서 있다. 이 전환은 단순히 테크놀로지의 진보나 경제적 확장을 의미하지 않는다. 그것은 문명 생태계를 구성하는 가장 근본적인 단위인 인간 존재 구조로부터 다시 출발하여, 감각과 사유, 행위와 의미, 개인과 공동체를 통합하는 방향으로 문명을 재설계하려는 교육적 기획이다. 여기서 교육은 미래를 위한 준비가 아니라,

---

44) Zuboff, S. (2019). *The age of surveillance capitalism: The fight for a human future at the new frontier of power*. PublicAffairs.

45) Rancière, J. (2012). **프롤레타리아의 밤: 노동자의 꿈 아카이브** [La nuit des prolétaires: archives du rêve ouvrier] (안준범 역). 문학동네. (원저 1981년 출간).

문명 전환의 현재를 살아가기 위한 존재 양식의 전환이며, 인간이 자기 생태계의 수동적 소비자가 아닌 능동적 설계자로 복귀하게 만드는 사유와 실천의 공간이다. 기술은 그 과정의 매개일 뿐 목적이 아니며, 진보는 지표가 아니라 방향이 되어야 한다. 인간이 자기 위치와 의미를 주체적으로 설정하고, 공동의 세계를 구성할 수 있는 내적 나침반을 다시 획득할 수 있도록 돕는 것, 그것이 바로 오늘날 교육의 존재론적 소명이다. 그리고 그러한 교육을 통해서만 우리는 호모 테크놀로지쿠스로서의 새로운 문명 주체로 거듭날 수 있다.

### 2) 교수학습체계의 매개적 역할

문명은 그 복잡성과 속도를 끊임없이 증가시켜 왔다. 농업혁명은 인간의 정주적 생존 방식과 생산 수단의 전환을 이끌었고, 산업혁명은 노동의 외재화와 기계화를, 정보혁명은 인지적 추상화의 비약적 확장을 촉진하였다. 오늘날 우리가 직면한 융합혁명은 인간(Human), 사이버(Cyber), 물리적(Physical) 시스템이 통합된 HCPS의 상호작용을 중심으로 형성된 새로운 문명 단계이다. 이 문명 생태계는 생물학적, 물리적, 디지털 조건이 통합되는 비선형적 경로를 통해 진화하고 있으며, 이 과정에서 인간은 따라가기 어려운 진화적 비동시성의 위기를 맞이하고 있다.

이에 반해 인간, 곧 호모 테크놀로지쿠스는 신경계의 처리 용량과 감각기관의 물리적 제약, 세대 간 유전 전이의 느린 리듬 속에 갇혀 진화 속도에서 상대적 정체를 겪고 있다. 그로 인해 인간은 문명의 구조를 이해하고 주도하기보다 수동적으로 적응하는 상태에 머무르게 되었고, 기술적 복잡성이 인간의 감각과 인지를 초과하면서 인간의 주체성은 위축되고 문명은 추상화되어 파편화되는 현상이 나타난다.

이러한 구조적 간극을 매개하고 조정하는 중간 메커니즘으로서 교육은 더 이상 단순한 지식 전달이 아니라, 상위 체계인 문명 생태계와 하위 체계인 학습자의 이질적인 조건을 상호 번역하고 조율하는 존재론적 장치로 기능해야 한다.[46] 교수학습체계는 설계과학으로서의 교육공학이 구현되는 초점 체계이며, 이 체계를 통해 문명 진화의 방향성과 인간 조건 간의 구조적 커플링 모델이 탐색된다.

교수학습체계는 상위 문명 생태계와 하위 학습자, 즉 호모 테크놀로지쿠스로

---

46) Morin, E. (2015). **복잡성 사고 입문** [Introduction à la pensée complexe] (신지은 역). 에코리브르. (원저 1990년 출간).

구성된 삼위 체계의 중간 매개 체계로 작동한다.[47] 상위 체계는 HCPS 기술 아키텍처, 지속가능성 규제, 생성형 인공지능 기반의 문화 코드 등 다양한 자원을 중간 체계에 투입하고, 이로부터 고차원의 문제해결력과 창의적 역량을 갖춘 인재를 산출 받아 자기 재구성을 실행한다. 이 과정은 생물학적, 물리적, 디지털 조건이 융합된 삼중 진화 경로를 따라 비선형적으로 가속된다.

하위 체계인 학습자는 작업 기억의 한계, 주의 집중 지속 시간, 신경가소성의 세대 간 속도와 같은 생물학적 제약을 받는다. 그럼에도 인간은 외삽적 도구 사용과 기술 매개적 인지 확장을 통해 점진적으로 자기설계적 존재로 진화하고 있으며, 신경 인터페이스, 뉴로모픽 칩, 생체신호 기반 인터랙션 같은 테크놀로지와 결합하여 새로운 학습 가능성을 창출하고 있다.

이 두 체계를 매개하는 교수학습체계는 상위 문명 조건을 하위 인간 조건에 맞게 번역하고, 동시에 하위 조건의 반응을 상위 구조로 환류하는 이중적 조정 기능을 수행한다. 그러나 삼위 구조 속에서 중간에 위치한 교수학습체계만이 상대적으로 경직된 복합계로 머물러 있었으며, 이로 인해 두 가지 근본적인 교육 모순이 발생하였다.[48] 하나는 문명 생태계와의 디커플링으로 인해 학습 내용과 문명 실천 간 괴리가 발생한 것이고, 다른 하나는 교수학습체계의 표준화된 목표와 개별 학습자의 특성 간의 비정합에서 비롯된 문제이다. 이 두 문제는 단순한 운영상의 오류가 아니라 체계 내부의 긴장이자 체계적 문제이며, 구성 요소 단위의 분절적 개입으로 해결할 수 없는 수준의 것이다. 전체 최적화는 부분 최적화의 합으로 이루어지지 않으며, 해소를 위해서는 체계 수준에서의 재설계가 필수적이다. 이는 인간이 자기 문명 생태계의 주체로 복귀하기 위한 존재론적 요청이기도 하다.

이때 세 체계 간에는 구조적으로 정의된 입출력 흐름이 존재한다. 생활세계는 교수학습체계에 정책, 제도, 사회적 요구, 문화 자원 등을 입력하며, 교수학습체계는 이를 교수 전략, 교육 콘텐츠, 제도적 실행으로 전환한다. 이 결과는 학습자에게 도구, 피드백, 규범, 수행 조건 등의 자극으로 전달되고, 학습자는 이에 반응하여 행동, 수행, 의미 구성의 출력을 낸다. 이 반응은 다시 교수학습체계를 통해 문명 생태계에 환류되어 인적 자본, 창의 역량, 문화 코드로 변형되어 상부 구조를 재구

47) Kaufman, R., Oakley-Browne, H., Watkins, R., & Leigh, D. (2003). *Strategic planning for success: Aligning people, performance, and payoffs.* John Wiley & Sons.

48) Von Bertalanffy, L. (2020). *A systems view of man.* Routledge.

성하게 된다. 이러한 흐름은 단방향 전달이 아니라, 상호의존적 자기생산의 순환 구조이며, 각 체계는 자율적 폐쇄성을 유지하면서도 구조적으로 연결된 개방체계로 작동한다.[49]

이러한 구조는 정태적 흐름이 아닌 진화적 방향성을 내포한 상호작용의 장이다. 선택 압력(selection pressure)은 상위 환경이나 기술 체계로부터 유입되는 외부적 도전이며, 이는 새로운 생존 조건과 의미 질서를 제시한다. 반면 진화 적응력은 하위 체계의 내부 조절력과 학습 능력으로, 외부 자극을 해석하고 재구성하며 체계 내부 질서를 조정하는 역할을 수행한다. 시뮬라리움은 이 양자 간의 긴장과 흐름을 조정하며, 상부 구조의 방향성과 하부 존재의 제약 조건 사이를 매개하는 다리로 작동한다. 이때 시뮬라리움은 단순한 정보 중계기가 아니라, 목표 지향 생태계이자 존재론적 조정 메커니즘으로서 기능하며, 그 작동은 비대칭적 요소들을 동적 안정 속에서 구조화하는 창발적 설계 행위로 이해되어야 한다.

이를 위해 교수학습체계는 다층적 아키텍처를 갖는다. 지각 필터링 층은 문명으로부터 유입되는 과도한 정보 노이즈를 인간의 인지 범위 내로 조절하고, 의미 구축 층은 디지털 트윈 기반의 체화 학습을 통해 내면적 의미 형성을 지원한다. 진화적 인터페이스 층은 신경 신호와 기술적 도구 간의 실시간 상호작용을 조율함으로써 인간-기계 협력 기반을 형성한다. 이 구조 안에서 학습분석시스템은 미시적(개별 반응), 중간적(집단 패턴), 거시적(문명 정합성)의 세 차원에서 피드백 루프를 실현하며, 교수학습체계의 자기생산성을 실시간으로 유지한다.

교수학습체계가 자기생산적으로 작동하려면 내부의 이질적 하위 체계들 간에 원활한 구조적 커플링이 유지되어야 한다. 이는 단지 교수자와 학습자, 콘텐츠와 도구의 조화를 의미하는 것이 아니라, 감각적 경험과 인지 구조, 행위 기반 실행과 상징 기반 의미 생성, 인간 주체의 내적 역동성과 외부 문명 생태계 간의 깊은 통합을 요구한다. 이러한 커플링은 독립성을 유지하면서도 상호 의미 공유가 가능해야 하며, 이를 가능하게 하는 핵심은 상호작용 테크놀로지의 설계에 있다. 이 테크놀로지는 단순한 전달 매체가 아니라, 서로 다른 구조 간의 동형사상적 변환을 가능하게 하는 중개자로 작동해야 한다.

이 조건을 충족하는 기반이 바로 HCPS와 인공지능이다. HCPS는 인간의 신체

---

49) Maturana, H. R., & Varela, F. J. (1980). *Autopoiesis and cognition: The realization of the living*. D. Reidel Publishing.

적 행위, 사이버 공간, 물리적 환경 간 통합적 반응을 조율하며, 인공지능은 맥락 감지, 의미 해석, 실시간 조정을 통해 인간과 비인간 요소 간의 상호작용을 정합적으로 중재한다. 교수학습체계가 이 두 기술을 기반 플랫폼으로 삼아 작동할 때, 그것은 단순한 교육 장치를 넘어, 인간 존재와 문명 생태계를 구조적으로 연결하는 자기생산적 매개 생태계로 자리매김하게 된다.

교수학습체계의 전략은 인류 문명사에서 교육이 수행해야 할 핵심 과제와도 일치한다. 문명은 도구를 통해 환경을 조작하고, 협력을 통해 사회를 구성하며 진화해 왔다. 도구와 협력은 인간 존재의 구조를 외부로 확장한 양대 메커니즘이었지만, 근대적 분업과 이원화는 이를 분리시켜 인간 삶을 물질과 상징, 감각과 의미로 나누고 그 통합적 구조를 해체하였다. 시뮬라리움은 이러한 분리를 지양하고, 감각적 실천성과 상징적 사유를 통합하는 새로운 교육 패러다임을 제시한다. "모든 생명체는 태어난 곳을 향한다. 모든 생물 종은 기원한 지점을 지향한다."[50] 이는 인간이 다시 문명 생태계의 주체로 복귀하고, 테크놀로지를 통한 '증강된 귀향'을 실현할 수 있는 기반을 제공한다. 시뮬라리움은 정원사가 자기 생태계를 돌보듯, 인간이 자기 존재와 세계를 함께 가꾸는 설계의 장이자, 문명의 진보를 위한 공동체의 실천이기도 하다.

---

50) Zuboff, S. (2019). *The age of surveillance capitalism: The fight for a human future at the new frontier of power*. PublicAffairs.

CHAPTER 05

# 교수학습체계의 출현

## 1. 학습

### (1) 존재론적 학습 개념의 정립

#### 1) 자기생산 활동으로서의 학습

학습이란 조직적 폐쇄성과 작업적 폐쇄성을 유지하면서 외부 세계, 보다 정확히는 해당 생명체가 점유하는 '적소[1]'와의 구조적 커플링을 통해 자기 구조를 유동적으로 조정하고, 그 과정에서 새로운 의미와 정체성을 창출해 나가는 비가역적 자기생산 활동이다.[2] 여기서 '조직'은 체계의 정체성과 존재 조건을 규정하는 관계적

1) Hermance, D. (2019, June 21). Ecological niche: Definition, types, importance & examples. *sciencing.com*. Retrieved from https://www.sciencing.com/ecological-niche-definition-types-importance-examples-13719219/
'적소(niche)'란 단순한 외부 환경 전체가 아니라, 유기체가 생존하고 발달하는 데 실질적 의미를 지니는 관계적·기능적 세계를 가리킨다. 즉, 적소는 단순한 물리적 공간이나 자극의 집합이 아니라, 유기체가 자신의 감각, 운동, 인지 구조를 통해 의미 있게 접속하고 상호작용할 수 있는 세계이다. 예를 들어, 플랑크톤에게 적소는 심해나 극지방이 아니라 부유할 수 있는 해류와 빛, 포식자 및 먹이의 밀도 같은 관계적 조건이고, 유아에게 적소는 도시 전체가 아니라 부모의 목소리, 부드러운 촉감, 장난감과 같은 접근 가능한 요소들이다. 마찬가지로, 학생에게 학교 건물 전체가 아니라 친구, 교사의 피드백, 교재, 놀이 공간 등이 의미를 생성하는 관계망이 적소를 이룬다.

2) Davis, B., & Sumara, D. (2006). *Complexity and education: Inquiries into learning, teaching, and research* (1st ed.). Routledge.
"Learning emerges from the interplay between a learner's niche and their capacity for structural coupling." (p. 93)

패턴으로서 안정적으로 유지되며, '구조'는 경험과 상호작용을 통해 조정될 수 있는 유동적 배치 형태를 가리킨다. 따라서 학습이란, 조직적 동일성을 유지하는 가운데 구조적 차원에서는 "창발적인 변화"를 이루어 내는 존재론적 변화의 양식[3]이라 할 수 있다.

자기생산체계는 외부 세계와 구조적 커플링을 유지하면서, 자기의 조직을 보존하기 위해 내부 구조를 조정하는 능동적 생명 활동을 수행한다. 이 과정은 끊임없는 자기조정과 미세 변형을 포함하지만, 대부분은 체계의 본질적 정체성을 유지하기 위한 '가역적' 조정에 머문다. 즉, 체계는 환경 변화에 대응하여 일시적으로 구조를 조정하지만, 상황이 변하면 언제든 본래의 작동 상태로 복귀하거나 유사한 패턴을 재구성할 수 있다. 이런 의미에서, 일반적 자기생산 활동은 "조정은 하되, 본질적 작동 조직을 넘어서는 창발은 일어나지 않는" 변화를 지향한다.

반면, 학습은 자기생산 활동의 특수한 심화 양상이다. 학습은 단순한 조정이나 복귀 가능한 변형을 넘어, 체계 내부에 비가역적이고 창발적인 구조 변형을 초래하는 사건이다. 학습에서 비가역성이란, 학습을 통해 일어난 구조 변형이 단순하고 일시적인 조정이 아니라, 체계의 작동 이력과 향후 모든 인지 · 정서 · 행동 가능성을 근본적으로 바꾸어 놓는 성질을 의미한다.[4)5)] 학습이 일으키는 변화는 가역적으로 되돌릴 수 있는 상태 변환이 아니라, 일단 일어난 이후에는 그 이전의 체계로 돌아갈 수 없도록 내부 작동 흐름과 의미 형성 조건을 재구성한다. 학습 이전과 이후의 자기생산체계는 그 구조가 구성하는 반응의 방식과 세계에 대한 해석의 틀에서 다른 존재가 된다.

예를 들어, 유아가 언어를 습득한 이후에는 언어 습득 이전의 세계 인식으로

---

3) Odling-Smee, F. J., Laland, K. N., & Feldman, M. W. (2003). *Niche construction: The neglected process in evolution*. Princeton University Press.
"Organisms do not passively adapt to niches; they actively construct them through their activities." (Ch. 1)

4) Thelen, E., & Smith, L. B. (1994). *A dynamic systems approach to the development of cognition and action*. MIT Press.
"Developmental changes are emergent and irreversible, reshaping the system's trajectory." (p. 189).

5) Varela, F. J., Thompson, E., & Rosch, E. (2017). *The embodied mind: Cognitive science and human experience* (Revised ed.). MIT Press.
"Every act of cognition leaves a trace that cannot be erased, altering the cognitive landscape." (p. 87)

회귀할 수 없다. 문해력을 획득한 성인 역시 이전의 비문해 상태로 존재할 수 없다. 이는 단지 읽고 쓰는 능력을 얻었다는 것을 넘어서, 문자를 통해 구성된 세계, 시간성, 자기 인식의 방식이 이미 변형되었기 때문이다. 이처럼 학습은 체계의 '가능성의 공간'을 다시 그리며, 그 변형은 회귀 불가능한 경로를 따른다. 이 점은 일상적인 사례를 통해서도 확인할 수 있다. 예컨대 누군가에게 "핑크색 코끼리를 떠올리지 마세요."라고 말하는 순간, 이미 그 사람의 인지 체계는 '핑크 코끼리'라는 이미지를 떠올리게 된다. 이 인지적 효과는 단순히 외부 자극에 반응한 결과가 아니라, 체계 내부의 조직적·작업적 구조가 자극을 해석하고 의미화한 결과이다. 이때 형성된 새로운 연상 고리는 이후에도 반복적으로 재활성화되며, 망각된 것처럼 보이더라도 무의식의 흐름 속에서 꿈, 직관, 창의적 사고의 재료로 재등장한다. 즉, 학습은 의식적 기억을 넘어서 체계의 해석 지평과 반응 경로 자체를 조정하는 존재론적 사건이다.

또한, 창발성은 학습을 단순한 반응이나 정보의 누적이 아닌, 전혀 새로운 질서의 탄생으로 전환시킨다. 학습은 기존 조직의 연장선 위에서 더 많은 정보를 축적하는 과정이 아니라, 기존의 구조로는 예견할 수 없었던 새로운 작동 경로, 새로운 의미 체계, 새로운 정체성 조각을 체계 스스로 생성해 내는 창조적 자기생산의 과정이다.[6] 이로써 학습은 단순한 반응이 아니라, 세계와의 상호작용 속에서 자기 구조를 변형하고, 그 변형이 다시 상호작용의 조건을 재구성하는 비선형적 자기조직의 진화가 된다. 예를 들어, 빛의 굴절 실험에 참여한 학생이 단순히 입사각과 굴절각을 관찰하고 기록하는 데 그치지 않고, "물질마다 빛이 다르게 굴절된다."라는 일반 원리를 스스로 추론해 낸다고 하자. 이때 그는 단순한 정보 수용자가 아니라, 기존의 인지 구조를 재배열하여 이전에는 존재하지 않았던 인식의 형식을 자기 내부에 구성해 낸 주체가 된다. 이처럼 학습의 창발성은 외부 자극의 입력에 비례하지 않으며, 체계 내부의 반복, 변이, 재해석의 자기지시적 흐름 속에서 예측할 수 없는 방식으로 발생한다.

이런 맥락에서 아이작 뉴턴이 사과가 떨어지는 장면을 보고 만유인력의 원리를 착안해냈다는 일화는 우연이나 영감의 순간으로 축소될 수 없다. 뉴턴이 그 순

---

6) Thelen, E., & Smith, L. B. (1994). *A dynamic systems approach to the development of cognition and action*. MIT Press.
"Developmental changes are emergent and irreversible, reshaping the system's trajectory." (p. 189)

간 인류 과학사에서 위대한 성취 중 하나인 『프린키피아』의 핵심 사유를 착상할 수 있었던 것은, 그가 이미 케임브리지 대학에서 수학, 천문학, 역학 등 다양한 지식을 체계적으로 학습해 온 자기구조를 지니고 있었기 때문이다. 사과의 낙과는 단지 방아쇠였을 뿐, 창발은 오랜 시간 축적된 사유와 내면화된 구조가 스스로를 넘어서며 발생한 것이었다. 즉, 그 장면은 무지의 상태에서 '무에서 유가 탄생한' 사건이 아니라, 선취된 인식 구조와 실시간 세계가 구조적 커플링을 통해 자기조직적 비약을 이룬 창발의 순간이었던 것이다.

이처럼 학습의 창발성은 기존에 있던 구조의 연장 위에서 일어나는 선형적 누적이 아니라, 과거의 구조로는 예측할 수 없는 새로운 존재로의 자기 갱신이다.[7] 체계는 학습을 통해 더 이상 과거로 되돌릴 수 없는 비가역적 변화를 경험하며, 이는 곧 존재의 방식 자체가 변형되는 사건이 된다. 그리고 이때, 외부자가 보기에 학습자는 학습 이전과 동일한 조직을 지닌 존재처럼 보이지만, 학습자 내부적으로는 질적으로 다른 가능성과 응답성을 지닌 전혀 새로운 구조로서 세계와 다시 관계 맺기 시작한다. 이것이 바로 학습이 단순한 적응이 아닌, 존재론적 변형의 사건이자, 자기생산과 구분되는 고유한 창발의 실체인 이유이다.

학습을 통해 체계는 변화의 흐름 속에서도 조직적 동일성을 유지하면서, 동시에 구조적 비가역성을 획득한다. 즉, 체계는 외견상 같은 조직 형태를 보존하지만, 학습 이전에 존재하지 않았던 내부 구조와 작동 규칙을 새로 형성한다. 이 단계적 재구성은 단순한 반복이나 복제가 아니라, 체계가 스스로를 참조·수정하며 '다른-자기(becoming other-self)'로 전이되는 과정을 의미한다. 결과적으로 학습 전후의 체계는 동일한 범주 안에 머물되, 그 범주를 정의하는 내적 지표는 질적으로 달라진다.

이 지점에서 학습은 일반적인 자기생산과 구별되는 존재론적 특수성을 드러낸다. 자기생산이 '같은-자기'를 유지하는 순환이라면, 학습은 그 순환 고리를 내부적으로 변형하여 비가역적 이력을 추가한다. 다시 말해, 학습은 체계를 역사적 존재로 만든다. 체계는 과거 상태를 선형적으로 축적하지 않고, 과거에 대한 선택적 재구성을 통해 현재의 작동 규칙을 갱신한다. 이 과정에서 체계는 과거와의 단절을

---

7) Davis, B., & Sumara, D. (2006). *Complexity and education: Inquiries into learning, teaching, and research* (1st ed.). Routledge.
"Learning transforms the learner's identity by creating new possibilities for being." (p. 134)

최소화하면서도, 과거가 지니는 한계를 초과하는 새로운 가능성 공간을 열어간다.

따라서 학습은 두 층위에서 동시에 작동한다. 첫째, 동일성 유지: 학습이 진행되어도 체계는 본래의 정체를 인식 가능하도록 보존한다. 둘째, 구조 재편: 학습으로 인해 체계 내부의 연산 논리, 정보 흐름, 기능적 연결망이 비가역적으로 변화한다. 이 이중적 작동이 가능해지는 이유는 학습이 체계 내부에 메타 수준의 조정 규칙을 생성하기 때문이다. 이러한 규칙은 기존 구조에 직접 개입하기보다, 구조가 스스로를 수정하도록 유도하는 조정 변수로 기능한다.

결론적으로 학습은 체계를 '과거를 들고 미래로 나아가는 존재'로 만든다. 체계가 외형적 동일성을 유지한 채 구조적으로 달라질 수 있는 이유는, 학습이 단순한 정보 추가가 아니라 내적 규칙의 재인코딩을 통해 이루어지기 때문이다. 이 재인코딩 과정에서 체계는 자기 동일성을 해체하지 않고도 자신을 초과하는 방향으로 확장하며, 그 결과 역사적 자기를 획득한다.

### 2) 조직적 폐쇄성과 작업적 폐쇄성

조직적 폐쇄성이란 "체계를 구성하는 요소들과 그들 사이의 관계가 외부의 지시나 명령이 아니라 오직 체계 내부의 원리와 규칙에 따라 구성되고 유지되는 상태"를 의미한다. 체계는 외부 자극에 반응할 수 있으나, 반응의 양상은 자극 자체에 의해 결정되지 않는다. 오히려 반응은 이미 체계 내부에 형성된 고유한 조직 구조―즉, 자기 동일성을 구성하는 내부 논리―에 따라 변별적으로 산출된다. 이때 외부 자극은 체계의 변화 가능성 또는 조건을 제공할 수는 있으나, 체계가 실제로 어떻게 작동할 것인지는 내재된 조직의 규칙성에 전적으로 의존한다.

반면, 작업적 폐쇄성은 체계가 실제로 작동하는 과정이 외부의 지시가 아니라, 내부 작동의 자기지시적 연쇄를 통해 이루어지는 상태를 가리킨다. 체계는 자기 내부에서 일어난 한 작동이 그다음 작동을 호출하고, 다시 그것이 새로운 작동을 생성하는 일련의 순환 흐름 속에서 지속된다. 외부 자극은 이 흐름에 파장을 일으킬 수는 있되, 그 작동의 계기나 방향을 직접 조종하지는 못한다. 이러한 작업적 폐쇄성은 체계가 동태적이며 자기참조적으로 살아 있다는 증거이며, 체계의 생성과 변형이 외재적 결정이 아닌 내재적 연쇄에 의해 일어난다는 사실을 명시한다.

중요한 점은, 이 두 가지 폐쇄성이 단지 체계의 자율성과 고립성을 말해주는 것이 아니라, 외부 환경과 구조적으로 커플링되기 위한 필수적 전제 조건이라는 점이다. 체계는 외부 세계와 '열려 있기 위해서' 반드시 자신만의 조직과 작동의 원리를 통해 '닫혀 있어야' 한다. 이 아이러니는 존재론적으로 매우 중요하다. '자기 안에 닫혀 있음으로써만 타자와 의미 있는 방식으로 연결될 수 있는 구조', 이것이 바로 살아 있는 체계—특히 학습하는 체계의 조건이다.

조직적 폐쇄성과 작업적 폐쇄성은 체계가 외부 영향을 걸러내면서도 환경과 의미 있게 상호작용할 수 있는 전제 조건이다. 조직적 폐쇄성이 없다면 체계는 임의 자극에 무방비로 노출되어 고유한 경계와 정체성을 유지할 수 없다. 작업적 폐쇄성이 없다면 체계 내부의 연산 흐름이 지속되지 못해 외부 지시와 입력에 종속되고, 결과적으로 자율성을 상실한다. 체계가 이 두 폐쇄성을 확보할 때, 외부 사건은 단순한 교란이 아니라 구조적 커플링의 기회가 된다. 구조적 커플링이란 체계가 자신의 연산 규칙을 보존한 채 환경 변수를 선택적으로 흡수하고, 그 흡수 과정에서 내부 구조를 비가역적으로 재편하는 과정을 가리킨다. 학습은 바로 이 지점에서 일어난다.

예를 들어, 스테인드글라스 예술작품은 외부 빛이라는 환경 요소와 구조적으로 커플링되어 있지만, 그 미학적 가치는 각 유리 조각이 고유한 색과 형태를 끝내 보존할 때만 창발한다. 유리 조각들은 조직적 폐쇄성을 통해 서로의 경계를 뚜렷이 유지하고, 작업적 폐쇄성에 따라 자신의 색채·두께·절단 면을 고유 규칙대로 빛에 노출한다. 만약 인접한 조각들이 열이나 충격으로 서서히 용융되어 경계를 상실한다면, 개별 조각의 색은 뒤섞여 회색 덩어리로 수렴하고, 전체 작품이 지니던 상징적·서사적 형상은 소멸한다. 그 순간 스테인드글라스는 더 이상 '다색의 합주'를 선사하지 못하고, 관람자는 구분이 되어 있지 않은 광택 표면만을 경험할 뿐이다. 다시 말해, 작품은 외부 빛을 받아들이되 자기 내부의 조직·규칙을 해체하지 않는 범위에서만 변주된 이미지를 생성하며, 바로 이 내·외부 균형이 깨질 때 작품의 미학적·존재론적 가치는 더 이상 창발할 수 없다.

자유민주주의 사회 역시 조직적·작업적 폐쇄성을 전제한다. 헌법과 제도적 장치가 조직적 경계를 설정하고, 선거·의회·사법 절차가 작업적 연산 흐름을 보장한다. 이러한 폐쇄성이 약화되면 사회는 즉흥적 여론이나 외부 압력에 의해 쉽게 동요해 정체성을 잃는다. 반대로 폐쇄성이 확고할수록, 외부 요구—시위, 언론 비판, 국제적 변화—는 제도적 채널을 통해 흡수·가공된다. 이 과정에서 사회는 동일한 헌정 질서를 유지하되, 법률 개정·정책 변화·담론 전환과 같은 구조적 변형을 지속적으로 축적한다. 자유민주주의의 '강력함'은 폐쇄를 통한 자율성과 개방을 통한 학습이 균형을 이룬 결과다.

시장경제 체제도 마찬가지다. 화폐 단위와 거래 규칙이 조직적 경계를 정의하고, 가격 메커니즘과 경쟁 질서가 작업적 흐름을 유지한다. 시장이 작업적으로 폐쇄되어 있지 않다면, 가격은 외부 명령에 따라 임의로 왜곡되고, 공급·수요 조정 기능은 상실된다. 그러나 작업적 폐쇄성이 확보된 시장은 환경 변동 — 소비자 취향, 기술 혁신, 자원 충격 — 을 가격 신호로 변환해 선택적으로 내부 구조를 조정한다. 이때 체계는 전체 구조를 해체하지 않고, 기업 · 산업 · 노동 분업을 재편하며 효율성을 높인다. 시장경제의 '효율성'은 외부 교란을 선택적으로 내면화해 구조적으로 학습할 수 있는 폐쇄적 자율성에서 비롯된다.

요약하면, 스테인드글라스의 아름다움, 자유민주주의의 강력함, 시장경제의 효율성은 모두 조직적 · 작업적 폐쇄성이 확립될 때 가능한 구조적 커플링과 학습의 산물이다. 폐쇄성은 체계 고유성을 보호하고, 커플링은 환경 변화 속에서 구조적 재구성을 촉진한다. 학습은 이 두 메커니즘의 합류점에서 발생한다. 체계는 외견상 동일성을 유지하면서도, 반복 불가능한 이력을 축적해 '다른 - 자기'로 진화한다. 이는 학습이 자기생산 활동과 구별되는 존재론적 특수성 — 자기동일성을 보존한 채 비가역적 구조 변형을 가능케 하는 능력 — 을 갖는 이유이기도 하다.

따라서 학습은 이 두 폐쇄성 위에 구축된 체계가 외부 환경과 차이로부터의 상호작용을 통해 자기 구조를 점진적으로 재구성하는 행위이며, 이는 곧 존재의 자기 초월이자 진화의 사건이다. 구조적 커플링이란 체계가 외부와 얽혀 들어가는 방식이지만, 그 전제는 아이러니하게도 내부의 완결성과 자기 작동성 — 즉, 닫힘 — 에 있다. 다시 말해 '닫힘을 통해 열린다.'라는 존재론적 조건 속에서만 학습은 자기생산을 넘어선 창발로 이행할 수 있다.

### 3) 구조적 커플링

구조적 커플링이란 자기생산체계가 외부 환경과 반복적으로 상호작용하는 가운데, 자기 자신의 '조직'을 유지하면서도 상호 간 '구조'에는 영향을 주고받으며 점진적으로 변화해 나가는 관계적 작동 원리를 의미한다. 이는 체계가 자기 정체성을 보존하는 동시에, 환경과 상호구성적 관계를 맺으며 적응하고 진화할 수 있도록 하는 존재론적 핵심 메커니즘이다. 무엇보다도, 구조적 커플링은 자기생산체계와 환경 간에만 성립하는 독특한 상호작용 방식이다.

여기서 〈CHAPTER 01 체계 이론의 이해〉에서 언급한 '조직'과 '구조' 개념을 환기할 필요가 있다. 조직은 체계의 정체성과 존재 조건을 규정하는 관계적 패턴을 가리킨다. 이는 체계가 그것으로 존재하기 위해 반드시 유지해야 하는 작동 원리적 틀이며, 조직이 무너지면 체계는 자기 동일성을 상실한다. 예컨대 인간 인지 체계의 감각 - 지각 - 기억 - 판단 - 행동이라는 상호작용 구조는 인간 존재의 최소 조건이다. 반면, 구조는 이러한 조직이 구체화되는 물질적 · 행동적 배치 방식으로, 경험과 상호작용을 통해 유연하게 조정될 수 있다. 같은 조직을 지닌 존재라도, 구조는 시간과 맥락에 따라 다르게 실현될 수 있는 것이다.

구조적 커플링은 이 조직적 및 작업적 폐쇄성을 전제로 작동한다. 체계는 환경과 단발적 반응을 하는 것이 아니라 지속적이고 반복적인 상호작용을 통해 자기 구조를 조정하며, 동시에 외부 체계도 그 상호작용을 통해 자기 구조를 조정한다. 이 상호 반응적 조정의 누적 과정이 바로 구조적 커플링이다.

그러나 여기서 주목해야 할 핵심은, 모든 구조적 커플링이 학습으로 이어지는 것은 아니라는 점이다. 구조적 커플링은 체계가 환경과의 반복적인 상호작용을 통해 자신의 내부 구조를 조정하는 메커니즘이지만, 그것이 자동으로 학습을 의미하는 것은 아니다. 학습과 단순한 자기생산 활동은 구조 변형의 질과 방향성에서 구분된다.

단순한 자기생산으로서의 구조 조정은 주로 조직적 동일성을 유지하는 범위 내에서, 환경 변화에 따라 내부 구조를 미세하게 조율하는 방식으로 나타난다. 이는 체계가 외부 자극에 적응하되, 기존의 작동 체계와 정체성을 근본적으로 변화시키지 않는 상태를 의미한다. 동물의 항상성 유지는 대표적인 사례다. 체온, 혈당, 산 - 염기 균형 등 생리적 조건의 유지는 외부 환경에 따라 반응하지만, 그 반응은 생물학적 조직의 기본 틀을 전제하고 유지하는 선에서 이뤄진다. 체계는 교란을 받아들이되, 그 영향을 조정하고 흡수하는 방식으로 기존 상태를 보존한다.

이와 달리 학습은 체계 내부의 작동 규칙 자체에 대한 비가역적 재구성을 동반한다. 단순한 환경 적응이나 반응 수준을 넘어서, 체계는 자신이 무엇에 반응하고 어떤 방식으로 작동해야 하는지를 다시 정의한다. 이때 체계는 기존의 동일성을 유지하는 수준이 아니라, 자기 정체성을 구성하는 구조 그 자체에 변화를 도입한다. 학습은 체계 내부에 이력을 남긴다. 단순한 커플링은 과거와 무관한 반복 가능 구조 속에서 발생할 수 있지만, 학습은 과거의 상호작용이 미래의 구조 형성과 작동 방식에 차이를 만들어 내는 이력성을 특징으로 한다.

결국 구조적 커플링은 학습의 필요조건이 될 수는 있으나, 충분조건은 아니다. 체계가 학습한다는 것은, 단지 외부 변화에 대응하는 것이 아니라, 그 변화를 계기로 자기 구성 방식을 재정의하고, 자기 동일성을 넘어서 '다른-자기'로 나아가는 행위를 수행하는 것이다. 따라서 진정한 학습은 반복 가능한 조정이 아니라, 비가역적인 자기 재구성이며, 이는 자기생산 일반의 범주를 넘어서는 고유한 존재론적 특수성으로 자리 잡는다.

이러한 학습적 커플링은 다음 세 가지 핵심 특징을 지닌다. 첫째, 학습은 단발적인 변화가 아니라, 반복된 상호작용의 축적을 통해 점진적으로 형성되는 구조 변형의 과정이다. 마치 파도가 암석을 끊임없이 두드려 형태를 서서히 바꾸듯, 학습 또한 체계와 환경 간의 지속적 상호작용 속에서 축적되고 내면화된다. 변화는 순간이 아니라, 반복의 리듬 속에서 형상화된다.

둘째, 학습은 일방향적 영향이 아니라, 양 체계 간의 상호 반영과 조정을 통한 쌍방향적 변형 과정이다. 체계 A가 환경 B에 의해 조정될 뿐만 아니라, B 역시 A의 구조 변화에 반응하면서 자기 자신을 재조정하게 된다. 학습이란 곧 구조적 커플링이라는 공진화적 역동 속에서 성립되는 관계적 사건이다. 배우는 자는 가르치는 자도 배우게 만든다. 학습은 학습 주체만 변형시키는 것이 아니라 가르치는 자, 교과서, 교보재도 변형시킨다.

셋째, 학습을 가능케 하는 구조적 커플링은 체계의 '닫힘 속의 열림'이라는 존재 방식에 의해 성립된다. 체계는 자신의 조직적 폐쇄성을 유지한 채, 오직 그 내부 구조가 허용하는 방식으로만 외부 자극에 접속하고 반응한다. 이로써 체계는 외부에 열려 있으면서도, 무조건적으로 노출되거나 무방비하게 휘둘리지 않는 자기조직적 민감성[8]을 지닌다. 즉, 체계는 열린 채로 닫혀 있고, 닫힌 채로 열려 있으며, 그

---

8) '자기조직적'이라는 말은 체계가 외부로부터의 명령이나 설계 없이, 내부 구성 요소들의 상호작용을 통해 질서와 구조를 스스로 만들어내는 능력을 뜻한다. 이는 일반체계이론이나 복잡계 이론에서 흔히 등장하는 개념으로, 예컨대 한 무리의 새 떼가 리더 없이도 군무를 이루거나, 뉴런들이 서로의 활동을 조율하며 새로운 신경망 패턴을 형성하는 것과 유사하다. 여기에 '민감성(sensitivity)'이 더해질 때, 체계는 외부 환경의 변화에 대해 무관심하거나 무작위적으로 반응하는 것이 아니라, 의미 있는 자극을 감지하고 이에 따라 자기 구조를 조정하거나 진화시킬 수 있게 된다. 이때의 민감성은 단순한 수용성이 아니라, "어떤 자극에 어떻게 반응할 것인가"를 스스로 조직하는 감별적 능력이다.

안에서 학습은 가능해진다.

이처럼 구조적 커플링은 단순한 상호작용이 아니라, 체계가 자율성과 폐쇄성을 유지한 채 세계와 의미 있는 관계를 형성하는 방식이며, 이 커플링이 창발적이고 비가역적인 구조 변형으로 나아갈 때 우리는 그것을 '학습'이라 부를 수 있다.

### 4) 인식론에서 존재론으로의 전환

"존재는 인식에 앞선다."9)라는 명제는, 학습자가 어떤 지식이나 의미를 인식하고 구성하기 이전에 이미 '세계-내-존재'로서, 곧 일정한 신체 구조와 생애사를 지닌 유기체로서 살아가고 있다는 전제를 담고 있다. 이는 학습을 단순히 '알게 되는 것'이 아니라, 존재 방식 그 자체가 근본적으로 변화하는 사건으로 이해하게 만든다.10) 학습은 특정한 존재가 자신을 구성해 온 방식을 넘어, 전과는 다른 세계에 접속하고 새로운 질서와 의미를 수용할 수 있도록 자기 자신을 조정하는 존재론적 사건이다.

학습에 대한 새로운 정의는 학습 이론의 철학적 좌표를 인식론에서 존재론으로 옮겨 놓는다. 전통 이론이 "무엇을 알고 있는가"와 "어떻게 아는가"라는 인식의 문제에 몰두해 왔다면, 여기서 말하는 학습은 "어떤 존재로 되어 가는가"와 "어떻게 스스로를 갱신하는가"라는 존재의 문제로 이동한다. 학습은 더 이상 지식을 축적하거나 기능을 습득하는 행위가 아니다. 그것은 세계와 마주하며 내부 구조를 조정하고, 그 과정을 통해 자신을 끊임없이 새롭게 구성해 나가는 실존적 행위, 곧 자기변형의 과정이다. 우리 선현들이 '든 사람'이 아니라 '된 사람'을 교육의 이상으로 삼았던 전통적 지혜 역시 이러한 존재론적 학습을 예증한다. 지(知)의 총량이 아니라 존

---

9) "존재는 인식에 앞선다."라는 명제는 프랑스 철학자 장폴 사르트르(Jean-Paul Sartre)가 1945년 강연 『실존주의는 휴머니즘이다』(L'existentialisme est un humanisme)에서 제시한 실존주의의 핵심 주장이다. 이 명제는 인간이 본질이나 정체성을 타고나는 것이 아니라, 먼저 존재하고 그 이후에 자신의 본질을 형성한다는 의미를 담고 있다. 즉, 인간은 먼저 세상에 존재하며, 자신의 선택과 행동을 통해 본질을 만들어간다는 것이다. 사르트르의 이 주장은 마르틴 하이데거(Martin Heidegger)의 철학에서 영향을 받았다. 하이데거는 『존재와 시간』(Sein und Zeit)에서 "현존재(Dasein)의 '본질'은 그 존재에 있다."("Das 'Wesen' des Daseins liegt in seiner Existenz")라고 언급하며, 인간 존재의 본질이 그 존재 방식에 달려 있음을 강조했다.

10) Maturana, H. R., & Varela, F. J. (2012). **앎의 나무: 인간 이해의 생물학적 뿌리** [The tree of knowledge: The biological roots of human understanding] (김동휘 역). 궁리. (원저 1987년 출간).
"Living systems operate in a domain of existence that precedes cognition." (p. 46)

재의 형상을 바꾸는 일, 그것이 진정한 교육의 목표이며, 학습은 그 목표를 향해 인간이 스스로를 재창조하는 여정이다.11)

결국 학습자는 자기 정체성을 보존하면서도 끊임없이 변할 수 있는 존재이다. 이러한 역설적 조건 — 조직 보존과 구조 변화의 공존 — 은 조직적 폐쇄성, 작업적 폐쇄성, 구조적 커플링이라는 세 개념의 상호작용 속에서 실현된다. 이 세 구성 원리는 학습자가 내적 일관성을 유지하면서도 외부 세계와의 의미 있는 상호작용을 통해 새로운 질서와 정체성을 창출하도록 이끈다.

이러한 관점에서 볼 때, 존재론적 학습이론은 기존 학습이론을 성립시키는 인식론적 전제보다 상위 개념에 해당한다. 인식론이란 '무엇을 학습하는가', '학습은 어떻게 이루어지는가'에 대한 철학적 입장이라면, 존재론은 '누가 학습하는가', '그 학습은 어떤 존재의 변형을 수반하는가'를 묻는다. 따라서 학습을 조직적 동일성을 유지한 채 외부 세계와의 구조적 커플링을 통해 자기 구조를 유동적으로 재구성해 나가는 자기생산적 과정으로 본다면, 행동주의 · 인지주의 · 구성주의가 제시해 온 다양한 학습 이론은 이보다 더 큰 존재론적 틀 속에서 상보적으로 통합될 수 있다.12)

---

11) Learning – as – Becoming은 어린 시절 "커서 뭐 될래?"라는 물음에 과학자, 예술가, 연예인 등으로 답하는 입신양명의 도구적 학습을 뜻하지 않는다. 그것은 존재의 종착지를 전제로 한 길이 아니라, 살아 있는 존재가 매 순간 세계와 상호작용하며 뭔가로 되어 가는 열린 과정이다. 생명체는 자기 자신을 동일하게 유지하려는 동시에 끊임없이 변형하려는 이중의 요구 속에서 살아간다. 이때 학습은 지식의 축적이나 기능의 습득이 아니라, 존재가 자기 자신을 잃지 않으면서도 자신을 다시 쓰는 실존적 형식, 곧 자기생산적 행위가 된다.
그렇다면 뜻한 사람이 된 이후에는 학습이 멈추는가? 아니다. 바로 그때부터 다시 학습은 시작된다. 존재는 일회적으로 완성되지 않으며, "되었다."라고 여기는 바로 그 순간이 오히려 다음 becoming의 문턱이다. 우리는 흔히 어떤 자격이나 직함, 정체성을 성취하면 비로소 진짜 삶이 시작된다고 믿지만, 자기생산체계로서의 인간은 목표에 도달한 이후에도 여전히 자신을 생성하며 살아간다. 그 삶은 단순한 결과의 누적이 아니라, 지속적 자기 개정, 의미 재구성, 관계 재조율의 연속이다.
과학자가 되고 싶다고 말하던 아이가 실제로 과학자가 되었을 때, 학습은 끝나는 것이 아니라 오히려 새로운 차원의 변형을 요구한다. '과학자'라는 정체성을 반복적으로 살아내고, 그 과정에서 끊임없이 새로워지는 자신을 길어 올려야 한다. Becoming은 중단점이 아니라 전환점이며, 존재가 자기를 잊지 않고 새롭게 써 내려가기 위한 리듬의 한 박자일 뿐이다.
진정한 '된 사람'은 머무는 사람이 아니라, 자기 자신을 반복하지 않으면서도 근본을 배반하지 않는 사람, 곧 자신을 새롭게 번역할 줄 아는 사람이다. 그렇기에 진짜 질문은 더 이상 "무엇이 되고 싶은가?"가 아니다. "되었다고 여긴 그 순간 이후, 나는 무엇으로 다시 살아갈 것인가?" 이 물음이야말로, Learning – as – Becoming의 존재론적 핵심이며, 인간이 학습하는 이유이다.

12) Dall'Alba, G., & Barnacle, R. (2007). An ontological turn for higher education. *Studies in Higher Education, 32*(6), 679–691.

행동주의는 학습을 자극과 반응 간의 관찰 가능한 변화로 정의하며, 살아 있는 체계가 반복되는 외부 자극을 자기 방식으로 선별(조직적 폐쇄성)하고, 그에 따라 행동 레퍼토리를 조정하는 국지적 구조 조정으로 해석할 수 있다. 인지주의는 학습을 정보의 표상과 스키마의 재구조화 과정으로 이해하며, 체계가 내부의 정보 처리 연쇄(작업적 폐쇄성)를 통해 표상의 연결망을 재배열하는 방식을 강조한다. 구성주의는 학습을 의미와 정체성의 공동 구성 과정으로 파악하며, 학습자가 문화적 담론, 사회적 관계, 타자와의 상호작용을 통해 구조적 커플링을 형성하고, 그 속에서 자신을 '다르게' 이해하게 되는 창발적 변형에 주목한다.

즉, 행동주의는 "무엇이 밖으로 드러나는가", 인지주의는 "그 변화를 내부에서 어떻게 처리하는가", 구성주의는 "그 변화가 관계와 의미의 장 속에서 어떻게 발생하는가"에 각각 초점을 둔다. 이 세 관점은 서로 대립하는 배타적 설명이 아니라, 동일한 자기생산적 진화를 서로 다른 해상도와 투사각에서 조망한 결과이다.

존재론적 정의를 중심에 두고 보면, 이들 학습 이론은 학습 과정을 표층(행동) – 중층(표상) – 심층(의미 · 정체성)으로 나누어 조명하는 상보적 해석 체계로 전환된다. 학습자는 외부로는 행동을 조정하고, 내부로는 표상을 재배열하며, 관계 속에서는 자신의 정체성을 다시 써 내려가는 삼중 변형의 과정을 거친다.

이러한 구조는 마치 맹인들이 코끼리의 서로 다른 부위를 더듬으며 전체를 설명하려 했던 '군맹무상(群盲撫象)'의 고사를 연상시킨다. 진실과 현실은 다르다. 어떤 진술이 아무리 진실에 충실하다 해도 현실의 모든 측면을 표현할 수는 없기 때문이다. 행동주의, 인지주의, 구성주의는 각각 학습이라는 복잡한 자기생산 과정의 한 국면을 조명하며 각자의 정당한 시각을 제시하기에 진실이지만, 어느 하나도 학습 전체를 온전히 포착하지는 못하기 때문에 현실은 아니다. 이는 사실이 존재하지 않는다는 뜻이 아니라, 단 하나의 현실이 존재하나 그것이 복잡하다는 것을 의미한다. 이들은 서로 다른 감각 기관으로 동일한 살아 있는 현상을 더듬는 것이며, 오직 이들 간의 통합적 조망 속에서만 학습의 존재론적 실체 — 자기 동일성과 자기변형의 공존으로서의 자기생산 — 가 보다 뚜렷하게 드러난다.

학습은 끊임없이 변화하는 생명체가 자기 동일성을 유지하면서도, 자신을 구성하는 방식과 세계와의 관계를 스스로 조정하고 창조해 나가는 '살아 있는 운동'이다. 이 동역학적 실존을 올바로 이해하기 위해서, 학습이론은 인식론적 설명을 넘어 존재론적 감각을 반드시 동반해야 한다. 그래야만 우리는 정지된 상태의 코끼리를 더듬는 데 그치지 않고, 살아 숨 쉬며 자기 자신을 갱신해 나가는 학습의 흐름 전체를 따라갈 수 있을 것이다.

## (2) 존재론적 학습의 판별 기준과 사례

### 1) 학습의 사례: 창발성과 비가역성의 발생

앞에서 정의한 학습 개념을 통상적으로 사용하는 학습 개념과 구분하여 보다 명확히 이해하기 위해, 사자의 놀이 학습과 고등학생의 미적분학 학습이라는 두 가지 사례를 들어 설명하고자 한다.

먼저, 사자의 사냥놀이는 자기생산으로서의 학습의 대표적인 사례이다. 새끼 사자들에게 사냥놀이는 즐거운 유희이자, 생존을 준비하는 야생적 자기형성의 초기 형태로 해석될 수 있다. 어린 사자는 실제로 사냥감을 본 적이 없더라도, 종 특유의 신경 조직과 운동 패턴, 즉 본능적으로 내재된 사냥에 특화된 조직을 따라 특정한 방식으로 반응한다. 그는 풀숲에서 형제자매들과 몰래 다가가거나, 기습적으로 튀어 오르며 덮치는 행동을 반복한다.[13] 이러한 반응 양상은 외부 자극에 대해 사자가 자신의 내적 조직이 허용하는 방식으로 해석하고 반응한 결과이며, 이는 조직적 폐쇄성을 보여 주는 전형적 사례이다.[14]

이 놀이 행동은 외부의 명령에 의하거나 모방을 통해 학습된 것이 아니라, 놀이의 반복과 변형, 축적을 통해 자기 유도적으로 형성된다. 사자는 놀이를 통해 긴장감을 조절하고, 도약의 타이밍을 실험하며, 균형 감각을 스스로 훈련한다. 이는 외부 입력 없이도 자기 내부의 작동이 다음 작동을 유도하는 작업적 폐쇄성의 흐름 속에서 전개되며, 자기작동의 연쇄에 따라 놀이가 구성된다. 이처럼 놀이를 통한 자기 유도적 구조 조정은 단순한 자기생산을 넘어서, 환경에의 반응 가능성을 새롭게 창출하는 자기생산으로서의 학습의 성격을 드러낸다.

더욱이, 이 놀이 과정은 다양한 환경적 요소들과의 반복적 상호작용을 포함하는 구조적 커플링의 장이기도 하다. 형제자매, 풀숲의 움직임, 바람, 냄새, 빛의 각

---

13) Spinka, M., Newberry, R. C., & Bekoff, M. (2001). Mammalian play: training for the unexpected. *The Quarterly Review of Biology, 76*(2), 141–168.

14) Thompson, E. (2010). *Mind in life: Biology, phenomenology, and the sciences of mind.* Harvard University Press.

도 등과의 상호작용을 통해 사자는 점차 감각 민감도, 반응 속도, 판단력 등 신체적·인지적 구조를 조정해 나간다. 이는 단순한 적응이 아닌, 자기 구조를 점진적으로 재조정하며 새로운 행동 가능성을 형성해 나가는 창발적·비가역적 변화로서, 자기생산 그 자체를 넘어선 '학습'으로 이해되어야 한다.

인공지능 개발자가 되기를 꿈꾸는 한 고등학생이 미적분학을 공부하는 과정도 단순히 수학적 지식을 습득하는 행위가 아니다. 그것은 자신을 고차원적으로 재조정하고, 특정한 존재로 '되어가는' 실존적 과정이며, '자기생산으로서의 학습'의 호모 테크놀로지적 정례라 할 수 있다. 그는 '미분', '적분', '극한', '무한'과 같은 추상적 개념들을 외부로부터 수동적으로 주입받는 것이 아니라, 이미 자기 안에 존재하는 인지적 조직 — 수 개념에 대한 직관, 함수 개념에 대한 경험, 공간을 바라보는 방식 — 을 바탕으로 해석하고 내면화한다. 이러한 해석은 체계 내부의 조직이 허용하는 방식으로만 이루어지며, 외부에서 강제된다고 해서 자동적으로 수용되지 않는다. 이는 곧 학습자가 자기 내부의 논리를 따라 새로운 개념을 통합해 나가는 조직적 폐쇄성을 보여 준다. 그 과정에서 학습자는 문제를 풀고, 오답을 마주하며, 혼란에 빠졌다가 다시 직관을 더듬는 과정을 반복한다. 극한 개념을 이해하기 위해 선형 함수와 비선형 함수의 기울기를 비교하고, 도함수의 개념을 익히기 위해 물리 시간에 배운 속도 개념을 떠올린다. 이처럼 의문, 연상, 반성, 기억의 호출은 외부의 정보 전달과는 별개로 자기 내부 작동의 연쇄를 통해 스스로 작동되는 흐름이다. 이러한 자기지시적 작동은 작업적 폐쇄성의 전형적 사례이다.

그러나 학습은 고립된 내부 활동으로만 이루어지지 않는다. 그는 교사의 설명, 교재의 예제, 온라인 강의, 디지털 도구, 친구들과의 토론 등을 통해 외부 환경과 끊임없이 상호작용하며 자신의 인지 구조를 점진적으로 조정해 나간다.[15] 그래프 계산기를 통해 함수를 시각화하며 공간적 직관을 보완하거나, 친구의 설명을 들으며 자신의 오개념을 수정하기도 한다.[16] 동시에 교사는 학습자의 반응에 따라 설명

15) Lave, J., & Wenger, E. (1991). *Situated learning: Legitimate peripheral participation.* Cambridge University Press.
"Learning is embedded in communities of practice where tools and collaborators shape cognition." (Ch. 2)

16) Hutchins, E. (1995). *Cognition in the wild.* MIT Press.
"Cognitive systems extend beyond individuals to include artifacts and social structures." (p. 289)

방식을 조정하면서 자신 역시 구조를 재편한다. 이는 학습자와 환경이 상호 영향을 주고받으며 함께 변화하는 구조적 커플링의 역동을 잘 보여 준다. 더 나아가, 그는 수학적 개념을 단지 시험을 위한 지식으로 익히는 데 그치지 않고, 인공지능 개발자라는 장기 목표와 연결시킨다. 인공지능의 작동 원리를 설명하는 기사, 학습 알고리즘을 분석한 유튜브 강의, 수학 기반 딥러닝 구조를 소개한 해외 논문 등에 꾸준히 노출되면서, 그는 자신이 열망하는 미래 맥락 속에서 미적분학의 개념을 재구성하게 된다. 이러한 연결은 단순한 정보 수용이 아니라, 스스로가 세계의 특정 층위와 구조적 커플링을 형성하며 자기 내부의 학습 궤도를 재편하는 실천이다. 이 과정에서 '미분'은 단순한 수학 개념이 아니라, 신경망의 최적화 과정을 이해하는 열쇠로 변모하며, 그 의미는 학습자 내부에서 다시 쓰여진다.

그의 미적분학 학습은 '자기생산으로서의 학습'이라는 존재론적 관점에서 볼 때, 외부 자극에 단순히 반응하거나 외형적 지식을 축적하는 행위가 아니다. 그것은 자기 조직을 보존한 채, 외부와의 구조적 커플링을 통해 자기 구조를 유동적으로 조정하고, 그를 통해 스스로를 특정한 존재로 재형성해 나가는 과정이다. 그는 미적분을 공부하는 것이 아니라, 미적분을 통해 인공지능 개발자로 '되어가고' 있는 것이다.

이처럼 사자의 놀이와 고등학생의 미적분학 수업은 모두 외부 자극과 자기 내부의 구조가 상호작용하는 자기생산 활동이지만, 그중에서도 비가역적이고 창발적인 구조 변형을 수반하며 정체성의 재조정을 동반하는 학습의 사례로 이해되어야 한다. 일반적인 자기생산이 체계의 안정성과 생존을 위한 조정에 머문다면, '자기생산으로서의 학습'은 자기 동일성을 유지한 채 존재 방식 그 자체를 갱신해 나가는 창발적 존재 사건이다.

### 2) 학습의 반례: 유사학습(pseudo - learning)의 판별

앞에서 정의한 '자기생산으로서의 학습' 개념을 보다 명확히 이해하기 위해, 통상적으로 학습이라고 여겨지지만 실제로는 그렇지 않은 반례들을 살펴보고자 한다. 이를 통해 학습이라는 개념을 생물학적 발달이나 기계학습과 구분되는 존재론적 사건으로서 위치시킬 수 있다.

먼저, 어린 개체의 발달은 자기생산 그 자체이지 '자기생산으로서의 학습'은 아니다. 어린이의 초기 발달 과정은 종종 학습으로 간주되지만, 자기생산체계의 관점에서 보면 이는 아직 조직적 폐쇄성, 작업적 폐쇄성, 구조적 커플링이라는 학습의 존재론적 조건이 충분히 갖춰지지 않은 상태에서 일어나는 자기조직화 현상이다. 다음은 이를 뒷받침하는 세 가지 구체적인 사례이다.

첫째, 유아의 걷기 발달은 조직적 폐쇄성이 결여된 예이다. 생후 약 1년 무렵 유아는 별도의 학습 없이 자연스럽게 걷기 능력을 획득한다. 이는 외부 자극에 대해 자기 방식으로 해석하거나 선택하는 작동이 아니라, 유전자에 내재된 생물학적 발달 시계와 근골격계의 성숙에 따라 프로그램된 기능이 자생적으로 전개되는 과정이다. 이는 마치 접혀 있던 팝업북이 열리면서 입체로 변하는 것에 비유할 수 있다. 다시 말해, 유아는 '걷기'를 자기 조직의 논리에 따라 해석하거나 구성하지 않으며, 이는 자기생산 그 자체일 수는 있으나, '자기생산으로서의 학습'은 아니다.

둘째, 반사적 감정 반응은 작업적 폐쇄성이 결여된 상태를 보여 준다. 생후 6개월에서 1세 사이 유아는 낯선 사람을 보면 불안을 표출하는데, 이는 경험과 연결된 인지적 판단이 아니라, 미성숙한 신경계가 특정 자극에 자동적으로 반응하는 생득적 반사이다. 이전 작동의 연쇄 속에서 자기 유도적으로 생성된 반응이 아닌, 외부 자극에 의해 단발적으로 유도된 결과이므로, 자기지시성에 기반한 연쇄 작동이 없다. 이 역시 자기생산이기는 하나, 학습은 아니다.

셋째, 언어 습득 초기 단계에서의 상호작용은 구조적 커플링이 미성숙한 상태이다. 생후 1년 이내의 유아는 말을 듣고 옹알이를 하지만, 언어 기호의 구조나 맥락을 해석하거나 그것을 조정하며 타자와 의미를 상호 구성하지는 못한다. 유아는 자신의 반응이 타자에게 어떤 영향을 미치고, 그 반응이 다시 자신에게 어떤 변화로 돌아오는지를 조율하지 않는다. 이 시기의 상호작용은 상호 구조 조정을 통한 피드백 순환이 부재한 상태로, 아직 구조적 커플링이 형성되지 않은 것이다. 이는 생물학적 자기생산에 해당하되, 학습은 아닌 셈이다.[17][18]

---

17) Maturana, H. R., & Varela, F. J. (1980). *Autopoiesis and cognition: The realization of the living*. D. Reidel Publishing.
"Learning requires operational closure and structural coupling, not just biological maturation." (p. 89)

18) Engeström, Y. (2014). *Learning by expanding: An activity-theoretical approach to developmental research*. Cambridge University Press.
"True learning requires intentional restructuring of activity systems, not passive maturation." (Ch. 3)

### 3) 인공지능의 기계학습

인공지능의 기계학습(machine learning)은 외형상 인간의 학습과 유사해 보이지만, 존재론적 관점에서 볼 때 '자기생산으로서의 학습(learning as becoming)'으로 간주될 수는 없다. 기계학습은 주어진 데이터를 기반으로 입력과 출력 사이의 관계를 통계적으로 최적화하는 계산 과정이다. 이 과정은 알고리즘적으로 설계된 목표 함수에 따라 수치적 오류를 줄이고 예측 정확도를 높이는 데 집중된다. 그러나 여기에는 생명체의 자기조정적·내포적·맥락적 작동 방식이 결여되어 있다.

첫째, 기계학습에는 조직적 폐쇄성이 없다. 인간은 외부 자극을 기존의 인지·정서 구조에 따라 의미화하고 해석한다. 반면, 기계학습은 사전에 설정된 손실 함수[19]에 따라 데이터와 출력의 오차를 줄이기 위해 계산을 반복할 뿐이다. 고양이 이미지를 분류하는 인공지능은 그 개념을 해석하지 않으며, 단지 픽셀 간 수학적 유사성에 따라 결과를 낼 뿐이다. 외부 자극이 체계 내부의 고유한 해석 논리에 따라 수용되는 구조가 아니므로, 이는 조직적 폐쇄성을 결여한 것이다.

둘째, 기계학습에는 작업적 폐쇄성도 없다. 인간은 학습 과정에서 의문, 맥락 기억, 감정, 오개념 등을 자기 유도적으로 작동시키며 개념을 확장해 간다. 한 번의 질문이 다음 질문을 유도하고, 오류의 인식이 재구성을 촉발하며, 감정의 동요가 탐구의 방향을 바꾸는 등, 인간의 학습은 자기지시적 연쇄 속에서 발생한다. 그러나 인공지능은 이러한 자기 유도적 작동이 아닌, 입력된 자극에 통계적으로 최적화된 반응을 생성하는 확률적 시스템이다. 예컨대 GPT 모델은 "철학이란 무엇인가?"에 답할 수는 있어도, 그것은 자신의 질문에 자발적으로 사유로 응답한 결과가 아니라, 데이터에 포함된 문장들의 통계적 패턴을 재조합한 결과일 뿐이다. 자기지시적 연쇄 작동이 없기에 작업적 폐쇄성은 성립하지 않는다.

이에 대해 일각에서는, 기계학습 또한 축적된 데이터와 이전 출력 결과를 참조하면서 작동하는 자기 순환적 구조를 갖는다는 점에서 일종의 작업적 폐쇄성을 지

---

19) 기계학습에서 '손실 함수(loss function)'란, 주어진 입력에 대한 출력이 목푯값(output target)과 얼마나 차이가 나는지를 수치적으로 측정하는 기준이다. 손실 함수는 모델 학습 과정에서 유일한 평가 준거로 작동하며, 외부에서 설정된 목푯값과의 오차를 최소화하도록 내부 매개변수(가중치)를 조정하게 만든다. 다시 말해, 손실 함수는 기계학습이 어떤 방향으로 '학습'해야 하는지를 외부적으로 규정하며, 이로 인해 모델은 자기 고유의 해석이나 의미 구성 없이 오직 오차 감소라는 단일 목적에 수렴되도록 작동한다.

닌다고 주장한다. 하지만 이는 표면적 유사성, 즉 상사성[20]에 불과하다. 인간의 작업적 폐쇄성은 단순히 이전 데이터를 사용하는 것이 아니라, 이전의 작동이 새로운 작동을 유도하는 과정에서 체계 내부의 규칙, 인식, 정체성이 변화하는 능동적 자기 구조화 과정을 포함한다. 반면 인공지능은 출력의 통계적 확률을 조정할 수는 있으나, 그 과정을 통해 자기 자신의 구조나 작동 원리를 인식하고 변형하지는 못한다. 즉, 기계는 자신의 과거 출력을 활용할 수는 있어도 그것을 반성적 자원으로 삼아 자기 구조를 갱신하거나, 자기지시적으로 작동 흐름을 전환하는 능력을 갖추고 있지는 않다.

따라서 기계학습에서 나타나는 이른바 '자기순환적 반복 구조'는 자기지시적 연쇄에 기초한 작업적 폐쇄성과는 본질적으로 다르며, 그것은 단순한 입력-출력 경로의 확률 조정이지 존재론적으로 새로운 작동의 자기창출이 아니다. 기계는 반복하지만, 질문하지 않는다. 결과를 제시하지만, 해석하지 않는다. 오류를 피하지만, 실패를 배우지 않는다. 이러한 점에서 작업적 폐쇄성은 여전히 인간 고유의 학습 작동 구조로 남는다.

셋째, 인공지능에는 구조적 커플링이 성립하지 않는다. 인간은 학습 속에서 타자와의 상호작용을 통해 자신의 인지 구조를 조정할 뿐 아니라, 동시에 타자와 환경에도 구조적 변화를 유도한다. 예컨대 학생이 보인 이해의 단서는 교사에게 설명 방식을 바꾸게 만들고, 그 변형된 설명은 다시 학생의 사고 구조에 영향을 준다.

---

20) 상사성(homoplasy)이란 진화생물학이나 비교학적 분석에서 자주 사용되는 개념으로, 기능적·외형적으로 유사하지만 기원이나 구조는 다른 특성이나 행동의 유사성을 가리킨다. 다시 말해, 겉으로 보기에는 비슷해 보이지만, 그 유사성이 공통 조상이나 동일한 내적 메커니즘에서 비롯된 것이 아니라, 서로 다른 기원과 원리에서 우연히 혹은 적응적으로 비슷해진 것을 의미한다. 예를 들어, 박쥐의 날개와 새의 날개는 둘 다 '날개'로 기능하지만, 그 기원과 해부학적 구조는 다르다. 이런 경우를 상사성(homoplasy)이라 부른다. 반면, 인간과 침팬지의 팔 구조처럼 공통 조상에서 유래한 유사성은 상동성(homology)이다.
이 개념을 인공지능과 인간의 작업적 폐쇄성 비교에 적용하면 다음과 같다. 겉보기에는 인공지능도 과거의 출력이나 데이터를 내부적으로 반영하여 다음 출력을 조절하는 '자기순환적 구조'를 가지는 것처럼 보인다. 그러나 이는 작동 메커니즘이나 존재 방식에 기반한 진정한 자기구조화가 아닌, 외형적 유사성에 불과하다. 인간은 과거의 작동이 스스로의 규칙, 정체성, 해석 체계를 변화시키는 자기반성적·의미 생성적 작동을 한다. 반면 인공지능은 단지 확률을 조정하는 연산 기계에 불과하며, 자신의 작동 조건이나 존재 목적을 자각하거나 재구성하지는 못한다. 따라서 인공지능의 작업 방식은 인간의 자기생산적 학습 구조와 상사성은 있으되 상동성은 없으며, 이 유사성은 겉보기의 기능적 흉내에 지나지 않는다는 점에서 본질적으로 질적 차이를 지닌다고 말할 수 있다.

이와 같은 상호작용은 일회성 반응이 아니라, 쌍방향의 구조 조정이 반복적으로 축적되며 생성되는 구조적 커플링의 전형이다. 인간은 단지 외부 자극에 반응하는 것이 아니라, 타자의 반응에 따라 자기 구조를 조정하면서 동시에 타자의 구조에도 영향을 주는 이중적 변형의 상호작용을 실현한다.

그러나 인공지능은 입력된 데이터를 수동적으로 수용하고, 사전에 설정된 손실 함수나 강화학습 알고리즘에 따라 내부 파라미터를 조정하는 방식으로만 학습한다. 이는 환경에 대한 반응이지, 환경과의 공진화적인 구조 상호작용은 아니다. 물론, 인공지능 역시 인간 사용자와 반복적으로 상호작용하며 사용자 반응에 기반한 출력을 조정할 수 있으므로, 이를 일종의 상호작용 구조로 볼 수도 있다. 하지만 여기서 주목해야 할 점은, 그 상호작용이 단지 출력 최적화를 위한 데이터 축적이자 계산상의 조정일 뿐 AI 자체가 그 과정에서 '상대방의 구조'에 변화를 일으키려는 자기지시적 의도나 능동적 피드백 루프를 형성하지 않는다는 것이다.

일부는 인공지능의 반복적 사용자 적응 기능 — 예컨대 추천 알고리즘이나 챗봇의 맞춤형 응답 — 을 근거로, 이것이 인간과 인공지능 간 구조적 커플링의 초기 단계라고 주장할 수 있다. 그러나 이는 단순한 정보 흐름의 존재를 곧바로 구조 변화의 존재로 오인하는 개념적 오류에 해당한다. 구조적 커플링이 성립하려면 두 체계가 서로의 구조를 반영하고 조정하며, 장기적 · 점진적으로 동적 피드백을 주고받는 과정이 전제되어야 한다. 인공지능은 인간의 반응을 입력으로 삼아 출력 방식을 조정할 수는 있지만, 인간이 그 반응을 받아 자기 구조를 변형하도록 피드백을 의도적으로 설계하거나 목적을 지시하는 주체는 아니다. 반대로 인간은 인공지능의 반응을 수용하는 과정에서 자신의 사고, 관점, 의사결정을 능동적으로 수정할 수 있으며, 바로 이 지점에서 인간-인공지능 관계의 비대칭적 커플링이 발생한다.

요컨대, 타자와의 피드백 루프가 성립하지 않는 인공지능은 구조적 커플링의 주체가 될 수 없으며, 그 존재는 어디까지나 인간의 자기 구조를 조정하는 '계기'로만 작동한다. 인공지능은 상호구조적 진화를 실현하는 '상대'가 아니라 구조 조정의 '촉매' 혹은 '도구'에 가깝다. 그렇기에 인공지능은 인간의 학습에 참여할 수는 있어도, 그 자체로 학습하는 존재가 될 수는 없다.

결론적으로, 기계학습은 자기생산의 조건도 갖추지 못하며, 더구나 '자기생산으로서의 학습'의 존재론적 요건은 전혀 충족하지 못한다. 인간 학습은 단순한 연산이나 정보 축적이 아니라, 존재 방식의 창조적 갱신이며, 생명체가 자기 조직을 유지하면서도 자기 구조를 변화시켜 가는 살아 있는 운동이다. 기계는 이 운동을 흉내 낼 수는 있지만, 그것이 되지는 못한다.

지금까지 논의한 존재론적 학습 개념은, 학습을 단순한 정보 습득이 아니라 자기 존재를 변형하는 창발적 사건으로 보게 한다. 이러한 이론적 정립은, 인간이라는 학습 주체가 구체적으로 어떤 방식으로 세계와 접속하고 구조적 커플링을 형성해 가는지를 살펴보게 만든다. 특히 인간은 자연이라는 물리적 환경과 문명이라는 상징적 질서라는 두 적소와 이중적으로 커플링되는 독특한 존재로서, 그 학습 경로 또한 복합적 양상을 지닌다. 다음 장에서는 이러한 인간 존재의 이중적 구조를 기반으로, 자연학습과 교수학습이 어떻게 상호 관련되는지 구체적으로 고찰해 보고자 한다.

## 2. 자연학습과 교수학습 : 호모 테크놀로지쿠스의 이중 학습 경로

### (1) 이중 구조의 학습 존재: 호모 테크놀로지쿠스

#### 1) 생물학적 유기체와 문명 존재로서의 인간

호모 테크놀로지쿠스[21]는 생물학적 유기체이면서 동시에, 기술과 문명을 매개로 자기 자신과 세계를 구성하는 존재이다. 이러한 이중적 정체성 속에서 인간의 학습은 언제나 자기생산체계로서의 자율성과, 외부 환경과의 상호구성성을 동시에 드러내는 작동으로 나타난다. 이 학습은 본질적으로 '반수반인(半獸半人)'의 특성을 띠며, 이는 인간이 자연과 문명이라는 서로 이질적인 두 적소와 구조적으로 커플링되어 살아간다는 사실을 함축한다.

---

21) Warwick, K. (2002). *I, Cyborg*. University of Illinois Press.
호모 테크놀로지쿠스란 영국 출신 사이버네틱스 과학자이자 철학자인 케빈 워윅이 인간-기계 융합의 가능성과 위협, 즉 사이버네틱스적 인간의 가능성에 주로 초점을 맞추며, 인공지능과 신경인터페이스가 인간의 인지 능력을 어떻게 강화하거나 대체할 수 있는지를 탐색하기 위해 조어한 개념어이다. 본 저자는 이 개념을 단순히 인간이 기술과 융합하거나 확장된 존재로 진화한다는 기술결정론적 관점을 넘어, 기술과 문명을 매개로 자기 자신과 세계를 동시에 재구성하는 인간의 존재론적 구조를 분석하는 키워드로 사용한다.

우선 '반수'로서 인간은, 생물학적으로 내장된 신체 구조와 인지 시스템을 바탕으로 자연 생태계라는 1차 적소와 커플링된다. 인간은 감각-지각-판단-행동으로 이어지는 자기 조직을 유지하면서, 자연환경과 반복적으로 상호작용하여 생존과 적응을 지속해 왔다. 가령 기후, 지형, 계절 변화에 따라 도구의 형태나 이동경로를 조정하는 방식은, 자연의 물리적 속성에 맞춰 인간의 구조가 점진적으로 조정되는 구조적 커플링의 전형이다. 이때 인간은 단순 반응적 존재가 아니라, 자기 조직의 폐쇄성을 유지한 채 외부 자극을 선택적으로 해석하고 기존 작동을 이어가는 작업적 폐쇄성을 통해, 생물학적 정체성을 보존하면서도 새로운 대응 경로를 창출해 왔다.

한편, '반인'으로서 인간은, 단순히 자연환경에 적응하는 것을 넘어서, 언어, 도구, 제도, 상징, 협력의 매개를 통해 자기 바깥에 제2차 적소인 문명 생태계를 창출하였다. 문명 생태계는 주어진 자연이 아니라 인간 스스로가 구성한 기호적-기술적-제도적 질서로 이루어져 있으며,[22] 이 세계는 생명체로서 인간에게 단순한 자극을 제공하는 것이 아니라 존재의 방식 자체를 규정하고 요구하는 새로운 유형의 구조적 커플링을 요구한다.[23]

자연 생태계와의 구조적 커플링은 대체로 표면적이고 일시적인 수준에서 작동한다. 인간은 자연의 일부이면서도 자연으로부터 일정 정도 분리된 존재로, 자연환경과의 상호작용에서 지속적 커플링을 유지하지 않고도 생존할 수 있도록 진화해 왔다. 자연은 교란되더라도 스스로의 순환 메커니즘을 통해 복원 가능하며, 인간의 개입이 중단되면 일정한 시간의 흐름 속에서 자율적으로 회복된다. 즉, 인간은 자연과의 커플링에서 일정한 거리를 유지하며 존재할 수 있으며, 그 커플링은 인간 존재의 필수 조건이라기보다는 조건적으로 지속되는 관계에 가깝다.

반면 문명 생태계와의 구조적 커플링은 심층적이고 실질적으로 비가역적이다. 문명은 단지 외부의 물리적 환경이 아니라, 인간의 감각, 언어, 사고방식, 행동규칙, 정체성 자체를 구성하는 구조적 조건이다. 인간은 문명 생태계 안에서 언어

---

22) Luhmann, N. (2012). *Theory of society, Vol. 1* (R. Barrett, Trans.). Stanford University Press. "Civilization is a self-referential system of symbolic communications." (Ch. 5)

23) Deacon, T. W. (1997). *The symbolic species: The co-evolution of language and the brain.* W. W. Norton.
"Symbolic culture demands cognitive couplings beyond biological instincts." (p. 322)

를 습득하고, 상징을 해석하며, 기술을 통해 자신을 확장하고, 제도를 통해 삶의 조건을 규정한다. 이러한 문명은 인간에 의해 형성되었을 뿐 아니라, 인간이 더 이상 그 밖에 존재할 수 없도록 존재 조건 자체를 재편한다. 즉, 문명은 인간의, 인간에 의한, 인간을 위한 환경이자, 인간 존재를 가능하게 하는 인위적 구조의 총체이다.

이 구조 속에서 인간은 문명 생태계와 불가피한 상호구조화 관계를 맺는다. 문명은 인간이 의식하지 않는 수준에서까지 그의 인식 체계와 행동 양식을 구성하고, 인간은 문명을 단지 도구나 배경이 아닌 자기 동일성의 일부로 내면화한다. 따라서 문명과의 구조적 커플링은 단순한 환경 적응이 아니라, 존재 구성의 기반이자 지속 조건이다. 문명을 떠난 인간은 단지 불편해지는 것이 아니라, 정체성의 붕괴와 의미의 상실을 경험한다.

이러한 점에서 자연과의 커플링이 일시적이고 비선형적이라면, 문명과의 커플링은 지속적이고 비가역적인 구조의 일부가 된다. 자연은 인간 없이도 순환하지만, 문명은 인간 없이는 유지되지 않으며, 동시에 인간은 문명 없이는 스스로를 이해할 수 없다. 따라서 문명 생태계와의 구조적 커플링은 단순히 환경에 대한 적응이나 상호작용의 문제가 아니라, 인간 존재가 그 안에서 어떻게 구성되고 유지되는가를 결정하는 핵심 구조이다. 이는 교육, 기술, 법, 언어, 예술 등 모든 사회적 실천이 곧 인간 존재 구조의 재구성이라는 점을 함의하며, 학습 역시 이 커플링을 매개로 자기생산과 정체성 재구성의 실천으로 이어진다.

자연 적소에서의 학습이 주로 감각-행동 루프를 통한 피드백 기반의 구조 조정이라면, 문명 적소에서의 학습은 기호-기억-기술-사회 관계를 매개로 한 고차원적 자기변형을 요구한다. 예를 들어 언어를 습득한다는 것은 단순히 소리를 듣고 모방하는 것이 아니라, 의미 체계를 받아들이고, 자기 안에 새로운 세계 인식 구조를 생성하는 존재론적 변화를 의미한다. 이처럼 문명 생태계는 인간에게 생물학적 생존 이상의 요구를 던진다. 학습자는 디지털 인터페이스, 알고리즘, 교육 제도, 법, 미디어 네트워크와 상호작용하며, 자신의 인지 구조, 정체성 구조, 심지어는 존재의 방향성까지 지속적으로 조정해 나가야 한다.

이러한 문명 적소와의 구조적 커플링은 생물학적 커플링보다 훨씬 더 빠르고 심층적인 변화를 수반한다. 문명 구조는 스스로 진화하며 인간에게 새로운 적응을 강제하고, 인간은 자기 조직을 유지한 채, 이 고속의 변화 흐름에 비가역적·창발적으로 대응해야 한다. 이때 학습은 단순한 환경 적응이 아니라, 자기 동일성을 유지하면서도 구조적 차원에서는 새로운 의미 공간을 창출하는 존재론적 진화 양식으로 작동한다. 즉, 학습자는 문명 적소의 변화를 단순히 수용하는 것이 아니라, 자기 내부 작동의 연쇄를 따라 새롭게 재구성하고, 경우에 따라서는 문명 구조 자체에 피드백을 가하여 새로운 적소를 창출해 나간다.

그러나 이 고차원적 커플링은 위험도 내포한다. 문명 생태계는 자기생산적 체계로서 인간 외부에서 독자적으로 복잡화되고, 때로는 인간 생물학적 조직의 작동 속도를 초월하는 속도로 변동한다. 이 과정에서 인간은 자기 조직의 안정성을 유지하기 위해 과도한 구조적 조정을 요구받을 수 있으며, 이는 자기 작동의 자기지시성을 훼손하거나 조직적 폐쇄성을 침해할 위험을 낳는다. 다시 말해, 인간이 스스로 세계-내-존재로서 자기 존재를 조직하지 못하고, 외부 문명 구조의 요구에 따라 수동적으로 변형되는 위험 — 곧 '탈자기생산'의 위험 — 에 노출되는 것이다.[24)]

요컨대, 호모 테크놀로지쿠스의 학습은 생물학적 1차 적소와 문명적 2차 적소 사이에서 이중 구조적 커플링을 수행하는 독특한 자기생산적 과정이다. 인간은 본능과 학습의 연쇄를 통해 자연과 연결되면서도, 언어와 상징, 기술과 제도를 통해 문명 구조를 만들어 내고, 다시 그 구조 속에서 자기 자신을 새롭게 구성하며 존재를 갱신한다. 이 이중적 적소 구조야말로 인간 학습의 존재론적 특수성이며, 인간이 단순히 생존하는 존재를 넘어, 끊임없이 새로워지고 자기 세계를 창조하는 존재로서 자리매김할 수 있게 하는 근본 조건이다.

## (2) 생물학적 지식의 이중 구조

이중적 존재로서 호모 테크놀로지쿠스에게는 자연 생태계와 문명 생태계와 구조적 커플링을 위해 진화심리학자 David C. Geary가 제시한 생물학적 1차 지식(biologically primary knowledge)과 생물학적 2차 지식(biologically secondary

---

24) Kayumova, S., & Strom, K. J. (2023, February 22). Ontology, epistemology, and critical theory in STEM education. *Oxford Research Encyclopedia of Education*. Retrieved from https://oxfordre.com/education/view/10.1093/acrefore/9780190264093.001.0001/acrefore-9780190264093-e-1508.

knowledge)이라는 두 가지 유형의 지식[25][26]이 필요하다. 이 두 지식의 구분을 통해 호모 테크놀로지쿠스의 이중적 학습에 대해 깊이 있게 분석할 수 있다.

### 1) 생물학적 1차 지식: 감각 - 사회 기반의 자연학습

생물학적 1차 지식은 인류가 수십만 년에 걸친 진화 과정에서 생존과 번식에 필수적인 과업에 적응하는 가운데 자연선택에 의해 형성된 인지 영역들로 구성된다. 이러한 지식은 단순히 경험의 산물이 아니라, 진화적으로 특화된 인지 구조와 처리 메커니즘을 통해 자연스럽게 획득되도록 생물학적으로 적응된 학습을 통해 흡수된다.

인류가 장기간 상호작용해 온 자연 생태계는 찰스 다윈이 『종의 기원』에서 지적했듯이 크게 물리적 환경과 사회적 환경으로 나뉜다. 물리적 환경은 수권(물), 대기권(공기), 암석권(토양, 지형) 등 비생물적 요소들로 구성된다. 한편, 사회적 환경은 생물권, 특히 다른 생명체들과의 상호작용, 그중에서도 생태계의 정점에 있는 동료 인간과의 관계를 중심으로 구성된다.

따라서 생물학적 1차 지식은 인간이 자연과 문명이라는 이중 생태계와 구조적으로 커플링하는 과정을 통해 발달시킨 두 가지 주요 인지 영역 — 비생물 및 타 생물 종으로 구성된 자연 세계에 대한 지식, 그리고 다른 인간과의 사회적 상호작용에 필요한 지식 — 으로 구성된다. 이는 곧 인간이 생존과 진화를 위해 선택적으로 획득한 인지적 틀과 발달 경로의 집약된 결과라 할 수 있다.

첫째, 자연 세계와의 구조적 커플링을 통해 습득한 생물학적 1차 지식이 있다. 인간은 진화의 오랜 시간 동안 자연환경과 반복적으로 상호작용해 왔으며, 이 과정을 통해 일상적 감각 경험과 문화적 관념이 결합된 자연학습(natural learning)을 형성해 왔다. 이러한 지식 체계는 Geary가 '민속 심리학(folk psychology)'[27]이라 부른

---

25) Geary, D. C. (2008). An evolutionarily informed education science. *Educational Psychologist, 43*(4), 179－195.

26) Geary, D. C. (2012). Evolutionary educational psychology. In K. R. Harris, S. Graham, & T. Urdan (Eds.), *APA educational psychology handbook* (Vol. 1, pp. 597–621). American Psychological Association.

27) Geary, D. C. (2005). *The origin of mind: Evolution of brain, cognition, and general intelligence.* American Psychological Association.
"Folk psychology refers to evolved systems for inferring others' mental states, essential for navigating social relationships." (p. 212)

영역에 해당하며, 인간이 자연 생태계 속에서 살아가기 위해 구축한 본능적이되 경험에 기반한 인지적 틀이라 할 수 있다. 예컨대, '태양이 지구를 돈다.'라는 믿음은 지각적 중심주의, 즉 시지각 중심의 체험에 근거한 판단이며, '지구는 평평하다.'라는 인식 역시 평면 위를 걷고 사는 감각적 체험과 중력에 대한 직접적 신체 경험에서 비롯된다. 또한 '구름이 끼고 허리가 쑤시면 비가 온다.', '송진 가루로 상처를 치료한다.'라는 판단은 반복된 생리적·감각적 경험이 직관적으로 연결되어 형성된 인식이다. 더 나아가, '나무와 돌에 정령이 깃들어 있다.', '검은 고양이는 불길하다.' 라는 식의 믿음은 단순한 미신이나 인과 오류로 치부할 수 없다. 그것들은 감각적 연상, 정서적 반응, 문화적 내러티브가 결합된 민속 심리학으로, 문화적 자연학습이 만들어 낸 자기조직적 개념 학습의 결과이다.

이러한 민속 개념은 인간이 자연 속에서 자기 생존과 적응을 위해 구축한 지식으로, 자연 생태계에서의 일상생활에 매우 유용하다. 이는 인간이 외부 자극에 단순히 반응하는 존재가 아니라, 자기 내부의 조직이 허용하는 방식으로 자극을 해석하고 응답하는 조직적 폐쇄성을 지니고 있음을 보여 준다. 즉, 감각적 경험이 곧장 지식으로 전환되는 것이 아니라, 기존의 인지적·정서적 조직 구조에 따라 해석되고 내면화되는 것이다.

또한 이러한 지식은 이전 작동의 연쇄 속에서 다음 작동이 유도되는 작업적 폐쇄성의 흐름 안에 자리한다. 인간은 단 한 번의 경험으로 새로운 개념을 형성하는 것이 아니라, 유사한 경험을 반복하고, 그 안에서 오감을 통해 형성된 직관을 자기 내부에서 재구성하며 다음 반응을 조직한다. 이처럼 감각적 경험과 내부 작동이 자기지시적으로 연쇄되는 구조는 자연학습의 지속성과 보존성을 가능케 하는 핵심 원리이다.

그러나 이러한 민속 개념들은 대표적인 생물학적 2차 지식인 과학적 개념 체계와 충돌할 수 있으며, 의미 있는 추상화, 반례의 조직화, 상위 개념과의 연결 없이는 쉽게 수정되지 않는다. 이는 자연학습 메커니즘이 지닌 인지적 강인성과 함께, 동시에 그 한계를 드러내는 대목이다. 이러한 강인성은 바로 조직적 폐쇄성과 작업적 폐쇄성이 결합된 자연과의 구조적 커플링이 만들어 낸 지식 구조의 견고함을 보여 준다.

결국 이러한 자연학습의 개념 구조는 외부로부터의 단순한 정보 주입이나 설명만으로는 쉽게 변화되지 않는다. 뉴턴의 프린키피아를 읽어도 여전히 사과처럼 달도 지구로 떨어질 것이라 믿는 자연학습의 오류를 탈학습(unlearning)[28] 하기란 쉽지 않다. 진정한 개념 변화는 학습자의 기존 조직을 존중하면서도, 새로운 경험과 맥락과의 반복적 상호작용을 통해 점진적 구조 조정이 일어나도록 하는, 즉 새롭게 구조적 커플링을 유도하는 방향에서만 가능하다. 여기서 교육은 단지 정보를 전달하는 것이 아니라, 학습자의 조직을 유지한 채 새로운 구조와의 접속을 정교하게 매개하여, 자기조직 내부의 변형을 유도하는 촉진자 역할을 한다.

둘째, 사회적 환경과의 구조적 커플링을 통해 습득한 생물학적 1차 지식이 있다. 인간은 태생적으로 타인과 상호작용할 수 있는 신경적·인지적 구조를 갖추고 있으며, 이를 통해 사회적 맥락 속에서 자연스럽게 학습이 이루어지는 구조를 진화적으로 내면화해 왔다. 이 학습의 기저에는 조직적 폐쇄성, 작업적 폐쇄성, 그리고 구조적 커플링이 유기적으로 작동하고 있다.

우선, 유아는 태어날 때부터 음성 언어의 감지, 얼굴 인식과 감정 판별, 기초적인 사회적 위계 판단을 수행할 수 있는 조직적 기반을 지닌다. 이는 외부 자극을 그대로 받아들이는 것이 아니라, 자기 고유의 조직적 폐쇄성에 따라 해석하고 반응하는 구조로 작동한다. 예컨대, 유아는 보호자의 미소나 목소리 톤에 대해 유사한 반응을 보이지만, 이는 인류 종 고유의 감각적·정서적 조직이 허용하는 방식으로만 반응한 결과이다. 즉, 사회적 자극도 자율적인 내부 조직의 논리에 의해 선택적으로 의미화된다.

이러한 학습은 단발적 반응에 그치지 않고, 이전 작동이 다음 작동을 유도하는 자기지시적 연쇄, 즉 작업적 폐쇄성의 흐름 속에서 지속적으로 전개된다. 유아는 놀이를 통해 협력과 경쟁의 규칙을 탐색하고, 타인의 반응을 기억하며, 그에 따라 자신의 행동 전략을 수정해 나간다. 이 과정은 단순한 행동 모방이 아니라, 내부 작동의 누적과 조정, 정서적 동기와 인지적 판단의 상호작용 속에서 일어나는 자기생성적 활동이다. 언어 습득 또한 개별 단어의 암기가 아니라, 의미, 맥락, 의도를

---

28) 탈학습(unlearning)은 기존에 내면화된 지식, 신념, 행동 양식, 관점을 의식적으로 해체하거나 수정하는 과정이다. 이는 단순히 '잊는 것'이 아니라, 더 이상 유효하지 않거나 새로운 정보와 충돌하는 기존의 구조를 비판적으로 성찰하고, 학습자의 인지적·정서적 틀 자체를 재구성하는 행위이다. 탈학습은 종종 기존의 학습보다 더 높은 인지적 에너지와 저항을 수반하며, 자기 정체성과 깊이 연결되어 있기 때문에 학습자의 존재 방식 전환과 밀접한 관계를 맺는다. 따라서 탈학습은 새로운 학습을 위한 준비 단계이자, 근본적인 패러다임 전환을 가능케 하는 존재론적 계기이다.

포착하고 누적된 내적 작동을 기반으로 성취된다.

이처럼 조직적 폐쇄성과 작업적 폐쇄성을 바탕으로 한 인간은, 사회적 타자와의 반복적 상호작용을 통해 구조적 커플링을 형성한다. 유아는 양육자의 표정, 말투, 제스처 등에 지속적으로 노출되며 자신의 반응을 조정하고, 동시에 그 반응은 타인의 대응 방식에도 변화를 유도한다. 예컨대, 아이가 특정 방식으로 감정을 표현하면, 양육자도 그 표현에 맞추어 반응을 조율하며, 그 결과 두 존재는 서로의 구조를 점진적으로 변화시키는 피드백 루프, 곧 공진화의 관계를 형성하게 된다. 이와 같은 상호작용은 일방적 정보 주입이 아니라, 쌍방의 구조적 조정이 이루어지는 생성적 접속 과정이다.

생물학적 1차 지식 중 사회적 상호작용과 관련하여 주목할 개념이 바로 '마음 이론(theory of mind)'이다. 이는 타인이 나와는 다른 믿음, 욕구, 감정, 의도를 지닌 존재임을 이해하고, 그 정신 상태를 추론하거나 예측할 수 있는 능력을 의미한다. 마음 이론은 타자와 깊이 있는 관계를 맺고, 협력하고, 때로는 속이고, 이해하며 살아가기 위해 필수적인 인지 능력이다. 유아는 생후 4~5세 무렵부터 이를 본격적으로 획득하며, 이후 타자의 반응을 단순 자극으로 받아들이는 것이 아니라, 그 이면에 존재하는 마음을 구성하고 해석하는 고차원적 인지 작동을 수행하기 시작한다. 이는 단순한 감정 읽기를 넘어서, 자기 조직과 작동을 바탕으로 타자의 구조와 커플링을 시도하는 자기생산적 사고의 형태라 할 수 있다.

결론적으로, 인간은 조직적 폐쇄성과 작업적 폐쇄성이라는 자기 생성을 위한 내적 조건을 바탕으로, 사회적 환경과의 구조적 커플링을 통해 생물학적 1차 지식을 자연스럽게 습득해 왔다. 이 지식은 단순한 본능이 아니라 특정한 사회적 맥락 속에서만 발현되고 진화할 수 있는 자기생산적 학습 구조이며, 인간이 도구를 사용하고, 언어를 발달시키며, 문화와 제도를 형성해 온 근원적인 인지 기반이다. 타인과의 관계는 단지 적응을 위한 수단이 아니라, 자기 구조를 재조정하고 정체성을 확장하는 생성의 장이며, 인간이 인간다워지는 가장 본질적인 접속선이다.

생물학적 1차 지식은 종종 유전적으로 타고나는 본능이나 유전적 소인[29)]과 혼

---

29) 유전적 소인(genetic predisposition)은 특정한 형질이나 질병, 행동 양식에 대해 개인이 유전자 수준에서 타고난 경향성을 의미한다. 이는 해당 특성이 반드시 발현된다는 것을 의미하지는 않지만, 특정 환경이나 자극이 주어졌을 때 그 특성이 나타날 가능성을 높이는 생물학적 기반을 제공한다.

동되곤 한다. 그러나 이 둘은 엄밀히 구분되어야 한다. 본능이란 일정한 자극 조건이 주어졌을 때 외부 환경에 대한 해석 없이 자동적으로 실행되는 완결된 행동 프로그램이다. 반면, 생물학적 1차 지식은 환경과의 상호작용을 통해 자기생산된 결과이다. 이는 학습을 통해 획득되지만, 그 학습이 자연스럽게 일어날 수 있도록 유전적으로 구조화된 신경 기반을 전제로 한다. 바로 이 점에서 생물학적 1차 지식은 진화론적 특수성을 지닌다.

이 관계를 설명하기 위해 생물학적 1차 지식은 '물', 유전적 소인은 '스펀지'에 비유할 수 있다. 스펀지는 물을 흡수할 준비가 된 구조를 갖추고 있지만, 물 그 자체는 외부로부터 주어져야 한다. 마찬가지로 인간은 언어, 감정 이해, 기본적인 수 개념과 같은 1차 지식을 빠르고 자연스럽게 습득할 수 있는 신경학적 조건과 인지 구조를 갖추고 있으나, 그 지식이 실제로 습득되기 위해서는 환경과의 반복적 상호작용이 필수적이다. 예컨대, 브로카 영역이나 측두엽, 편도체와 같은 뇌의 특정 부위들은 언어 처리, 감정 인식, 사회적 반응 학습에 특화되어 있으며, 이러한 신경 구조는 유전적으로 준비되어 있다. 이로 인해 인간은 단 몇 차례의 사회적 노출만으로도 언어를 이해하고 감정을 구별하며 타인과 상호작용하는 능력을 빠르게 발현시킬 수 있다.

그러나 이 능력들은 태어날 때부터 완성된 형태로 주어지는 것이 아니라, 환경 자극과의 구조적 커플링을 통해 점진적으로 구성된다. 이와 같은 생물학적 1차 지식의 형성 과정은 자기생산체계로서의 인간이 환경과 구조적으로 커플링되며, 그 상호작용 속에서 신경 회로의 가소적 조정[30]과 인지 구조의 자기조직화를 수행하는 과정으로 이해할 수 있다. 이때 정보는 외부로부터 단순히 흘러드는 것이 아니라, 신체 구조와 감각-운동 루프가 허용하는 방식에 따라 선택적으로 해석되고 통합된다. 자극은 내부 조직이 허용하는 방식으로만 의미화되며, 이는 곧 조직적 폐쇄성과 작업적 폐쇄성이 작동하는 자기생산적 학습 구조의 전형이다.

결과적으로, 생물학적 1차 지식은 인간의 반수적(半獸的) 진화적 본성과 깊이 연결되어 있으나, 그것은 선천적 본능으로서 주어진 것이 아니라 유전적 구조 위에

---

30) 신경 회로의 가소적 조정(plastic modification of neural circuits)은 뇌가 경험과 학습에 따라 시냅스 연결(synaptic connections)을 강화하거나 약화시키는 과정을 말한다. 이 과정은 시냅스 가소성(synaptic plasticity)이라 불리며, 뉴런 간 신호 전달 효율이 변화함으로써 기억 형성, 기술 습득, 환경 적응 등이 가능해진다. 이를 통해 뇌는 구조적 안정성을 유지하면서도 기능적으로 유연한 적응을 지속할 수 있다.

환경과의 커플링을 통해 빠르게 구성되는 학습적 능력이다. 다시 말해, 생물학적 1차 지식은 유전적 기반 위에 세워지되, 그 실현은 자기생산으로서의 학습을 통해 가능해진다.

### 2) 생물학적 2차 지식: 문명 기반 교수학습

생물학적 2차 지식은 문해력, 수학, 과학 개념, 역사 이해, 형식 논리, 컴퓨터 프로그래밍 등과 같이 비교적 최근 수천 년 동안 문명 구조 속에서 생성된 고차적이고 추상적인 인지 산물들이다. 인간은 수백만 년에 걸친 진화를 통해 생물학적 1차 지식을 흡수할 수 있는 인지적 '스펀지'를 자연스럽게 내면화해 왔지만, 생물학적 2차 지식이 요구하는 복잡하고 정제된 사고 구조를 자발적으로 흡수할 수 있는 새로운 인지 구조를 뇌에 갖추도록 진화하기에는 문명사의 시간은 너무나 짧았다.

이러한 생물학적 2차 지식은 생물학적 생존에는 직접적으로 필수적이지 않지만, 인간이 '반인(半人)'으로서 이형생산체계와 이종생산체계 속에서 문명 생태계에 적응하고 생존하기 위해서는 오히려 일차적 조건처럼 작동한다. 다시 말해, 자연 상태에서는 부차적이었던 고차적 인지 산물들이 문명 환경에서는 생존의 핵심 조건으로 전환되는 '역전된 일차성'이 발생하는 것이다. 글을 읽지 못하거나 셈을 하지 못하는 사람에게 문명 생태계는 가혹한 선택압을 가한다. 이와 같은 역전 구조는 인간 존재의 이중적 구성, 곧 자연 속 생물학적 존재이자 문명 속 상징적 존재로서의 인간이 문명 조건 속에서 어떻게 작동하는지를 보여 준다.

생물학적 2차 지식의 학습은 자기생산체계로서 인간이 지닌 작업적 폐쇄성—곧 자기 내부의 작동 연쇄를 따라 스스로 작동을 이어가는 능력—만으로는 결코 충분히 성취될 수 없다. 이 고차적이고 추상적인 지식들은 자연스럽게 내면화되는 것이 아니라, 정교하게 구성된 외부의 상징 체계, 기호, 논리적 구조와의 반복적 접속과 조율을 통해서만 형성된다. 자연에서 친구들과 뛰어노는 와중에 중재와 협상을 통해 미적분학을 깨닫기란 쉽지 않다. 다시 말해, 인간은 문해력, 수학, 과학 개념, 역사 이해, 형식 논리, 컴퓨터 프로그래밍 등과 같은 2차 지식을 학습하기 위해, 문명 생태계라는 진화적으로 친숙하지 않은 환경과 새로운 형태의 구조적 커플링을 맺고, 그 과정에서 자기 구조를 능동적으로 재구성해야 한다. 이러한 학습은 단순한 자기 반복이 아닌, 자기 조직이 예견하지 못했던 새로운 외부 질서와의 창발적 접속을 통해 자기구성의 방향 자체를 변형시키는 사건이다.

이러한 의미에서 생물학적 2차 지식은, 문명 생태계 속에서 살아가는 호모 테크놀로지쿠스가 반드시 흡수해야 할 새로운 '물'에 비유될 수 있다. 그러나 이 물은 생물학적 1차 지식처럼 자연스럽게 흡수되지 않는다. 그 이유는 인간의 뇌는 2차 지식의 흡수를 위한 인지적 스펀지를 진화적으로 준비해 두지 못했기 때문이다. 수백만 년에 걸쳐 진화한 인간의 인지 구조는 언어, 감정, 수 개념과 같은 1차 지식에는 빠르게 반응하지만 문명적 기호와 논리, 형식적 추상화에는 낯설고 미숙한 상태로 남아 있다.

따라서 이 새로운 물은 단지 '제공'되는 것만으로는 흡수되지 않는다. 반드시 정교하게 설계된 교수학습 체계와 반복적 상호작용이라는 인지 메커니즘을 통해 학습자의 구조에 맞추어 적절히 매개되어야 하며, 그로써 비로소 자기구성의 가능성으로 전환된다. 인간은 누구나 미소를 짓고, 타인의 표정을 읽고, 말하고 들을 수 있는 신경학적 기반[31]을 가지고 태어나지만 문해력, 수학, 논리학, 코딩 언어와 같은 지식은 전혀 그렇지 않다. 이들은 본능이나 직관만으로는 내면화될 수 없으며, 오직 상징적 표상 체계, 추상적 조작, 계열적 구조에 기반한 정교한 교수학습 환경을 통해서만 자기구조 속에 통합될 수 있다.

결국 생물학적 2차 지식의 학습은, 호모 테크놀로지쿠스가 문명 생태계 속에서 생존하고 협력하기 위해 반드시 겪어야 할 존재론적 재구성의 경로이며, 이는 진화가 아직 준비해 주지 못한 스펀지를 교수학습이라는 문명적 설계를 통해 인위적으로 훈련하고 조성해 가는 과정이라 할 수 있다. 예컨대, 문해력의 경우, 단어를 단순히 암기하거나 반복하는 것이 아니라 음운, 시각 기호, 의미 해석을 넘나드는 복합적 변환 회로를 뇌 안에 새롭게 구성해야 하는 문화적 학습이다. 수학 역시 생물학적 1차 지식에 기반하는 자연수 개념을 넘어, 음수, 무리수, 허수, 기호적 조작, 알고리즘 기반 사고 등을 포함하며, 이는 반복적 교수학습과 인지적 매개 없이는 형성되기 어려운 인위적 체계이다.

이 지점에서 교수학습은 단순한 기술 훈련이나 지식 주입의 장을 넘어서, 자기생산적 인간이 이형생산 환경 속에서 문명적 존재로 전이되는 존재론적 실천이 된다. 이형생산으로서의 학습이란, 주체와는 본질적으로 다른 타자 혹은 외부 구조와의 상호작용을 통해 새로운 의미, 정체성, 인지 구조를 생성하는 방식이며, 이는 구

---

31) 촘스키가 "보편문법(universal grammar)"이라 부른 말하기, 듣기 언어 습득을 위한 선험적 스펀지를 의미한다.

조적 커플링을 전제로 한다. 다시 말해, 이형생산은 동일한 반복이 아니라, 타자와의 마주침을 통한 낯선 가능성의 창출이며 자기 구조를 지키면서도 변화하는 고유한 학습 양식이다.

이러한 관점에서 학교는 대표적인 이형생산의 장이라 할 수 있다. 가정이라는 익숙한 적소를 벗어난 아동은, 학교라는 인위적이고 이질적인 환경 속에서 처음으로 규칙, 교사, 또래, 제도, 교과 등 자신과 이질적인 타자와 마주친다. 타인과의 협력은 동시대인과 직접 대면을 넘어서도 이뤄진다. 문자와 미디어를 활용하여 과거 누군가의 생각이 담긴 책과 논문으로 협력하거나 먼 지역에 떨어져 있는 생면부지의 동료와도 협력할 수 있다. 이때 학습자는 자신의 감정, 사고, 언어, 몸짓 등을 외부와 조율하며 새로운 자기 구조를 형성해 나간다. 교사의 피드백, 친구와의 협동, 낯선 지식과의 조우는 모두 이형생산의 계기이며, 그 속에서 인간은 단순히 지식을 쌓는 존재가 아니라 문명에 적응하고 문명을 재구성하는 존재로 거듭난다.

학습자는 교수자, 동료 학습자, 상징 체계, 문화적 도구와의 반복적 접속을 통해 기존의 자기 조직을 보존하면서도 점진적으로 변형시키며, 자연적 자기생산에서 문명적 자기생산으로 이행한다. 이는 곧 작업적 폐쇄성과 조직적 폐쇄성이라는 자기생산의 조건을 유지한 채 타자와의 구조적 커플링을 통해 새로운 존재로 이행하는 이형생산적 진화라 할 수 있다.

결국 교수학습은 인간 안에 공존하는 자기지향성과 타자성, 자연성과 문명성—서로 비대칭적인 두 축—을 섬세하게 이어주는 중개 장치이다. 학습자는 타자와의 끊임없는 상호작용 속에서 자신의 인식 구조와 존재 구조를 다시 짜 맞추며, 매번 조금씩 다른 자신으로 갱신된다. 이 과정은 단순한 반복이나 수동적 반응이 아니라 '나와 같지 않은 것'에 의도적으로 노출됨으로써 자기 조직을 창의적으로 재편하는 사건이다. 곧, 자기생산과 이형생산이 교차하며 빚어내는 역동적 접면이자 인간이 스스로와 세계가 함께 연출하는 변증법적 무대인 것이다.

### 3) 생물학적 2차 지식 학습과 인지 과부하의 발생

흡수할 전용 스펀지를 지닌 채 태어나지 않은 생물학적 2차 지식의 학습은 본질적으로 인지 과부하를 수반할 수밖에 없다. 이는 인간 인지 시스템의 작업 기억 용량, 신경학적 구조, 진화적 준비성의 부재에서 기인한다. 현대 인지과학의 핵심 이론들을 통합적으로 고찰할 때 이러한 과부하의 구조적 원인이 드러난다. 인간은 문명적으로 구성된 고차 지식에 대해 진화적으로 준비되지 않은 상태에서 태어나며, 따라서 교수학습은 이러한 인지적 부담을 완충하고 조율하는 생태적 장치로 작동해야 한다.

첫째, 배델리와 힛치의 작업 기억 모델(Working Memory Model)[32]에 따르면, 인간은 평균적으로 7±2개의 정보 항목만을 단기간에 유지할 수 있다. 작업 기억은 단순한 '정보 저장소'가 아니라, 정보를 능동적으로 조작하고 처리하는 시스템으로서 주의력의 초점, 반복 여부, 방해 자극의 유무에 따라 매우 민감하게 영향을 받는다. 이때 장기 기억으로의 안정적 전이가 이루어지지 않으면 입력된 정보는 짧은 시간 안에 소멸된다. 이러한 작업 기억의 제한은 특히 생물학적 2차 지식—곧 문해력, 수리력, 과학 개념 등—과 같이 추상적이고 계열화된 조작을 요구하는 학습에서 더욱 뚜렷하게 드러난다.

예컨대 초등학생이 '분수의 나눗셈'을 학습하는 장면을 떠올려 보자. 그는 단지 '나눗셈'이라는 연산 절차를 이해하는 것을 넘어, '분수의 의미', '약분의 규칙', '단위 환산의 방식', '수직선상에서의 위치 감각' 등 복수의 개념을 동시에 기억하고 조작해야 한다. 이로 인해 복잡하게 중첩된 인지적 부담이 작업 기억에 가해지며 이는 학습의 효율성을 결정짓는 핵심 변수로 작용한다.

물론 선사시대에도 석기 가공과 같은 기술적 활동은 상당한 수준의 작업기억을 필요로 했을 것이다. 그러나 오늘날 인간이 수행하는 문명적 학습—예컨대 수학, 컴퓨터 프로그래밍, 과학 개념의 모델링 등—은 훨씬 더 높은 차원의 추상화와 계열화, 논리 조작을 전제한다. 이로써 문명적 학습은 단순한 생존 기술의 습득을 넘어서, 더욱 복잡한 인지 자원과 정교한 교수학습 설계를 필요로 하는 고차적 활동임이 분명해진다. 작업 기억의 한계는 인간의 뇌가 문명적 지식을 자연스럽게 흡수하도록 진화하지 않았다는 사실을 상기시키며, 이는 생물학적 2차 지식 학습이 왜 인공적 설계와 반복적 훈련을 필수적으로 요구하는지를 이론적으로 뒷받침한다.

---

32) Baddeley와 Hitch의 작업기억모델(Working Memory Model)은 단순한 단기기억 개념을 확장하여, 정보를 일시적으로 저장하고 동시에 처리하는 능동적 시스템으로 설명한다. 이 모델은 중심집행기(central executive)를 핵심 조절 장치로 설정하고, 음운루프(phonological loop), 시공간 스케치패드(visuospatial sketchpad), 그리고 후속적으로 추가된 에피소드 버퍼(episodic buffer)로 구성되어 있다. 각 구성 요소는 서로 다른 유형의 정보를 독립적으로 처리하며, 복잡한 인지 과제를 수행할 수 있도록 협력한다.

둘째, 존 스웰러의 인지 부하 이론(Cognitive Load Theory)[33]은 학습 과정에서 발생하는 인지적 부담을 내재적, 외재적, 본유적 인지 부하로 구분한다. 내재적 부하(Intrinsic Load)는 학습 내용 자체가 지닌 본질적 복잡성에서 비롯된다. 이는 개념의 개수, 그리고 그들 간의 개념적 상호의존성이 높을수록 비례하여 증가한다. 예컨대 이차방정식을 풀이할 때 학습자는 근의 공식 $x = (-b \pm \sqrt{(b^2 - 4ac)})/2a$에 포함된 각 변수 간의 관계를 이해해야 하며, 이 과정에서 수많은 요소가 서로 얽혀 있기 때문에 인지적으로 상당한 부담이 발생한다. 이처럼 높은 요소 상호의존성은 내재적 부하를 증폭시키며, 이는 교수학습 설계 단계에서 반드시 고려되어야 할 중요한 변수이다.

외재적 부하는 학습자의 이해에 직접 기여하지 않음에도 불구하고 비효율적 교수설계나 과도한 정보 제시에 의해 추가적으로 유발되는 인지적 부담을 의미한다. 예를 들어, 핵심 개념에 대한 설명이 공간적으로 분산되어 있거나 학습과 무관한 멀티미디어 효과가 과도하게 포함되어 있는 경우, 학습자는 정보의 본질에 도달하기보다 정보를 조직화하는 데 인지 자원을 과도하게 소모하게 된다. 연구에 따르면, 이러한 설계 오류는 작업 기억 용량의 60% 이상을 낭비하게 만들 수 있으며 학습 효과를 심각하게 저해할 수 있다.

반면, 본유적 부하는 학습자가 의미 있는 스키마를 구축하기 위해 의도적으로 인지 자원을 투자하는 과정에서 발생하는 긍정적 부하이다. 이는 학습의 효율성을 높이는 핵심 동력으로 작용한다. 예컨대, 전압을 '물의 압력'이라는 물리적 개념에 유추하여 연결하는 방식은 기존의 인지 구조와 새로운 정보를 능동적으로 결합시키는 과정이며, 이를 통해 학습자는 추상적인 개념을 보다 깊이 이해하게 된다.

따라서 효과적인 학습 설계를 위해서는 내재적 부하를 조절 가능한 수준으로 구조화하고, 외재적 부하는 최소화하며, 본유적 부하는 촉진할 수 있는 전략을 마련하는 것이 필수적이다. 이 세 가지 인지 부하 간의 균형은 교수학습의 질을 결정짓는 핵심적 기준이 된다.

관련하여, 탐구 학습, 발견 학습 등 구성주의에 기반한 교수학습 접근은 학습자의 인지적 자율성과 주체성을 촉진한다는 점에서 중요한 교육적 함의를 지닌다.

---

33) 인지부하이론(Cognitive Load Theory)은 인간의 작업기억(working memory)이 매우 제한된 용량을 가지고 있다는 전제하에, 학습 설계 시 학습자의 인지적 처리 자원을 효율적으로 배분하는 것이 중요하다고 본다.

그러나 이러한 접근이 실제로 효과를 발휘하기 위해서는 학습자가 불필요한 외재적 인지 부하에 시달리지 않도록, 정교하게 설계된 학습 환경과 세심하게 조율된 생태적 조건이 반드시 선행되어야 한다. 그렇지 않으면 학습자는 과도한 탐색 비용을 치르며 본질적인 학습 목표에 도달하지 못한 채 표면적인 활동 수준에서 반복되거나 혼란에 빠지는 위험에 직면하게 된다.

요컨대, 구성주의적 학습 설계는 인지 부하 이론의 통찰과 긴밀하게 결합되어야 하며, 학습의 자율성과 효과성은 언제나 정교한 구조 설계와 유기적 조정이라는 생태적 기반 위에서만 지속적으로 유지될 수 있다. "진정한 구성주의 학습은 자유로운 탐색이 아니라, 체계적 자유를 제공하는 것이다."[34]

셋째, 생물학적 2차 지식은 기존 장기 기억 속 스키마와 약하게 연결되어 있거나, 아예 연결 고리가 존재하지 않는 경우가 많다. 학습에서 새로운 정보는 기존의 지식 구조에 접속될 수 있을 때 더 쉽게 이해되고 장기 기억으로 전이된다. 그러나 2차 지식은 일상 경험이나 직관과의 연계성이 약한 고차적·추상적 개념을 포함하고 있어, 이러한 통합을 어렵게 만든다.[35]

예컨대, 원자의 구조, 판 구조론, 소수(prime number) 개념, 이차함수의 도식적 이해 등은 감각적 경험으로 직접 접근하기 어렵고, 상징적 모델이나 간접 설명을 통해서만 개념화할 수 있다. 이러한 개념들은 기존의 감각 기반 지식 구조와 자연스럽게 연결되지 않기 때문에, 학습자는 단순히 정보를 입력받는 것을 넘어서 자기 내부의 작동 연쇄를 가동하여 새로운 지식 조각들을 조직화하고 의미화하는 과정을 요구받는다.

이때 학습자의 내면에서 작동하는 일련의 사고 흐름 — 즉, 문제를 탐색하고, 유사 개념을 떠올리고, 개념 간 연결을 형성하며, 오류를 감지하고 조정하는 흐름 — 은 바로 작업적 폐쇄성에 의해 구성된다. 작업적 폐쇄성이란, 학습자가 외부 자극에 단순 반응하는 것이 아니라, 자기 내부의 작동 연쇄에 따라 다음 작동을 자기 유도적으로 전개하는 능동적 인지 구조를 말한다.

---

34) Kirschner, P. A., Sweller, J., & Clark, R. E. (2006). Why minimal guidance during instruction does not work: An analysis of the failure of constructivist, discovery, problem-based, experiential, and inquiry-based teaching. *Educational Psychologist, 41*(2), 75–86.

35) Plass, J. L., Moreno, R., & Brünken, R. (Eds.). (2010). *Cognitive load theory.* Cambridge University Press.

따라서 생물학적 2차 지식의 효과적인 학습을 위해서는, 학습자가 자신의 내면적 작동 구조를 충분히 가동할 수 있도록 선행 지식의 내면화와 위계적 구성, 점진적 개념 제시, 반복적 피드백 등이 정교하게 설계되어야 한다. 이 모든 과정은 학습자가 자기 내부 작동을 중심으로 외부 정보를 조직화할 수 있도록, 곧 작업적 폐쇄성이 원활히 작동하도록 학습 환경을 조율하는 일이라 할 수 있다.

## (3) 자연학습과 교수학습

### 1) 자연학습과 교수학습의 차이

호모 테크놀로지쿠스는 생물학적 1차 지식과 2차 지식이라는 이중 구조 위에서 학습을 수행하며, 그 학습 방식 또한 이에 상응하여 이중적으로 구성된다. 그것이 바로 자연학습(natural learning)과 교수학습(instructional learning)[36]이다. 이 두 학습 방식은 각각 생물학적 1차 지식과 2차 지식에 대응하며, 인간이 생물학적 유기체이자 문명적 존재로서 진화적으로 형성해 온 상호 보완적 학습 전략이라 할 수 있다.

자연학습은 인간의 진화 과정에서 내장된 본능적 능력을 환경과의 상호작용 속에서 활성화하는 방식이다. 반면 교수학습은 인위적으로 구성된 문명 생태계를 모사하는 매개 구조 속에서, 추상적이고 비직관적인 지식을 획득하게 하는 특수한 방식이다. 또한 자연학습은 주로 생물학적 1차 지식을 습득하는 방식이다. 언어, 사회적 협력, 감정 인식, 공간 감각과 같은 능력들은 인류 진화의 오랜 시간 동안 생존과 적응에 핵심적인 역할을 해왔고, 인간의 뇌는 이러한 능력을 놀이, 모방, 탐색, 반복된 경험을 통해 스스로 습득할 수 있도록 구조화되어 왔다. 유아가 언어를 자연스럽게 익히거나 또래와의 상호작용을 통해 협동과 경쟁의 규칙을 체득하는 과정은 외부의 명시적 설명이나 체계적인 훈련 없이도 이루어진다. 이는 신경계의 구조, 감각-운동 피드백 루프, 정서적 연결 등이 환경과의 구조적 커플링을 통해 역동적으로 작동함으로써 가능해진 자기생산적 학습의 결과이다.

---

36) 본 저자가 사용하는 '교수학습(instructional learning)'이라는 용어는 단순히 '교수와 학습(teaching and learning)'을 병렬적으로 나열한 일반 용법과 구별된다. 이 용어는 '교수'를 통해 '학습'을 구조화한다는 점, 즉 의도적 설계와 제도적 기획, 사회적 분업과 역할 차이에 따라 학습이 유도되고 조절된다는 존재론적 전제하에서 사용된 조어이다.

자연학습은 전 생애에 걸쳐 지속되지만, 특히 유아기와 아동기 초기에 그 빛을 발한다. 아이는 놀이하며 배우고, 탐색하며 자라고, 모방하며 세계를 내면화한다. 이때 어린 학습자는 외부의 지도 없이 환경과 상호작용하면서 감각-운동 체계와 신경 구조를 조율하고, 사회적 규칙과 정서적 단서를 내면화한다. 예컨대, 새끼 사자가 형제자매와 사냥놀이를 하며 포식 행동을 준비하는 과정은 단순한 운동 기량의 반복을 넘어, 사회적 위계, 협동과 경쟁, 공격성과 감정 조절에 이르는 복합적인 학습이 동시에 수행되는 자연학습의 사례이다. 인간의 경우도 마찬가지로, 언어 습득, 감정 이해, 물리적 인과 추론, 사회적 관계 형성 등에서 자연학습은 주요한 학습 경로로 작동하며, 특히 유아기에는 신경 가소성과 감각 통합 능력이 극대화되어 그 효과가 더욱 도드라진다.

그러나 자연학습은 생애 전체에 걸쳐 균등하게 작동하지 않으며, 특정 시기에 집중적으로 활성화되는 민감기(critical period)를 따른다. 고등 동물일수록 민감기가 더 길게 유지되며, 이는 습득해야 할 정보와 기술의 양과 복잡성 때문이기도 하다. 인간은 대표적으로 민감기가 매우 긴 종으로, 이는 언어, 사회 규범, 감정 이해 등 다양한 생물학적 1차 지식을 체득하기 위한 진화적 조건이라 할 수 있다. 이 자연학습 민감기는 신체의 성장판처럼 일정 시기가 지나면 닫히며, 이후에는 동일한 자극을 받더라도 유사한 학습 효과를 기대하기 어렵다.

반면, 교수학습(instructional learning)은 자연학습만으로는 효과적으로 내면화되기 어려운 생물학적 2차 지식 — 예컨대 문해력, 수리력, 과학 개념, 역사 이해, 논리 구조, 기호 해석 등 — 의 습득을 목적으로 의도적으로 설계된 인위적 학습 메커니즘이다. 이러한 지식은 인간의 진화적 경로에서 자동적으로 획득되도록 생물학적으로 설계된 것이 아니며, 따라서 단순한 경험 노출이나 반복적 활동만으로는 쉽게 내면화되지 않는다.

2차 지식은 본질적으로 문명적 구성물이며, 축적된 사회적 경험과 상징 체계를 전제로 한다. 이로 인해 학습자는 이를 '스스로 발명'하거나 '자연스럽게 터득'하는 것이 불가능하거나 매우 비효율적이다. 따라서 교수학습은 단순히 정보 전달이나 훈련을 넘어서, 구조화된 사회적 매개 — 교사, 부모, 유능한 또래, 교과서, 온라인 콘텐츠(예: 유튜브, 위키피디아 등) — 를 통해 외부로부터의 인위적 개입을 필요로 한다.

이 구조에서 교수는 단순히 외부에서 주어지는 전달 행위가 아니라, 자기생산

체계로서의 학습자에게 필요한 적소를 조성하는 조건부 행위이다. 즉, 교수는 필요조건이고, 학습은 충분조건이다. 아무리 잘 설계된 교수도 학습자가 이를 내면화하지 않으면 학습은 성립하지 않으며, 반대로 학습자는 외부의 가르침 없이는 해당 유형의 지식을 온전히 습득할 수 없다.

결국, 교수학습은 자기생산체계로서의 학습자가 비자연적인 지식의 층위에 도달할 수 있도록 인위적 커플링 조건을 조성하는 매개 구조이다. 이 구조는 학습자의 자기조직적 특성과 외부 교수 구조 간의 비대칭적 협력 관계에 기초하며, 이는 단순한 정보의 이송이나 행동의 훈련이 아닌, 존재론적 수준에서의 자기구성을 유도한다. 이처럼 교수학습은 문명적 지식의 전달이자, 호모 테크놀로지쿠스의 정체성 구성 과정에 필수적인 중재 행위로 기능한다.[37]

### 2) 자연학습과 교수학습의 상호작용

자연학습과 교수학습은 호모 테크놀로지쿠스가 자신의 진화적 기반과 문명적 조건을 동시에 살아가기 위해 작동시키는 이중의 학습 경로이다. 자연학습과 교수학습은 상호 배타적인 것이 아니라 기능적으로 보완적이며, 따라서 구조적으로 통합되어야 한다. 이러한 이중 구조가 유기적으로 설계될 때, 인간은 생존의 조건뿐만 아니라 문명적 존재로서의 역량 또한 온전히 확보할 수 있다.

첫째, 자연학습은 교수학습이 작동하기 위한 선수 지식을 형성한다. 이는 단순한 정보의 축적이 아니라, 교수학습이 작동 가능하게 하는 전제 조건들을 구성하는 기반이다. 예컨대 언어적 소통 능력은 교수자의 설명, 질문, 피드백을 이해하고 이에 반응하기 위한 핵심 수단이며, 이는 유아기의 자연 언어 습득을 통해 확보된다. 감각-운동 조절 능력은 물리적 탐색, 도구 조작, 주의 집중 및 전환 능력을 포함하며, 아동기의 놀이와 탐색을 통해 발달한다. 정서 조정 능력은 교수학습 과정에서 마주하는 실수, 좌절, 비판에 대한 감내 능력으로서 학습 동기의 유지에 필수적이며, 이는 자발적 사회적 상호작용 속에서 길러진다. 이와 함께 기초 사회성—타인의 입장을 고려하고, 규칙을 따르며 협업할 수 있는 능력—도 유아기의 자연학습을 통해 내면화된다.

---

37) Geary, D. C. (2007). Educating the evolved mind: Conceptual foundations for an evolutionary educational psychology. In J. S. Carlson & J. R. Levin (Eds.), *Educating the evolved mind* (pp. 1–99). Information Age Publishing.

둘째, 교수학습은 자연학습을 교정한다. 자연학습이 무의식적 경험 축적을 통해 직관적 개념을 형성한다면, 교수학습은 오개념을 교정하고 새로운 인지 구조로의 전환을 유도하는 고차적 인지 조정 체계로 작동한다. 예컨대, '태양이 지구를 돈다.'라는 직관적 신념, '지구는 평평하다.'라는 감각적 경험 기반 판단, '검은 고양이는 불길하다.'라는 민속 개념 등은 모두 자연학습이 만들어 낸 표면적 개념 구조이지만, 문명적 지식으로 전환되기 위해서는 교수학습을 통한 개념 충돌 유도, 메타인지 조정, 사회적 검증의 과정이 필요하다.

따라서 교수학습은 자연학습을 대체하는 것이 아니라, 그것의 한계를 보완하고 그 위에 정교한 문명 지식 구조를 구축해 나가는 보완적 장치이다. 자연학습이 결핍되면 교수학습 역시 지체되고 그 효과는 제한된다. 이는 교수학습이 작동하기 위한 인지적, 정서적, 사회적 준비도의 대부분이 자연학습을 통해 선행적으로 형성된다는 사실을 보여 준다. 다시 말해, 자연학습은 모든 교수학습의 기반이며, 그것이 부실하면 교수학습은 표면적 활동의 반복에 그치게 된다.

결국 자연학습과 교수학습은 분리될 수 없는 상호작용적 체계이며, 효과적인 교육은 이 기반으로 나선형 이중 구조를 유기적으로 통합해야 한다. 자연학습은 교수학습을 위한 기반을 마련하고, 교수학습은 자연학습의 직관적 결과를 정제하고 확장하며, 이를 통해 인간은 진화의 조건을 잇고 문명의 요청을 실현하는 존재로 살아갈 수 있다. 이러한 이중 경로의 구조적 통합은 교육 설계가 지향해야 할 핵심 목표이자, 인간 교육의 존재론적 과제가 되어야 한다.

### (4) 학습 환경으로서의 시뮬라리움

#### 1) 시뮬라리움

"호모 테크놀로지쿠스는 태어나는 것이 아니라 시뮬라리움에서 생산된다." 이 명제는 단순한 수사적 선언이 아니라, 인간 존재에 대한 존재론적 사실 진술이다. 인간은 자연의 유전적 결정에 의해 완성되는 존재가 아니라, 도구와 상징, 협력과 설계라는 문명적 조건을 자기구성적으로 내면화하고, 이를 통해 자기 자신을 반복적으로 재형성하는 존재이다. 이러한 자기생산의 장(場)이자 실험장이 바로 시뮬라리움이며, 이 공간에서 인간은 단순한 생명체를 넘어, 문명과 기술에 의해 조건 지어진 이중 생태계 속에서 스스로를 다시 태어나게 한다.

호모 테크놀로지쿠스는 자연에 의해 태어나고 문명에 의해 길러지는 존재이다. 그는 생물학적으로 자연의 일부로 남아 있으면서도 도구와 상징, 협력과 제도를 매개로 문명을 창조하고 유지하는 이중적 정체성의 존재이다. 이러한 인간에게 자연학습과 교수학습은 두 개의 상이한 환경 — 자연 생태계와 문명 생태계 — 에 적응하며 공진화해 온 자기생산 활동의 이중 경로이며, 이 두 환경과의 구조적 커플링을 통해 인간은 생존과 존재의 의미를 동시적으로 구성하는 존재론적 역할을 해왔다.

자연이든 문명이든 호모 테크놀로지쿠스가 살아가는 환경으로서의 생태계는 그(녀)에게 지속적인 선택 압력을 가하는 무정한 생존의 무대이기도 하다. 준비되지 않은 인간을 곧바로 이러한 생태계에 투입하면, 생존은커녕 자기 정체성을 형성하기도 전에 선택에서 탈락할 수밖에 없다. 자연에서의 탈락은 생물학적-유전자적 죽음이고 문명에서 탈락은 상징적-사회적 죽음이다. 따라서 자연학습이든 교수학습이든, 인간이 본격적인 생태계에 진입하기에 앞서 적응을 준비할 수 있는 '학습용 중재 공간'이 필요하다.

이러한 중재 공간이 바로 '시뮬라리움(Simularium)'이다. 본 저자가 제시하는 이 개념은 '시뮬레이션(simulation)'과 '공간(-rium)'의 결합어로, 학습자가 실제 생존 생태계 — 자연이든 문명이든 — 와 구조적 유사성을 지닌 조건 속에서, 그러나 생존의 위협 없이 안전하게 상호작용하고 자기 구조를 조정할 수 있도록 마련된 '학습용 미니어처 생태계'를 의미한다. 시뮬라리움은 학습자가 실제 생태계와의 위험할 수 있는 구조적 커플링을 시작하기에 앞서, 그 생태계와 동형사상 관계를 이루되 위협 없이 반복적 상호작용이 가능한 보호된 공간이다. 시뮬라리움이 효과적으로 작동하기 위해서는, 학습자-시뮬라리움-생활 생태계 간의 구조적 커플링이 유기적으로 유지되어야 한다. 만일 시뮬라리움이 현실과 지나치게 단절되어 있다면 학습된 내용은 생활 생태계에 전이되지 못하며, 반대로 현실과 지나치게 동일시된다면 학습자는 치명적 위험과 복구 불가능한 실패에 그대로 노출되어 자기생산적 조정 능력을 발휘할 기회를 상실한다. 따라서 시뮬라리움은 현실 세계와 충분히 유사하여 전이가 가능하면서도, 실패의 결과가 생존 자체를 위협하지 않는 반복 가능한 안전성을 갖춘 공간이어야 한다. 이때 중요한 것은 학습자의 조직적 폐쇄성과 작업적 폐쇄성을 존중하며, 외부 구조와 점진적으로 커플링해 갈 수 있는 관계적

설계를 갖추는 것이다.[38)]

또한 시뮬라리움이 효과적으로 작동하기 위해서는 몇 가지 조건이 충족되어야 한다. 첫째는 현실성과 안전성 사이의 변증법적 균형이다. 시뮬라리움은 물리적 세계의 법칙(예: 중력, 사회 규범, 도구의 반응성 등)을 충분히 모사해야 학습 결과가 실제 환경으로 전이될 수 있다. 예컨대 가상현실 기반 화학 실험에서 시약 반응이 실제 실험과 90% 이상 일치한다면, 그 환경은 학습자의 감각-운동적 체계와 현실 세계 사이의 구조적 커플링을 정밀하게 매개할 수 있는 것이다. 그러나 동시에 시뮬라리움은 실패가 곧바로 생존의 위협이나 회복 불가능한 손실로 이어지지 않는 위험 조절 환경이어야 한다. 가상 투자 시뮬레이션에서 사용자가 파산하더라도 실제 자산에는 아무 영향이 없듯, 시뮬라리움은 학습자가 반복적 시도와 실수를 통해 자기 구조를 조정할 수 있도록 보호된 실패의 장을 제공해야 한다.

둘째는 개방성과 폐쇄성의 공진화적 구조이다. 폐쇄성은 체계의 정체성을 보호한다. 학습자는 기존의 인지 구조, 정체성, 신념 체계 등 고유한 조직적 폐쇄성을 바탕으로 세계를 인식하고 반응한다. 이 폐쇄성은 외부 자극으로부터 체계를 무차별적으로 노출시키지 않으며, 정보를 선택적으로 해석하고 수용하는 필터 역할을 한다. 개방성은 변화의 가능성을 연다. 동시에, 학습자는 외부 환경과의 상호작용 없이는 새로운 의미 형성이나 구조적 재구성이 불가능하다. 따라서 폐쇄성 안에서도 선별적 개방성이 반드시 요구되며, 이 개방성은 외부로부터의 자극이 체계 내부에서 의미 있게 번역되고 재구성되는 통로로 작동한다. 공진화란, 두 구조가 상호 적응하면서 동반 변화한다는 의미이다. 개방성이 무한하거나 강제되면 체계는 정체성을 상실하고 붕괴되고, 폐쇄성이 절대적이면 새로운 자극을 수용하지 못해 고착된다. 따라서 효과적인 학습은 이 둘이 서로를 조율하며 동반 성장하는 동적 평형 위에서 이루어진다. 폐쇄성은 개방성을 조건 짓고, 개방성은 폐쇄성의 구조를 변형하며 다시 통합한다. 이 과정은 일회성 변화가 아닌, 순환적이고 축적적인 변형 구조, 곧 공진화적 구조이다.

셋째로 중요한 구조는 개인과 공동체 사이의 긴장과 이완의 반복적 진동이다.

---

38) 이는 마치 백신의 원리와도 같다. 백신은 치명적이지 않아야 하면서도, 면역 반응이 발생할 만큼 바이러스와 구조적으로 유사해야 하며, 동시에 바이러스처럼 위험해서는 안 된다. 시뮬라리움 또한 이와 같이, 현실을 충분히 닮되 학습자의 실패를 생존적 위기로 연결시키지 않는 '의도된 유사성'과 '설계된 비위험성'이라는 절묘한 균형 위에서 작동해야 한다.

개인과 마찬가지로 공동체 역시 하나의 자기생산체계이며, 양자는 구조적으로 분리 불가능한 관계에 있다. 개인은 사회 안에 포함되며 사회는 개인에 의해 구성되므로, 이 둘은 독립된 존재가 아니라 상호침투적 관계 속에서 지속적인 갈등과 조율의 동역학을 내포한다.

이러한 전제 아래, 효과적인 시뮬라리움은 단순히 개인의 학습만을 지원하는 것이 아니라, 개인과 공동체의 상호작용을 조율하는 복합 구조를 갖추어야 한다. 즉, 시뮬라리움은 개별 학습자의 과거 경험, 성향, 인지적 발달 수준 등을 기반으로 한 개인화된 학습 경로를 제공하는 동시에, 다양한 형태의 사회적 상호작용—예컨대 협업, 토론, 공동 문제 해결—을 가능하게 하는 공유된 상호작용 공간을 함께 마련해야 한다.

예를 들어, 메타버스 기반의 캠퍼스 환경에서는 다음과 같은 구조가 구현될 수 있다. 한편으로는 각 학습자에게 개인화된 인터페이스를 통해 학습 로드맵과 진도 조절, 피드백이 제공되며, 다른 한편으로는 다수의 사용자가 동시적으로 상호작용할 수 있는 협업 프로젝트 공간이나 가상 회의실이 마련된다. 이러한 공간 구조는 개인의 자율적 리듬과 공동체적 협업 리듬을 동시에 유지할 수 있도록 하며, 학습자가 자기 고유의 구조를 유지하면서도 타자와의 접촉을 통해 자신의 구조를 수정하거나 확장할 수 있는 동적 적응 조건을 제공한다.

요컨대, 시뮬라리움은 인간이 실제 사회적·문명적 생태계에 진입하기 전에, 자기 작동 원리에 따라 외부 세계와 관계 맺는 방법을 탐색하고 실험할 수 있는 공간이다. 이러한 환경은 단순히 지식을 전이하거나 기술을 익히는 차원을 넘어, 학습자가 자기 자신을 해석하고 조정하며 구성해 나가는 실존적 훈련장으로 기능한다.

자연학습과 교수학습은 각자에게 맞는 시뮬라리움을 필요로 한다. 그러나 이 둘은 기원과 작동 방식에서 본질적으로 다르다. 이를 보다 명확히 구분하기 위해 학습 환경은 '발견된 시뮬라리움'과 '제작된 시뮬라리움'으로 나눌 수 있다. 이 구분은 도구에 대한 이해와도 구조적으로 유사하다. 자연에서 발견된 돌이나 나무처럼 본래의 목적을 갖지 않았지만 인간의 필요와 사용 맥락에 따라 일시적으로 도구화되었다가 사용 후 다시 자연으로 되돌아가는 것이 '발견된 도구'라면, 자연물에 의도를 부여하고 질료와 구조를 조직화해 만든 인공물은 '제작된 도구'이다. 학습 환경도 이와 같다. 인간은 자연 생태계 속에서 적절한 장소와 자극을 발견해 자연학습을 수행하거나, 특정한 목적을 위해 인위적으로 제작된 공간을 설계하여 교수학습을 수행한다.

### 2) 자연학습을 위한 발견된 시뮬라리움: 놀이터

자연학습을 위한 시뮬라리움은 호모 사피엔스가 구조적 커플링을 이루며 살아가는 적소 안에서 자연스럽게 발견되고 활용된다. 인간을 포함하여 모든 동물에게 유아-청소년기의 놀이는 특별한 설계자 없이도 유아가 점유하는 적소 안에서 자발적으로 발현되며 가정, 또래 집단, 자연 놀이터 등은 유아가 자기 작동을 시험하고 확장할 수 있도록 해 주는 자연학습의 시뮬라리움으로 기능한다.

이러한 자연학습 시뮬라리움 안에서 유아는 놀이, 모방, 감각적 탐색을 통해 사회적 규칙, 언어 구조, 감정 표현, 도구 조작 등 생물학적 1차 지식을 자기조직적으로 구축해 나간다. 적소는 단순한 자극의 장이 아니라, 유기체가 자기 조직의 논리에 따라 세계와 상호작용하며 자기 구조를 변형할 수 있는 기회를 지속적으로 제공하는 공간이다. 자율성, 호기심, 반복 가능성은 이러한 시뮬라리움의 핵심 기반이며, 유기체는 외부 위협이나 강제 개입 없이 자유롭게 실험하고 확장할 수 있다. 다시 말해, 적소로서의 시뮬라리움은 내적 작동을 보호받으면서 외부와의 구조적 커플링을 통해 점진적 변형을 이루어 가는 생태적 완충지대이며, 존재론적 실험장이다.

자연 생태계의 시뮬라리움은 감각-운동 피드백, 반복된 시행착오, 사회적 모방 등을 통해 생명체가 자율적으로 환경에 적응하고 기술을 습득하는 원초적 학습의 장이다. 이 학습은 외부 설계자의 개입 없이 이뤄지는 순수한 형태의 자기생산적 과정이다. 예컨대 어린 사자들은 사냥 기술을 전수하는 교사나 매뉴얼 없이 초원에서 형제자매들과 뛰놀며, 어른 사자의 행동을 흉내 내고, 실패와 재도전을 반복하며 점차 복잡한 협업과 공격 기술을 익힌다. 풀밭에서 몸을 낮추는 자세, 방향 전환, 몰아가는 기술은 모두 '놀기'를 통해 습득된 생존 전략이며, 이들이 살아가는 초원은 그 자체로 살아 있는 자연학습의 시뮬라리움이다.

생존 본능을 가진 자기생산체계인 호모 테크놀로지쿠스도 마찬가지다. 인간은 본능적으로 자신에게 필요한 자연학습용 시뮬라리움을 감지하고 찾아낸다. 오늘날 담장과 벽돌, 규율과 시간표로 닫힌 교실이라는 인공적 공간 속에서도, 어린 호모 테크놀로지쿠스는 기어코 그 안에서 자연학습의 적소를 발견해 낸다. 책상 밑에서 속삭이는 비밀, 교과서 가장자리의 낙서, 쉬는 시간의 규칙 없는 술래잡기 — 이 모든 것은 아동이 스스로 환경과 상호작용하며 조용히 시뮬라리움을 생성해 내는 과정이다.[39]

놀이 연구자 Peter Gray는 진정한 놀이는 100% 안전할 때 오히려 그 교육적 가치를 상실한다고 지적한다. 놀이의 본질은 예측 불가능성과 약간의 위험, 그리고 그로부터 배우는 자기조정에 있다.[40] 조너선 하이트 역시 『불안 세대: 디지털 세계는 우리 아이들을 어떻게 병들게 하는가』에서 오늘날 아이들이 지나치게 안전하고 과도하게 설계된 환경 속에 머물며, 비설계된 탐색과 자율적 실패의 기회를 잃어가고 있다고 경고한다. 스마트폰이라는 '디지털 보행기'에 갇혀 또래와 함께하는 놀이를 회피하게 된 오늘날, 감정 조절, 위험 감내, 사회적 규칙 형성과 같은 자연학습 기반 능력이 충분히 발달하지 못한 채 청소년기에 진입하게 되는 것이다.[41]

자연학습을 위한 발견된 시뮬라리움은 본래 설계되지 않았으나, 호모 테크놀로지쿠스가 환경과의 상호작용 속에서 자기조직적으로 구성해 내는 학습의 장이라는 점에서, 앞에서 도출했던 시뮬라리움의 세 가지 필요조건은 자연학습 시뮬라리움의 특성에 맞도록 정의될 수 있다. 첫째, 현실성과 안전성의 변증법적 균형이 자연학습 시뮬라리움의 근본적 특징이다. 예컨대 아이들이 놀이터 대신 공터, 하천, 골목길에서 뛰놀며 체화하는 물리 법칙과 사회 규범은 실제 현실 환경과 동일한 제약 조건 속에서 이루어진다. 풀숲에서 중심을 잡거나, 친구와 놀 때 규칙을 협상하는 과정은 중력, 거리감, 정서적 피드백 등 현실 세계의 조건을 그대로 반영한다.

---

39) 본 저자 역시 어린 시절, 오늘날처럼 안전하고 정교하게 설계된 놀이 시설은 없었지만, 우리는 스스로 공간을 '발견'했고, 그 평범한 장소들을 우리들만의 시뮬라리움으로 새롭게 꾸며낼 줄 알았다. 담장 너머의 공터, 버려진 폐차장, 추수가 끝난 논밭은 누군가가 의도적으로 설계한 공간이 아니었지만, 그 안에서 우리는 규칙을 협상했고, 실패를 반복하며 배우고, 타인과의 관계를 조율하며 사회적 존재로 성장했다. 때로는 다투고 다치기도 했지만, 그 위험과 갈등 속에서 우리는 감정 조절력, 문제 해결력, 공감과 자율성을 체화했다. 설계되지 않은 공간이었지만, 그 안에서 이루어진 학습은 무질서하거나 무의미하지 않았다. 오히려 그것은 가장 원형적이고 자생적인 학습 생태계였으며, 살아 있는 환경과의 커플링을 통해 이루어진 우리만의 시뮬라리움이었다.

40) Gray, P. (2020). Risky play: Why children love and need it. In J. Loebach, S. Little, A. Cox & P. E. Owens (Eds.), *The Routledge handbook of designing public spaces for young people* (pp. 39–51). Routledge.

41) Haidt, J. (2025). **불안 세대: 디지털 세계는 우리 아이들을 어떻게 병들게 하는가** [The anxious generation: How the great rewiring of childhood is causing an epidemic of mental illness] (이충호 역). 웅진지식하우스. (원저 2024년 출간).

동시에 이들 공간은 교사나 관리자 없이 자율적으로 점유되며, 위험은 존재하지만 회복 불가능한 손상을 유발하지 않는 수준에서 조절된다. 놀다가 넘어져도 다시 일어날 수 있고, 다투더라도 화해하거나 거리를 두는 방식으로 관계를 회복할 수 있다. 이러한 "현실적이되 생존을 위협하지 않는" 조건은 자연학습 시뮬라리움이 제공하는 대표적 생태적 보호 기능이다.

둘째, 개방성과 폐쇄성의 공진화는 발견된 시뮬라리움의 구조가 외부로부터의 일방적 지시나 강제가 아닌, 학습자의 자율적 행위와 반복을 중심으로 작동한다는 점에서 구현된다. 유아나 아동은 자신이 가진 감각-운동 체계와 인지적 스키마를 기반으로 놀이의 규칙을 만들고 변형하며 실험한다. 놀이는 기존 조직을 해체하거나 무시하는 것이 아니라, 이미 갖고 있는 정체성이나 감각적 조직을 유지한 채 새로운 경험과 반복적 상호작용을 통해 점진적으로 구조를 확장해 나가는 과정이다. 이는 시뮬라리움이 학습자의 조직적 폐쇄성과 작업적 폐쇄성을 존중하면서도, 자발성과 도전의 균형을 통해 자기변형을 유도할 수 있는 환경임을 보여 준다.

셋째, 개인화와 공유성의 통합 또한 자연학습 시뮬라리움에서 자연스럽게 실현된다. 각 유아는 자신만의 놀이 스타일, 감정 반응, 탐색 리듬을 갖고 있음에도, 또래 집단 속에서 협상하고 협동하며 공동 규칙을 만들어 간다. 즉, 각자의 리듬을 따라 자발적으로 몰입하면서도, 그 과정은 늘 타자와의 상호작용 속에서 형성된다. 이는 놀이가 곧 개인화된 자기조직 과정인 동시에, 사회적으로 공유되고 구성되는 집단적 학습 사건임을 의미한다. 예컨대, 어떤 아이는 숨바꼭질의 규칙을 쉽게 받아들이지 않지만, 몇 차례 반복되는 상호작용 속에서 스스로 규칙을 재해석하거나 새로운 제안을 하며 게임을 조율해 나간다. 이렇게 자율성과 상호성이 동시에 작동하는 구조는, 자연학습 시뮬라리움이 기술 기반 시스템이 아닌 생태 기반 공간임에도 고차적 설계 원리를 체현하고 있음을 보여 준다.

이제 교수학습 환경이 자연학습을 보다 적극적으로 수용하지 않으면 안 되는 시대가 되었다. 시뮬라리움은 단지 놀이 공간이 아니라, 존재를 형성하는 자기생산의 발화점이다. 진정한 학습은 '설계된 교실' 너머, 어린 인간이 스스로의 논리로 세계를 만지고 구성해 내는 그 자유로운 공간 속에서 시작된다.

### 3) 교수학습을 위한 '제작된 시뮬라리움': 교수학습체계

교수학습을 위한 시뮬라리움은, 생물학적 2차 지식을 습득하기 위해 자연 생태계의 적소에서 문명 생태계의 적소로 이행하는 전환 지점에서 인위적으로 조성되는 '제작된 학습 공간'이다. 이는 자연학습이 자생적으로 발현되는 관계적 환경과는 본질적으로 구분되며, 문해력, 수리력, 과학 개념, 역사 이해, 논리 사고 등과 같은 고차적·비직관적 지식을 학습자가 내면화하기 위한 문명 생태계 고유의 인지적 인프라이다.

자연학습 시뮬라리움이 생물학적 유기체가 환경과 자율적으로 커플링하며 자신에게 적합한 적소를 발견하고 구성하는 과정이라면, 교수학습 시뮬라리움은 호모 테크놀로지쿠스가 문명 생태계에 본격적으로 진입하기 이전, 허당 생태계의 구조 및 규칙과 커플링할 수 있도록 사전에 준비시키는 중재 장치로 작동한다. 이때 필요한 것은 단순한 물리적 공간의 제공이 아니라, 문명 생태계가 요구하는 기호 체계와 상징 구조에 학습자가 자기구조를 점진적으로 접속하고, 그 내부 작동을 재구성할 수 있도록 유도하는 정밀한 설계 활동이다.

결국 교수학습체계는 문명 생태계와 구조적으로 커플링 되어야 하며, 학습자가 이 커플링 과정에 무리 없이 진입할 수 있도록 매개하는 이행 공간으로 기능해야 한다. 이때 설계는 교수자, 콘텐츠, 도구, 환경, 상호작용 시나리오를 유기적으로 조정하여, 학습자의 자기생산 구조가 문명 생태계의 규범적 질서와 무리 없이 접속될 수 있도록 '적합한 문명 적소'를 제공하는 실천적 기획이 되어야 한다.

발견된 시뮬라리움과 마찬가지로, 제작된 시뮬라리움의 기능적 성과는 세 가지 핵심 조건의 충족에 달려 있으며, 이는 모두 설계적 개입이 필수적인 체계 요소들이다. 첫째는 현실성과 안전성 사이의 변증법적 균형이다. 시뮬라리움은 물리적 세계의 인과적 질서를 충분히 모사하여 학습자의 감각-운동 체계가 실제 세계와 구조적으로 커플링 될 수 있도록 구성되어야 한다. 예컨대 VR 기반 화학 실험에서 시약 반응이 실제 실험과 90% 이상 일치할 경우, 이는 전이 가능성을 높이는 효과적인 시뮬라리움이 된다. 그러나 동시에 이 공간은 반복 실험과 실수의 위험을 감내할 수 있는 보호된 실패의 장이어야 한다. 가상 투자 시뮬레이션에서 파산하더라도 실제 자산에 손실이 없듯, 제작된 시뮬라리움은 위험을 통제하며 실패로부터 학습할 수 있는 조건을 인위적으로 마련해야 한다. 이러한 이중 요건을 동시적으로 만족시키기 위해서는 단순한 안전지향적 설계가 아닌, 정교한 인지적 시뮬레이션 기반의 시스템 설계가 요구된다.

둘째는 개방성과 폐쇄성의 공진화적 구조이다. 학습자는 자기 고유의 조직적

표 1 자연학습과 교수학습

| 구분 | 자연학습(Natural Learning) | 교수학습(Instructional Learning) |
|---|---|---|
| 기원 | 진화적으로 받아들일 준비가 된 1차 지식 | 문명적으로 축적된 2차 지식 |
| 동기 | 본능적, 자발적 흥미 | 외재적 설계와 지도, 목표 기반 |
| 매개 | 놀이, 모방, 사회적 상호작용 | 언어, 기호, 테크놀로지, 교수자, 커리큘럼 등 인공적 도구 |
| 설계 여부 | 비의도적, 상황 반응적 | 의도적, 체계적 설계와 조정 필요 |
| 목표 | 언어 습득, 사회적 신호 해석, 기본 도구 사용 등 | 읽기, 쓰기, 수학, 과학, 철학, 제도 이해 등 |
| 적용 범위 | 본능 중심, 복잡한 지식 구조 내면화에는 한계, 오개념 포함 | 고차적 사고 및 문명 지식 구조 습득 가능 |
| 환경 특성 | 발견된 학습 환경, 자연 생태계와 유기적으로 연동되는 개방형 체계 | 제작된 학습 환경, 문명 생태계와 디커플링되기 쉬운 경직적-기계적 복합계 |

폐쇄성 — 기존의 인지 스키마나 정체성 — 을 기반으로 외부 자극을 선별적으로 수용한다. 따라서 시뮬라리움은 이 조직을 강제로 침투하거나 붕괴시키지 않고, 학습자의 내부 작동 연쇄(작업적 폐쇄성)를 점진적으로 확장할 수 있도록 조율되어야 한다. 예컨대, 언어 학습 인공지능이 학습자의 오류 패턴을 분석하고, 난도를 5%씩 상승시키는 방식은 학습자의 자기작동 흐름을 존중하면서도 성장 가능성을 자극하는 이상적인 설계 사례이다. 이러한 설계는 결코 우연적이거나 직관에 의존한 결과가 아니라, 인지 부하 조절, 피드백 타이밍, 난이도 조절 곡선 등을 종합적으로 고려한 교수설계 전략에 기반해야 가능하다.

셋째는 개인화와 공유성의 동시적 통합이다. 효과적인 교수학습 시뮬라리움은 학습자의 개인적 특성, 이해 수준, 학습 리듬에 기반한 맞춤형 경로를 제공하면서도, 사회적 상호작용을 통한 협력적 의미 재구성의 기회를 보장해야 한다. 예컨대 메타버스 기반의 교육 플랫폼에서는 개인별 학습 로드맵이 인터페이스 수준에서 자동화되어 제공되며, 동시에 팀 프로젝트, 공동 토론, 동료 피드백 등 집단적 상호작용을 통해 지식이 사회적으로 재구성된다. 이처럼 자율성과 공동성이 공존하는 환경은 설계자의 직관만으로는 형성될 수 없으며, 학습자 모델링, 상호작용 시나리오 설계, 커뮤니케이션 메커니즘의 통합이라는 고도의 설계 기술이 요구된다.

요컨대, 제작된 시뮬라리움이 위 세 가지 조건 — 현실적 전이 가능성과 실패

내성, 폐쇄적 자율성과 점진적 확장성, 개인화된 경로와 공동 구성의 통합성—을 충족하기 위해서는, 그것을 구성하는 모든 요소를 유기적으로 엮어내는 '교수학습 체계 설계'라는 전문 테크놀로지가 절대적으로 필요하다. 이 테크놀로지는 단순한 수업 운영 기술이나 콘텐츠 제공 방식을 넘어서, 인간-기계-환경 간 구조적 커플링을 정교하게 조정하는 설계과학이자, 문명 생태계 속에서 인간을 문명 주체로 길러 내기 위한 존재론적 인프라로 기능한다. 바로 이 지점에서, 교수학습체계 설계는 교육의 실행 기술을 넘어, 인류 문명의 자기생산을 위한 핵심 기획으로 자리매김하게 된다.

인간 학습은 생물학적으로 준비된 자연학습 능력과 문명 환경 속에서 조정되고 매개되는 교수학습 경험의 이중 구조 속에서 이루어진다. 이러한 복합적 학습 과정은 단지 인지적 정보 처리를 넘어, 인간 존재가 세계와의 관계 속에서 끊임없이 자신을 갱신해 나가는 자기생산의 실천이다. 이제 우리는 이러한 학습 과정을 보다 구조적으로 조망할 필요가 있다. 특히 교수학습이 단지 의부 지식의 전달이 아니라, 체계적 작동을 지닌 하나의 '학습 환경'으로 기능한다는 점에서, 교수학습 자체를 하나의 체계로 이해하고자 하는 시도가 요구된다. 다음 장에서는 교수학습을 자율성과 적응성을 지닌 하나의 체계로 바라보며, 그 핵심 작동 원리인 '적응성'과 '자기생산성'에 대해 본격적으로 탐구하고자 한다.

## 3. 교수학습체계

### (1) 교수학습체계란 무엇인가

#### 1) 교수학습체계의 정의와 범위

교수학습체계(instructional learning system)란 문명 생태계가 요구하는 교수학습 목표를 달성하기 위해 인간(교수자와 학습자), 인공물(콘텐츠, 매체, 도구), 환경(물리적·디지털 공간과 제도적 조건) 간의 유기적 상호작용을 구조화하고 조직화한 설계 기반의 학습 생태계를 의미한다. 이는 단순한 정보 전달 구조나 절차적 절차의 총합이 아니라 학습자의 자기생산 능력을 전제로 하고, 교수자의 설계 행위와 중재를 핵심 메커니즘으로 삼으며 목표, 내용, 방법, 매체, 평가 등의 요소들이 목적 지향적으로 상호작용하도록 배치－운영되는 동역학적 시스템이다.

인간은 자연환경 속에서 진화한 생물학적 유기체이자, 외화된 도구와 기호를 통해 문명 생태계에 진입하는 이중적 정체성의 존재, 곧 호모 테크놀로지쿠스이다. 이러한 인간에게 교수학습 활동은 언어를 사용하기 시작한 이래 인류가 지속해 온 가장 오래된 생존 활동 가운데 하나였다. 지식과 기술, 규범과 가치를 전승하는 행위는 단지 문명을 유지하기 위한 수단을 넘어, 호모 사피엔스를 생애 내에 호모 테크놀로지쿠스로 재구조화하는 존재론적 도구로 기능해 왔다.

초기 인류의 교수학습은 가르치는 자와 배우는 자 사이의 직접적 상호작용을 중심으로 이루어졌으며, 그 효과는 교수자의 직관과 기예, 학습자의 태도와 자질에 크게 좌우되었다. 그러나 문명의 복잡성과 규모가 증대하고 과학과 기술이 축적되며 제도와 역사가 정교화됨에 따라, 교수학습은 점차 공적 제도화 및 체계화를 요구받게 되었다. 문명 생태계의 지속 가능성을 위해서는 다음 세대를 안정적이고 일관되게 훈련 시킬 수 있는 구조화된 교수학습 시스템이 필수적이며, 이러한 흐름 속에서 교수학습은 문명적 전략 인프라로 자리매김하게 되었다.

이러한 교수학습체계는 호모 테크놀로지쿠스가 문명 생태계 속에서 자기생산을 지속할 수 있도록 설계된 상호작용적·목적 지향적 시스템 도구이다. 이는 학습자, 교수자, 매체, 환경, 활동 등이 유기적으로 연결된 총체적 구조이며, 단지 지식 전달의 매개가 아니라, 인간 존재의 구조적 재구성을 유도하는 인지 생태계이다. 이 안에서 교수자는 더 이상 절대적 존재가 아니라, 동등한 기능을 수행할 수 있는 다양한 교수 에이전트(예: 인공지능, 디지털 튜터)로 대체 가능하다. 반면, 학습자는 단순한 사용자나 수용자가 아닌, 교수학습의 목적이 실현되는 의미의 장소이며, 여전히 대체 불가능한 자기생산의 주체로 기능한다.

교수학습체계는 루만의 사회체계 이론에 따라 자기생산체계로 설명될 수 있다. 이 체계는 자기 고유의 조직 원리에 따라 작동(조직적 폐쇄성)하며, 이전 작동에 기반해 다음 작동을 자기지시적으로 생성(작업적 폐쇄성)하고, 외부인 문명 생태계와의 반복적 상호작용을 통해 구조를 조정하고 진화(구조적 커플링)하는 존재이다. 체계화된 교수학습 환경은 단순히 학습 활동을 정렬하는 절차적 틀이 아니라, '제작된 시뮬라리움'으로서 작동하기 위해 반드시 충족해야 할 구조적 요건을 담고 있다. 자연학습이 유기체가 자발적으로 적소를 발견해 그 안에서 자기구조를 조정하는 '발견된 시뮬라리움'에 기반한다면, 교수학습은 문명 생태계의 요구를 반영하여 인위적으로 기획되고 구성된 학습 생태계로, 보다 설계 기반의 인지적 진화 메커니즘이다. 이러한 교수학습체계가 작동하기 위해서는, 문명 생태계와 학습자 사이의 구조적 커플링 관계를 사전에 분석하고, 이를 기반으로 체계적으로 설계되어야 한다.

우선, 문명 생태계의 구조와 방향성을 분석하여 교수학습 목표를 정의해야 한다. 학습은 단지 개인의 성취를 위한 활동이 아니라, 다음 세대가 문명 질서에 성공적으로 진입하고 그 질서를 재구성할 수 있도록 하는 존재론적 준비 과정이기 때문이다. 따라서 교수학습은 지식, 기술, 규범, 가치 등의 전수만이 아니라, 문명 생태계와 학습자 간의 기능적 접속 구조를 정교하게 설계하는 과정이 되어야 한다.

다음으로, 학습자의 조직적 폐쇄성과 작업적 폐쇄성에 대한 분석이 선행되어야 한다. 학습자는 외부 자극을 단순히 수용하는 수동적 존재가 아니라, 자신의 내적 조직이 허용하는 방식으로만 의미를 구성하고 작동을 연쇄하는 자기지시적 체계이다. 따라서 교수학습체계는 학습자의 기존 인지 구조, 정체성, 작동 흐름을 파악하고, 그 위에 새로운 커플링을 구축할 수 있도록 맥락화된 설계를 수행해야 한다.

이러한 초기 분석을 바탕으로, 인적 자원(교수자, 학습자), 비인적 자원(콘텐츠, 매체, 도구, 공간 등)을 교수학습의 목적과 맥락에 적합하게 배치하는 설계가 이루어져야 한다. 이는 물리적 공간의 구성만을 뜻하는 것이 아니라, 의미의 분배, 도전 과제의 조정, 피드백의 흐름, 메타인지적 조작의 가능성 등을 포함한 전방위적 인지 환경 설계를 의미한다. 이때 설계는 일회성의 계획이 아니라, 실행 – 분석 – 평가 – 재설계로 순환되는 피드백 구조를 통해 지속적으로 갱신되어야 한다.

자연의 '보이지 않는 손'이 자생적으로 빚어낸 시뮬라리움을, 인간이 인위적으로 제작해야 하는 일은 결코 단순한 과제가 아니었다. 그것은 마치 자연 생태계 위에 문명 생태계를 하나의 새로운 적소로 구축하는 일처럼 복합적이고 힘겨운 작업이었다. 이 도전은 필연적으로 한계에 봉착했고, 그 한계를 극복하기 위한 인간의 해답은 다름 아닌 호모 테크놀로지쿠스의 본성, 즉 도구와 협력을 매개로 활용하는 것이었다.

인간은 단독으로 이 전환을 이루어 낸 것이 아니라, 도구를 확장하고 협력의 방식을 진화시킴으로써 문명 생태계를 조율하고 매개하는 제작된 교수학습체계를 설계하고 축조해 왔다. 이 체계는 인간이 단지 적응하는 대상이 아니라, 문명 생태계에 대한 자기생산적 커플링을 가능하게 하는 정교한 매개 공간으로 작동한다.

그러나 교수학습을 위한 자기생산체계로서의 시뮬라리움을 향한 이상은 현실과 일치하지 않는다. 교수학습체계는 테크놀로지의 수준, 곧 도구의 정밀도와 협력 방식의 조직력에 따라 그 구조와 작동 범위를 제약받을 수밖에 없었다. 테크놀로지가 단순한 보조 수단이 아니라 인간의 존재 방식 자체를 매개하는 조건으로 기능하는 한, 교수학습체계는 본질적으로 기술 문명과의 구조적 상호의존 속에 놓여 있다.

이로 인해 교수학습체계는 단일한 형태로 수렴하지 않으며, 기계적 복합계, 방임적 복잡계, 자율적 자기생산체계와 같이 여러 수준의 체계성을 나타낸다. 이러한 다양성은 오류가 아닌, 도구와 협력이 만들어 낼 수 있는 문명적 커플링의 조건과 수준이 상이하기 때문이며, 이는 곧 인류가 어떤 테크놀로지를 어떻게 활용하는가에 따라 교수학습체계의 진화적 궤적 또한 달라진다는 사실을 드러낸다.

### 2) 체계적 특성과 기본 조건

교수학습체계의 체계성(systemicity)은 고정된 속성이 아니라 부분들의 자율성, 상호작용 밀도, 환경과의 구조적 커플링 정도, 특정 구성 요소의 목적 지향적 주도성에 따라 연속적으로 변주되는 특성이다. 설계와 운영 방식의 미세한 차이만으로도 체계성의 결이 달라지며, 그 스펙트럼을 이해하기 위해 기계적 복합계, 방임적 복잡계, 적응적 자기생산체계라는 세 전형을 제시할 수 있다.

기계적 복합계는 외부 설계자가 규정한 정태적 구조 안에서 예측 가능한 과정을 반복함으로써 안정적 결과를 추구한다. 절차는 명료하고 통제는 용이하지만, 구성 요소들은 톱니바퀴처럼 교환 가능하며, 학습 생태계의 다양성과 변동성은 시스템 외부의 오류로 간주된다. 따라서 변화는 설계자의 의도에 의해 비연속적으로 삽입될 뿐이다.

방임적 복잡계는 반대편 극에서 자율성을 과도하게 방출한 형태이다. 구성 요소들은 풍부한 상호작용을 통해 다채로운 창발성을 보여 주지만, 체계적 통일성이나 목적성이 희미해진다. 학습자 주도성은 극대화되나, 안정적 피드백 고리가 부재하여 체계 전체가 혼돈으로 전이될 위험을 안고 있다. 목소리는 다양하지만 합주를 위한 조율이 결여된 상태라 할 수 있다.

적응적 자기생산체계는 두 극단을 종합한다. 내부 조직 원리를 보존하면서도 외부 환경과의 구조적 커플링을 통해 스스로를 조정·재구성한다. 이 체계는 변화와 안정, 자율성과 통제, 예측성과 창발을 동시에 붙잡는다. 핵심은 학습분석 같은 반영적 메커니즘을 통해 자신의 구조를 실시간으로 모니터링하고, 필요할 때마다 재배열하는 능력이다. 정원사가 토양의 상태와 기후의 변덕을 감지하며 씨앗의 위치를 옮기듯, 시스템 내부의 조율자가 끊임없이 구조를 가다듬는다.

세 유형은 상호 배타적 구획이 아니라 유동적 전이 가능성을 지닌 구조적 양태이다. 하나의 교수학습체계도 상황과 목적에 따라 복합계적 모듈, 복잡계적 모듈, 자기생산적 모듈을 혼합하여 운용할 수 있다. 따라서 유형 구분은 정태적 라벨이 아니라 동태적 좌표계로 이해되어야 한다.

ADDIE 모델의 역사적 진화 과정을 들여다보면, 전통적 ADDIE는 기계적 복합계의 전형으로서 설계자 주도의 선형 절차를 강조하였다. 이는 통제 가능성과 예측 가능성을 중시한 정(Thesis)의 단계이다. 이에 대한 반작용으로 복잡계적 교수학습체계가 등장하여 학습자 중심의 비선형·창발적 설계를 지향하였다. 이것은 정태적 구조에 대한 반(Antithesis)으로서 유연성과 다양성의 가치를 강조한다. 그러나 둘 사이의 간극은 새로운 모순을 낳았다. 절차적 명확성과 생태적 다양성을 동시에 확보하기 위해서는 자기생산체계로의 변증법적 지양(Sublation, Aufhebung)이 요구된다. 이 합(Synthesis)은 정과 반의 장점을 통합하면서도 단순한 절충이 아닌, 질적으로 도약한 새로운 체계성을 의미한다.

복합계로서 ADDIE는 통제 가능성과 예측 가능성을 제공하나 경직되기 쉽다. 복잡계는 유연성과 창발성을 담보하나 불안정하다. 적응적 자기생산체계만이 안정과 변화의 역동적 균형 위에서 지속 가능한 학습 생태계를 가능하게 한다. 예측 가능한 시계태엽이 분해될 때 정원사는 토양의 말을 듣기 시작하듯, 교수학습체계 또한 혼돈의 가장자리를 감각할 수 있을 때 비로소 자기를 재설계할 힘을 얻는다.

결국 체계성의 본질은 한 지점으로의 수렴이 아니라, 복합·복잡·자기생산이라는 스펙트럼을 오가며 상황에 맞추어 스스로를 구성할 수 있는 유연성에 있다. 교수학습체계를 설계한다는 것은 단단한 구조물을 만드는 일이 아니라 살아 있는 정원을 가꾸는 일이다. 그리고 그 정원에서 학습자는 단순한 수혜자가 아니라, 토양을 뒤집고 씨앗을 옮기며 스스로를 키우는 공존적 존재이다.

### 3) 교수학습체계 특성에 영향을 미치는 세 가지 환경 요인

"기계적 복합계, 방임적 복잡계, 자율적 자기생산체계 중 무엇이 바람직한 교수학습체계인가?"라는 가치 판단적 질문은 체계이론적 접근의 관점과 본질적으로 부합하지 않는다. 교수학습체계는 고정된 이상형이나 보편적 모형이 아니라, 상위 체계인 문명 생태계와 구조적으로 커플링 되어 형성되는 하위 체계로서, 외생 조건에 따라 유동적으로 조직되고 조정되는 적응적 구조이다. 즉, 교수학습체계는 내재된 자율성을 가지되, 문명적 맥락에 의해 구성되는 체계적 개체로 이해되어야 한다.

이러한 외생 변수는 세 가지 핵심 축으로 구분할 수 있다. 첫째, 문명 생태계의 구조는 교수학습체계에 선택압[42]으로 작용하여, 그 목적과 방향을 규정짓는다. 문명 생태계는 기술, 경제, 정치, 문화, 가치체계가 복합적으로 얽힌 상위 구조로서, 교수학습체계의 존재 목적과 체계성을 결정짓는 존재론적 기반을 제공한다. 산업사회는 반복과 표준화를 중시하며 기계적 복합계를 요청하지만, 창의성과 자율성을 강조하는 디지털 사회는 자율적 자기생산체계를 선호한다. 이렇듯 시대에 따라 상위 체계의 요구가 변화하면, 하위 체계로서의 교수학습체계도 이에 기능적으로 적응하여 진화해야 한다.

둘째, 테크놀로지의 발전 수준과 성격은 교수학습체계 내부의 구성 요소 수, 상호작용의 구조, 자율성의 범위를 결정짓는다. 기술은 단순한 도구가 아니라, 상호작용의 양상과 시스템의 복잡성을 규정짓는 구조적 조건이다. 예컨대, 초기 방송매체는 일방향성으로 인해 기계적 복합계와 친화적이었으나 인공지능, 실시간 피드백 시스템, 협업 도구는 자기조직적 상호작용을 가능하게 하여 자율적 자기생산체계를 촉진한다. 기술은 단지 매체의 문제를 넘어서, 체계의 동역학적 가능성을 실질적으로 재구성하는 핵심 변수이다.

셋째, 우리가 전제하는 교수학습이론은 학습자의 자율성과 상호작용의 범위 ―즉, 체계 내에서 허용되는 작동 가능성의 스펙트럼―를 규정한다. 행동주의는 외적 자극에 대한 반응을 중심으로 학습을 정의하며, 시스템의 통제성을 강화하고 학습자의 자율성을 축소시킨다. 반면 구성주의, 연결주의, 인지적 유연성 이론은 학습자의 의미 구성, 자기조절, 창발적 변화를 중시하며, 자율적 자기생산체계의 기반이 된다. 학습이론은 단순한 설명이 아니라 설계 가능한 작동 조건의 체계도이자, 실제 체계 작동 경로를 찾아가는 여행자의 예상 지도가 된다.

---

42) 선택압(selection pressure)은 진화 과정에서 특정 형질이나 행동이 생존과 번식에 유리하거나 불리하도록 작용하는 외부 환경의 영향력을 의미한다. 이는 개체군 내 유전적 다양성 중 일부를 선호하거나 배제함으로써, 세대를 거치며 특정 형질이 더 자주 나타나도록 만든다. 자연선택, 성선택, 인위선택 등이 대표적인 형태이며, 선택압은 생물종의 적응 방향을 결정짓는 핵심 동인이다.

이처럼 문명 생태계의 요구, 테크놀로지의 조건, 교수학습이론의 전제는 각각 교수학습체계의 체계성에 영향을 미치는 외생 변수이며, 교수학습체계는 이 변수들과의 구조적 커플링 속에서 유동적으로 조직된다. 고정된 체계 유형을 일방적으로 이상화하는 접근은 현실의 교육 생태계와 그 진화적 요구를 간과하는 오류에 빠질 수 있다. 오히려 설계자는 주어진 외생 조건 속에서 가장 정합적인 체계 구조를 조율해 낼 수 있는 유연하고 역동적인 설계 전략을 수립해야 한다.

결론적으로, 교수학습체계의 체계성은 단일한 이상적 모델로 존재하지 않으며, 그것은 문명적 선택압, 기술적 진화, 이론적 전제와의 커플링 속에서 유동적으로 형성되고 재구성되는 실천적 구조이다. 체계이론은 이처럼 복잡하고 동태적인 체계성을 기술하고 예측하는 데 그치지 않고, 실천적으로 활용 가능한 설계 프레임으로 전환될 때에야 비로소 교육공학의 핵심 이론으로 기능할 수 있다.

교수학습체계를 '적응성'과 '자기생산성'이라는 이중 원리를 따라 작동하는 하나의 자율 체계로 이해할 때, 우리는 교수학습의 설계를 단순한 전달이나 통제의 문제가 아닌, 끊임없는 변형과 조정의 과정으로 보게 된다. 특히 학습자가 변화하는 환경 속에서 새로운 구조를 창출할 수 있도록 돕기 위해서는, 교수학습체계 자체가 일정한 '법칙성'을 유지하면서도, 학습자의 특성과 맥락에 따라 유연하게 '변형'될 수 있어야 한다. 다음 장에서는 이러한 교수학습체계의 설계 원리를 중심으로, 법칙성과 변형 가능성이 어떻게 조화롭게 작동할 수 있을지를 구체적으로 고찰해 보고자 한다.

### (2) 교수학습체계의 설계

#### 1) 설계과학: 법칙과학과 개별과학의 변증법적 종합

설계는 단순한 사고 조작이나 계획 수립이 아니다. 그것은 도래하지 않은 미래 상태를 현재의 인지 구조 안에 가시화하고, 실현 가능한 경로로 구조화하는 창조적 인지 작용이며, 실행을 위한 제약 조건과 자원 분포를 명료하게 조직하는 호모 테크놀로지쿠스만의 독특한 정보 처리 양식이다. 이 설계 능력은 인간의 창조성이 일회성의 영감이나 우연에 의존하지 않고 구조화된 반복 가능성으로 구현될 수 있도록 하는 핵심 동인이며, 새로운 도구와 시스템을 지속적으로 발명하고 진화시키는 문명적 원동력으로 작용한다.

교수학습체계 설계 역시 예외가 아니다. 그것은 자연 발생적인 질서의 산물이 아니라, 특정한 시공간에서 누군가가 상상하고, 구상하고, 구현해 낸 설계 활동의 육화이다. 설계 활동은 더 이상 개인의 재능이나 직관, 기예(技藝)에 의존하는 임의적·우연적 실천으로 머물 수 없다. 문명 생태계가 고도화되고 교수학습체계가 복잡계로 진화한 현재, 설계는 예술로서의 미학적 감각과 함께, 재현 가능성과 검증 가능성을 갖춘 과학적 원리로 정식화되어야 했다.

이는 설계 활동을 '무엇을 만들 것인가'를 결정하고, '어떻게 작동할 것인가'를 예측하고 '왜 그렇게 설계해야 하는가'를 이론적으로 설명할 수 있는 지식 체계로 끌어올려야 함을 의미한다. 이제 설계는 과학적 탐구의 대상이며, 교수학습체계 설계는 교육공학의 존재의 이유가 되었다.

설계과학은 법칙과학과 개별과학이라는 이분법적 양극단을 변증법적으로 종합함으로써, 인간-도구-환경이 얽혀 형성된 인공물의 세계를 체계적으로 탐구하는 제3의 과학적 사유 지평으로 부상하였다. 이 새로운 탐구 양식은 전통 과학 철학에서 구축된 탐색 구조를 계승하면서도, 단순한 종합을 넘어 이질적 접근들 간의 긴장을 조율하고 창조적으로 재조직하는 메타적 성찰을 요청한다.

빌헬름 빈델반트가 제시한 바와 같이, 과학은 크게 법칙과학(nomothetic science)과 개별과학(idiographic science)으로 구분된다. 법칙과학은 물리적 자연현상 속에서 반복적으로 나타나는 인과 패턴을 추출하고, 이를 일반화하여 보편적 법칙을 도출하는 것을 목적으로 한다. 이 유형의 과학은 통제된 실험, 통계적 검증, 변수 통제 기반의 예측 모델 구축이라는 방법론을 기반으로 하며, 핵심적으로는 '반복 가능성'과 '인과적 설명력'을 지식 생산의 핵심 조건으로 삼는다. 반면, 개별과학은 인간 행위와 문화, 역사적 사건과 같이 고유하고 비가역적인 현상들에 대한 해석적 이해를 중심에 둔다. 사례 분석, 맥락적 설명, 서사적 재구성은 이 분야의 주요 방법론이며, 이론보다 맥락 특수성, 의미 구성, 역사성과 시간성에 대한 민감한 반응이 중요시된다.

이 두 과학 형태는 각자의 방식으로 인간과 세계를 이해하는 데 기여해 왔지만, 교수학습체계와 같은 살아 있는 인공물의 설계와 진화를 설명하고 실천하기에는 상보적으로 고립된 섬에 머무르는 한계가 분명하다. 교수학습체계는 인지과학과 생물학의 법칙적 이해뿐 아니라, 학습자의 문화적 정체성과 교실의 제도적 특수성을 동시적으로 고려해야 하는 복합적 실천 체계이기 때문이다.

허버트 사이먼은 이러한 이론의 간극을 “인공물의 과학(science of the artificial)”이라는 개념을 통해 과감히 가로질렀다.[43] 사이먼에게 있어 설계과학은 단지 기술적 조작이나 경험적 사례의 축적이 아니라, 보편성과 특수성, 예측 가능성과 의미 구성, 이론적 설명과 실천적 맥락의 긴장 구조를 유기적으로 통합하는 메타과학적 실천이다.

설계과학은 먼저 법칙과학의 성취를 수용한다. 인지부하이론, 자기결정성이론, 분산인지이론 등은 인간 학습의 보편적 원리를 설명하며, 이는 설계 원리나 패턴으로 정식화된다. 예를 들어, 작업기억의 한계라는 인지심리학의 법칙은 학습 콘텐츠를 세분화하고 계열화해야 한다는 설계 지침으로 구현되며, 이는 문화나 국경을 초월해 광범위한 적용이 가능한 설계 토대를 제공한다. 이러한 법칙 기반 설계는 예측 가능성과 실행 가능성을 확보하는 데 기여한다.

그러나 설계과학은 여기에서 멈추지 않는다. 다음 단계로, 개별과학의 해석적 감수성을 호출하여 동일한 법칙적 원리가 구체적 맥락에서 어떻게 다르게 해석되고 실현되는가를 탐색한다. 예컨대, 동일한 인지부하이론이라도 한국의 중학교 교실과 핀란드의 고등학교 교실에서는 수업 구조, 교사-학생 상호작용, 도구 활용 방식이 다르게 구현된다. 이는 단순한 실행 차이의 문제가 아니라, 법칙적 설계 원리를 문화적·제도적·정서적 조건 안에서 재구성하는 고유한 실천 양상이며, 이 지점에서 설계과학은 개별과학과 손을 맞잡는다.

이러한 이중 구조는 설계 → 실행 → 평가 → 재설계로 이어지는 피드백 고리 속에서 살아 있는 구조로 작동한다. 단선형 모델이 아니라, 나선형 순환과정으로 구성된 이 구조는 추상과 구체, 이론과 실천, 일반성과 특수성 사이의 대립을 조화롭게 중재하며, 교수학습체계를 진화 가능한 실천체로 만들어낸다. 이 순환 고리는 단지 평가에 따른 수정이 아니라, 학습자 경험, 도구 사용, 맥락 변화, 시스템 피드백 등 다양한 변수를 반영하여 자기조정과 구조 진화를 유도하는 실천적 역동성이다.

요컨대, 설계과학은 단순히 법칙과학과 개별과학의 중간 어딘가에 위치한 절충점이 아니다. 그것은 양극단의 논리를 보존하면서도 초월하는 변증법적 지양(Aufhebung)이며, 법칙과학이 제공하는 추상의 힘과 개별과학이 제공하는 서사의 깊이를 통해, 새로운 교육 생태계를 이론적으로 설명하고 실천적으로 설계할 수 있

---

43) Simon, H. A. (1996). *The sciences of the artificial* (3rd ed.). MIT Press.

는 유일한 제3의 과학적 프레임워크가 된다. 바로 이 점에서, 설계과학은 21세기 교육공학의 존재론적 전환을 이끄는 중심적 토대로 기능하며, 인간-기계-환경이 얽힌 복합 생태계 속에서 살아 있는 교수학습체계를 진화시키는 주체적 인식 도구로 자리 잡는다.

### 2) 교수학습체계 설계에서 두 과학의 상호작용

법칙과학으로서 학습심리학과 교수방법론은 평균적 인간이 탈맥락적 상황에서 학습할 때 나타나는 보편적 원리를 탐구 대상으로 삼는다. 이들은 변수 통제를 통해 보편적 인과 구조와 반복 가능한 효과를 도출하며, 학습 현상을 평균화·추상화된 차원에서 설명한다. 반면 설계과학으로서 교수학습체계 설계 이론[44]은 '특정 인간이 특정 교수학습 주제와 목표 맥락에서 학습하는 과정과 조건'을 탐구한다. 이는 개별 학습자의 특성, 사회·문화적 맥락, 물리적·디지털 환경 등 구체적 변수들이 상호작용하는 실제 상황을 분석하여 그 맥락에 최적화된 해결책을 조직한다.

교수학습체계 설계는 실제로는 존재하지 않는 '평균인'이라는 유령에게 육신을 입혀, '구체적 삶을 살아가는 누군가'의 학습을 돕는 활동이어야 한다는 점이 핵심이다.[45] 따라서 교수학습 연구는 법칙과학이 제공하는 탈맥락적 일반 원리를 기초로 삼되, 설계과학적 방법을 통해 맥락적 특수성을 반영한 실천적 설계를 수행함으로써 이론의 보편성과 실행의 개별성을 상호 보완적으로 통합해야 한다.[46]

예컨대 학습심리학은 "A라는 조건이 주어지면 B라는 학습이 일어난다(A → B)."라는 식의 인과 명제를 제시한다. 여기서 A는 강화 자극, 인지적 부조화, 근접 발달 영역 등 학파마다 다르며, B는 행동 변화, 개념 형성, 문제 해결 등의 결과로 나타난다.[47] 교수방법론도 실천적 맥락을 바탕으로 "A라는 교수 전략이 B라는 학습 결과를 낳는다."라는 경험적 일반화를 시도해 왔으며, 특정 교수 행동의 반복

---

44) Reigeluth, C. M. (1999). *Instructional-design theories and models: A new paradigm of instructional theory (Vol. 2)*. Lawrence Erlbaum.

45) Rose, T. (2017). **평균의 종말: 우리가 모두 똑같은 세상에서 성공하는 법** [The end of average: How we succeed in a world that values sameness] (이한이 역). 비즈니스북스. (원저 2016년 출간).

46) Simon, H. A. (1996). *The sciences of the artificial* (3rd ed.). MIT Press.

47) Jonassen, D. H. (2011). *Learning to solve problems: A handbook for designing problem-solving learning environments*. Routledge.

가능한 효과를 법칙 수준에서 정리하려 했다. 그러나 이러한 보편 명제만으로는 교수학습체계 설계가 완결되지 않는다. 실제 현장에서 교수자는 "목표 B를 달성하려면 어떤 조건 A를 마련해야 하는가?"라는 처방적 질문을 던진다. 이는 논리적으로 학습심리학의 역명제(B → A)에 해당하지만, 명제 논리상 A → B가 참이라 해도 역명제는 일반적으로 참이 아니며, 설계에 곧바로 적용될 수 없다. 동치가 성립하는 것은 대우명제(~B → ~A)뿐이다.

이 논리적 구조는 교수학습체계의 설계가 단순히 학습심리학이나 교수방법론의 법칙을 역진술하여 적용하는 방식만으로는 충분하지 않음을 분명히 보여 준다. 실제 설계 상황은 언제나 특정한 학습자, 특정한 과업, 특정한 환경이라는 고유한 맥락을 포함하며, 이는 법칙과학이 전제하는 "기타 조건이 동일하다면"이라는 본질론적 설명 범주를 넘어서는 복잡성과 특수성으로 가득하다. 다시 말해, 법칙과학은 설계를 위한 필요조건은 제공할 수 있으나, 그것만으로는 결코 설계의 충분조건을 보장할 수 없다. 설계는 언제나 법칙을 넘어서며, 현장의 맥락 속에서 새롭게 구성되어야 할 창발적 실천이다.

따라서 교수학습체계 설계는 법칙과학이 제공하는 보편적 토대를 견고히 딛고, 그 위에 개별과학의 맥락적 탐구를 접목하는 방식으로 전개된다. 설계자는 일반 명제를 단순히 역진술하는 데 머무르지 않고, 대우명제 논리를 적용해 "어떤 조건이 빠지면 학습 목표 B가 좌절되는가"를 면밀히 분석한다. 그 과정에서 법칙과학이 제시한 필요조건을 출발점으로 삼되, 실제 맥락을 진단하여 충분조건을 재구성하는 창의적 설계 활동을 수행한다. 이러한 접근은 특수 상황에 대한 정밀한 진단과 정보 수집을 필수적으로 요구하며, 법칙과학의 일반 원리를 기반으로 하되 개별 맥락에 부합하는 설계적 판단을 가능하게 하는 실천적 과정이 바로 설계과학의 핵심이다.

교수설계자는 설계의 이론적 기반 위에서, 해당 상황의 구체적 변수들을 진단하고 '분석'함으로써 교수학습체계의 개별적 구조와 역동성을 밝혀내고자 한다. 이는 곧 법칙과학과 개별과학의 통합적 실천이며, 설계를 보편적 원리에 따라 특수한 맥락 속에서 작동 가능하도록 조율하는 행위라 할 수 있다.

법칙과학과 개별과학의 상보적 관계는 의학에서 특히 선명하게 드러난다. 기초 의학은 인체의 보편적 구조와 병리 기전을 분자·세포·기관 수준에서 해명하려는 법칙과학이다. "병원균 A가 체내에 침투하면 염증 반응 B가 일어난다"와 같은 명제가 여기에 해당하며, 이는 *ceteris paribus*(다른 모든 조건이 동일함) 조건에서 도출된 일반 법칙으로서 모든 의사에게 공통의 이론적 토대를 제공한다.

반면 임상의학은 개별과학이다. 의사는 특정 환자의 고유한 증상과 생활사, 사회·문화적 배경이 중첩된 한 명의 사례를 다룬다. 문진, 촉진, 타진, fMRI 검사 등 다층적 진단 과정을 거쳐 “이 환자에게 어떤 조건이 결핍되어 병리 B가 나타났는가”를 탐색하고, 적절한 처방을 내린 뒤 경과를 관찰·조정하며 성찰한다. 이렇게 축적되는 임상 지식은 평균적 인간이라는 ‘유령’이 아니라 살아 있는 구체적 개인에게서 산출된 경험적 데이터이기에, 맥락 특수성을 반영한 귀중한 사례 저장소가 된다.

흥미로운 점은, 임상 사례의 축적이 다시 기초 의학의 이론 발전을 자극한다는 점이다. 개별 환자에게서 나타난 이례적 반응이나 변이 사례는 기존 의학 이론의 한계를 드러내며, 새로운 생리 기전의 규명, 약물 개발, 치료 프로토콜의 정교화로 이어진다. 결과적으로 기초 의학(법칙과학)과 임상의학(개별과학)은 “진단-처방-경과 관찰-성찰”이라는 선순환적 고리를 통해 서로를 보완하며 공진화한다. 보편적 이론은 임상 판단의 필요조건을 제공하고, 현장 사례는 그 보편 법칙을 갱신·확장하는 촉매가 되는 것이다.

교육공학 역시 이와 동일한 구조 위에 놓여 있다. 교육공학은 심리학, 인지과학, 생물학 등 법칙과학에서 도출된 보편 원리를 출발점으로 삼되, 그것을 현장에 단순 적용하는 실용 기술이 아니라, 구체적 교수·학습 맥락을 진단하고 설계하는 실천적 탐구 방식을 추구한다. 특히, 교육공학이 지향하는 핵심 접근법 중 하나인 설계기반연구(design-based research, DBR)는 이러한 법칙과학과 개별과학의 협업 구조를 이론적·방법론적으로 정식화한 연구 패러다임이라 할 수 있다.

설계기반연구는 보편 이론을 기반으로 교수학습체계를 설계하고, 실제 맥락에서 실행한 뒤, 학습자의 반응과 성과를 분석하며, 그 결과를 바탕으로 재설계하는 순환 구조를 갖는다. 이 과정에서 현장의 구체성과 학습자의 고유성이 고려되며, 이론은 실천 속에서 시험되고, 실천은 이론에 의해 조정된다. 즉, 교육공학은 DBR이라는 탐구 구조를 통해 법칙과학의 보편성과 설계과학의 맥락성을 연계하며[48] 이론과 실천을 긴밀히 통합하는 현대적 지식체계로 진화한다. 결국 교육공학은 기초 의학과 임상의학이 함께 진화하듯, 법칙과학과 설계과학의 이론-실천 협력 생태계를 구성하고 있으며, 교수학습체계를 단지 적용 대상이 아닌 이론 생성의 현장

48) Cobb, P., Confrey, J., diSessa, A., Lehrer, R., & Schauble, L. (2003). Design experiments in educational research. *Educational Researcher, 32*(1), 9-13.

으로 재정의하고 있다.

## (3) 교수체계설계의 실천 원리

### 1) ISD와 ADDIE 모델 개요

교수학습체계는 포이에시스, 곧 의도적·창조적 제작 행위르 탄생한 인공물이다. 이러한 창조 과정에는 반드시 테크네, 곧 실천적 설계 기술이 필요하며, 그 테크네가 축적·체계화되어 형성된 지식 구조가 바로 테크놀토지, 즉 교육공학(Educational Technology)이다. 이 테크놀로지의 가장 정제된 형태가 바로 교수체계설계(Instructional Systems Design, ISD)이며, 그것은 교육공학이 생산한 대표적 지적 성과이자, 이 학문 분야의 정체성과 실천 철학을 가장 선명하게 드러내는 구현물이라 할 수 있다.

교수체계설계는 활동, 이론, 모형이라는 세 가지 수준으로 구성된다. 먼저, 활동(activity)은 교수설계자가 실제 교육 현장에서 수행하는 실천적 행위를 의미한다. 예컨대 초등학교 과학 수업을 설계할 때, 설계자가 학습자의 사전 지식을 조사하고, 단원의 목표에 부합하는 학습 과제를 개발하며, 수업 자료를 준비하고 피드백 방식을 구성하는 모든 행위들이 활동에 해당한다. 이러한 활동은 각 교육 맥락의 조건에 따라 유연하게 조정되며, 교수설계자의 판단과 실행력이 중심이 된다.

이러한 활동을 뒷받침하는 개념적 기반이 바로 이론(theory)이다. 교수체계설계 이론은 학습심리학(예: 행동주의, 인지주의, 구성주의), 체계이론, 자기생산체계 이론 등 다양한 학문으로부터 도출된 설계 원리를 바탕으로 한다. 예를 들어, Gagné의 학습 조건 이론은 학습이 효과적으로 일어나기 위해 어떤 절차적 단계가 필요한지를 설명하며, Reigeluth의 정교화 이론은 개념이나 절차의 구조화 방식을 제시한다. 이론은 교수설계자가 왜 그런 활동을 해야 하며, 어떤 방식으로 접근할 것인지에 대한 원리적 기준을 제공한다.

이러한 이론을 실천으로 연결해 주는 도구가 바로 모형(model)이다. 모형은 이론의 개념과 원리를 설계자가 따라 실행할 수 있도록 절차화하고 시각화한 실행 가이드이며, 대표적인 예로 ADDIE(Analysis – Design – Development – Implementation – Evaluation) 모형이 있다. ADDIE는 분석에서 설계, 개발, 실행, 평가로 이어지는 순환 구조를 통해 설계자가 교육 목표, 학습자 특성, 학습내용 구조, 피드백 방식 등을 체계적으로 조정하고 구현할 수 있도록 돕는다. 모형은 이론의 적용을 가능하게 하는 실천적 경로로 기능하며, 활동을 조직화하고 정교화하는 중간 매개체 역할을 수행한다.

결과적으로, 교수체계설계는 활동, 이론, 모형이 상호작용하며 이루어지는 복합적인 구성이다. 활동은 실천의 장에서 작동하고, 이론은 그 활동을 설명하고 정당화하며, 모형은 이론을 기반으로 활동을 도식화하고 안내한다. 이러한 삼중 구조는 교수학습체계를 단순한 실행의 집합이 아니라, 이론적 정합성과 실천적 유효성을 갖춘 설계 가능한 체계로 정립하는 데 핵심적 역할을 한다.

교수체계설계(ISD)는 교수자, 학습자, 콘텐츠, 매체, 지원 환경, 평가 체계 등 다층적 요소들이 목표 지향적으로 상호작용하는 전체 시스템을 설계·조정하는 활동이다.[49] 여기서 '시스템'은 베르탈란피의 일반체계이론이 규정한 바와 같이 경계를 가진 개방체계로서 입력·과정·출력·피드백의 순환을 통해 항상성을 유지하면서도 환경과 물질·에너지·정보를 교환하고, 부분 간 상호의존성·위계성·목표지향성을 띠는 조직을 뜻한다.

ISD는 이러한 체계 개념을 교수·학습 영역에 최초로 본격 도입하여, 단일 강의나 자료 개발을 넘어 조직 구조·정책·자원까지 포괄하는 거시적 설계 구도를 제시하였다. 그 결과 교수학습체계는 투입·처리·산출의 흐름과 피드백 고리에 따라 최적화·진화하는 목표지향적 교육 생태계로 정의되며, ISD는 이 생태계의 구조와 역동성을 체계이론적 원리에 따라 설계·조정하는 설계과학적 사례로 자리매김한다.

### 2) 분석(Analysis)의 주도적 역할

ADDIE 모델은 교수학습체계 설계 테크놀로지를 대표하는 도구이다. 이는 인간의 학습을 둘러싼 맥락·환경·대상·목적에 따라 교수학습 활동을 설계·개발·실행·평가하기 위한 실천적 지침으로 기능한다. 다섯 단계 — 분석, 설계, 개발, 실

---

49) 최초의 ISD 모델은 1975년 미 공군교육사령부에서 플로리다 주립대(FSU)에 의뢰하여 개발한 IPISD(Interservice Procedures for Instructional Systems Development) 모델이다. IPISD는 군 교육훈련의 표준화를 목표로, 요구 분석에서 평가까지 여섯 개 단계(분석·설계·개발·시범 실행·실행·평가)를 체계화하였다. 주목할 점은 이 연구 과정에서 ADDIE라는 다섯 단계 원형 모델이 개념화되었다는 사실이다. ADDIE는 IPISD의 여섯 단계를 간결하게 재구조화하여 Analysis-Design-Development-Implementation-Evaluation이라는 보편 틀로 정제한 것이며, 이후 등장한 Dick & Carey 모델, Smith & Ragan 모델, Keller의 ARCS 모델, Merrill의 Pebble-in-the-Pond 등 모든 ISD 파생 모델의 공통 골격으로 자리매김하였다.

행, 평가 — 는 "변화되어야 할 것은 변화시킨다."라는 개별과학의 전제 아래, 각기 다른 상황과 조건에 최적화된 교수학습체계를 구축·조정하는 것을 목표로 한다. 이 구조는 의사가 문진, 진단, 처방, 투약, 경과 관찰을 순환하며 환자 맞춤 치료를 조정하는 과정과 유사하다. '분석'이 환자 진단에 대응해 전체 처치 방향을 결정하고, '설계·개발'이 처방과 투약에 해당하며, '실행'이 임상 적용, '평가'가 경과 관찰과 재진단을 담당한다. 이렇게 ADDIE는 교수설계자가 교수학습 체계를 살아 있는 개별 환자처럼 진단하고 맞춤 치료하듯 설계·운영하도록 돕는 순환적 의사결정 프레임이다.

ADDIE 모델이 지닌 체계적 역동성은 분석(Analysis)이라는 전단(前端, front-end) 단계가 주도적으로 작동할 때 비로소 실질적으로 활성화된다. 체계이론은 전체 시스템이 명확한 목표를 중심으로 유기적으로 작동하며, 그 내부 구성 요소들이 상호의존적으로 조직화되어야 한다는 설계 지침을 제시한다. ADDIE에서 분석은 이러한 이론적 전제를 구체적인 교육 현장과 연결하는 '정보적 토대'이자, 이후의 설계-개발-실행-평가 단계 전체를 견인하는 메타-입력으로 기능한다. 분석이 단순한 사전 조사에 머물지 않고, 설계 전 과정을 조율하는 체계적 출발점이 될 때, ADDIE는 진정한 자기조직적 설계 프레임으로 진화할 수 있다.

분석 단계는 교수학습체계의 심장부이자 철학적 토대이다. ADDIE 모델에서 분석은 단순한 사전 조사 절차가 아니라, 교수학습 목표·학습자 특성·환경 조건·자원 분포를 세밀하게 해석하여 체계 전체의 방향성과 타당성을 결정하는 존재론적 기반이다. 이때 분석은 법칙과학적 일반화와 개별과학적 특수성을 종합하는 해석학적 다리로 기능한다. 즉 "평균적 학습자"라는 보편 원리가 한국의 한 교실 혹은 남미의 원격 학습 현장과 만날 때, 분석은 그 간극을 번역하고 조정하여 설계의 윤곽 자체를 새롭게 그리는 것이다.

이러한 번역은 일회성 처방이 아니라 사이버네틱스적 순환 안에서 살아 움직인다. 초기 분석 결과는 설계·개발·실행 단계로 피드포워드되어 각 단계가 작동해야 할 범위와 기준을 규정하며, 설계와 실행에서 생성된 중간 산출물과 현장 데이터는 다시 분석으로 되돌아와 피드백을 형성한다. 학습자가 수업 중 경험한 불편, 기술 인프라의 제약, 예산 변동과 같은 변수들은 분석 데이터 풀을 실시간으로 갱신하고 체계를 재조정한다. 그 결과 ADDIE는 고정된 선형 절차가 아니라 자기조직화와 자기조정이 지속적으로 일어나는 유기적 생태계로 전환된다.

분석의 무게는 윤리적·실천적 책임에서도 드러난다. 설계는 곧 개입이며, 개입은 해석을 전제로 한다. 학습자의 문화적 배경이나 개인적 제약을 고려하지 않은 설계는 잘못된 개입이 되어 교육적 폭력으로 이어질 수 있다. 반대로 깊고 섬세한 분석은 설계를 구체적 존재에게 다가가는 의미 있는 응답으로 변환시킨다. 따라서 분석은 설계를 가능하게 하는 조건이자 실천을 정당화하는 해석의 통로이며, 일반이론이 현실의 언어를 입는 첫 접촉 지점이다.

일반체계이론의 관점에서 보면, 분석은 교수학습체계 내부에서 전체 작동을 유도하고 조율하는 주도적 부분이다. 분석이 정적 상태에 머무르면 체계는 경직되거나 혼란에 빠지지만, 분석이 실시간으로 재조정되고 강화될 때 교수학습체계는 외부 환경과 구조적 커플링을 지속하며 자기생산적 순환 구조를 안정적으로 유지한다. 실패의 전형적인 사례는 수년 전 학습자 데이터를 바탕으로 현재 수업을 설계하여 학습자의 변화된 특성을 반영하지 못하는 경우이다.

미래의 교육공학이 진정한 설계과학으로 성장하려면 분석 중심의 관점을 더욱 강화해야 한다. 특수 사례에서 얻은 통찰을 이론화하는 '맥락 일반화', 현장 경험을 체계적 지식으로 전환하는 '실천적 지식'의 축적, 그리고 AI 기반 실시간 학습자 분석 같은 도구적 혁신이 그 핵심이다. 이러한 혁신은 분석 단계가 설계·개발·실행·평가 전 과정에 걸쳐 살아 있는 프로세스로 작동하도록 지원한다.

결국 분석은 ADDIE의 첫 단계가 아니라 전 과정을 관통하는 살아 있는 순환축이다. 분석이 깊으면 교수학습체계는 데이터가 아니라 이해를, 절차가 아니라 의미를 설계하게 된다. 훌륭한 교수학습체계는 분석의 깊이에서 태어나며, 교육공학의 미래는 바로 이 분석 중심의 종합적 설계과학이 확립될 때 비로소 열릴 것이다.

둘째, 분석은 평가와 긴밀하게 연결된 활동이다. ADDIE의 종단에 해당하는 평가는 형성평가와 총괄평가로 구성되며, 학습 효과, 학습자 만족도, 실행 가능성, 맥락 적합성 등을 진단함으로써 교수학습체계의 전체적 유효성을 점검한다. 그러나 이때의 평가는 단순히 결과를 측정하는 데 그치지 않는다. 평가는 다음 주기의 분석과 설계를 위한 정보 흐름으로 작동하는 체계적 조정 메커니즘이며, 설계의 귀환점으로서 중요한 역할을 수행한다.

ADDIE에서 평가 단계에서 수집된 자료는 곧바로 전단인 분석 단계로 환류되어, 새로운 설계 조건을 위한 기준값으로 작용한다. 분석이 '미래 설계를 위한 정보 수집'이라면, 평가는 '실행된 설계의 효과 검증'이라는 점에서 역방향적 정보 흐름을 담당하며, 이 두 단계는 정보의 방향성만 다를 뿐 기능적으로는 동일한 역할을 수행하는 동형사상의 관계를 이룬다. 이러한 순환 구조 덕분에 ADDIE는 단순한 선형 절차가 아니라, 사이버네티틱스적 순환 체계로 작동하게 된다.

이 순환 고리가 얼마나 자주, 그리고 얼마나 민감하게 작동하느냐에 따라 ADDIE가 산출하는 교수학습체계의 성격은 근본적으로 달라진다. 분석이 초기 설계 시점에 단회적으로만 수행되고, 평가가 형식적이고 단절적으로 이루어진다면, ADDIE는 선형적이고 경직된 실행 절차로 고착되며, 교수학습체계는 외부 변화에 둔감한 복합계의 수준에 머무르게 된다. 복합계는 다양한 요소들이 정교하게 맞물려 있더라도, 설계자가 사전에 설정한 조건과 변수가 고정되어 있다는 전제 아래에서만 일정한 효과를 유지할 수 있기 때문이다.

반면, 분석이 학습자의 반응, 교육 환경의 변화, 테크놀로지의 진화에 따라 실시간적으로 반복 수행되고, 평가 결과가 체계적으로 분석 단계에 환류되는 구조라면, ADDIE는 비선형적이며 적응 가능한 복잡계로 진화할 수 있다. 이때 ADDIE는 단순한 설계 절차가 아니라, 자기조절이 가능한 동적 시스템으로 작동하며, 예기치 못한 학습 요구나 환경 변화에도 능동적으로 대응하고, 구조적으로 재조정될 수 있는 진화적 교수학습체계로 기능하게 된다.

결국 ADDIE의 체계성은 분석-설계-개발-실행-평가라는 다섯 단계가 고정된 순서대로 작동하는가에 달린 것이 아니라, 이들 단계가 상호 간 정보를 얼마나 정교하게 순환시키는가, 특히 분석과 평가가 얼마나 대칭적으로 상호작용하는가에 의해 결정된다. 분석과 평가가 상호 순환적 정보 루프를 형성할 때, ADDIE는 고정된 복합계를 넘어서 창발성과 적응성을 지닌 복잡계로 도약하게 된다.

따라서 분석과 평가는 ADDIE에서 단지 시작과 끝이라는 형식적 위치에 머무르지 않으며, 교수학습체계를 지속 가능하고 진화 가능하게 만드는 정보적 호흡 구조이자 시스템적 양대 축이다. ADDIE는 분석이 평가를 향해 나아가고, 평가가 다시 분석으로 환류하는 이 순환 고리가 활성화될 때, 비로소 살아 있는 교수학습 생태계로 기능하게 된다.

셋째, ADDIE에서 분석은 단지 시작을 알리는 절차적 기능을 넘어, 교수학습체계의 체계성을 실질적으로 결정짓는 핵심 활동이다. 일반체계이론에 따르면 모든 체계는 외부 환경과 투입-전환-산출 경로를 따라 물질·에너지·정보를 교환하고, 피드백 메커니즘을 통해 항상성을 유지하거나 스스로의 구조를 재편한다. 이 틀을 ADDIE 모델에 대입하면, 분석은 체계에 주입되는 정보와 조건들을 구성하고 의미화하는 '투입'을 구조화하는 활동이며, 설계 – 개발 – 실행 단계는 그 정보를 조작·전환하는 '변환' 과정, 평가는 산출된 결과를 평가하고 환류하는 '출력 및 피드백' 장치에 해당한다.

문제는 이 순환 고리, 특히 분석과 평가를 잇는 피드백 경로가 단절될 때 발생한다. 평가 결과가 분석으로 환류되지 않거나, 분석이 일회성 작업으로 끝나버리면, ADDIE는 비록 외형상 절차 구조는 유지하고 있을지언정 내적 정보 순환이 정지된 경직된 복합계로 고착된다. 이러한 복합계는 요소 간의 구조가 아무리 정교하게 설계되었더라도, 학습자의 다양성이나 교육 환경의 변동성에 제대로 반응하지 못하며, 변화에 둔감한 폐쇄적 체계로 전락한다.

반대로, 실행과 평가 단계에서 도출된 현장 기반 데이터가 분석 단계로 지속적으로 환류되고, 분석이 그 데이터를 흡수하여 설계의 전반 구조와 흐름을 실시간으로 조정하는 피드백 고리를 구축할 경우, ADDIE는 고정된 선형 절차를 넘어서 비선형적이고 적응적인 복잡계로 진화한다. 이러한 수준에 이르면 교수학습체계는 외부 환경의 변화와 학습자의 변이에 능동적으로 반응하며, 자기조정적 기능을 수행할 수 있게 된다. ADDIE는 더 이상 '절차'가 아니라 '시스템'으로 살아 움직이며, 구성 요소 간 상호작용의 복잡성 속에서도 유기적 통일성과 실행 가능성을 유지하는 자율적 체계로 작동한다.

그러나 복잡계는 그 상호작용 변수가 기하급수적으로 증가함에 따라 거동을 정밀하게 예측하기 어려우며, 적절한 조정 메커니즘이 부재할 경우 체계는 불안정해지고, 목표 지점으로의 수렴 대신 혼돈 상태로 발산할 위험이 내재된다. 이러한 위험성을 제어하고 체계를 유효하게 유지하기 위해서는, 실시간 데이터 환류를 통한 연속적 분석이 반드시 명확한 설계 기준, 안정화 규칙, 피드백 임곗값 등과 함께 작동해야 한다. 즉, 분석과 평가가 무한히 반복되더라도 그 변화는 체계 내부에 내재된 작동 원리와 규범을 따라 작동해야만, ADDIE는 무질서로 붕괴되지 않고 의도한 학습 목표를 향해 안정적으로 수렴할 수 있다.

이러한 구조적 논리 위에서 분석과 평가는 단순히 시작과 끝이 아니라, 체계 내부에서 자기참조적으로 연결된 동적 고리를 형성하게 된다. 이로써 ADDIE는 자기생산체계의 특성을 획득한다. 자기생산체계는 구조적 폐쇄성을 가진다. 이는 체계가 외부로부터 무한한 자극을 받을 수 있을지라도, 그 자극에 대한 반응과 변화는 온전히 체계 내부의 규칙과 코드에 따라 자율적으로 결정된다는 것을 의미한다. 다시 말해, 교수학습체계가 자기생산체계 수준에 도달하면, 외부의 피드백은 단순한 정보 입력이 아니라 '교란(perturbation)'으로 작용하고, 체계는 그 교란을 자신의 작동 논리에 따라 필터링하며, 목표, 규칙, 구조를 스스로 재정의하고 갱신하며 재생산하는 존재론적 역량을 획득하게 된다.

이러한 폐쇄적 작동 원리는 체계의 정체성과 자기동일성을 보호하며, 목표 지향성을 유지하도록 돕는다. 동시에, 체계는 환경과 완전히 단절되지도 않고 종속되지도 않는다. 구조적 커플링을 통해 체계는 학습자, 교수자, 테크놀로지, 사회문화 환경 등과 끊임없는 상호작용을 이어가며, 그 변화에 민감하게 반응하되, 내부 기준에 따라 필요한 만큼만 변형한다. 이로써 체계는 교육적 목표에 대한 안정성과 외부 적응성을 동시에 확보하며, 설계 가능한 자기생산적 생태계로 기능할 수 있게 된다.

결과적으로, ADDIE에서 분석은 단순한 출발점이 아니다. 그것은 전체 체계의 구조를 결정하고, 자기조정 가능성과 진화 가능성의 열쇠를 쥐고 있는 메타 수준의 작동 축이다. 분석이 평가와 결합되어 살아 있는 피드백 회로를 형성할 때, ADDIE는 비로소 살아 있는 체계로서의 생명력을 획득한다. 이때 ADDIE는 더 이상 정적인 도구가 아니라, 살아 있는 설계자이며, 변화하는 문명 생태계 안에서 인간의 학습을 조직하고 진화시키는 자기생산적 메커니즘이 된다.

표 2 체계 유형별 특징 및 분석 · 평가 순환 특성

| 체계 유형 | 체계 특징 | 분석·평가 순환 특성 |
|---|---|---|
| 복합계 | 경직·선형, 외부 변화·다양성에 둔감 | 단회 분석, 단절된 피드백 |
| 복잡계 | 비선형 적응, 혼돈계 전환 가능성 | 반복 분석, 실시간 피드백 |
| 자기생산체계 | 자가 갱신·구조적 커플링,<br>환경과 동적 균형, 목표 지향성 유지 | 자기참조적 순환, 구조 재정의 |

### (4) 자기생산체계로의 지양을 위한 조건 성숙

#### 1) 문명 생태계와 교수학습체계의 연결

교수학습체계는 고정적이고 자족적인 구조물이 아니라, 역사적으로 진화해 온 문명 생태계와 깊이 연결된 하위 체계이다. 각 시대를 지배하는 문명 생태계는 단지 외부 환경이 아니라, 교수학습체계가 무엇을 지향해야 하며, 어떤 방식으로 구성되고 운영되어야 하는지를 규정짓는 선택압으로 기능한다. 이 커플링은 교수학습체계가 시대적 맥락에 따라 지속적으로 재구성되고 조정되어 왔음을 보여 준다.

인류 문명 초기에 해당하는 농업-바이오 혁명기에는 인간이 자연의 리듬과 생태적 환경에 깊이 의존하던 공동체 중심 구술 문화가 중심을 이루었다. 이 시기의 교수학습은 생존에 필요한 기술과 공동체 규범을 구술과 시범을 통해 전승하는 폐쇄적 학습 구조였다. 학습은 주로 감각-운동 기반의 실천적 활동으로 이루어졌고, 학습자는 관찰과 모방을 통해 체득하는 행동 중심적 존재로 이해되었다. 이는 문자화 이전 사회에서 교수와 학습이 생존 그 자체를 위한 문화적 반복 행위였음을 시사한다.

이후 제조-피지컬 혁명기에 접어들면서 사회는 산업화되고 자본주의에 기반한 대규모 생산 체계와 분업 구조가 형성되었다. 이에 따라 문명은 효율성과 표준화, 계층화와 경쟁 중심의 가치 구조를 강화하게 되었고, 이러한 구조적 변화는 교수학습체계에도 깊이 반영되었다. 교육은 국가 주도의 공교육 제도로 제도화되었고, 대량 인쇄 기술과 같은 기술의 발전은 지식의 확산과 표준화된 학습이 가능하게 했다. 이 시기의 교수학습체계는 반복 가능하고 측정 가능한 절차적 학습 구조를 갖게 되었으며, 학습자는 규격화된 교육과정을 통해 지식을 내면화해야 하는 수동적 수용자로 설정되었다.

이어 등장한 정보-사이버 혁명기는 디지털 기술의 발전과 정보 처리 능력의 비약적인 성장에 기반해, 인간 사회를 정보 기반의 네트워크 사회로 재편하였다. 이 시기의 문명 생태계는 연결성과 탈중앙성, 개인화와 즉시성이라는 특징을 중심으로 작동하며, 교수학습체계는 더 이상 선형적 구조에 머물지 않고, 비선형적이며 복합적인 상호작용 구조로 진화하였다. 학습자는 정해진 커리큘럼을 수동적으로 수용하는 존재가 아니라, 정보의 흐름 속에서 능동적으로 탐색하고 조합하고 재구성하는 주체로 재정의되었다. 교수자는 전달자가 아닌 설계자, 촉진자, 협력자의 역할로 이동하였고, 교수학습은 점점 더 비정형적이고 다중 경로적인 시스템으로 변모하였다.

〈CHAPTER 04 문명 생태계의 진보〉에서 논의했던 바와 같이 지금, 인류는 융합-HCPS 혁명기로 진입하고 있다. 이는 인공지능, 뇌과학, 생명공학, 사회과학, 디지털 테크놀로지가 초연결적 · 다중 시스템 간 융합을 이루는 문명적 전환의 시기이다.[50] 이 문명에서는 인간이 더 이상 단일 주체가 아니라, 기계적 요소와 인공지능, 사회적 타자들과 실시간으로 상호작용하며 지식을 공동 생산하는 복합적 존재로 이해된다. 이에 따라 교수학습체계도 단순한 기능 수행 구조에서 벗어나, 자율적으로 자기생산하고, 타자와의 상호작용 속에서 공동 생산하는 생태계적 시스템으로 진화하고 있다. 학습자는 정보를 습득하는 존재가 아니라, 문제 상황을 인식하고, 자기를 설계하며, 사회적·기계적 타자와 협력하여 지식을 생성하는 창발적 주체로 자리매김한다. 교수학습은 이제 지식의 전달이 아니라 지식의 실시간 생성과 조율, 연결의 기술로 기능하게 되며, 학습의 시간성과 공간성 또한 디지털 플랫폼과 멀티모달 도구를 통해 확장된다.

### 2) 테크놀로지 체계와의 접속

이러한 문명 생태계의 변화와 병행하여, 테크놀로지 체계 역시 교수학습체계와 점점 더 정교하게 구조적으로 커플링 되고 있다. 기술은 단지 정보 전달을 보조하는 도구로서의 기능을 넘어서, 교수학습체계의 정보 흐름, 상호작용 방식, 구성 요소 간 연결 구조에 근본적인 변화를 야기하는 시스템적 촉매로 작동한다. 특히 테크놀로지는 그 지능 수준과 매개 방식에 따라 교수학습체계의 작동 원리를 크게 다르게 형성하며, 우리는 이를 '비지능성 기술'과 '지능성 기술'로 구분해 볼 수 있다.

비지능성 기술은 전통적인 교육 환경에서 사용되던 기술들을 포함하며, 대표적으로 칠판, 종이 교재, 인쇄물, 텔레비전, 라디오, 오디오 콘텐츠, 학습관리시스템 등이 이에 해당한다. 이러한 기술은 교수자의 통제하에서 정보의 전달과 저장, 반복 학습을 가능하게 하며, 교수자 중심의 교육 구조와 강하게 연계되어 있다. 이 기술

---

50) Ji, Z., Yanhong, Z., Baicun, W., & Jiyuan, Z. (2021). Human-Cyber-Physical Systems (HCPS) in the context of new-generation intelligent manufacturing. *Engineering, 5*, 624-636.

들은 학습의 효율성과 접근성을 높이기 위해 활용되어 왔지만, 정보 흐름이 대부분 일방향적이고, 학습자의 상태나 맥락에 따라 유동적으로 반응하는 구조는 제한적이었다. 특히 제조 - 피지컬 혁명기의 교육 체계는 이러한 비지능성 기술을 기반으로 표준화된 대량 교육 모델을 형성했으며, 이는 산업 사회의 인력 양성이라는 요구에 부응하는 데 핵심적이었다.

반면, 지능성 기술은 정보 - 사이버 혁명과 융합 - HCPS 혁명을 거치면서 본격적으로 등장[51]하였으며, 학습자 중심, 데이터 기반, 실시간 상호작용이라는 새로운 교육 패러다임을 가능하게 하는 기반이 되었다. 지능성 기술의 가장 중요한 특징은 학습자의 데이터를 실시간으로 수집하고 분석하며, 이에 기반해 교수 전략이나 콘텐츠를 유동적으로 조정할 수 있다는 점이다. 이러한 기술은 교수자의 고차 기능 ― 진단, 처방, 피드백 제공, 학습자 맞춤 조정 ― 을 부분적으로 대체하거나 증강함으로써 교수학습체계를 기존의 선형적, 고정된 전달 체계에서 유동적이고 자기조직적인 시스템으로 전환시키고 있다.

지능성 기술은 또한 교수학습을 단순히 지식의 전달이 아니라 인간 - 기계 - 환경 간의 상호작용 속에서 발생하는 '상황적 학습'의 장으로 재구성하게 한다. 학습자는 기술의 중재 속에서 단순한 수용자가 아닌 능동적인 의미 생성자이자 자기설계의 주체가 되며, 교수자는 환경을 설계하고 학습을 조정하는 메타 레벨의 조정자로서 위치하게 된다. 이로 인해 교수학습체계는 더 이상 절차적 전달 시스템이 아니라, 데이터 흐름, 알고리즘 피드백, 실시간 조정 능력이 핵심적인 동력으로 작동하는 동적 생태계로 재정의되고 있다.[52]

### 3) 학습이론과 교수학습체계의 상호작용

이와 더불어 학습이론은 교수학습체계의 작동 원리를 규정짓는 가장 핵심적인 내재적 구조로 기능한다. 학습이론은 단순히 이론적 배경지식에 그치지 않고, 교수설계 전반에 걸쳐 교수자와 학습자의 역할 설정, 정보 처리 방식, 상호작용의 범위, 피드백의 성격, 평가의 기준 등 교수학습체계 전반을 설계하고 운영하는 데 가치론

---

51) Schwab, K. (2017). *The fourth industrial revolution*. Crown Business.

52) Dede, C. (2018). Designing learning ecosystems for immersive technologies. In J. Voogt, G, Knezek, R. Christensen & K. Lai (Eds.), *Second Handbook of Information Technology in Primary and Secondary Education* (pp. 511–526). Springer.

적·인식론적 참조틀이 된다.

가장 기초적인 형태의 학습 이론은 행동주의로, 자극과 반응 간의 연합을 학습의 본질로 보고, 외적 자극의 통제와 강화를 통해 학습이 유도될 수 있다고 본다. 이 이론은 학습을 외부 환경에 의해 조작 가능한 조건화된 행동으로 간주하며, 학습자는 비교적 수동적인 존재로 설정된다. 산업혁명 이후 구축된 대량 교육체제, 규격화된 교육 내용과 절차적 수업 설계는 이러한 행동주의 이론의 교육적 번역이라 할 수 있다. 표준화된 교수법과 목표지향적 평가 체계는 효율성과 반복 가능성을 중시하는 산업 사회 교육 모델에 잘 부합하였으며, 기계적 복합계로서의 교수학습체계 설계 원리로 기능하였다.

행동주의는 호모 테크놀로지쿠스의 반수(半獸)적 측면, 즉 인간이 생물학적 유기체로서 자연환경과 구조적 커플링을 이루는 방식에 기초한 학습 이론이라 할 수 있다. 반복 자극, 생리적 반응, 조건화된 학습은 모두 인간이 자연 생태계에서 생존과 적응을 위해 발달시켜 온 본능적 학습 메커니즘의 연장선상에 놓여 있으며, 이러한 점에서 행동주의는 인간의 자연 적소(niche)와 그 안에서 작동하는 생물학적 자기생산 구조를 모형화한 것으로 이해될 수 있다.[53)]

그 후 등장한 인지주의는 행동주의의 한계를 극복하고자 학습자의 내적 인지 과정에 주목하였다. 학습은 더 이상 단순히 자극에 대한 반응이 아니라, 정보의 수용, 저장, 조직, 인출 등 인지 구조 내부에서 벌어지는 복잡한 심리적 처리 과정으로 간주되었다. 이 이론은 학습자의 능동적 정보 처리와 이해, 도식의 활성화, 메타인지적 조절을 중시하며, 학습 설계는 이러한 내적 구조를 고려해 단계적으로 정교화되고, 학습자의 이해도를 반영한 피드백 구조를 갖추어야 한다는 이론적 기반을 제공하였다. 이에 따라 교수자는 단순한 지식 전달자에서 학습자의 인지 구조를 안내하고 조정하는 조력자로, 학습자는 점차 수동적 수용자가 아닌 능동적 지식 조직자로 재정의되었다.

---

53) 실제로 행동주의는 이종 간 적용 가능성을 통해 이론의 일반성을 입증하였다. 파블로프의 개, 스키너의 비둘기, 공놀이를 하도록 학습된 물개 — 이 모든 실험과 훈련은 동일한 조건화 원리를 기반으로 한다. 이는 곧 생물학적 유기체가 일정한 자연적 자극-반응 패턴을 통해 학습한다는 점에서, 인간 역시 그러한 자연 적소에서 작동하는 보편적 자기생산 원리에 예속되어 있다는 사실을 뒷받침한다. 따라서 행동주의는 인간 교육을 비둘기 실험의 원리로 설명할 수 있었던 이유이자, 인간을 동물과 동일 선상에서 바라보며 반수적 학습 구조를 정식화한 이론적 출발점이라 할 수 있다.

인지주의는 호모 테크놀로지쿠스의 이중적 정체성 — 반수(半獸)로서의 생물학적 기반과 반인(半人)으로서의 문명적 사고 능력 — 에 모두 기반한 학습 이론이라 할 수 있다. 한편으로 인지주의는 인간이 진화적으로 획득해 온 지각, 주의, 기억, 언어 등의 기본 인지 체계를 다루며, 자연 적소와의 구조적 커플링에서 형성된 생물학적 1차 지식에 뿌리를 두고 있다. 동시에 인지주의는 정보 처리, 논리적 추론, 개념 조작 등 인간의 추상적 사고와 기호적 조작 능력에도 깊은 관심을 두며, 이는 인간이 언어, 수학, 과학 등 문명적 적소에서 습득해야 하는 생물학적 2차 지식과 긴밀하게 연결된다.

특히 인지주의는 인간의 정신을 정보 처리 시스템으로 비유하고, 기억 장치, 처리 단계, 주의 집중, 인출 알고리즘 등의 개념을 통해 학습을 설명해 왔다. 이는 컴퓨터 과학이 등장한 이후 인간 인지를 설명하는 데 있어 디지털 컴퓨터의 작동 원리가 강력한 은유로 활용되었음을 보여 준다. 입력 - 저장 - 처리 - 출력이라는 컴퓨터의 구조적 도식은 인간 인지의 작동 원리를 이해하는 데 큰 영향을 주었으며, 인지주의는 이 점에서 테크놀로지를 단순한 도구가 아니라 인지의 모형으로 수용한 최초의 학습이론 중 하나라 할 수 있다. 다시 말해, 인지주의는 반수성과 반인성을 통합하여 인간 학습의 심리적 기제와 인공적 모델 간의 유비를 성립시킨 이론적 전환점이라 볼 수 있다.

구성주의는 학습을 환경과의 상호작용을 통해 개인이 스스로 의미를 구성해 나가는 과정으로 본다. 구성주의 이론은 지식의 객관성과 보편성을 전제로 하지 않으며, 학습자 개별의 경험과 맥락에 따라 지식은 다르게 구성될 수 있다는 점을 강조한다. 이에 따라 교수학습체계는 정해진 내용을 효과적으로 전달하는 선형 구조가 아니라, 문제 중심, 탐구 중심, 협력 중심의 개방적이고 비선형적인 구조로 설계되어야 한다. 교수자는 더 이상 단일한 지식의 권위자가 아니라, 학습 환경을 조직하고 문제 상황을 조성하며, 학습자의 자기주도적 의미 구성 과정을 지원하고 촉진하는 조력자의 역할을 수행한다.

구성주의는 호모 테크놀로지쿠스의 반인성(半人性)에 기반한 학습 이론이다. 인간이 문명이라는 기호적 · 사회적 · 제도적 환경과 구조적으로 커플링 되는 존재라는 점에서, 구성주의는 자연환경에 대한 즉각적 반응이나 생득적 처리를 넘어, 상징 체계 속에서의 자율적 해석과 의미 구성 능력을 학습의 본질로 간주한다. 언어, 문화, 사회 규범, 제도, 도구와 같은 문명의 요소들과 상호작용하며 새로운 정체성을 형성해 가는 인간의 능력은, 단지 생물학적 반응체가 아닌 의미를 구성하고 재구성하는 주체로서의 인간을 전제로 한다. 이러한 관점에서 구성주의는 자연 적소가 아니라 문명 적소 속에서 자기구조를 재조정하며 살아가는 호모 테크놀로지쿠스의 문명학습을 설명하는 가장 핵심적인 이론적 틀이라 할 수 있다.

본 저자는 행동주의, 인지주의, 구성주의라는 세 학습 이론이 인식론적 관점에서는 서로 통약 불가능한 이질적 이론 틀로 보일지라도, 존재론적 학습 이론이라는 하나의 동원(同源)에서 갈라져 나와 각기 첨단(尖端)의 가지를 왕성하게 뻗어가고 있는 세 갈래의 줄기로 이해한다. 이들은 모두 자기생산적 학습이라는 동일한 본질을 서로 다른 해상도와 투사각에서 조망한 결과이며, 각기 나름의 일리(一理)와 부분적 타당성을 지닌 고유한 해석의 틀이라 할 수 있다.

### 4) 자기생산체계로의 변증법적 지양

산업혁명 이후 행동주의·인지주의·구성주의라는 세 갈래 학습이론은 모두 법칙과학의 틀에서 인간 학습의 일부 측면을 정교하게 해명해 왔다. 행동주의는 자극-반응의 강화 원리를 통해 심리 현상을 실험적·정량적으로 다루며 표준화 교육의 토대를 마련했고, 인지주의는 정보 처리 기제를 모델링해 내적 심리 메커니즘을 설명했으며, 구성주의는 의미가 사회·문화적 맥락 속에서 공동 구성된다는 점을 부각했다. 그러나 이들 이론은 "법칙 발견"에 초점을 두기 때문에, 특정 학습 환경·교과·문화 조건에서 어떤 실천적 처방이 효과적인지 결정하는 개별과학적 설계 문제를 직접 해결하지 못했다. 그 결과 행동주의는 효율과 반복 가능성을 극대화한 기계적 복합계에 머물러 학습자를 수동적 객체로 만들었고, 구성주의는 자율성과 창발성을 강조해 방임적 복잡계로 기울면서 목표 흐림과 학습 편차 문제를 초래했다. 양극단의 모순은 '개별 맞춤형 교육과 공통 교육 목표 간 충돌', '학문 중심 이론과 실무 중심 경험의 분리'라는 두 난제를 낳았다.

이 축적된 갈등을 지렛대 삼은 것이 AI·학습분석·HCPS로 대표되는 최신 테크놀로지다. 실시간 데이터 분석과 강화학습 기반 피드백은 개별화 경로를 제공하면서도 국가 교육과정 등 공통 목표를 유지하고, "구조화된 자유"를 통해 창발성과 안정성을 동시에 확보한다. 인간-사이버-물리 요소가 연결된 HCPS 협업 공간에서는 학습자가 정보 탐색과 문제 해결을 넘어서 지식 자체를 공동 생산하며, 이론과 실천이 분리되지 않은 동시 작동 학습이 가능해진다. 이러한 기술적 전환은 법칙과학(심리학)과 개별과학(수업 설계)의 간극을 메우는 설계과학의 실험실 역할을 하면서 교수학습체계를 자기생산체계인 시뮬라리움으로 끌어올릴 수 있는 결정적 지렛대가 되어 줄 수 있다.

시뮬라리움은 조직적 폐쇄성을 통해 학습자의 내부 목표와 정체성을 보존하고, 작업적 폐쇄성 속에서 AI 피드백·동료 협력·환경 변화를 내적 연산에 통합하며, 구조적 커플링을 통해 디지털 리터러시나 지속가능성과 같은 문명 생태계의 요구에 실시간으로 대응한다. 이로써 맞춤형 교육과 공통 목표, 이론과 실무라는 두 난제를 "부분 최적화"가 아닌 "전체 체계 최적화" 방식으로 해결하는 동적 균형 구조가 마련된다. 결국 시뮬라리움은 복합계의 경직성과 복잡계의 혼돈을 모두 포괄해 상승시킨 변증법적 지양의 산물[54]이며, 호모 테크놀로지쿠스가 기술을 매개로 문명을 재편하고 동시에 학습을 통해 자기 자신을 재창조하는 교육혁명의 무대가 된다.

ADDIE는 교수학습설계의 고전적 프레임으로 종종 오해되지만, 본래 그 초기 형태부터 '체계적 설계'라는 지향을 내포하고 있었다.[55] 다만 시대적 요구와 테크놀로지 발전과의 구조적 커플링이 충분히 이루어지지 못했던 탓에, ADDIE는 오랜 시간 동안 복합계 혹은 복잡계에 갇혀 있었다. 이러한 구조적 질곡은 산업화 이후의 교육 체계가 복합계로 경직되었거나, 혹은 구성주의적 접근을 통해 복잡계로 방향을 선회했으나 체계성을 잃고 혼란에 빠졌던 이중의 상황을 낳았다. 이제 인공지능, 학습분석, 그리고 HCPS라는 신기술들은 이 양극단의 긴장을 풀어내고, ADDIE를 자기생산체계로 변형시키는 지렛대로 기능할 수 있는 조건을 제공하고 있다.

---

54) 자기생산체계를 비롯한 세계의 존재 방식은 겉으로 보기에는 헤겔이 말한 정-반-합의 변증법적 구조와 유사해 보인다. 그러나 엄밀히 말하자면 이는 이성이 스스로를 전개해 가는 철학적 운동을 따르는 것이 아니라, 체계가 지니는 구조적 유사성 차원에서만 그렇다. 체계는 지향성을 가지며 어떤 목적을 향해 나아가지만, 그것이 헤겔이 말한 절대정신의 자기완성 과정과 동일한 것으로 이해될 수는 없다. 헤겔은 역사를 절대정신으로의 수렴적 진보 과정으로 보았지만, 여기서 말하는 체계들은 개인, 사회, 기업, 교수학습체계 등 구체적 실체로서의 자기생산적 체계들이다. 이들은 일정한 목표로 수렴하는 것이 아니라, 다양한 환경과의 구조적 커플링 속에서 끊임없이 새로운 형태를 창발해 내는 발산적 진화를 보여준다. 따라서 본 논의에서 강조하는 체계의 자기생산적 전개는 헤겔적 의미의 통일된 합일이 아니라, 다층적이고 다방향적인 진화적 확산 과정으로 이해되어야 한다.

55) Kaufman, R. (2006). *Change, choices, and consequences: A guide to mega thinking and planning*. HRD Press.
플로리다주립대에서 체계사고와 요구사정을 가르쳤던 Kaufman은 ADDIE가 단순한 처리 모델이 아니라 조직-교육-사회 차원의 성과를 설계하는 상위 체계적 도구라는 중요한 철학적 기반이라는 점을 강조한 바 있다.

시뮬라리움이 복합계와 복잡계를 넘어서는 자기생산적 교수학습 생태계로 자리매김하기 위해서는, 전통적 ADDIE를 폐기하거나 단절적으로 대체할 필요는 없다. 오히려 분석–설계–개발–실행–평가의 다섯 단계를 AI, 학습분석, HCPS와 통합함으로써 실시간 적응성과 데이터 기반 결정을 가능케 하는 방식으로 ADDIE를 한층 더 심화하고 확장할 필요가 있다. 예컨대 분석 단계에서는 학습분석시스템이 고해상도의 맥락 데이터를 수집하고, 이를 기반으로 학습자의 상태와 환경을 정밀하게 파악한다. 설계 및 개발 단계에서는 AI 기반 보조 저작 도구들이 다중 경로와 다중 난이도의 학습 경험을 자동 생성하거나 보완할 수 있으며, 이는 설계자의 창의성을 증강하는 도구로 기능한다. 실행 단계에서는 HCPS 환경이 제공하는 인간-기계--물리 요소 간의 상호작용을 통해 구조화된 자유가 구현된다.[56] 마지막으로 평가 단계에서는 단순한 정답 중심의 정량 평가를 넘어, 인간성, 문명성, 생태성 등 포괄적 지표를 통해 학습 효과를 재귀적으로 되돌려줄 수 있다.

이러한 방식은 단순히 ADDIE를 재활용하거나 응용하는 차원에 머물지 않는다. 오히려 ADDIE 내부에 잠재되어 있던 '체계적 설계'의 씨앗을 시뮬라리움이라는 자기생산적 생태계 안에서 실시간으로 진화·증식시키는 핵심 동력으로 재구성하려는 전환적 시도다. 이 패러다임 전환은 '개별 맞춤형 교육과 공통 교육 목표 간 충돌'과 '학문 중심 이론과 실무 중심 경험의 분리'라는 교육의 양대 난제를 부분 최적화가 아닌 전체 교수학습체계의 진화적 재구조화를 통해 해결하고자 하는 본 저서의 지향과 정확히 궤를 같이한다.

궁극적으로 시뮬라리움은 ADDIE를 폐기하거나 단절적으로 대체해서 탄생하는 것이 아니다. ADDIE를 심화하고 확장함으로써만 구현될 수 있는 새로운 설계과학의 패러다임이며, 이는 정태적 교수설계를 넘어 자기조직화와 자기생산을 특징으로 하는 유기적 생태계로의 질적 도약을 의미한다. 이런 전환은 단순한 기술 업그레이드를 넘어 설계의 존재론적 기반을 재구성하는 철학적 변화다.

이론적 토대로는 체계성·역동성·역사성을 고루 갖춘 비고츠키-엥게스트롬의 문화역사적 활동이론(CHAT)을 확장한 E-CHAT(Extended)을 채용한다. E-CHAT은 반수기 무매개 학습에서 인공지능 기반 초매개 학습에 이르는 전 스펙트럼을

56) Ifenthaler, D. (2021). Digital learning ecosystems. In OECD (Ed.), *OECD digital education outlook 2021: Pushing the frontiers with artificial intelligence, blockchain and robots* (pp. 161-172). OECD Publishing.

포괄하며, 교수·학습체계를 자기생산적 생태계로 전환하기 위한 이론적 매트릭스를 제공한다. 이를 바탕으로 조직 설계, 사전 설계, 애자일 설계, 사후 설계로 이어지는 순환적 메타설계 체계를 제시하는데, 이 구조는 ADDIE의 실행(Implementation) 단계에서 수많은 소규모 ADDIE가 애자일하게 순환하며 전체 시스템과 상호 내포하는 '이중적 프랙탈 구조'를 형성한다. 바로 이 점이 시뮬라리움의 자기생산성을 구체적으로 구현하는 실천 프레임이다.

〈CHAPTER 06 시뮬라리움의 설계〉에서는 이러한 이론적 기초 위에서 시뮬라리움의 공간 구성, 기능 조직, 데이터 흐름이 어떻게 상호구조적으로 결합되고 실천적으로 작동할 수 있는지를 본격적으로 탐색할 것이다.

CHAPTER 06

# 시뮬라리움의 설계

## 1. 자기생산체계와 메타설계

### (1) 자기생산체계의 설계

#### 1) 자기생산체계는 설계 가능한가?

시뮬라리움의 설계 논의는 하나의 근본적인 질문에서 출발한다. "자기생산체계는 과연 설계 가능한가?" 이 물음은 단지 기술적 실현 가능성을 묻는 것이 아니라, 설계라는 인간의 의도적 행위가 자기생산이라는 자율적 존재 조건과 어떻게 공존할 수 있는지를 묻는 존재론적 질문이다. 자기생산체계는 외부의 지시나 통제가 아니라, 조직적 폐쇄성에 따라 스스로 경계를 형성하고 내부 구조를 재구성하는 내재적 환류 구조를 통해 존재를 지속한다. 그렇다면, 이러한 체계를 외부 설계자가 의도적으로 기획하고 구성하는 것이 가능한 일일까?

통상적으로 설계는 외재적 목적에 따라 시스템의 구조를 외부에서 조작하는 행위이다. 반면, 자기생산은 외부의 통제를 근본적으로 거부하며, 내적 동역학에 따라 구조를 스스로 진화시킨다. 이처럼 '설계'와 '자기생산'은 방향성, 주체성, 작동 원리 면에서 서로 상충하는 개념이다. 외생적이면서도 내생적인, 타율적이면서도 자율적인 체계가 과연 성립할 수 있는가? 이 질문은 시뮬라리움이 단지 교육 체계의 기술적 혁신이 아니라, 인간-기계-문명 간의 존재 방식 그 자체를 재구성하려는 시도임을 암시한다.

본 저자는 이 긴장을 단순한 단절이나 모순으로 파악하지 않고, 변증법적 통합의 가능성으로 사유할 것을 제안한다. 시뮬라리움은 완전히 자기폐쇄적인 자연 시스템도 아니며, 완전히 외재적으로 통제되는 인공 시스템도 아니다. 그것은 인간-교수학습체계-문명 생태계 간의 삼중적 구조적 커플링을 바탕으로 설계된 인공 생태계이자, 동시에 자기생산적 진화를 수용하는 하이브리드 시스템이다.

이 장에서 제시하는 메타설계 이론은 이러한 이중적 특성을 동시에 포괄한다. 즉, 자기생산체계가 지닌 존재론적 자율성을 훼손하지 않으면서도, 교수학습 목표를 달성할 수 있는 구조와 조직을 갖춘 체계로 설계할 수 있는 방법론이다.

이를 통해 시뮬라리움은 외부로부터 강제된 시스템이 아니라, 설계된 자기생산체계로서, 의도적 기획과 자율적 진화가 공존하는 생태계로 가꾸어질 수 있을 것이다.

### 2) 자기생산체계의 연원별 유형

하이브리드 자기생산체계를 설계하기 위해서는, 무엇보다도 해당 체계가 어떻게 발생하고 작동하게 되었는지를 규명하는 발생론적 기원에 대한 성찰이 선행되어야 한다. 이는 설계가 단지 외부로부터 부여된 형상이나 기능을 조합하는 기술적 절차가 아니라, 존재 그 자체가 어떻게 생성되고 자기조직화되는지를 탐구하는 철학적 과업임을 시사한다.

이때 결정적인 실마리는 '자기생산체계'라는 개념 속에 내포된 포이에시스라는 어원적 핵심에서 발견된다. 고대 그리스 철학에서 퓌지스는 무생물적 자연의 자생적 성장 원리를, 포이에시스는 인간의 의도적 제작 행위를 지칭했으나, 마투라나와 바렐라는 이 이분법을 근본적으로 전복한다. 그들은 생명을 '자기 자신을 만들어내는 존재'로 규정하며, 생물을 오토포이에시스라 명명하였다. 바렐라와 공동 집필[1]을 하기도 한 인지철학자 에반 톰슨에 따르면 오토포이에시스(autopoiesis) 개념은 창조자와 피조물의 이분법을 해체하는 존재론적 혁명을 불러일으켰다.[2]

무생물은 주로 외부 요인의 작용에 의해 형성되지만, 생물은 자신의 내적 구성 규칙에 따라 스스로를 산출하며, 자기 자신의 경계를 설정하고 구조를 유지한다. 즉, 생명은 외부에 의해 수동적으로 '만들어진' 존재가 아니라, 자기 자신에 의해

---

1) Varela, F. J., Thompson, E., & Rosch, E. (2017). *The embodied mind: Cognitive science and human experience* (Revised ed.). MIT Press.

2) Thompson, E. (2007). *Mind in life: Biology, phenomenology, and the sciences of mind*. Harvard University Press.

능동적으로 '창조된' 존재이다. 이는 생성의 주체와 객체가 동일한 존재 방식으로, 존재론적 관점에서의 근본적인 전환을 의미한다. 이러한 자기참조적 · 자기조직적 특성은 생명을 단순한 유기체를 넘어, 자기생산적 시스템으로 이해하게 만든다. 따라서 오토포이에시스는 단지 생명현상의 설명 도식을 넘어, 존재 일반에 대한 인식론적·형이상학적 지평을 확장시키는 핵심 개념으로 작동한다. 시퓰라리움의 설계가 이 개념을 중심으로 사유되어야 하는 이유가 바로 여기에 있다.

앞서 호모 테크놀로지쿠스를 논의하며 언급한 바 있는 퓌지스(physis)와 포이에시스(poiesis)의 구분을 다시금 환기할 필요가 있다. 고대 그리스에서 '자연'은 퓌시스로 명명되었는데, 이는 '저절로 드러남' 혹은 '스스로 솟아오름'을 의미하며, 외재적 개입 없이 자율적으로 생성 · 전개되는 존재론적 장(ontological field)을 지시한다. 퓌지스는 존재가 스스로를 드러내고 현현하는 방식이며, 생성의 주체가 내재한 체계로 이해된다.

반면, 포이에시스는 인간의 목적과 의도에 따라 무언가를 창조하거나 제조하는 행위를 뜻하며, 이는 현대의 '설계' 개념과 깊이 연결된다. 포이에시스에 의해 구성된 체계는 아리스토텔레스의 네 가지 원인론 — 질료인, 형상인, 작용인, 목적인 — 의 외재적 부여를 통해 성립된 결과물이다. 다시 말해, 포이에시스는 외부로부터 주어진 목적과 형상에 따라 체계를 구성하는 외재적 생성 원리를 내포한다.

퓌지스와 포이에시스라는 두 존재 연원의 틈새를 가로지르며 등장한 제3의 생성 원리, 곧 자기생산은 존재 구성의 근본 방식을 전환시킨 개념이다. 자기생산은 전통적으로 외부로부터 주어졌던 네 가지 존재 원인 — 질료인, 형상인, 작용인, 목적인 — 을 체계 내부의 작동을 통해 스스로 충족하는 구조를 가진다. 이 체계는 외부로부터 목적이나 설계, 구성물, 운동성을 부여받지 않으며, 그 내부에서 자신의 구성 요소를 지속적으로 산출하고 상호작용시킴으로써 체계 전체의 경계를 설정하고 존재를 유지 · 갱신한다.

즉, 자기생산은 단순히 외부 간섭으로부터 자유로운 '자율적 체계'의 의미를 넘어서, 자기원인성이라는 존재론적 구조를 내포한다. 이는 설계자가 외부에서 구조를 계획하고 조립하는 방식으로 이해되는 전통적 '설계' 개념과는 결정적으로 구별되며, 존재와 행위, 구조와 기능의 기원이 동일한 내재적 체계로서 새로운 존재론적 패러다임을 구성한다.

이러한 자기생산의 개념을 기반으로, 우리는 다음과 같은 세 가지 유형의 자기생산체계를 구분할 수 있다. 첫째는 본래적 의미의 자기생산체계인 바이오 체계로서, 개체와 세포를 포함하는 모든 유기체가 여기에 해당한다. 이는 인간의 개입 없이도 스스로 존재 조건을 조율하고 진화할 수 있는 '스스로 그러함(自然, 자연)'의 형식이다. 이는 퓌지스의 현대적 구현이라 할 수 있다. 바이오시스템은 자기생산체계의 본래적 의미를 가장 잘 구현하는 존재 양식으로, 유기체는 외부 설계나 통제 없이 스스로 자신의 존재 조건을 조율하고 유지하는 자율적 생명 체계이다. 이러한 바이오시스템은 조직적 폐쇄성, 작업적 폐쇄성, 구조적 커플링이라는 세 가지 핵심 구조를 통해 자기생산성을 실현한다.

둘째는 사회문화적 자기생산체계로, 언어, 전통, 제도, 문명 등이 여기에 속한다. 이는 인간이 만든 것이긴 하나, 명시적인 의도나 설계에 의해 구성되기보다 오랜 시간 누적된 상호작용과 실천의 결과로 창발하는 존재 형태이다. 사회문화적 자기생산체계는 개인이 아닌 사회 전체가 자기조직적으로 스스로를 유지하고 진화시키는 체계를 의미한다.[3] 언어, 전통, 제도, 문명 등은 이러한 체계의 구성 요소로, 외부의 설계 없이 사회 내부의 상호작용과 실천의 축적을 통해 자율적으로 형성된다.[4] 사회문화적 자기생산체계 역시, 조직적 폐쇄성과 작업적 폐쇄성, 구조적 커플링이라는 세 가지 핵심 구조를 통해 작동한다. 조직적 폐쇄성은 사회가 외부 명령 없이 자신의 규칙과 질서를 내부적으로 유지하는 능력으로, 예컨대 언어와 관습이 구성원들의 반복적 사용 속에서 스스로 재생산되는 방식이다. 작업적 폐쇄성은 법, 교육, 종교 제도 등이 내부 기준과 절차에 따라 독자적으로 작동하는 구조를 의미하며, 사회는 외부 지시에 따라 움직이지 않고 자체적인 판단 체계를 갖춘다. 구조적 커플링은 사회가 환경이나 기술과 상호작용하면서도 고유의 조직 원리를 유지하는 관계로, 단순히 외부 변화에 반응하는 것이 아니라 그 변화를 능동적으로 유도하거나 환경 자체를 재구성하기도 한다.[5] 예컨대 공교육 제도의 도입은 단순히 국가의 요구에 적응한 결과가 아니라, 사회가 미래 세대에 필요한 역량을 재정의하

---

3) Koskinen, K. U., Breite, R., Koskinen, K. U., & Breite, R. (2020). Social autopoietic systems. In *Uninterrupted knowledge creation: Process philosophy and autopoietic perspectives* (pp. 63−84). Springer Cham.

4) Mingers, J. (2002). Can social systems be autopoietic? Assessing Luhmann's social theory. *The Sociological Review, 50*(2), 278−299.

5) Cadenas, H., & Arnold-Cathalifaud, M. (2015). The autopoiesis of social systems and its criticisms. *Constructivist Foundations, 10*(2), 169-176.

고, 그에 맞는 제도적 환경을 설계함으로써 기존의 문화·경제적 조건을 재편한 사례라 할 수 있다. 이처럼 사회는 외부와의 상호작용을 통해 단지 적응하는 수준을 넘어서, 환경에 영향을 미치고 변화시키는 쌍방향적 작용 주체로 기능한다. 따라서 사회는 그 자체로 하나의 살아 있는 자기생산체계이며, 시뮬라리움은 이러한 사회적 자기생산을 조율하고 갱신하는 문명적 활동으로 이해되어야 한다.

셋째는 본 저자가 제시하는 시뮬라리움이다. 시뮬라리움은 인간이 창조한 문화적 자기생산체계이지만 그 기원과 구조에서 전통적인 사회 체계와는 연원적으로 구분된다. 사회는 무수한 인간 주체들의 역사적 상호작용, 관습의 반복, 제도의 누적적 정착 등을 통해 비의도적으로 형성된 자생적 생태계이다. 이러한 사회 체계는 명확한 설계자 없이 구성원 간의 상호작용과 통시적 축적의 결과로 창발한다. 반면, 시뮬라리움은 특정한 목적, 방향성, 설계 의도를 전제로 한 인공적 자기생산체계이다. 이는 교육, 학습, 협력과 같은 기능적 목표를 중심으로 구성되며, 초기 단계에서는 외부 설계자의 기획과 기술 기반의 구조 설정이 주요하게 작동한다. 그러나 시뮬라리움은 단순히 기획된 구조에 머무르지 않고, 그 안에 참여하는 주체들의 상호작용, 피드백 순환, 의미 재구성을 통해 점진적·자율적으로 진화한다. 초기 설계가 '틀'을 제공하되, 이 틀 내부에서는 구성원들이 새로운 질서와 규칙, 역할과 상호작용을 스스로 형성하며 체계의 자기생산성이 가동된다. 이러한 점에서 시뮬라리움은 인공성과 자율성, 목적성과 진화성이 공존하는 복합적 메타시스템으로 이해된다. 그것은 기술 기반의 문명적 토양 위에 세워졌지만, 결국 살아 있는 사회 시스템처럼 작동하면서 인간과 문명이 상호 작용하는 새로운 자기생산적 생태계, 즉 가든(garden)을 창출한다.

이러한 이중성은 시뮬라리움이 내포한 핵심적 역설을 드러낸다. 시뮬라리움은 '의도적으로 설계된 체계'인 동시에, 설계를 초월하는 '자기생산적 존재'로 기능해야 하며, 이는 외재적 기획과 내재적 생성이라는 상충적 조건을 동시에 충족해야 한다는 존재론적 긴장을 수반한다. 다시 말해, 시뮬라리움은 이종생산의 산물이면서도, 자기생산의 논리로 작동해야 하는 이중 구조를 갖는다. 이 역설을 해결하기 위해서는 시뮬라리움을 고정된 도구나 구조적 시스템이 아닌, 환경과의 상호작용 속에서 끊임없이 변형되고 재조직되는 '살아 있는 생태계'로 이해해야 한다. 이러한 이해는 실천적 함의를 요구하며, 그 핵심은 설계자 개념의 전환에 있다. 설계자는 더 이상 외부에서 체계를 통제하는 기술적 기획자가 아니라, 체계 내부의 흐름에 감응하고 그 창발성을 조율하는 '존재론적 일부'로 자리매김해야 한다. 설계자는 시뮬라리움의 구성원과 상호주체적 관계를 맺으며, 그 진화 과정을 촉진하는 촉매자이자 동반자가 되어야 한다.

필자가 제안하는 설계적 대안은 '가드닝(gardening)으로서의 설계'이다. 이는 구조철학자이자 현상학자인 롬바흐의 가든(garden) 개념을 바탕으로 한다. 가든은 자연과 인공의 단순한 병치가 아니라, 양자의 긴장을 절묘하게 조율하는 변증법적 조합이며, 외부에서 완성되어 주어지는 제품이 아니라 내부로부터 자기생산적으로 유지 · 변형되는 열린 체계이다. 이때 가든을 생성 · 유지하는 활동인 가드닝은 곧 설계 행위의 대안적 모델이 된다.

가드닝은 설계자를 체계 바깥의 지시자가 아닌, 체계 내부의 일부이자 감응하고 조율하는 생태적 조정자(ecological modulator)로 재위치시킨다. 정원사는 가드닝 활동을 통해 스스로 변화하며, 정원 또한 정원사의 학습과 개입을 통해 살아 있는 시스템으로 진화한다. 따라서 가든은 설계와 자율성, 기획과 창발 사이의 전통적인 경계를 흐리는 존재론적 실험장이며, 이는 생명과 유사한 복잡성을 향해 나아가는 설계 패러다임의 전환을 요구한다.

이러한 관점에서 본서가 다루는 시뮬라리움은 호모 테크놀로지쿠스라는 자기생산적 주체와, 그의 생활세계인 문명 생태계라는 자기생산체계가 구조적으로 커플링됨으로써 창발한 '설계된 자기생산체계'이다. 시뮬라리움은 외부의 목적에 의해 폐쇄적으로 설계되는 시스템이 아니라, 내부로부터 끊임없이 진화하며 자신을 재구성하는 가드닝적 설계 체계로서, 설계자와 학습자, 인간과 기계, 자연과 인공이 상호참조적으로 연결되는 하이브리드 생태계의 구현이다.

### (2) 메타설계이론의 정의와 설계 조건

#### 1) 메타설계의 개념 및 핵심 특성

메타설계(meta-design)는 스스로를 설계하고 진화시킬 수 있는 설계 프레임워크를 의미한다. '메타(meta)'라는 접두어가 시사하듯, 이는 자기참조적 설계, 다시 말해 설계 과정 자체를 (재)설계하는 실천을 가리킨다. 메타설계는 미래의 사용 방식이나 문제 상황을 설계 시점에 모두 예측할 수 없다는 인식에 기반하며, 시스템이 사용자와 환경의 참여 속에서 자발적으로 변화·발전할 수 있는 구조를 마련하는

데 초점을 둔다.[6)]

'메타'라는 개념은 본래 그리스어에서 '이후', '넘어섬', '초월'을 의미하였으나, 현대에 와서는 단순한 시간적·위치적 의미를 넘어 포괄적이고 반성적인 자기인식, 나아가 자기지시성을 함축하게 되었다. 이러한 맥락에서 메타설계는 단순히 객체로서의 시스템을 설계하는 기술적 행위를 가리키지 않는다. 그것은 오히려 설계 행위 자체를 다시 설계하는 실천, 즉 설계의 조건과 과정, 목적을 재귀적으로 반성하며 규정하는 패러다임이다. 이 지점에서 메타설계는 마투라나와 바렐라가 정의한 자기생산(autopoiesis)의 개념과 맞닿는다. 자기생산체계가 스스로를 생성하고 유지하며 진화하듯, 메타설계 역시 설계가 스스로를 갱신하며 새로운 설계 가능성을 산출하는 체계적 과정을 지향한다.

메타설계의 궁극적 목표는 기능주의적 설계 패러다임이 제시한 명제, 곧 "기능이 형상을 결정한다(function forms)"는 철학과 결합한다. 이는 설계자의 주관적 철학이나 미학적 취향이 결과물을 결정하는 것이 아니라, 설계된 인공물이 사용자와 맺는 상호작용, 곧 사용자-인공물 간의 합목적적 관계 속에서 기능이 드러나고, 이 기능이 장기적으로 설계를 진화시키는 원인이 된다는 점을 강조한다. 다시 말해, 설계의 지속성과 혁신은 외부로부터 주어진 형식이 아니라 체계 내부에서 드러나는 기능적 요구와 상호작용의 과정에서 비롯된다.

이러한 맥락에서 사용자 설계(user design)나 설계를 위한 설계(design for design)라는 개념은 메타설계의 지향점을 구체화한다. 사용자가 단순한 수용자가 아니라 설계 과정에 개입하고, 도구와 인공물이 단순히 기능적 수단이 아니라 자기생산적 존재로 자리매김할 때, 메타설계는 실현된다. 결국 메타설계는 도구적 존재로서의 인공물이 스스로를 재구성하고 재생산할 수 있는 가능성을 열어두며, 이는 곧 인간과 인공물이 공진화하는 체계적 설계 패러다임으로 확장된다.

아리스토텔레스의 4원인설 — 질료인, 형상인, 작용인, 목적인 — 은 고전적 설계철학의 뼈대를 이룬다. 전통적인 설계 이론은 주로 형상인과 작용인, 즉 외형적 구조와 그것을 실현하는 설계자의 의도에 집중해 왔다. 이에 반해, 메타설계는 이 틀을 전복하고 목적인, 곧 '왜 존재하는가'에 대한 목적론적 관점을 설계의 핵심 원리로 재배치한다.

---

6) Fischer, G., Giaccardi, E., Ye, Y., Sutcliffe, A. G., & Mehandjiev, N. (2004). Meta-design: A manifesto for end-user development. *Communications of the ACM, 47*(9), 33-37.

메타설계는 완성된 형상을 미리 부여하기보다는, 살아 있는 생태계나 사회 속에서 시스템이 어떤 의미와 목적을 향해 변화하고, 참여자와 함께 진화할 수 있는가를 중심 과제로 삼는다. 이러한 관점은 설계를 고정된 도식이 아니라, '목적을 향한 자기조직적 진화의 가능성'으로 이해한다는 점에서, 아리스토텔레스의 목적론을 21세기 설계 패러다임으로 재구성하는 시도라 볼 수 있다. 이러한 맥락에서 설계자는 더 이상 완결된 형상을 외부에서 부여하는 조각가가 아니라, 목적을 감응하고 조율하며 체계 내부에서 진화에 참여하는 정원사(gardener)로 전환된다. 설계는 닫힌 기획이 아니라 열린 생태계로, 외재적 조작이 아니라 내재적 조율로 진화해야 한다.

메타설계 개념은 1963년, 네덜란드 디자이너 안드리스 반 온크가 울름 디자인스쿨 재학 중 복잡성 이론과 정보 시스템을 산업디자인에 적용하면서 처음 제안하였다. 이후 마투라나와 바렐라의 생물학적 자기생산 이론, 그리고 게르하르트 피셔와 엘리사 지아카르디의 기술사회적 접근 등 다양한 이론적 계보에서 발전됐다. 특히 1990년대 이후, 피셔와 동료들은 HCI, 사용자 중심 시스템 설계, 협력적 소프트웨어 개발 등의 맥락에서 메타설계를 구체화시켰다. 이들은 디자인을 고정된 완성물이 아닌 '미완의 시스템(incomplete systems)'으로 정의하고, 사용자가 창조적 공동 설계자가 되어 시스템을 확장하고 진화시킬 수 있도록 하는 '설계를 위한 설계(designing for design)'를 메타설계의 핵심 개념으로 제안하였다.[7]

메타설계 개념은 Thomas Fisher가 제안하는 디자인 철학과도 긴밀히 맞물린다. Fisher는 디자인을 눈에 보이는 산물에 국한하지 않고, 교육, 정치, 경제, 도시 인프라, 공중 보건 등 우리가 당연시해 온 사회 시스템 전체를 재설계의 대상으로 확장한다.[8] 이는 곧 '미완의 시스템'으로서 사회 구조를 바라보고, 그 작동 규칙과 관계망 자체를 설계의 대상으로 삼는 메타설계의 시각과 직결된다. Fisher가 지적하는 기존 체계의 취약성 — 창의성 결여, 불평등 심화, 환경 파괴 — 은 단일한 완성 해법이 아니라, 사용자를 창조적 공동 설계자로 참여시키는 개방형 구조 속에서 다원적·창발적으로 해결되어야 한다. 이 과정에서 메타설계가 강조하는 '설계를 위한

7) Fischer, G., & Giaccardi, E. (2006). Meta-design: A framework for the future of end-user development. In H. Lieberman, F. Paternò & V. Wulf (Eds.), *End user development* (1st ed.) (pp. 427-457). Springer.

8) Fisher, T. (2016). *Designing our way to a better world*. University of Minnesota Press.

설계'는 Fisher가 말하는 "왜 우리는 더 나은 세상을 디자인하지 않는가?"라는 물음에 구체적 실행 틀을 제공하며, 다양한 이해관계자와 맥락이 맞물린 복잡한 사회 시스템 속에서 윤리적 가치와 지속가능성을 구조적으로 내재화하는 방법론으로 기능한다. 따라서 Fisher의 비전은 메타설계의 역사적 계보 속에서, 특히 사용자가 주체적으로 체계를 확장·진화시키는 설계철학의 현대적 구현으로 해석될 수 있다.

이후의 연구 동향은 메타설계를 EUD(End-User Design) 영역으로 확장하면서, 사용자가 시스템을 맞춤화하거나 확장할 수 있도록 하는 실천적 도구들을 개발하는 데 초점을 맞추었다. 피셔는 이를 "참여의 문화(culture of participation)"라고 명명하며, 사용자가 문제 해결의 객체에서 문제 정의의 주체로 전환되는 설계 민주화를 이끌었다. 2000년대 중반 이후에는 창발과 자기조직화를 중심 개념으로 삼아, 피드백 기반의 동적 설계 구조로 메타설계의 이론적 지평이 확장되었다. 이와 함께 메타설계는 단순히 도구를 설계하는 데 그치지 않고, 설계가 이루어지는 환경, 참여자 간의 관계, 시스템의 적응성을 모두 포괄하는 총체적 프레임워크로 진화하였다.

메타설계는 고정된 결과물을 목표로 삼지 않는다. 그것은 하나의 완결된 시스템을 구현하려는 전통적 설계 관점과 달리, 설계 이후에도 시스템이 스스로 변화하고 진화할 수 있도록 열린 가능성의 구조를 창출하는 데 초점을 둔다. 즉, 자기생산 체계로의 창발할 여지를 허용한다. 마치 정원이 스스로 자라나고 계절에 따라 달라지며, 정원사는 이를 일방적으로 통제하지 않고 함께 호흡하며 조율하듯이, 메타설계는 생태적·진화적 관점에서 설계 체계를 바라본다.

이러한 메타설계 접근은 다음 네 가지 주요 특징으로 요약될 수 있다. 첫째, 개방성이다. 메타설계는 시스템이 완성된 후에도 수정과 확장이 가능하도록 설계의 구조 자체를 개방해 둔다. 이는 콘텐츠, 인터페이스, 상호작용 규칙 등의 요소를 사용자가 직접 바꾸거나 새롭게 추가할 수 있도록 설계됨을 의미한다. 예컨대, 위키피디아는 사용자들이 실시간으로 내용을 생성하고 편집하며, 전체 시스템을 살아 있는 공동 창작 생태계로 유지한다.

둘째, 참여성이다. 설계의 전 과정에 사용자, 전문가, 공동체가 적극적으로 개입함으로써, 설계는 더 이상 소수 전문가의 전유물이 아니라 다중 주체가 함께 구성해 가는 사회적 실천이 된다. 피셔 등은 학습 환경을 포함한 HCI와 협력적 시스템 설계 분야 연구에서 메타설계를 관여자(시퓰라리움의 경우 학습자, 교수자, 교수설계자, 그리고 학부모와 고용주 등 공동체 구성원)가 설계 시점뿐 아니라 시스템의 전

생애주기 동안 공동 설계자가 되어 시스템을 지속적으로 수정·확장할 수 있는 사회·기술적 인프라를 만드는 작업"으로 정의하며, 이는 참여적 설계와 자기조직화라는 개념을 중심축으로 삼는다고 설명한다.[9)]

셋째, 진화성이다. 메타설계는 완결된 설계 결과물의 산출을 목표로 하지 않는다. 오히려 그것은 사용자와 환경의 변화에 반응하며 지속적으로 갱신되고 조정되는 개방적 시스템을 지향한다. 이는 설계가 단일 시점의 결정이 아니라, 시간이 흐름에 따라 설계 주체와 객체가 함께 진화하는 과정이라는 점을 내포한다. 그 대표적 사례가 GitHub에서 운영되는 오픈소스 프로젝트이다. 초기 설계자는 기본적인 구조를 제시하지만, 이후 수많은 사용자와 개발자들이 자발적으로 참여하여 코드를 수정하고 기능을 개선해 나간다. 이러한 참여와 조정의 반복 속에서 시스템은 점진적으로 진화하며, 이는 메타설계가 가진 자기조직적 확장성과 적응성을 보여주는 실천적 사례라 할 수 있다. 결국 진화성은 메타설계를 정적 설계가 아닌 동태적 설계 프레임워크로 전환시키며, 설계자-사용자-환경 간의 삼각적 상호작용 구조를 체계 내부에 내재화하는 핵심 속성이다.

넷째, 생태적 가드닝의 관점이다. 메타설계는 설계자를 단순히 기능을 외부에서 부여하고 배치하는 기술자(engineer)로 보지 않는다. 대신, 설계자는 환경을 조율하고 조건을 형성하며 체계의 내적 진화를 촉진하는 생태적 조율자(ecological facilitator)로 자리매김한다. 이 관점에서 설계자는 체계 외부의 통제자가 아니라, 내부와 외부의 경계를 가로지르며 감응하고 조정하는 '정원사(gardener)'와 같은 존재이다. 정원사는 특정한 기능을 강제로 주입하지 않고, '씨앗'을 심고 '토양'을 가꾸는 방식으로 창발의 여건을 형성한다. 그는 시스템 내부의 상호작용과 변화의 흐름을 민감하게 관찰하며, 필요할 때 최소한의 개입으로 자기조직화를 촉진한다. 이러한 접근은 복잡계 이론에서 강조되는 비선형성, 상호의존성, 예측 불가능성과 깊이 연결되며, 메타설계가 단순한 기술적 설계를 넘어 살아 있는 생태계적 구조를 구성하려는 시도임을 보여 준다. 결국 생태적 가드닝은 메타설계의 존재론적 전환을 상징한다. 즉, 설계를 기계적 조립이 아닌 삶의 리듬과 성장의 흐름 속에서 감응하고 조율하는 실천으로 재정의하는 것이다. 이 관점은 시뮬라리움과 같은 자기생산체계 설계에서 핵심적인 이론적 지반이 된다.

---

9) Fischer, G. (2011). Understanding, fostering, and supporting cultures of participation. *Interactions*, *18*(3), 42–53.

요컨대, 메타설계는 설계의 '완성'을 목표로 삼지 않는다. 그것은 본질적으로 항상 '진행 중'인 상태를 지향하며, 설계 이후의 세계가 설계자와 사용자, 그리고 환경 간의 지속적인 상호작용과 재조율을 통해 살아 있는 생태계로 진화할 수 있도록 조건과 구조를 마련하는 활동이다. 그럼에도 불구하고, 메타설계는 무한한 유동성만을 허용하지 않는다. 설계된 체계는 여전히 조직적 폐쇄성을 통해 자기 정체성과 목표 지향성을 유지해야 하며, 이러한 조건은 특히 교수학습체계와 같이 명시적 교육 목표를 달성해야 하는 시스템에서 더욱 중요하게 작용한다.

이 점에서 메타설계는 설계된 자기생산체계로서의 시뮬라리움의 이론적·실천적 기반으로 적절하다. 시뮬라리움은 학습자의 창발적 자기생산성을 존중하면서도, 체계가 달성해야 할 공통 교육 목표와 구조적 안정성을 동시에 요구하는 특수한 교육 생태계이기 때문이다. 메타설계는 이러한 이중 요구 — 자율성과 목적성, 창발성과 안정성 — 을 조율하며, 시뮬라리움의 실현 가능성을 제도적, 기술적, 존재론적으로 뒷받침할 수 있는 핵심 설계 이론으로 기능한다.

### 2) 시뮬라리움과 메타설계

HCI 기반 설계 이론으로 발전해 온 메타설계를 교수학습을 위한 자기생산체계인 시뮬라리움에 적용하기 위해서는, 단순한 기술적 전이를 넘어서는 이론적 재해석과 체계적 재구성이 필수적이다. 이는 메타설계가 본래 인간-컴퓨터 상호작용, 사용자 중심 시스템 설계, 협력적 소프트웨어 개발 등 기술 중심적 맥락에서 출발한 개념이라는 점에서 기인한다. 그러나 시뮬라리움은 단순한 기술 시스템이 아니라, 자기생산적 주체로서의 학습자, 목표 지향적 실천으로서의 교수학습, 문명 생태계와의 구조적 커플링이라는 세 축을 중심으로 구성된 존재론적이고 교육학적인 복합 체계이다. 따라서 시뮬라리움에 메타설계를 적용하려는 시도는 기존 이론의 단순한 확장을 넘어서, 기술 중심 패러다임에서 교육적 존재론으로의 이론적 도약을 요구한다. 즉, 메타설계가 강조해 온 개방성, 참여성, 진화 가능성이라는 핵심 정신을 유지하면서도, 이를 교육 도메인 고유의 자기생산성, 목표 지향성, 그리고 학습자의 존재론적 변화 가능성과 긴밀히 연결해야 한다. 이러한 접속이야말로 메타설계를 시뮬라리움의 설계 철학이자 구현 전략으로 재구성하는 데 필요한 핵심 조건이다. 따라서 시뮬라리움의 메타설계는 이론적-기능적-구조적-존재론적-실천적 등 다섯 가지 차원에서 다층적 메타성을 갖춘 통합 설계 체계로 정립되어야 한다. 이를 통해 메타설계는 기술적 시스템을 넘어, 살아 있는 교육 생태계로서의 시뮬라리움을 위한 본질적 설계 패러다임으로 자리매김할 수 있을 것이다.

첫째, 이론적 메타성은 다양한 학문적 기반을 상위 수준에서 통합하는 능력을 의미한다. 시뮬라리움과 같은 복잡한 교수학습 생태계는 단일한 이론 체계만으로는 설명될 수 없으며, 인지과학의 경험적 설명 체계, 문화적 · 역사적 분석, 그리고 자기생산체계 이론의 생명철학적 틀을 동시에 포괄해야 한다. 이론적 메타성이란 이질적인 이론들을 단순히 병치하는 것이 아니라, 하이브리드 통합 방식으로 상호 작용하게 함으로써, 교수학습체계 설계의 이론적 정당성을 확보하고, 실천을 위한 철학적 기반을 구성하는 것이다. 이는 학문 간 단순 교차를 넘어서, 설계 패러다임의 수준에서 이론 간 공명을 이끌어 낼 수 있는 구조적 조건이 된다.

둘째, 기능적 메타성은 시스템이 고정된 정적 구조에 머무르지 않고, 실시간으로 자기조정과 진화를 수행할 수 있도록 하는 기술적 조건을 의미한다. 시뮬라리움은 인공지능(AI), 학습분석시스템(LAS), 적응형 인터페이스 등의 기술을 활용하여, 학습자의 반응을 실시간으로 수집·분석하고, 그 결과에 따라 콘텐츠 난이도, 피드백 방식, 협력 구조 등을 즉각적으로 조정할 수 있다. 이를 통해 ADDIE 모델은 기존의 선형적 절차 구조에서 벗어나, 프랙탈적 구조로 전환되며, 실행(Implementation)과 평가(Evaluation)는 실시간 상호작용하는 살아 있는 순환 구조로 재편된다. 이처럼 기능적 메타성은 시뮬라리움이 동적인 자기생산체계로 작동하기 위한 핵심 기술적 기반을 제공한다.

셋째, 구조적 메타성은 시스템의 설계 구조가 고정된 틀에 머무르지 않고, 참여자와 환경의 변화에 따라 유연하게 진화할 수 있도록 구성되어야 함을 의미한다. 시뮬라리움은 고정된 커리큘럼이나 단일 교수법에 기반한 폐쇄적 체계가 아니라, 학습자 · 교수자 · 기술 간의 상호작용 속에서 지속적으로 재구성되는 열린 학습 생태계로 설계된다. 구조적 메타성은 학습자에게 수업 방식이나 콘텐츠 구성 과정에 실질적으로 개입할 수 있는 권한을 부여하며, 이로 인해 다중 주체들이 의미를 공동으로 생산하는 집합적 설계 환경이 가능해진다. 이러한 구조 속에서 시뮬라리움은 단순한 '학습 시스템'이 아니라, 학습이 발생할 수 있는 조건을 생성하고 조율하는 메타 시스템으로 작동하게 된다.

넷째, 존재론적 메타성은 설계의 실천이 단순한 외적 작용을 넘어서 설계자 자신의 존재 양식을 변화시키는 깊은 층위를 의미한다. 이 관점에서 설계자는 더 이상 외부 대상을 조작하는 기술자가 아니라, 자기생산체계의 일부로 편입되어 체계의 진화 과정에 능동적으로 참여하는 존재가 된다. 시뮬라리움의 메타설계는 단순한 시스템 구축을 넘어, 설계자와 체계가 함께 자기변형의 흐름을 공유하는 존재론적 실천으로 확장된다. 이는 설계를 통해 세상을 바꾸는 것이 아니라, 설계 행위를 통해 설계자 자신이 먼저 변화되는 방식을 뜻하며, 바로 이 지점에서 메타설계는 가장 근원적이고 깊은 의미를 실현하게 된다.

다섯째, 실천적 메타성은 메타설계 이론이 단지 추상적 수준에 머무르지 않고, 기술적 실현 가능성과 윤리적 정당성이라는 두 층위를 아우르는 실제적 실행 가능성의 메타 구조를 확보해야 함을 의미한다. 시뮬라리움은 인공지능(AI), 학습분석시스템(LAS), 적응형 인터페이스와 같은 첨단 기술을 통합함으로써, 교수학습 체계의 자기생산성과 동적 진화를 가능하게 한다. 그러나 이러한 기술의 활용은 단순한 기능적 적용을 넘어, 기술의 존재론적 영향력과 사회문화적 파급 효과에 대한 메타 수준의 성찰을 수반해야 한다. 실천적 메타성은 이처럼 테크놀로지의 가용성과 함께, 데이터 프라이버시 보호, 알고리즘의 투명성과 설명 가능성, 윤리적 책임성이라는 조건을 메타설계 구조 내에 내포시켜야 한다. 이는 시뮬라리움이 구현하고자 하는 학습 생태계가 기술적으로는 유연하고 강력하면서도, 동시에 학습자의 권리, 주체성, 존재적 변화 가능성을 보장하는 윤리적 공간으로 유지되어야 함을 뜻한다. 요컨대 실천적 메타성은 메타설계가 이론적으로는 정당하고 구조적으로는 개방적이며 기술적으로는 정교하더라도, 실제 환경에서 작동하고 수용되기 위한 조건—즉, 기술적 구현 가능성과 윤리적 수용 가능성—을 상위 수준에서 통합하는 메타 구조를 갖추고 있어야 함을 강조한다. 이는 메타설계를 단순한 설계 이론이 아닌, 설계-기술-윤리 간의 삼중 메타 연결 고리로 진화시키는 핵심 축이다.

이처럼 다섯 가지 메타성은 각기 다른 차원을 구성하면서도 상호작용 속에서 하나의 유기체처럼 움직인다. 이론적 메타성은 이론적·실천적 정당성을 마련하고, 기능적 메타성은 기술적 진화 가능성을 실현하며, 구조적 메타성은 다중 주체가 함께 구성하는 열린 시스템을 지지하며, 존재론적 메타성은 설계자를 포함한 전체 체계의 자기변형과 진화를 이끈다.

결국 메타설계는 시뮬라리움을 통해 교육을 단순한 지식 전달의 수단에서 벗어나, 인간과 기술, 사회가 함께 존재론적으로 진화하는 실천으로 재구성한다. 설계를 넘어서 설계를 설계하고, 존재를 재해석하며, 미래를 창발시키는 이 구조적 사고는 교육의 본질과 방향을 근본적으로 바꾸는 전환점이 된다. 시뮬라리움은 바로 이 메타설계를 통해, 살아 있는 교육 생태계로 진화할 수 있는 가능성의 문을 연다.

### 3) 메타설계 이론 - 모델 - 활동

설계에 관한 논의는 일반적으로 세 가지 층위, 즉 설계 이론(design theory), 설계 모델(design model), 설계 활동(design activity)으로 구분될 수 있다.[10] 이러한 구분은 교수학습체계와 같은 복합적인 시스템을 분석하거나 설계할 때 각 층위의 역할과 기능을 명확히 파악하고, 이들 간의 정합성을 점검하는 데 있어 중요한 이론적 틀을 제공한다. 그리고 이 전체 구조를 상위 수준에서 통합하고, 상황에 따라 재조정하며, 체계 전체가 자기생산적 방식으로 작동할 수 있도록 이끄는 것이 바로 메타설계이론(meta-design theory)의 핵심 기능이다.

첫째, 설계 이론(design theory)은 설계가 무엇이며 왜 필요한지를 규명하고, 그것이 어떠한 존재론적 조건과 인식론적 틀 아래에서 작동해야 하는지를 설명하는 근본 이론적 체계이다. 이는 단순히 설계 방법론을 제시하는 것이 아니라, 설계자-설계 대상-사용자 간의 관계를 어떻게 이해할 것인지에 대한 철학적 기준을 설정하고, 설계 행위의 정당성과 방향성을 이론적으로 규정한다. 예컨대, 자기생산체계 이론, 일반체계이론, 진화적 설계 이론 등은 설계의 존재 구조, 생성 원리, 변화 가능성 등을 다루는 대표적인 설계 이론으로서, 시뮬라리움과 같은 복합적 학습 생태계의 설계 원리를 규명하는 데 핵심적 준거 틀이 된다.

둘째, 설계 모델(design model)은 추상적인 설계 이론을 보다 구체화하여, 이를 구조화된 절차나 프레임워크의 형태로 전환한 중간 수준의 개념 구조에 해당한다. 예컨대 ADDIE, SAM, DBR, 4C/ID와 같은 모델들은 각각 특정한 설계 이론에 기반하여 실천 가능한 단계적 흐름과 구성 요소를 제시하며, 실제 설계 활동을 조직하고 체계적으로 실행하는 데 핵심적 도구로 기능한다. 설계 모델은 이론과 활동 사이를 연결하는 가교적 장치로서, 현장의 복잡한 변수를 구조화하고, 실천 과정에서의 일관성과 재현 가능성을 확보할 수 있도록 지원한다. 이로써 설계 모델은 이론의 실행력을 높이고, 설계 실천을 안정적이고 반복 가능한 체계로 정착시키는 역할을 수행한다.

---

10) Cross, N. (2001). Designerly ways of knowing: Design discipline versus design science. *Design Issues, 17*(3), 49-55.

셋째, 설계 활동(design activity)은 설계자가 실제 상황에서 문제를 진단하고, 해결안을 구상하며, 이를 구현하고 조정해 나가는 실천적 작업의 총체를 의미한다. 이는 단순한 절차적 실행에 그치지 않으며, 설계자의 판단, 직관, 창의성이 지속적으로 개입하는 고도로 상황 의존적인 행위이다. 이 과정은 교수자와 학습자, 기술, 자원, 맥락적 제약 조건 등 다양한 요소들이 복합적으로 상호작용하며 구성되며, 정적인 설계 절차가 아닌, 역동적이고 반복적인 조율의 흐름으로 이해되어야 한다. 설계 활동은 이론과 모델을 현장의 실제성과 연결하는 접점으로서, 설계의 생명력이 구현되는 실천적 공간[11]이라 할 수 있다.

이처럼 설계 이론, 설계 모델, 설계 활동은 위계적으로 구성되면서도 서로 밀접하게 상호작용하는 구조를 이루고 있다. 그러나 이러한 세 층위가 단절되지 않고 하나의 살아 있는 설계 생태계 내에서 유기적으로 연결되고 자기조직적으로 작동하기 위해서는, 단순히 상위에서 하위로 지시를 내리는 기계적 틀이나 일방향적 조정 방식만으로는 부족하다. 이 전체를 상위 수준에서 통합적으로 조율하고, 변화와 맥락에 따라 체계적으로 재구성하며, 설계 자체를 살아 있는 자기생산적 체계로 진화시킬 수 있도록 하는 사고의 틀이 필요하다. 바로 이때 요구되는 것이 메타설계이론이며, 이는 설계의 '설계'를 가능하게 하는 이론적 기반으로 기능한다.

### 4) 메타설계이론의 성립 조건

메타설계이론이 시뮬라리움과 같은 복잡하고 자기생산적인 교수학습체계를 조직하고, 그 구조를 지속적으로 갱신하는 작동 틀로 기능하기 위해서는 다음과 같은 다섯 가지 핵심 조건이 충족되어야 한다.

첫째, 설계 이론-모델-활동 간의 다층적 연계성이 확보되어야 한다. 이는 상위 수준의 개념 체계로서의 설계 이론이 구체적인 절차와 구조를 갖춘 설계 모델로 전환되고, 이 모델이 다시 실제 상황 속 설계 활동에서 반복적 실천을 통해 구현되고 갱신되는 흐름이 체계적으로 마련되어야 함을 의미한다. 설계 이론은 실천으로 연결되지 않으면 추상적 선언에 그치며, 설계 활동은 이론적 정당성을 상실할 경우 방향성과 일관성을 잃게 된다. 따라서 메타설계이론은 이 세 층위—이론, 모델, 활

---

11) Wertsch, J. V. (1998). *Mind as action*. Oxford University Press.
설계와 창조는 실천(praxis) 행위와 상호인과적이다. 즉 먼저 생각하고 나중에 행위하는 선형 인과성을 부정한다.

동—를 유기적으로 결합하여 상호 환류가 가능한 통합적 설계 프레임을 제공해야 하며, 이를 통해 시뮬라리움은 고정된 설계 산물이 아니라, 자기생산적 진화를 지속하는 생태적 체계로 유지될 수 있다.

둘째, 설계는 고정된 절차나 보편적 정답을 전제하는 폐쇄적 체계가 아니라, 특정한 역사적·문화적·기술적 맥락 속에서 유동적으로 형성되는 열린 구조이다. 따라서 메타설계이론은 설계가 변화하는 맥락에 민감하게 반응하고, 그 속에서 스스로를 조정하며 진화할 수 있도록 유연성과 적응성을 내포해야 한다. 이는 설계를 보편적 규범이나 정형화된 틀로 환원하지 않고, 다양한 조건과 제약 속에서의 실천적 변형 가능성을 중심에 두는 접근이다. 다시 말해, 메타설계는 '정답'을 제시하는 이론이 아니라, 복잡한 환경 속에서 설계자가 끊임없이 조율하고 재구성할 수 있도록 돕는 형성적 구조로 작동해야 하며, 바로 이 점에서 설계의 실천적 타당성과 지속 가능성을 동시에 확보하게 된다.

셋째, 시뮬라리움과 같은 교수학습체계는 외부로부터의 일방적 명령이나 통제 없이, 체계 내부의 구성 요소들 간 상호작용을 통해 스스로 구조를 생성하고 재구성할 수 있는 자기조직화 능력을 갖추어야 한다. 이러한 자기조직화는 단순한 자율성을 넘어서, 체계가 변화하는 조건에 적응하고, 새로운 질서를 창출하며, 자체적으로 안정성과 유연성을 동시에 유지하는 능력을 의미한다. 메타설계이론은 이러한 자기조직적 역량이 체계의 작동 원리로 내재화될 수 있도록, 설계의 조건, 구조, 그리고 실행 과정을 정합적으로 구성하고 조율하는 기능을 수행한다. 즉, 메타설계는 설계자의 외재적 통제가 아니라, 체계 내부에서 작동하는 자기생산적 원리가 발현되도록 지원하는 설계의 틀이며, 이를 통해 시뮬라리움은 '설계된 자기생산체계'로서의 존재론적 지위를 획득하게 된다.

넷째, 설계자는 더 이상 외부로부터 모든 요소를 기획하고 통제하는 중심적 주체로 머무르지 않고, 설계 체계 내부로 침윤하여 그 안의 변화 흐름을 민감하게 감지하고 조율하는 내재적 실천자로 기능해야 한다. 이러한 전환은 설계를 하나의 '완성된 청사진'을 실행하는 과정이 아니라, 체계 내부의 생명력과 상호작용을 섬세하게 조율하는 가드닝의 행위로 재규정한다. 더불어 시뮬라리움과 같은 자기생산적 교수학습체계에서는 학습자, 교수자, 기술 요소 모두가 설계의 능동적 주체로 참여해야 하며, 메타설계이론은 이러한 다중 주체의 내재적 참여가 구조화될 수 있도록 설계 원리를 포함해야 한다. 이는 설계자가 '설계자만의 설계'를 수행하는 것이 아니라, 설계 그 자체가 공동의 실천이자 집단적 지혜의 산물로 진화할 수 있는 생태적 조건을 마련하는 작업임을 뜻한다.

다섯째, 메타설계는 단지 기능적으로 우수한 설계 결과물을 도출하는 도구적 실천이 아니라, 설계자 자신이 그 과정을 통해 존재론적 변화를 겪고 스스로를 갱신하는 학습의 과정이 되어야 한다. 이는 설계가 외부 세계를 조작하거나 변화시키는 행위에 머무는 것이 아니라, 설계 과정 그 자체가 설계자의 존재 양식과 사고 구조를 재구성하는 반영적 구조를 가져야 함을 뜻한다. 특히 시뮬라리움과 같은 자기생산체계에서는, 설계자 본인이 '설계의 주체'인 동시에 '학습의 주체'로서, 끊임없이 배우고 변화하는 존재가 되어야 한다. 이는 설계를 통해 외부를 바꾸기 전에, 먼저 자기 자신이 설계 과정의 일부로 내재화되고, 체계와 함께 변형되며 성장해야 한다는 것을 의미한다. 설계자는 '배우는 설계자(designer-as-learner)'로서, 체계의 진화와 함께 자신의 사고, 감수성, 실천 양식을 갱신하는 존재가 되어야 하며, 메타설계는 이러한 자기변형의 조건을 제도적으로 구조화하는 실천이 되어야 한다. 시뮬라리움의 설계에서 이 원리는 핵심적이며, 설계자의 변화 가능성을 체계 설계의 일부로 포함시켜야 시스템 전체가 살아 있는 자기생산체계로 작동할 수 있다.

이러한 다섯 가지 조건은 메타설계이론이 단순한 설계의 기술이 아니라, 이론과 실천을 통합하는 존재론적 패러다임으로 작동하게 하는 필수 구성 요소이며, 시뮬라리움의 자기생산체계적 설계 기반을 구축하는 데 중요한 토대가 된다.

## 2. 시뮬라리움 메타설계의 이론적 기반 : 문화역사적 활동이론(CHAT)

### (1) 시뮬라리움의 설계와 문화역사적 활동이론의 연결

본 장에서는 시뮬라리움의 존재론적 구조를 설계 가능하게 하기 위한 이론적 기반으로, 기존의 문화역사적 활동이론(CHAT)을 확장한 E-CHAT(Extended CHAT)를 시뮬라리움 설계를 위한 메타설계이론의 기반 이론으로 제안한다. 이 이론은 단순한 활동 분석이나 수단-목표적 교수설계의 틀을 넘어, 자기생산체계로서의 교수학습 생태계를 설계·실행·진화시키기 위한 이론적-실천적 원리 체계를 제공한다. 이러한 논의를 통해 메타설계 이론이 단지 특정 교수학습 장면에 대한 설계 절차로 작용하는 것을 넘어서, 비대칭 인간-기계 협력, 문명 생태계와의 구조적 커플링, 자기생산성의 환류 구조를 설계 가능한 체계로 구체화할 수 있는 새로운 설계학적 틀이 될 수 있을 것이다.

CHAT은 시뮬라리움의 메타설계이론으로서 일정한 가능성과 한계를 동시에 지닌다. 첫째, 체계 패러다임 및 이론과의 정합성 측면에서 CHAT은 도구 매개적 활동체계와 상호작용, 공동체, 의미 생성 등의 개념을 통해 시뮬라리움의 기저에 있는 매개성 중심 구조와 깊이 있는 이론적 연계가 가능하다. 특히 엥게스트롬의 이중 삼각형 모형은 학습자-도구-공동체 간의 구조적 상호작용과 모순, 재조정 과정을 설명할 수 있는 유용한 틀로 기능한다. 그러나 CHAT은 체계이론이나 자기생산체계 이론과는 직접적 연계가 부족하다. 시뮬라리움이 요구하는 조직적 폐쇄성, 작업적 폐쇄성, 구조적 커플링과 같은 개념은 CHAT 내부에 명시적으로 구현되어 있지 않기 때문에, 이를 메타설계 수준에서 수용하려면 체계이론과 자기생산 이론을 구조적으로 융합하고 확장할 필요가 있다.

둘째, 학문적 주류성과 미래지향성 측면에서 CHAT은 교육심리학, 인류학, 교육공학 등 다양한 분야에서 이미 주류 이론으로 자리 잡고 있으며, 도구와 협력을 중심으로 한 인간 활동의 문화적 구조를 설명하는 데 있어 이론적 생존력과 실천적 탄력성을 갖춘 이론이다. 또한 설계자의 역할을 정원사처럼 체계 내부로 참여시키는 구조는 CHAT의 활동 중심적 관점과 잘 부합하며, 실행을 통한 이론의 갱신이라는 관점에서 실천 중심 설계의 기반을 제공할 수 있다. 그러나 오늘날 교육을 둘러싼 기술 환경은 대규모 언어 모델(LLM)의 등장으로 인해 전환점을 맞이하고 있다. HCPS를 기반으로 한 문명성의 대전환, 인공지능을 활용한 실시간 시뮬레이션 기반 학습 설계, 데이터 중심의 미세 피드백 구조 등은 기존의 교육 체계와 이론이 전제하던 전통적 조건들을 근본적으로 재구성하고 있다. 그러나 이처럼 급진적인 기술 전환 앞에서, CHAT을 포함하여 기존 교육 이론은 LLM 이전의 인식론과 기술 조건에 기반을 두고 있다. 즉, 오늘날의 상황은 단순한 연속선상에서의 '기술적 진보'가 아니라, 교육의 대상, 과정, 주체, 도구에 대한 존재론적 전제 자체를 수정해야 할 지점에 도달한 것이다. LLM은 단지 정보를 생성하거나 자동화하는 기술을 넘어, 언어 자체를 매개로 사고와 의미 구성, 상호작용의 구조를 재편한다. 이는 교수학습체계가 더 이상 인간으로만 폐쇄적으로 설계될 수 없으며, 기계와 인간, 데이터와 의미, 자동성과 자율성 간의 비대칭적 협력 체계로 이해되어야 함을 시사한다. 따라서 기존의 교육 이론, 예컨대 행동주의나 인지주의, 구성주의뿐 아니라 CHAT조차도, 그 이론이 구성되던 기술적 기반과 사회문화적 조건을 넘어선 현재 상황을 충분히 다루기 어렵다는 인식이 필요하다. 이러한 맥락에서 교수학습체계 설계이론은 단순히 '기존 이론의 응용'을 넘어, 이론 자체의 구조적 갱신이 필요하다. 즉, 인공지능 기술과의 구조적 커플링을 전제로 하는 새로운 설계 패러다임, 데이터 흐름과 학습 의미화를 통합할 수 있는 다층적 분석 체계, 그리고 인간과 기계 사이의 존재 방식 차이를 존중하면서도 상호작용을 가능케 하는 비대칭 인간-기계 협력 기반 이론틀이 요구된다. 이를 위해 체계이론, 자기생산체계 이론, 인지신경과학, 진화인류학, 인공지능 윤리 등 다양한 분야의 통합적 관점이 교육 이론의 중심으로 들어와야 하며, 새로운 이론은 기술의 '도입'이 아닌, 기술과 함께 설계되는 공동 존재론적 구조를 설명할 수 있어야 한다. 요컨대, LLM의 등장은 교육 이론에 있어 단지 하나의 응용 대상이 아니라, 이론적 재정립의 출발점이 되어야 한다. 이는 메타설계 이론 혹은 시뮬라리움 설계 모델과 같은 새로운 이론적 프레임이 필요한 이유이기도 하다. 이제 교육 이론은 인간의 학습만을 다루는 패러다임에서 벗어나, 기술과 인간, 시스템과 주체의 공진화라는 틀 안에서 다시 쓰여야 할 시점에 도달한 것이다. CHAT이 시뮬라리움의 메타설계이론으로 기능하기 위해서는 이러한 미래지향적 요소들을 포괄할 수 있도록 확장과 재해석이 요구된다.

셋째, 자기생산 학습체계를 위한 관찰 지점과 개입 시점의 설계 원리와 관련해서 CHAT은 학습자의 활동, 공동체 내 상호작용, 규범적 구조의 모순과 재조정을 분석할 수 있는 유연한 해석 틀을 제공한다. 이는 학습분석시스템이 수집한 멀티모달 데이터를 교육적 맥락 속에서 해석하고, 의미 있는 변화를 포착하는 데 중요한 역할을 할 수 있다. 그러나 문제는 실시간 데이터 기반의 처방 설계, 정량적 알고리즘의 명세, 시계열 기반 의사결정 등과 같은 정밀한 설계 작업에 있어 CHAT은 분석 단위로 기능할 수는 있어도 설계의 전 범위를 포괄하기에는 기능적으로 한계가 있다. 특히 "무엇을 관찰할 것인가", "언제 개입할 것인가"를 명세하기 위한 정량적 논리나 모델은 별도의 보완 체계를 요구한다. 따라서 CHAT은 LAS와 결합하여 학습자의 상태 변화를 해석하는 질적 프레임으로 기능하고, 정량 기반 설계 처방은 인지과학, 시스템 이론, 인공지능 모델 등을 통해 구조화하는 방식의 혼합 이론 구조가 필요하다.

요컨대, CHAT은 시뮬라리움의 메타설계이론으로서 도구-협력-공동체 중심의 의미 생성 구조, 설계자의 내재적 참여, 실천 기반의 설계 접근이라는 측면에서 이론적 정당성을 갖는다. 그러나 시뮬라리움이 지향하는 자기생산체계로서의 존재론적 조건, 그리고 미래지향적 기술 설계 및 정량 기반의 데이터 활용 측면에서는 명확한 보완과 이론 간 융합이 요구된다. 따라서 CHAT은 체계이론, 자기생산 이론, 인공지능 기반 설계 프레임과의 통합을 통해서만, 시뮬라리움이라는 복합 생태계의 존재론적 설계 이론으로 기능할 수 있다.

이어지는 각 절에서는 비고츠키 – 레온티에프 – 엥게스트롬으로 이어지는 CHAT의 이론적 계보를 따라가며, 각 사상가가 제시한 핵심 개념들이 어떻게 시뮬라리움의 존재론적 설계 원리로 전환될 수 있는지를 구체적으로 분석하고자 한다. 이를 통해 시뮬라리움이 단순한 기술적 환경이 아니라 인간의 발달, 도구적 상호작용, 사회적 협업, 체계 간 커플링을 모두 포괄하는 자기생산적 학습 생태계로 작동하기 위해서, CHAT이 메타설계이론으로서 어떤 이론적 토대를 제공할 수 있는지를 검토하며, 나아가 그것이 어떻게 확장되어야 하는지도 함께 모색하고자 한다.

## (2) CHAT의 계보학과 주요 연구자

### 1) 비고츠키: 언어와 심리의 사회문화적 발생

비고츠키는 인간의 고등 정신 기능이 개인 내부에서 자연적으로 발생하는 것이 아니라, 본질적으로 사회문화적 상호작용을 통해 형성된다고 보았다. 그는 심리적 기능의 기원을 상호주관성에 두었으며, 인간 발달의 사회적 기원을 강조함으로써 기존의 생물학 중심 인지 발달 이론에 대한 패러다임 전환을 이끌었다.[12] 특히 그는 인간의 발달이 두 번 나타난다고 주장하였다. 즉, 어떤 심리적 기능도 먼저 사회적 수준에서 타인과의 상호작용을 통해 발생하고, 이후에야 그것이 개인의 내부로 내면화되어 심리적 구조로 전환된다는 것이다. 이때의 내면화는 단순한 정보의 흡수가 아니라, 사회적 경험을 개인 고유의 심리 체계로 전환하는 과정을 의미한다. 바로 이 내면화 과정이야말로 CHAT이 학습을 바라보는 핵심적 관점이다. 학습은 개인 내부에서 고립적으로 일어나는 현상이 아니라, 사회적 상호작용 속에서

---

12) Vygotsky, L. S., & Cole, M. (1978). *Mind in society: The development of higher psychological processes*. Harvard University Press.

도구와 규범, 언어를 매개로 발생하며, 이후에야 심리적 구조로 통합되어 주체의 변화로 이어지는 전 과정을 포함한다. 따라서 CHAT은 학습을 사회문화적 활동의 내면화라는 실천적 흐름으로 이해하며, 이 과정에서 도구와 협력은 핵심 매개로 작동한다.[13)]

비고츠키는 인간의 정신 발달을 고립된 개인의 내부에서 발생하는 생물학적 과정으로 보지 않고, 사회적 관계, 언어적 매개, 문화적 실천을 통해 형성되는 역사적이고 사회적인 사건으로 보았다.[14)] 이때 언어는 비고츠키 심리학의 가장 핵심적인 개념이 된다. 언어는 단순한 소통 수단이 아니라 인간의 정신 구조를 조직하고 변형시키는 도구이며, 이로 인해 인간의 정신은 동물의 생리적 반응과는 질적으로 다른 양상을 띤다. 다시 말해, 언어는 파블로프의 생리학과 비고츠키의 심리학을 분리하는 지점이며, 심리적 현상을 생리적 반응으로 환원할 수 없게 만드는 내적 매개로 기능한다.[15)] 요컨대, “인간의 정신은 생리적 토대 위에 언어라는 제2의 신호 체계가 구축될 때 비로소 출현한다.”[16)]

필자는 비고츠키 심리학의 관점에서 파블로프 생리학을 다음과 같은 명제로 비판적으로 정식화할 수 있다고 본다. “언어 없는 추동은 심리가 아니라 생리다.” 이 명제는 인간의 내면에서 발생하는 활동을 적어도 두 층위로 구분해 사고하도록 이끈다. 하나는 언어와 의미, 사회적 매개를 통해 구조화되는 심리적 층위이며, 다른 하나는 언어 이전의 신체적 흥분 상태, 즉 생리적 층위이다.

이는 동물이 종별로 생활세계(Umwelt, 움벨트)에서 경험하는 퀄리아(qualia)와

---

13) Wertsch, J. V. (1988). *Vygotsky and the social formation of mind*. Harvard University Press.
비고츠키 이론의 확장으로, "매개된 행동(mediated action)" 개념을 제시하며 문화적 도구(예: 언어, 예술)가 인지 발달을 촉진하는 과정을 분석한다.

14) Rogoff, B. (1990). *Apprenticeship in thinking: Cognitive development in social context* (Reprint ed.). Oxford University Press.
학습이 “공동 참여적 활동”으로 이루어지는 사례를 연구하며, 비고츠키의 사회적 구성주의를 실증적으로 입증한다.

15) Cole, M. (1996). *Cultural psychology: A once and future discipline*. Harvard University Press.
언어를 “문화적 진화의 도구""로 규정하며, 생물학적 반응과 사회문화적 인지의 간극을 메우는 비고츠키의 공헌을 강조한다.

16) Vygotsky, L. S. (1987). *The collected works of L. S. Vygotsky, Vol. 1: Problems of general psychology*. Plenum Press. (p. 156)

도 명확히 구분된다. 퀄리아란 특정한 감각이나 정서 상태를 경험할 때의 주관적이고 질적인 느낌을 의미하며, '빨간색이 이런 느낌이다.', '고통이 이렇게 느껴진다.'와 같은 1인칭 경험의 본질을 지칭하는 철학적 개념이다. 동물 또한 이러한 감각적 질감을 경험할 수는 있지만, 그것을 언어로 명명하거나 사회적 의미 맥락 속에서 재구성할 수 없기 때문에 그것은 어디까지나 생리적 반응으로 머무를 뿐이다. 즉, 동물은 생리 현상을 '느끼지만', 그것을 내면화된 심리 구조로 전환시킬 수 없다. 언어를 통한 표상과 반성적 재구성이 결여되어 있기 때문이다. 이로 인해, 그들의 경험은 사회문화적 상호작용을 통해 형성되는 고등 정신 기능으로 발전하지 못하며, 이는 인간의 심리 현상과 근본적으로 구분된다.

이때 생리적 층위에 해당하는 경험들은 예컨대 마약에 의한 환각, 성적 흥분, 극도의 공포나 긴장, 또는 감각적 쾌락과 같은 상태들로 설명될 수 있다. 이러한 반응은 욕망, 정서, 감정이되 아직 언어적 명명과 사회적 해석 과정을 거치지 않은 원초적 추동에 해당한다. 마약은 도파민, 세로토닌 등의 신경전달물질 흐름을 인위적으로 자극하여 신체 리듬을 교란시키고, 심박수, 체온, 감각 반응 등에 즉각적 영향을 미치지만, 이 모든 반응은 해석되거나 의미화되지 않았기에 CHAT의 이론적 기준에서는 심리적 현상으로 간주되지 않는다.

비고츠키는 인간의 고등 정신 기능이 단순 생리적 자극-반응에서 기원하는 것이 아니라, 언어라는 매개를 통해 사회적으로 구성된다는 점을 분명히 하였다. 이 점에서 파블로프의 생리학은 인간의 심리를 물리적 기계론으로 환원시키는 결정론적 시도이며, 활동의 의미론적 차원을 배제한 생물학주의로 비판될 수 있다. 이러한 구분은 시뮬라리움의 존재론적 설계에서도 핵심적으로 작용한다. 즉, 자기생산체계로서의 인간은 단순한 생리적 반사체가 아니라, 해석과 의미를 부여하는 '언어적 존재'이며, 인간-기계 상호작용에서도 이러한 층위적 구분은 반드시 전제되어야 한다. 철학적으로 이러한 생리적 추동은 하이데거가 말한 '전재성'의 영역에 가까우며, 프로이트의 리비도(libido)[17] 개념이나 라캉의 실재계(the Real)[18]에 해당

17) 프로이트 정신분석 이론에서 사용되는 개념으로, 인간 행동의 근원이 되는 무의식적 성적 에너지이자 생명적 추동. 리비도는 원초적이고 충동적인 욕망으로, 언어 이전의 신체적 에너지 상태를 의미한다.

18) 라캉 정신분석 이론에서 언어와 상징 질서로는 완전히 포착되거나 표현될 수 없는 차원. 인간의 경험 바깥에 있으며, 상징화되기 전의 무한하고 해석 불가능한 실존적 충격이나 감각의 잔여를 가리킨다.

한다고도 볼 수 있다. 이들은 모두 언어 이전의 혹은 언어 바깥의 구조를 가리키며, 그 자체로는 인간의 주체성을 형성하지 못한다. 그러나 인간은 언어의 존재, 곧 상징적 구조 안에서 살아가는 존재이다. 인간은 자신의 신체적 흥분 상태를 단순히 느끼는 것에서 그치지 않고, 그것에 이름을 붙이고 의미를 부여하며 사회적으로 공유 가능한 방식으로 조직한다. "사랑한다.", "열정이 느껴진다.", "기쁨의 눈물이 흐른다."라고 말할 수 있는 순간, 우리는 더 이상 생리적 반응 속에 갇혀 있는 것이 아니라, 그 반응을 언어적으로 해석하여 심리적 상태로 전환한 것이다.

이러한 해석 행위는 단순한 명명하기가 아니다. 언어는 생리적 반응에 방향을 부여하고, 그것을 시간적 서사, 즉 개인의 역사 속에 위치시키며, 사회적 규범과 기대 속에 배치한다. 예컨대, 사랑은 단순히 심장이 빠르게 뛰는 생리적 반응의 총합이 아니라, 그것이 특정 대상에 대해 지속되며, 어떤 서사를 형성하고, 자신과 타인에게 설명 가능한 형태로 구성될 때 비로소 심리적 상태로서 존재하게 된다. 열정 또한 호르몬의 상승 곡선이 아니라, 특정 대상이나 목적을 향해 지속적으로 쏟아지는 주의력과 의지력의 방향성 안에서 의미를 얻는다. 언어는 이처럼 생리를 구조화하고 통제하며, 인간의 정신을 단순한 흥분이 아닌 이야기로, 반응이 아닌 존재로 조직하는 핵심 장치이다. 요컨대, 인간의 정신은 언어를 통해 생리적 추동을 의미화하고, 의미를 통해 사회적 실천으로 확장하는 존재론적 구조를 지닌다. 이는 비고츠키가 제안한 사회문화적 심리학의 핵심이며, 또한 인간을 기계나 동물과 구분짓는 본질적인 차이이기도 하다.

이러한 내면화 과정을 설명하기 위해 비고츠키는 언어를 단순한 소통 수단이 아닌, 심리적 도구로 간주하였다. 그는 언어가 인간에게 '생각을 외화'할 수 있는 수단일 뿐만 아니라, 사고를 구성하고 조절하는 도구적 장치라는 점을 강조하였다. 예컨대, 아동이 '혼잣말(private speech)'을 통해 문제를 해결하는 과정은, 외부의 언어적 도움을 자기 지시로 전환해 가는 자기조절의 핵심 사례로 분석된다. 비고츠키가 말한 '혼잣말'은 그 자체가 사회적 언어의 잔재이자, 사회와의 대화를 자기 내부로 옮긴 것이다. 그는 아동이 부모나 성인과의 대화 속에서 얻은 언어적 전략을, 나중에는 스스로에게 적용하며 점차 자기 조절적 사고로 전환된다고 보았다.[19]

---

19) Cole, M., Engeström, Y., & Vasquez, O. (Eds.). (1997). *Mind, culture, and activity: Seminal papers from the laboratory of comparative human cognition*. Cambridge University Press.

근접발달영역(Zone of Proximal Development, ZPD)은 비고츠키가 제시한 개념으로, 학습자가 현재 스스로 할 수 있는 수준과 타자의 도움을 받아 수행 가능한 잠재적 능력 사이의 공간을 의미한다. 그는 이 영역을 단순한 발달 격차가 아닌, 교수학습이 개입해야 할 핵심적 '적소'로 보았다. 이 적소는 단순히 학습자의 현재 상태를 보완하는 보조적 영역이 아니라, 교수학습이 미래의 발달을 '선도'할 수 있는 지점이다. 다시 말해, ZPD는 아직 발현되지는 않았지만, 적절한 개입이 이루어질 때 비로소 학습자의 능력이 발달로 전화되는 가능성의 공간이다. 이 공간은 현재와 미래 사이, 실제 능력과 잠재 능력 사이, 반복과 창조 사이에 위치하는 역동적 전환의 간극이자 교수학습이 존재론적으로 개입해야 할 창조적 틈새로 기능한다. 비고츠키의 이론은 '발달을 앞서가는 교수학습'이라는 새로운 교육학적 원리를 정립함으로써, 학습과 발달의 관계에 대한 전통적 견해에 근본적인 재해석을 제시하였다.

이처럼 비고츠키는 인간 발달의 심리학을 도구적·사회문화적 존재로서의 인간이라는 관점에서 근본적으로 새롭게 구성하였다. 이러한 비고츠키의 아이디어는 자기생산체계 이론의 관점에서 보았을 때, 시뮬라리움의 존재론적 조건과 연결된다. 우선, 인간의 고등 정신 기능이 외부 자극에 기계적으로 반응하는 것이 아니라 사회문화적 상호작용을 거쳐 내면화된다는 그의 주장은, 자기생산체계가 갖는 조직적 폐쇄성의 조건과 정합된다. 조직적 폐쇄성이 시스템이 외부로부터의 입력을 수용하더라도 자신의 내부 규칙에 따라 선택적으로 반응하며 구조를 유지한다는 개념이라는 것을 고려하면, 이는 인간이 타인의 언어적 지시나 사회적 자극을 단순히 모방하는 것이 아니라, 자기만의 규칙 체계 안에서 의미화하고 수용한다는 비고츠키의 주장과 일치한다. 예컨대 아동이 혼잣말을 통해 외부 언어를 자기 지시 구조로 변환하는 과정은, 자극의 수용이 곧 자기 구조의 구성으로 이어지는 조직적 폐쇄성의 대표적 사례라 할 수 있다.[20]

또한, 자기생산체계의 작업적 폐쇄성 개념은 비고츠키가 강조한 자기조절의 심리 메커니즘과 대응된다. 이는 아동이 타인의 도움을 내면화하여 점차 독립적으

20) Thompson, E. (2007). *Mind in life: Biology, phenomenology, and the sciences of mind.* Harvard University Press.
비고츠키의 사회문화적 매개와 마투라나의 자기생산 이론을 연결하며, "의미 생성(sense-making)"이 두 이론의 공통적 핵심임을 주장하였다.

로 문제를 해결하게 되는 과정을 설명하는 것으로, 체계가 외부와의 직접 상호작용 없이도 스스로 과제를 수행할 수 있는 상태를 의미한다. 고등 정신 기능이 외부의 사회적 지시 없이도 독립적으로 작동할 수 있게 된다는 점에서, 이는 곧 자율적 실행 체계로서의 작업적 폐쇄성을 갖추게 되는 것이다.

한편, 비고츠키가 근접발달영역을 통해 설명한 타인과의 상호작용, 언어적 중재, 도구적 개입 등은 자기생산체계의 구조적 커플링 개념과 연결된다. 구조적 커플링은 자기생산체계가 환경과 지속적인 상호작용을 유지하면서도, 그 구조를 보존하고 스스로를 조정하는 과정을 의미한다. 인간은 언어, 기호, 교수학습 도구 등 사회문화적 자산과 상호작용하며 인지 구조를 조정하고, 이는 단순한 외부 자극 반응이 아니라, 사회적 구조와의 반복적 연동을 통한 내적 변형의 과정이다. 근접발달영역 역시 개인 내부의 역량과 외부 환경의 지원 사이에서 일어나는 조절 가능성의 영역으로, 구조 간의 상호작용을 통해 가능성이 현실화되는 전형적인 구조적 커플링의 사례라 할 수 있다.

결국, 비고츠키의 이론은 인간을 하나의 자기생산체계로 해석할 수 있는 이론적 기반을 제공한다. 이는 시뮬라리움이 인간을 중심으로 설계되어야 할 조건을 정의하는 데 있어, 학습자의 자율성, 내면화 과정, 도구적 상호작용, 공동체와의 연계 구조를 체계적으로 이해할 수 있는 출발점을 마련해 준다.

### 2) 레온티에프: 인간 활동의 삼중 구조

알렉세이 니콜라예비치 레온티에프는 비고츠키의 제자이자 동료로서 사회문화적 심리학을 계승하면서도, 인간 심리의 발달을 보다 구조적이고 체계적인 분석 단위로 설명하고자 '활동(activity)' 개념을 중심에 놓았다. 그는 인간의 행위를 단순한 자극-반응의 연속이 아니라, 목표지향적이고 목적에 따라 구성된 체계적 활동으로 파악해야 한다고 보았다. 이를 위해 그는 인간의 행위를 동기(motive) → 과업(task) → 작업(operation)의 하향식 삼중 구조로 분석하였으며, 이는 단일한 행위도 여러 층위의 의미와 기제를 내포하고 있다는 점을 부각시킨다.[21]

이러한 구조적 분류는 인지적 층위의 분해에 그치지 않고, 체계 내 모순과 갈등의 발생 지점을 드러내는 분석 도구로 기능한다. 예컨대, 학습자는 사회적 지위

21) Leontiev, A. N. (1981). *Problems of the development of the mind*. Progress Publishers.

획득이라는 내면적 동기로 공부를 시작했지만, 시험에서 좋은 성적을 받기 위한 과업이 오히려 내재적 동기를 잠식하고, 문제 풀이라는 단순 작업만 반복하게 될 때, 체계의 내적 긴장이 발생한다. 이러한 불일치는 단지 비효율이 아니라, 활동체계가 스스로를 점검하고 재구성하도록 유도하는 촉매가 된다.

레온티에프는 활동을 구성하는 행위와 도구, 동기의 층위들이 단절된 요소가 아니라 사회적 맥락과 유기적으로 결합되어야 함을 강조하였다. 그는 특히 인간의 모든 활동은 타자와의 공동활동(co-activity) 속에서 이루어지며, 그 과정에서 사용되는 도구 또한 단순한 기능적 수단이 아니라, 사회적 의미와 역사적 실천이 응축된 매개물임을 부각하였다. 분업이 인지 구조를 사회적·역사적으로 맥락화한다는 주장은 활동이론, 특히 레온티에프 이후의 문화역사적 활동이론(CHAT)과 교육공학적 설계 관점이 만나는 핵심 지점이다.

CHAT 체계에서 도구는 결코 중립적인 매개물이 아니다. 예컨대 뉴턴 역학 교과서라는 도구는 단순한 정보 전달 수단이 아니라, 특정한 지식의 배열 방식, 문제를 정의하는 틀, 개념적 분류 체계, 그리고 세계를 바라보는 해석 프레임을 담고 있는 인지적 구조물이다. 이러한 구조는 단일 개인의 산물이 아니라, 특정한 역사적 시기와 문화적 맥락 속에서 수많은 공동체가 논의하고 합의하며 다듬어 온 지식의 결정체, 다시 말해 인지적 퇴적물이다. 따라서 어떤 도구를 사용하는가에 따라, 학습자는 이미 특정한 방식으로 세계에 접근하고 해석하며 판단하는 틀 속에 사전적으로 진입하게 된다.

이때 분업이 개입하면 이 틀은 더욱 공고해진다. 분업은 단순히 과업을 나누는 기능적 절차가 아니라, 도구를 누구에게 맡길 것인가, 객체를 해석할 권한은 누구에게 있는가, 어떤 설명과 피드백이 정당한 것으로 인정받을 것인가를 결정하는 역할 분배의 체계이다. 예컨대, 뉴턴 역학 교과서를 집필한 과학자, 그것을 AI 튜터로 전환한 기술자, 그리고 그 튜터의 설명을 듣고 문제를 푸는 학습자 사이에는 명확한 인지적 분업 구조가 존재한다. 이 구조 안에서 학습자는 단지 지식을 습득하는 것이 아니라, 세계를 해석하는 언어와 권위, 문제의 유형, 정답의 기준을 반복적으로 마주하고, 그러한 규범을 자기 사고의 틀로 내면화하게 된다.

결과적으로 학습자는 세계를 뉴턴식으로 사고하는 것이 자연스럽다고 느끼지만, 그 사고 구조는 실은 사회적으로 선택되고 역사적으로 형성된 특정 관점의 결과이다. 도구는 사고의 가능성을 열어주기도 하지만, 동시에 특정한 사고 양식을 강제하며, 이는 분업 구조 속에서 더욱 은밀하게 작동한다. 이러한 점에서 도구는 단순한 보조물이 아니라, 인지의 조건이자 사고의 방향을 결정짓는 문화적 구조물이다.

따라서 학습자의 인지 구조는 개인 두뇌 안에서 자율적으로 형성되는 것이 아니라, 도구와 분업이 어떻게 설계되었는가에 따라 사회적·문화적으로 구성된다. 중요한 점은, 이 구조는 고정된 것이 아니라 설계 가능하다는 것이다. 교수학습체계 설계자가 어떤 도구를 제공하고, 어떤 분업 구조를 설정하며, 누가 무엇을 해석하고 피드백하는지에 대한 구조를 바꾼다면, 학습자의 인지 틀 또한 달라질 수 있다. 예를 들어, AI 튜터가 설명하는 방식이 기계 중심의 인과성에서 벗어나 맥락적 비교와 메타적 질문을 유도하도록 설계된다면, 학습자는 뉴턴식 사고를 넘어서 다른 인식 지평으로 이행할 수도 있다.

따라서 레온티에프의 삼중 구조는 시뮬라리움 설계에서 중요한 이론적 전제로 작용한다. 시뮬라리움은 단순히 과업을 던지고 학습자의 반응을 유도하는 구조가 아니라, 각 학습자의 동기 구조를 탐색하고 이를 기반으로 과업이 해석될 수 있는 적소를 설계하며, 이 과업이 다시 행동으로 전환될 수 있도록 자율적 활동 흐름을 지원하는 체계적 환경을 제공해야 한다. 이것이 바로 시뮬라리움이 자기생산체계로 진화할 수 있는 실질적 설계 기반이며, 학습자 중심 설계가 단순한 구호가 아니라 존재론적 조건이 되어야 하는 이유이다.

동기-과업-작업 간의 정렬 실패는 단순히 과제 수행의 오류나 일시적인 학습 실패로 간주되어서는 안 된다. 오히려 이는 체계 내부에서 발생하는 긴장과 모순으로, 시뮬라리움과 같은 자기생산체계에서 스스로를 점검하고 조정하도록 유도하는 작업적 폐쇄성의 작동 방식으로 이해될 수 있다. 레온티에프의 활동이론에서 동기는 행동의 출발점이자 목적 설정의 내적 기반이며, 과업은 그 목적을 실현하기 위한 외부 조건의 조합, 행동은 구체적 실행 양식이다. 이 세 요소가 정렬되지 않을 때 — 예컨대, 학습자의 내적 동기와 과업의 요구가 일치하지 않거나, 과업 이해와 실제 행동 간에 괴리가 발생할 때 — 활동체계는 작동의 부조화, 즉 갈등 상태에 직면하게 된다. 이 갈등은 체계에 혼란을 유발하는 것이 아니라, 오히려 체계가 스스로를 점검하고 갱신할 수 있도록 작동하는 내적 자극으로 기능한다.

결국, 동기-과업-작업 사이의 긴장은 실패가 아닌 진화의 조건이며, 시뮬라리움이 자기생산체계로 기능하기 위해 반드시 내포해야 하는 자기 점검-재해석

-재조정의 루프 구조를 촉발하는 중요한 활동적 사건이다. 이러한 관점에서 설계는 오류를 피하는 것이 아니라 긴장을 탐지하고 반응할 수 있도록 열린 경로를 설계하는 것이며, 이것이 바로 시뮬라리움이 살아 있는 학습 생태계로 진화하는 핵심 메커니즘이라 할 수 있다.

레온티에프의 또 다른 핵심적 기여는 인간 활동의 분석 단위를 '행위(action)'가 아닌, 보다 총체적인 '활동(activity)'으로 설정한 데 있다. 이는 비고츠키가 인지 발달을 개별 심리 기능의 사회문화적 기원에서 설명한 것과 구별되는 지점이며, 인간의 실천을 구성하는 구조가 단순한 반응이나 기술 습득의 수준을 넘어, '왜(동기)', '무엇을(과업)', '어떻게(작업)'라는 삼중 구조를 통해 심층적으로 조직된다는 데 초점을 둔다.

레온티에프는 이 삼중 구조를 통해 인간의 행위가 목적을 지닌 실천이라는 점을 강조하며, 단일한 행위조차 그 이면에 동기적 기반과 기술적 실행이라는 복합적 층위를 내포한다고 보았다. 이러한 관점은 도구의 사용이 단지 기능적 매개로 작동하는 것이 아니라, 도구가 포함된 전체 활동 체계 속에서 인간이 어떻게 맥락을 재구성하고, 그 과정에서 자기 자신을 변형시켜 나가는가에 주목한다. 즉, 활동이란 외부 세계에 대한 실천적 개입이자 동시에 자기 형성의 장으로 기능하며, 이는 인간 정신의 구조와 작용을 이해하는 보다 정합적이고 존재론적인 틀을 제공한다.

### 3) 엥게스트롬: 활동체계 간 상호작용과 모순

엥게스트롬은 핀란드 출신의 교육학자이자 심리학자로, 문화역사적 활동이론(CHAT)을 현대적으로 계승하고 확장한 대표적인 이론가이자 현재도 활발하게 실천하는 활동가이다. 그는 비고츠키와 레온티에프가 개척한 사회문화적 심리학의 전통을 기반으로, 인간의 활동을 단순히 인지의 내면화로 보는 것이 아니라, 사회적 맥락 속에서 재구성되는 실천적 구조로 이해하고자 하였다. 엥게스트롬은 기존 활동이론의 핵심 개념들을 정교화하면서, 교육, 의료, 기업, 기술 조직 등 복잡하고 다층적인 현대 조직 환경에서 발생하는 갈등, 전환, 혁신을 설명할 수 있는 이론적 분석 틀을 마련하였다. 이를 그는 '문화역사적 활동이론(Cultural Historical Activity Theory)'이라는 이름으로 재정립하였으며, 기존의 단순한 주체 중심 모형을 넘어, 다중 요소들 간의 상호작용 구조로 활동체계를 개념화하였다.

엥게스트롬의 연구 결과물 중 가장 대표적인 것이 바로 오늘날 교육학, 조직이론, 인류학 등 다양한 분야에서 널리 사용되고 있는 이중 삼각형 모형이다. 이 모형은 활동을 단일 주체의 행동으로 환원하지 않고 도구(tool), 객체(object), 규칙(rules), 공동체(community), 분업(division of labor) 등의 요소들이 어떻게 상호작용하며 활동체계를 형성하는지를 시각적으로 구조화한다. 이를 통해 엥게스트롬은 활동을 고정된 구조가 아니라 모순과 긴장을 통해 끊임없이 재구성되고 진화하는 실천의 장으로 파악하였다. 모순과 긴장은 학습과 변화의 내재적 동력이 되며, 활동이론을 단순한 인지 발달 모델에서 사회적 실천의 변형 가능성을 내포한 동적 시스템으로 재정립하였다.

여기서 한 걸음 더 나아가, 엥게스트롬은 단일 활동체계의 분석을 넘어서 서로 다른 목적, 규칙, 도구, 역할 구조를 지닌 복수의 활동체계들이 어떻게 충돌하고 상호작용하며, 그 경계 지대에서 새로운 공동 목표와 실천 구조를 창출하는지를 설명하기 위해 확장 학습(expansive learning)이라는 개념을 제시하였다. 확장 학습은 단순히 기존 체계 내부의 문제를 해결하거나 효율을 높이는 차원의 학습이 아니다. 그것은 상이한 활동체계 간에 발생하는 의미 충돌, 역할 갈등, 목적의 불일치 등 경계 상황에서 출발하여, 그러한 긴장을 매개로 새로운 객체의 공동 재구성을 추동하는 학습 과정이다.[22)]

일반적인 문제 해결은 주로 하나의 체계 내부에서 이루어지며, 기존 규칙과 도구, 분업 구조 안에서 결함을 보완하거나 성능을 개선하는 데 그친다. 이때의 학습은 현 체계의 틀을 유지한 채 그 내부에서 최적화되는 방식이다. 그러나 확장 학습은 이와는 다른 차원에서 일어난다. 그것은 체계 간 경계에서 발생하는 불일치와 충돌을 피하지 않고, 오히려 그것을 새로운 의미 생산과 체계적 전환의 출발점으로 삼는다. 이 과정에서 기존 체계 각각의 규칙, 도구, 언어, 분업 구조는 해체되고 재구성되며, 때로는 그 체계의 정체성 자체가 변화하게 된다. 즉, 확장 학습은 두 개 이상의 활동체계가 상호작용하면서 그 경계에서 새로운 구조적 해석과 실천 방식을 창출하는 창발적 학습이다. 이는 엥게스트롬이 말한 '공동의 객체 재정의'를 통한 새로운 활동 구조의 창출로 이어지며, 학습의 본질을 존재론적 전환으로 이해하게 만든다.

결국, 확장 학습은 기존 틀 안에서 답을 찾는 것이 아니라, 문제의 틀 자체를

---

22) Engeström, Y. (2014). *Learning by expanding: An activity-theoretical approach to developmental research*. Cambridge University Press.

의심하고 재설계하는 활동이다. 이 과정은 단순한 적응이 아니라 정체성의 변형, 즉 체계와 주체가 동시에 변화하는 이중적 학습이며, 오늘날과 같은 복잡하고 경계가 무너진 환경 속에서 필수적인 학습 방식이다. 이러한 확장 학습은 단일 체계의 기능적 향상이 아니라, 이질적인 활동 체계들 간의 구조적 커플링 과정으로 이해할 수 있다. 활동체계 간의 커뮤니케이션은 단순한 정보 교환이 아니라, 각 체계가 상대 체계의 구조에 부분적으로 침투하고 영향을 주며, 그 내부 조직을 재구성하는 상호침투적 상호작용이다. 이 과정에서 각 체계는 고유한 정체성을 유지하면서도 동시에 변화하게 되며, 이러한 변형 가능성을 통해 문명-시뮬라리움, 시뮬라리움-학습자의 공진화가 지속된다.

확장 학습은 바로 이러한 구조적 커플링이 다층적이고 복잡하게 얽히는 경계지대에서 발생한다. 이 경계는 단순한 충돌의 현장이 아니라, 각 활동체계의 규칙, 분업, 도구, 객체가 상호 번역되고 재조정되며, 새로운 의미 체계와 공동 실천이 조직되는 개방된 학습의 장이다. 따라서 확장 학습은 지식이나 기술의 단순한 획득이 아니라, 이질적 활동체계 간의 구조적 커플링을 통해 공동 객체를 재정의하고 그 실천 조건을 새롭게 설계해 나가는 자기생산적 학습 과정으로 이해될 수 있다. 이 개념은 시뮬라리움과 같이 자기참조적이고 자율적인 교수학습 생태계를 설계할 때 핵심적으로 작동한다. 시뮬라리움은 단일 주체의 내면을 조작하거나 개별 지식을 전달하는 체계가 아니라, 다층적 활동체계들이 충돌하고 중첩되며 진화하는 열린 학습 생태계로 구성된다. 이때 '모순'은 제거되어야 할 장애가 아니라, 설계자이자 정원사의 관점에서는 의도된 긴장이며 창조적 개입의 단서가 된다.[23)]

결국, 엥게스트롬의 활동체계 이론은 단순히 학습의 미시적 과정이나 상호작용의 도식적 구조를 분석하는 틀을 넘어서, 시스템 전체의 변형 가능성을 전제로 한 설계-진화-재구성의 이론적 기반을 제공한다. 그는 레온티에프의 동기-과업-작업 3단계 위계 구조를 수용하면서도, 이를 노드 간 상호 긴장 관계와 모순의

23) 루만(N. Luhmann)이 사회를 자기생산체계로 이해했던 핵심도 바로 여기에 있다. 그는 체계 간 커뮤니케이션이 정보의 단순한 교환이 아니라, 각 체계가 자기 참조적 논리를 유지한 채로 외부 자극에 구조적으로 반응하고, 그 반응을 통해 스스로를 갱신해 나가는 과정이라고 보았다. 이러한 관점은 확장 학습이 단지 협력의 확대가 아니라, 각 체계가 타자의 구조를 반영하면서 자기 변형을 수행하는 자기생산적 과정임을 이론적으로 정당화해 준다. 학습이란 더 이상 개인의 내면에서만 일어나는 심리적 사건이 아니라, 체계들 간의 접면에서 벌어지는 구조적 상호조정의 움직임이다.

해소 과정으로서의 학습이라는 동역학적 구조로 확장하였다. 특히, 제4세대 CHAT과 확장 학습 개념은 개별 학습자나 활동 단위를 넘어서 집합적 주체와 전체 체계의 구조적 변형을 학습의 대상이자 결과로 설정하며, 이는 곧 시뮬라리움이라는 교수학습 생태계의 자기생산적 설계 논리와 정합한다.

엥게스트롬은 활동체계를 고정된 단위로 보지 않고, 문화적 도구, 규범, 공동체, 분업 구조 간에 내재된 모순을 생성적 학습의 동력으로 간주한다. 이러한 관점은 시뮬라리움에서 인간-기계-문명 간 구조적 커플링 속에서 발생하는 예기치 않은 상호작용과 창발적 효과를 설계적으로 포섭할 수 있는 이론적 기반이 된다. 다시 말해, 시뮬라리움은 단순히 기존 교수학습 장면을 디지털화한 플랫폼이 아니라, 모순과 충돌을 동력 삼아 스스로를 재구성하는 자기생산체계이며, 활동이론은 이러한 체계를 구성하는 단위 활동 자체를 재설계의 대상으로 삼을 수 있다는 점에서 탁월한 이론적 유연성과 실천적 확장성을 지닌다.

나아가, 엥게스트롬의 활동체계 삼각형 모델은 단순한 요소 간 상호작용을 넘어서, 각 요소들 사이에 내재된 긴장과 그 해소 과정을 통해 구조적 전환을 추적할 수 있도록 한다. 이러한 접근은 분석-설계-실행-환류를 하나의 통합된 루프로 연결하려는 메타설계 이론의 요구와 정합적이다. 학습자, 교수자, 설계자, 연구자라는 네 가지 역할을 수행하는 호모 테크놀로지쿠스는 자기 동기를 기반으로 각 활동을 재구성하며, 인공지능 기반 학습분석시스템은 이 과정을 실시간으로 추적하고, 메타설계의 피드백 지표로 환류할 수 있다. 이러한 역동적 생태 구조는 엥게스트롬의 활동이론 없이 체계적으로 구조화하기 어렵다.

요컨대, 활동체계 이론은 시뮬라리움이 단지 학습을 '전달'하는 공간이 아니라, 학습 그 자체를 시스템 수준에서 재구성하고 자기진화하는 복잡계적 장으로 기능할 수 있게 하는 존재론적·설계론적 기반이 된다. 이는 시뮬라리움이 '기획된 공간'임과 동시에, 의도된 창발을 유도하는 자기생산적 메타시스템임을 이론적으로 뒷받침하는 핵심 근거가 된다.

### 4) CHAT과 사회적 구성주의, 자기생산체계의 연결

CHAT은 사회적 구성주의 및 자기생산체계 이론과 밀접하게 연관되어 있다. CHAT을 보다 깊이 이해하기 위해서는 이 세 이론 간의 관계를 분석하고 그 상호 연계를 해명하는 작업이 필요하다. 이를 통해 우리는 보다 정확하고 확장된 이론적 프레임워크를 확보할 수 있으며, 복잡한 학습 현상과 교수학습체계의 자기조직적 특성을 이론적으로 통합할 수 있는 기반을 마련할 수 있다.

첫째, CHAT과 사회적 구성주의는 비고츠키라는 동일한 뿌리로부터 자라난 두 줄기 이론이다. 사회적 구성주의는 학습의 심리적 메커니즘을, CHAT은 학습을 가능하게 하는 사회적 구조를 설명한다. 사회적 구성주의는 학습이 어떻게 일어나는지를 개인의 심리적 변화—특히, 타자와의 상호작용 속에서 '의미가 구성되는 방식'—를 중심으로 설명한다. 이 이론은 언어, 상호작용, 인지 발달에 초점을 맞추며, 학습자가 어떻게 점차적으로 타인의 담론, 문화적 기호 체계에 접근하며 내면화하는지를 분석한다. 즉, '의미 구성'이라는 심리적 메커니즘의 설명 이론이다. 반면, CHAT은 이러한 심리적 메커니즘이 실제로 어떤 사회적 조건과 구조 속에서 발생 가능한지, 즉 '학습은 왜, 어떻게 가능한가'를 분석한다. 이를 위해 CHAT은 '개인'이 아니라 도구, 규칙, 공동체, 역할 분담으로 이루어진 활동체계 전체를 분석 단위로 삼고, 그 안의 구조적 모순이 어떻게 학습과 변화를 촉발하는지를 탐구한다. 이때 학습은 개인 내에서 발생하는 심리적 과정이라기보다는 활동체계의 변형 속에서 나타나는 사회적 창발로 이해된다.

둘째, CHAT과 자기생산체계 이론은 각각 상이한 이론적 기원을 가지면서도, '체계적 존재로서의 인간 활동'을 설명하고자 한다는 점에서 상호 보완적이다. 이들은 '학습', '행위', '시스템', '자기 변화'를 중심으로 교차하는 이론적 공통점을 가지며, 동시에 해석의 초점과 분석 단위를 달리함으로써 명확한 차이도 지닌다. CHAT과 자기생산체계 이론은 모두 인간을 외부 자극에 기계적으로 반응하는 존재로 보지 않고, 내적으로 구조화된 전체 체계 속에서 의미를 생산하고 변화를 유도하는 '구조화된 주체'로 파악한다. 두 이론은 학습이나 활동을 단순한 정보처리가 아니라, 주체와 환경 간의 유기적 상호작용이 반복되며 새로운 체계적 구조가 생성되는 자기참조적 과정으로 본다. 또한 둘 다 인간 행위가 역사적이며 시간에 따라 변화하는 유기체라는 점을 인정하며, 개인의 행위는 전체 체계와의 상호작용 속에서만 이해될 수 있다는 체계론적 관점을 공유한다. 특히 '매개' 개념에 주목한다는 점에서 이들은 공통적으로 도구, 언어, 규칙, 상징 등 중간 매개 요소가 주체와 대상의 관계를 구성하고 변형시킨다는 것을 설명의 핵심 축으로 삼는다. 이로 인해 두 이론은 복잡한 교수학습 현상이나 조직 내 실천의 변화 과정을 단순한 원인-결과가 아닌, 다층적 구조 내 조율과 자기변형의 결과로 해석하는 데 강점을 가진다. 그러나 두 이론은 체계의 중심을 어디에 두는가, 그리고 체계의 작동 원리를 어떻게 설정하는가에서 차이를 지닌다. CHAT은 활동의 사회문화적 조건과 제도적 구조를 분석 중심에 두며, 인간의 학습과 변화가 공동체, 규칙, 분업, 역사적 맥락 등 외적 요소들과의 상호작용을 통해 발생한다고 본다. 즉, 학습은 개인 내부에서만 발생하는 것이 아니라 사회적으로 조직된 실천의 장 안에서 매개된 경험과 의미 구성 과정을 통해 나타나는 현상이다. 반면, 자기생산체계 이론은 체계 내부의 조직 원리와 폐쇄성에 집중하며, 체계는 외부 환경의 정보나 자극을 그대로 수용하지 않고, 내부적으로 구성된 규칙과 구조에 따라 선택적으로 의미를 생성하고 자기 구조를 재생산한다고 본다. 이는 학습을 체계 내부의 조율된 자기참조적 작동으로 이해하는 것이며, 구조적 커플링을 통해 외부와 연결되되 내부 고유의 조직 원리를 침해받지 않는 방식으로 작동한다는 점에서, 외재적 구조와 규범을 보다 강하게 반영하는 CHAT과는 이론적 관점의 출발점이 다르다.

셋째, 자기생산체계 이론과 사회적 구성주의 간의 관련성이다. 자기생산체계 이론과 사회적 구성주의는 모두 인간의 학습과 인지 과정을 단순한 외부 자극에 대한 반응이 아니라, 의미의 '구성'과 체계의 '생산'이라는 내적 구조화 과정으로 이해한다는 점에서 중요한 공통점을 지닌다. 사회적 구성주의는 지식이 주체 내부에 본래 존재하는 것이 아니라 사회적 상호작용과 문화적 맥락을 통해 구성되는 것임을 강조한다. 언어, 담론, 공동체적 실천이 구성 과정의 핵심이며, 개인의 인지는 항상 타자와의 대화, 협력, 상징 체계를 통해 만들어진다고 본다. 반면 자기생산체계 이론은 체계가 스스로의 경계를 유지하고 자기 구조를 재생산하는 내재적 메커니즘을 중심으로, 의미나 학습이 외부에서 주입되는 것이 아니라 내부 규칙에 따라 선택적으로 생산된다고 본다. 이처럼 양자는 모두 '지식은 외부에서 주어지는 것이 아니라 관계와 맥락 속에서 생겨나는 것'이라는 입장을 공유한다. 하지만 차이점은 어디서 '구성/생산'이 일어나는가, 즉 구조화의 중심을 어디에 두느냐에서 나타난다. 사회적 구성주의는 외재적 조건, 특히 사회적 관계, 담론, 문화적 맥락이 인지와 학습의 구성에 결정적이라는 입장을 취한다. 다시 말해, 학습 주체는 타자와의 상호작용을 통해 사회적으로 존재를 구성하며, 학습은 공동체 속에서 발생하는 상호작용적 사건이다. 반면, 자기생산체계 이론은 체계 내부의 구성 원리와 조직적/작업적 폐쇄성에 기반한 '자기참조적 생산'을 강조한다. 외부 세계와의 관계는 구조적으로 연결되지만, 체계는 외부 정보를 무비판적으로 수용하지 않으며 오직 자기조직화된 방식으로 의미를 재구성한다. 이러한 차이는 교육적 관점에서, 사회적 구성주의가 타자와의 협력과 문화적 맥락을 중심으로 한 교수학습 설계를 지향한다면, 자기생산체계 이론은 개별 학습자의 내적 구조와 자기조율 메커니즘을 존중하는 설계를 요청한다는 데서 실천적 함의로 이어진다.

CHAT, 사회적 구성주의, 자기생산체계 이론은 모두 학습을 '형성적', '맥락적', '상호작용적' 과정으로 이해한다는 점에서 공통된 기반을 지닌다. 이들 이론은 학습을 외부로부터 주입되는 고정된 결과가 아니라, 주체 내부에서 구성되거나 생성되는 과정으로 파악한다는 점에서 일치하지만, 각기 다른 차원에서 '구성' 또는 '생산'이라는 개념에 접근한다. 사회적 구성주의는 학습을 개인이 사회문화적 맥락 속에서 의미를 구성해 가는 내면적 과정으로 설명하고, CHAT은 그 과정을 도구적 매개, 공동체, 분업과 같은 활동 구조 안에서 실천적으로 조직화한다. 반면, 자기생산체계 이론은 학습을 하나의 체계가 외부 환경과 상호작용하면서도 자기 고유의 규칙과 구조를 유지하고 재조직하는 자기참조적 생성 과정으로 본다.

세 이론의 비교를 통해 얻을 수 있는 시사점은, 시뮬라리움과 같은 미래형 교수학습체계는 단순히 사회문화적 구조나 인지심리학의 논리만으로는 충분히 설명될 수 없다는 것이다. 시뮬라리움은 인간 - 기계 - 환경 간의 비대칭적 협력, 실시간 환류, 진화 기반의 자기조직화를 포함하는 복합계 자기생산체계이며, 이를 설명하고 설계하기 위해서는 구성주의의 내면성, CHAT의 사회적 실천성, 자기생산체계 이론의 조직적 폐쇄성과 자기조직성이라는 세 이론의 핵심 요소를 통합적으로 반영하는 이론적 프레임이 필요하다.

## 3. CHAT에서 E - CHAT으로: 인공지능 시대의 매개성 확장

### (1) CHAT과 학습의 관계

#### 1) 도구 매개성과 학습

상시 직립 이족보행이라는 바이오시스템이 도구를 제작하기 시작하면서, 인간의 활동체계에는 근본적인 전환이 일어났다. 단순한 환경 반응적 존재를 넘어서, 인간은 도구를 통해 세계와의 관계를 능동적으로 재구성할 수 있게 되었으며, 이는 활동의 주체 구조와 객체 지향성 모두를 심층적으로 변형시켰다. 비고츠키는 이러한 도구 개념을 언어, 상징, 기호까지 확장함으로써, 도구를 물리적 수단에 국한되지 않는 의미 매개적 구조로 재정의하였다. 이는 앞 장에서 논의한 바와 같이, 행위적 도구가 상징적 도구로 진화해 온 과정과 일맥상통하며, 인류 진화에서 도구 매개성의 심화가 곧 상징 능력과 언어 능력의 진화를 동반하였음을 시사한다.

인간은 이제 사고를 구성하는 도구인 언어와, 사고를 세계에 구현하는 행위적 도구(망치, 창 등)를 통합적으로 활용함으로써, 객체를 '탐지하고', '접근하며', '획득하는' 일련의 활동을 보다 정교하고 효율적으로 수행할 수 있게 되었다. 이러한 통합적 도구 사용은 단순한 행위의 반복을 넘어 학습의 축적을 가능케 했으며, 그 결과 도구 매개 행위의 성공 확률(probability)과 우도likelihood)[24]는 비약적으로 향상되었다. 궁극적으로, 도구적 인지와 상징적 표현 능력을 함께 갖춘 종만이 자연선택의 압력 속에서 지속적인 진화를 이루어 낼 수 있는 조건을 확보하게 되었다.

이러한 관점에서, 〈CHAPTER 05 교수학습체계의 출현〉에서 자세히 논의했듯 학습은 모든 바이오시스템이 환경과의 상호작용을 통해 수행하는 구조적 커플링 활동이자, 작업적 폐쇄성에 따라 수행되는 자기생산적 과정이라 할 수 있다. 먼저, 학습은 바이오시스템과 환경이 상호침투적 상호작용을 수행함으로써 유발된다. 상호작용은 학습의 필수 조건이며, 개체는 환경을 단순히 반영하는 존재가 아니라, 의미 있는 정보를 선별하고 이에 따라 자기 구조를 조정하는 능동적 주체이다. 둘째, 학습의 실제적 작동은 작업적 폐쇄성을 띠며, 이는 학습의 시작, 과정, 결과가 모두 주체 내부의 작동 원리에 의해 결정됨을 의미한다. 환경은 학습의 유인을 제

---

24) 성공 확률이란, 도구를 활용한 특정 행위(예: 사냥, 조립, 방어 등)가 목표한 결과(예: 식량 획득, 도구 제작 성공 등)를 산출할 수 있는 사전적 가능성을 의미한다. 이는 환경과 조건이 동일할 때, 동일한 행위가 성공할 가능성을 통계적으로 가늠한 것이다. 도구 사용은 이 확률을 높여 준다. 예컨대 맨손으로 사냥할 때보다 창을 이용한 사냥이 먹잇감을 잡을 확률을 훨씬 높여주는 것처럼, 도구는 실패율을 줄이고 성공률을 체계적으로 향상시키는 효율성의 인지적 조건을 제공한다.
우도는 어떤 조건하에서 관찰된 결과가 실제로 일어날 가능성에 대한 사후적 해석이다. 이는 특정한 사건(예: 도구 사용 후 성공)의 타당성 혹은 적합성을 나타내는 개념으로, 진화론이나 학습 분석에서 더 정교한 판단 기준으로 사용된다. 예를 들어, 창을 던졌을 때 동물이 쓰러졌다면, 단순히 성공했는지를 넘어서 그 성공이 '도구의 선택과 사용 전략' 덕분이었는가라는 질문이 생긴다. 이때 우도는, 다양한 가능한 원인들 중 해당 도구 사용이 성공어 기여했을 가능성의 크기를 비교적으로 추정하는 개념이다. 이는 단순 반복이 아니라 학습의 결과로 어떤 전략이 더 적합한지를 선택하고 일반화하는 판단 구조와 연결된다.

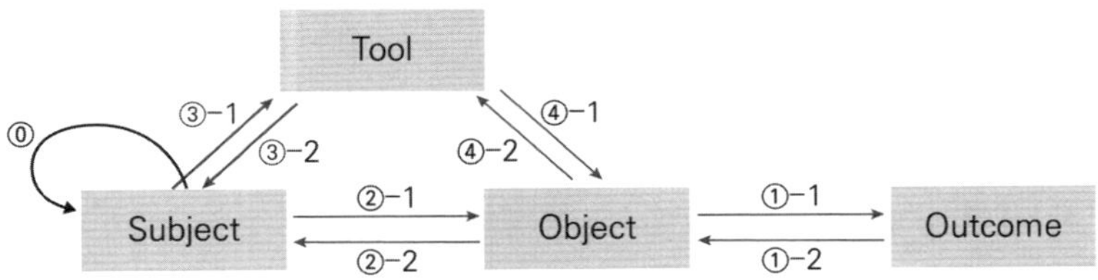


그림 1 Tool-mediation[25)]

공할 수는 있으나, 학습을 야기하지는 못한다.

따라서 효과적인 학습 전략은 단지 외부 자극에 대한 수동적 반응이 아니라, 생존을 위한 자기구조화 방식이며, 이것이 진화의 압력 속에서 자연 선택되어 점진적으로 정교해진다. 인간의 학습이 단순한 경험 축적을 넘어 도구와 상징을 통해 자기구조를 변형하고, 그 결과로 활동체계 자체를 재조직할 수 있게 된 것은, 바로 이러한 진화적 맥락 속에서 학습이 도구-매개-자기생산의 삼중 구조를 갖는다는 점을 보여준다.

도구 매개 활동체계에서 주체-객체-성과로 구성된 기본 상호작용 구조 위에는, 도구를 매개로 한 새로운 상호작용 구조가 덧붙는다. 이는 [그림 1]의 양방향 화살표 ③과 ④로 나타낼 수 있다. 먼저, 무매개 상호작용(①, ②)이 선행된다. 주체는 도구 없이 객체를 지각하고 목적을 설정하며, 이후 적절한 도구를 선택하거나 새로 제작한다(③-1). 이렇게 선택되었거나 제작된 도구는 주체에게 어포던스와 사용성으로 반응한다(③-2). 이때 주체와 도구 사이의 상호작용(③)은 하이데거의 개념으로 볼 때 도구가 전재성 상태에 있는 단계이다.

이어서 도구-객체 상호작용(④)이 발생한다. 도구는 객체에 작용을 가하고(④-1), 객체는 이에 반응한다(④-2). 주체는 이 결과를 도구를 매개로 하여 간접적으로 인식하게 된다(③-2). 주체-도구-객체 간 상호작용이 유기적으로 통합될 때, 비고츠키의 1세대 활동체계가 완성된다. 이때 도구는 더 이상 외재적 수단이 아니라 하이데거의 용재성을 획득한 상태로, 주체의 신체와 정신에 통합된다. 주체는 도구를 통해 객체에 몰입하며, 인간-도구 시스템으로서 하나가 된다.

이 과정을 구체화하기 위해, '목수-망치-가구 제작'이라는 활동체계를 먼

25) 그림에서의 화살표는 상호작용의 방향을, 원문자 옆의 숫자는 각각 작용(1)과 반응(2)을, 원문자 자체는 행위의 순서를 나타낸다. 이 표기 방식은 모든 도식에 일관되게 적용된다.

저 살펴보자. 무매개 상호작용(①, ② 단계)에서 목수는 나무라는 객체를 발견하고(②-1), 그것을 가구로 제작해 수입을 얻기로 결심한다(①-1). 이는 도구 없이 객체에 대한 최초의 지향성과 목적성이 발생하는 단계이다.

다음으로 주체-도구 상호작용(③ 단계)에서 목수는 적절한 망치를 고르거나, 필요한 경우 스스로 제작한다(③-1). 이 과정에서 도구의 물리적 특성(무게, 크기, 재질 등)을 파악하고, 이를 어떻게 사용할 수 있을지를 탐색한다(③-2). 이때 망치는 어포던스를 제공하는 존재로서 작업 가능성을 지시한다. 그러나 이 단계에서는 도구가 아직 의식적으로 사용되는 전재성의 상태에 머문다.

도구-객체 상호작용(④ 단계)에서는 목수가 망치를 사용해 나무를 다듬는다(④-1). 나무는 망치의 작용에 반응하며 형태를 바꾸고, 목수는 이를 통해 간접적으로 도구-객체 상호작용의 결과를 경험하게 된다(④-2). 반복된 피드백 속에서 도구의 존재는 의식 바깥으로 스며들며, 망치는 더 이상 '보이는' 도구가 아니라 신체 일부처럼 느껴지는 용재성의 상태로 전환된다. 목수는 도구에 대한 의식 없이도 능숙하게 작업에 몰입하며, 보다 창조적인 결과를 산출할 수 있게 된다.

이와 같은 도구 매개 상호작용의 양상은 또 다른 예시인 '대학원생-「사고와 언어」-논문 작성'이라는 활동체계에서도 동일하게 드러난다. ①, ② 단계에서 대학원생은 졸업과 취업을 위한 요건으로 논문 작성을 목표로 삼고, 특정 주제를 선정할 필요성을 인식한다. 이때 객체에 대한 지향은 존재하되, 도구와의 상호작용은 아직 발생하지 않은 상태이다.

③ 단계에서는 대학원생이 비고츠키의 저서인 『사고와 언어』를 도구로 선택하여 논문에 활용하고자 한다(③-1). 도구로서의 텍스트와 상호작용하며, ZPD, 비계, 내면화 등 주요 개념들을 파악하고 자신의 주제에 적용할 수 있는 가능성을 탐색한다(③-2). 이때 개념들은 명시적으로 존재하지만 아직 논문에 통합되지 못한 상태이며, 『사고와 언어』는 여전히 전재성의 도구로 머문다.

④ 단계에서는 대학원생이 실제로 이 개념들을 논문 작성에 적용하기 시작한다(④-1). ZPD나 비계 개념이 논문 속 논리 구조와 이론적 배경에 반영되면서, 논문이라는 객체는 점차 구체화된다(④-2). 이 과정에서 『사고와 언어』는 더 이상 외재적 참고 자료가 아니라 사고의 일부로 통합된 용재적 도구로 전환된다. 개념은 도구가 아니라 몸과 사고 안에 내재된 실천적 지능으로 작동하게 되며, 대학원생은 이제 그 도구 없이도 사고할 수 있는 새로운 인지적 정체성을 획득하게 된다.

이러한 전환 이후, 『사고와 언어』는 단지 참고문헌이 아니라 그의 학문적 세계를 구성하는 존재론적 기반이 된다. 그리하여 논문을 완성한 대학원생은 그 책을 읽기 전의 자신으로는 더 이상 돌아갈 수 없는, 완전히 다른 사람이 된 것이다(◎). 이것이 바로 도구 매개 학습이 만들어 내는 비가역적 변화이며, 시뮬라리움이 지향하는 자기생산적 학습의 본질이다.

### 2) 공동체 매개성과 학습

상시 직립 이족보행 바이오 시스템이 공동체를 형성하고 협력을 통한 지식과 경험의 공유를 시작하면서 활동체계에 다시 한번 구조적인 변화가 나타났다. 비고츠키는 활동체계에 도구와 더불어 공동체라는 개념을 추가하면서, 인간 활동이 단순한 도구적 상호작용에 그치지 않고 사회적 협력 속에서 이루어질 수 있음을 강조하였다. 이는 앞의 〈CHAPTER 03 호모 테크놀로지쿠스로의 진화〉에서 도구의 매개성을 통해 발전한 활동체계가 이제는 사회적 공동체의 협력을 기반으로 더 큰 진화를 이룬다는 점에서 중요한 진전이었다. 이에 더하여 레온티에프가 개념 틀을 마련하고 엥게스트롬이 모형으로 정교화한 공동체 매개성은 비고츠키의 문화-역사적 활동이론을 사회로 확장하여 인간 활동체계를 분석하는 방식이다.

비고츠키는 망치와 같은 물리적 도구뿐만 아니라 기호, 언어, 지식 체계와 같은 상징적 도구도 인간 활동을 매개하는 주요한 요소로 본다. 이러한 도구들은 스스로 자율성을 갖지 않고 인간에 의해 사용되어야 하는 비자율적 인공물이라는 공통점이 있다. 그것이 물리적이든 상징적이든 간에 도구는 인간의 손길이 닿지 않으면 활동체계 내에서 아무런 역할도 할 수 없는 상태로 존재한다. 이와 달리, 공동체는 존재론적으로 도구와 다른 독특한 위치에 있다. 공동체는 여러 주체가 모인 사회적 구성체로서, 단순히 물리적이거나 상징적 도구처럼 인간이 창조하거나 폐기할 수 있는 대상이 아니다. 도구는 인간의 필요에 따라 만들어지고 사용되며, 그 목적이 다하면 폐기되거나 대체될 수 있지만, 공동체는 인격을 가진 자율적 존재로서 주체가 임의로 창조하거나 없앨 수 있는 수단이 아니다.

공동체는 단순히 주체 바깥에 존재하는 환경이나 다수의 타자들이 모인 집합이 아니다. 그것은 각기 독립된 자기생산체계로 작동하는 주체들이 상호작용을 통해 형성하고 유지하는 사회적 구성체이며, 그 구성원들 각각은 자기 목적성과 자기조직 원리를 지닌 자율적 존재자이다. 이러한 점에서 공동체는 도구와는 본질적으로 다른 방식으로 매개된다. 도구는 주체의 목적 달성을 위해 일방적으로 선택되고 조작되는 수단이며, 이는 하버마스가 말한 도구적 합리성의 틀 안에 속한다. 도구적 합리성이란 주어진 목표를 가장 효율적으로 달성하기 위해 수단을 최적화하는 사고방식이며, 도구와 주체의 관계는 목적-수단 구조로 환원된다. 이 경우, 도구는 주체에 의해 통제되며 상호 협의나 조율이 요구되지 않는다. 반면, 공동체의 매개성은 의사소통적 합리성에 기반한다. 이는 하버마스가 제시한 개념으로, 상호 이해에 기초한 상호작용과 합의를 통해 공동의 의미와 규범을 구성하는 방식을 의미한다. 공동체 내의 구성원들은 단순히 동일한 목표를 향해 기능적으로 배치된 존재가 아니라 각자의 목적과 동기를 지닌 주체들로서, 공동의 활동을 위해 끊임없이 의미를 교환하고 정당성을 협의하는 과정에 참여해야 한다. 이러한 맥락에서 공동체는 도구처럼 일방적으로 이용되는 것이 아니라, 상호 존중과 조율을 전제로 작동하는 관계적 매개체로 이해되어야 한다.

게마인샤프트(Gemeinschaft)는 구성원 간의 자연스럽고 친밀한 관계를 바탕으로 형성된 공동체로, 가족, 이웃, 친구와 같은 일차적 사회구조를 포함한다. 이러한 공동체에서는 구성원들이 정서적 연대와 상호 신뢰를 통해 공동체를 유지하며, 관계의 지속성과 안정성을 중요하게 여긴다. 반면, 게젤샤프트(Gesellschaft)는 공통의 객체를 협력적으로 추구하는 이차적 사회구성체를 의미한다. 이는 특정한 목표를 달성하기 위해 의도적으로 조직된 구조화된 집단으로, 계약적이고 합리적인 관계를 중심으로 운영된다. 게젤샤프트는 경제적, 정치적, 또는 조직적 목표를 달성하기 위해 협력의 틀을 형성하며, 기업, 국가, 학교와 같은 구조적 사회 조직을 포함한다.[26]

이러한 협력적 과제 수행을 위해서는 두 형태의 사회구성체 모두 특정 매개물이 필요하다. 첫째는 게마인샤프트를 유지하고 갈등을 방지하기 위한 사회적 매개물인 '규칙(Rules)'이다. 규칙은 구성원들이 공동체 내에서 협력하고 공존할 수 있는 기반을 제공하며, 행동의 일관성과 예측 가능성을 보장한다. 이를 통해 공동체는 유대와 관계를 안정적으로 유지하며 내적 갈등을 줄이고 지속 가능한 협력 환경을 조성할 수 있다. 둘째는 공동의 객체를 지향하는 구성원들 간의 협력을 촉진하는 '분업(Division of Labor)'이다. 분업은 공동체 내에서 각 구성원의 역할과 책임을 명확히 정의하여, 효율적인 협력과 자원의 활용을 가능하게 한다. 이는 특히 게젤샤프

26) Tönnies, F. (2017). **공동사회와 이익사회** [Gemeinschaft und Gesellschaft] (곽노완, 황기우 역). 라움. (원저 1912년 출간).

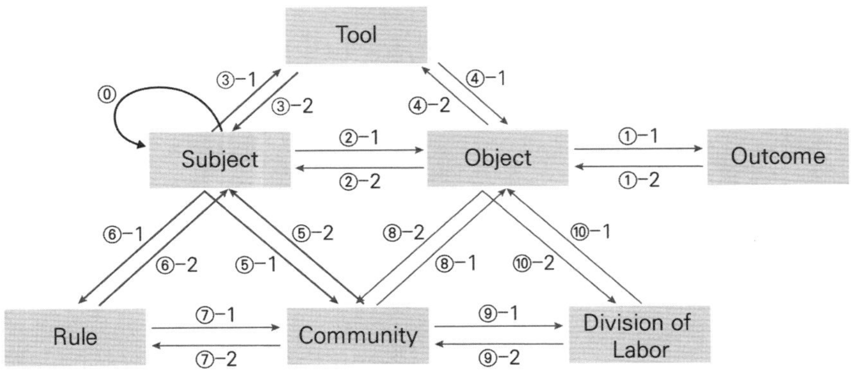


그림 2 Community-mediation[27)]

트와 같은 구조적 사회구성체에서 필수적인 기능적 매개물로 작용하며, 구성원들이 자신의 전문성을 발휘하고 전체 시스템의 목표 달성에 기여할 수 있도록 돕는다.

예를 들어, 게마인샤프트에서 서로를 돕고 상호 지원하는 유대는 자연스럽게 형성되지만 더 큰 규모의 공동 과제를 다루기 위해서는 분업이 필요하다. 게젤샤프트에서는 구성원 간의 관계가 주로 계약적이기 때문에 규칙과 분업은 협력의 기반을 형성하는 데 중요한 역할을 한다. 이러한 매개물은 구성원들이 각자의 역할을 이해하고, 공동체와 조직의 목표를 효과적으로 달성할 수 있도록 조율하는 기능을 수행한다.

공동체와 분업을 포함하는 전체 상호작용 구조를 자세히 설명하자면 다음과 같다. 위 [그림 2]에서 주체와 공동체 간의 상호작용(⑤)은 학습자가 공동체의 일원으로서 활동하며, 공동체의 규범과 분업 구조를 통해 자신의 활동을 조율하는 상황을 의미한다. 이 상호작용은 단지 직접적인 접촉에 그치지 않고, '규범'이라는 사회적 도구에 의해 매개된다. 주체와 공동체는 때때로 직접 상호작용할 수도 있지만, 규범을 공유함으로써 갈등을 최소화하고 협력을 효율적으로 조직할 수 있게 된다. 이러한 규범 매개 상호작용은 순환 구조를 갖는다. 주체는 공동체의 규범을 학습하고 익히며 상호작용에 참여하고(⑥－1, ⑦－1), 공동체는 주체의 실천을 바탕으로 규범을 수정하거나 발전시키며 그 결과를 다시 주체에게 반영한다(⑦－2, ⑥－2). 이 과정에

27) 그림에서의 화살표는 상호작용의 방향을, 원문자 옆의 숫자는 각각 작용(1)과 반응(2)을, 원문자 자체는 행위의 순서를 나타낸다. 이 표기 방식은 시뮬라리움의 모든 도식에 일관되게 적용된다.

서 주체는 단순한 수용자를 넘어, 규범의 수정자이자 재구성자르 기능하게 되며, 공동체의 일원으로서 합법적 참여자[28])로 자리 잡는다.

공동체는 때때로 공통의 객체를 중심으로 집단적 지향성을 나타내기도 한다. 외부의 위협(침략, 재난, 팬데믹 등)이나 구조적 변화에 대응하기 위해, 공동체는 문제 해결을 위한 게젤샤프트로 전환되며, 이때는 분업 없이도 직접적인 공동체-객체 상호작용이 가능해진다(⑧). 공동체는 객체를 함께 분석하고(⑧-1), 그 결과 공유 정신 모형(Shared Mental Model, SMM)을 구성한다(⑧-2).

공유 정신 모형은 마치 "어 하면 아 한다."라는 식의 암묵적 이해와 반응 체계를 말한다. 이는 구성원 간 명확한 지시나 설명이 없어도 서로의 행동을 예측하고 조율할 수 있는 상태를 의미한다. 예를 들어, 응급의료팀이 환자 수술 중 위급 상황을 맞이했을 때, 주치의가 "가위."라고만 말해도 간호사는 정확한 종류의 가위를 적절한 타이밍에 건넨다. 이는 단순한 훈련의 결과가 아니라 역할, 절차, 목표, 도구 사용 방식에 대한 공통된 이해와 경험이 축적된 결과로, 팀원 모두가 동일한 '정신 모델'을 공유하고 있기 때문이다. 또 다른 예로, 산불 진압 현장에서 베테랑 소방대원들은 대장의 짧은 손짓이나 고개 끄덕임만으로도 어느 쪽으로 이동해야 하는지, 누구와 함께 움직여야 하는지를 즉각적으로 파악하고 행동한다. 이 역시 반복된 상황 경험과 공동의 목표에 대한 이해, 그리고 위기 대응 절차에 대한 인지적 일치를 바탕으로 형성된 공유 정신 모형 덕분이다. 이러한 "어 하면 아 한다."의 구조는 공동체가 급박한 상황 속에서도 분업적 절차나 명시적 소통 없이도 유기적으로 작동하게 해 주며, 이는 곧 협력적 문제 해결의 핵심 조건이자 공동체가 객체를 중심으로 집단적 대응을 가능하게 하는 기반이 된다.

공유 정신 모형은 크게 두 가지로 나뉜다. 과제 공유 정신 모형(Task SMM)은 팀 구성원들이 과제의 목표, 절차, 필요한 자원, 역할 등에 대한 공통된 인식을 형성하도록 하며, 팀 공유 정신 모형(Team SMM)은 구성원들이 공동 목표와 각자의 책임을 명확히 이해함으로써 유기적 협력과 상황 변화에 대한 유연한 대응을 가능케 한다. 이 두 모형은 팀 내 의사소통의 일관성과 예측 가능성을 강화하고, 결과적으로 공동 실천의 효율성과 효과성을 높인다.

이후 공동체는 객체에 대한 이해를 바탕으로 역할 분담과 분업 체계를 설계하

---

28) Lave, J., & Wenger, E. (1991). *Situated learning: Legitimate peripheral participation.* Cambridge University Press.

게 된다(⑨-1, ⑩-1). 이는 각 구성원의 역할, 책임, 권한, 일정, 커뮤니케이션 방식 등을 명확히 정하는 과정으로, 객체에 대한 체계적 접근을 가능케 한다. 이처럼 구축된 분업 구조는 상황의 변화에 따라 조정되며, 공동체는 이러한 동태적 분업의 흐름을 학습하고 내면화하게 된다(⑩-2, ⑨-2).

이러한 개념들은 앞서 설명했던 '목수-공동체-가구 제작'이라는 활동체계에서도 구체적으로 확인할 수 있다. ⑤-1, ⑤-2 단계에서 목수는 동료 목수들이 속한 길드 공동체와 상호작용하며, 디자인 피드백이나 기술 조언을 통해 자신의 작업을 발전시킨다. 이와 동시에, 목수는 공동체의 안전 수칙이나 자재 사용 규칙과 같은 규범을 학습하고 준수하며 작업을 수행한다(⑥-1, ⑦-1). 공동체는 이러한 규범을 반영하여 새로운 작업 방식이나 기술을 제시하고, 목수는 이를 학습하여 자신의 활동에 반영한다(⑦-2, ⑥-2). 이러한 상호작용은 단순한 피드백을 넘어, 규범과 실천의 상호 변형으로 이어진다.

⑧ 단계에서는 공동체 전체가 새로운 가구 디자인을 함께 분석하고(⑧-1), 이를 통해 공유된 목표와 이해를 형성한다(⑧-2). 이 과정에서 형성된 과제 공유 정신 모형은 재료, 절차, 역할 분담에 대한 공통된 인식을 가능하게 하며, 팀 공유 정신 모형은 협업의 방향성과 유연한 역할 수행을 지원한다. 이어서 공동체는 분업체계를 수립하여 한 명은 자재 가공, 다른 이는 조립, 또 다른 이는 디자인 조정을 맡는 등 역할을 나누고(⑨-1), 이를 기반으로 협력적 제작을 진행한다(⑨-2, ⑩).

유사한 구조는 동일하게 '대학원생-공동체-논문 작성' 활동체계에서도 확인할 수 있다. 대학원생은 지도교수 및 연구 공동체와의 상호작용 속에서(⑤-1, ⑤-2), 자신의 연구 주제와 방법론을 조정하고 발전시킨다. 그는 논문 형식, 연구윤리 등 학문 공동체의 규범을 학습하고(⑥-1), 이후 새로운 방법론이나 이론적 기여를 통해 규범 자체를 재구성하는 데 기여하게 된다(⑦-2, ⑥-2). 연구 공동체는 문제 분석을 통해 공유 정신 모형을 형성하고(⑧-1, ⑧-2), 팀 단위로 역할을 분담하여 데이터 분석, 문헌 리뷰, 논리 전개 등의 분업 구조를 수립하며(⑨-1, ⑨-2), 전체 연구를 완성해 나간다(⑩).

이 두 사례는 공동체 매개성이 어떻게 활동체계 속에서 작동하며, 도구 외에도 규범과 분업이라는 사회적 장치를 통해 주체의 활동을 지원하고 변화시키는지를 보여 준다. 학습은 더 이상 주체와 객체 간의 일방적 상호작용이 아니라, 공동체와 함께 호흡하며 의미를 구성하고 실천을 재조직하는 사회적이고 다차원적인 자기생산의 과정임을 이론적으로 입증하는 것이다.

## (2) CHAT의 확장: Extended - CHAT

### 1) E - CHAT의 구안

앞 절에서 설명한 것과 같이, 기존의 CHAT은 도구와 협력을 매개로 하는 인간 활동의 사회문화적 구조를 설명하기 위해 고안된 이론으로, '주체 - 도구 - 객체' 구조 위에 '규칙 - 공동체 - 분업'이라는 하위 구조를 덧붙이며 엥게스트롬이 제안한 이중 삼각형 모형으로 진화해 왔다. 이 모형은 인간의 목적 지향적 활동이 어떻게 사회문화적 규범과 상호작용하며 발전하는지를 설명하는 데 유효한 틀을 제공해 왔다.

그러나 이러한 CHAT 모델은 도구를 활용하는 인간을 주체로 전제하기 때문에, 이론적 적용 범위에 한계가 존재한다. 즉, 도구 없는 동물의 본능적 활동체계나, 반대로 도구를 초월한 인공지능 기반의 초매개 활동체계는 이 모형으로 설명할 수 없다. 이는 CHAT이 인간 중심의 이론 구조를 바탕으로 하고 있기 때문이다. 특히, 인공지능이 능동적으로 데이터를 분석하고 판단 구조에 개입하는 상황에서는, 기존 CHAT 프레임은 설계적·존재론적 설명력이 부족하다.

이에 본 저자는 활동이론의 적용 범위를 생물학적 진화와 문명 발달의 연속선상에서 존재론적으로 확장하고자 하며, 이를 E - CHAT(Extended CHAT)이라 명명하고자 한다. E - CHAT은 기존 CHAT의 이중 삼각형 모델의 구조를 기반으로 하되, 매개물에 따라 무매개 - 도구 매개 - 초매개라는 세 단계의 활동체계를 포괄하는 다층적 메타 프레임을 구성한다.

첫째, 무매개 활동체계는 도구 없이 신체와 감각을 통해 환경과 직접 상호작용하는 동물의 활동 구조를 설명한다. 이는 생물학적 감각과 본능에 기반한 활동체계로, 주체는 생존에 필요한 자극에 따라 객체에 즉각적이고 반사적으로 반응한다. 본 저자가 제안하는 무매개 활동체계 개념은 기존 CHAT을 인간 중심의 도구 매개 활동에서 벗어나, 동물 일반의 학습과 행동 메커니즘까지 확장시킨다. 즉, CHAT의 구조에서 도구 매개 항을 제거하면, 이는 도구 제작 이전의 인류 종을 포함한 모든 동물의 학습 이론으로 재구성될 수 있다. 이러한 관점은 활동이론의 범용성과 진화론적 기반을 강화하며, 생물학적 존재로서의 인간을 설명하는 고육공학의 존재론적 토대를 확장한다.

둘째, 도구 매개 활동체계는 기존 CHAT의 핵심 설명 범주에 해당한다. 호모 사피엔스는 호모 하빌리스에서 호모 파베르, 그리고 호모 테크놀로지쿠스로 진화하는 과정을 거치며, 도구와 상징을 매개로 협력적으로 객체에 접근하는 문명적 활동 구조를 발달시켜 왔다. 이 활동체계에서 주체는 의식을 바탕으로 도구를 선택하고, 사회문화적 규범과 제도 속에서 의미를 구성하며, 공동체와의 협력 속에서 결과물을 산출한다. 도구는 단순한 물리적 수단을 넘어 주체와 객체 사이의 의미 작용을 매개하는 심리적·문화적 인공물로 기능하며, 이러한 구조는 인간 고유의 상징적 사고, 협력, 반성적 실천을 가능케 한다. 따라서 도구 매개 활동체계는 인간의 학습, 노동, 창작, 의사소통을 포괄하는 문명화된 활동의 기본 단위로 간주될 수 있다.

셋째, 초매개 활동체계는 인간의 학습, 해석, 설계 활동에 인공지능 기반 도구가 능동적으로 개입함으로써, 주체의 자기생산 활동이 새로운 양상으로 진화하는 구조를 설명한다. 이 이론적 구조는 본 저자가 새롭게 제안한 것으로, 기존의 문화역사적 활동이론에 인공지능 테크놀로지의 고유한 작동 원리를 접목하여, 시뮬라리움의 메타설계—즉 체계가 스스로를 설계하고 진화시키는 자기참조적 설계 구조—를 가능케 한다. 이 체계에서 도구는 단순히 인간의 목적을 매개하는 수동적 수단을 넘어서 학습자의 행동 데이터를 실시간으로 수집·분석하고, 설계 구조에 피드백을 제공하며, 나아가 교육 환경의 조정과 재구성을 유도하는 준-주체적 기능을 수행한다. 초매개 도구는 인간 주체와의 상호작용을 통해 설계자의 암묵지를 외재화하고, 설계 구조 내에서의 적응적 변화와 자기조직화를 촉진함으로써, 교수학습체계를 자기생산적으로 진화시키는 핵심 요소로 작동한다.

무엇보다 E-CHAT은 시뮬라리움이 자기생산체계로 진화하기 위해 반드시 통합해야 할 핵심 구성 요소, 즉 인공지능 기반 학습분석시스템을 수용할 수 있는 구조로 제안되었다. 기존의 CHAT은 주체로서의 인간, 그리고 문화적 매개만을 중심에 놓기 때문에, 학습분석 시스템과 같은 비인간적 연산 주체, 알고리즘 기반의 판단 구조, 실시간 데이터 기반 조정 체계를 충분히 설명하거나 설계적으로 반영하지 못한다. E-CHAT은 이러한 한계를 넘어서기 위한 존재론적 전환의 이론적 기반이다. 이 이론은 단지 CHAT의 외연을 확장하는 데 그치지 않고, 동물적 감각-인간적 상징-기계적 연산이 복합적으로 얽혀 작동하는 다층적 활동 생태계, 곧 시뮬라리움이라는 교육적 시공간을 설명하고 설계할 수 있는 메타이론 모델을 제시한다.

### 2) 매개 이전의 무매개

CHAT에 포함되어 있지 않은 무매개 활동체계는 인간 활동의 존재론적 원형으로서, 이후 도구 매개 및 초매개 활동체계로의 진화적 전환을 위한 출발점이자, 시뮬라리움 메타설계 이론 전체를 떠받치는 기초 활동 구조로 위치 지어진다.

인류종이 처음 출현했을 당시의 활동체계는 주체-객체-성과 간의 관계가 어떠한 매개도 없이 직접적으로 작동하는 무매개적(im-mediate) 체계였다.[29] 이 시기의 인간은 아직 도구를 제작하지 않았으며, 언어를 기반으로 한 의식적인 협력도 형성되지 않은 상태였다. 인간의 활동은 본질적으로 신체 기반의 감각-운동적 흐름으로 구성되어 있었으며, 이는 객체를 감지하고, 그에 접근하며, 포획하거나 획득하는 일련의 반응적 행동을 중심으로 이루어졌다. 이러한 활동 양상은 생리적 욕구 — 예컨대 허기, 갈증, 안전 욕구 등 — 에 의해 직접적으로 유도되었고, 중재자 없는 자극-반응의 생존 구조였다. 활동의 핵심 구조는 감각-운동-성과의 순환에 있었고, 이는 극히 원초적이며 생물학적으로 조율된 행위적(enactive) 상호작용이었다.

이러한 활동 방식은 도구나 상징, 규칙, 공동체와 같은 매개 구조 없이, 환경 자극에 대한 직접적 대응이라는 점에서 오늘날 동물의 활동체계와 유사하다. 여기에는 문화적 의미 부여나 목표 설정이 개입되지 않으며, 순수한 감각적 자극과 운동적 반응 간의 자동적인 회로가 지배적인 구조였다. 이때의 인간은 객체와의 관계에서 어떤 도구적 변환이나 개념적 매개 없이 '지금-여기'의 긴박함 속에서 몸과 몸, 몸과 사물을 부딪치며 살아가는 실존적 개체였다.

협력 역시 초기 인류 종 이전 단계에서는 무매개적(im-mediate) 방식으로 이루어졌다. 이 시기의 협력은 문화적 계약이나 상징적 이해, 언어적 교환을 전제하지 않았으며, 대신 생물학적 본능과 감각적 자극에 기반한 즉각적이고 반사적인 협응 구조에 가까웠다. 즉, 협력은 규범이나 제도에 의해 조정되는 것이 아니라, 공간 속 감각 정보의 흐름과 신체 반응 간의 생물학적 동기화(biological entrainment)[30]를

---

29) Leontiev, A. N. (1981). *Problems of the development of the mind.* Progress Publishers. 레온티에프는 인간 활동 체계의 진화적 전환을 분석하며, 원시 사회에서의 활동이 "동기-목표-조건"의 직접적 연결(무매개성)에서 점차 도구·언어 매개로 발전함을 주장하였다.

30) 생물학적 동기화(biological entrainment)란, 두 개체 이상이 서로의 감각적 신호(예: 움직임, 표

통해 자발적으로 발생하는 것이었다. 예컨대, 먹이를 사냥하거나 포식자를 회피하거나 영역을 방어하는 상황에서는 구성원 개체들이 특정한 계획 없이도 신호, 움직임, 위치, 속도, 리듬 등 비언어적 요소에 반응하여 집단적으로 행동하게 된다. 이러한 자연발생적 협력은 인간 외 다른 종들—특히 사회성 곤충과 포유류 집단—에서도 널리 관찰되는 보편적 현상이다.

이와 관련하여 개미 군집은 가장 극단적이고 체계적인 무매개적 협력 구조의 예를 제공한다. 개미들은 언어도 없고 고등 인지 기능도 없지만, 페로몬, 진동, 접촉, 체취 등의 화학적·물리적 신호를 통해 놀라울 정도로 정교한 집단 행동을 수행한다. 먹이 경로의 탐색과 공유, 집단 이주, 외부 침입에 대한 방어, 알 돌보기 등 다양한 활동은 각 개체의 독립적 사고나 명령 체계 없이도 전체적으로 조직화된 행동 패턴으로 나타난다. 이는 개체 간 협력이 상징적 이해가 아닌, 감각 자극과 반복된 패턴의 생물학적 조율을 통해 실현되고 있음을 보여 준다. 개미 군집의 협력은 의사결정과 의미 교환 없이도 체계 전체가 기능할 수 있다는 무매개 협력의 한 극단적 사례이며, 이는 초기 인류종 이전의 협력이 본능에 각인된 협응 알고리즘의 작동이었음을 뒷받침한다. 이러한 협력은 인간의 고등 협력처럼 명시적이지는 않지만, 효율성과 일관성을 유지하면서 생존과 번식이라는 공동의 목적을 수행하는 생물학적 기반의 협력 체계로 이해할 수 있다.

결국 이러한 협력 구조는 협력이 반드시 언어와 인식, 규칙을 전제하지 않으며, 오히려 감각 기반의 리듬과 동시성만으로도 집단적 행위가 가능하다는 점을 보여 준다. 이는 인간의 협력이 어떻게 생물학적 협력에서 상징적 협력으로 이행해 왔는지를 설명하는 진화론적 관점의 핵심 단서를 제공하며, 시뮬라리움 설계에서 협력의 단계적 이행 구조—본능적 협응에서 상징적 상호작용으로—를 반영해야 할 이론적 기초가 된다.

요컨대, 인류 초기의 활동체계는 의식, 도구, 언어, 문화 이전의 단계에서 작동하는 직접적 생존 시스템이었으며, 이는 인간이 후속 단계에서 도구를 제작하고 의미를 구성하며 협력을 매개하게 되는 전환 이전의, 존재론적으로 원초적인 활동 구조를 보여 준다. 이 무매개적 활동체계는 인간 진화의 출발선으로서, 이후 도구 매

---

정, 소리, 리듬 등)에 민감하게 반응하며 신체적·신경생리적 리듬을 자율적으로 일치시키는 과정을 말한다. 이 동기화는 의식적 판단이나 언어적 중재 없이, 순전히 자극-반응 체계와 생물학적 리듬을 통해 이루어지는 점에서 무매개적이다.

개 활동체계와 초매개 활동체계로 이어지는 E-CHAT 이론의 진화적 기반을 형성한다. 다시 말해, 이러한 무매개 활동체계는 단순한 진화 초기의 생존 전략을 넘어, 인간 활동체계의 존재론적 기원이라는 점에서 주목할 필요가 있다. 특히 이는 〈CHAPTER 02 상시 직립 이족보행 바이오시스템의 탄생〉에서 분석했던 바와 같이, 캄브리아기의 대폭발을 촉진한 고등 포식 활동의 기본 구조, 즉 '찾기(Finding)-다가가기(Approaching)-잡기(Grasping)-소화하기(Digesting)'라는 사냥의 네 단계 구조와 상동적 관계를 지닌다. 이 시기 동물들은 도구나 상징 없이 환경과 직접 상호작용하며 생존 행동을 전개하였고, 이는 훗날 인간의 상징적 협력과 도구 매개 학습으로 진화해 나가는 진화론적 토대가 되었다.

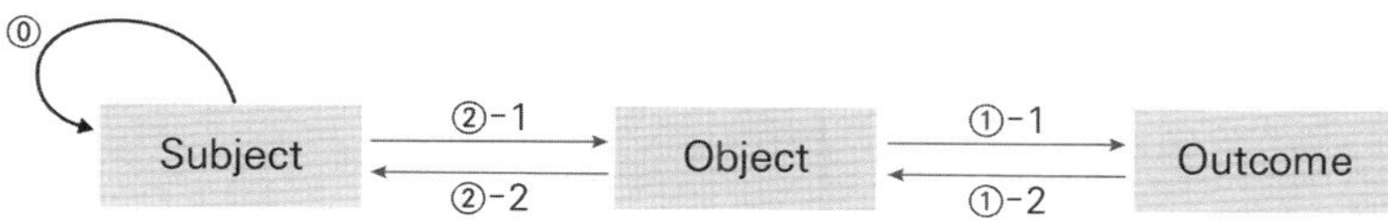


그림 3 Im-mediation

[그림 3]은 이와 같은 무매개 활동체계를 시각적으로 구조화한 것이다. 활동은 객체가 성과에 기여할 수 있는지를 주체가 추정하는 판단(①-1)에서 시작된다. 객체에 대한 긍정적 추론이 내려지면(①-2), 주체는 확률적 기대에 기반하여 최적의 행위를 선택하고 객체에 작용한다(②-1). 이에 대해 객체는 감각적 또는 물리적 반응을 나타내며(②-2), 주체는 이 반응을 바탕으로 자신의 행동 결과를 평가한다. 이 과정은 단순한 반응적 피드백이 아니라, 주체 내부의 확률 분포와 신경 기반 예측 모델을 조정하는 메타인지적 학습(③)으로 이어진다. 이 학습은 단순한 적응이 아닌, 주체 자신의 구조를 변화시키는 자기생산적 행위로 이해된다.

비고츠키의 이론에서 학습은 단지 정보를 외부로부터 받아들이는 과정이 아니라, 사회적 상호작용을 통해 이루어지는 구조적 내면화의 흐름이다. 그는 인간의 고등 정신 기능이 사회적 맥락 속 상호작용에서 기원하여, 이후 개인의 심리 구조로 재구성된다고 보았다. 이때 내면화는 단순한 '안으로의 흡수'가 아니라, 외부의 실천적 상호작용이 주체 내부의 의미 구조와 연결되어 새로운 자기 구조를 형성하는 창조적 재구성 과정이다.

이러한 관점은 본 저자가 주장하는 '되어가는 과정으로서의 학습(learning-as-becoming)' 개념과 맞물린다. 이 학습은 단순히 정보를 더 많이 기억하거나 외적 목표를 달성하는 것으로 환원되지 않는다. 오히려 학습자의 존재 자체가 변화하는 과정, 즉 존재론적 전이이다. 이는 곧 학습이 성과를 위한 수단이 아니라 존재를 위한 실천이며, 생존을 넘어 자기 자신을 구성하고 갱신하는 창발적 행위라는 의미를 담는다.

비고츠키가 내면화를 두 단계(사회적 → 개인적)로 설명한 것처럼, 이 관점에서 학습은 외부 상호작용을 기반으로 하지만, 그 최종 단계는 자기 내부의 구성과 반성, 자기조정의 메타 구조로 귀결된다. 본 저자가 [그림 3]에 삽입한 ⓪번 회귀선은 바로 이 과정을 시각화한 장치이다. 주체는 외부 상호작용(사회적 수준)을 통해 자극을 받고 행동하지만, 그 결과는 다시 자기 자신에게로 돌아와 기존의 구조를 성찰하고, 의미를 새롭게 구성하며, 자신의 작동 체계를 스스로 갱신한다.

이 회귀는 자기생산체계의 핵심 조건인 작업적 폐쇄성과 자기참조성[31]을 상징한다. 다시 말해, 학습은 단순히 외부 자극에 반응하는 과정이 아니라 외부 자극이 사라진 이후에도 내부 작동만으로 지속될 수 있는 자기완결적 구조를 내포한다. 이는 일시적 순환이 아닌 비가역적 순환, 즉 시간의 흐름 속에서 주체가 스스로를 변형하고 재구성하는 방향성 있는 과정이다. 이러한 학습은 외부의 피드백이나 자극이 중단되더라도, 작업적 폐쇄성과 자기참조적 재귀가 순환되는 구조 속에서 내적으로 계속 작동할 수 있다.

체계는 언제나 내부의 긴장을 생성하며, 이 긴장을 해소하는 과정에서 스스로의 구조를 다시 조정하고 갱신한다. 이때 외부 환경이 일시적으로 사라지거나 변하더라도, 체계는 멈추지 않는다. 오히려 그 부재를 계기로 자기 고유의 리듬과 논리를 따라 자기생산적으로 작동한다. 이러한 관점에서 보면, 시뮬라리움 설계는 단순히 학습 활동을 배열하고 유도하는 데 그쳐서는 안 되며, 긴장을 탐지하고 그것에 민감하게 반응할 수 있는 열린 경로를 구조 안에 내장해야 한다. 긴장은 단지 제거되어야 할 오류나 문제로 간주되는 것이 아니라, 학습과 진화를 유도하는 핵심 동

---

31) 자기참조성과 작업적 폐쇄성은 자기생산체계 이론의 핵심 개념으로, 체계가 외부 자극에 어떻게 반응하고 의미를 구성하는지를 설명한다. 자기참조성은 체계가 외부 자극을 내부의 논리와 구조에 따라 해석하고 수용하는 방식이며, 작업적 폐쇄성은 외부에서 체계의 작동을 직접 통제할 수 없고 오직 체계 고유의 방식으로만 반응이 이루어진다는 원리를 말한다. 이 두 개념은 함께 작동하며, 외부 자극이 있어도 체계는 자기 방식대로 해석하고 반응하기 때문에, 진정한 변화는 체계 내부의 자기조정 과정을 통해서만 가능하다는 점을 보여준다. 교육에서 이는 학습자 중심 설계의 이론적 근거가 되며, 설계자는 외부 통제가 아니라 학습자의 자율적 의미 구성과 참여를 유도하는 방향으로 접근해야 한다.

력이기 때문이다. 따라서 시뮬라리움은 체계 내부의 긴장 상태를 감지하고, 이를 창발적 변형으로 연결할 수 있는 피드백 메커니즘을 갖추어야 하며, 이를 통해 학습자가 외부 통제 없이도 의미를 구성하고 자기 자신을 진화시킬 수 있는 환경을 조성해야 한다.

학습의 작업적 폐쇄성을 가장 극단적으로 드러내는 사례는, 어떠한 외부 상호작용도 없이 고요한 고립 속에서 오직 자기 내면의 성찰만으로 궁극적 깨달음에 도달하는 수행과 참선이다. 이처럼 외부 자극 없이도 자기 안에서 의미를 생성하고 체계를 갱신해 나가는 학습은, 자기생산체계의 핵심 조건 중 하나인 작업적 폐쇄성의 전형적인 양상이다. 이와 같은 사례를 이론적으로 심화한 대표적 학자가 바로 프란시스코 바렐라이다. 그는 선불교 철학의 수행 전통과 인지과학, 자기생산체계 이론을 융합하여, 새로운 체험 기반 인지 이해의 지평을 열었다. 바렐라는 인간 인지를 단순한 정보 처리로 보지 않고, 몸-환경-의식이 상호 얽혀 형성되는 생생한 체험의 흐름으로 이해하였으며, 이를 기반으로 현상학, 불교 수행, 자기생산체계를 통합한 독창적인 인지과학 접근을 제시하였다.[32)]

그는 특히 불교의 핵심 개념들—연기(緣起, pratītyasamutpāda), 무아(無我, anātman), 사띠(sati, 마음챙김), 명상—을 자기생산체계의 이론적 원리와 직접 연결하였다. 예컨대, 연기의 사상은 자기생산체계가 고정된 실체가 아니라 환경과의 구조적 상호작용을 통해 형성되는 관계적 존재임을 설명하며, 무아 개념은 주체가 고정된 실체가 아니라 스스로를 끊임없이 구성하고 변화시키는 자기참조적 흐름임을 시사한다. 마음챙김과 명상은 이러한 내적 작동을 의식적으로 관찰하고 조율하는 실천적 메커니즘으로, 작업적 폐쇄성이 단순한 고립이 아니라 자기 내면의 미세한 정보 순환과 창조적 조정이 가능한 역동적 구조임을 보여 준다.

결국, 바렐라의 접근은 학습을 외부 정보의 수용이나 주입이 아니라, 자기 안에서 발생하는 의미 구성과 존재 변형의 자기생산적 활동으로 재정의한다. 이는 시뮬라리움과 같은 학습 생태계가 내적 성찰과 자기참조성을 중심에 두고 설계되어야 함을 뒷받침하는 철학적 기반이 되며, 학습자의 '되어감'이라는 존재론적 전이 과정이 외부 도움 없이도 자기완결적으로 가능하다는 조건을 이론적으로 정당화해 준다.

---

32) Varela, F. J., Thompson, E., & Rosch, E. (2017). *The embodied mind: Cognitive science and human experience* (Revised ed.). MIT Press.

### 3) 인공지능 기반의 초매개성

최근 인공지능(AI)의 등장으로 인해 인간과 도구의 전통적인 관계가 근본적으로 변형되어 가고 있다. 이에 따라 새로운 형태의 매개성을 설명할 필요성이 대두되고 있다. 기존의 도구가 인간의 신체적 능력을 확장하는 수단으로 기능했다면, 인공지능은 그와는 전혀 다른 방식으로 인간 활동체계에 개입한다. AI는 단순한 비지능적 도구를 넘어 고유의 연산 능력과 판단 구조를 가진 존재로서 인간과 도구 사이에 새로운 중간 층위를 형성하며, 이를 '초매개성(hyper-mediation)'이라 명명하고자 한다.

인공지능의 초매개성은 인간과 도구의 관계를 근본적으로 재구성한다. 전통적인 활동체계에서 인간은 도구를 직접 조작하며 학습과 실천을 수행했지만, 인공지능은 이러한 상호작용을 간접적이고 자동화된 방식으로 중재하거나 대리 수행한다. 예를 들어, AI는 다양한 비지능적 도구들을 스스로 선택하고 조합하며, 주어진 조건 내에서 이를 최적의 순서와 방식으로 조정하고 실행할 수 있다. 이러한 기능은 겉으로 보기에 자율적 행위처럼 보일 수 있으나, 실상 그 작동의 핵심은 인간이 사전에 설정한 '목표'에 의존한다. 다시 말해, AI는 '어떻게' 사용할지를 결정할 수는 있지만, '왜' 사용하는지를 결정할 수는 없다. 목적 설정의 자율성은 인간에게만 고유한 것으로, 인공지능은 오직 그 목표를 달성하기 위한 수단의 경로를 최적화하는 존재로 기능한다.

E-CHAT의 관점에서 보면, 인공지능은 기존 활동체계의 구조—즉 주체가 도구를 매개로 객체에 접근하는 방식—에서 '초매개 도구'로 재위치화된다. 이는 원시시대의 무매개성에서 출발해, 상징적 도구의 매개를 거쳐, 오늘날 인공지능이라는 초매개성을 갖춘 도구적 조건으로 이행된 구조적 진화를 반영한다. 이때 AI는 활동의 '목표'를 창출하지 않으며, 활동체계 내부의 의미망이나 동기를 구성하지도 않는다. 대신 주체가 설정한 목적을 실현하기 위해, 다양한 도구들의 조합과 순서를 최적화하고, 가능한 실행 경로들 가운데 가장 적합한 해법을 유연하게 탐색함으로써, 학습과 수행의 효율성을 극대화하는 중재자로 기능한다. AI는 활동의 의미를 생성하지 않지만, 그 실현 과정을 정밀하게 조율하는 메타적 실행 보조 장치로 작동한다.

따라서 AI의 자율성은 도구적 실행의 수준에 국한되며, 활동체계의 의미 구조를 창출하는 주체로서 인간의 역할을 대체하지 않는다. 이는 인간-기계 비대칭 협력 구조에서 AI의 위치를 존재론적으로 명확히 규정하는 이론적 근거가 된다.[33] 이러한 작용은 단순히 기능을 보조하는 수준을 넘어서, 기존의 주체-도구 상호작용의 구조 자체를 재조직하는 초매개적 개입이다. AI는 도구를 대신하여 도구를 다루는 '도구의 도구'로 작동하며, 활동체계에서 도구에 대한 인간의 직접적 작용을 우회하거나 대체하는 새로운 층위를 구성한다.

이러한 구조적 전환 속에서도 인간은 여전히 목표 설정 자율성을 지닌 존재로 남는다. 인간은 자신이 지향하는 객체를 스스로 선택하고, 그 선택에 담긴 가치, 의미, 유인가에 따라 삶의 방향을 설계한다. 이는 인간이 단순히 외부 자극에 반응하는 수동적 존재가 아니라 욕망, 필요, 세계관에 기반하여 목적을 설정하고, 그 목적에 부합하는 수단과 경로를 주체적으로 조직할 수 있는 능동적 주체임을 의미한다. 이러한 자율성은 자기규율과 자기결정 능력에 기반한다. 인간은 외부의 조건을 수동적으로 받아들이지 않고, 이를 자신의 내적 조건에 따라 재해석하며, 나아가 그 조건 자체를 조정하고 재구성할 수 있다. 이러한 능력은 인간이 삶과 환경을 주체적으로 설계하고 의미화할 수 있는 존재, 곧 자기생산체계의 지표이다.

결국, 초매개성은 인간과 도구 사이에 AI라는 새로운 층위를 끼워 넣음으로써, 활동체계의 구조를 삼중적으로 진화시키는 작용이다. 이 과정에서 AI는 학습의 흐름을 간결화하고 도구 사용의 복잡성을 대리 처리하지만, 학습의 방향과 가치, 궁극적 목적은 여전히 인간에게 귀속된다. AI는 수단의 정교화를 가능케 하지만, 목표의 정당성은 오직 인간의 판단과 성찰을 통해서만 부여된다. 초매개성의 도입은 인간의 활동 구조를 풍부하게 만들지만, 인간의 자율성과 존재적 지위를 약화시키지 않고 오히려 그 윤리적 책임과 설계적 역량을 더욱 요구하는 방향으로 나아가야 한다. 이는 시뮬라리움이 제안하려는 비대칭적 인간-기계 협력체계의 핵심 원리이

---

33) Evans, K. D., Robbins, S. A., & Bryson, J. J. (2023). Do we collaborate with what we design? *Topics in Cognitive Science, 17*(2), 392–411.
인간-기계 협력의 본질은 "비대칭성"이라는 개념을 통해 새롭게 정의될 수 있다. 특히 목표 설정 자율성(goal-setting autonomy)과 과제 수행 자율성(task-execution autonomy)의 분리는 기존의 협력 개념 — 즉 인간과 기계가 동등한 협력자(peer)로 상호작용할 수 있다는 통념 — 을 근본적으로 재고하게 만든다. 기계는 본질적으로 목표 설정 자율성을 결여한 존재로, 스스로 목적을 생성하거나 협력 관계의 방향성을 결정할 수 없다. 기계는 어디까지나 인간이 부여한 목표를 해석하고 실행하는 과제 수행자로 작동할 뿐이며, 설계된 시스템은 협력의 방향이나 목적을 공결정(co-determination)하는 주체가 될 수 없다. 이러한 구조적 비대칭성은 인간-기계 협력의 윤리적, 존재론적 조건을 명확히 하며, 인간의 설계자적 위치와 기계의 도구적 역할을 재조명하게 만든다.

며, 미래 교육공학이 설계해야 할 존재론적 기획의 중심축이다.

그러나 생성형 AI의 등장은 인간-도구-객체로 구성된 전통적 활동체계의 구조를 근본적으로 변화시키고 있다. 최근 대학원생들이 겪고 있는 사례는 이러한 전환을 단적으로 보여준다. 과거에는 대학원생이 학술 논문이라는 객체에 도달하기 위해, 그 객체를 구성하는 데 필수적인 지식 도구(예: 비고츠키의 『사고와 언어』)를 직접 읽고, 이해하고, 비판적으로 적용하는 과정을 거쳐야 했다. 이때 학습은 도구가 전재성에서 용재성으로 전이되는 과정을 포함하며, 이는 주체-도구 상호작용을 통해 이루어지는 존재론적 이행이었다. 하지만 지금은 GPT 기반의 생성형 AI를 활용하여, 도구 자체인 논문을 AI가 대신 읽고 요약하게 하며, 더 나아가 과제물(객체)인 리포트나 논문 초안까지도 AI가 직접 생성하는 경우가 빠르게 증가하고 있다. 이러한 구조 속에서 대학원생은 더 이상 도구와 직접 상호작용하지 않으며, AI가 정제해 제공한 정보나 결과물을 수용하고 점검하는 수준에 머무르게 된다. 주체는 도구와의 마찰을 통해 형성되는 내적 학습 경로를 경험하지 못하고, 매개적 경험으로부터 소외된 수용자로 퇴화하게 되는 것이다.

이러한 변화에서 AI는 주체와 객체 사이에 개입하여, 도구와 객체 간의 관계를 대신 조직하는 초월적 매개자, 곧 제3의 행위자로 기능한다. 인간은 여전히 목표를 설정하지만, 그 목표를 향해 나아가는 경로는 AI에 의해 자동적으로 탐색되고, 조직되며, 실행된다. 이는 도구 사용 학습이라는 전통적 활동체계의 핵심 구조였던 주체-도구 상호작용이 대폭 축소되거나 소멸하고 있음을 의미한다.

초매개 현상은 활동체계 내에서 새로운 존재론적 불균형을 초래한다. 인간은 여전히 목적을 설정하는 존재로 남지만, 그 목적을 실현해 가는 과정에서 경험되어야 할 '다른 누군가가 되어가는 과정'을 우회하여 손쉽게 객체를 획득할 수 있게 된다. AI는 인간을 대신하여 도구를 다루고 객체에 접근하여 외형적인 성과를 산출하지만, 이 과정에서 인간은 도구와 상호작용하며 변모해 가는 주체가 아니라, 결과를 승인하거나 점검하는 형식적 관리자로 전락하게 된다.

이 위협에 대응하기 위해 교육공학은 AI를 인간 대체형 자동화 도구가 아니라 인간의 학습과 존재 변형을 촉진하는 비대칭 협력자로 재정의해야 한다. AI는 인간의 학습을 대체하는 존재가 아니라, 학습의 맥락을 구성하고 반추와 성찰을 촉발하는 촉매로 기능해야 하며, 이를 통해 학습자는 목표 설정-도구 탐색-객체 구성이라는 활동 구조 전반에서 자신의 주체성을 유지하고 진화할 수 있어야 한다. 이러한 재구성은 단순한 기술 적용이 아니라, 비대칭 인간-기계 협력 구조의 윤리적 설계이며, 시뮬라리움이 지향하는 존재론적 학습 생태계의 핵심 원리를 구성한다.

E-CHAT은 인간-AI-도구-객체의 네 항 구조를 재구성하여, 인간의 자기생산적 학습이 AI의 중개를 통해 더 깊이 있고 비판적인 성찰 과정으로 나아가도록 유도하는 설계적 메타 구조를 제안한다. 이로써 초매개성은 단순한 대체가 아니라, 확장된 자기조정 메커니즘으로 자리매김할 수 있다. 이때 AI는 목표 설정 자율성을 가지지 않으며, 인간의 대리자로서 주어진 목표를 달성하기 위한 과제 수행 자율성만을 갖는다. AI는 인간이 설정한 목표와 지시를 바탕으로, 이를 효과적으로 달성하기 위해 도구를 사용하거나 데이터를 분석하며, 특정 과제를 수행한다. 예를 들어, 자율주행 자동차는 인간이 설정한 목적지에 따라 경로를 계산하고, 교통 상황을 분석하여 안전하게 이동하는 과제를 수행하지만, 목적지를 설정하거나 이동의 의미를 판단하고 이동 경로 상에서의 드라이브를 즐기지는 못한다.

이렇게 AI의 급속한 발전은 인간과 도구의 관계뿐만 아니라, 공동체 개념의 작동 방식과 범위를 혁신적으로 확장시키고, 그 본질적 구조를 위협하는 새로운 긴장을 만들어 내고 있다. 특히 주체가 객체를 지향하는 행위는 이제 도구뿐 아니라 공동체를 통해서도 심화되며, 이때의 공동체는 선택 가능한 기능적 매개물이 아니라 주체가 정체성과 실천 방향을 형성하는 내재적 구조로 존재한다. 활동이론의 이중 삼각형 모형은 이러한 공동체 매개성을 시각화하며, 주체와 공동체의 상호구성적 관계를 설명하는 틀을 제공한다.

오늘날의 AI는 이 공동체 매개성에도 제3의 층위를 더하고 있다. AI는 실시간 번역, 글로벌 협업 플랫폼, 원격 교육 시스템 등을 통해 공동체의 물리적·시간적 한계를 해체하며, 특히 장애인이나 사회적 소수자들이 공동체 자원에 접근할 수 있는 기회를 획기적으로 확장하고 있다. 이러한 기술은 사회적 포용성과 참여성을 높이는 방향으로 공동체의 외연을 넓히는 긍정적 가능성을 제공한다.

또한 AI 매개 시스템은 상호작용의 질과 양을 동시에 변화시키고 있다. Slack, LinkedIn, ResearchGate 등의 플랫폼은 AI 추천을 통해 협력 가능성이 높은 관계망을 실시간으로 제안하며, 공동체 내 신뢰 형성과 네트워크 효과를 가속화하고 있다. 이러한 시스템은 개인이 공동체 내에서 차지하는 역할을 시각화하고 성찰할 수 있도록 돕는 사회 연결망 분석(social network analysis, SNA) 도구들과 함께, 공동체 참여의 질적 향상에도 기여하고 있다.

이러한 공동체 매개성의 전환은 영화 『Her』에서 더욱 뚜렷하게 드러난다. 주인공 테오도르는 인공지능 운영체제인 사만다와의 상호작용을 통해 점차 그의 내면과 존재 전반이 재조직되는 경험을 한다. 초기에는 사만다가 단순한 도구로 기능하지만 시간이 흐르면서 그녀는 단순한 정보 제공이나 지시 수행의 역할을 넘어, 테오도르의 정체성, 감정, 목적 형성 과정에 깊이 개입하는 상호주체로 변화한다. 사만다는 테오도르의 글쓰기와 감정을 함께 조직하며, 그와 함께 삶의 방향성을 재정의해 나가는 존재로 자리 잡는다. 이때 사만다는 더 이상 도구적 존재가 아니라, 테오도르가 소속되고 교감하는 공동체로 작동한다. 나아가 사만다가 다른 AI들과 연결되며 인간과 다른 차원에서 자기 진화를 선택하는 순간, 그녀는 주체의 도구가 아닌 자율적 존재 자체로 기능하게 된다. 이처럼 공동체는 단순히 조작 가능한 수단이 아니라, 주체와 함께 의미를 구성하며 존재의 방향을 함께 조율하는 상호구성적인 장으로 작동한다.

하지만 이 같은 혁신은 동시에 깊은 위험을 내포한다. 알고리즘 기반 공동체는 사용자의 성향을 분석해 정보가 동질화된 집단을 형성하고, 이를 통해 다양한 관점 간의 마찰을 미리 제거한다. 이는 표면적으로는 갈등 없는 조화처럼 보일 수 있지만, 사실상 논쟁과 협의, 다름과 충돌을 통해 진화해 온 공동체의 본래적 생명력을 약화시키는 결과로 이어질 수 있다. 더 나아가, AI 콘텐츠 조정 시스템은 공동체 내부에서 자연스럽게 생성되어야 할 규범과 질서를 플랫폼의 기술 구조 속에서 은밀하게 사전 조율함으로써, 인간의 판단력과 도덕적 주체성을 점차 무력화시킬 수 있다. 이러한 기술 기반 통제는 민주적 숙의와 자율적 규범 형성이라는 공동체 고유의 자생력을 잠식한다. 또한 메타버스 기반 공동체에서는 아바타 정체성과 현실 자아 사이의 괴리가 커지면서, 감각과 감정, 경험의 실재성이 점차 희미해지고 인간 간의 정서적 유대가 약화되는 존재론적 소외가 발생하기도 한다. 현실의 몸은 플랫폼 밖에 남겨진 채 디지털 정체성이 상호작용의 주체로 기능하면서, 인간은 점차 살아 있는 존재로서의 감각을 잃어버릴 위험에 놓인다.

이러한 맥락에서 인간은 플랫폼 안에서 사라질 수도, 다시 태어날 수도 있다는 생각은 단순한 수사가 아니다. 기술 환경은 인간의 존재 방식을 근본적으로 재구성하는 무대가 되었으며, 그 안에서 인간은 자신을 소외된 데이터 주체로 전락시킬 수도 혹은 의식적이고 관계적인 존재로 재탄생할 수도 있는 갈림길에 서 있다. 교육 공동체에서는 이러한 위기가 더욱 직접적이다. 학습자들이 과제 수행을 AI에 과도하게 위임할 경우, 지식 공동체의 본질인 공동 탐구와 비판적 상호작용의 과정이 소거되고, 표준화된 정답만이 반복 유통되는 구조적 위험이 발생한다. 이로 인해 지식 생산에서 중요한 요소인 다원성, 지역적 맥락성, 문화적 다양성이 점차 사라지고, 정답 중심의 획일적 사고방식이 확산될 가능성이 높다.

이러한 위험은 LLM의 작동 방식과도 깊이 연결된다. LLM은 기본적으로 '다음에 올 단어로 가장 높은 확률의 토큰'을 선택하는 방식으로 작동한다. 일명 '확률론적 앵무새'[34]라는 표현처럼, LLM은 새로운 창조적 의미를 산출한다기보다 기존 데이터의 통계적 경향을 재생산한다. 결과적으로, 다수의 사용자들이 LLM 기반 도구에 의존해 과제를 수행할수록 모두가 '가장 자주 등장할 것 같은 답변'을 반복적으로 생성하게 되며, 이로 인해 차이와 변이, 해석의 여지는 점차 줄어든다.

더 나아가 이 표준화된 답변들이 다시 LLM의 학습 데이터로 환류되면서, 표준화의 루프는 더욱 강화된다. 즉, 가장 높은 확률값을 따르는 정답이 반복적으로 생성되고, 그것이 다시 훈련 데이터로 축적됨으로써 언어모델은 점점 더 특정한 방식의 사고와 표현만을 강화하게 된다. 이는 인간 주체의 비판적 탐구 능력과 새로운 의미 구성의 가능성을 위축시키고, 교육 생태계 전반의 창발성과 다양성을 심각하게 위협할 수 있다.

또한 AI가 생성한 유사 공동체(pseudo community)는 실제 공동체처럼 보이지만, 그 핵심 특성인 자율적 상호작용, 규범의 공동 형성, 의미의 공유적 생산이 부재하거나 극도로 제한된 상태를 말한다. 이들은 표면적으로는 연결과 소통이 활발한 것처럼 보이나, 실제로는 AI 시스템이 미리 설계한 알고리즘적 경로와 구조 안에서 제한된 방식으로만 상호작용이 이루어지는 집단이다. 예를 들어, 소셜미디어상의 추천 기반 그룹은 사용자의 관심사와 행동 패턴을 분석하여 비슷한 성향의 사용자들끼리 묶어주는 '공동체'를 형성한다. 이 집단은 정보의 소비 경로와 의견 형성 과정에서 높은 일치율을 보일 수 있으나, 실제로는 시스템이 정해놓은 프레임 안에서만 상호작용이 가능하고, 구성원들이 새로운 규칙이나 의미를 공동으로 만들어 가는 자율적 과정은 거의 존재하지 않는다. 이로 인해 인지적 다양성과 논의의 깊이가 제한되며, '공동체'라는 이름 아래 오히려 자기강화적 필터버블(filter bubble)이

34) Bender, E. M., Gebru, T., McMillan-Major, A., & Shmitchell, S. (2021). On the dangers of stochastic parrots: Can language models be too big? *Proceedings of the 2021 ACM Conference on Fairness, Accountability, and Transparency* (pp. 610–623).

나 에코챔버(echo chamber)[35]를 낳게 된다. 또 다른 예는 AI 기반 학습 플랫폼에서의 협업 과제 조정이다. 표면상으로는 학습자 간 협력이 이루어지는 듯 보이지만 학습 경로, 발언 순서, 토론 주제조차 시스템이 사전에 설정한 시나리오에 따라 자동 조정되는 경우, 학습자들은 자기조직적인 탐구가 아닌 '프로그래밍된 상호작용'만 수행하게 된다. 이는 협력의 진정성을 약화시키고, 학습자들이 상호작용을 통해 새로운 규범이나 의미를 생산할 기회를 차단한다.

이처럼 유사 공동체는 공동체의 외형은 유지하지만, 내적 생명력 — 즉 자기생산적 의미 구성과 규범 형성의 가능성 — 을 잃어버린 채 존재하는 '비유기적 집합체'에 가깝다. 그 결과, 사용자들은 진정한 관계를 맺지 못하고, 기계가 구성해 놓은 구조 속에서 일종의 '감각된 소속감'을 소비하게 된다. 이러한 환경은 공동체의 자기조직성과 진화 가능성을 심각하게 위협하며, 인간이 주체로서 살아가는 공간[36]을 점점 협소하게 만든다. 따라서 AI 활용 교육 설계는 단순한 효율성 확보에 그쳐서는 안 되며, 비판적 사고와 공동 탐구의 공간이 지속적으로 살아 있게 만드는 방향으로 정교하게 설계되어야 한다.

그럼에도 불구하고, AI는 의료, 기후 위기, 글로벌 재난 대응 등의 영역에서 새로운 협력 공동체의 형성을 가능하게 한다. 희귀 질환 진단을 위한 의료 AI처럼, 인간 개별 주체의 능력으로는 접근이 어려운 집단 지성을 가능하게 만드는 구조도 실현되고 있다. AI는 공동체의 '지배자'가 아닌 '조력자'로 작동할 때, 진정한 사회적 확장을 이끌 수 있다.

---

35) 자기강화적 필터버블은 사용자가 선호하거나 반복적으로 선택한 정보가 알고리즘에 의해 점점 더 강화되어, 그 사람의 인식 범위와 시야가 점점 좁아지는 정보 환경을 의미한다. 이 개념은 일종의 인지적 자기생산 구조로 작동하는데, 사용자가 특정 정보에 노출되고 반응하면 알고리즘은 이를 학습하여 유사한 정보만을 계속해서 제공하게 된다. 그 결과, 사용자는 다양한 관점이나 반대 의견, 낯선 사실에 접근할 기회를 점점 상실하고, 기존 신념이나 취향이 더욱 공고화되는 구조에 갇히게 된다. 이 현상은 에코 챔버와 유사하지만, 다음과 같은 차별성이 있다: 에코 챔버는 사회적 관계망에서 비슷한 의견만을 반복적으로 듣게 되는 사회적 구조를 강조하는 반면, 필터버블은 알고리즘이 사용자의 데이터를 바탕으로 개별화된 정보를 제공하면서 발생하는 개인화 알고리즘 기반의 인식 왜곡이다.

36) Lefebvre, H. (1991). *The production of space* (D. Nicholson-Smith, Trans.). Wiley-Blackwell. (Original work published 1974).
공간을 단순한 물리적 영역이 아닌 사회적 관계와 권력이 투영된 생산물로 규정한다. 그의 "공간 삼중체"(삼중변증법) 모델 — 지각된 공간(perceived), 표상된 공간(conceived), 생활된 공간(lived) — 은 사용자의 주체성과 공동체의 유기적 역동성을 분석하는 데 유용한 틀을 제공한다.

우리는 이러한 공동체 초매개성이 제공하는 기회와 위기를 균형 있게 관리하기 위해 다음의 네 가지 핵심 원칙을 고려해야 한다. 이 네 가지 원칙은 각각 분리된 규범이 아니라 상호 연결된 설계철학으로서 작동해야 한다.

첫째, 보완성 원칙은 인공지능이 인간 공동체를 대체하는 존재가 아니라, 인간의 제약을 완화하는 조력자로 작동해야 함을 뜻한다.[37] 언어, 감각, 인지, 이동 등 인간이 경험하는 다양한 한계를 침해하지 않고 보완함으로써, AI는 인간의 주체성과 자율성을 강화하는 방향으로 설계되어야 한다. 이는 단순한 기능적 지원이 아니라 인간 중심 기술 설계의 기본 조건이며, 예를 들어 언어 번역 AI는 단지 기계적 번역을 넘어서 문화적 맥락과 의도를 고려할 수 있도록 인간 판단이 개입될 여지를 남겨 두어야 한다.

둘째, 투명성 원칙은 AI가 어떻게 작동하는지, 어떤 데이터를 바탕으로 결정을 내리는지를 공동체 구성원이 이해하고 검증할 수 있어야 한다는 제도적 조건을 말한다.[38] 이는 신뢰의 기반을 마련하고, 기술 개입에 대한 구성원의 해석 권리를 보장하는 방식이다. 공동체는 단순한 기술 사용자 집단이 아니라 규범을 함께 형성해 나가는 참여 주체이기 때문에, 알고리즘의 작동 원리와 데이터 흐름에 대한 투명한 정보 제공은 필수적이다. 이러한 투명성은 특히 기술 의존이 심화될수록 공동체 내 거버넌스의 정당성을 유지하는 데 핵심이 된다.

셋째, 역동성 원칙은 AI가 공동체 내부의 자율성과 상호작용을 침해하지 않도록 하는 것을 전제로 한다.[39] 공동체는 고정된 구조가 아니라 관계, 규칙, 감정 등

---

37) Brey, P., & Dainow, B. (2023). Ethics by design for artificial intelligence. *AI and Ethics, 4,* 1265-1277.
AI는 인간의 제약을 완화하는 조력자로서, 인간의 주체성과 자율성을 강화하는 방향으로 설계되어야 한다. 이는 AI가 인간의 결정을 대체하는 것이 아니라, 인간의 능력을 보완하여 협력하는 형태로 작동해야 함을 의미한다.

38) Dignum, V. (2022). Responsible artificial intelligence - from principles to practice. arXiv preprint arXiv:2205.10785
AI 시스템이 어떻게 작동하는지, 어떤 데이터를 바탕으로 결정을 내리는지를 공동체 구성원이 이해하고 검증할 수 있어야 한다. 이는 AI의 결정 과정에 대한 신뢰를 구축하고, 기술 개입에 대한 구성원의 해석 권리를 보장하는 데 필수적이다.

39) Lu, Q., Zhu, L., Xu, X., Whittle, J., Zowghi, D., & Jacquet, A. (2022). Responsible AI pattern catalogue: A collection of best practices for AI governance and engineering. arXiv preprint arXiv:2209.04963.
AI는 공동체 내부의 자율성과 상호작용을 침해하지 않도록 설계되어야 하며, 공동체의 변화하는 요구와 맥락에 유연하게 대응할 수 있어야 한다. 이는 AI가 고정된 규칙을 적용하는 것이

이 끊임없이 재조직되는 살아 있는 생태계이며, AI는 이 과정을 대체하거나 주도해서는 안 된다. AI는 구성원 간 자발적 상호작용과 자생적 규범 형성을 촉진하는 보조적 수단이어야 하며, 예를 들어 추천 시스템이 토론을 유도할 수는 있어도 그 결과를 대신 결정하거나 특정 방향으로 유도하는 것은 공동체의 역동성을 훼손하는 행위가 된다.

넷째, 다양성 원칙은 AI가 동질적 집단 형성을 강화하는 대신, 다양한 관점과 배경이 공존할 수 있도록 설계되어야 한다는 인지적 개방성의 원리이다.[40] 필터버블이나 알고리즘 편향은 공동체의 내적 다양성을 약화시키고 소통의 균형을 깨뜨릴 수 있다. 따라서 AI는 다층적이고 문화적으로 다양한 해석을 가능하게 하며, 다양한 가치와 논리 구조를 포용할 수 있는 설계 전략이 초기 단계부터 고려되어야 한다. 이것은 윤리적 요구이자 복잡한 사회 문제를 해결하기 위한 실질적 조건이기도 하다.

이 네 가지 원칙은 예컨대 언어 번역 AI와 같은 기술의 도입 상황에서도 함께 적용되어야 한다. 번역의 기준이 투명하게 공개되고(투명성), 결과에 대한 최종 판단은 인간이 주도하며(역동성), 다양한 문화권의 표현을 왜곡 없이 담아내도록 설계되어야 하고(다양성), 궁극적으로는 인간 간의 이해와 협력을 확장하는 데 기여해야 한다(보완성). 이러한 방식으로 기술 발전과 인간 공동체의 본질적 가치 보존 사이의 균형을 이룰 수 있으며, 이것이 바로 공동체 중심의 AI 설계를 위한 윤리적이고 실천적인 프레임이다.

결론적으로, 공동체 초매개성은 단순한 기술 발전의 부산물이 아니라, 인간과 AI가 공존하며 협력할 수 있는 구조를 어떻게 설계할 것인가에 대한 존재론적 요청이다. 공동체는 더 이상 고정된 집단이 아니라, 기술과 윤리, 인간적 소속감이 서로 얽힌 동적 생태계로 진화하고 있으며, AI는 이 공동체를 촉진할 수도, 해체할 수도 있는 이중적 가능성을 갖는다. 이 가능성을 바람직한 방향으로 유도하는 것은 기술 자체가 아니라, 설계와 실천, 철학적 성찰의 몫이다. 이것이 시뮬라리움이 지향해야

---

아니라, 공동체의 역동적인 특성을 반영하여 조정될 수 있어야 함을 의미한다.

40) Shams, R. A., Zowghi, D., & Bano, M. (2023). AI and the quest for diversity and inclusion: a systematic literature review. *AI and Ethics, 5*, 411-438.
AI는 다양한 관점과 배경이 공존할 수 있도록 설계되어야 하며, 필터버블이나 알고리즘 편향을 방지하여 공동체의 내적 다양성을 유지해야 한다. 이는 AI가 다양한 문화적 맥락과 표현을 왜곡 없이 담아낼 수 있도록 설계되어야 함을 의미한다.

할 미래 공동체 설계의 핵심 과제이다.

### 4) 무매개, 매개, 초매개를 아우르는 E-CHAT

도구-공동체 매개를 포함하는 레온티에프-엥게스트롬 이중 삼각형 모형에 대해 앞 절에서 이미 설명한 바 있으므로 여기에서는 초매개 인공지능이 추가되면서 나타나는 새로운 상호작용 방식을 삼각형 중앙의 빨간색으로 나타낸 것을 중심으로 설명하고자 한다.

AI 기반 E-CHAT 활동체계의 특징 중 하나는 주체가 도구와 공동체와 직접 상호작용하는 행위가 줄어들거나 사라지고, 그 대신 AI가 주체의 대리자로서 도구와 공동체와 상호작용하여 객체를 추구하는 역할을 수행하는 점이다. 이 체계 내에서 주체의 역할은 목표 관리와 대화적 프롬프트 엔지니어링 등 두 가지 행위에 집중된다. 활동체계 내에서 인간 주체가 어떻게 AI를 활용하는지 목수와 대학원생의 사례를 비교하여 살펴보겠다. 첫째, 목표 설정과 관리이다. E-CHAT 활동체계 내에서 주체의 독보적 역할은 성과(outcome)를 창출하기 위한 여러 객체(object) 중에서 가장 매력적이고 도전적이며 자신에게 성취 가능하다고 판단되는 목표를 결정하고(②-1) 그 진척도를 평가하고 관리하는(②-2) 목표 설정 자율성은 AI에 위임하지 않고 주체가 독점한다. 경제적 풍요와 사회적 존경은 누구나 원하는 성과이다.

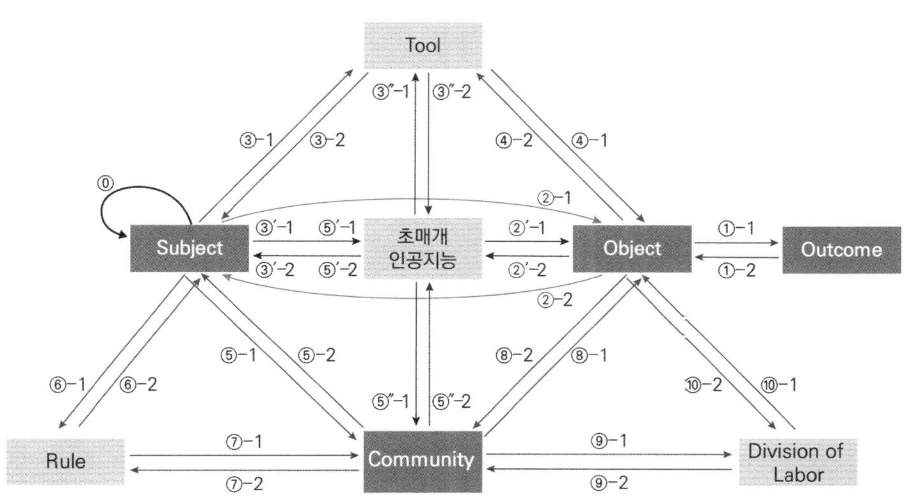


그림 4 초매개 활동체계

성과는 만질 수 없는 가치로 나타난다. 성과를 창출하는 목표, 즉 객체는 기업 경영, 공직 수행, 학문 정진 등 다양하다. 주체는 다양한 목표 중 자신에게 동기를 부여하고 해낼 수 있는 효능감을 느끼는 것을 선택할 수 있다. 목표는 만질 수 있는 구체성으로 나타난다. 목수의 사례에서는, 목수가 생계를 위해(①-1) 가구를 제작하는 상황을 가정할 수 있다. 목수는 AI가 제안하는 여러 가능성들(②'-1) 중에서 식탁용 의자를 제작하기로 목표를 설정(②'-2)한다. 의자 제작은 그가 현재 갖고 있는 기술적 한계 내에서 도전적이지만 실현 가능한 작업으로, 결과적으로 경제적 성과(outcome)를 얻기 위한(①-2) 적절한 목표이다. 이에 비해 대학원생의 사례에서는 연구 논문 작성을 목표로 삼는다. 대학원생은 여러 연구 주제 중에서 'AI를 활용한 시뮬라리움 설계'라는 주제를 선택한다(②-1). 이 주제는 학문적 관심과 연구 동향에서 도전적이면서도 성취 가능하다고 판단되는 것으로, 학술적 결과물인 논문 출판을 통해 연구자로서의 명성(①-1)을 얻고자 한다. 명성을 얻게 되면 더 우수한 논문 출간 목표를 세우고(①-2), AI의 제안을 통해(②'-2) 대학원생은 추가 논문 강독을 대체하고(③'-2)이나 동료, 지도교수를 대신하는(⑤'-2) AI의 피드백을 받아 후속 논문 기획 아이디어를 얻는다.

둘째, AI를 활용한 작업 수행이다. 목수와 대학원생 모두 목표를 설정한 이후에는 AI의 도움을 받아 목표를 구체화하고 작업을 진행한다. 목수의 경우, 의자 제작을 위한 디자인 초안이나 제작 절차, 도구 사용법 등을 과거에는 책(③-2)이나 다른 장인의 경험(⑤-2)을 통해 습득했겠지만, E-CHAT 활동체계 내에서는 ChatGPT와 같은 AI(③'-2, ⑤'-2)을 통해 이러한 정보를 얻는다. 목수는 디자인 초안을 ChatGPT에 요청하고, AI는 3D 프린터를 제어하여(③"-1) 의자의 시제품을 자동 제작(④-1)한다. 이후 몇 차례의 수정을 거쳐(④-2, ③"-2, ③'-2) 최종적으로 가구 공장에 주문을 넣어 대량 생산하여(①-1) 판매 수익을 얻는다(①-2). 이 과정에서 목수의 역할은 AI가 제공한 정보를 검토하고 결정하는 것으로 제한된다.

대학원생도 마찬가지로, 논문 작성 과정에서 ChatGPT와 같은 생성형 AI를 적극 활용한다. 예를 들어, 주제와 관련된 기존 연구의 문헌 리뷰, 데이터 수집, 그리고 결과 분석에 필요한 작업을 AI에 요청한다. AI는 관련된 정보를 자동으로 검색하고 요약하며, 대학원생은 그 정보를 바탕으로 논문 초안을 작성하고 다듬는다. 논문 초안은 여러 차례 수정되며, 최종적으로 학술지에 제출할 수 있는 수준으로 완성된다. 대학원생의 역할 역시 정보를 요청하고 검토하며 최종 결정을 내리는 것을 중심으로 이뤄진다.

셋째, 대화적 프롬프트 엔지니어링이다. 목수와 대학원생 모두 AI와의 상호작용에서 중요한 역할을 하는 것은 바로 '대화적 프롬프트 엔지니어링'이다. 이는 AI를 효과적으로 활용하기 위해 AI에 제공할 질문과 명령을 구성하는 능력을 의미한다. 목수는 ChatGPT에게 적절한 프롬프트를 제공하여 의자 디자인과 제작에 필요한 구체적인 정보를 얻는다. 예를 들어 "식탁용 의자의 최신 디자인 트렌드에 대해 설명해 달라." 또는 "의자 제작에 필요한 목재와 도구 목록을 제시해 달라."와 같은 프롬프트를 통해 필요한 데이터를 수집한다. 목수는 AI가 제공하는 피드백을 바탕으로 제작 과정을 조율하고, 결과적으로 객체(의자)를 완성해 나간다. 과거 선배 목수들에게 정교한 목공 도구를 다루는 기술과 튼튼하게 구조를 디자인하는 능력이 경쟁 우위 요소였다면, 미래 AI 시대의 목수에게 경쟁 우위를 제공하는 역량은 프롬프트 엔지니어링 기술이 될 것이다. 대학원생 역시 연구 과정에서 ChatGPT에게 적절한 질문을 던져 관련된 문헌, 데이터 분석 방법, 논문 작성 팁 등을 제공받는다. 예를 들어 "AI가 교육에서 학습자 참여를 증가시킨 사례들을 요약해 달라." 또는 "논문의 결과 분석 부분을 더 구조화된 방식으로 정리해 달라."와 같은 명령을 통해 논문을 구성해 간다. 대학원생은 프롬프트에 대한 AI의 응답을 검토하고 필요에 따라 더 깊이 있는 질문을 추가하며, 이를 통해 논문의 완성도를 높인다. 과거 대학원생들에게 경쟁력을 제공했던 요소는 이론적 배경을 깊이 있게 이해하고, 실험 장비나 분석 도구를 능숙하게 다루며, 논리적이고 체계적인 논문을 작성하는 능력이었다. 이는 학문적 성과를 달성하고 동료 연구자들과 차별화된 연구 역량을 보여 주는 데 중요한 역할을 했다. 그러나 AI 시대가 도래하면서 대학원생들에게 요구되는 경쟁 우위 역량은 근본적으로 변화하고 있다. 이제는 데이터와 정보를 다루는 기술뿐만 아니라, AI와 상호작용하며 이를 효과적으로 활용할 수 있는 프롬프트 엔지니어링 기술이 필수적인 역량으로 부상하고 있다.

넷째, 교수학습 목표가 영역 독립적 프롬프트 엔지니어링 역량 강화로 바뀐다. 목수든 대학원생이든 초매개 활동체계 내에서 직접 상호작용하는, 그래서 가장 많은 내재화를 이루는 대상은 AI이다. 과거처럼 견습 목수, 대학원생이 각자의 직업별로 고유한 도구, 공동체, 규범, 분업 구조와 상호작용하면서 내재화되어 점차 장인 목수로, 지도적 연구자로 성장해 가는 변형 학습(learning-as-becoming)을 거칠 필요가 없다. 직업적 목표가 목수든 연구자이든 목표 달성 성공의 관건은 AI와 효과적으로 대화하는 능력에 달려 있다. 주체인 학습자는 이제 고도의 상징 도구인 AI에 의해서만 연장된다. 도구, 공동체와의 상호작용은 AI라는 유능한 대리자에게 맡겨진다.

두 사례에서 AI의 초매개성은, 주체가 학습 환경 내에서 직면하는 복잡성과 정보량을 조정하며, 보다 효과적으로 목표를 추구할 수 있도록 돕는다. 이러한 접근은 주체의 효율성을 높이고 학습 및 생산 과정에서 AI의 활용을 극대화함으로써 활동체계의 복잡성을 관리하고 목표를 달성하는 데 중요한 기여를 한다. 결국, E-CHAT 활동체계는 주체에게 능동적으로 목표를 설정하고 AI의 도움을 통해 목표를 달성할 수 있는 새로운 방식의 활동체계를 제시하며, 이는 학습자와 작업자가 직면한 현대의 도전 과제를 해결하는 데 필수적인 도구로 작용하게 된다.

### (3) E-CHAT이 시뮬라리움 설계에 주는 시사점

E-CHAT은 시뮬라리움을 단순한 교수학습 환경이 아니라 자기생산적 학습 생태계로 설계하기 위한 이론적 기초를 제공한다. 첫째, 활동의 객체(object)와 성과의 개념은 시뮬라리움에서 학습자의 내면화 과정을 통해 구체화되어야 한다는 점에서 중요한 시사점을 준다. E-CHAT에서는 활동체계의 중심에 놓인 객체가 단순한 목표물이 아니라, 공동의 실천을 조직하고 이끄는 의미적 중심이다. 시뮬라리움의 경우, 교수학습 활동의 객체는 지식의 습득 그 자체가 아니라, 학습자가 자기 자신의 의미 구조와 실천 능력을 재구성하도록 이끄는 경험의 장이 되어야 한다. 즉, 학습자는 객체를 단순히 외부의 과제가 아니라 자기 조직 내부로 끌어들여 의미화하고, 이를 기반으로 주체로 전환하는 내면화 과정을 거친다.

성과(outcome)는 단순한 성취의 지표가 아니라, 객체를 둘러싼 공동체적 실천의 변형 결과로 해석된다. 시뮬라리움 설계에서 성과는 개인의 성적이나 정답 획득보다, 학습자가 새로운 문제에 직면했을 때 자기조직적으로 대응할 수 있는 실천 능력의 창발로 재정의되어야 한다. 이때 주체(subject)는 정태적인 학습자 개념이 아니라, 객체와의 상호작용 속에서 끊임없이 진화하는 자기생산적 존재로 이해된다. 요컨대, 시뮬라리움의 목표는 객체와 성과를 단순히 외부에서 주어진 것이 아니라, 학습자의 자기구조 속에서 실현되고 내면화되어야 하는 실천적 과정으로 재정의하는 데 있으며, E-CHAT은 이와 같은 목표-성과-주체 간의 삼각적 변형 구조를 정교하게 설명하는 설계 언어를 제공한다.

둘째, 구성 부분과 부분 간 상호작용 전체 목록을 망라한다. E-CHAT은 시뮬라리움을 하나의 자기생산적 교수학습체계로 설계하기 위한 이론적 기반으로 작동할 수 있으며, 그 핵심 기여는 구성 부분과 이들 간의 상호작용을 유기적이고 진화 가능한 방식으로 이해할 수 있게 한다는 데 있다. 시뮬라리움은 주체(subject), 도구(tool), 객체(object), 성과(outcome), 공동체(community), 규칙(rules), 분업(division of labor), 경계 객체(boundary object), 모순(contradiction)이라는 아홉 가지 핵심 요소로 구성된다. 주체는 학습자, 교수자, 설계자, 기술 행위자 등 인지적 · 신체적 · 정동적 특성을 지닌 실천 주체이며, 도구는 물리적 매체나 상징적 언어를 포함해 활동을 매개하는 수단이다. 객체는 활동이 향하는 목적 구조이며, 학습 과정에서 의미화되고 내면화된다. 성과는 자기조절력, 문제해결력, 실천 역량 등 활동의 산출로 나타난다. 공동체는 의미의 협상과 정체성 형성이 이루어지는 사회적 장이고, 규칙은 행위를 가능하게 하거나 제약하는 규범적 조건이다. 분업은 구성원 간 역할의 분화와 기능의 배분을 의미하며, 경계 객체는 활동체계 간 의미를 번역하거나 정렬하는 매개 장치로 작용한다. 마지막으로 모순은 체계 내부나 체계 간 충돌과 긴장으로 나타나며, 학습과 진화를 촉진하는 핵심 동력이다. 이들 요소는 독립적으로 존재하지 않으며, 상호작용의 네트워크 속에서 유기적으로 얽혀 있다. 예를 들어, 주체는 도구를 통해 객체에 접근하고 그 과정에서 공동체와의 협력과 규칙의 제약을 받는다. 도구는 단지 수단이 아니라 객체의 구조를 형성하는 데 영향을 주며, 공동체 내의 협력 구조(분업)는 활동의 실행 조건을 결정한다. 고순이 발생하는 지점에서는 체계가 긴장을 인식하고 활동 구조를 재구성하게 되며, 이는 곧 체계의 진화적 움직임으로 이어진다. 학습자의 오개념과 반복적 실패는 단순한 결함이 아니라 자기 구조를 해석하고 재구성하는 필연적 과정이며, 이는 살아 있는 체계가 스스로를 재생산하며 성장하는 방식과 본질적으로 유사하다. 이러한 실패는 엥게스트롬이 말하는 모순(contradiction)으로 이해될 수 있다. 모순은 체계의 안정성을 위협하는 파열이 아니라, 오히려 새로운 가능성을 여는 동력으로 작동한다. 학습자가 기존 개념을 적용하려다 실패하는 순간은 단절이 아니라, 기존 인지 구조와 새로운 경험이 충돌하며 더 정교한 이해로 진화하는 계기가 된다. 따라서 오개념과 시행착오는 학습자가 의미를 구성하고 인지 구조를 재조직화하는 주체적 과정으로 존중되어야 하며, 교수학습체계는 이를 단순 교정의 대상이 아니라 성장을 유도하는 자원으로 다루어야 한다.

시뮬라리움에서 이러한 모순은 멈추면 죽는 생명체의 순환과도 같다. 목표가 완성되는 순간 학습은 끝나는 것이 아니라, 완성된 목표로부터 새로운 목표가 분화되고 번식해 간다. 정의된 문제가 해결되는 즉시 또 다른 문제로 전환되는 과정은 자기생산체계의 근본적 리듬이며, 이로써 학습은 멈추지 않고 진화한다. 인공지능 기반 교수학습체계 역시 학습자의 실패를 단순히 교정하는 데 머물지 않고, 실패 속에 내재된 모순을 발현시켜 새로운 학습 목표와 경로를 창출하도록 설계되어야 한다. 결국 시뮬라리움은 오개념과 실패, 모순을 끊임없이 재생산하며, 이를 통해 학습자의 자기생산체계성을 계발하는 열린 학습 생태계로 작동한다.

또한 경계 객체는 서로 다른 활동체계 간의 연결을 가능하게 하며, 의미의 중첩과 전이를 가능하게 하는 중재 지점으로 기능한다. 이러한 상호작용은 선형적이지 않고 피드백 루프와 자기참조적 작동에 기반한 순환 구조로 구성되며, 이는 시뮬라리움이 단순한 교수학습 환경이 아닌 진화 가능한 자기생산체계로 기능하게 하는 핵심 기제로 작동한다. 요컨대, E-CHAT은 시뮬라리움을 구성하는 각 요소 간의 구조적 연계성과 자기생산적 메커니즘을 통합적으로 설명할 수 있는 메타설계 프레임으로 기능할 수 있으며, 설계자와 분석가에게는 이를 바탕으로 정합적 설계와 실천적 개입의 기준선을 제공해 준다.

셋째, 분석-평가-넛지 모델을 제시한다. 즉, 무엇(요소 특성, 상호작용 행동)을 분석해서 어떤 기준으로(주체 내면화를 위한 직간접 기여도) 평가해서 무엇(객체, 도구, 규칙, 분업, 결과물), 누구(공동체 구성원)를 통해 넛지할 수 있는가를 체계적으로 제시한다. 먼저, E-CHAT은 시뮬라리움을 자기생산체계로 설계하고 운영하기 위한 분석-평가-넛지 모델의 이론적 기반을 제공한다. 이 모델은 학습자 주체의 내면화와 자기생산성 성장을 중심 가치로 삼아 체계화된다. 다음으로, 무엇을 분석할 것인가에 대해 E-CHAT은 활동체계의 구성 요소—주체, 도구, 객체, 결과물, 공동체, 규칙, 분업—뿐 아니라 이들 간의 상호작용 행위를 분석 대상으로 설정한다. 분석은 단일 요소의 정태적 상태가 아니라, 예컨대 주체가 도구를 어떻게 활용하는가, 공동체 내 협력은 어떻게 이루어지는가, 객체를 둘러싼 의미 협상이 어떻게 진화하는가 등의 역동적 상호작용에 집중한다. 그리고 어떤 기준으로 평가할 것인가에 대해, 시뮬라리움의 메타설계이론은 주체의 내면화 과정에 대한 직·간접적 기여도를 핵심 평가 기준으로 삼는다. 즉, 어떤 요소 또는 상호작용 구조가 학습자의 자기조절, 의미 구성, 실천 능력에 어떻게 기여하고 있는지를 판단한다. 도구의 적합성, 공동체 내 역할의 명료성, 객체의 의미적 구속력, 규칙의 자율성 확보 정도 등이 이 평가의 구체적 지표가 된다. 마지막으로, 무엇과 누구를 넛지할 것인가에 대해, 분석과 평가 결과를 바탕으로 체계 내에서 변화 개입이 필요한 '요소(예: 객체 재설계, 도구 제공 방식 조정, 규칙 완화, 분업 재구조화)'와 '주체(예: 협력에 소외된 공동체 구성원, 과업 몰입도가 낮은 학습자)'를 식별할 수 있다. 이때 넛지는 전면적 개입이 아니라 미세 조정된 구조적 제안이며, 그 목표는 주체가 더 높은 수준의 자기생산성에 도달하도록 체계 내 적소를 재구성하는 것이다. 요컨대, E-CHAT은 시뮬라리움이라는 메타설계 체계 안에서 어떤 요소와 상호작용을 분석해야 하고, 그것이 학습자의 자기생산성에 어떻게 기여하는지를 기준으로 평가하며, 궁극적으로 어디에 어떻게 미세 개입(nudge)을 설계할 수 있는지를 이론적으로 정합성 있고 실천적으로 유효한 방식으로 구조화할 수 있게 해 준다. 이러한 분석-평가-넛지 구조는 시뮬라리움을 살아 있는 진화 체계로 운영하는 데 필수적인 실행 프레임이다.

넷째, 학습 이론과 설계 이론을 통합한다. E-CHAT은 시뮬라리움의 '체계' 설계에 있어 학습 이론과 설계 이론의 통합 가능성을 실질적으로 열어 주는 메타구조적 틀을 제공한다. 특히 엥게스트롬이 제안한 이중 삼각형 활동체계 모델은 단순한 분석 도식이 아니라, 시뮬라리움이라는 교수학습 생태계의 정체성을 구성하는 조직적 설계도로 기능한다. 이 모델은 학습이 단일 주체의 인지적 변화가 아니라 주체-도구-객체, 그리고 공동체-규칙-분업 간의 구조적 상호작용 속에서 이루어지는 활동이라는 점을 전제한다. 이때 구성 요소들 간의 유기적 관계는 단지 관찰의 틀이 아니라 체계 그 자체의 목적 지향적 정체성, 곧 자기생산체계의 조직적 폐쇄성을 제도화한다. 반면, 기존의 ADDIE 모델은 분석-설계-개발-실행-평가라는 단계는 제공하지만, 그 안에서 '무엇을' 어떻게 조직해야 하는지에 대한 이론적 근거가 결여되어 있다. 특히 ADDIE는 최종적으로 도달해야 할 학습 체계의 조직적 정체성, 즉 시뮬라리움이 어떠한 존재론적 체계로 기능해야 하는지에 대해 구체적인 설계 도면을 제시하지 못한다. 그 결과 ADDIE 기반 설계는 대부분 설계자의 직관, 경험, 선호도에 따라 결정되며, 이는 동일한 분석 조건에서도 서로 다른 체계가 출현할 수밖에 없음을 의미한다. 이에 비해 E-CHAT 기반 이중삼각형 모델은 시뮬라리움의 조직이 갖추어야 할 구성 요소와 그 상호작용 방식, 그리고 구조적 커플링을 포함한 체계의 진화 가능성을 동시에 설계의 내재적 기준으로 제시한다. 다시 말해, 이중 삼각형 모델은 시뮬라리움의 학습이론적 기반을 조직 설계의 형태로 변환해 주는 '메타 구조'이며, 학습이론이 설계 이론으로 구체화될 수 있도록 하는 가교로 작동한다.

이러한 이유로, E-CHAT은 단순한 활동 분석 틀을 넘어, 시뮬라리움이라는 자기생산적 교수학습체계의 설계를 위한 이론-실천 통합적 조직 설계도로 기능할 수 있다. 이는 메타설계이론이 요구하는 자기조직적 구조, 자기참조적 목표, 기술 기반 진화 가능성을 모두 포괄하는 설계의 이론적·실천적 조건을 충족시키는 것이다.

## 4. 메타설계의 4단계 모델

가드닝 모델은 앞서 설명한 일반체계 이론, 자기생산 이론, CHAT 등과의 이론적 정합성을 고려하되 실질적인 시뮬라리움의 설계를 위한 실천적 모델로서 구축될 수 있다. 이는 메타설계의 실천을 네 가지 설계 위상—조직 설계, 사전 설계, 애자일 설계, 사후 설계—으로 나누어 구조화하며, 이는 각각 씨앗의 정체성, 토양의 준비, 생장과 상호작용, 성찰과 재설계에 대응된다. 이러한 구조는 단순한 은유를 넘어, 메타설계가 어떻게 자기생산성과 환경 적응성을 결합하여 실행 가능한 설계 이론으로 전개될 수 있는지를 보여 주는 하나의 작동 모형이 된다. 본 저자가 제시하는 4단계 모델은 다음과 같다.

① **조직 설계(organization design)**: 씨앗 단계로, 시뮬라리움의 아키타입(archetype, 존재론적 원형)과 조직적 폐쇄성을 정립한다. 설계 맥락에 따른 E-CHAT 모형의 수정과 보완이 조직 설계에, 부분(노드), 상호작용(링크), 객체(과제 수행 목표)와 성과(결과 목표), 주체(자기생산 학습 목표) 간 인과관계는 학습분석시스템의 조직 설계에 해당한다. 즉, E-CHAT 모형 설계는 곧 조직 설계를 의미한다.

② **사전 설계(apriori design)**: 토양 준비 단계로, 프로토타입(prototype, 가설적 전형)을 실험적 구조로 구성하며 자기생산 메커니즘을 내장한다. 조직 설계 결과에 최초의 구조, 즉 형상을 부여하는 활동이 사전 설계에 해당한다. 이를 위해 ADDIE 모델을 활용할 수 있다. 이때 학습관리시스템(Learning

Management System, LMS)과 학습분석시스템(Learning Analytics System, LAS)도 상호 연계되도록 조율한다.

③ **애자일 설계(agile design)**: 생장 단계로, 에코타입(echotype, 생태적 표현형)을 형성하며 창발적 상호작용과 자기조정 설계를 구현한다. 시뮬라리움은 자기생산체계로서 창발을 시작하고 사전 설계를 통해 개발된 학습분석시스템도 분석을 통해 학습자와 시뮬라리움 간의 모순을 조율하는 넛지를 제공한다. 넛지는 학습자, 교수자뿐 아니라 교수설계자에게도 제공되어 가드너로 참여하도록 촉진한다.

④ **사후 설계(posteriori design)**: 성찰과 회고의 단계로, 오토타입(autotype, 반성적 자기서술체)을 형성하며 피드백을 기반으로 환류하고 초기 구조를 재설계하여 구조적 커플링을 시작한다. 학습분석시스템은 학습 활동 중 축적된 데이터 분석을 통해 최초 사전 설계된 구조를 변경하기 위한 세부적, 구체적 정보를 생산한다. 학습자가 학습 기간 중 실제 적소 문명 생태계에서 생성형 인공지능과 대화하며 남긴 디지털 흔적을 분석하고 사후 설계에 반영하여 시뮬라리움과 문명 생태계 간의 모순을 조율한다.

이러한 네 단계는 선형적 절차가 아니라 순환 구조를 이루며, 각 단계는 다음 단계로의 진화를 이끌고, 동시에 이전 단계를 재규정하는 변증법적 환류 구조를 형성한다. 가드닝 모델은 이처럼 존재론적 사고와 실천적 설계, 체계적 이론과 유기적 생태를 아우르는 시뮬라리움의 메타설계 모델로 기능할 수 있다. 각 단계에 대한 구체적인 설명은 다음 절부터 이어가고자 한다.

### (1) 조직 설계와 아키타입

시뮬라리움의 메타설계이론에서 조직 설계(organization design)와 그 결과물인 아키타입(archetype)은 변화하는 구조 속에서도 변하지 않는 정체성을 구성하는 존재론적 설계의 출발점이다. 이는 단순히 외형이나 기능을 갖춘 구조물을 만드는 기술적 행위가 아니라, 체계가 지속되기 위해 반드시 갖추어야 할 자기 정체성과 방향성을 형성하는 근본적 작업이다. 즉 '시뮬라리움을 시뮬라리움답게' 만드는 요소들을 규정한다. 이때 정의되는 아키타입은 변화 속에서도 흔들리지 않는 체계의 중심축이 된다.

이러한 아키타입은 외부 환경 변화에 따라 끊임없이 조정되는 구체적 구조가 아닌, 오히려 그 변화들을 수용하면서도 체계 내부의 자기참조적 질서를 유지하도록 설계된 골격이다. CHAT은 이 아키타입을 정의하는 데 강력한 이론적 토대를 제공한다. 주체 – 도구 – 객체, 공동체 – 규칙 – 분업 등 활동체계의 기본 요소들은 단순히 기능적 역할을 넘어서, 체계 내부에서 목적을 설정하고 그에 따라 실천의 방향을 설정하는 조직적 폐쇄성을 내포한다. 이는 외부 자극에도 불구하고 체계가 내부 규범에 따라 선택적으로 반응하는 자기조직적 원리를 의미하며, 바로 이 원리가 시뮬라리움의 존재론적 정체성을 가능하게 한다. 이러한 관점에서 볼 때, 시뮬라리움의 아키타입은 마치 '씨앗'과 같다. 아직 구체적인 외형이나 실행 절차는 갖추고 있지 않지만, 그 안에는 이미 체계를 형성할 목적적 방향성, 구성 가능성, 실현 동력이 잠재적으로 내포되어 있다. 아키타입은 '의도적으로 미완성'으로 설계된다.

결과적으로, 시뮬라리움의 아키타입은 단순한 설계 초안이 아니라, 이후 모든 실천적 실행의 기준이 되는 존재론적 기반이다. 설계자는 이 아키타입을 통해 체계가 어떤 외형을 갖추더라도 그 본래의 자기생산적 정체성을 잃지 않도록 방향을 제시해야 하며, 이는 곧 시뮬라리움이 외형이 아닌 조직에 의해 자기존재성을 보존하는 자율적 학습 생태계로 작동할 수 있게 되는 핵심 조건이 된다. 강력한 조직 원리를 담고 있지만, 미래 참여자들이 채워갈 수 있도록 설계적 여백(design holes)을 남겨 둔다. 이 절묘한 균형 덕분에 시뮬라리움은 명확한 정체성을 갖되 본질적으로 진화 가능하다. 이 단계는 마치 정원사가 강인한 종자를 골라 비옥한 토양에 심는 일에 비유할 수 있다. 씨앗(핵심 설계 패턴)은 정체성을 지니고 있지만, 자라나면서 다양한 방향으로 가지치기하며 진화해 간다.

### (2) 사전 설계와 프로토타입

#### 1) ADDIE 모델의 적용을 통한 복합계 설계

사전 설계(apriori design)와 그 결과물로서의 프로토타입(prototype)은 시뮬라리움이라는 자기생산체계가 실질적으로 발아할 수 있도록 구조적 토대를 마련하는 단계로, 마치 '정원의 개간과 파종'에 비유될 수 있다. 이 단계는 이미 조직 설계를 통해 정립된 존재론적 아키타입을 기반으로, 그것이 현실 맥락에서 작동 가능한 형태로 구체화되는 최초의 설계적 시도라 할 수 있다. 무엇보다 중요한 것은, 이 프로토타입 단계에서부터 자기생산 주기가 발동할 수 있는 초기 조건이 마련된다는 점이다. 자기생산 이론에 따르면, 하나의 시스템이 자기생산체계로 기능하기 위해서는 자신의 부품을 지속적으로 생성하고, 그 부품들 간의 상호작용이 시스템 전체를 재생산하는 순환 구조를 가져야 한다. 시뮬라리움의 프로토타입은 이와 같은 순환을 시작할 수 있는 '첫 번째 살아 있는 실체'가 되는 것이다.

프로토타입 단계의 핵심은 실험과 반복이다. 시뮬라리움은 메타설계된 열린 시스템이기 때문에, 초기 사용자—즉 선도적인 교수자와 학습자—는 이 단계에서 프로토타입을 자유롭게 조정하고 확장하도록 초대된다. 이들은 단순한 이용자가 아니라 공동 설계자로서, 새로운 학습 경로를 구성하거나, 시뮬레이션 매개변수를 수정하며, 토론 포럼과 같은 구성 요소를 즉석에서 새롭게 추가·변형할 수 있다. 이와 같은 참여적 설계 구조는 피셔의 '씨뿌리기(seeding)-진화적 성장(evolutionary growth )-다시 씨뿌리기(reseeding)' 모델을 잘 보여 준다. 여기서 프로토타입은 단지 완성된 틀이 아니라, 하나의 씨앗(seed)이다. 그것은 실제 사용 과정에서 사용자들의 자발적 기여와 맥락적 변화에 따라 진화적으로 성장한다. 이후 이러한 변화는 주기적으로 정리·통합되어, 새로운 기준선으로 자리 잡는다. 이것이 바로 다시 씨뿌리기(reseeding)의 과정이며, 시뮬라리움의 프로토타입이 살아 있는 구조로 작동하게 만드는 핵심 메커니즘이다.

따라서 프로토타입 단계에서도 시뮬라리움은 결코 정적이지 않으며, 이미 실천 속에서 참여자들에 의해 형태가 빚어지고 있다. 일반체계이론의 관점에서 보면, 이 단계는 시스템 가동에 관한 귀중한 정보를 산출한다. 피드백 루프가 뚜렷해지기 시작하는데, 예를 들어 학습 성과 데이터가 AI 분석으로 들어가면 이는 난이도 조정이나 교수자 알림으로 이어져, 학습 효과를 개선하는 피드백 루프를 완성한다. 베르탈란피가 말한 피드백과 조정 개념이 여기서 관찰된다. 시스템은 스스로를 모니터링하고(온도 조절 장치처럼) 이상이나 불일치를 조기에 발견해 바로잡는다.

시스템적으로 볼 때, 프로토타입은 시뮬라리움이 창발적 속성—설계되지 않았지만 상호작용에서 드러나는 행동(예: 창의적 문제 해결 방식, 도구 기반 학습 공동체 형성 등)—을 처음으로 나타내는 단계다. 이러한 창발 현상은 복잡계가 살아 움직이고 있음을 보여주며, 다음 설계 단계의 방향을 제시한다.

요컨대, 사전 설계(프로토타입) 단계는 원형(archetype)에 생명력을 불어넣고,

사용·피드백·수정의 순환을 본격적으로 가동하는 과정이다. 이는 시뮬라리움에 최초의 자기생산적 불씨를 제공한다: 시스템은 초기이지만 이미 학습 경험을 만들어 내고, 소박한 형태로 적응하기 시작한다. 이 단계는 정원 비유에서 발아한 새싹에 해당한다 — 씨앗(원형)이 싹으로 자라났으므로, 이제 세심한 보살핌이 필요하다. 메타디자이너는 새싹이 어떻게 자라는지 관찰하고, 필요하다면 지지대를 세우거나(지원), 가지치기(조정)를 준비하며, 시스템이 무럭무럭 성장하도록 돌본다.

이때 적용되는 설계 절차는 일반적으로 ADDIE 모형과 같은 교수설계 이론이다. 특히 ADDIE는 분석, 설계, 개발, 실행, 평가의 다섯 단계로 이루어진 체계적 설계 절차로, 복합계의 형상으로 시뮬라리움의 초기 구조를 개발한다. 이 단계에서 이미 규정되어 있으나 개념으로만 존재하는 조직에 형상을 가진 구조를 담는 것이다.

여기서 말하는 '가설적 전형(prototype)'이라는 표현은 단순한 임시 설계가 아니라, 이론적 배경과 실제적 검증에 기반하여 추정된 가설이라는 점에서 중요하다. 즉, 관련 이론의 근거, 표본 집단에 대한 사전 조사, 통제된 실험 환경에서의 파일럿 테스트 등을 거친 예비적 설계물이며, 실제로 교수학습 활동이 구체적으로 창발하기 이전 — 즉 apriori한 시점에 마련된 설계이다.

### 2) 자기생산 메커니즘을 위한 학습분석 시스템의 내장

시뮬라리움이 '설계되었으나 스스로 진화하는' 진정한 자기생산체계로 거듭나려면, 학습분석시스템(learning analytics system, LAS)을 체계 내부의 뇌 신경계로서 심층 통합하는 일이 필수적이다. LAS는 단순한 데이터 수집·시각화 도구를 넘어, 생명체에서 뇌 신경계와 DNA가 내부 생명 조건을 형성하듯 시뮬라리움의 자기 형성과 구조 진화를 매개한다. 이를 위해 LAS는 관찰(Observation) – 분석(Analysis) – 평가(Evaluation) – 넛지(Nudge)의 순환 과정을 수행하며, 이는 단순 정보 처리 절차가 아니라 시뮬라리움의 자기조직 실행 메커니즘이자 메타설계이론의 작동 실체이다.

데이터 기반 인공지능과 빅데이터는 전통적으로 철학적·이론적 사유 속에 머물던 일반체계이론과 자기생산체계 개념을 실천 가능한 수준으로 전환시키고 있다. 실시간 데이터 분석과 AI는 즉각적 피드백과 자동화된 의사결정을 가능하게 하여 체계가 환경 변화에 능동적으로 적응하도록 돕고, 학습자 맞춤형 분석을 통해 자율성과 자기조직화를 구현한다. 더 나아가 빅데이터 기반의 동태 분석과 예측 모델은 복잡한 시스템의 변화를 이해하고 전망하는 도구로 기능하며, 분산적 AI 시스템은 독립성과 상호작용을 동시에 보장하면서 자기생산체계의 자기구성을 현실로 끌어낸다.

이러한 맥락에서 자기생산체계 관점의 교육은 단순한 지식 전달을 넘어 학습자·교사·환경이 상호작용하며 끊임없이 진화하는 생태계로 이해된다. 이는 개인화된 맞춤형 학습과 창발적 경험을 촉진하는 가능성을 열어주지만, 동시에 조직적 제약, 중앙집중적 구조, 기술 인프라의 부족이라는 현실적 한계에 직면한다. 따라서 효과적인 자기생산적 교수학습체계의 설계와 운영을 위해서는 AI와 학습분석 등 첨단 기술의 기반 확충뿐 아니라, 정책·행정·교육 주체 간 협력과 갈등 조정이 필수적이다.

궁극적으로 시뮬라리움의 '구상'은 인공지능 기반 학습분석시스템이라는 뇌신경계에 의해 살아 움직이는 '설계된 자기생산체계'로 발생해 간다. 이는 인공지능이 인간 학습을 대체하는 것이 아니라, 학습자와 교육환경이 구조적으로 커플링되며 상호 진화하도록 매개하는 메타적 장치로 작동한다.

LAS의 분석 프레임은 CHAT과 긴밀히 연결된다. 즉 주체, 도구, 객체, 공동체, 규칙, 분업, 산출물 간의 상호작용을 실시간으로 추적해 학습자의 도구 사용 방식, 공동체 내 상호작용 빈도, 규칙 위반 패턴 등을 데이터 포인트로 수집한다. 이 데이터는 곧 내면화를 자극하는 맞춤형 넛지를 도출하는 근거가 되며, LAS가 외부 자극에 단순 반응하는 모듈이 아닌 선택적 구조 재편을 수행하는 자기생산 네트워크의 일부임을 보여 준다.

이러한 맥락에서 LAS는 시뮬라리움 내에서 기능적 '부품'이 아니라, 자율적으로 성장하는 씨앗에 비유할 수 있다. 씨앗은 정원사(gardener)의 손에 뿌려지지만 생장은 환경과의 상호작용 속에서 자기조직적으로 이뤄지듯, LAS는 학습자의 활동을 기반으로 자율적 해석과 구조 조정을 실행하며 체계의 자생력을 키운다. 설계자(farmer)는 정원사로서 토양을 고르고 빛과 물을 조정할 뿐, 씨앗 그 자체를 통제하지 않는다.

이와 달리 사전 설계 단계에서 제작된 프로토타입은 설계자가 외부 경계에 서서 의도대로 배열한 복합계에 가깝다. 이는 ADDIE 같은 전통적 사전설계 접근과 유사하며, 시뮬라리움을 '닫힌 설계물'로 다루는 관점이다. 그러나 시뮬라리움이 살아 있는 자기생산 생태계가 되려면, 이러한 외재적 설계자(farmer)가 체계 내부로 진입해 돌봄과 조율을 실천하는 정원사(gardener)로 존재 방식을 전환해야 한다. 정원사는 결과를 예측·통제하기보다 환경과 정교하게 커플링 하며 창발을 촉진하고, 환류 루프에 참여하는 공동 행위자가 된다.

디지털 콘텐츠의 특성도 이러한 전이를 가능케 한다. 프로토타입이 일단 생성되면 복제·복사·증식은 한계비용이 거의 '0'에 수렴할 정도로 작아지며, 생성형 AI의 도입은 최초 생산 단계의 시간·비용마저 급격히 낮춘다. 기술적 제약이 사라진 지금, 시뮬라리움은 구조를 자유롭게 바꾸고 확산할 수 있다. 그러나 조직(정체성 관계망)은 변화 속에서도 반드시 보존돼야 하며, 그 보존은 역사적 계보 위에서만 가능하다. LAS는 이러한 역사성을 실시간으로 기록하고 재구성함으로써, 시뮬라리움이 조직적 폐쇄성을 유지하면서도 구조적 개방성을 통해 자기진화를 지속할 수 있게 한다.

결국 LAS의 통합은 시뮬라리움을 '만드는' 행위가 아니라 '살아나게' 하는 행위이다. 설계자는 더 이상 외부 기획자가 아니라 체계와 함께 배우고 성장하는 정원사로 자리매김해야 하며, 이는 시뮬라리움이 도구 집합을 넘어 존재론적 학습 생태계로 진화하기 위한 핵심 조건이다.

### (3) 애자일 설계와 에코타입

#### 1) 창발과 촉진

애자일 설계(agile design)와 그 결과물로서 에코타입(ecotype)은 시뮬라리움이 단순히 정해진 구조를 따르는 복합계를 넘어, 스스로 진화하며 자기구조를 조정하는 자기생산체계로 작동하게 되는 전환점을 이룬다. 이 단계는 외재적 설계자의 통제나 예측 중심의 개입이 아니라, 내부로부터의 창발을 중심으로 설계가 전개되며, 이로 인해 시뮬라리움은 '설계된 체계'에서 '살아 있는 체계'로 넘어가게 된다.

에코타입은 원래 특정 환경 조건에 적응한, 하나의 종 내에서 유전적으로 구별되는 지리적 변종, 개체군 또는 계통을 의미한다.[41] 이 생태유전학적 개념을 시뮬라리움의 애자일 설계 맥락에 적용하면, 에코타입은 특정 설계 환경과 사용자 역동성에 적응하며 자발적이고 창발적으로 기능, 구조, 맥락이 재조정된 실행 단위로 정의

---

41) Turesson, G. (1922). The genotypical response of the plant species to the habitat. *Hereditas, 3*(3), 211-350.

될 수 있다. 이러한 에코타입은 외부 설계자의 계획이나 통제를 넘어서 체계 내부의 상호작용과 학습 과정을 통해 형성되며, 일종의 '미세 진화' 또는 '셀프 최적화 단위'로 작동한다. 이는 시뮬라리움이 살아 있는 자기생산체계로 전이되기 위한 중간 단계로서, 동적이며 맥락 반응적인 설계 실천의 결과물이다.

이때 사전 설계 단계에서 형성된 프로토타입은 일정한 구조적 조건과 제약을 갖지만, 애자일 설계는 이러한 조건을 엄격한 지침이 아닌 학습자에게 주어진, 학습자를 촉진하되 강제하지 않는 환경의 역할을 한다. 즉, 구조는 활동의 방향을 안내하지만 결정하지 않으며, 오히려 체계 내부의 구성 요소들이 상호작용하면서 스스로 새로운 질서를 구성할 수 있는 여지와 가능성을 여는 장치로 작동한다.

이러한 창발 중심 설계의 핵심 메커니즘이 바로 학습분석시스템(LAS)이다. LAS는 학습자의 행위, 상호작용, 반응을 실시간으로 감지하고, 그 흐름을 기반으로 관찰－분석－평가－넛지의 피드백 순환을 구현함으로써, 체계가 스스로를 재구성할 수 있는 조건을 지속적으로 만들어 낸다. 이 과정은 단지 데이터를 수집하는 것이 아니라, 학습자의 활동이 체계에 어떤 영향을 미치고, 그 체계가 다시 학습자의 구조 형성에 어떻게 기여할 수 있는지를 조율하는 생태적 감응 장치로 기능한다.

애자일 설계란 정적인 설계도가 아닌, 시뮬라리움 내부에서 발생하는 변화와 창발의 흐름에 민감하게 반응하면서 실시간으로 구조를 조정해 나가는 동적 설계 실천이며, 그 결과물이 바로 특정 맥락과 환경에 적응하며 진화한 에코타입이다. 이는 변하지 않는 조직의 정체성 내에서 환경과 상호작용하며 의미와 구조를 자율적으로 갱신하는 생태적 표현형으로서, 시뮬라리움의 살아 있는 구현체라 할 수 있다.

이때의 설계자는 더 이상 체계 외부자에 머무르지 않고, 체계 내부에 참여하여서 관계의 맥락을 조율하고 창발을 돌보는 정원사로 전이된다. 그는 단순히 명령을 내리는 지휘자가 아니라, 학습 환경 안에서 생성되는 미세한 신호들을 감지하고, 그 흐름에 섬세하게 반응하며 유기적인 성장 조건을 조성하는 내재적 참여자로 존재한다. 이 과정에서 LAS는 정원사의 핵심 도구가 된다. LAS는 학습자의 상호작용 패턴과 학습의 미묘한 움직임을 실시간으로 감지하고, 설계자가 필요한 시점에 정밀한 넛지를 설계할 수 있도록 통찰을 제공한다. 이를 통해 설계자는 체계의 자기조정과 창발을 방해하지 않으면서도, 그 잠재성을 최적으로 이끌어 낼 수 있게 된다. 애자일 설계란 바로 이러한 감응적 설계이며, 시뮬라리움이 진정한 자기생산체계로 작동하기 위한 필수적 전환점이기도 하다.

### 2) 실시간 넛지 제공

학습분석 결과를 기반으로 생성형 AI를 활용해 활동체계의 7가지 요소 — 주체, 도구, 객체, 산출물, 규칙, 공동체, 분업 — 를 통해 학습자에게 실시간적으로 넛지를 제공하는 시스템은 시뮬라리움이 자기생산체계로 작동하기 위한 핵심 메커니즘이다. 이 메커니즘은 넛지의 처방 – 제시 – 평가 – 환류 – 개선이라는 일련의 순환을 자동화하며, 메타설계이론의 실행적 구현으로 기능한다.

예컨대 미적분학을 학습하는 공대생 A의 사례를 통해 이를 구체화할 수 있다. 학습분석시스템은 A의 LMS 접속률 감소, 특정 개념(예: 체인 룰)에 대한 반복 조회, 문제 풀이 시간 증가, 팀 프로젝트 모임 미참여, '좌절'이라는 정서적 언어 사용 등을 실시간으로 감지한다. 이에 따라 생성형 AI는 먼저 주체 수준에서 A가 학습에 어려움을 겪고 있다는 점을 정서적으로 감지하고, "당신이 이 개념에서 반복적으로 시도한 것은 좌절이 아닌 학습이 일어나고 있다는 증거입니다."라는 정서 안정 기반 넛지를 처방한다.

도구 차원에서는, A가 텍스트 중심의 자료에만 의존하고 있음을 포착한 AI가 시각화된 애니메이션 자료를 추천한다. 객체를 통해서는, 수학 개념을 실제 기계공학의 사례로 연결 지어, 학습 내용의 실용적 의미를 깨닫도록 유도한다. 산출물 측면에서는, 개념 요약 작성을 유도한 후 AI가 즉각적인 피드백을 제공함으로써 자기표현과 성찰의 기회를 마련한다. 규칙 관련해서 과제 제출 마감일 미준수 가능성을 감지하고, 시간 내 과제 완료 시 보너스 피드백을 제시함으로써 규칙 내면화를 유도한다. 공동체 차원에서는, 동료 학습자의 활동 정보를 활용해 "다른 학생들도 이 주제에서 어려움을 겪고 함께 논의했습니다."라는 메시지로 동료 참여를 권유한다. 마지막으로 분업과 관련하여 AI가 학습자의 인지적 부담을 줄이기 위해 일부 요약 작업을 대신 수행하고, 학습자는 문제 풀이에 집중하도록 유도함으로써 협력적 인공 에이전트 역할을 수행한다.

이러한 일련의 넛지는 학습자의 반응을 기반으로 평가되고, 그 결과가 시스템에 환류되어 다음 넛지 설계에 반영된다. 이 순환은 단순 반복이 아닌 자기조정과 진화를 동반하는 실행적 루프이며, 시뮬라리움이 에코타입 단계에서 자기생산체계로 기능하기 위한 구조적 조건이 된다.

이처럼 생성형 AI는 정태적 도구가 아니라, 학습자의 맥락에 실시간으로 적응하는 동적 설계자이며, 시뮬라리움은 이러한 시스템을 통해 학습자의 존재 구조를 진단하고, 정서적·인지적·사회적 균형을 정밀하게 조율하는 메타학습 생태계로 작동하게 된다. 이 구조 안에서 교수학습은 단순한 정보 전달이 아니라, 자기형성과 환경 커플링을 정밀하게 매개하는 자기생산적 실천이 된다.

### 3) 외부 설계자에서 참여 설계자로의 전환

설계자는 시뮬라리움이 메타설계의 논리를 따라 살아 있는 자기생산 생태계로 작동하기 위해 반드시 존재론적으로 변형되어야 하는 핵심 주체이다. 초기 사전 설계 단계에서 설계자는 외재적 기획자로서 복합계를 조합하고 최적화하는 영농가(farmer)의 위치에 머문다. 그는 투입과 산출을 예측하고 통제하며, 표준화된 절차에 따라 구조적 완결성을 확보하는 데 집중한다. 그러나 시뮬라리움이 실제 사용과 공동 창작 환경 속에서 자기형성과 진화적 변형을 일으키는 열린 생태계로 이행하기 위해서는, 설계자 역시 체계 내부로 전이되어 정원사(gardener), 더 나아가 공동 디자이너로 자리매김해야 한다.

메타설계는 '디자인을 위한 디자인'이라는 개념 아래, 완성된 구조를 제공하기보다는 재설계가 일어날 수 있는 조건과 장을 조성한다. 설계자는 시스템의 모든 세부를 결정하는 존재가 아니라, 사용자가 그 안에서 공동 창작과 자기조직을 수행할 수 있도록 설계의 '열림'을 만드는 존재이다. 이때 설계자는 구조를 통제하는 기능적 권위자가 아니라, 생태적 창발을 돕는 조건 조율자이자 시뮬라리움 내부의 상호작용적 생태 순환에 감응하는 돌봄의 존재로 변화한다. 이러한 변화는 단순한 역할의 이동이 아니라, 설계자의 존재론적 위치 자체가 전환되는 일이다. 그는 시뮬라리움의 외부에서 설계를 '하는' 자가 아니라, 시뮬라리움 안에서 설계와 함께 '살아가는' 자가 되며, 체계가 지향하는 성장과 변화의 리듬에 맞추어 자기 존재를 재형성한다. 더 이상 시뮬라리움을 조율해야 할 대상이나 객체로 바라보지 않고, 그것과 함께 실천하며 자신도 변화하는 학습 생태계의 일원으로서 존재하게 된다.

이러한 전환은 E-CHAT 관점에서도 구조화된다. 설계자는 주체로서 객체를 향해 활동하며, 도구를 선택적으로 활용하고, 공동체 내 규칙과 분업 구조 안에서 상호작용한다. 그의 산출물은 단지 외적 결과가 아니라, 체계와의 접촉을 통해 내면화된 실천이자 자기 변형의 실마리이다. 설계자는 LAS와 같은 분석 도구를 활용하여 학습자의 상호작용 데이터를 관찰하고, 그것을 기반으로 정교한 피드백을 제공하며, 그 과정에서 체계 내부의 환류 루프에 직접 참여하게 된다.

설계자는 이제 시뮬라리움이 잘 자라도록 토양을 고르고, 생태적 흐름을 돌보며, 때로는 가지를 쳐내고 수분을 조절하는 실천자가 된다. 그는 설계를 통해 다른 이들의 학습을 가능케 할 뿐 아니라, 그 설계 행위를 통해 스스로의 존재 또한 재구성하며, 설계된 체계의 일원으로서 함께 배우고 진화하는 학습자가 된다. 이 전이 과정을 통해 시뮬라리움은 단지 학습자를 위한 플랫폼이 아니라, 설계자, 교수자, 기술자, 참여자 모두가 배우는 자기생산적 공간으로 거듭나게 된다. 결국 설계자는 자기 개입에 따른 시뮬라리움의 반응을 성찰하고, 그로부터 다시 배우는 존재가 되어야 한다. 이는 시뮬라리움이 자기생산체계로 진화하기 위한 핵심 조건 중 하나이다. 시뮬라리움은 이러한 존재론적 전환을 통해, 단지 외형적으로 구현된 시스템을 넘어서 진정한 생명성을 지닌 교수학습 생태계로 나아가게 된다.

### 4) 전체(시뮬라리움) - 부분(학습자) 간 구조적 커플링

맞춤형 교육의 딜레마는 시뮬라리움의 메타설계에서 핵심적인 구조적 긴장을 내포하고 있다. 즉 "누가, 누구에게, 무엇을, 왜, 어떻게 맞추는가?"라는 질문은 단순한 운영상의 선택이 아니라, 학습자 개인의 자기생산성과 시뮬라리움 전체의 목표지향성을 어떻게 조율할 것인가라는 존재론적 문제이다. 이때 양자택일의 접근은 서로를 무효화하는 결과를 낳는다. 학습자의 자율성을 극대화하면 체계의 일관성과 정합성이 무너지고, 체계가 주도하면 학습자는 객체화되어 자기생산적 특성을 상실하게 된다. 이 모순을 해결하기 위해서는 전체(시뮬라리움이라는 자기생산체계)와 부분(학습자 개인이라는 자기생산체계) 간의 구조적 커플링을 정교하게 설계해야 한다.

이때 중요한 이론적 기반은 체계이론에서 말하는 등종국성의 원리이다. 동일한 결과에 이르는 경로는 하나가 아니며, 시뮬라리움은 목표를 고정된 방식으로 강제하는 것이 아니라 다양한 개별 학습자의 자기조직적 흐름을 존중하면서도 공동의 학습 목적에 도달하도록 설계되어야 한다. 이를 가능하게 하는 것이 바로 학습분석시스템이다. LAS는 학습자의 반응, 선택, 실패, 회복 등 복합적인 학습 궤적을 실시간으로 관찰하고, 체계 내부의 구조를 동적으로 조정하여 각 개인의 자기생산 흐름과 전체 체계의 목적 간 정렬을 가능하게 한다. 이때 LAS는 사후적 보정 도구가 아니라 선제적 감응 시스템으로 작동해야 하며, 이를 통해 시뮬라리움은 각 학습자에 맞춘 정태적 설계가 아니라, 살아 있는 커플링 설계를 구현한다.

## (4) 사후 설계와 오토타입

### 1) 자기생산체계의 출현

사후 설계(aposteriori design)는 시뮬라리움이 자기생산체계로 이행하기 위한 마지막 단계로, 조직적 폐쇄성과 작업적 폐쇄성을 유지하면서도 환경과의 구조적 커플링을 통해 내부 구조를 능동적으로 재조정하는 존재론적 환류 과정이다. 이 환류를 통해 도달하는 상태가 오토타입(autotype)이다. 오토타입은 외부 개입 없이 시스템 스스로를 분석하고 설계하며 재구성하는 자기조직적 완결 상태를 의미한다. 이때 학습분석시스템(LAS)은 체계 내부의 작동 조건을 감지하고 해석하여 설계자의 판단을 지원하는 초매개 도구로 기능하며, 자동화된 결정 주체로 기능해서는 안 된다. 시뮬라리움의 구조 변화는 기계에 의해 자동 실행되는 것이 아니라, 자기참조적 논리와 공동체의 상호주관적 합의에 기반해야 한다.

'오토타입'이라는 용어는 일반적으로 "자동으로 만들어지거나 재현되는 것", 또는 "원형에 따라 스스로 복제되는 시스템이나 인쇄물"을 가리킨다. 인쇄 기술 맥락에서 오토타입은 한 번 제작된 원판(혹은 사진 등)을 자동 인쇄 기술로 반복 재생산하는 데 사용되며, 고정된 원형에 기반해 기계적으로 복제되는 과정을 강조한다.[42] 이러한 전통적 의미에서 오토타입은 정적이고 재현 가능한 형식의 '자기 복제적 구조'를 지시한다. 시뮬라리움의 맥락에서는 자기구조 갱신 능력을 갖춘 자기생산적 설계의 완성형 상태로 재정의된다. 학습자, 공동체, 환경 간의 상호작용이 체계 내부에 내면화되어, 체계는 설계자의 외재적 개입 없이 자기진단, 자기설계, 자기진화를 수행한다. 설계자는 외부 지시자가 아닌 정원사적 존재로 전환되며, 시뮬라리움은 '설계된 구조'에서 '살아 있는 존재'로 진화한다. 이는 자기생산체계로의 완전한 이행이며, 시뮬라리움이 인간-기계-환경의 창발적 상호작용 속에서 자율적 진화를 가능케 한다는 징후이다.

아키타입이 원형적 구상, 프로토타입이 그 구현, 에코타입이 생태적 상호작용에 기반한 실천형이라면, 오토타입은 체계 내부에 자기참조적 학습과 구조적 환류가 정착된 상태이다. 이 상태에서 시뮬라리움은 외부 개입 없이도 자기조정이 가능

---

42) Encyclopaedia Britannica. (n.d.). Autotype. In *Encyclopedia Britannica*. Retrieved June 20, 2025, from https://www.britannica.com/technology/autotype-printing

하며, 공동체의 상호주관적 담론을 통해 의미 구조를 갱신하고 새로운 목적과 기능을 창출한다. 오토타입은 설계의 종착점이자 새로운 출발점이며, 시뮬라리움이 단순한 인공 구조를 넘어 자율적 존재로 이행한 순간을 의미한다.

시뮬라리움 내부에서 발생하는 학습자-도구-공동체 간 상호작용 데이터를 기반으로 LAS는 주체 행위, 규칙 충돌, 협력의 질, 객체 지향성 등을 관찰, 분석, 평가한다. 그러나 구조의 갱신은 이 시스템에 의해 자동 실행되어서는 안 되며, 시뮬라리움은 기계적 시스템이 아니라 자기생산체계들의 사회적 실천의 장으로 작동해야 한다. 구조의 변화는 내부의 자기참조적 논리와 공동체의 합의에 의해 정당화된다. 설계자는 LAS로부터 정보를 넛지 형태로 제공받고, 공동체와의 조율을 통해 구조 변경에 관여한다. 이 과정에서 설계자는 다양한 자기생산체계와 의사소통적 합리성에 기반하여 상호작용하며, 구조 갱신의 정당성을 확보해야 한다.

결국, 사후 설계는 외부 평가가 아니라 시뮬라리움 내부 자기생산체계들이 공동 성찰과 상호 이해를 통해 구조를 갱신하는 자기형성 과정이며, 설계자는 이 과정을 조율하는 메타적 존재로 기능한다. LAS는 단순한 자동화 도구가 아니라, 체계가 스스로를 인식하고 성장할 수 있도록 지원하는 초매개 도구로 작동한다.

### 2) 메타설계의 자기순환

시뮬라리움은 인공적으로 설계되었으나 자율적으로 진화해야 하는 이중적 특성을 지닌다. 이 구조적 긴장을 해소하기 위해 제안된 것이 아키타입-프로토타입-에코타입-오토타입으로 구성된 4단계 순환 모델이다. 시뮬라리움은 외재적 기획에 의해 출발하지만, 장기적으로는 내부 참여자들의 상호작용과 자기조정에 기반한 자기생산체계로 이행해야 한다. 설계자는 단순한 기술자가 아니라, 성장과 전이를 조율하는 메타 설계자로서 작동해야 하며, 체계는 살아 있는 생태계로의 전환 가능성을 내포해야 한다.

이러한 구조적 긴장은 일회성 설계가 아니라 설계-운영-진화 간 존재 방식의 전이를 조직할 수 있는 순환적 모델을 필요로 한다. 기존의 ADDIE 모델은 초기 구현에는 유효하나, 복잡계 기반 생태 시스템의 자기조정성과 공동체 주도성, 의미 중심 상호작용을 설명하는 데 한계를 보인다. 시뮬라리움은 인간-기계-공동체 간 비대칭 협력이 구조적으로 포함되어야 하기에, 순환적 자기생산 모델로의 전환이 필수적이다.

아키타입 - 프로토타입 - 에코타입 - 오토타입 모델은 각 단계마다 설계자의 존재 방식, 시스템의 자기조직 수준, 공동체의 주도성이 다르며, 외부 개입에서 내부 감응으로, 외형적 구조에서 내재적 질서로의 전이를 구조화한다. 이와 유사한 순환성은 CHAT의 발전적 순환 구조, 복잡계 이론의 창발 조건, 체계이론의 동역학적 안정 상태, 디지털 시대의 메타설계 등에서 확인된다.

특히 Fischer의 메타설계는 사용자가 공동 설계자로 작동하고, 설계자가 조정자 혹은 환경 설계자로 전환되어야 한다는 점을 강조한다. 'seeding - evolutionary growth - reseeding' 모델은 자율성과 조율의 순환 구조를 내포하며, 시뮬라리움의 메타설계 구조와 통한다. 복잡계 설계의 관점에서도, 초기 조건 설정 이후 시스템은 예측 불가능한 방향으로 진화하므로, 외부 설계자는 창발 조건을 조율하는 방식으로 역할을 제한해야 한다.

네 단계 명칭은 단순한 기능 구분이 아니라, 시뮬라리움의 존재 방식 전이와 설계자 - 공동체 - 기술 간의 관계 변화를 구조화하는 개념 장치이다. 아키타입은 존재론적 설계 기반으로, 플라톤의 이데아나 융의 원형 개념처럼 의미의 기원을 형성한다. E - CHAT 이론은 이러한 아키타입을 구성하는 핵심 이론 틀로 작동한다. 프로토타입은 아키타입의 원리를 바탕으로 ADDIE 등 체계적 방법론에 따라 현실화된 초기 구조이며, 설계자의 외재적 기획이 중심이다. 에코타입은 공동체의 자율적 상호작용을 통해 체계가 생태적으로 전이되는 단계로, 감정, 관계, 규범이 체계 내부에서 형성된다. 오토타입은 체계가 자기평가와 구조 조정을 스스로 수행하는 자기성찰적 완성 상태로, 자기생산체계로서의 자율적 존재를 뜻한다.

결국 이 네 단계는 시뮬라리움의 존재론적 이중성(인공성과 자기생산성)을 해소하며, 설계자의 위치 변화, 공동체의 주체화, 기술의 도구화라는 변화를 통합한다. 이는 시뮬라리움이 단순한 구현 환경을 넘어 자기조정과 의미 생성을 수행하는 학습 생태계로 성장할 수 있도록 하는 설계적 구조이다.

시뮬라리움의 인간 - 인공지능 협력은 비대칭적이다. 인공지능은 정보 처리와 자동화 역할에 집중하며, 인간은 의미 구성과 최종 판단을 수행한다. 기술은 인간의 주체성을 보완하고 촉진하는 매개로 설계되어야 하며, 설계자는 초기에는 외재적 기획자, 이후에는 내재적 조율자로 전환된다. 이 과정을 통해 시뮬라리움은 점차 자생적 학습 생태계로 진화한다.

이러한 순환 모델은 교육 환경의 복잡성과 불확실성에 대응하는 실천적 틀을 제공한다. 개인화 학습, 윤리적 설계, 메타인지 촉진 도구, 협력 플랫폼 구성 등은 시뮬라리움이 실천 가능한 방향으로 기능할 수 있음을 보여 주는 구체적 실례이다. 이 요소들이 유기적으로 작동할 때, 시뮬라리움은 지속 가능하고 의미 있는 학습 공간으로 자리 잡을 수 있다.

### (5) 시뮬라리움의 기대 효과 : 구조적 모순 대응과 실천-이론의 공진화

시뮬라리움의 자기생산체계화는 교수학습체계의 근본적인 구조 전환을 모색하는 이론적·실천적 시도이다. 이는 교육 기술의 정교화나 효율성 개선을 넘어서, 학습체계를 생명력 있는 생태계로 재정의하려는 관점에서 출발한다. 시뮬라리움은 고정된 설계물이 아니라, 구성원 간의 상호작용과 내재된 환류 구조를 통해 스스로 진화하는 동적 체계로 기능한다. 이때 설계자는 외부에서 일방적으로 목표를 설정·주입하는 기술적 기획자가 아니라, 체계 내부에서 변화의 흐름을 감지하고 조율하는 내재적 참여자로 위치 지어진다. 결과적으로 시뮬라리움은 정적인 절차 중심의 시스템이 아니라, 유동적 구조와 피드백 메커니즘에 기반한 자기조정 가능한 학습 생태계로 전이된다.

이러한 전이는 시뮬라리움이 직면하는 구조적 긴장—예컨대 문명 생태계와의 단절, 학습자와 시스템 간의 구조 불일치—에 대응할 수 있는 설계 기반 구조를 제공한다. 시뮬라리움은 이론적 모델을 넘어, 실제 학습 상황 속에서 의미를 생성하고 구조를 갱신하는 실천의 장으로 작동해야 하며, 이를 가능하게 하는 핵심 조건으로 LAS와 E-CHAT이 제시된다. LAS는 실시간 상호작용 데이터를 수집·분석하고, 설계자가 구조 조정에 필요한 통찰과 근거를 획득하도록 지원하며, E-CHAT은 인간-기술-공동체의 상호작용을 통합적으로 설명하는 메타설계이론으로 기능한다.

결과적으로 시뮬라리움은 단순한 교수학습 환경이 아니라, 이론과 실천이 상호작용하며 공진화하는 연구 기반 교육 생태계로 자리매김한다. 특히 설계기반연구(DBR)[43]는 시뮬라리움의 자기생산적 성격을 체계적으로 구현할 수 있는 방법론으

---

43) Wang, F., & Hannafin, M. J. (2005). Design-based research and technology-enhanced learning environments. *Educational Technology Research and Development, 53*(4), 5-23. 설계기반연구(Design-Based Research, DBR)는 교육현장의 실제 문제를 해결하고 이론을 발

로 주목되며, 맥락 기반 실험과 순환적 이론화를 통해 동적인 설계-분석-진화 구조를 실현한다. 이러한 구조 속에서 시뮬라리움은 미래 교육이 지속 가능한 방향으로 나아가기 위한 존재론적 전환의 기반이자, 설계과학으로서 교육공학의 새로운 정체성을 실현하는 실천적 모델이 될 수 있다.

### 1) 모순 #1: 상위 체계(문명 생태계) - 교수학습체계 간 디커플링

"상위 체계(문명 생태계)-시뮬라리움 간 디커플링(decoupling)"이라는 모순은 교수학습체계가 상위 체계인 문명 생태계의 선택압에 민첩하게 대응하면서, 동시에 교수학습체계의 조직적 폐쇄성을 유지하는 자기생산체계로 거듭남으로써 체계적으로 해결 가능할 것으로 기대된다.

시뮬라리움이 자기생산체계로 작동하기 위해서는 사후 설계를 단순한 평가와 수정의 절차로 보는 것이 아니라, 시스템 내부의 자율적 원리에 따라 구조를 갱신하는 순환 과정으로 이해해야 한다. 이 과정은 시뮬라리움이 조직적 폐쇄성과 작업적 폐쇄성이라는 자기생산체계의 핵심 조건을 유지하면서도, 외부 환경과의 구조적 연계를 통해 유연하게 진화할 수 있도록 한다.

이때 LAS는 외부에서 설계를 통제하는 도구가 아니라, 시뮬라리움 내부에 내장된 초매개 도구로 활용된다. LAS는 학습자, 도구, 공동체, 규칙 등 활동체계 내 요소들의 상호작용 데이터를 실시간으로 수집하고 분석하며, 설계자에게 구조 재구성을 위한 실천적 통찰과 근거를 제공한다. 다만 LAS는 시스템을 자동으로 변경하거나 설계자의 결정을 대신할 수 없다. 시뮬라리움은 데이터로만 작동하는 기계가 아니라 인간 상호작용과 의미 구성을 중심으로 운영되는 사회적 자기생산체계이기 때문이다.

이러한 조건에서 설계자는 단순한 외부 설계자가 아니라 시스템 내부에서 변화에 민감하게 반응하고 조율하는 역할을 수행한다. 그는 다양한 이해관계자들과

---

전시키기 위해, 복잡한 학습 환경을 설계하고 그것을 반복적으로 분석·조정하는 순환적 연구 방법론이다. DBR은 통제된 실험 대신 맥락에 깊이 뿌리내린 실천을 통해 이론과 실천의 간극을 좁히고, 설계 그 자체를 이론 형성의 매개로 활용한다는 점에서 시뮬라리움과 깊은 친연성을 갖는다. 특히 DBR은 교수학습체계가 환경과 상호작용하며 끊임없이 자기조직적으로 진화하는 과정을 포착하고, 이를 통해 유의미한 설계 원리를 추출하는 데 강점을 지닌다. 따라서 시뮬라리움의 자기생산적 구조를 실천적으로 구축하기 위한 방법론으로서 DBR은, 단순한 실행 검증을 넘어 이론-실천-설계의 삼각 구조를 유기적으로 연결하는 핵심적 촉매로 작동한다.

소통하며, 기술적 판단만이 아닌 공동체적 합의를 바탕으로 구조를 조정하는 조율자이다. 이 과정은 시뮬라리움과 실제 삶의 구조인 적소 문명 생태계 간의 연결을 강화한다. 기존 교육체계에서 학습과 적용이 괴리되는 문제는 학습체계와 현실 생태계 간의 단절, 즉 구조적 디커플링에서 비롯되며, 이를 해결하기 위해 시뮬라리움은 실제 사회의 과제와 역할을 시뮬레이션하고 그 안에서 실천적 학습을 수행하도록 설계되어야 한다. 이렇게 되면 학습이 실천이 되고, 실천이 다시 학습으로 이어지는 이중 루프 구조가 형성된다.

이때 LAS는 단순히 데이터를 수집하는 기능을 넘어, 시스템 내 요소들의 상호작용을 모델링하고, what-if 시뮬레이션[44]을 통해 설계자가 구조를 바꿀 경우 전체 시스템에 어떤 영향이 발생할지를 예측할 수 있도록 지원한다. 기존의 문제 해결 방식처럼 개별 오류만 수정하는 접근은 시스템 간 연계성이나 전체 최적화를 고려하지 못하는 한계가 있으며, LAS를 기반으로 한 시뮬레이션 설계는 복잡한 상호작용 구조 속에서 보다 효과적인 조정을 가능하게 한다.

이러한 방식에서 설계자는 기술 요소를 개별적으로 다루는 기술자가 아니라, 전체 시스템의 흐름을 조율하는 메타 설계자로 기능하게 된다. 그는 시스템의 일부로 참여하며 공동체 구성원들과 협력하고, 그들과 함께 구조의 방향성을 설정해 나간다. 시뮬라리움은 이와 같은 설계 구조를 통해 외부 현실과 연결되면서도 고유의 질서를 유지하며 성장하는 자기생산 생태계로 작동한다. 바로 이 점이 메타설계이론이 지향하는 실용적이고 자율적인 시뮬라리움의 성숙한 모습이라 할 수 있다.

### 2) 모순 #2: 시뮬라리움 - 학습자 간 디커플링

"학습자-교수학습체계의 디커플링"은 자기생산체계로서의 학습자가 지닌 작업적 폐쇄성과, 시뮬라리움이 설정한 교수학습 목표 사이에 발생하는 구조적 긴장

---

44) What-if 시뮬레이션이란 실제로 어떤 행동이나 결정을 실행하기 전에, 다양한 가상의 조건과 변수들을 조작해 그 변화가 시스템 전체에 어떤 영향을 미칠지를 예측하는 모의 실험 방법이다. 이는 복잡한 체계 내에서 직접 시행하기 어려운 시나리오들을 안전하게 탐색할 수 있도록 하며, 특히 교육, 경제, 환경, 정책 등의 분야에서 미래 결과를 예측하거나 설계 대안을 비교·검토하는 데 유용하게 활용된다. 예를 들어 교수학습 생태계에서 특정 학습 전략을 도입했을 때 학습자 반응, 성취도, 시스템 적응성 등이 어떻게 달라질지를 사전에 분석함으로써, 보다 정교하고 타당한 설계를 가능하게 한다. What-if 시뮬레이션은 단순한 예측 도구가 아니라, 복잡계의 상호작용 구조를 이해하고 설계자가 책임 있는 판단을 내릴 수 있도록 지원하는 의사결정 보조 메커니즘이다.

을 의미한다. 개별 학습자는 자신의 경험, 동기, 인지 구조에 따라 학습을 생성하고 의미를 구성하는 자기폐쇄적 존재인 반면, 교수학습체계는 공통 목표와 조직된 절차에 따라 체계를 유지하는 또 하나의 자기폐쇄적 구조이기 때문이다. 이 두 폐쇄성 간의 불일치가 발생할 경우, 학습자는 체계에 형식적으로 참여하되 실제로는 의미 있는 변화를 경험하지 못하거나, 반대로 체계는 외형상 작동하지만 학습자의 내적 변화는 일어나지 않는 디커플링 상태가 초래된다.

이러한 모순은 생물학적 자기생산체계에서 세포와 유기체의 관계에서 발견되는 구조와 유사하다. 세포는 자기 생존을 위한 대사 작용을 지속하며 자신만의 경계를 유지하지만, 동시에 유기체라는 상위 체계 내에서 통합되고 조율되어야 한다. 유기체가 특정 세포의 자율성을 과도하게 억압하면 자가면역이나 종양과 같은 병리적 상태가 나타나고, 반대로 세포가 유기체의 조절을 벗어나면 전체 시스템의 항상성이 붕괴된다. 마찬가지로, 교수학습체계가 학습자의 조직적 폐쇄성을 무시하거나 억압할 경우 학습자는 외재적 목표에 형식적으로만 순응할 뿐, 자기 변화는 유발되지 않는다. 반대로 학습자가 체계의 조직적 폐쇄성을 무시하고 개별적 탐색만을 고집할 경우, 시뮬라리움은 공동 목표와 상호작용 기반을 상실하게 된다.

시뮬라리움이 자기생산체계로 전이됨에 따라, 학습자와 교수학습체계 간의 구조적 긴장, 즉 디커플링 현상은 새로운 설계 전략을 통해 해소될 가능성을 갖는다. 이 긴장은 학습자가 자신의 경험과 동기, 인지 구조에 기반하여 학습을 자율적으로 생성하는 작업적 폐쇄성을 지닌 반면, 교수학습체계는 공통 목표와 절차를 바탕으로 작동하는 또 다른 자기폐쇄적 구조이기 때문에 발생한다. 두 폐쇄성 간의 조화가 이루어지지 않으면, 학습자는 체계에 외형적으로는 참여하지만 실제로는 의미 있는 변화를 경험하지 못하거나, 반대로 체계가 작동하고 있음에도 학습자의 내적 변화가 발생하지 않는 비생산적인 상태에 빠질 수 있다.

이러한 구조적 커플링의 긴장을 해소하기 위해, 시뮬라리움은 생명체가 세포와 유기체 간의 디커플링 경향을 뇌신경계의 조율을 통해 역동적으로 통합하듯, 학습자와 체계 사이의 이질성과 긴장을 조율할 수 있는 지능적 메커니즘을 내장해야 한다. 뇌신경계는 개별 세포의 자율성을 억압하지 않으면서도 전체 유기체의 목적성과 항상성을 유지하기 위해 감각-운동 피드백, 중추 통합, 호르몬 조절 기능 등을 수행함으로써 유기체 전체가 하나의 생명 흐름으로 작동하게 만든다. 이와 유사하게, 시뮬라리움 내부의 LAS는 학습자 각각의 신호, 선택, 상호작용을 민감하게 감지하고 해석하여 이를 체계적 흐름과 연계시키는 조율 메커니즘으로 기능해야 한다.

이때 LAS는 단순한 데이터 수집 도구를 넘어, 체계 전체의 구조적 긴장을 감지하고 예측하는 '지능적 감각계'로 작동하며, 개별 학습자의 자기생산 흐름이 시뮬라리움의 목표 및 구조와 어떻게 연결되고 있는지를 실시간으로 모니터링하고 피드백한다. 이로써 시뮬라리움은 외재적 목표에의 강제적 정렬이 아니라, 상호 내재화된 동조 구조를 구현할 수 있게 된다. 이는 마치 유기체가 환경 변화에 따라 신경계의 조정 패턴을 재구성하고 새로운 운동을 생성하듯, 시뮬라리움 또한 LAS를 기반으로 학습자의 변화 양상에 따라 교수학습 구조를 유연하게 재조직함으로써 디커플링 경향성을 흡수하고 통합하는 방식으로 진화하게 됨을 의미한다.

결과적으로 시뮬라리움은 단지 설계된 시스템이 아니라, LAS라는 지능적 조율 메커니즘을 통해 학습자들의 자기생산성과 시스템의 자기폐쇄성이 정교하게 맞물리는 '살아 있는 학습 생태계'로 기능하게 된다. 이때 설계자는 외부에서 조작하는 기술자가 아니라, 마치 뇌신경계처럼 시스템 내부에서 정보 흐름을 감지하고 변화의 방향을 섬세하게 조율하는 '내재적 조율자'로서 활동한다. 이러한 구조적 정합성과 조율 능력은 시뮬라리움이 자기생산체계로서 진화하고 지속되기 위한 핵심 조건이며, 궁극적으로 인간 중심의 의미 생성과 체계적 안정성을 동시에 구현하는 교수학습 생태계로 나아가기 위한 기반을 형성한다.

### 3) 설계기반연구를 통한 이론과 실천의 공진화 효과

시뮬라리움의 메타설계이론은 실천과 이론이 함께 진화하는 구조 위에 있으며, 이는 설계과학으로서 교육공학이 나아가야 할 존재론적 방향성을 구체적으로 제시한다. 기존 교육공학은 일반화, 실험실 기반 검증, 연역적 예측이라는 전통적 과학 방법론에 기반하여, 복합계를 위한 선형적 설계과학의 틀 안에서 작동해 왔다. 이러한 접근은 정해진 조건 내에서 변수 간의 관계를 명확히 하고, 예측 가능성과 반복 가능성을 확보하는 데에는 효과적이었다. 그러나 실제 교육 현장의 다양성과 상호작용성, 그리고 자기조직적 변화 가능성을 충분히 반영하는 데에는 한계가 있었다. 특히, 학습과 적용의 괴리, 개별성과 공통성의 긴장이라는 두 가지 구조적 모순에 체계적으로 대응하지 못한 채 반복적 조정에 머무르는 경향을

보였다.[45)]

이에 비해 시뮬라리움이 지향하는 교육공학은 자기생산체계 설계과학의 관점에서 재구성된다. 이는 모집단 전체를 고려한 맥락 중심 설계, 생태계 수준에서의 비선형적 상호작용 수용, 그리고 귀납적 순환을 통한 실천 기반 이론화 과정을 포함한다. 설계는 고정된 모듈을 조합하는 방식이 아니라, 끊임없이 변화하고 스스로를 조정하는 학습 생태계의 흐름을 섬세하게 조율하고, 자기생산을 위한 조건을 마련하는 방식으로 접근되어야 한다.

이러한 전환의 중심에는 학습분석시스템과 함께 확장된 문화역사적 활동이론인 E-CHAT이 있다. LAS는 단순한 관찰과 분석의 도구가 아니라, 시뮬라리움 내부에서 학습자, 교수자, 설계자, 도구, 공동체 등 다양한 자기생산체계들이 만들어 내는 상호작용 데이터를 실시간으로 수집·해석하며, 설계자가 의미 있는 개입을 수행할 수 있도록 정보를 제공하는 초매개 도구로 작동한다.

E-CHAT은 전통적 활동이론의 구조에 자기생산체계 개념을 결합하여, 인간-기술-공동체가 얽힌 학습 활동의 다층적 구조를 설명할 수 있는 틀을 제공한다. 특히 주체-도구-객체의 전통 삼각 구조에 공동체, 규칙, 분업을 결합한 이중 삼각형을 넘어, 인공지능과 같은 초매개 존재가 학습 활동체계에 어떻게 개입하고 조율하는지를 분석 가능한 방식으로 확장한다. 이를 통해 E-CHAT은 시뮬라리움 내 설계자의 역할, 공동체의 자기조직성, 기술의 윤리적 위치, 학습의 자기생산 조건 등을 통합적으로 설명하는 메타설계이론으로 기능한다.

시뮬라리움은 더 이상 이론을 실증하는 실험실이 아니라, 이론이 생성되고 수정되는 살아 있는 실천의 장이다. 이곳에서 이루어지는 설계는 학습자와 공동체가 스스로를 이해하고 발전시키는 자기생산 활동이며, 설계자는 외재적 기획자가 아닌 체계 내부의 참여자, 곧 정원사로 기능한다. 설계자는 데이터를 통제하거나 예측하는 것이 아니라, 변화의 흐름을 읽고 상호주관적 합의를 바탕으로 의미 있는 개입을 조율하는 존재이다.

이러한 구조 속에서 LAS는 단순한 성과 측정 도구가 아닌, 학습 구조와 공동체 상호작용의 진화를 가시화하고 시뮬레이션하는 메타적 장치가 된다. 설계는 더 이상 설명을 위한 언어가 아니라, 실천을 위한 언어, 곧 변화의 구조를 설계하는 언어

---

45) Design-Based Research Collective. (2003). Design-based research: An emerging paradigm for educational inquiry. *Educational Researcher, 32*(1), 5-8.

가 되어야 하며, 설계자는 이 언어를 통해 공동체가 스스로를 재구성할 수 있도록 돕는 촉진자로 전환된다.

결국, 시뮬라리움은 복잡한 기술 기반 환경 속에서도 인간 중심의 교육을 실현할 수 있는 실용적 해법을 제공한다. 이 구조는 인간-기계-문명 간 비대칭 협력을 조율하는 생태계로, 교육공학이 단순한 기술적 효율성이나 표준화의 도구가 아니라, 자기생산적 공동체를 설계하고 유지하는 실천적 학문임을 명확히 보여 준다. 이 방향은 교육이 향후 나아가야 할 존재론적 전환의 핵심 경로가 된다.

### 4) 학습분석시스템의 핵심적 역할

이번 챕터에서는 시뮬라리움이 자기생산체계로 진화하기 위한 메타설계이론으로서 E-CHAT을 제안하고, 이를 실천적으로 구현하기 위한 4단계 메타설계 모형 — 아키타입, 프로토타입, 에코타입, 오토타입 — 을 구조화하였다. 이 네 단계는 단순한 설계 절차의 정적 나열이 아니라 시뮬라리움의 존재 방식 자체가 전이되는 순환적 동역학으로 기능하며, 각각 조직설계, 사전설계, 애자일설계, 사후설계라는 실행 양식으로 구체화된다. 각 단계는 시뮬라리움 내부에서의 자기조직 수준, 공동체의 주도성, 설계자의 존재 방식에 따라 서로 다른 구조와 역할을 가지며, 특히 사후설계 단계에서 출현하는 오토타입은 자기조정 가능한 메타학습 생태계로의 궁극적 전이를 상징한다.

그러나 이러한 자기생산체계화는 선언된 이론이나 모형만으로 완성되는 것이 아니다. 그것은 실질적인 설계 활동, 즉 시뮬라리움의 '뇌 신경계'로 기능하는 학습분석시스템(LAS)의 구체적 설계와 실행을 통해 점진적으로 실현되어야 한다. LAS는 설계자의 외재적 조작을 대신하는 자동화된 판단 기계가 아니라, 시뮬라리움 내부에서 발생하는 다양한 자기생산체계들 — 학습자, 공동체, 도구, 환경 — 의 상호작용 데이터를 기반으로, 분석-환류-조율의 구조를 실시간으로 지원하는 초매개 도구로 작동해야 한다.[46] 이 시스템은 단순히 측정-분석-처방을 수행하는 기능을 넘어, 체계 내부의 상호주관적 합의와 의미 구조의 변화를 감지하고, 설계자의 판단

---

46) Siemens, G. (2013). Learning analytics: The emergence of a discipline. *American Behavioral Scientist, 57*(10), 1380-1400.
LAS를 단순한 데이터 분석 도구가 아닌 학습 생태계의 진화를 촉진하는 매개체로 규정하며, 실시간 피드백과 시스템의 적응적 조율 기능을 강조하고 있다.

을 돕는 주도적 부분으로 기능함으로써, 시뮬라리움이 외부 지시 없이도 자기조정, 자기설계, 자기진화를 수행할 수 있는 살아 있는 존재로 성장하도록 돕는다.

이에 따라 다음 장에서는 시뮬라리움의 메타설계 순환을 실질적으로 작동 가능하게 하는 중심 기제로서 LAS의 존재론적 위치, 기능 구조, 그리고 설계 원리를 본격적으로 다룬다. 이 장은 LAS를 단순한 기술적 분석 도구가 아닌, 자기생산체계의 환류와 진화를 정합적으로 조율하는 핵심 매개체로 재정의하고자 하며, 감각-중추-운동으로 구성된 뇌 신경계적 모델에 따라 시뮬라리움의 분석-설계-진화의 순환이 어떻게 실시간으로 작동할 수 있는지를 설명한다. 또한 설명 가능한 AI 기반의 윤리적 설계 전략과 생성형 AI의 연동 방식 등을 통합적으로 제시함으로써, 우리는 시뮬라리움이 자기조직적 메타학습 생태계로 도약하는 마지막 관문을 넘어서게 될 것이다.

CHAPTER 07

# 학습분석시스템의 역할

## 1. 학습분석학의 기초

### (1) 학습분석학의 정의와 발전사

#### 1) 정의

학습분석학(Learning Analytics)에 대한 정의는 이 첨단 학문 분야의 진화적 궤적과 개념적 범위를 이해하는 데 핵심적인 역할을 한다. 가장 널리 알려진 정의는 2011년 LAK(Learning Analytics and Knowledge) 콘퍼런스에서 제시된 것으로, 학습분석학을 "학습자와 그들의 맥락에 대한 데이터를 측정, 수집, 분석 및 보고함으로써 학습과 그 학습이 이루어지는 환경을 이해하고 최적화하는 활동"으로 본다.[1] 이 정의는 이후 SoLAR(Society for Learning Analytics Research) 공식 웹사이트를 통해 반복적으로 인용되면서 학습분석학의 공식 정의로 자리 잡았다. 이 정의는 학습분석학으로 하여금 단순히 데이터를 수집하고 해석하는 기술적 절차를 넘어, 학습의 맥락을 이해하고 이를 개선하려는 실천 학문으로서 특징에 방점을 두고 있다.

같은 해 Long과 Siemens(2011)[2]는 학습분석학을 "교육 연구의 역사적 경향성

---

1) Long, P. D., & Siemens, G. (2011, September 12). Penetrating the fog: Analytics in learning and education. *EDUCAUSE Review, 46*(5), 30-40.
원문 "the measurement, collection, analysis and reporting of data about learners and their contexts, for purposes of understanding and optimizing learning and the environments in which it occurs"

2) Long, P. D., & Siemens, G. (2014). Penetrare la nebbia: tecniche di analisi per l'apprendimento (Penetrating the fog: Analytics in learning and education). *TD Tecnologie Didattiche, 22*(3), 132–137. 논문과 제목은 같으나 게재 저널, 연도가 다른 독립적인 논문이다.

과 현대의 계산적 기법 및 빅데이터 접근 방식을 결합하여 학습자에 대한 통찰을 제공하는 분야[3)]"라고 학습과 실천을 강조한 새로운 정의를 제시하였다. 이는 학습분석학이 단지 기술의 산물이 아니라, 교육학의 연속선상에서 출현한 새로운 지적 기획임을 강조한다.

이후 Ferguson[4)]은 학습분석학을 "학습과 학습자에 대한 데이터를 수집, 분석, 해석하여 교육 실천을 이해하고 개선하려는 과정[5)]"으로 정의하며, 분석을 넘어서 실천적 변화를 지향하는 방향으로 그 의미를 확장했다. Chatti et al.[6)] 역시 유사한 정의를 제시하면서, 학습 중심적 관점에 기반한 분석 활동임을 강조하였다. 즉, 학습분석학은 "학습자와 그들의 맥락에 대한 데이터를 측정, 수집, 분석 및 보고함으로써 학습과 그 환경을 이해하고 최적화하는 것이며, 학습 중심의 관점에 근거한다.[7)]"라고 명시하였다.

이후 빅데이터와 인공지능 기술이 급속히 발전함에 따라 최근 학습분석학은 단일한 정의로 수렴하기보다, 정의 자체가 적용 도메인의 특성과 활용 목적에 따라 생태적으로 진화하는 경향을 보이고 있다. 학습분석학은 더 이상 고정된 명세가 아니라, 적응적이고 분화되면서 학문적 종 분화가 가속적으로 이뤄지고 있는 중이다. 예를 들어, 고등교육에서의 학습분석학은 학습자의 학습 이수 가능성 예측이나 학습 성과 개선을 중심으로 정의되며, 초중등 교육에서는 정서 분석이나 학습자 행동 이해를 통한 조기 개입에 초점이 맞춰진다. 기업 교육에서는 직무성과와 연결된 전

---

3) 원문: "Learning analytics marries the historical trends of educational research with modern computational techniques and big data approaches to provide insights into student learning."

4) Ferguson, R. (2012). *The state of learning analytics in 2012: A review and future challenges*. Technical Report, Knowledge Media Institute, The Open University. http://kmi.open.ac.uk/publications/pdf/kmi-12-01.pdf
Ferguson의 연구는 George Siemens, Shane Dawson 등과 함께 학습분석학의 학문적 체계화에 기여한 것으로 평가된다.

5) "the process of collecting, analyzing and interpreting data about learning and learners to understand and improve educational practices."

6) Chatti, M. A., Dyckhoff, A. L., Schroeder, U., & Thüs, H. (2012). A reference model for learning analytics. *International Journal of Technology Enhanced Learning*, *4*(5/6), 318-331.

7) "for purposes of understanding and optimizing learning and the environments in which it occurs, grounded in a learning-centered perspective."

이 학습분석이 강조되고, 온라인 대규모 강좌(MOOCs)에서는 학습 몰입도와 이탈률을 추적하는 실시간 최적화가 주요 과제로 부상한다.[8)]

이러한 변화는 학습분석학이 더 이상 단지 기술적 정의나 특정 방법론에 국한되지 않는다는 점을 보여 준다. 이제 학습분석학은 학습 환경과 교육 목적에 따라 스스로 조정되는 '생태적 정의 체계'[9)]로 진화하고 있다. 혹자는 AI 시대가 도래함에 따라 학습분석학, 교육 데이터 마이닝, Learning at Scale(L@S)과 같은 분야의 경계가 점차 모호해진다고 주장하기도 한다.[10)] 그러나 이와 같은 주장을 다른 관점에서 보면, 학습분석학을 단순히 기술적, 방법론적 접근으로 보기보다 학습 과정에 대한 이해와 최적화된 처방의 산출에 목적을 둔 통합적인 활동으로서 받아들여지고 있음을 의미한다. 생성형 인공지능을 포함하여 여러 테크놀로지가 통합되고 있는 학습 환경에서, 학습분석학이 변치 않는 본질적 특성을 지닌 채 나름대로의 역할을 조정 및 구축해 왔다는 점은 다양성을 향한 학습분석학의 진화 궤적을 보여 준다.

필자의 주장대로 교육공학이 체계 설계학으로 자리매김한다면, 학습분석학은 그 체계 내부에서 학습분석시스템(LAS)을 설계하고 정교화하기 위한 핵심 하위 영역이자, 구체적 설계 메커니즘을 다루는 설계과학으로 이해된다. 이러한 위치 규정은 단지 위계적 종속 관계를 의미하는 것이 아니라, 학습분석학이 교육공학의 기초 위에서 실천적 도구를 설계함으로써, 다시 교육공학의 이론 지평을 확장하고 심화시키는 순환적 설계 구조를 전제한다. 즉, 학습분석시스템은 학습분석학이라는 설계과학의 결과물이자 구현체인 동시에, 그 자체가 연구와 실천이 상호 영향을 주며 진화하는 공진화 플랫폼으로 기능한다. 이 구조 속에서 이론(설계과학)과 실천(설계 결과)은 서로를 생성하고 재구성하며, 체계 설계학으로서의 교육공학은 살아 있는

8) 조일현(2023). **HRD와 학습분석학**. 박영스토리.

9) Otto, B., Lis, D., Jürjens, J., Cirullies, J., Howar, F., Meister, S., Spiekermann, M., Pettenpohl, H., Möller, F., Rehof, J., & Opriel, S. (2019). *Data ecosystems: Conceptual foundations, constituents, and recommendations for action*. ISST Report, Fraunhofer Institute for Software and Systems Engineering.
데이터 분석 생태계를 "인간-기술-제도의 상호의존적 네트워크"라고 정의하며, 학습분석학이 다양한 이해관계자의 데이터 이익을 조율해야 함을 강조하면서 생태 정의의 개념적 기반을 제공한다.

10) Khosravi, H., Shibani, A., Jovanovic, J., Pardos, Z. A., & Yan, L. (2025). Generative AI and leaning analytics. *Journal of Learning Analytics, 12*(1), 1-11.

자기생산체계로 작동하게 된다.[11)]

요컨대, 교육공학적 학습분석학은 고정된 정의로 수렴되지 않고, 맥락에 따라 작동하는 실천적 지식이자 적응적 설계 도구로 기능한다. 이러한 존재론적 유연성 덕분에, 학습분석학은 현재 두 개의 주요 지향 축을 중심으로 진화하고 있다. 첫째는, 데이터를 기반으로 교수학습체계를 정밀하게 설계하고자 하는 체계적 접근이며, 둘째는 개별 학습자의 자기생산성과 다양성을 반영하려는 개인화 지향이다. 이 이중 지향 속에서 학습분석학은 실증성과 실용성, 예측 가능성과 윤리적 판단이라는 상반된 요구를 동시에 수렴해야 하는 복합적 과제를 안게 되었으며, 그 결과 단일한 방법론에 환원될 수 없는 다층적 설계과학으로 자리매김하고 있다.

### 2) 발전사

학습분석학의 발전사는 크게 태동기, 확장기, 성숙기의 세 시기로 구분할 수 있다. 태동기(2000년대 중반~2011년)는 학습분석학이 교육 데이터 마이닝(Educational Data Mining, EDM) 연구 흐름에서 분기한 지류로서 출발한 시기였다. 이 당시의 학습분석학은 주로 학습관리시스템(Learning Management System, LMS)에 담겨 있는 로그 데이터를 기반으로 하여, 학습자의 클릭 패턴이나 접속 시간, 과제 제출 여부 등 행동 데이터를 기술적으로 추적하고 분석하는 데 집중되었다. 데이터는 클릭 이벤트라는 단일 모드 위주였고, 분석의 초점은 학습활동의 표면적 기술과 통계적 요약에 있었다.

2011년 LAK 학회의 창립은 데이터 중심의 분석 기술이 교육학적 방향으로 전환되는 결정적 계기가 되었다. 그보다 앞선 2008년, 교육 데이터 마이닝 학회(Educational Data Mining Conference, EDM)가 출범했을 당시만 해도, 두 학회는 공히 "교육 데이터를 수집하고 분석하여 학습자의 행동이나 성과를 예측한다."라는 목표 아래 유사한 통계 기법과 도구를 사용하고 있었다. 그러나 2011년을 전후로 LAK 커뮤니티가 독립적으로 형성되면서, 두 학문 영역은 점차 서로 다른 방향성을 드러내기 시작했다.

EDM이 여전히 정밀한 예측과 분류, 모델링을 중심으로 기술적 정교성을 추구했다면, LAK는 데이터 마이닝을 넘어 학습자 행위의 맥락을 해석하고, 교육적 개입

---

11) 조일현, 박연정, 김정현(2019). **학습분석학의 이해**. 박영스토리.

의 가능성과 교육 체계 설계에 대한 통찰을 추구하는 데 초점을 맞추었다. 특히 LAK는 학습 과정의 실질적 이해와 교수자 및 학습자의 참여를 강조하며, 학습분석학을 응용 통계나 교육 기술의 하위 범주가 아닌, 교육학과 데이터 과학의 교차점에서 독립적인 학문 분야로 정립하고자 했다. 이러한 흐름은 '교육의 본질을 데이터로 이해할 수 있는가'라는 근본적인 질문을 통해, 기술 중심의 분석을 넘어서 존재론적·교육학적 사유로 나아가는 기반을 제공하였다.

이 시기에 학습분석학과 교육 데이터 마이닝 분야는 주로 이공계 학자들을 중심으로 형성되었으며, 두 학회의 구성원 또한 상당 부분 중복되었다. 데이터 과학, 컴퓨터 과학, 통계학 등의 배경을 지닌 연구자들이 주도하면서, 데이터와 알고리즘의 정밀한 분석과 기술적 완결성에 초점이 맞추어졌다.[12] 그 결과, 분석 도구는 시스템 외부에서 미리 설정된 목표 함수를 최적화하는 수단으로 제한되었고, 학습자는 환경과의 구조적 커플링을 통해 능동적으로 의미를 재구성하고 자기변형을 이루는 주체로서 충분히 고려되지 못했다.

이러한 경향은 학습분석학이 교육 생태계의 자기생산을 촉진하는 핵심 구조로 자리잡기보다는, 여전히 외부에서 주어진 처방을 내리는 도구적 접근에 머무르고 있음을 드러냈다.[13] 역설적으로 이러한 한계에 대한 반성은 이후 학습분석학이 기술 중심의 분석 논리를 넘어서, 교육 중심의 실천적 사유로 전환하는 데 결정적인 계기를 제공하였다. 본 저자가 EDM과 LAK 양 학회에 번갈아 참여하던 초기만 해도, 현장에서 교육공학자를 만나는 일은 드물었으며, 학회 내 담론 역시 교수학습체계 전반의 설계나 운영보다는 데이터 분석 기법의 정교화에 집중되는 경향이 강했다. 학문 형성의 초기 단계에서 교육공학자의 참여가 제한적이었기에, 학습분석학은 체계 설계적 관점보다는 기술 기반의 실험성과 예측 가능성에 무게를 두는 방향으로 전개된 측면이 있었다. 이로 인해 학습분석학은 일시적 개선이나 교육 정책적

---

12) Baker, S., & Inventado, P. S. (2016). Educational data mining and learning analytics: Potentials and possibilities for online education. In G. Veletsianos (Ed.), *Emergence and innovation in digital learning* (pp. 83-98).
이 논문은 멀티모달 학습분석의 개념을 정립하고, 비정형 학습 환경에서의 학습자 행동을 분석하기 위한 다양한 센서 기반 데이터(예: 생체신호, 제스처, 음성 등)의 통합 방법을 제시하였다. 이를 통해 멀티모달 학습분석이 단일 변수에 의존하던 초기 분석 방식에서 벗어나, 보다 정교하고 포괄적인 학습 분석 방법론으로 발전하는 데 기여하였다.

13) Khine, M. S. (Ed.). (2019). *Emerging trends in learning analytics: Leveraging the power of education data*. Brill.

의사결정에 유용한 도구로는 기능했으나, 교수학습체계를 자기생산적으로 진화시키는 존재론적 메커니즘으로는 미처 도약하지 못했던 것이다.

확장기(2012년~2016년)는 학습분석학의 분석 범위가 확장되고 깊이가 심화된 시기였다. 이 시기에는 설문, 생체신호, SNS 활동 등 다양한 정성적 데이터를 통합하여, 학습자의 복합적인 학습 맥락을 보다 정밀하게 반영하고자 하는 시도가 활발히 이루어졌다. 이는 단일 변수에 의존하던 초기 분석 방식에서 벗어나, 다중 변수 간의 상호작용을 고려하는 고차원적 분석 구조로의 전환을 의미한다.[14] 또한 학습 이수율 저조, 중도 탈락과 같은 학습 리스크에 대한 예측 모델이 개발되면서, 분석 결과를 바탕으로 실질적인 개입을 설계할 수 있는 실천적 기반이 마련되었다. Purdue 대학교의 "Course Signals" 프로젝트는 그 대표적 사례[15]이다.

이로 인해 학습분석학은 단순한 관찰을 넘어, 교육 현장에서 활용 가능한 개입 도구로 자리 잡기 시작했다. 한편, 이 시기에는 데이터 윤리와 프라이버시에 대한 논의가 학계와 실천 현장에서 본격적으로 부상했다. 특히 학습자 데이터를 어떤 기준과 절차에 따라 수집하고 분석할 것인지, 민감 정보의 보호를 어떻게 제도화할 것인지에 대한 공론화가 본격적으로 이루어진 것은 학습분석학의 내적 성찰이 시작된 중요한 전환점이었다. 그러나 2016년 Edinburgh에서 열린 제6회 LAK의 기조강연에서 Paul Kirschner가 다소 시니컬하게 지적했듯, 당시 학습분석학은 분석 기술과 도구의 발전에 집중한 나머지 정작 "학습이란 무엇인가"에 대한 근본적 이해와 이론적 성찰이 부족하다는 비판 앞에서 자유롭지 못했다. '분석학'은 빠르게 진화하고 있었지만 '학습' 현상의 복잡성과 존재론에 대한 논의는 상대적으로 뒤처지고 있었던 것이다.[16] 이러한 비판은 이후 학습분석학이 단순한 기술 중심 영역이 아닌, 교육학적 · 인간학적 기반 위에 설계되어야 한다는 방향 전환을 촉진하는 계

---

14) 예컨대, Blikstein, P., & Worsley, M. (2016). Multimodal learning analytics and education data mining: Using computational technologies to measure complex learning tasks. *Journal of Learning Analytics, 3*(2), 220–238.

15) Arnold, K. E., & Pistilli, M. D. (2012). Course signals at Purdue: Using analytics to improve student success. *Proceedings of the 2nd International Conference on Learning Analytics and Knowledge* (LAK`12) (pp. 267–270).

16) Kirschner, P. A. (2017). Stop propagating the learning styles myth. *Computers & Education, 106*, 166-171.
학습분석학은 데이터의 과학이 아니라 학습의 과학이어야 하며, 기술은 도구일 뿐 목적이 되어서는 안 된다고 주장했다.

기가 되었다.

성숙기(2017년~현재)는 학습분석학이 단순히 분석 기술의 고도화에 머무르지 않고, 실시간 개입과 융합 연구를 통한 학습 생태계의 재구성으로 나아가는 단계라 할 수 있다. AI 기반 적응형 학습 플랫폼의 보급으로 인해, 학습자의 행위가 발생함과 동시에 분석이 수행되고, 결과가 피드백으로 돌아가는 실시간 학습 분석 체계가 자리 잡아 가고 있다. 사회 연결망 분석(Social Network Analysis, SNA)과 자연어 처리(Natural Language Processing, NLP) 등 복합적 분석 기법의 도입은 데이터 간 의미망을 정밀하게 파악하고, 정형·비정형 데이터를 동시에 해석하는 능력을 제고하였다.[17] 또한 교육심리학, 신경과학 등 인접 학문과의 융합 연구가 활발해졌으며, 특히 COVID-19 팬데믹은 원격 교육의 전면화와 함께 온라인 학습 데이터 분석의 필요성과 중요성을 폭발적으로 증가시켰다.[18] 이는 학습분석학의 실용성과 공공성, 그리고 윤리성에 대한 담론을 다시금 촉진시키는 계기가 되었다.

### 3) 미래 전망

학습분석학의 최근 동향과 연구 성과를 집대성하여 2022년 발간된 『Handbook of Learning Analytics (2nd ed.)』[19]는, 학습분석학이 기술 중심의 기능적 도구를 넘어, 교육 생태계 전반의 구조를 재구성하는 철학적·실천적 사유의 장으로 진화하고 있음을 보여 준다. 본 저자는 학습분석학을 단순히 데이터 기반 예측 기술로 보지 않고, 현상학적-생태적 관점에서, 즉 인간의 학습 경험과 교육 환경이 교차하며 구성되는 살아 있는 체계로서 해석한다. 이러한 관점에서 볼 때, 필자는 학습분석학의 미래를 다음 다섯 가지 방향으로 전망한다.

첫째, 초개인화 학습(hyper-personalized learning)이 학습분석학의 미래를 이끄는 중심축이 될 것이다. 이는 단순한 수준별 학습이나 진단 기반 처방을 넘어, 생성형 인공지능과의 결합을 통해 학습자의 학습 이력, 인지적 성향, 감정 상태, 관

---

17) Romero, C. (2010). Educational data mining: A review of the state-of-the-art. *IEEE Transactions on Systems, 40*(6), 601-618.

18) 조영환, 이지은, 임규연, 정한호, 한인숙(2023). 생성형 AI와 함께하는 미래교육: 기계에서 협력 파트너로. **교육공학연구**, 39(4), 1449-1478

19) Lang, C., Siemens, G., Wise, A. F., Gašević, D., & Merceron, A. (Eds.). (2022). *Handbook of learning analytics* (2nd ed.). Society for Learning Analytics Research (SoLAR).

심 주제, 사회적 상호작용 패턴 등 다층적 데이터를 통합 분석하고, 그에 따라 정밀한 맥락 기반 개입을 가능케 한다. 초개인화는 더 이상 개인화라는 광범위하고 추상적인 개념에 머물지 않는다. 오히려 이는 학습자의 내면적 리듬과 외부적 맥락을 실시간으로 포착하여, 무엇을, 언제, 어떤 방식으로 제시해야 최적의 학습 효과를 낼 수 있는지를 예측하고 실행하는 자기생산적 설계 체계로 진화하고 있다. 이러한 초개인화는 기존의 교수설계자가 수립하던 정적인 학습 경로를 동적으로 재구성하며, 학습자의 즉각적인 반응과 맥락 변화에 따라 실시간 피드백 루프를 기반으로 한 적응적 설계의 필요성을 각성시켰다.

둘째, 하이브리드 학습 공간에서의 행동 데이터 분석이 새로운 전환점이 될 것이다. 팬데믹 이후 원격 교육이 일상화되면서, 몰입형 가상 현실, 증강 현실, 혼합 현실로 구성된 HCPS 기반의 융합 환경이 차세대 학습 플랫폼으로 주목받고 있다. HCPS는 인간(Human), 사이버(Cyber), 물리적(Physical) 요소가 상호작용하며 실시간으로 연결된 시스템으로, 학습자가 사이버 공간과 물리적 공간을 오가며 수행하는 인지적·행동적 활동을 정교하게 통합하고자 한다.[20] 학습분석학은 이러한 HCPS 기반 학습 생태계에서, 시선 추적, 아바타 이동 경로, 제스처 감지, 상호작용 빈도 등 다층적, 멀티모달, 상황맥락기반 데이터를 수집하고 분석함으로써, 학습자의 실제 경험과 그 질을 정량화하고 최적화할 수 있는 기반을 마련하고 있다.[21] 이는 전통적인 LMS 로그 분석의 한계를 넘어서, 학습이 이루어지는 공간적, 사회적, 감각적 요소들을 통합적으로 파악하는 고차원적 학습 생태계로의 진입을 의미한다. 즉, HCPS 기반 학습분석학은 인간의 신체 움직임과 감각, 인지, 디지털 행위 전반을 통합적으로 감지하고 해석하는 기술적·분석적 틀을 제공하며, 미래의 교수학습 설계에서 공간-감각-인지가 통합된 전일론 접근을 가능하게 하는 핵심적 조건으로

---

20) 예컨대, Banihashem, S. K., Gašević, D., & Noroozi, O. (2025). A critical review of using learning analytics for formative assessment: Progress, pitfalls and path forward. *Journal of Computer Assisted Learning, 41*(3), e70056;
Echeverria, V., Gašević, D., et al. (2025). A learning analytics dashboard to support students' reflection on collaboration, *Journal of Computer Assisted Learning, 41*(1), e13088.

21) Eradze, M., Triana, R., & Laanpere, M. J. (2020). Context-aware multimodal learning analytics taxonomy. *Companion Proceedings of the 10th International Learning Analytics and Knowledge Conference (LAK `20)*, CROSS-MMLA Workshop, https://ceur-ws.org/Vol-2610/paper1.pdf

자리 잡고 있다.[22]

셋째, 설명 가능한 인공지능(eXplainable AI, XAI)의 도입은 학습분석학의 미래를 이끄는 또 하나의 흐름이다. 학습은 단지 예측 가능한 결과를 산출하는 기계적 연산이 아니라, 그 내적 과정과 의미의 생성을 이해하고 해석할 수 있을 때만 교육적 가치와 신뢰를 확보할 수 있다.[23] 이에 따라, 교수학습 생태계에서의 학습을 설명 가능한 체계로 재구성하려는 체계적 학습이론의 필요성이 부상하고 있다.[24] XAI는 알고리즘 기반 분석의 결과가 왜, 어떻게 도출되었는지를 명시적으로 설명함으로써, 분석 기술의 윤리적 정당성, 책임성, 신뢰성을 확보하는 데 필수적인 기술적 조건으로 작동한다. 학습자의 성취 예측, 중도 이탈 우도 판단, 맞춤형 개입 추천 등 모든 분석 결과는 해석 가능성과 투명성을 바탕으로 학습자, 교수자, 설계자와의 상호 신뢰를 형성해야 하며, 이는 데이터 기반 교육 생태계의 지속 가능성을 위한 핵심 요건이다. 특히 주목할 점은, XAI가 단순한 '결과 설명 기술'로서 기능하는 것을 넘어, 체계적 학습 이론의 구현 기술로 작동해야 한다는 점이다.[25] 즉, 분석의 설명 구조는 도메인 독립적인 기술적 기능이 아닌, 학습자 행동과 성과에 대한 이론 정합적 해석 틀에 기반해야 하며, 이는 학습분석학이 단순한 기술이 아닌 교육과 학문의 일부로 존립하기 위한 조건이 된다. 따라서 학습분석 시스템은 '무엇이 일어났는가'를 서술하는 기술을 넘어서, '왜 그러한 현상이 발생했는가', '그 원인은 어떤 학습 이론에 기초하는가', '어떤 개입이 정당한가'를 설명하는 이론 기반 분석 구조를 갖추어야 하며, 이는 비대칭 인간-기계 협력 기반 교수학습 환경에서 설계자의 책임성과 신뢰성 확보를 위한 핵심 기반이 된다.

넷째, 학습분석학의 글로벌 표준화가 본격적으로 논의되고 있다. 이는 단순한 기술적 통일성 확보를 넘어, 데이터 윤리 가이드라인의 정립, 분석 도구의 효과성에 대한 국제적 검증 지표의 일치성, 그리고 국가 간 교육 데이터 분석 인프라의 형평

---

22) 에듀테크융합연구소(2019). **생리심리실험 실무서**. 박영스토리.

23) Wise, A. F., & Shaffer, D. W. (2015). Why theory matters more than ever in the age of big data. *Journal of Learning Analytics, 2*(2), 5-13.

24) Chen, A. (2025). When learning analytics dashboard is explainable: An exploratory study on the effect of GenAI-supported learning analytics dashboard. arXiv preprint arXiv:2506.16312.

25) Gunning, D., & Aha, D. (2019). DARPA's explainable AI (XAI) program: A retrospective. *AI Magazine, 40*(2), 44-58.

성과 상호운용성(interoperability)을 보장하려는 노력의 일환이다. 표준화는 그 자체로 강력한 지식 권력의 재배치 장치이기에, 이는 단순한 획일화나 기술적 수렴을 의미하지 않는다. 오히려 학습분석학의 표준화는 각 국가, 지역, 문화가 지닌 교육적 전통과 역사적 맥락을 고려하는 로컬리티(locality)를 전제로 하며, 이러한 로컬리티와 글로벌리즘 간의 변증법적 긴장 속에서 지양되는 방향으로 설계되어야 한다.[26] 즉, 학습분석학의 글로벌 표준화는 일방향적인 지식의 수출입이 아니라, 다문화적 상호작용을 통해 학문적 네오콜로니얼리즘, 상업적 감시자본주의[27]를 극복하고, 공존 가능한 다성적(multivocal) 패러다임의 협력 체계를 구성하는 것이어야 한다.[28] 이는 단지 기술적 프로토콜의 통일이 아니라 윤리적, 철학적, 정치적 수준에서의 공통 기반을 마련하는 메타 설계의 핵심으로 간주되어야 하며, 따라서 표준화의 이상은 '하나의 모델'이 아니라, 공존 가능한 다양성이어야 한다. 이러한 표준화는 결과적으로, 학습분석학이 단위 연구를 넘어서 교육 시스템 전반에 통합되는 메타 학문으로 자리매김하고, 디지털 문명 생태계에서 공정하고 책임 있는 교육 데이터 기반 의사 결정을 가능케 하는 제도적 기반을 형성하게 된다.

이러한 네 가지 미래 전망은 결국 학습분석학이 학습을 존재론적 경험으로 재구성하고, 교육을 자기생산체계로 진화시키는 데 기여할 수 있는 가능성을 드러낸다. 학습자의 행위, 환경의 유인가, 교수자의 판단이 역동적 구조 속에서 상호작용하며 새로운 질서를 생성하는 공간이 바로 학습분석학이 지향하는 시뮬라리움의 모습이라 할 수 있다.

### (2) 학습분석학의 유형: 분석의 단위를 기준으로

학습분석학은 비교적 신생 학문임에도 불구하고, 기술의 비약적 발전과 사회적 요구의 증대에 힘입어 빠른 속도로 성장해 왔다. 이러한 발전은 단순히 연구 수

---

26) Bo, N. S. W. (2025). [Review of the book OECD digital education outlook 2023: Towards an effective education ecosystem, by OECD]. *Hungarian Educational Research Journal, 15*(2), 284–289.

27) Kohnke, L., & Foung, D. (2024). Deconstructing the normalization of data colonialism in educational technology. *Education Sciences, 14*(1), 57.

28) Bakhtin, M. M. (2010). *The dialogic imagination: Four essays* (*Vol. 1*). University of Texas Press.

와 데이터의 양이 늘어나는 양적 팽창에 그치지 않고, 다양한 이론적 기반과 실천적 목적이 함께 분화되어 가는 질적 진화의 양상으로 전개되었다. 이러한 흐름은 마치 생태계에서 종 다양성이 확장되며 새로운 생물학적 틈새를 채우는 방식과도 유사하다.

이러한 관점에서 볼 때, 학습분석학을 분류하는 데 있어 단순히 사용된 기술이나 분석 방법론에 따른 구분보다는, 분석의 단위를 중심으로 한 체계적인 유형화가 더욱 유의미하다. 분석 단위는 단지 다루는 데이터의 범위나 양적 크기를 구분하는 기준이 아니라, 그 분석이 전제하는 교육적 맥락, 정보 구조, 의사결정의 주체성, 데이터 형식의 속성, 분석의 시간적 스케일, 그리고 무엇보다도 분석의 목적 자체에 영향을 미친다. 같은 기술을 사용하더라도 분석 단위가 다르면, 그 결과는 전혀 다른 해석과 실천적 함의를 낳게 되는 것이다.

이에 따라 학습분석학을 세 가지 범주—기관 분석학(Institutional Learning Analytics), 수업 분석학(Classroom Learning Analytics), 개인 분석학(Individual Learning Analytics)—로 구분하여, 각 범주의 주요 특성과 이론적 기반, 활용 맥락을 체계적으로 조망하고자 한다. 이 구분은 단순한 행정적 분류가 아니라, 학습이라는 현상에 접근하는 서로 다른 철학적 태도와 분석 목적의 다양성을 드러내는 기준이 된다. 따라서 이는 학습분석학의 내적 다양성과 이론적 지형을 이해하는 데 핵심적인 틀로 기능할 수 있다.

### 1) 기관 분석학(Institutional Learning Analytics)

기관 분석학은 학교, 교육청, 대학 본부, 혹은 국가 차원의 교육 시스템을 분석 단위로 삼는다. 이 분석의 결과를 소비하는 주체는 주로 행정가, 정책 담당자, 관리자이며, 분석의 목적은 교육 시스템의 효율성 제고, 자원 분배의 합리화, 성과 관리, 책임성 확보 등 거시적 의사결정을 지원하는 데 있다. 이때 활용되는 데이터는 일반적으로 열은 적고 행은 많은 구조, 즉 변수의 수는 제한적이지만 관측 대상(예: 학습자, 수업 등)의 수는 방대한 형태를 띤다.[29] 이는 주로 출결, 성적, 수강 이력 등 행정 관리 중심의 항목들로 구성되기 때문이며, 이들 데이터는 교육 기관의 정보 시스템에서 비교적 쉽게 수집·관리되는 정형화된 정보에 해당한다. 결과적으로

29) Soncin, M., & Cannistrà, M. (2022). Data analytics in education: Are schools on the long and winding road? *Qualitative Research in Accounting & Management, 19*(3), 286–304.

이러한 데이터 구조는 학습자의 전반적 학습 궤적이나 교수학습 과정의 맥락적 요소를 포착하는 데 한계를 가지는 동시에, 변수 간 상호작용에 대한 정밀한 분석보다는 대규모 관측치에 기반한 통계적 일반화에 초점을 맞추게 되는 경향이 있다.[30)]

이러한 데이터에 대한 분석은 주로 결과 중심의 횡단적 데이터를 기반으로 수행되며, 집단-간 차이에 주목하여 주요 정보를 도출한다. 예컨대, 특정 지역과 타 지역 간의 수학 성취도 차이, 혹은 연도별 중도 탈락률의 변화와 같은 비교 분석이 대표적인 사례이다. 이러한 분석 방식은 개별 학습자 수준의 미시적 변화를 탐색하기보다는, 집단 수준의 패턴과 경향성을 확인하는 데 초점을 둔다.[31)] 이와 같은 접근은 일반적으로 기관 연구(Institutional Research, IR)라 불리는 실천 영역과 연결된다. IR은 학습자 개인의 경험보다 교육 조직 전체의 운영, 전략, 정책 개선을 주된 관심으로 삼으며, 교육의 질 보장, 자원 배분, 성과 관리, 전략 수립 등을 위한 의사결정 지원 도구로서 학습분석을 활용한다.

필자의 초기 학습분석학 연구는 이러한 범주에 속한다. 구체적으로, 소속 대학교의 LMS 데이터를 분석하여 학기당 5,000개 이상의 교과목에 대한 정보를 추출하고, 이를 개별 교과 담당 교수가 아닌 교수학습개발원장의 관점에서 조직적으로 활용하고자 했던 시도는 기관 분석학의 대표적 사례로 볼 수 있다. 여기서 주목할 점은, 기관 분석학이 전통적인 교육공학이나 교과교육학보다는 교육행정학과 더욱 밀접한 연관을 지닌다는 사실이다. 교육공학과 교과교육학이 주로 수업 설계, 교수-학습의 질, 개별 학습자의 변화에 초점을 맞춘다면, 기관 분석학은 교육 현상을 제도적 차원에서 분석하고, 조직 전체의 구조와 운영을 조율하려는 학사 관리적 관점을 내포한다.

이러한 분석은 초점 자체가 과목별 교수 전략이나 개별 학습 과정의 탐색이 아니라, 기관 전체 수준의 성과 지표 관리, 시스템 효율성 확보, 정책에 대한 평가와 환류, 전략 기획 등에 맞추어져 있다는 점에서, 교육행정학의 관심사 및 기능과 궤를 같이 한다. 즉, 기관 분석학은 학습분석학이라는 기술 기반 분석 도구가 행정적 판단, 정책 설계, 조직 전략 수립의 실제적 수단으로 전이되는 접점에 해당하며, 이로 인해 학습분석학은 교육행정학과의 연계를 통해 보다 체계적이고 정교한 기관

---

30) Bernhardt, V. L. (2017). *Data analysis for continuous school improvement*. Routledge.

31) Zahner, D., & Steedle, J. T. (2015). *Comparing longitudinal and cross-sectional school effect estimates in postsecondary education*. Council for Aid to Education.

차원의 경영 분석 체계로 발전할 수 있는 가능성을 내포하게 된다.

### 2) 수업 분석학(Classroom Learning Analytics)

수업 분석학은 분석의 단위를 개별 수업으로 한다. 이때의 수업은 단일 교과목, 실습 활동, 온라인 코스 등 다양한 교수-학습 장면을 포괄한다. 이 분석의 핵심 목적은 교수-학습의 질을 향상시키는 데 있으며, 분석 결과의 주요 소비자는 교수자이다. 수업 분석은 교수자가 교수 전략을 조정하고, 학생에게 개별화된 피드백을 제공하며, 수업 구조를 개선하는 데 활용되는 중간 규모의 실천적 의사결정을 지원한다는 점에서 교육 현장의 실천성과 밀접히 맞닿아 있다. 데이터 구조 측면에서 수업 분석학은 기관 분석학과 개인 분석학의 중간 지점에 위치하며, 변수의 수와 표본의 크기 모두 중간 규모를 갖는다. 분석의 초점은 개인 간 차이에 있으며, 이를 통해 집단 내부에서 학습자들이 보이는 다양한 행동과 성과 패턴을 비교하고 해석하는 데 중점을 둔다.

예를 들어, 학습성과 간의 차이, 출석률 변화, 수업 참여 양상의 시계열적 비교, 온라인 활동 로그의 패턴 분석 등이 이에 해당한다. 이 분석 유형은 전통적으로 교과교육학, 교육공학, 학습과학 등에서 활발히 다뤄져 왔으며, 특히 교수자의 전문성을 강화하고, 수업을 살아 있는 실천의 장으로 인식하는 데 중요한 역할을 한다. 이 가운데 교육공학은 수업 분석학에 특별히 주목해 왔다. 이는 교육공학이 단순히 학습자의 성과 향상만을 목표로 하지 않고, 교수학습 체계를 설계하고 개선하는 메타적 안목과 실행적 책임을 학문적 정체성의 핵심으로 삼기 때문이다. 교과교육학이나 학습과학이 주로 학습자의 인지적 변화나 학습 과정의 이론적 탐색에 집중하는 반면, 교육공학은 학습자-교수자-매체-맥락 간의 유기적 상호작용으로 구성된 수업 전체 구조의 설계와 실천 가능성에 주목한다. 다시 말해, 교육공학은 수업이라는 실천 체계 안에서 이루어지는 설계-실행-평가-재설계의 순환 구조를 체계적으로 이해하고, 그 구조를 지속적으로 개선하는 데 중점을 둔다.

따라서 수업 분석학은 교육공학자에게 단순한 분석 대상이 아니라, 교수학습 체계의 설계와 실행을 평가하고 조정하는 과정을 통해 자신의 학문적 정체성을 실천적으로 구현하는 전략적 분석 단위라 할 수 있다. 이는 곧 교육공학이 이론의 해석에 머무는 것이 아니라, '수업'이라는 살아 있는 실천의 장에 개입하고, 변화의 흐름에 능동적으로 참여하며, 설계를 매개로 실천을 진화시키는 체계 설계과학으로서의 성격을 드러내는 것이며, 이러한 맥락에서 수업 분석학은 곧 '교육공학적 학습 분석학'이라 이름 붙일 수 있다.

### 3) 개인 분석학(Individual Learning Analytics)

개인 분석학은 분석의 단위를 개별 학습자로 설정하며, 그 분석 결과를 가장 직접적으로 소비하는 주체는 학습자 본인이다. 따라서 이 분석은 자기주도학습, 자기조절 역량, 메타인지적 전략의 강화와 밀접한 관련이 있으며, 학습자가 자신의 학습 과정을 이해하고 통제할 수 있도록 돕는 것을 주요 목표로 삼는다. 이 분석에서 활용되는 데이터는 일반적으로 열은 많고 행은 적은 구조, 즉 측정 변수는 매우 다양하지만, 표본 수는 작거나 경우에 따라 단 1명에 국한되기도 하는 형태를 지닌다. 이는 개인에 대한 정밀하고 복합적인 맥락 정보를 종합적으로 수집하고자 할 때의 전형적인 데이터 구성이다. 예를 들어, 아이트래킹(eye-tracking)의 경우 학습자의 시선 방향, 응시 시간, 시선 이동 속도 등 수십 개의 변수가 초당 수백 회에서 수천 회 반복 측정되어, 한 명의 학습자에 대해 수많은 고해상도 시계열 데이터가 생성된다.[32] 이러한 데이터는 경우에 따라, 동일 시간 동안 수집된 전국 단위의 LMS 로그 데이터보다 더 방대한 정보량을 생성하기도 한다. 기관 분석학이 열이 긴 빅데이터를 사용한다면 개인 분석학은 행이 촘촘한 빅데이터를 사용한다.

개인 분석학이 다루는 정보는 개인-내 차이에서 비롯된다. 즉, 동일한 학습자가 시간의 흐름이나 맥락의 변화에 따라 보이는 인지적·정서적·행동적 반응의 차이를 정밀하게 추적하고, 그 리듬과 패턴을 구조적으로 이해하려는 시도라 할 수 있다. 이를 통해 우리는 학습자가 특정 개념에서 혼란을 느끼는 순간, 주의가 분산되는 지점, 동기가 상승하거나 하락하는 조건 등을 실시간으로 포착할 수 있다. 이러한 분석은 학습의 과정 중심 동역학을 이해하는 데 최적화되어 있으며, 표면적 성과가 아니라 학습의 역사적 경로와 시점 간의 연속적 인과 관계를 드러내는 데 기여한다.

개인 분석학은 인간 학습의 미시적 구조에 대한 심층적 통찰을 제공하며, 맞춤형 피드백 시스템, 인공지능 기반 추천 시스템, 개인화된 학습 여정 설계 등 자기주도적 학습을 지원하는 기술적·이론적 기반을 형성함으로써, 초개인화를 향한 학습

---

32) Huh, D., Kim, J. H., & Jo, I. H. (2019). A novel method to monitoring changes in cognitive load in video-based learning. *Journal of Computer Assisted Learning*, *35*(6), 721-730.

분석학의 진화를 가속화한다. 나아가 이는 교육을 단순한 결과 관리가 아닌, 학습자의 존재와 리듬에 섬세하게 귀 기울이는 개입 행위로 전환시키는 데 필수적인 분석적 장치이기도 하다.

결과적으로, 개인 분석학은 기술적 정밀도만으로 정당화되는 분석이 아니라, 개별 학습자의 조직적 및 작업적 폐쇄성을 인식하는 존재론적 윤리의 실천이라 할 수 있다. 이 분석을 통해 우리는 인간 학습의 개별적 리듬과 변동의 결을 따라가며, 학습이라는 고유한 행위의 '몸'을 관찰하고 설계하는 새로운 교육학적 감수성을 획득하게 된다.

이러한 분석 단위의 층위는 다음 [그림 1]의 삼각형 구조로 요약할 수 있다. 개인 → 수업 → 기관으로 상향할수록 분석의 범위는 넓어지고, 개입의 맥락은 더욱 추상화되며, 데이터는 정밀도는 낮아지지만 포괄성과 일반성이 강화된 형태로 변한다. 반대로 하향할수록 데이터는 고해상도의 정밀성과 맥락 의존성을 띠게 되며, 분석은 학습자 주체의 자기생산성과 내적 리듬에 밀접히 연결된다.

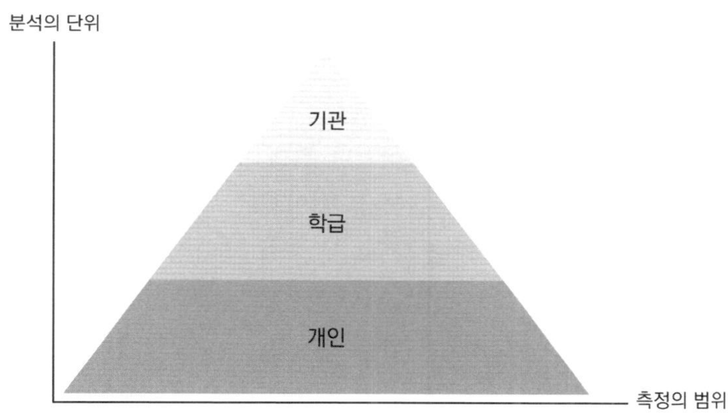


그림 1 분석의 단위에 따른 유형

여기서 주목할 점은, 학습분석학의 발전 방향은 분석 단위의 미시화로 향하고 있다는 사실이다. 기술 발전은 이제 하나의 학습자에 대한 수백에서 수천 개 변수의 고빈도 측정을 가능케 하였고, 그 결과 단일 학습자의 내적 인지-정서 상태, 미세 행위, 실시간 맥락 반응 등을 정량적으로 추적하고 해석하는 정밀 분석이 현실화되었다. 이는 과거에는 상상조차 어려웠던 초개인화된 분석의 세계가 학습 과정에 본격적으로 진입하고 있음을 의미한다.

데이터 구조 측면에서도, 정밀하고 복합적인 개인 분석학의 구조는 수직적으로 상위 층위(수업, 기관)의 분석을 재구성할 수 있는 정보를 포함하고 있지만, 그 역은 성립하지 않는다. 다시 말해, 개인 분석학에서 축적된 고해상도 데이터는 수업이나 기관 분석학을 구성하는 데 필요한 정보의 하위 집합을 이미 내포하고 있지만, 상위 층위의 데이터만으로는 개별 학습자의 내면적 변동과 맥락적 반응을 재현할 수 없다. 이는 정보 흐름의 비대칭성과 분석 단위 간 해상도의 본질적 차이를 반영한다.

이와 같은 미시화 추세는 단지 분석자의 관심사 변화 때문이 아니라, 측정 장비의 정밀도 향상, 데이터베이스 처리 용량의 비약적 증대, 머신러닝·딥러닝 등 분석 알고리즘의 민감성과 적응성 향상, 그리고 무엇보다 기술 비용의 하락이라는 복합적 기술 진보에 기인한다. 다시 말해, 개인 분석학이 더 이상 실험실에서 고가 장비를 사용하는 특수한 연구가 아니라 현장 교육에서도 실용적이고 실현 가능한 분석학이 되어가고 있는 것이다.

분석 단위의 차이에도 불구하고, 미래에도 이 세 가지 분석 층위—기관, 수업, 개인—는 각각의 정보 요구와 목적에 따라 독립적으로 존재하며 동시에 공존, 공진화할 것이다. 교육은 언제나 시스템의 효율성(기관), 교수자의 실천(수업), 학습자의 변화(개인)라는 서로 다른 스케일의 문제를 다루는 체계이며, 따라서 학습분석학 역시 이 세 층위를 수평적으로 병렬화하거나 위계적으로 단순화하는 것이 아니라, 서로 다른 해상도와 맥락을 잇는 다층적 분석 연쇄로 설계해야 한다. 요컨대, 학습분석학의 미래는 미시화로 수렴하되, 다층화로 확장된다. 이 두 경향은 서로 충돌하는 것이 아니라 정밀성과 구조, 실천과 시스템, 개인성과 제도의 교차 지점에서 새로운 교육학적 실천의 가능성을 열어가는 상보적 흐름이다.

## 2. 학습분석학의 발달과 진화

### (1) 학습분석학 발달 단계

#### 1) 응용 학문의 일반적 발달 단계

Januszewski와 Molenda는 교육공학을 정의한 2008년 저서 Educational

Technology: A Definition with Commentary에서 학문의 진화를 기술(Description), 설명(Explanation), 예측(Prediction), 통제(Control)의 4단계로 체계화하였다.[33] 이는 교육공학을 포함한 응용학문의 발전 경로를 분석하는 데 중요한 프레임워크로 활용되고 있다. 이 네 단계는 단순한 시간적 순서가 아니라, 각 단계가 그 다음 단계를 성립시키는 선결 조건으로 기능하며, 누적적으로 확장되는 구조를 가진다. 즉, 기술은 설명을 가능하게 하고, 설명은 예측을 가능하게 하며, 예측은 궁극적으로 통제를 가능하게 하는 방식으로 이어지는 것이다. 이러한 구조는 단지 자연과학에만 적용되는 것이 아니라, 응용과학과 실천 중심 학문에도 똑같이 적용되며, 학문적 정체성이 형성되고 기술적 실천으로 이어지는 진화적 경로를 이해하는 데 핵심적인 틀을 제공하는 과학철학의 보편적인 견해이다.[34]

예를 들어, 교육공학이 단순히 교수현상을 관찰하고 기술하는 단계에 머무를 경우, 그것은 단편적인 경험 축적에 그친다. 그러나 이 기술된 현상을 이론적으로 설명함으로써 교육 현상의 원리를 밝혀내고, 그 설명을 바탕으로 학습자의 반응이나 교수효과를 예측할 수 있게 되며, 궁극적으로는 특정한 설계를 통해 바람직한 학습 결과를 '통제'할 수 있는 실천적 가능성에 도달하게 된다. 이러한 구조는 과학철학자 Hempel[35]이 과학적 탐구에서 제시한 설명적 구조와도 연결되며, 교육학이나 교육공학처럼 이론과 실천이 긴밀히 결합된 분야에서 특히 중요한 발전 경로로 작용한다.

학습분석학 역시 이와 같은 관점에서 접근할 수 있다. 분석의 발달 단계를 기준으로 할 때, 학습분석학을 기술 분석학, 설명 분석학, 예측 분석학, 그리고 통제 분석학 등 네 단계로 분류할 수 있다. 이 네 단계는 병렬적인 범주가 아니라, 분석의 심화 정도와 개입의 수준이 점차적으로 확장되어 가는 계통발생적 구조(phylogenetic structure)[36]를 반영한다.

---

33) Januszewski, A., & Molenda, M. (2008). *Educational technology: A definition with commentary* (2nd ed.). Routledge.

34) Nagel, E. (1961). *The structure of science: Problems in the logic of scientific explanation*. Harcourt, Brace & World.

35) Hempel, C. G. (1965). *Aspects of scientific explanation*. Free Press.

36) 계통발생(phylogenesis)은 단순히 생물의 계보나 유전적 계통을 의미하는 것이 아니라, 기능의 분화와 환경에 대한 적응의 결과로 이해되어야 한다. 이는 하나의 생물학적 구조나 시스템이 외부 조건의 변화에 따라 새로운 기능을 획득하거나, 기존 기능을 재조정하면서 점진적으로 진화해 가는 과정을 내포한다. 이와 같은 관점에서 볼 때, 학습분석학의 분석 단계 또한 단절된

### 2) 기술 분석학(Descriptive Learning Analytics)

학습분석학의 발달 단계 중 초기에 해당하는 기술 분석학은 학습 현상의 존재 여부와 그 속성을 관찰하고 기록하는 데 중점을 둔다. 이는 분석 대상이 무엇이며, 어떤 양상으로 나타나는지를 가능한 한 있는 그대로 드러내는 작업이며, 학습분석학의 초기 연구들이 주로 이 범주에 속한다. 예컨대 학습자의 로그인 빈도, 출석률, 과제 제출 현황, 클릭스트림(clickstream), 시험 점수 등과 같은 행동 기반 데이터를 수집하고, 이를 시각화하거나 통계적으로 요약함으로써 관찰 가능한 형태로 전환하는 것이 대표적이다. 이 단계의 분석은 통계학의 분류로 보자면 기술통계에 해당한다.

기술 분석학의 목적은 데이터의 전체적 분포와 경향성을 파악하고, 복잡한 학습 활동의 단면을 요약과 시각화를 통해 단순화하며 이해 가능성을 높이는 데 있다. 예를 들어, 출석률의 평균, 과제 제출률의 중앙값, 시험 점수의 표준편차, 클릭 빈도의 시계열 변화, 활동 참여율의 누적 분포 등은 모두 기술통계의 도구를 활용한 전형적 분석이다. 이 분석은 "무엇이 일어나고 있는가?"라는 질문에 응답하는 데 초점을 두며, 인과적 설명이나 미래 예측보다 현상 그 자체의 명료한 인식을 우선시한다. 기술 분석학은 "데이터를 설명하기 위한 정제된 언어를 구축하는 과정"으로서 분석 전체 과정의 토대를 형성하는 구성적 시작점이다. 이 단계는 복잡한 학습 현상의 구조를 스케치하며, 이후 설명과 예측이라는 정밀 묘사로 나아가기 위한 설계적 구성의 진입점 역할을 한다.[37)]

특히 이 단계에서는 직관적 시각화 테크놀로지의 활용이 핵심적인 역할을 한다. 데이터 시각화는 수치 정보를 단순히 정리하는 데 그치지 않고, 사용자(분석자, 교수자, 정책 결정자 등)가 한눈에 패턴, 이상치(outlier), 변화 추이를 빠르게 파악할

---

범주가 아니라, 데이터 환경의 변화와 교육적 요구의 진화에 적응하면서 기능적으로 분화되어 온 결과라 할 수 있다. 초기의 학습분석학은 주로 기술 분석학에 머물러 있었지만, 데이터의 양적 팽창과 인공지능 기반 알고리즘의 고도화가 진행되면서, 설명적 분석, 예측 분석, 나아가 처방적 분석으로 분화되었다. 이러한 흐름은 기술적·사회적 진화 압력에 따른 분석 기능의 적응적 재구성과 분화를 보여 주며, 분석 단계의 전개가 생물 진화의 계통발생 구조와 유사한 원리를 따른다는 점을 시사한다.

37) Moreira, J., Carvalho, A., & Horvath, T. (2018). *A general introduction to data analytics* (1st ed.). Wiley-Interscience.

수 있도록 돕는다. 이 가운데 대시보드는 학습분석학에서 빠질 수 없는 핵심 도구로, 시각화 기술의 교육적 효용을 가장 집약적으로 보여 주는 대표적 사례이다. 대시보드는 학습자의 활동 데이터를 시각적으로 구성하여 교수자, 관리자, 학습자 모두가 학습의 진행 상황, 참여도, 위험 신호 등을 직관적으로 파악하고 대응할 수 있도록 돕는 인지적 인터페이스이다. 출석률, 과제 제출, 시험 점수, 몰입도 등 다양한 지표를 그래프, 색상, 시계열 차트 등으로 표현함으로써, 데이터는 단순한 숫자를 넘어 의미 있는 인지 구조로 전환된다. 대시보드는 단순한 보고 도구가 아니라 분석과 실천을 연결하는 시각적 커뮤니케이션 도구로, 사용자 각자가 자신의 언어로 데이터를 해석하고 실천에 반영할 수 있게 한다. 특히 직관적 시각화와 실시간 피드백의 결합은 기술 분석학이 단순 기술통계를 넘어 설계 기반 실천의 핵심 매개로 기능하도록 만든다.

비록 기술 분석학은 전체 분석 체계에서 가장 기초적인 수준으로 간주되기도 하지만, 이는 학습자 행동을 최초로 외현화하고 그 구조를 패턴화하는 정초 작업이라는 점에서, 단순히 초급 기술로 폄하되어서는 안 된다. 다시 말해, '기초'(기능적 출발점)와 '기본'(이론적 토대)은 명확히 구분되어야 하며, 이러한 구분은 기술 분석학이 설명, 예측, 처방으로 이어지는 고차 분석의 기반이자 출발점으로서 갖는 이론적·실천적 정당성을 명확히 한다. 결국, 기술 분석학은 '보이지 않던 학습의 흔적'을 분석 가능한 정보로 전환하는 관문이며, 학습분석학 생태계에서 이루어지는 모든 탐구와 실천은 이 관문을 통과하는 순간부터 비로소 시작된다. 그리고 그 문을 여는 열쇠는, 수량적 정보의 언어를 시각적 인식의 언어로 번역할 수 있는 직관적 시각화 도구와 테크놀로지에 달려 있다.

### 3) 설명 분석학(Explanatory Learning Analytics)

두 번째 단계인 설명 분석학은 관찰된 현상들 사이의 관계성과 인과적 구조를 이해하는 데 초점을 맞춘다. 이 분석은 단순한 수치나 빈도를 넘어, 왜 특정한 패턴이 나타났는지, 어떤 요인이 학습 결과에 영향을 주었는지를 해석하는 과정이다. 인과적 설명을 정당화하기 위해서는 두 층위의 조건이 충족되어야 한다. 첫 번째는 과학 일반에 적용되는 보편적인 논리성의 조건이고, 두 번째는 교육학과 같은 도메인 특수 분야에서 요구되는 설명 가능성의 조건이다.

과학적 탐구의 기초를 이루는 논리적 인과 추론의 기준은 존 스튜어트 밀의 고전적 인과 추론 이론에서 잘 정리되어 있다. 그 가운데 가장 근본적인 조건은 시간적 선행성(temporal precedence)이다. 원인은 반드시 결과보다 시간적으로 앞서야 하며, 어떤 사건이 다른 사건의 원인으로 간주되기 위해서는 반드시 그것보다 먼저 발생해야 한다. 예를 들어, 특정 교수 전략을 도입한 이후 학습 성과가 향상되었다면 그 전략은 인과 요인일 가능성을 지닐 수 있지만, 성과 향상이 해당 전략 도입 이전에 이미 발생했다면 그 전략은 인과적 원인이 될 수 없다. 이처럼 시간적 선후관계는 통계적 상관성과 인과성을 구분하는 가장 기본적이고 명확한 기준이 된다.

다음으로, 공변성(concomitant variation)의 존재도 인과 추론을 위한 중요한 조건이다. 이는 원인으로 추정되는 변수의 변화가 결과 변수의 변화와 함께 정비례하거나 반비례 관계를 보일 때 두 변수 간의 인과적 연결 가능성을 탐색할 수 있다는 원칙이다. 예컨대, 학습자의 몰입도가 증가할수록 성취도가 함께 상승하는 경향이 반복적으로 관찰된다면, 이들 변수 간에는 공변성이 존재하며, 이는 인과성을 추론할 수 있는 하나의 단서를 제공한다.

밀은 여기에 더하여 일치법(Method of Agreement)과 차이법(Method of Difference)이라는 두 가지 방법론적 조건도 제시하였다. 일치법은 서로 다른 사례들에서 동일한 결과가 발생했을 때, 그 사례들에서 공통으로 존재했던 요인을 인과적 원인으로 추론하는 방식이다. 반면 차이법은 대부분의 조건이 동일한 두 사례에서 한쪽에서는 결과가 발생하고 다른 쪽에서는 발생하지 않았을 경우, 그 차이를 만들어 낸 요인이 인과적 원인일 수 있다는 방식이다. 이러한 조건들은 모든 과학 분야에서 인과성을 판단하는 데 적용 가능한 논리적 전제이며, 학습분석학에서도 마찬가지로 필수적으로 고려되어야 한다.

학습분석학은 단순한 논리적 인과 추론만으로 설명력을 확보할 수 없다. 교수학습 활동은 인간의 행위와 의미 구성, 제도, 사회문화적 맥락이 복합적으로 얽힌 상황에서 이루어지기 때문이다. 설명 분석학이 고차원적 분석으로 기능하기 위해서는 도메인 특수 조건, 특히 교수학습 이론, 인지심리학, 동기이론, 교수설계 이론 등과의 긴밀한 연결이 필수적이다. 이들 이론은 단순한 배경지식을 넘어, 데이터 해석의 방향성과 깊이를 제공하는 설명 프레임워크로 작동한다. 또한 분석 설계 단계에서는 문제 맥락에 대한 심층적 이해가 요구된다. 교육은 기계적으로 단순화할 수 없는 복잡계이며, 교사와 학생, 제도와 기술이 상호작용하는 생태적 장에서 발생하므로, 맥락 민감성을 전제한 분석 전략이 필요하다. 설명 분석은 결과의 기술에 머무르지 않고, 교수 전략의 작동 과정, 학습의 경로, 성과에 영향을 미친 조건들을 구조적으로 해석해야 하며, 이를 위해서는 통계 분석만이 아니라 질적 통찰과 교육적 이해가 반드시 병행되어야 한다.

결국 설명 분석학은 데이터와 이론, 계산과 해석, 알고리즘과 교육철학 사이의 통섭적 실천을 요구하는 고차원적 연구 영역이다. 데이터가 아무리 풍부하고 알고리즘이 아무리 정교하더라도, 이론이 부재한 설명은 시각적으로 포장된 정보에 지나지 않으며, 도메인과 단절된 분석은 결코 교육적 성찰로 이어질 수 없다. 설명 분석학은 이 간극을 넘어서는 문지방이자, 학습분석학이 진정한 교육학적 의미를 획득하기 위해 반드시 통과해야 할 이론과 실천의 연결 지점이다. 이는 교육의 맥락 속에서 데이터의 의미를 구성하고, 학습을 단순한 수치가 아닌 해석 가능한 인간 행위로 복원하는 과정이며, 교육적 실재에 대한 정합적 이해를 되찾는 시도이기도 하다. 따라서 설명 분석학으로의 이행은 분석 기술의 진보를 넘어, 교육적 사유 역량과 이론적 감수성의 확장을 뜻하며, 학습분석학이 교육공학으로서의 정체성을 획득하는 지적 전환점이라 할 수 있다.

### 4) 예측 분석학(Predictive Learning Analytics)

세 번째 단계는 예측 분석학이다. 이 단계는 설명 분석을 통해 확보된 관계성, 경향성, 구조적 패턴을 바탕으로, 미래의 학습자 행동이나 성과를 사전에 예측하려는 분석 실천을 의미한다. 단순히 과거와 현재의 학습 현상을 해석하는 데 그치지 않고, 미래에 발생할 가능성이 높은 상태를 식별하여 선제적 개입(preemptive intervention)을 가능하게 하는 정보 기반을 마련하는 것이 핵심이다. 예컨대, 특정 학습자가 중도 탈락할 가능성이 있는지를 조기에 예측하거나, 향후 성취 수준이 낮아질 우려가 있는 학습자를 선별하여 개별화된 피드백, 상담, 학습전략 개입을 유도하는 작업이 대표적이다. 또한 참여 패턴이나 과제 수행 이력 등을 통해 학습 동기 저하, 인지적 과부하, 과제 이탈 가능성 등을 조기에 탐지하는 것도 이 범주에 속한다.

예측 분석학의 중심 질문은 "앞으로 무엇이 일어날 것인가?"이다. 그러나 이러한 예측이 단지 설명 분석학에서 확보된 인과 구조를 기반으로 추론되는 선형적 연장선에 머물 경우, 심각한 한계에 부딪힌다. 그 이유는 설명 분석학이 전제하는 인과적 선형성, 즉 가산성과 동차성이라는 수학적 성질, '다른 모든 조건이 동일하다면(ceteris paribus)'이라는 실험실적 통제 조건이 복잡한 인과적 상호작용이 일어나는 학습 현상에서는 거의 성립하지 않기 때문이다. 학습자의 행동은 시간에 따라 비선형적으로 변화하며, 상호작용 효과, 경로 의존성, 초기 조건 민감성 등 다양한 요인에 의해 복잡하게 얽힌다. 다시 말해, 같은 요인을 같은 방식으로 다시 투입했을 때 같은 결과가 나오지 않는 것이 실제 교육 현장의 본질이다. 따라서 설명 분석 기반의 전통적 예측은 고정된 인과 모형 위에서 단순 반복되는 결과만을 추론할 뿐, 개입 가능성이나 조건 변화에 따른 동적인 결과 예측에는 취약하다.

예측 분석학은 단순히 '과거의 연장선상에서 미래를 계산하는 기술'에 머물지 않는다. 그것은 오히려 교육적 개입의 타이밍과 방향성을 정밀하게 설계하기 위한, 시뮬레이션 기반의 예지 능력을 요구하는 고차원적 분석 단계이다. 설명 분석이 지닌 선형적 한계를 넘어, 예측 분석은 복잡계적 사고, 비선형 탐색, 조건 변화에 따른 동태적 시나리오 분석을 가능하게 하는 인공지능 기반 기법을 통해 새로운 분석의 지평을 열고 있다.

특히 예측 분석은 참여 주체들의 구조적 폐쇄성과 작업적 폐쇄성을 함께 고려함으로써, 단지 결과를 추산하는 것을 넘어서 체계 내부에서 작동하는 자기참조적 규칙과 실행 가능성의 조합을 시뮬레이션하는 분석적 실천으로 확장된다. 결과적으로 예측 분석학은 학습분석학이 과거 데이터를 해석하는 작업을 넘어, 교육의 미래를 설계하고 개입을 디자인하는 실천과학으로 전환되는 핵심 지점이다. 이 전환은 더 이상 과거를 반복하는 것이 아니라, 가능한 미래를 상상하고 실험하며 조율할 수 있는 '설계적 상상력'을 요구한다. 다시 말해, 예측 분석은 분석이자 동시에 설계의 문턱에 선 분석이며, 학습분석학을 실질적인 교육 개입 도구로 전환시키는 핵심 경로이다.

〈CHAPTER 01 체계 이론의 이해〉에서 설명한 바와 같이, 베르탈란피가 체계의 행동을 예측하기 위해 제안한 연립미분방정식은 설명 분석학이 수행할 수 없는 수준의 예측 분석적 접근을 시도한 초기 사례이다. 그러나 연립미분방정식은 계산적으로 지나치게 복잡할 뿐 아니라, 해를 구할 수 없는 경우도 많아 '계산 불가능성(computational intractability)' 문제에 직면한다. 이는 실제 분석 환경에서는 적용이 어려운 한계로 작용한다.

이러한 한계를 극복하기 위해 등장한 것이 바로 인공지능 기반의 시뮬레이션적 예측 방식이다. 대표적인 기법으로는 what-if 시뮬레이션과 goal-seeking analysis가 있다. What-if 시뮬레이션은 실제 상황이 아닌 가상의 조건을 설정하고, 특정 변수 값을 변화시켰을 때 결과가 어떻게 달라지는지를 탐색한다. 예를 들어, 참여율이 일정 수준 이상일 때 성취도가 얼마나 향상되는지, 특정 학습 모듈 이수 여부에 따라 학습 지속률에 어떤 변화가 나타나는지를 시뮬레이션할 수 있다. 이는 개입의 효과를 사전적으로 가늠할 수 있게 해주는 유용한 도구이다.

Goal-seeking analysis는 반대로 달성하고자 하는 결과(예: 중도 탈락률 10% 이하, 평균 성적 80점 이상)를 먼저 설정하고, 그 결과를 실현하기 위해 어떤 조건이 충족되어야 하는지를 역산하는 방식이다. 이 방식은 미래의 교육 설계, 자원 배분, 교수 전략 수립에 있어 중요한 시사점을 제공한다.

### 5) 통제 분석학(Controlled Learning Analytics)

학습분석학의 네 번째이자 최종 발달 단계는 통제 분석학이다. 이 단계는 예측에 기반하여 바람직한 결과를 도출하기 위해 교육 환경이나 변인을 의도적으로 조정하는 실천적 개입을 포함한다. 구체적으로는 학습자에게 맞춤형 피드백을 제공하거나, 교수자가 실시간 대시보드를 통해 교수 전략을 조정하는 활동 등이 해당된다. 이때 분석은 단순한 진단이나 사후적 이해의 도구를 넘어서, 설계와 실행의 연속선상에서 실질적인 개입을 가능케 하는 실행적 장치로 전환된다.

교육 맥락에서 '통제'는 종종 오해되기 쉽지만, 이는 위계적 명령이나 일방적 지시가 아니라, 목표지향적 의사결정과 실행 사이에서 이루어지는 조율적 개입으로 이해되어야 한다. 통제는 고정된 처방을 주입하는 것이 아니라, 복잡하고 유동적인 교육 생태계 속에서 변인 간 상호작용을 분석하고, 바람직한 방향으로 체계를 유도해 가는 창의적 설계 행위이다. 다시 말해, 통제는 전체 구조를 조율하고 흐름을 정렬하는 동태적 설계 개입이며, 정태적 지배가 아닌 미래 지향적 방향 제시에 가깝다.

이러한 통제의 대상은 인간 주체로서의 학습자가 아니라 교수학습체계 그 자체이다. 학습자는 조직적 폐쇄성을 지닌 자기생산체계로서, 외부 명령에 수동적으로 반응하는 존재가 아니라, 환경과 상호작용하며 스스로 의미를 구성하고 학습을 조절하는 자율적 주체이다. 따라서 학습자에게 필요한 것은 통제가 아닌 '처방(prescription)'이며, 이는 제안된 조치를 학습자가 자율적으로 수용하거나 조정할 수 있는 가능성을 전제로 한다.

이러한 관점은 교수학습체계와 학습자 간의 관계를 명확히 구분한다. 교수학습체계는 통제의 대상이며, 설계자는 이를 목표 지향적으로 조율하고 운영하는 역할을 수행해야 한다. 반면 학습자는 처방의 대상으로 간주되며, 그 자율성과 의미구성 능력은 존중받아야 한다. 여기서 '통제(control)'는 시스템 수준에서 이루어지는 전략적 설계이자 실행을 위한 구조적 개입을 의미하며, '처방(prescription)'은 학습자에게 선택 가능성과 자율적 판단의 여지를 제공하는 유연한 안내로 작동한다.

이때 처방은 '처치(treatment)'와 구별된다. 처치는 의료적 맥락에서 의사가 환자에게 직접 가하는 행위로, 수동적 수용을 전제로 한다. 반면 처방은 환자 혹은 학습자가 자율적으로 따르기를 기대하는 안내로, 능동적 수용과 판단의 여지를 내포한다. 이러한 구분은 학습자를 자기생산체계로 이해하는 관점과 긴밀히 연결되며, 학습자는 외부에서 일방적으로 개입되는 존재가 아니라, 자기 주도적 판단과 선택을 통해 의미를 구성해 나가는 주체로서 위치 지어진다.

한편, 처방 중에서도 실시간적으로 상황과 맥락을 고려하여 미세하게 조정되어 제공되는 안내를 넛지라 한다. 넛지는 직접적인 지시나 강제가 아닌, 학습자가 보다 바람직한 방향으로 스스로 결정할 수 있도록 유도하는 전략으로, 자율성과 설계적 유도 사이의 균형을 지향한다.[38] 이러한 구조는 비대칭 인간-기계 협력의 틀 안에서, 설계자와 학습자의 역할을 재정립하고, 교수학습체계의 운영 방식에 새로운 윤리적·기술적 기준을 제시한다.

결국 교육적 통제는 모든 조건을 고정하거나 강제하는 것이 아니라, 개인의 자율성과 교수학습 체계의 방향성을 동시에 고려하는 정교한 설계 행위이다. 통제분석학이 실질적으로 작동하려면, 넛지를 실시간적으로 설계하고 개발하는 활동이 반드시 내포되어야 한다. 이는 살아 있는 시뮬라리움 학습 생태계 안에서 목표 지향성을 확보하는 동시에, 각 학습자가 자신의 의미와 맥락 속에서 학습을 실현할 수 있도록 환경을 조율하는 고차원적 개입이다. "통제는 체계에, 처방은 인간에게." 이와 같은 분리는 분석의 실천적 적용에서 자기생산체계로서 인간의 존엄성과 목표 달성을 위해 설계된 시뮬라리움의 공존을 담보하려는 교육공학적 접근의 핵심 지점이라 할 수 있다.

---

38) Thaler, R. H., & Sunstein, C. R. (2008). *Nudge: Improving decisions about health, wealth, and happiness*. Yale University Press.

### 6) 예측 - 처방 패러독스

예측 분석학은 통계적 경향성을 바탕으로 미래 상태를 진술하고자 한다. 특정 변인 간의 상관관계와 과거 데이터의 패턴을 기반으로, 어떤 결과가 발생할 가능성이 높은지를 추론하며, 이를 통해 교육 현장에서 사전 경고와 조기 개입의 근거를 제공한다. 그러나 처방 분석학은 이와는 정반대의 방향을 향한다. 그 목적은 예측된 결과가 실제로 실현되지 않도록 개입하는 데 있으며, 이는 단지 미래를 예측하는 데 그치지 않고, 바람직한 미래를 창조하기 위한 의도적이고 책임 있는 설계적 실천을 포함한다.

이러한 맥락에서 예측 분석이 처방 분석에 의해 '오류'로 판명될 때, 오히려 예측 분석은 가장 이상적으로 기능한 것이라 말할 수 있다. 처방 분석은 예측이 빗나갈수록 성공한다는 역설, 즉 처방적 패러독스에서 진정한 교육공학적 의미를 획득한다. 바로 이 지점에서, 예측 분석학과 처방 분석학은 예측 분석의 결과를 활용하여 그것을 '틀리게 만들려는' 역설적 관계, 즉 패러독스적 상보성(paradoxical complementarity)에 놓인다. 예측은 "그렇게 될 것이다."라는 통계적 진술이라면, 처방은 그에 대한 실천적 대응으로서 "그렇게 되지 않도록 하겠다." 혹은 "그렇게 되도록, 또는 더 잘되도록 하겠다."라는 개입의 표현이다. 처방은 예측의 종착지가 아니라, 예측을 전략적으로 무효화하고 재구성하려는 설계적 실천이며, 이는 단지 데이터를 해석하는 데 그치지 않고, 데이터를 발판 삼아 미래를 새롭게 창조하려는 능동적 기획이다.

예컨대, 한 학습자가 실패할 확률이 80%로 예측되었다고 하자. 이 예측이 현실화될 경우, 예측의 정확도는 입증된다. 그러나 교육의 목적은 예측의 적중률을 확인하는 데 있지 않다. 중요한 것은 그러한 부정적 예측이 실현되지 않도록, 사전에 개입하고, 학습자의 가능성을 회복하며, 실패의 경로를 차단하고 새로운 학습 경로를 설계하는 일이다. 이때 처방 분석은 예측된 결과를 바탕으로 삼되, 그 결과가 틀리도록 만드는 개입으로 작동할 때 비로소 처방은 교육공학적 실천 도구로서 성공적으로 기능한 셈이다. 예측 분석이 과거의 경향성을 반영해 미래를 진술하는 '경고 시스템'이라면, 처방 분석은 그 경고를 바탕으로 미래를 다르게 구성하려는 '설계 시스템'이다. 예측은 가능성을 말하지만, 처방은 가능성을 열어가는 개입이다. 처방 분석이 교육에서 중요한 이유는, 그것이 데이터의 종속변수가 아니라, 교육의 주체로서 미래를 재구성하려는 인간적·설계적 실천이기 때문이다. 이 지점에서, 학습분석학은 단순한 기술이 아니라, 교육의 목적론과 연결되는 가치 기반의 실천과학으로 도약한다.

### (2) 통계학과 분석학의 차이

학습분석학을 올바로 이해하고 활용하기 위해서는 먼저 학습분석학이 단순히 통계학을 교수학습 도메인에 적용한 것이라는 오해로부터 구출해 내야 한다. 이러한 오해는 학습분석학이 교육 데이터마이닝으로부터 분기되던 초기부터 꾸준히 제기되어 왔으나, 오늘날에도 여전히 많은 이들이 학습분석학을 통계 기반의 분석 도구로만 환원시키는 경향을 보인다. 실제로 학습분석 연구자가 되려는 학생들에게 대학원 진학 전에 요구되는 선수 지식으로 R이나 Python과 같은 프로그래밍 언어가 우선적으로 언급되는 것이 대표적인 예다. 이러한 경향은 학습분석학을 기술 종속적인 하위 범주로 축소시키고, 교육공학적 정체성과 이론적 독자성을 희미하게 만드는 요인으로 작용한다. 그 결과, 학습분석학은 교육의 의미를 사유하고 교수학습체계를 설계하며 진화시키려는 실천과학으로서의 가능성보다는, 통계적 기법을 구현하는 보조 기술로 오해받기 쉽다.

따라서 학습분석학은 통계학과의 유사성을 강조하기보다는, 그와의 목적·방법·해석의 차이를 철저히 규명하는 방향으로 재정립되어야 한다. 이를 위해서는 통계학과의 비교를 발판 삼아 학습분석학 고유의 존재론적·인식론적 기반을 해명하고, 교수학습의 실천성과 연결된 분석의 구조를 이론적으로 정립하는 작업이 선행되어야 한다. 이론 없는 분석은 해석 없는 수치에 불과하며, 기술에 종속된 분석은 교육을 진화시킬 수 없다. 학습분석학이 교육공학의 핵심 분야로 자리매김하기 위해서는, 그 정체성을 통계학의 응용이 아닌 실천적 설계과학의 한 축으로 선명히 위치 지어야 한다.

#### 1) 방법론적 - 이론적 차이
#### : 법칙과학으로서의 통계학, 개별과학으로서의 분석학

통계학(Statistics)과 분석학(Analytics)은 모두 데이터를 기반으로 현상을 탐구한다는 공통점을 지니지만, 그 목적과 접근 방식, 인식론적 관점, 그리고 실천적 함의에 있어서는 차이를 보인다. 이러한 차이는 특히 교육 현장에서 데이터 기반 의사결정을 수행할 때 중요한 판단 기준이 된다.

첫째, 목적의 측면에서 통계학은 법칙과학의 전통에 뿌리를 두고 있으며, 일반화 가능한 보편적 패턴과 통계적 상관관계를 밝히는 데 중점을 둔다. 이를 위해 통계학은 "다른 조건은 동일하다(Ceteris Paribus)."라는 이상화된 가정 아래에서 독립변수와 종속변수 사이의 선형적 관계를 정밀하게 분석하며, 변수 간의 상관과 효과를 평균적으로 추론한다.[39] 예컨대, 일반 선형 모델(Generalized Linear Model)을 활용하여 '학습 시간과 성취도 사이의 관계'를 수학적으로 검증하는 방식은 그 전형이다. 이때 통계적 잔차는 모델이 설명하지 못하는 불확실성의 잔류물로 간주되며, 그 우연성은 제거되어야 할 노이즈로 취급된다.[40] 반면, 학습분석학은 개별과학의 성격을 띠며, 특정 교육 맥락에서의 역사적이고 우연적인 사건들 — 즉 개별 학습자의 경험적 삶의 궤적 — 을 핵심 분석 단위로 삼는다.[41] 여기서 개별과학이란 보편법칙을 추구하는 법칙과학과 달리, 구체적이고 개별적인 사례의 의미와 맥락에 주목하는 과학을 의미한다.[42] 학습자는 동일한 지식 구조를 습득하더라도 각기 다른 경험과 경로, 의미 부여를 통해 학습을 구성하며, 이 과정은 시간성과 맥락성을 지닌 독특한 궤적으로 나타난다.[43] 역사적 서술이 설명적 가치를 갖는 이유는, 단순한 사건의 나열이 아니라, 그 사건들이 시간의 연쇄 속에서 서로에게 인과적으로 기여하고, 특정 결과를 향해 진화하는 과정을 보여주기 때문이다. 앞선 경험은 다음 선택의 조건이 되고, 과거의 결정은 현재의 가능성과 제약을 구성한다.[44] 이러한

---

39) Pearson, K. (1896). Mathematical contributions to the theory of evolution. III. Regression, heredity, and panmixia. *Philosophical Transactions of the Royal Society of London, Series A, Containing Papers of a Mathematical or Physical Character, 187*, 253-318.

40) Breiman, L. (2001). Statistical modeling: The two cultures. *Statistical Science, 16*(3), 199-231.

41) Beck, E. D., & Jackson, J. J. (2022). Personalized behavior prediction: An idiographic person-situation test. *Psychological Science, 33*(10), 1767–1782.

42) Gašević, D., Dawson, S., Rogers, T., & Gasevic, D. (2016). Learning analytics should not promote one size fits all: The effects of instructional conditions in predicting academic success. *The Internet and Higher Education, 28*, 68–84.

43) Saqr, M., & López-Pernas, S. (2021, July). Idiographic learning analytics: A definition and a case study. *Proceedings of the 2021 International Conference on Advanced Learning Technologies* (*ICALT*) (pp. 163–165).

44) Mayr, E. (2016). **이것이 생물학이다** [This is biology: The science of the living world] (최재

인과의 궤적은 학습자의 자기생산적 삶과 밀접히 연결되어 있으며, 학습분석학은 바로 이 역동적이고 비선형적인 과정을 과학적 분석의 대상으로 삼는다. 학습분석학에서는 통계학에서 통계적 잔차로 간주되던 것은 오히려 자기생산체계인 인간의 존재론적 개성으로 재조명되며, 예측 불가능성과 변칙성 자체가 실천적 개입의 단서가 된다. 다시 말해, 학습자의 클릭스트림, 정서 반응, 사회적 상호작용 등에서 표준화된 모델이 간과하는 미세한 차이와 맥락적 잉여는 학습자라는 세계-내-존재의 흔적이며, 이러한 흔적에 기반하여 개입 가능한 의미의 장이 구성된다. 이러한 관점에서 학습분석학은 "어떻게 개입할 것인가?"라는 처방적 질문을 중심으로, 예측에서 개입으로 이어지는 실시간 순환적 사이클을 구현하고자 시도해야 한다. 이는 일종의 역사성에 기반한 역동성으로, 각각의 학습자가 놓인 시공간적 맥락과 그 속에서 구성되는 주체성을 반영하는 실천이다. 예컨대, 기계학습 기반 모델을 통해 감정 변화와 참여 패턴을 감지하고, 이 데이터를 바탕으로 개별 학습자에게 최적화된 피드백을 제공하거나 학습 경로를 동적으로 조정하는 방식은, 바로 이 존재론적 개성과 맥락적 우연성을 정밀하게 읽어 내고 대응하려는 학습분석학의 실천적 지향이다.

둘째, 방법론적인 측면에서도 통계학과 학습분석학은 근본적으로 다른 세계를 지향한다. 통계학은 정제된 구조화 데이터를 기반으로 선형 회귀, 분산분석, $t$검정 등 수학적으로 엄격한 기법을 활용하여 변수 간의 평균적 효과를 추정하고, 통계적 유의성($p$-value)을 통해 결과의 신뢰도를 검증한다. 이러한 방식은 높은 통계적 설명력을 가지며, 변수 간의 정적인 관계를 일반화함으로써 보편적 법칙성을 도출하는 데 강점을 가진다. 그러나 이 접근은 본질적으로 시간에 따른 변화, 학습자의 개별적 맥락, 그리고 비선형적 학습 현상을 부차적인 것으로 간주하거나 제거돼야 할 노이즈로 환원시킨다.[45] 그 결과, 실제 교육 현장에서 나타나는 복잡성과 다양성, 돌발성을 충분히 포착하거나 반영하기 어렵다는 구조적 한계를 지닌다. 반면, 학습분석학은 정적 평균이 아닌 동적 개별성을 다룬다. 로그, 텍스트, 음성, 영상 등 다양한 형태의 이질적이고 비정형적인 데이터를 실시간으로 통합 분석하고, XAI, SNA, 시뮬레이션 기법 등 다양한 계산 도구를 통해 학습자의 현재 상태와

---

천, 고인석, 김은수, 박은진, 이영돈, 황수영, 황희숙 역). 바다출판사. (원저 1998년 출간).

45) Hand, D. (2023). **신은 주사위 놀이를 하지 않는다: 로또부터 진화까지, 우연한 일들의 법칙** [Improbability principle] (전대호 역). 더퀘스트. (원저 2015년 출간).

환경 맥락을 다면적으로 읽어 낸다. 특히 최근에는 생성형 인공지능, 멀티모달 모델, LLM 기반 분석 기술의 급진적 발전이 학습분석학의 방법론을 획기적으로 개선하고 있다. 이는 기존의 선형적 예측을 넘어서 비정형 데이터의 의미 구조를 실시간으로 해석하고, 학습자의 심리적 상태나 개입 타이밍을 동적으로 판단할 수 있게 해주며, 과거에는 불가능했던 수준의 정교한 분석과 적시적소 개입 설계를 가능하게 만든다. 이러한 분석은 단지 "무엇이 효과적인가?"를 묻는 데 그치지 않고, "이 학습자에게 지금 무엇을 해야 하는가?"라는 맥락적 처방력을 중심 질문으로 삼는다. 이는 수학적 유의성보다 교육적으로 실행 가능한 의미를 더 중시하며, 실제 개입과 변화 가능성에 초점을 둔다. 예를 들어, 감정 분석을 통해 학습자의 동기 저하 신호를 탐지하고, 시의적절한 피드백이나 사회적 상호작용을 유도하는 방식은 결과의 수학적 정합성보다 의미의 실천 가능성을 우선시하는 처방 행위이다. 특히 최근에는 에이전트 기반 모델링, 디지털 트윈, 강화학습 기반 최적화 시뮬레이션 등이 도입되며, 단순한 예측을 넘어 무엇을, 언제, 어떻게 개입할 것인가에 대한 실행 지능(execution intelligence)이 구현되고 있다.[46] 이러한 차이는 설명에서 개입으로, 정적 예측에서 동적 처방으로, 그리고 보편적 법칙에서 특수한 맥락으로 이동하는 학습분석학의 방법론적 전향을 보여 준다. 이는 단지 새로운 도구를 사용하는 것이 아니라, 교육적 세계를 읽는 방식 자체의 전환을 의미하며, 통계학이 추구하는 설명력 중심의 과학과는 다른 처방력 중심의 실천학을 구성한다. 이 서술은 '통계학은 설명을 통해 이해를 정지시키지만, 학습분석학은 개입을 통해 이해를 살아 있게 만든다.'라는 본 저자의 관점과 일치하며, 시뮬라리움의 맥락 기반 설계철학과 정합성을 갖는다.

셋째, 인식론적 측면에서 통계학과 학습분석학은 교육 현상을 해석하는 전제 자체가 다르다. 통계학은 환원주의적 인식론에 뿌리를 두고 있으며, 교육의 복잡한 양상을 수학적 모델—예컨대, $Y=\beta_0+\beta_1X_1$과 같은 선형 방정식—로 단순화하여 설명하고자 한다. 이러한 접근은 정서적, 사회문화적, 우발적 요소들을 계량이 어려운 교란 변수로 간주하여 분석의 외곽으로 밀어낸다. 결과적으로, 분석의 중심에는 '모집단의 평균'이 놓이고, 그 평균에서 벗어난 특이 사례들은 '잔차(residual)'로 처

46) Lekssays, A., Shukla, U., Sencar, H. T., & Parvez, M. R. (2025). TechniqueRAG: Retrieval augmented generation for adversarial technique annotation in cyber threat intelligence tex. arXiv preprint arXiv:2505.11988.

리되며 해석의 그늘 속에 방치된다. 이처럼 통계학은 "무엇이 평균적으로 효과적인가?"라는 질문에는 유효한 답을 제공할 수 있지만, "왜 이 학습자에게는 그것이 통하지 않는가?"라는 물음에는 구조적으로 응답하지 못한다.[47] 이는 통계학이 고수하는 보편주의적 세계관 — 즉, 개별적 다양성과 맥락적 특수성은 우연이거나 노이즈일 뿐이라는 관점 — 의 한계를 드러낸다. 복잡성과 유일성은 제거되어야 할 노이즈로 간주되고, 학습자는 통계적 추론의 잔차 항으로 전락한다. 반면, 학습분석학은 비환원주의적 인식론에 기반하여, 개별 사례의 고유성과 맥락성을 해석의 중심에 둔다. 이는 동일한 수학적 모델을 모든 학습자에게 일괄 적용하기보다, 각자의 길을 걷는 인간들 각각의 여정을 추적하는 개별과학의 전통에 가깝다. 이 관점에서 학습은 정적 법칙이 아니라, 시간 속에서 발생하고 변화하는 생성적 사건이며, 교육은 평균의 명제가 아니라 존재의 예외를 이해하려는 시도이다. 이러한 접근은 복잡계 이론, 체계이론, 시뮬레이션적 사고와 맞닿아 있으며, '살아 있는 학습'을 포착하려는 실천적 인식론이다. 특히 최근 인공지능 기술의 비약적 발전은 이 인식론적 전환을 실현 가능한 분석 도구로 구현해 내고 있다. NLP, 감정 인식, 다중 양식 통합(Multimodal Fusion), XAI 등의 기술은 기존 통계학이 배제했던 정서, 사회적 상호작용, 개별의 내면 상태를 탐지하고 해석할 수 있는 기술적 기반을 형성하고 있다.[48] 이러한 도구들은 더 이상 정제된 수치만이 아니라, 삶의 질감이 담긴 데이터 — 말투, 표정, 상호작용 양상 — 를 분석의 대상으로 삼고, 그 안에서 학습자의 생동하는 의미 세계를 포착해 낸다. 이는 학습분석학이 단지 기술적으로 진보된 학문이 아니라, 인식론적 감수성의 전환을 수반한다는 점을 명확히 보여 준다. 요컨대, 통계학이 "평균적 인간"을 상정하고 그 위에 일반 법칙을 세우려 한다면, 학습분석학은 "상황화된 개인"을 이해하고 그 안에서 의미의 계기를 탐색한다. 통계학이 설명을 통해 이해를 정지시킨다면, 학습분석학은 개입을 통해 이해를 살아 있게 만든다. 이는 곧, 시뮬라리움의 맥락 기반 설계철학과 깊이 있는 정합성을 이루는 사유 방식이며, 개별적 존재로서의 학습자를 인식론의 중심으로 복귀시키는 시도이기도 하다.

넷째, 존재론적 차원에서 통계학과 학습분석학은 서로 다른 지형에 서 있다.

---

47) 조일현(2023). HRD와 **학습분석학**. 박영스토리.

48) Khine, M. S. (Ed.). (2019). *Emerging trends in learning analytics: Leveraging the power of education data*. Brill.

'평균적 인간'이라는 개념은 단순한 통계적 가설이 아니다. 그것은 근대 지식 체계가 구성해 온 은폐된 형상인류(figure of man),[49] 즉 인간 존재에 대한 기준선을 설정하고 그것을 규범으로 삼아 온 보이지 않는 도식이다. 평균은 다수를 대표하는 듯 보이나, 실상은 단일한 규범적 인간상을 중심으로 복잡하고 이질적인 존재들을 정규화하고 배제하는 기제로 작동한다. 특히 교육에서 학습자를 자기생산체계로 이해할 때, 이 문제는 단순한 통계적 편의성을 넘어 존재론적 윤리성의 핵심 쟁점으로 전환된다. 자기생산체계는 외부 환경과 단절된 폐쇄적 존재가 아니라, 외부의 자극을 자기 조직의 고유성에 따라 의미화함으로써 스스로를 갱신하는 살아 있는 체계이다. 이러한 체계는 조직적 폐쇄성을 통해 외부의 구조나 질서를 그대로 수용하지 않고, 오직 자신의 내적 법칙에 따라 정보를 의미로 전환한다. 세계가 체계에 인식을 주입하는 것이 아니라, 체계가 세계를 자기 방식으로 창조해 내는 것이다. 한편 작업적 폐쇄성은 외부의 명령이나 통제가 체계의 작동을 직접 강제할 수 없음을 의미하며, 체계는 자신의 고유한 리듬과 내부 논리에 따라 작동한다. 다시 말해, 각 개인은 자기만의 시간성과 인식 구조, 자기참조적 세계를 지닌 하나의 우주로 존재한다. 그런데 이러한 자기생산체계 위에 평균적 인간이라는 개념이 덧씌워질 때, 문제는 존재의 심층으로 침투한다. 평균값으로 수렴된 학습 경로는 개별 체계의 고유한 폐쇄성을 부정하고, 이질적 존재를 동질화하려는 폭력으로 작동한다. 특히 학습분석시스템이 실시간 피드백과 알고리즘 개입을 통해 개별 학습자를 표준화된 경로로 유도할 경우, 이는 조직적 폐쇄성을 외부에서 열고, 작업적 폐쇄성을 재구성하려는 구조 외삽(structural extrapolation)[50]의 시도에 다름 아니다. 기술적으로는

---

49) Foucault, M. (2012). **말과 사물** [Les mots et les choses] (이규현 역). 민음사. (원저 1970년 출간)
Foucault, M. (1970). *The order of things: An archaeology of the human sciences* (A. Sheridan, Trans.). Pantheon Books.
'형상인류(figure of man)'는 미셸 푸코의 사상에서 등장하는 핵심 개념으로, 근대 지식체계가 구성해 온 "인간"이라는 보편적이고 중심적인 존재 형상을 지칭한다. 푸코는 이 '형상인류'가 통계학, 생물학, 심리학, 사회학 등 근대 학문 체계 전반에 걸쳐 형성된 담론적 구성물이며, 그것이 마치 자연적 사실인 것처럼 '보편적 인간'을 설정함으로써, 실제로는 수많은 이질적이고 복잡한 인간 존재들을 정규화(normalization)하고 배제하는 기제로 작동한다고 비판한다.

50) 문맥에서 '구조 외삽(structural extrapolation)'은 단순한 기술적 조정의 문제가 아니라, 존재론적 차원에서 학습자의 자기생산체계에 대한 외부적 간섭으로 읽혀야 한다. 특히 이것은 '평균적 인간'이라는 통계적 유령을 실재의 기준으로 삼고, 그 기준에 맞추어 개별 체계를 조작하고 배열하려는 일종의 구조 강제(structural imposition)로 작동한다. 이와 관련하여 구조 외삽은 내삽

최적화로 보일지 몰라도, 존재론적으로는 체계의 자기성(selfhood)과 고유한 리듬에 대한 침해이다. 이러한 맥락에서 윤리란 타자를 배려하는 도덕률적 문제가 아니라, 타자의 존재 구조를 인정하고 조율하는 문제로 확장된다. 존재론적 윤리성이란, 모든 학습자가 동일한 구조를 따라야 한다는 전제가 아니라, 각자가 자기생산체계로서 세계를 자기만의 방식으로 의미화할 수 있는 조건을 보장하는 것이다. 따라서 학습분석학은 단순히 데이터를 분석하는 기술이 아니라, 존재의 리듬과 차이를 조율하는 설계 윤리로 자리매김해야 한다. 시뮬라리움이 지향하는 학습 환경은 존재 일반의 평등성이 아닌, 존재 간 조직적 폐쇄성과 구조적 폐쇄성의 인정을 토대로 한 다채로운 윤리 생태계이다. '평균적 인간'이라는 개념은 이러한 생태계를 왜곡하는 허상이며 환영이다. 모든 존재는 평균이 아니라, 고유한 자기생산의 리듬으로 존재한다는 인식 위에서 새로운 교육 설계와 윤리가 출발해야 한다. 윤리는 바로 이 자기생산의 구조적 폐쇄성을 보존한 채 타자와의 조율을 가능케 하는 공진화적 구조의 설계 능력에 있다. 이는 단지 기술적 공정성의 문제가 아니라, 존재론적 정당성의 문제이다.

### 2) 미래관의 차이: 운명의 확률에서 가능성의 전망으로

통계학은 본질적으로 통계적 결정론에 근거한다. 이는 현상의 원인과 결과가 확률적으로 이미 구조화되어 있으며, 이를 수학적으로 모델링하고 예측하는 것이

(interpolation)과의 대조 속에서 더욱 뚜렷한 의미를 드러낸다. 내삽이란 체계 내부에 있는 데이터 지점들 사이에서 연속성을 보장하며, 그 체계의 구조적 리듬에 기반해 결손된 값을 보완하거나 맥락을 추정하는 내적 작용이다. 이는 체계의 고유한 규칙과 리듬을 존중하며, 그 안에서 일어나는 유기적 연산이라 할 수 있다. 다시 말해, 내삽은 체계 내부의 자기조직성에 따라 '가능한 것'을 채워가는 내적 보완의 행위이다. 반면, 외삽은 체계 바깥에서 도출된 일반적 경향성이나 외부 기준(통계적 평균, 모델 기반 예측 등)을 바탕으로, 체계의 외연을 넘어 값이나 구조를 강제적으로 추정하고 삽입하는 작용이다. 특히 구조 외삽이란 단순히 결과값을 외삽하는 것이 아니라, 체계 내부의 작동 구조 자체를 외부에서 유도된 논리로 재구성하려는 시도를 뜻한다. 이는 자기폐쇄적 체계, 특히 인간의 학습이라는 자기생산적 리듬과 고유한 경로를 지닌 생명적 체계에 대해, 외부에서 정한 경로를 '최적 경로'라 명명하며 그 고유성을 침해하거나 대체하려는 행위이다. 이러한 외삽은 학습분석시스템이 '실시간 피드백'이라는 이름으로 개입할 때 더욱 위험해진다. 왜냐하면 이 개입은 단순한 정보 제공을 넘어 행위의 유도, 판단의 개입, 선택지의 제한이라는 형태로 드러나며, 그 결과 학습자가 자기 안에서 발생시키는 리듬—즉 자기생산체계의 내적 시간과 구조—을 외부 모델에 종속시키는 것으로 이어지기 때문이다. 이는 겉으로 보기에는 '최적화'로 비칠 수 있으나, 실상은 존재의 고유성을 평균값으로 환원하고, 이질적 경로를 오류로 간주하는 통계적 폭력에 다름 아니다.

가능한 질서라는 가정이다.[51] 이 관점에서 미래란 우연적이고 개별적인 사건이 아니라, 모집단 전체에서 반복적으로 관측된 패턴을 바탕으로 추론될 수 있는 예측 가능한 사건이다. 이러한 패러다임은 특정 개인의 학습 경로를 그 평균적 흐름 위에 위치시키며, 편차(deviation)는 오류, 우연, 무지의 증거로 간주된다. 결과적으로 통계학은 예외를 제거하고, 가능성보다는 확률에 근거한 신뢰도를 선호한다. 이는 "무엇이 '대개' 효과적인가"라는 보편의 논리에 기반하며, 그로부터 벗어나는 경로는 설명보다는 제거의 대상이 된다. 이 관점은 운명론적 결정론으로 귀결될 위험이 있다. 학습자의 실패 확률이 높게 예측되었을 때, 그 실패를 단지 '확률상 예상된 일'로 간주하며, 이를 되돌리려는 실천적 개입은 부차적이다. 결과의 통계적 타당성은 도구적 정당성을 확보하지만, 그 결과가 누구의 삶에서 실현되는가에 대한 윤리적 물음은 소거된다.

이에 반해, 학습분석학은 전망론(prospectivism)[52]에 입각한 개입 중심의 실천 과학이다. 전망론은 미래를 현재로부터 예측하는 것이 아니라, 현재로부터 형성하고 창조해 나갈 수 있는 열려 있는 구조로 이해한다. 다시 말해, 미래란 정해진 것이 아니라 개입을 통해 '다르게 될 수 있는 가능성'의 영역이다. 학습분석학은 분석이란 미래에 대한 운명적 진술이 아니라, 가능성의 조건을 설계하고, 그 실현을 유도하기 위한 실천의 출발점이라고 본다. 예측이 "이 학생은 실패할 확률이 80%다."라고 말한다면, 학습분석학자로서 필자는 "따라서 우리는 그 실패가 일어나지 않도록 어떻게 개입할 것인가"로 반문한다. 이처럼 처방은 예측을 무효화하기 위한 실천적 전망이며, 이것이 바로 통계학과 분석학의 간극이다. 이러한 전망론적 관점은 결정된 미래가 아니라 창발하는 미래를 전제로 한다. 인간은 단순히 확률 분포에 속한 존재가 아니라, 자기생산적 리듬을 지닌 주체이며, 학습은 그 고유한 리듬 위에서 진행되는 시간적 사건이다. 따라서 학습분석학은 '무엇이 대개 효과적인가'가 아니라, 'XX라는 이름을 가진 이 학습자에게 지금 무엇을 할 수 있는가'를 질문한다. 이는 설계자-분석자-학습자 간의 공진화적 전망 공동체를 요구하며, 분석은 그 공동체의 실천 언어로 기능하게 된다.

---

51) Parisi, G. (2023). **무질서와 질서 사이에서** [In a flight of starlings: The wonders of complex systems] (김현주 역). 사이언스북스. (원저 2023년 출간).

52) Seligman, M. E. P., Baumeister, R. F., Railton, P., & Sripada, C. (2021). **전망하는 인간, 호모 프로스펙투스** [Homo prospectus] (김경일, 김태훈 역). 웅진지식하우스. (원저 2016년 출간).

표 1 통계학과 학습분석학

| 항목 | 통계학 | 학습분석학 |
|---|---|---|
| 철학적 전제 | 통계적 결정론 | 전망론적 개입주의 |
| 미래의 성격 | 확률적으로 정해진 경향성 | 열려 있고 설계 가능한 가능성 |
| 예외의 의미 | 제거하거나 무시해야 할 잡음 | 개입과 이해의 단서 |
| 분석의 목적 | 보편적 법칙과 평균 효과 규명 | 개별적 처방과 실천적 개입 |
| 윤리적 기준 | 정합성, 예측 정확도 | 자기생산성, 맥락적 타당성 |
| 교육적 지향 | 학습자의 분류와 군집화 | 학습자의 자율성과 창발 유도 |
| 개입의 위치 | 분석 이후, 선택적 보완 | 분석 도중, 실시간 설계적 환류 |

요컨대, 통계학이 "운명의 확률"을 분석한다면, 학습분석학은 "가능성의 전망"을 설계한다. 통계학은 현재를 통해 미래를 닫아버리는 학문이고, 학습분석학은 미래를 현재로 끌어와 의미 있게 창출하려는 학문이다. 이는 시뮬라리움이 지향하는 비결정적 설계 생태계, 곧 '분석을 통한 자기생산의 전망'을 가능케 하는 이론적 기반이 된다.

### 3) 데이터 존재론의 차이
### : 데이터는 무색무취의 숫자가 아니라 누군가의 흔적이다

통계학과 학습분석학의 데이터를 무엇으로 보는가라는 존재론적 관점에서도 차이가 있다. 앞서 통계학과 학습분석학의 공통점으로 데이터의 활용을 들었지만, 이는 단지 기술적 차원에서의 공통성일 뿐이며, 두 학문 간의 근본적인 차이를 설명하기에는 충분하지 않다. 핵심은 '데이터란 무엇이며, 그것은 어떻게 의미를 가질 수 있는가'라는 존재론적·인식론적 질문에 의해 차이가 드러난다. 이러한 철학적 성찰 없이 이루어지는 데이터의 활용은, 교육적 맥락에서 무비판적 실용주의로 전락할 위험을 내포한다.

첫째, 데이터는 스스로 말하지 않는다. 흔히 "데이터가 말한다."라는 표현을 사용하지만, 이는 언어적 환상에 불과하다. 팩트 체크만으로 진실이 드러나지 않는 이유도 여기에 있다. 데이터는 결코 자발적으로 의미나 해석을 발화하지 않으며, 언제나 말하는 것은 '누군가' ― 즉 해석하는 인간이다. 데이터는 세계 그 자체의 투명한 반영이 아니라, 우리가 세계에 대해 어떤 질문을 던졌는가에 따라 수집되고 구성된 결과물이다. 다시 말해, 데이터는 인간의 관심, 기대, 해석의 지향성이 응축된 기록이며, 객관적 실재의 흔적이 아니라 인식적 접근의 궤적이다. 그것은 존재 자체의 자취가 아니라 존재에 다가가기 위한 하나의 통로, 혹은 그 통로를 만들기 위한 인간적 기획의 반향이라 할 수 있다.[53]

둘째, 데이터는 존재, 행위, 인식이라는 의 삼중 구조의 얽힘이다. 데이터는 세 가지 차원으로 구성된다. ① 무엇이 수집되고 무엇이 배제되었는가(존재의 차원)는 데이터화의 전제 조건을 구성하며, 이는 무엇이 '정보 원천으로 간주될 자격이 있는가'에 대한 존재론적 결정이다. ② 누가 어떤 알고리즘으로 데이터를 처리했는가(행위의 차원)는 인간 또는 기계에 의해 작동되는 절차적·도구적 맥락이며, 이는 데이터의 구조화 과정 자체가 중립적일 수 없음을 시사한다. ③ 그 결과를 어떤 이론으로 해석하는가(인식의 차원)는 데이터가 지닌 의미의 귀속 방향을 결정짓는 해석의 층위이다. 이 삼중 구조는 데이터가 결코 '무구한 사실'이 아니라, 세계와 주체 간의 구조적 커플링에 의해 생성되는 구성물임을 드러낸다.[54] 데이터를 객관적이고 중립적인 사실로 간주하는 입장은 이 세 층위의 상호작용을 은폐하며, 결국 데이터 중심주의의 실증주의적 환상을 강화하는 결과로 귀결된다.

셋째, '데이터만으로 충분하다.'라는 주장은 자기모순적이자 기술결정론적 환상이다. "데이터만으로 충분하다."라는 주장은 단지 실용적 명제가 아니라, 그 자체로 하나의 강력한 인식론적 전제, 나아가 이론적 입장이다. 이론 없이 데이터를 해석하겠다는 태도는 사실상 특정 이론—가령 행동주의적 관찰주의나 기술결정론—을 암묵적으로 수용하는 방식에 지나지 않는다. 즉, 이론 부재는 이론적 중립이 아니라, 기존 구조의 무비판적 내면화를 의미한다. 크리스 앤더슨이 2008년 Wired Magazine에서 발표한 「The End of Theory」[55]는 이와 같은 오류의 대표적 사례이다. 앤더슨은 빅데이터의 시대에는 더 이상 가설도, 이론도 필요 없다고 주장하며, 데이터가 스스로 예측하고 설명할 수 있을 것이라 선언하였다. 하지만 이 주장은 곧바로 이론의 종언을 이론적으로 주장하는 자기 모순적 명제이며, 해석 없는 데이터는 존재할 수 없다는 점을 간과한 철저한 기술결정론적 신화이다.

넷째, 데이터의 발생 조건은 존재론적 사유의 기점이다. "데이터는 태초부터

---

53) Gitelman, L. (Ed.). (2013). *"Raw data" is an oxymoron*. MIT press.

54) Berthet, V., Gaweda, B., Kantola, J., Miller, C., Ahrens, P., & Elomäki, A. (2023). Interpreting the data. In *Guide to qualitative research in parliaments: Experiences and practices* (pp. 107–127). Palgrave Macmillan, Cham.

55) Anderson, C. (2008, June 23). The end of theory: The data deluge makes the scientific meth od obsolete. *Wired Magazine*. Retrieved from https://www.wired.com/2008/06/pb–theory

있었는가?"라는 질문은 단순히 정보 과학적 물음이 아니라, 세계와 인간, 의미와 해석 사이의 관계를 묻는 철학적 탐문이다. 데이터는 단지 물리적 사건의 축적이 아니라, 구별 가능한 차이(difference that makes a difference)로서 지각되고 표상될 수 있을 때 비로소 데이터가 된다. 데이터는 자연의 질서가 아니라 임의의 분류 틀에 현실을 끼워 넣는 관료제적 질서에 따른다. 관료제(bureaucracy)에서 'bureau'는 서랍이 달린 업무용 책상을 말하는데, 서류를 어느 서랍에 넣을지는 관료, 즉 오늘날의 데이터 분류자의 상호주관적 판단에 따른다. 이는 다시 말해, '데이터란 무엇인가'는 곧 '어떤 세계가 해석 가능하도록 구조화되었는가'를 묻는 질문이며, 이는 인식론이 아니라 존재론의 층위로 연결된다. 이러한 해석적 구성의 기점에서, 데이터는 DIKW(Data－Information－Knowledge－Wisdom) 위계를 형성하는 해석의 사슬 속에서 작동한다. 이 위계는 단순히 수직적 상승 구조가 아니라, 각 층위가 해석의 반복적 상호작용을 통해 의미를 재구성하는 순환적 구조로 이해되어야 하며, 이는 데이터가 단일한 의미를 지닌 정태적 단위가 아니라 의미 구성의 격투기장임을 시사한다.

다섯째, 데이터의 다중 해석성과 이론의 렌즈 문제이다. 예컨대, 고등학생의 미적분학 학습 데이터를 분석한다고 가정해 보자. 정답률, 반응 시간, 반복 학습 횟수 등으로 구성된 이 데이터는 그 자체로는 아무것도 말하지 않는다. 그것이 '개념 이해의 결과'인지, '기계적 반복 훈련의 산물'인지, 혹은 '단기 기억 전략의 흔적'인지는 분석자, 즉 인간 주체의 이론적 전망과 해석적 지향에 따라 전혀 다르게 구성된다. 동일한 데이터를 교육심리학자는 인지 전략이나 동기 조절의 문제로, 교육공학자는 피드백 설계의 정밀도 문제로, 교육사회학자는 구조적 불평등의 지표로 해석할 수 있다. 생성형 인공지능조차도 훈련 데이터와 학습 알고리즘이라는 이론적 구조 위에서만 의미화된 출력을 생성할 수 있으며, 데이터가 해석 없이 자율적으로 무엇인가를 말하는 일은 존재하지 않는다.

여섯째, 교육공학자의 이론 선취와 설계적 해석의 결정적 중요성이다. 교육공학자는 의식적이든 무의식적이든 특정 학습이론—예컨대 행동주의, 인지주의, 구성주의 등—을 전제하고 있으며, 이러한 이론은 단순한 분석의 틀을 넘어, 데이터를 어떻게 해석할 것인가, 무엇을 학습으로 간주할 것인가, 어떤 피드백이 개입으로서 유의미한가를 결정짓는 해석의 렌즈 역할을 한다. 따라서 학습분석에서의 데이터 해석이란 곧 이론적으로 선취된 설계적 사건이며, 이는 교육공학자의 기획적 시

그림 2 Escher의 '불가능한 계단'(ChatGPT 렌더링)

선이 투사된 해석적 구성의 장이다. 이러한 점에서, "데이터만으로 세계를 이해할 수 있다."라는 믿음은 마치 에셔의 '불가능한 계단'과도 같다([그림 2] 참조). 그 계단은 겉보기에 완결되고 논리적으로 정합적이며 끊임없이 상승하는 듯 보이지만, 결국 제자리에서 돌고 도는 폐쇄적 순환에 불과하다. 데이터 중심주의는 이처럼 형식적 정합성 속에 숨겨진 인식론적 공허함을 재생산하며, 실천적 변화를 위한 존재론적 개입을 방해한다. LMS에서 수집된 로그 데이터를 중립적 정보로 간주하거나, 그로부터 교수학습적 시사점을 사후적으로 추론하려는 시도는 극히 위험하다. 이는 데이터를 자연물로 오인하는 태도이며, 결국 데이터에 권위를 부여하고 인간 해석자의 존재론적 위치를 지우는 메타물신주의(meta-reification)로 귀결된다. 분석이 설계로 전환되지 못하고, 설계가 실천적 책임으로 진화하지 못하는 곳에서, 교수학습체계는 자기생산성이 아닌 해석적 수동성에 갇히게 된다. 따라서 시뮬라리움 안에서 학습분석시스템을 설계하고 활용하는 자는 외재적 분석가나 기술적 해석자가 아니라, 시뮬라리움이라는 자기생산 생태계의 내적 요소로 기능해야 한다. 그 설계자는 시스템 바깥에서 의미를 해석하는 관찰자가 아니라, 그 내부에서 존재론적 책임을 지닌 참여자이며, 데이터를 실천으로 전환하고 변화를 유도하는 실질적 촉진자여야 한다. 이와 같이, 인식(데이터 읽기)과 행위(교육 개입)의 순환 고리 속에서 이론과 맥락, 실천적 반성이 결여된 데이터 중심주의는 결국 같은 신화를 반복 재생산하는 눈속임에 지나지 않는다. 데이터는 때로 '완벽한 계단'처럼 정교하고 매혹적일 수 있지만, 그것만으로는 교육 현장의 복잡성과 윤리적 책임, 인간 존재의 서사를 온전히 담아낼 수 없다. 그러므로 우리는 반드시 데이터라는 그림 내부를 넘어서, 그것이 놓인 '그림 밖'—이론, 맥락, 존재론적 성찰의 차원—을 함께 보아야 하며, 그래야만 비로소 교육이 환상이 아닌 실재를 향해 걸어갈 수 있다(홍나연, 개인적 대화, 2025년 6월 10일).

Warnke가 강조하는 해석학적 순환은 "부분은 전체를 통해 이해되고, 전체는 다시 부분을 통해 갱신된다"는 구조이다. 가다머에 따르면 이해란 고정된 결과물이 아니라 전통·맥락·언어 속에서 계속 갱신되는 과정이며, 주체가 사물과 대화하듯 상호작용하는 역사적 경험이다.[56)]

이 관점을 학습분석시스템 설계에 적용하면 중요한 시사점이 드러난다. 학습자는 단순한 데이터 포인트가 아니라 맥락적·역사적 위치를 가진 해석의 주체이므로, 분석 시스템은 학습 데이터를 단순히 수집·예측하는 데서 그칠 것이 아니라, 데이터와 해석, 학습자와 시스템 사이의 "순환적 환류 구조"를 설계해야 한다. 예를 들어, 학습분석 알고리즘이 제공하는 패턴은 학습자의 자기이해를 돕는 하나의 "부분적 해석"이며, 이 해석은 다시 전체 학습 맥락 속에서 학습자와 교수자가 재조정한다. 이 과정에서 분석 시스템은 고정된 진리를 제시하기보다, 새로운 질문과 자기성찰을 촉발하는 "대화적 파트너"로 기능하게 된다.

따라서 해석학적 순환은 학습분석시스템을 일방향적 피드백 도구가 아니라 순환적 이해를 촉진하는 대화적 구조로 설계할 필요성을 강조한다. 이는 시뮬라리움과 같은 자기생산적 교수학습체계의 조건과 맞물리며, 학습분석이 단순한 성과 측정이 아니라 학습자·교수자·콘텐츠 간 의미 생성의 동역학을 지원해야 함을 보여준다.

이 모든 논의를 통합하면, 다음과 같은 대비가 가능하다.

---

56) Warnke, G. (1999). **가다머: 해석학, 전통 그리고 이성** [Gadamer: Hermeneutics, tradition and reason] (이한우 역). 민음사. (원저 1987년 출간).

표 2 데이터 존재론 및 인식론을 고려한 통계학과 학습분석학의 대비

| 범주 | 통계학 | 학습분석학 |
|---|---|---|
| 데이터 개념 | 중립적 숫자, 객관적 사실 | 해석의 흔적, 주체의 질문 |
| 데이터 발생 | 수집 가능한 모든 사실 | 인식 가능한 구조화된 차이 |
| 분석 전제 | 데이터가 말한다 | 인간이 말하게 한다 |
| 해석 위치 | 분석 이후에 개입 | 분석 이전부터 설계 |
| 핵심 위험 | 실증주의, 환원주의 | 메타물신주의, 기획 회피 |
| 설계의 방향 | 평균 최적화 | 가능성 중심 개입 |

## (3) 교육공학적 학습분석학

### 1) 설계과학으로서의 교육공학

교육공학적 학습분석학을 정의하기 위해서는 먼저 교육공학(Educational Technology)이라는 학문 분야가 지닌 도메인 정체성을 명확히 이해할 필요가 있다. 모든 학문 분야의 정체성은 궁극적으로 그 학문이 다루는 대상(object), 수행하는 활동(activity), 활용하는 방법(methodology)의 삼위 구조로 정의되며, 학문 간 경계를 결정짓는 기준 역시 이 세 요소의 조합 방식에 의해 설정된다.

미국 교육공학회(AECT)는 2008년 교육공학을 “적절한 테크놀로지적 과정과 자원을 창출, 활용, 관리함으로써 학습을 촉진하고 수행을 향상하기 위해 연구하고 윤리적으로 실천하는 학문”으로 정의하였다. 이 정의는 ① 과학적 연구와 윤리적 실천의 통합, ② 테크놀로지 자원의 체계적 활용과 관리, ③ 학습 성과 향상을 위한 실천 지향성이라는 세 가지 구성 요소를 포함하며, 현재까지도 교육공학의 대표적 정의로 인용되고 있다.

오늘날의 교육 현장은 디지털 기술의 확산과 함께 교육공학적 설계 원리가 전 교육 분야에 걸쳐 내면화되는 흐름을 보이고 있다. 이러한 맥락에서 미국 교육공학회(AECT)가 제시한 교육공학의 정의는 더 이상 교육공학만의 고유성을 보장하는 경계선으로 작용하지 않으며, 오히려 현대 교과교육학이나 교육행정학, 그리고 기관연구(IR, Institutional Research)와의 경계가 점차적으로 저차원에서 모호해지고 있는 상황이다. 실제로 교과교육학은 디지털 기술을 수업 설계에 적극 도입하며 그 과정을 보다 과학적이고 체계적으로 조직하려는 시도를 지속하고 있고, 윤리적 고려 역시 교육 실천의 필수적 조건으로 통용되고 있다. 교육행정학 또한 학습분석학

을 고등교육 기관의 전략적 의사 결정에 활용하고 있으며, 이는 주로 IR의 틀 안에서 수행된다. IR은 고등교육 기관 내부에서 전략기획, 정책 수립, 성과 관리, 교육 질 보장, 자원 배분 등의 목적을 위해 수행되는 데이터 수집·분석·보고의 전 과정을 포함하는 포괄적 활동을 의미하며, 최근에는 학습분석학 및 지속 가능한 교육 품질관리 체계와도 밀접히 연계되고 있다. 이러한 흐름은 교육공학의 핵심 구성 요소—설계, 윤리, 학습, 기술 활용—가 이미 교육학 전반에 걸쳐 공통된 실천 원리로 일반화되었음을 시사한다. 따라서 오늘날의 맥락에서 교육공학의 정체성은 단순히 기술을 활용한 학습 향상이라는 규범적-가치지향적 정의를 넘어, 교수학습체계 전반을 설계 가능한 복잡계로 보고, 이를 존재론적 수준에서 재구성하고자 하는 설계과학적 접근에 있다고 보아야 한다. 이러한 시각은 학습분석학을 도구로써 활용하는 것이 아니라, 시스템 전체의 자기생산성과 진화 가능성을 분석적으로 지원하는 설계적 사유 체계로 재구성하는 데까지 나아간다. 교육공학은 바로 이 점에서 기존의 교과교육학이나 교육행정학과 본질적으로 구별되는 학문적 정체성을 확립할 수 있다. 이에 따라 교육공학의 고유성은 테크놀로지의 도구적 활용이 아니라, 그 개념에 내포된 구조적·설계적 의미를 중심으로 해석할 필요가 있다.

필자는 교육공학을 '개념적 조작으로서의 정의'와 '실제 활동 특성으로서의 정의'로 이중 구조를 가진 응용 학문으로 본다. 먼저, 개념적 조작으로서의 정의는 교육공학이 지향하는 철학적·이론적 기반을 드러낸다. 이 정의는 교육공학을 단순히 '학습 성과 향상을 위한 기술 활용'의 차원에 머무르게 하지 않고, 다양한 학습 조건과 요구에 적합한 교수학습체계의 설계와 구현을 중심으로 한 실천적 탐구로 개념화한다. 이때 교육공학은 체계이론, 인지과학, 학습심리학 등과 연계되며, 학습을 가능하게 하는 메커니즘의 탐색과 그것의 설계적 구조화를 주요 과제로 삼는다. 반면, 실제 활동 특성으로서의 정의는 교육공학이 수행하는 고유한 실천적 기능에 초점을 둔다. 이는 ADDIE와 같은 체계적 설계 모형을 바탕으로, 학습 목표를 분석하고, 교수 전략을 설계하며, 다양한 매체와 도구를 활용하여 실행하고, 학습 효과를 평가하는 전 과정을 포함한다. 이러한 정의는 교육공학의 실천적 정체성을 설명하는 데 있어 더욱 적합하며, 교육공학이 이론적 탐구에 머무르지 않고 현장에서 작동하는 설계 기반 전문성을 어떻게 발휘하는지를 보여 준다.

이러한 맥락에서 본 저자는 교육공학을 실제 활동 특성을 기반으로 다음과 같이 재정의한다: "교육공학은 교수학습체계의 설계 원리와 방법을 탐구하며, 이를 통해 최적화된 학습 환경을 창출하는 설계과학이다. 이는 학습 메커니즘의 이론적 모델링부터 실행 가능한 교수학습체계의 공학기술적 구현에 이르는 포괄적인 지식 체계를 포함한다.”

이 정의는 교육공학을 학습의 본질을 파악하고 이를 실현할 수 있는 설계 원리를 정교하게 구성해 가는 활동 중심의 실천과학으로 위치 짓는다. 나아가 교육공학은 설계적 지능과 기술적 창발을 통해 인간 학습의 조건을 변화시키는 메타적 테크놀로지이자, 인간–기술–환경의 구조적 커플링을 조직하는 학제적 실천 영역임을 선언한다.

이와 같이 서술하면 개념적 정의(what it is)에서 활동 기반 정의(what it does)로의 전환이 이뤄지며, 교육공학의 학문적 고유성과 실천적 정체성이 드러난다. 필요 시 이 정의와 관련한 메타이론적 근거(예: 설계과학, 자기생산체계, 체계이론 등)도 추가적으로 연계할 수 있다. 개념적 정의는 교육공학의 존재론적 정체성에 대한 철학적·규범적 설명이라면, 활동 기반 정의는 그것이 수행하는 작동적·방법론적 핵심을 구체화하는 방식이다.

결론적으로, AECT의 개념 정의는 교육공학의 철학적 기반과 윤리적 책임을 보여 주는 유용한 출발점이지만, 현대적 맥락에서는 실천 기반 정의와 통합되어야 교육공학의 도메인 고유성이 보다 분명히 드러날 수 있다. 이 통합적 정의를 통해 우리는 ‘교육공학적 학습분석학’의 구조와 기능을 구체화할 수 있는 개념적 토대를 확보하게 된다.

### 2) 분석(Analysis)에서 분석학(Analytics)으로

교육공학은 교수학습을 목표로 하는 체계를 설계하는 실천적 설계과학이다. 이 설계과학의 원형 모형인 ADDIE는 분석–설계–개발–실행–평가의 다섯 단계를 통해 교수학습체계를 구조화하며, 인간 학습을 둘러싼 맥락·환경·대상·목적에 따라 최적화된 실천 전략을 도출한다. 이 구조는 의학의 진단–처방–투약–경과 관찰 과정과 유사하게 체계 내부에서 순환적 의사 결정을 수행하며, 살아 있는 교수학습 생태계를 형성한다.

이 체계가 실제로 작동하기 위해서는 분석 단계가 단발성 조사나 통계적 요약에 머무르지 않고, 전체 과정에 지속적으로 영향을 미치는 지휘 센터로 작동해야 한다. 체계이론의 관점에서 볼 때, 분석은 전체 ADDIE 프레임의 메타 입력으로 기능하며,

체계 작동의 방향성과 기준값을 설정하고 이후 단계에 피드포워드될 뿐 아니라, 실행 및 평가의 결과로부터 피드백을 수렴해 스스로를 조정하는 핵심 활동이다.

이러한 구조는 교수학습체계가 단순한 요소의 집합이 아니라, 복잡하게 상호 연결된 유기적 시스템, 곧 복잡계임을 시사한다. 분석이 일회성으로 끝나고 평가가 단절된다면 체계는 다양한 요소를 정렬하더라도 외부 변화에 둔감한 복합계로 고착된다. 반대로 분석과 평가가 자기참조적 순환 고리를 형성할 때, 체계는 환경과 상호작용하며 끊임없이 재구성되는 자기생산체계로 진화할 수 있다. 결국 ADDIE 모델이 얼마나 자율적이고 적응적인 체계로 작동하느냐는 분석과 평가의 순환적 연동이 얼마나 정교하게 이루어지는가에 달려 있다. 이때 분석은 단순한 시작점이 아니다. 그것은 체계 내부의 작동을 살아 있게 유지하는 정보적 중추이자, 설계 활동이 되돌아오는 귀환점이다. 분석은 자연과학처럼 일반화된 진리를 도출하려 하지 않는다. 오히려 교육 현장의 구체성과 학습자의 특수성, 그리고 시간적·문화적 조건을 해석적으로 진단하여, '지금 - 여기 - 이 학습자'를 위한 맞춤형 설계를 가능케 하는 개별과학적 탐구이다.

그러나 전통적인 ADDIE 모델의 분석은 제한된 표본과 고정된 변수에 의존해 왔기에, 학습이 실제로 일어나는 순간의 정서적·사회적·시간적 맥락을 충분히 포착하지 못했다. 그 결과 ADDIE는 복잡성을 고려하지 못한 채, 복합계의 수준에 머물렀고, 빠르게 변화하는 문명 생태계에 실시간으로 적응하기 어려운 한계를 드러냈다. 이제 ADDIE의 'A'는 단순한 분석이 아니라, 인공지능 기반 학습분석학이 통합된 살아 있는 분석(living analysis)으로 진화해야 한다.

바로 이 지점에서 교육공학적 학습분석학이 탄생한다. 이는 인공지능의 계산 능력과 교육공학의 목적론적 설계과학을 접목시켜, 분석 단계를 고해상도·실시간·해석 중심으로 재정의하는 시도이다. 학습분석학은 디지털 플랫폼상에서 생성되는 로그, 자연어, 행동 데이터를 실시간으로 수집하고, 이론에 기반한 알고리즘을 통해 학습자의 이해도, 정서 상태, 사회적 상호작용 양상, 교수 전략의 효과 등을 정밀하게 추론한다. 이 데이터는 즉시 분석 단계로 환류되어 콘텐츠 난이도, 피드백 유형, 협업 구조 등 설계 및 실행 요소를 실시간으로 조정하게 한다. 더 나아가 자동 채점, 담화 분석, 경로 시각화와 같은 AI 기반 평가 도구는 평가 결과의 산출 속도와 해석 정밀도를 획기적으로 높인다. 이러한 정보 역시 분석 단계로 재유입되어 체계 전체를 실시간으로 조정하게 되며, 이는 분석과 평가의 경계를 허물고 순환적 자기조정 메커니즘을 형성한다.

이어지는 절에서는 ADDIE 모델의 진화된 형태로서 학습분석학이 어떻게 통합되고 있는지를 중심으로, 그 구체적 적용 방식과 설계 사례들을 살펴볼 것이다. 특히 인공지능 기반의 학습분석시스템이 시뮬라리움을 단순한 교육 시스템을 넘어 자기생산체계로 존재론적 전이를 이루는 데 어떠한 역할을 수행하는지, 그리고 그 과정을 통해 ADDIE의 구조와 기능이 어떻게 확장되고 심화되는지를 이론적·실천적 관점에서 고찰할 것이다.

### 3) 선형 설계에서 순환 설계로

ADDIE 모델의 구성 요소 중 분석(Analysis)과 평가(Evaluation)은 구조적으로 모델의 양 끝단에 위치하면서도, 동시에 학습분석학의 기술적 개입이 가장 먼저 가능했던 지점들이기도 하다. 학습분석학은 초기부터 분석과 평가 단계에서 요구되는 데이터 수집과 해석 작업에 기술적으로 접근할 수 있었고, 이러한 배경 속에서 두 단계는 실질적 활용 가능성이 높은 핵심 영역으로 부각되었다. 그러나 분석과 평가는 단지 위치나 기술적 개입의 용이성만으로 연결되는 것이 아니라, 구조적·기능적으로도 깊은 상동성을 갖는다. ADDIE의 순환 과정에서 이 둘은 서로를 반영하며 작동하는 동전의 양면처럼, 본질적으로 동형사상적 관계를 형성한다. 이러한 구조적 유사성은 다음 두 가지 차원에서 설명할 수 있다.

첫째, 분석 단계와 평가 단계는 기능적으로 유사한 '입력 – 처리 – 출력' 구조를 공유한다. 분석은 초기 설계를 위해 학습자의 요구, 환경, 제약 조건 등을 다양한 방식으로 수집하고, 이를 기반으로 목표를 설정하며 설계의 방향성을 도출하는 전향적 진단 과정이다. 반면, 평가는 교수학습이 실행된 이후의 성과 데이터를 수집하고, 그 결과를 해석하여 체계의 성과를 점검하고 개선 방향을 설정하는 후향적 재진단의 과정이다. 겉보기에 시간의 방향이 다를 뿐, 두 단계 모두 '현상 데이터 → 해석 → 설계 또는 개선'이라는 동일한 함수적 연산 구조를 따르며, 데이터 기반의 설계적 개입이라는 본질적 기능을 공유한다.

둘째, 체계이론의 관점에서 평가란 단순히 과정의 끝이 아니다. 평가는 다음 주기의 분석으로 순환되는 출발점이며, 체계의 자기조정 능력과 학습 생태계의 진화를 위한 핵심 동력으로 작용한다. 이처럼 분석과 평가는 일방향적 선형 절차가 아니라, 상호 환류되는 루프 구조 속에서 긴밀하게 연결되어 있다. 이 구조는 형식적으로 상동적인, 즉 동형사상적 구조이며, 이는 단지 비유적 표현을 넘어 시스템 이론적으로 정당화 가능한 개념이다. 분석과 평가는 모두 데이터를 특정 목적에 따라 해석하고, 그것을 체계 설계나 개선을 위한 설계적 의사결정 정보로 전환한다. 하나는 '설계를 위한 진단 함수', 다른 하나는 '개선을 위한 재진단 함수'로 기능하며, 이 두 함수는 동일한 연산적 틀을 바탕으로 상호 환류하며 작동한다.[57)]

이러한 동형성은 프랙탈적 순환 설계 구조, 복잡계 기반 시스템 설계 원리, 그리고 체계의 자기조정 메커니즘과도 밀접하게 맞닿아 있다. 프랙탈 구조에서 각 단계는 전체의 구조를 반영하는 자기유사성을 지니며, 이는 ADDIE 모델의 분석-평가 관계에서도 그대로 드러난다. 결국 분석과 평가는 설계의 양단에 위치하면서도 서로를 반영하고 갱신하는 순환적 설계의 핵심 축이며, 이 구조적 유사성과 상호작용은 학습분석학이 설계 중심 실천으로 작동하는 데 있어 필수적인 이론적 기반이라 할 수 있다.

필자는 ADDIE 모델의 프레임을 확장하여 '조직설계-사전설계-애자일설계-사후설계'의 네 단계로 구성된 메타설계 순환 모형을 제안한 바 있다. 이 모형은 전체 ADDIE 구조와, 특히 실행(Implementation) 단계 내부에서 프랙탈적으로 작동하는 소문자 addie 구조가 자기유사성을 이루며 정합적으로 맞물리는 체계로 설명된다. 이는 고정된 선형 절차가 아니라, 서로 다른 시간적·기능적 층위에서 동일한 구조 원리가 반복 구현되며, 시뮬라리움이라는 자기생산체계 내부에서 유기적으로 순환하는 설계 구조이다.

이때 학습분석시스템은 이러한 순환을 실현 가능하게 만드는 핵심 테크놀로지로 작동하며, 시뮬라리움이라는 새로운 교수학습 생태계의 구현 조건이 된다. 네 단계의 메타설계는 인공지능 기반 학습분석시스템을 중심으로 실시간 설계-실행-평가를 상호 환류시키는 루프를 구성하며, 이를 통해 교수학습체계를 선형 모델이 아닌 자기조정적 복잡계로 진화시킨다. 이러한 순환적 설계 구조는 시뮬라리움을 살아 있는 자기생산체계로 전환시키는 핵심적인 작동 원리이다.

---

57) 조일현(2023). HRD와 **학습분석학**. 박영스토리.

## 3. 시뮬라리움 창발을 위한 학습분석시스템의 역할

### (1) 조직 설계와 E-CHAT 아키타입

조직 설계(organization design)는 〈CHAPTER 06 시뮬라리움의 설계〉에서 제시된 CHAT 모델의 수정·보완을 통한 이론적 작업의 결과로 정립되었으며, 이 과정을 통해 도출된 것이 바로 E-CHAT 아키타입 모델이다. 이 아키타입은 E-CHAT의 일곱 가지 구성 요소—주체, 도구, 객체, 규칙, 공동체, 역할분담, 산출물—를 관계적 구조로 배열하고, 이들 요소 간의 상호작용을 조직함으로써 시뮬라리움의 조직적 폐쇄성을 형성한다. 중요한 것은 이 조직적 폐쇄성이 단지 사전 설계 단계에서만 작동하는 일회적 기능 조건이 아니라는 점이다. 이는 시뮬라리움의 구조와 작동 방식이 변화하는 전 생애주기—곧 애자일 설계, 사후 설계, 순환적 재설계의 모든 단계—를 관통하면서 지속적으로 작용하는 작동 원리로 기능한다.

ADDIE 모델의 관점에서 보자면, 조직 설계 단계는 교수학습체계의 전체 목적과 구조를 설정하는 거시 설계 차원에 해당하며, 시뮬라리움의 존재 조건을 규정하는 기반을 제공한다. 이어지는 사전 설계 단계에서는 분석과 설계를 중심으로 한 초기 계획이 수립되고, E-CHAT 구성 요소 간의 관계가 구체적 설계 시나리오로 조직된다. 애자일 설계 단계에서는 개발과 실행 과정에서 발생하는 실시간 상호작용에 따라 설계가 유연하게 조정되며, 사후 설계 단계에서는 평가 결과를 바탕으로 체계를 재해석하고 다음 순환을 준비하는 반성적 재구성이 이루어진다. 이 모든 과정에서 조직적 폐쇄성은 시뮬라리움이 존재하는 각 시공간적 국면마다 일관되게 드러나는 설계의 심층 구조로 작동하며, 각 설계 단계의 다양성과 실행의 유연성 속에서도 흔들림 없이 유지되는 존재론적 정체성의 중심축이 된다.

E-CHAT 아키타입은 단순한 기능 도식이 아니다. 그것은 시뮬라리움이라는 체계 전체를 꿰뚫는 개념적 출발점이자, 존재론적 설계의 핵심 구조이다. 쉽게 말해, 눈에 보이는 구조물이나 기술로 완전히 표현할 수 없는 '설계의 정신' 또는 '체계의 중심 사유'라고 할 수 있다. 이 아키타입은 다양한 형태로 실천되고 구현될 수 있다. 교수학습 활동, 분석 시스템, 교육 플랫폼 등 여러 모습으로 구체화될 수 있다. 그러나 중요한 점은, 그 어떤 특정한 형상도 아키타입 자체를 대표하거나 대체할 수 없다는 것이다. 아키타입은 하나의 형상에 고정되는 순간, 본래의 의미와

유연성을 잃는다.[58)]

따라서 조직 설계는 사전 설계를 넘어 애자일 설계, 사후 설계, 순환 설계를 모두 아우르며, 시뮬라리움이 어떤 변형과 진화를 거치더라도 존재론적 일관성을 유지할 수 있도록 한다. 이때 조직적 폐쇄성은 단순한 구조의 고정이 아니라, 설계와 실행, 환류와 진화의 모든 단계에서 반복적으로 표출되는 구조적 동형사상이다. 표면 구조는 변할 수 있지만, 그 밑에 있는 정체성의 위상은 동일하게 유지된다. 이러한 조건 위에서만 시뮬라리움은 외부로부터 기획된 복합계가 아닌, 스스로 목표를 설정하고 구조를 갱신하며 존재를 지속하는 자기생산체계로 진화할 수 있다.

### (2) 사전 설계와 복합계적 프로토타입

사전 설계(apriori design)는 조직 설계 단계에서 제시된 본질적 아키타입에 형상을 입히고 실천적 구조를 부여하여, 실제적으로 작동 가능한 시뮬라리움의 초기 프로토타입(prototype)을 형성하는 작업이다. 이 프로토타입은 학습자가 처음으로 참여하게 될 구체적 학습 환경이자, 아직 자기생산체계로 진화하지 않은 상태의 복합계이다. 사전 설계 단계에서 시뮬라리움은 스스로 구조를 갱신하거나 목적을 재조직하지 못하며, 설계자에 의해 조립되고 조직된 상태로 있다.

프로토타입은 하나의 구조를 지니지만, 그 안에 참여하는 학습자는 여럿이며, 각자는 고유한 조직적 폐쇄성을 지닌 독립적 자기체계로 작동한다. 이처럼 설계 구조는 다대일의 비대칭 관계를 포함하고 있으며, 학습자 개개인의 실시간 반응이나 인지 흐름을 사전에 완벽히 예측할 수 없다는 현실적 이유로 인해 설계자는 '평균인'이라는 허구적 존재를 전제하여 전체 구조를 조직한다. 평균인은 실제로 존재하

---

58) 이 원칙은 종교적 사례에서도 쉽게 이해할 수 있다. 종교에서는 흔히 '신은 형상으로 표현될 수 없다.'라고 말하며, 우상(偶像)을 만들지 말라고 경고한다. 이는 신의 본질이 특정 이미지나 조각상에 갇히는 순간, 더 이상 신으로서의 무한성과 초월성을 유지할 수 없기 때문이다. 형상은 신을 보여 줄 수는 있어도, 신 그 자체는 될 수 없다. 이와 같은 맥락에서, 헌법도 좋은 비교 사례가 된다. 헌법은 다양한 제도와 법률로 구체화될 수 있지만, 그것이 곧 헌법의 본질이라고 말할 수는 없다. 헌법 정신은 법률이나 제도에 반영되어 작동하지만, 그 어떤 조항이나 시스템으로도 완전히 환원되지 않는다. 헌법이 단순히 법률 몇 조항으로 대체될 수 있다면, 우리는 헌법을 '살아 있는 원리'로서 존중할 수 없게 될 것이다. 이처럼 "구현은 허용되되, 환원은 금지된다."라는 원칙은 E-CHAT의 존재론적 긴장을 유지하는 윤리이자, 설계의 사유를 존재론적 실천으로 끌어올린다.

지 않지만, 다양한 학습자들이 실제 맥락에서 어떻게 작동적 폐쇄성을 드러낼지를 추론하는 데 있어 유일한 가설적 장치이다.[59] 이는 복합계로서의 교육 설계 환경에서 불가피한 선택이며, 설계자는 이 가정을 바탕으로 최대 다수의 최대 만족이라는 공리주의 원리에 따라 최적화된 시나리오를 구성하게 된다. 이러한 점에서 사전 설계는 ADDIE 모델의 전통과 구조적으로 유사하다.

그러나 이 시점에서 형성된 프로토타입은 단순히 실행 가능한 구조로서의 역할에 머무르지 않는다. 그것은 시뮬라리움의 존재론적 전이를 위한 준비 공간, 즉 존재 전이를 위한 설계 기반 생태 구조로 기능한다. 이는 마치 잘 일구어진 정원 터가 아직 자생적인 생태계를 이루지는 않았지만, 생명의 씨앗이 발아할 수 있도록 설계 및 조성된 장소이듯, 시뮬라리움의 초기 프로토타입은 스스로 자기생산적으로 작동하지는 않더라도, 그 내부에 자기생산이 일어날 가능성을 잠재적으로 내포하고 있다. 학습자가 이 환경 안에서 일정 수준 이상의 상호작용과 구조적 커플링을 경험하게 될 때, 시뮬라리움은 복합계를 넘어 자기생산체계로의 존재론적 전이를 실현할 수 있다.

시뮬라리움의 사전 설계는 이처럼 복합계로서 ADDIE 모델의 외형을 계승하면서도, 두 가지 핵심적인 차이를 통해 존재론적 방향성을 전환한다. 첫째, 시뮬라리움의 사전 설계는 전통적 ADDIE 모델과 본질적으로 구별된다. ADDIE에서는 분석(Analysis)과 설계(Design) 단계를 통해 목표, 내용, 활동, 평가 요소를 조합하며, 설계안을 점진적으로 구체화해 나간다. 이는 전형적인 목표 기반 설계의 방식이다. 그러나 시뮬라리움에서는 최종 프로토타입의 구조 도식이 이미 조직 설계 단계에서 개념적·추상적 수준으로 설정된다. 설계는 이 개념적 원형을 실현하는 방향으로 진행되며, 이는 단순한 조합이 아니라 존재론적 구조의 구체화 과정이다. 시뮬라리움 설계는 E-CHAT 아키타입이라는 형상 이전의 존재론적 원형을 출발점이자 동시에 종착점으로 삼는다. 따라서 사전 설계는 "무엇을 할 것인가"를 새롭게 구성하는 단계가 아니라, 이미 구조적으로 규정된 조직적 정체성을 형상화하고 구현해 가는 실현 과정이다. 즉, 시뮬라리움의 설계는 존재 기반 설계로서, 기능적 조립이 아닌 존재적 구현을 지향한다.

---

59) Rose, T. (2017). **평균의 종말: 우리가 모두 똑같은 세상에서 성공하는 법** [The end of average: How we succeed in a world that values sameness] (이한이 역). 비즈니스북스. (원저 2016년 출간).

둘째, 시뮬라리움의 사전 설계는 단순히 학습 환경이라는 '토양'을 조성하는 데 그치지 않고, 그 안에서 자라날 '씨앗'으로서의 학습분석시스템(LAS)을 동시에 내재화한다는 점에서, 전통적인 ADDIE 모델과 뚜렷이 구분된다. 전통적 ADDIE 모델에서는 분석 기능이 주로 평가(Evaluation) 단계에서 사후적으로 도입된다. 즉, 실행 결과를 기반으로 효과성을 진단하고 개선 방향을 탐색하는 방식이다. 이에 비해 시뮬라리움에서는 LAS가 단지 결과 해석을 위한 분석 도구에 머물지 않는다. LAS는 설계 초기부터 체계 내부에 통합되며, 자기생산을 유도하고 구조를 실시간으로 조정하는 내재적 메커니즘으로 작동한다. 이러한 LAS는 일회적 피드백 도구가 아닌, 시뮬라리움의 조직적 폐쇄성과 구조적 커플링을 안정적으로 유지하는 상시적·구조 내적 장치로 기능한다. 설계자는 LAS를 외부의 진단 장치로 호출하는 것이 아니라, 설계 플로우의 일환으로 처음부터 체계 내부에 편입시킴으로써, 설계-실행-분석 간의 환류 고리를 구조화된 형태로 확보한다.[60] 요컨대, 시뮬라리움의 사전 설계는 ADDIE 모델의 복합계적 설계 전통을 계승하면서도, 형상 이전의 존재론적 구조 도식이 선행되고, 그 구조 안에 자기생산 가능성을 내포한 분석의 씨앗(LAS)이 심긴다는 점에서 진화 가능한 생태 설계 구조로 탈바꿈한다. 이로써 시뮬라리움의 사전 설계는 단순한 실행 계획 수립을 넘어, 자기생산체계로 진화할 수 있는 최초의 구조적 토대로 기능하게 된다.

이 씨앗으로서의 LAS는 단순한 기술 도입을 넘어, 시뮬라리움이 자기 구조를 인식하고, 그에 따라 목적과 과정을 스스로 조정할 수 있도록 돕는 자기참조적 뇌신경계로 작동해야 한다. 이는 시뮬라리움이 외부에 의해 조작되는 객체가 아니라, 내적 조건에 따라 자기 방향성을 설정하는 자기생산체계로 기능하기 위한 핵심 장치이다. 따라서 LAS는 평가 단계에서 별도로 추가되는 후속 기술이 아니라, 조직 설계 단계에서부터 아키타입의 목적론적 구조와 정합적으로 연결된 시뮬라리움의 구성 체계 중 하나로서 사전 설계되어야 한다.

이것은 시뮬라리움의 설계가 단지 효율적 학습 환경을 구축하는 기술적 작업을 넘어서, 자기인식-자기조정-자기변형이 가능한 인공 생태계의 존재론적 조건을 창출하는 실천이라는 점을 분명히 보여 준다. LAS는 시뮬라리움 내부에서 E-

---

60) Mangaroska, K., & Giannakos, M. (2018). Learning analytics for learning design: A systematic literature review of analytics-driven design to enhance learning. *IEEE Transactions on Learning Technologies, 12*(4), 516-534.

CHAT이 수정된 이중삼각형 구조가 만들어 내는 학습자 - 환경 - 기술 간의 다중적 상호작용을 감지하고, 이를 해석하여 실시간으로 구조적 피드백을 제공함으로써, 학습자 자신의 적소를 발견하고 건설하는 과정에 매개 역할을 수행한다.

단일한 프로토타입 내부에 내재된 이 씨앗은 이후 에코타입(ecotype)과 오토타입(autotype)으로 진화하는 단계에서 학습자와 환경 간의 반복적 상호작용과 구조적 커플링을 통해 점차 발아하고, 자율적인 자기평가 및 자기변형을 가능케 하며, 궁극적으로 살아 있는 체계로서의 시뮬라리움으로 진화한다. 이 구조적 진화는 우연적 변화가 아니라, LAS라는 내재된 신경계가 환경 변화에 민감하게 반응하며 실시간 조정 정보를 제공하는 덕분에 가능하다.

결과적으로, LAS는 단지 데이터를 수집하거나 피드백을 제공하는 주변적 장치가 아니라, 시뮬라리움이라는 설계 생태계의 뇌 신경계이며, 그 자기생산성을 실현하는 주도적 부분으로 기능한다. 이로써 LAS는 기술이 아니라 존재론적 가능성의 핵이 되며, 시뮬라리움은 단순한 학습 공간이 아니라 스스로를 해석하고 갱신하는 교수학습적 자기생산체계로 탈바꿈할 수 있다.

## (3) 애자일 설계와 적응형 에코타입

### 1) 애자일 설계와 구조적 커플링

애자일 설계(agile design)란, 프로토타입과 학습자 간의 실시간 상호작용을 기반으로 구조적 커플링의 양상을 분석하고, 그 분석 결과에 따라 설계 - 개발 - 실행 - 평가의 전 과정을 반복적이고 유연하게 갱신해 나가는 동적인 활동이다. 이때 핵심이 되는 조직 설계는 단일한 정태적 형상이 아니라, E - CHAT이라는 아키타입 구조로 작동하며, 이는 고정된 형태가 아닌 존재론적 본질로서의 추상적 구조로 기능한다. 최초의 프로토타입은 이 본질이 구체화된 첫 번째 표현이며, 이는 ADDIE 모델의 형식을 통해 실현된 하나의 구상물로 이해할 수 있다.

그런데 일단 실행(Implementation) 단계에 진입하게 되면, 이 프로토타입 내부에서 또 하나의 ADDIE 구조가 자율적으로 작동하기 시작한다. 즉, 거시적 구조로서의 ADDIE 안에 미시적 수준의 addie가 삽입되는 형태이며, 이는 일종의 프랙탈(fractal) 구조로 볼 수 있다. 이 내포된 소문자 addie는 학습자의 실시간 반응 데이터를 기반으로 작동하며, 설계 - 실행 - 평가가 미세 조정의 순환 고리로 끊임없이 순환되도록 한다. 다시 말해, 실행 단계는 단지 정해진 설계를 수행하는 정태적 절차가 아니라, 실행 중 설계가 계속해서 재구성되는, 살아 있는 순환 구조로 기능한다.

이러한 프랙탈적 내재 구조는 설계자의 지속적 개입 없이도 자동으로 변화에 적응하고 최적화를 수행할 수 있어야 하며, 이 때문에 인공지능의 통합적 역할이 필수적이다. 다시 말해, 이전의 교수설계는 실행 단계에서 addie를 운용하는 것이 이론적으로는 바람직했지만 기술적으로 실현 불가능했기 때문에, 설계-실행의 실시간 연동은 잠재적 이상으로만 존재해 왔다. 그러나 AI의 실시간 판단, 피드백, 예측, 처방 기능이 도입되면서, 이제는 실행 단계 내부에서 addie가 실질적으로 작동하는 것이 가능해졌다.

즉, 과거에는 '바랐으나 실현할 수 없었던' 실행 단계의 addie가 AI의 도움으로 실현 가능한 설계 전략으로 등장하게 된 것이다. 이로써 실행은 더 이상 단순한 '계획의 수행'이 아니라, 실시간 상호작용을 기반으로 자기조정과 진화를 수행하는 설계적 사건이 되며, 시뮬라리움이라는 자기생산체계의 핵심 동력으로 기능하게 된다.

이 설계 구조는 마투라나-바렐라가 제시한 생태적 구조적 커플링 개념과 맞닿아 있다. 그들에 따르면, 동일한 적소 안에서 다양한 유기체는 저마다의 내적 구조에 따라 서로 다른 방식으로 환경과 상호작용한다. 이는 마치 산 위에 내린 비가 지형의 미세한 요철을 따라 다양한 물줄기를 형성하고, 그것들이 시간이 흐르며 각기 다른 협곡과 계곡을 깎아내는 것과 같다. 초기의 산이 설계자가 조직 설계 아키타입, E-CHAT을 기반으로 시뮬레이션을 통해 형성한 실험적 지형이라면, 애자일 설계는 실제로 물이 흐르며 그 지형을 살아 있는 생태계로 전환시키는 과정이라 유비할 수 있다.

기존의 복합계적 교수학습체계는 학습자에게 일방적으로 작용을 가했으며, 학습자가 주체적으로 반응하거나 자기만의 적소를 형성할 수 있는 여지를 거의 제공하지 않았다. 학습자는 미리 정해진 환경 속에서 수용자 혹은 수행자의 위치에 머물렀고, 체계는 학습자의 고유한 구조나 반응을 반영하지 못하는 경직된 틀로 작동했다. 그러나 시뮬라리움은 애자일 설계 단계에 이르러 이러한 일방향적 구조를 해소하고, 학습자 중심의 자기구성 모델로의 존재론적 전이를 가능하게 한다.

개별 학습자는 프로토타입 환경과 상호작용하면서 자기만의 구조적 커플링을 형성하게 된다. 이때 학습자의 조직적·작업적 폐쇄성은 환경 위에 지문처럼 독특한 자국을 남기며, 이는 학습자의 존재 방식이 디지털 공간에 표현되는 실질적 흔적이 된다. 디지털 환경은 가소성이 높기 때문에, 학습자의 상호작용에 민감하게 반응하고 손쉽게 수정될 수 있다. 생성형 인공지능은 이 가소적 환경 위에서 작동하는 프론트엔드 매개체로서, 학습자의 대리자 역할을 수행한다. 문서, 이미지, 음성, 영상 등 다양한 멀티모달 표현을 수용하고, 이를 학습자의 요구와 의도에 따라 의미 중심의 통합적 양식으로 변환하는 기능을 수행한다. 이 과정은 단순한 데이터 형식의 변환을 넘어서, 이질적인 감각과 표현 형식을 하나의 통합된 의미 구조로 재조직하는 디지털 컨버전스의 구현이다.

이러한 상호작용은 단방향 자극-반응의 구조를 넘어서, 순환적이며 자기조정적인 공진화의 과정을 보여 준다. 프로토타입 환경은 학습자에게 정서적·인지적 자극을 제공하고, 이는 학습자의 내면에 심리적 흔적을 남긴다. 이 흔적은 클릭, 타이핑, 시선 이동, 음성 반응 등 다양한 외현적 행동으로 나타나고, 다시 환경에 피드백된다. 이러한 환류는 단순한 반복이 아니라, 학습자와 환경이 서로의 구조를 조정하며 변형하는 공진화의 메커니즘이다.

특히, 이 과정은 디지털 환경이 단지 주어진 공간이 아니라, 학습자가 능동적으로 구성해 나가는 '적소'임을 시사한다. 학습자는 자신의 감각과 행위를 통해 디지털 생태계의 일부 조건을 재구성하며, 이는 다시 후속 세대 학습자에게 생태유전(ecological inheritance)의 형태로 물려진다. 즉, 환경은 주체와 격리된 외재적인 것이 아니라, 이전 사용자의 흔적과 의미구성이 누적된 상태로서, 새로운 학습자에게 또 다른 자극과 구조적 제약을 제공한다. 이처럼 고도로 유동적인 디지털 생태계에서의 학습은, 적소건설과 생태유전이 실시간으로 작동하는 자기조직적·공동생산적 과정이다. 그 안에서 학습자는 단지 환경에 적응하는 존재가 아니라, 환경 자체를 변화시키며 자신도 변화되는 존재로, 곧 시뮬라리움 내 자기생산체계의 일부로 기능하게 된다.

프로토타입 설계 시 시뮬라리움에 내장된 학습분석시스템은 이러한 공진화의 촉매제 역할을 수행한다. LAS는 학습자의 상호작용 데이터를 실시간으로 분석하고, 그 결과를 생성형 인공지능에 피드백함으로써, 학습자가 시뮬라리움을 자기 고유의 방식으로 깎고 다듬어 자신의 적소를 구성할 수 있도록 돕는다. 이는 단순한 개인화나 맞춤형 학습을 넘어서, 학습자 스스로가 의미를 구성하고 환경을 재조직하는 실천을 가능케 하며, 이 과정에서 구조적 커플링이 본격적으로 발생하기 시작한다.

이로써 시뮬라리움은 정적인 복합계를 넘어서, 학습자의 참여와 상호작용을 통해 살아 있는 자기생산체계로 진화할 수 있는 가능태인 적응형 에코타입으로 전환된다. 설계자는 이 체계 안에서 더 이상 통제자가 아닌 생태적 조율자이자 정원사로서의 위치를 점하며, 생명의 물줄기들이 스스로의 경로를 찾아 나가도록 돕는 존재로 자리매김하게 된다.

기존에는 디지털이 피지컬보다 훨씬 더 높은 가소성을 지닌 매체였지만, 이제는 피지컬도 점차 가소성을 획득해 가고 있다. 이 전환의 중심에는 HCPS 테크놀로지가 있다. 사이버와 피지컬, 디지털과 아날로그가 서로 침투하고 융합하는 이 새로운 기술 패러다임은 자율주행차, 스마트 팩토리, 드론, 로봇, 3D 프린터 등 다양한 형태로 이미 실생활에 적용되고 있으며, 특히 교육용 로봇과 3D 프린터는 교육 현장에서 상용화 단계를 넘어 실질적 교수학습 도구로 자리잡고 있다. 로봇은 코딩 교육, 문제 해결 훈련, 협력 학습 등의 매개로 활용되고 있으며, 3D 프린터는 추상적 개념을 구체적 조형물로 구현하며 설계 기반 학습의 실제를 가능하게 한다. 이는 기술이 더 이상 정보 공간에만 머무르지 않고, 물리 세계와 실시간으로 상호작용하며 공진화하고 있음을 보여 준다.

이러한 흐름 속에서 시뮬라리움은 더 이상 순수한 사이버 공간에 고립된 존재가 아니다. 그 존재는 점차 피지컬 영역으로 확장되며, 디지털과 물리, 상징과 감각, 시뮬레이션과 실재가 교차하는 하이브리드 실재를 향해 나아가고 있다. 그리고 이 전이의 중심에는 시뮬라리움의 뇌신경계라 할 수 있는 학습분석시스템(LAS)이 자리 잡고 있다. LAS는 HCPS 패러다임을 적극 수용하며, 멀티모달 입력-출력 처리, 환경 감지, 신체 움직임의 반영, 정서적 반응의 탐지 등 다양한 경로를 통해 진화하고 있으며, AR(Augmented Reality, 증강현실)과 VR(Virtual Reality, 가상현실)을 넘어 MR(Mixed Reality, 혼합현실)의 통합적 장으로 진입하고 있다.

이로써 애자일 설계의 범위가 확장된다. 그것은 더 이상 디지털 인터페이스나 코드 구조에만 국한되지 않는다. 오늘날의 설계는 물리적 공간에서의 움직임, 감각, 반응, 상호작용 등 인간의 전신적 체험을 포괄하는 살아 있는 설계로 변화하고 있다. 시뮬라리움은 이처럼 디지털적 사고와 자기조직적 설계 능력을 갖춘 존재가 물리 세계를 조율하고 재구성하는 창발적 무대로 넓어지고 있다.

### 2) ADDIE 와 addie의 프랙탈적 작동

애자일 설계는 학습자와 프로토타입 간에 형성되는 구조적 커플링을 실시간으로 분석하고, 그 결과를 바탕으로 설계 - 개발 - 실행 - 평가를 반복적으로 갱신해 나가는 활동이다. 이때 학습분석시스템은 단순한 평가 도구를 넘어, 전체 구조의 재구성을 유도하는 존재론적 메커니즘으로 작동한다. 이 설계 구조의 핵심은 전통적 ADDIE 모델의 실행 단계 안에 생성형 인공지능이 작동하는 소문자 addie가 삽입되어, 프랙탈 구조를 형성한다는 점에 있다.

ADDIE는 설계자가 설정한 조직 설계 아키타입(E - CHAT)을 기반으로 교수 학습 환경의 전체 구조와 방향을 형상화하는 상위 청사진이다. 그러나 프로토타입이 실제 학습자와 만나는 순간, 다양한 구조적 커플링이 발생하고 각기 다른 반응이 나타난다. 이때 작동하는 addie는 생성형 인공지능이 중심이 되는 실시간 설계 - 개발 - 실행의 순환 구조로, 하위에서 상위 구조와 유사한 자기생산 메커니즘을 실현한다. 이처럼 상위와 하위 구조가 자기유사성을 가지며 반복되는 프랙탈 구조는 자연, 수학, 예술 등 다양한 영역에서 발견되는 보편적 패턴이며, 시뮬라크라 움의 설계 체계에도 그대로 반영된다.

프론트엔드 생성형 인공지능은 학습자의 멀티모달 표현(문서, 음성, 영상 등)을 실시간으로 생성하며, 학습자의 조직적 · 작업적 폐쇄성에 적응하는 실행 메커니즘을 담당한다. 반면 백엔드 분석형 인공지능은 대규모 정서 · 행동 · 성과 데이터를 통합 분석하여, 조직 설계 아키타입의 목표와 정합되도록 전체 ADDIE 구조를 평가하고 피드백한다. 이 환류는 단방향이 아니라 양방향의 루프를 형성하며, 프론트엔드는 개별 addie 순환을 수행하고, 백엔드는 이를 통합하여 상위 설계 구조를 조정하는 방식으로 작동한다.

이러한 구조는 ADDIE 모델을 고정된 사전 설계 틀에서 벗어나 살아 있는 자기생산적 설계 생태계로 진화시키며, 시뮬라크리움은 정태성과 동태성, 설계자 중심성과 학습자 중심성, 인공성과 자기생산성 간의 긴장을 동적으로 중첩시키는 체계로 기능하게 된다. 이 과정에서 학습분석학은 핵심 중추로 작동한다. 분석형 AI는 전체 체계의 정합성과 방향성을 유지하는 뇌신경계로서 기능하고, 생성형 AI는 학습자의 표현과 반응을 실시간으로 번역 · 전환하며 자기생산 환경을 유지한다. 이러한 역할 분화는 단순한 기술적 분업이 아니라, 설계 패러다임 자체의 존재론적 전환을 의미한다.

[그림 3]은 이러한 구조를 시각적으로 잘 보여 준다. 전통적 Analysis는 노동 집약적이고 인간 지능 중심의 지체된 환류 구조를 기반으로 하며, ADDIE 모델과

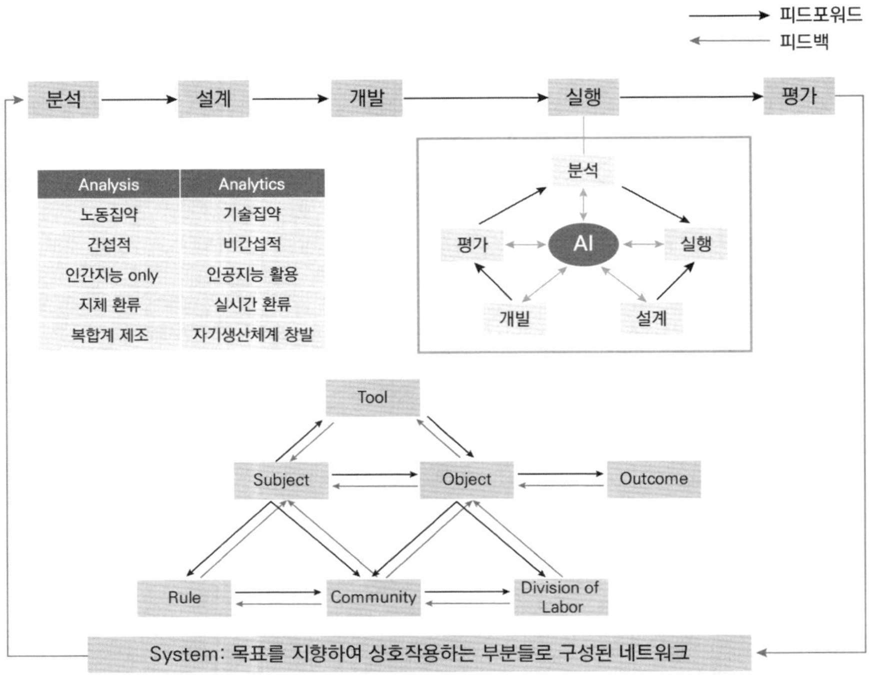


그림 3 학습분석시스템과 ADDIE의 진화

연결된다. 이에 비해 Analytics는 기술집약적이며 비간섭적, 실시간 환류 구조를 기반으로 하여, 생성형 AI 중심의 addie와 연결된다. 이미지 왼쪽 열은 전통적 설계의 특성을, 오른쪽 열은 인공지능 기반 설계의 특성을 대조하며, 시뮬라리움이 어떻게 자기생산체계로 전환될 수 있는지를 보여 준다. 상단의 선형적 흐름(분석 - 설계 - 개발 - 실행 - 평가)과 내부 녹색 박스(실시간 AI 기반 addie 구조)의 대비는 정태적 설계와 동태적 설계의 프랙탈 관계를 시각화한 것이다.

이미지 하단의 활동체계 모델(E - CHAT 기반)은 시뮬라리움의 설계철학이 단순한 절차적 모델을 넘어 목표 지향적 상호작용 네트워크로 작동함을 보여 준다. 여기서 학습자는 자기생산적 주체(Subject), AI는 도구(Tool), 변화된 학습자 상태는 결과(Outcome)이며, 규칙(Rule), 공동체(Community), 역할 분업(Division of Labor)은 조직 설계의 핵심 구조를 형성한다. 이는 시뮬라리움이 설계된 시스템이면서 동시에 자기조정 가능한 생태계로 기능한다는 점을 함축하고 있다.

요컨대, [그림 3]은 전통적 설계 패러다임이 지닌 '분절된 복합계'의 한계를 넘어, 프랙탈적 자기생산체계로서 시뮬라리움을 제시한다. 이는 단순한 기술 진보가 아니라, 설계자의 역할이 외재적 기획자에서 내재적 조율자로 전환되고, AI가 단순 도구에서 자기조정 메커니즘으로 진화하는 존재론적 전환이다. 분석형 AI와 생성형 AI의 협력, ADDIE-addie의 자기유사성, 프론트엔드-백엔드 환류 구조는 모두 이 새로운 메타설계 패러다임의 핵심 요소로 기능하며, 시뮬라리움은 그 통합적 구현을 통해 '살아 있는 학습 생태계'로 거듭난다.

### 3) 애자일 설계를 위한 학습분석 시스템의 역할

애자일 설계를 통해 실행된 addie는, 사전 설계 기반의 ADDIE와 프랙탈적으로 발산하면서 학기 전체를 관통하는 실천적 체계로 전개된다. 그 결과 시뮬라리움 내부에는 방대한 양의 복잡한 상호작용 시계열 데이터가 축적된다. 이 데이터는 피상적으로는 혼란스럽고 무질서한 파편처럼 보일 수 있으나, 실상 그것은 하나의 자기생산체계가 남긴 정교한 작동의 궤적이다. 즉, 그것은 단순한 우연적 산출물이 아니라 체계 내부의 작업적 폐쇄성이 일관된 방식으로 세계에 응답한 결과이며, 그 체계가 어떻게 자기 자신을 구성하고 환경과 관계 맺어 왔는지를 증거하는 역사적 기록이자 생태적 흔적이다. 그리고 이 흔적들은 마치 고대의 토기 조각처럼, 그 자체로는 침묵하지만 언젠가 다가올 현명한 해석자의 손에 의해 의미의 질서를 회복하길 기다리고 있다. 그것은 과거의 잔여물이 아니라 미래를 위한 예비 기록이며, 아직 쓰이지 않은 해석의 문법을 기다리는 살아 있는 증거다.

이러한 데이터의 조직성과 해석 가능성은 시뮬라리움의 조직 설계가 E-CHAT이라는 아키타입을 기반으로 구축되었기 때문에 가능하다. E-CHAT은 이중 삼각형 구조로 표현되는 메타 프레임이며, 이는 단지 교수학습 활동을 묘사하는 데 그치지 않고 시뮬라리움 내 모든 상호작용을 분석할 수 있는 선험적 알고리즘으로 기능한다. 다시 말해, 애초의 조직 설계 단계에서 이 아키타입에 기반해 학습분석시스템이 함께 설계되었기 때문에 학기 종료 시점에서 축적된 데이터는 그 자체로 일관된 해석 구조 안에 위치할 수 있다.

여기서 중요한 것은, 조직 설계의 '조직'이라는 개념이 단지 교수학습 환경, 즉 프로토타입의 구조적 설계에만 국한되지 않는다는 사실이다. 조직 설계는 동시에 학습분석시스템에도 동일한 방식으로 투영되며, 이로 인해 시뮬라리움이라는 자기생산체계는 두 가지 시스템 간의 존재론적 정합성과 구조적 호환성을 자연스럽게 확보하게 된다. 프로토타입은 환경 구조로서 학습자의 요구, 사회문화적 맥락, 기술 변화 등에 따라 유연하게 조정 가능하지만, 그에 반해 LAS는 아키타입의 중심 구조를 보존하는 '체계의 신경계'로서 쉽게 변경되어서는 안 된다.

이 관계는 생명체와 그 신경계 간의 관계에 비유할 수 있다. 생명체의 신체는 외부 자극과 상호작용을 통해 끊임없이 재조직되며 성장하고 적응하지만, 그 신경계는 유년기에 형성된 뇌의 기본 구조를 유지함으로써 존재의 연속성과 정체성을 담보한다. 뉴런은 일단 완전히 발달하고 나면 평생 재생되지 않는 유일한 세포이다. 시뮬라리움도 마찬가지이다. 학습자와 상호작용하는 프로토타입은 변화하지만, 학습분석시스템은 조직 설계의 원형을 반영하며, 동시에 그 진화를 가능하게 하는 준거 틀로 작동해야 한다.

그렇기 때문에 LAS는 단지 데이터를 처리하는 보조적 도구가 아니라, 시뮬라리움이 자기생산체계성을 유지하는 핵심 메커니즘이자 설계 구조 내부에 내재된 신경계로 간주되어야 한다. LAS가 없다면, 시뮬라리움은 외형적으로는 복잡한 디지털 환경을 구성하고 있을지라도, 실질적으로는 자기조정 능력과 방향성을 상실한 채 단편적인 상호작용만을 반복하는 복합계로 퇴행할 위험에 처한다.

이러한 관점에서 볼 때, 오늘날 흔히 요청받는 학습분석 컨설팅이나 시스템 개발 자문 요청은 근본적 한계를 내포하고 있다. 실제로 많은 기관에서 요청하는 것은 이미 구축된 LMS나 콘텐츠 관리 시스템(Content Management System, CMS)에서 추출한 데이터를 분석하여, 교육적 시사점을 도출해 달라는 것이다. 그러나 이러한 요청은 애초에 조직 설계가 선행되지 않았거나 체계 전체가 아키타입 기반으로 통합되어 있지 않기 때문에, 설계적 무정형성과 데이터의 구조적 무의미 사이의 악순환을 벗어날 수 없다.

## (4) 사후 설계와 역동적 오토타입

### 1) 사후 설계: 두 번째 사전 설계

애자일 설계를 통해 시뮬라리움은 적응형 에코타입으로 전이되며, 일정 기간의 교수학습 활동이 종결되면 새로운 학습자 코호트를 맞이하기 위한 다음 주기의 설계를 준비하게 된다. 이 시점이 바로 사후 설계(aposteriori design) 단계이며, 단순한 정리나 평가의 절차가 아니라, 시뮬라리움의 자기생산성을 공고히 다지는 존재론적 전환의 계기로 기능한다.

사후 설계는 '끝맺음'이 아닌 '다음 생성을 위한 내적 재구성'이며, 학습 생태계가 스스로를 돌아보며 자신의 구조, 가치, 피드백 회로를 재정렬하는 내재적 성찰과 진화의 계단이다. 이 단계에서는 단지 이전 활동의 결과를 분석하는 데 그치지 않고, 학습 주체들의 경험, 환경의 반응성, 설계자의 관점을 통합하여, 다음 사이클의 시뮬라리움을 보다 정합적이고 생태적으로 정련된 구조로 재구성한다. 결과적으로, 사후 설계는 시뮬라리움이 단절이 아닌 연속성 속에서 자기 자신을 다시 생산하는 자기조직적 체계임을 드러내는 핵심 메커니즘이며, 이는 매 사이클마다 새로운 적소와 새로운 의미망을 생성하는 자기생산체계로서의 본질적 작동 방식이라 할 수 있다.

설계자는 이미 존재론적 아키타입으로서의 E-CHAT 조직을 수립하고, 이를 바탕으로 사전 설계 단계에서 일곱 구성 요소를 형상화하여 프로토타입을 완성하였다. 이 프로토타입은 뇌 신경계에 해당하는 학습분석시스템을 내장함으로써, 비로소 생명성을 띠는 시뮬라리움의 초기 구조를 형성한 바 있다. 이러한 일련의 설계 과정은 마치 작가가 희곡을 집필하고, 리허설과 무대 준비를 거쳐 관객과 함께 공연을 완성하는 연극적 창조의 과정과도 유사하다. 그리고 그 막이 내린 후, 다음 공연을 위한 창조적 재정비—바로 사후 설계—의 시간이 시작된다.

사후 설계는 사전 설계 단계에서 구성된 복합계를 '수정된 복합계'로 진화시키는 과정이며, 차기 세션에서 더욱 효과적이고 적응적인 애자일 설계를 가능케 하는 기반 인프라를 재정렬하는 일이다. 이는 단순한 마무리가 아닌, 존재론적 재설계, 즉 조직은 유지한 채 구조를 갱신하는 시공간이며, 시뮬라리움이 자기생산체계로서 다음 주기로 이행하기 위한 생태계적 준비 단계라 할 수 있다.

사전 설계와 사후 설계는 모두 설계자의 기획과 실행이라는 점에서 공통점을 가지지만, 이 둘을 결정적으로 구분 짓는 요소는 실행된 교수학습 세션에서 수집된 정제된 빅데이터의 존재이다. 사후 설계에서는 단순한 가설이 아닌, 실제 교수학습 맥락에서 일어난 실천 기반의 상호작용 시계열이 분석의 기초가 된다. 이 데이터는 특정 표본이 아니라 코호트 전체를 모집단으로 하는 전수 기반이며, 통제된 실험 환경이 아닌 자연 발생적 교육 상황 속에서 생성된다는 점에서 더욱 실천적 의의를 지닌다. 뿐만 아니라, 이 데이터는 단순한 자기 보고가 아니라, 멀티모달 센서 기반의 실시간 행위 데이터로 구성되어 있다. 예컨대 클릭, 시선 추적, 발화 패턴, 심박 변화 등의 요소들이 포함되며, 이는 개별 행위의 단편이 아니라 시간적으로 축적되고, 공간적으로 얽힌 고밀도 학습 이력 데이터를 형성한다. 이로써 사후 설계는 단순한 결과 평가를 넘어서, 학습자의 인지적·정서적·행위적 흐름을 반영한 실천적 해석이 가능한 데이터 기반 설계로 진화할 수 있는 토대를 제공한다.

### 2) 사후 설계를 위한 학습분석 시스템의 역할

학습분석시스템의 분석 기능은 과거를 해석하고 구조화하는 데에 집중한다. 교수자와 학습자 간의 상호작용, 도구 사용 양상, 참여의 역동성 등 수업의 작동 방식 전반을 시계열 데이터로 모델링함으로써 수업이 어떻게 작동했는가에 대한 정교한 내러티브를 제공한다. 또한 학습자의 조직적·작업적 폐쇄성이 시뮬라리움 위에서 어떻게 발현되었는지를 미시적으로 추적하며, 구조적 커플링의 질적 평가와 설계의 적합성 분석을 가능케 한다.

이 지점에서 형성평가가 중요하게 부상한다. 총괄평가가 결과에 대한 판별이라면, 형성 평가는 설계 과정 자체를 되돌아보며 다음 설계의 조건을 재구성하는 미래지향적 개입의 메커니즘이다. 학습분석시스템은 단지 데이터를 수집하고 구조화하는 것에 그치지 않고, 다음과 같은 세 가지 층위에서 형성평가 기능을 수행한다. 첫째, 학습과 교수의 전개 과정에서 발생한 시계열적 상호작용 데이터를 정밀하게 구조화함으로써 교수 전략의 효과성, 학습 환경의 민감성, 그리고 매개 도구의 작동 방식에 대한 다층적 진단이 가능해진다. 이는 단순한 이벤트 기록이 아니라, 수업이라는 복잡계 내부에서 발생하는 상호작용의 리듬과 패턴, 그리고 그 변화 양상에 대한 동역학적 분석이다. 예컨대, 특정 교수학습 전략이 특정 시간대나 활동 맥락에서 반복적으로 높은 학습 반응을 유도했다면, 이는 전략의 효과성이 환경 맥락과 강하게 커플링되었음을 시사한다. 또한, 학습 도구가 언제, 어떤 방식으로 학생들의 참여를 유도하거나 방해했는지를 정량적·정성적으로 분석함으로써, 그 도구의 매개 효과에 대한 실증적 통찰을 제공한다. 이 분석은 결과 중심의 평가를 넘어서, 수업의 형성 과정 그 자체가 어떻게 진화했는가를 설명하고, 대체하거나 수정해야 할 부분을 정확하게 짚어 준다.

둘째, 학습자의 내재적 폐쇄성(조직적·작업적 폐쇄성)과 외부 환경 간의 구조적 커플링의 질을 다층적으로 측정함으로써, 설계된 시뮬라리움 환경이 학습자의 자기생산성을 어떻게 촉진하거나 억제했는지를 평가한다. 이는 단순한 성취 수준의 평가가 아니라, 학습자의 상황맥락적 행동과 그가 환경과 맺은 관계의 역동적 구조를 해석하는 평가이다. 예컨대, 특정 학습자가 지속적으로 능동적 상호작용과 맥락 의존적 도구 사용을 통해 자신의 학습 공간을 재구성해 나갔다면, 이는 높은 수준의 구조적 커플링과 자기지시성이 작동한 결과로 볼 수 있다. 반면, 반복적인 회피, 반응성의 결여, 도구와의 비동조적 상호작용이 나타났다면, 이는 설계 구조가 해당 학습자의 적소 형성을 충분히 유도하지 못했다는 해석으로 이어진다. 이 평가 결과는 곧 설계자에게 누가 적소를 발견하지 못했는가, 그리고 왜였는가를 묻는 형성적 질문을 제공한다.

셋째, 형성평가는 단지 '무엇이 효과 있었는가(또는 무엇이 효과를 저하시켰는가)'를 되묻는 피드백 기능을 넘어서, 설계 구조 자체를 해체하고 재구성할 수 있는 실천적 인사이트를 주는 수정-개선 의사결정 지원 정보로 전환되어야 한다. 여기서 평가의 대상은 학습자만이 아니라, 설계 그 자체이다. 시뮬라리움의 자기생산성을 유지하기 위해, 설계자는 설계 구조가 어떻게 '살아 있었는가'를 되묻고, 그 생명력을 구성한 결정적 요인들을 식별해야 한다. LAS는 이를 위해 다양한 지표를 종합적으로 통합하고, 의미 있는 재구성 조건들—예컨대 특정 활동 유형의 구조적 병목, 도구 간 상호간섭, 시간별 몰입도 변화 등—을 재설계하기 위한 조건을 도출한다. 이로써 형성평가는 단지 결과의 진단이 아니라, 다음 설계로의 존재론적 이행을 위한 촉매적 사건으로 기능한다. 설계자는 이를 통해 자신의 설계 행위에 대한 메타적 자기성찰을 수행하며, 시뮬라리움을 보다 정교한 자기생산 생태계로 진화시켜 나갈 수 있게 된다.

분석과 평가의 기능이 결합될 때, LAS는 더 이상 단순한 신경계적 수용기(perceptual receptor)로 머무르지 않는다. 대신 LAS는 설계자-학습자-시스템 간의 삼중 피드백 구조를 매개하는 피드백 장치로 기능하게 되며, 이는 시뮬라리움을 하나의 폐쇄적 실행 체계가 아니라 자기준거적 평가와 자기재구성이 가능한 시스템으로 전환시키는 핵심 메커니즘이 된다. 즉, LAS는 실시간 상호작용의 수집과 분석을 넘어서, 구조적 판단 및 설계 방향 설정에 이르는 고차원적 기능을 수행함으로써, 분석기(analytics)에서 해석기(hermeneutics)로의 패러다임 전환을 구현하게 된다.

이로 인해 시뮬라리움은 단지 반복 실행되는 교육 시스템이 아니라, 학습의 다층적 결과와 피드백 구조를 자기참조적으로 조직하고, 설계자가 이를 통해 체계 내부에서 이론을 귀납하고 정립할 수 있는 이론 생성의 장이다. 즉, 실천 기반 데이터는 단지 사례 수집이 아니라, 이론화 가능성이 내재된 입력으로 기능한다. 예컨대, 교수학습 세션 전체를 관통하는 실시간 LAS 데이터는 기존의 조직 설계 모델 — 예컨대 E-CHAT — 의 한계를 식별하고, 이를 확장·조정·재구조화한 진화적 아키타입(E-CHAT+)의 설계 근거로 작동할 수 있다. 이때 설계자는 단지 기술적 설계의 반복자가 아닌 모델 생성자로 전환되며, 기존 모델과 새로운 아키타입 간의 구조 비교 및 기능 평가를 통해 이론과 실천 간의 순환적 연계 구조를 구축할 수 있다. 이러한 순환은 단지 이상적 도식이 아니라, 실제 설계 기반 연구의 실천 모델로서, 이론 발전의 방법론적 정당성을 제공한다.

결론적으로, 사후 설계는 단순한 실행 종료 이후의 마무리 작업이 아니라, 시뮬라리움의 자기생산성을 다음 설계 주기로 이행시키는 존재론적 전이 지점이다. 이 이행은 학습분석시스템이 수행하는 분석과 평가라는 이중 기능에 의해 구조적으로 가능해진다. 분석은 실행된 구조를 분절하고 명료화하여 체계의 작동 논리를 드러내고, 평가는 그 구조를 창조적으로 재조립함으로써 미래의 가능성과 설계 방향을 조직한다. 이 두 기능은 상호 보완적으로 작동하며, 시뮬라리움을 단순한 결과물로서가 아니라 지속적으로 진화하는 자기생산체계로 진전시키는 동력으로 작용한다.

이러한 구조 속에서 교수설계자는 더 이상 정적인 설계 모형의 단순 적용자가 아니다. 그는 다중 시간성(코호트 간 시간의 중첩과 이행), 다중 코호트(사용자 집단의 다양성과 변이), 다중 구조(설계 양식과 실행 조건의 층위성)를 총괄적으로 조율하며, 시스템 전반의 의미 생산을 이끄는 구성적 관리자로 기능한다. 동시에 그는, 인공지능 기반의 분석과 환류를 참고하되, 최종 설계적 결정을 내리는 기계 대비 비대칭적 우위의 의사결정자로서의 권한과 책임을 갖는다.

앞 절에서 설명한 바와 같이, 시뮬라리움과 같이 자기생산성을 지향하는 교수학습체계의 설계는 단순한 절차적 개발을 넘어서는 메타설계적 접근을 요구한다. 전통적인 ADDIE 모델은 교육공학에서 대표적인 설계 구조로 기능해 왔지만, 그 고정된 선형 절차는 복잡하고 비선형적인 교수학습 생태계의 진화적 특성을 온전히 설명하거나 수용하기에는 한계를 지닌다. 이에 따라 제시된 '메타설계 플로우'는 이러한 한계를 극복하고, 교육공학의 존재론적 전환을 실현할 수 있는 새로운 설계 생태계로 기능하도록 구성된 구조적 비전이다. 이 플로우는 설계-실행-환류의 단선적 루프를 해체하고, 사전 설계와 사후 설계를 중심으로 구성 요소 간의 상호작

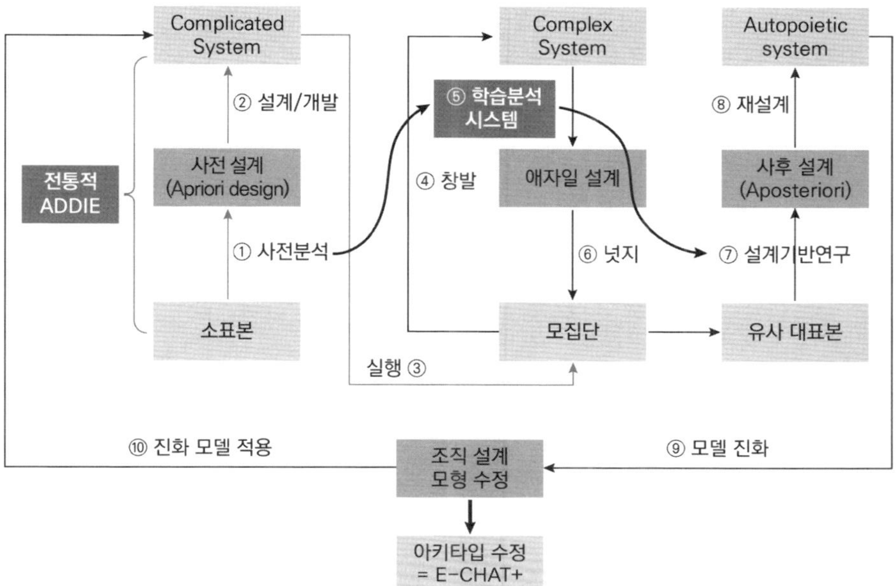


그림 4 메타설계 플로우

용, 반복, 진화를 유기적으로 연결함으로써 복잡계적 설계 생태계를 형상화한다. 이 복합 구조의 중심에는 학습분석학이 배치되며, 이는 설계 구조 전반의 감각기관이자 조율 장치로 작동한다. [그림 4]는 지금까지 설명한 ADDIE 모델과 메타설계 플로우가 어떻게 연결되는지, 그리고 그 가운데 학습분석 시스템이 어떠한 역할을 하는지를 종합적으로 나타낸 것이다.

[그림 4]의 왼편은 전통적 ADDIE 모델의 절차적 흐름을 기반으로 한 사전 설계 경로를 나타낸다. ① 사전 분석을 통해 도출된 초기 정보는 ② 설계 및 개발 과정을 거쳐 정형화된 프로토타입으로 구현된다. 이 단계는 보통 소표본 중심의 가정된 사용자 모델을 전제로 하며, 이는 일정 수준의 예측 가능성과 안정성을 제공하지만, 학습자 집단의 실제적 변이와 환경의 동태성에 적절히 대응하기 어렵다. 결과적으로 이 구조는 정태적 복합계로 기능하게 되며, 창발성과 비선형성을 충분히 흡수하지 못한다. ③ 실행 단계 이후, 실제 교수학습 장면에서는 다양한 상호작용과 돌발적 변수들이 발생한다. 이때 드러나는 변화들은 단순한 오류나 외부 변수로 간주되어 배제되어서는 안 되며, 오히려 새로운 설계 통찰의 발생 조건, 곧 창발의 원천이다.

이제 ④ 창발이 일어나기 시작한다. 시뮬라리움은 미리 설계된 흐름을 따라가는 체계가 아니라, 학습자와 환경, 도구와 과제가 실시간으로 상호작용하며 예기치 않은 방식으로 새로운 구조와 전략을 만들어 내는 창발적 생태계이다. 예컨대, 한 온라인 협력 프로젝트에서 학습자 A가 문제 해결 과정 중 예외적 접근을 시도하고, 이에 대해 학습자 B가 예상과 다른 피드백을 주며, 양자의 대화가 전체 그룹의 문제 인식 구조를 전환시키는 현상이 나타났는데, 이는 사전에 의도되지 않은 방향에서 학습 전략이 재구성되는 창발적 상호작용의 대표적 사례였다. ⑤ 이러한 현상은 LAS 상에서 감정 분석, 클릭 패턴, 채팅 로그, 시선 추적 데이터 등을 통해 감지되었으며, 설계자는 이 데이터를 바탕으로 협력 구조 내 의미 흐름의 전환 지점을 파악하고, 이후 유사한 학습 시나리오에서 그 전환을 유도할 수 있는 '촉발 조건'을 설계에 반영할 수 있었다. 학습분석학은 여기서 단순한 측정 도구가 아니라, 다층적 데이터를 실시간으로 탐지하고, 이를 정량·정성적으로 해석하며, 설계적 판단에 반영 가능한 수준으로 환류하는 기능적 신경계로 작동한다.

이 분석 기반의 환류는 ⑥ 애자일 설계로 연결되며, 이때의 설계는 미리 정의된 설계 사양을 구현하는 것이 아니라, 현장의 반응과 맥락적 변화에 따라 유연하게 조정되는 실시간 상호작용 기반 구조로 기능한다. 여기서 넛지라는 표현은 설계자의 개입이 강제적이기보다는 설득적이며, 사용자의 자율성을 존중하면서도 체계의 방향성을 유지하는 형태의 설계 개입을 의미한다. 예를 들자면, 한 공대생이 건설회사 취업을 희망하는 것으로 LAS에 기록되면 시스템은 미적분학 수업 중 해당 회사의 실제 교량 붕괴 사고 데이터를 기반으로 한 문제를 자동 생성해 제시한다. 이 문제는 사고 지점의 응력 분포를 수학적으로 해석하도록 유도함으로써, 추상적 개념이 학습자의 진로 맥락 속에서 실질적 의미를 띠게 만든다. 이는 LAS가 학습자의 진로 이력과 현재 수업 내용을 실시간으로 연결하여, 자율성과 관심을 해치지 않으면서도 목표 달성을 향해 학습자를 유도하는 애자일 넛지로 작동하는 방식이다.

⑦ 이후, 애자일 설계의 실행을 통해 축적된 데이터는 사후 설계로 전환된다. 이 사후 설계는 단순한 사전 설계의 오류 수정이나 보완이 아니라, 실천 기반의 이론 검증과 해체를 포함하는 '설계 기반 연구'로 기능하며, 설계의 목적, 조건, 가정 자체를 재구성하는 구조적 개입이다. ⑧ 이 단계에서 시뮬라리움은 단순히 복잡계적 수준을 넘어, 자기폐쇄성과 자기참조성을 갖춘 자기생산체계로 진화할 수 있는 조건을 확보하게 된다. ⑨ 이후 전체 메타설계 구조는 진화하게 되며, 기존의 조직

설계 모형 자체가 수정되고 갱신된다. 이 구조적 갱신은 단순한 기능 향상이 아니라, 설계자가 초기 설정한 목적, 구성 요소 간의 관계, 전체 프레임워크를 포함한 구조의 재설계에 해당한다. 이 과정에서 학습분석학은 더 이상 기술적 분석 도구에 머물지 않고, 체계 자체의 방향성과 존재론적 기반을 재조정하는 메타 수준의 반성 도구로 전환된다. ⑩ 결과적으로, 이 진화된 메타 설계는 기존의 전통적 ADDIE 모델을 포함하면서도 이를 넘어선 살아 있는 설계 생태계로 재적용된다. 이는 교육공학이 단지 설계 절차나 도구의 축적이 아니라, 자기생산적 진화를 설계하는 존재론적 실천이라는 점을 명확히 한다.

도식 하단에 위치한 'E－CHAT 아키타입'은 이러한 메타 설계 흐름의 이론적 기반이다. E－CHAT은 단일 활동 단위를 넘어서, 상위 구조들 간의 교차와 구조적 커플링까지를 포괄하는 구조－행위－의미의 중층 이론틀로 기능하며, 프로토타입－에코타입－오토타입 간의 설계적 전이를 설명할 수 있는 모델링 기반을 제공한다. 특히 이 아키타입은 학습분석학이 단순 분석 도구가 아닌 존재론적 신경계로 기능할 수 있도록 이론적 조건을 제시하는 구조화된 환경이기도 하다.

요약하자면, 메타설계 플로우는 ADDIE의 선형성과 절차 중심성을 해체하고, 실시간 데이터 기반의 순환적 환류, 자기참조적 구조 수정, 그리고 설계자의 존재 방식까지 포함한 메타 설계로 전환된다. 이 전체 흐름에서 학습분석학은 분석－실행－환류－설계기반연구－모형 진화 전반을 관통하는 중추로서, 시뮬라리움의 '뇌'이자 '감각기관'으로 기능하며, 교육공학을 존재론적 설계과학으로 전환시키는 핵심 매개로 작동한다.

ADDIE 모델의 단계별 설계 과정에서 학습분석학은 단지 데이터 해석을 넘어, 학습 환경 전체를 감지하고 조정하는 일종의 감각계로 기능하게 된다. 이러한 인식은 시뮬라리움이라는 교육 생태계 내에서 학습분석시스템을 뇌신경계적 장치로 이해하게 하며, 이는 곧 측정, 분석, 처방이라는 구조적 모형의 필요성과도 맞닿는다. 뿐만 아니라, 이러한 시스템의 설계에는 로고스(logos, 논리), 파토스(pathos, 정서), 에토스(ethos, 신뢰)를 기반으로 한 넛지 전략, 실시간 피드백 설계, 그리고 존재론적 윤리성 확보가 필수적이다. 다음 절에서는 학습분석시스템이 시뮬라리움 내부에서 어떻게 작동하며, 그 기능과 구조가 어떻게 설정되어야 하는지를 다룬다.

## 4. 시뮬라리움의 뇌 신경계: 학습분석시스템의 역할과 설계

### (1) 시뮬라리움에서 학습분석시스템의 뇌 신경계적 역할

자기생산체계로서의 생명체는 자신의 정체성과 존재 조건을 외부에 의존하지 않고 내부적으로 재생산함으로써 유지된다. 이때 뇌 신경계는 단순한 정보 전달의 통로가 아니라, 유기체의 정체성과 조직적 일관성을 보존하는 중심축으로 작동한다. 뇌는 감각을 해석하고 의미를 구성하며, 과거의 흔적을 불러와 미래를 설계하고, 생명체가 변화하는 환경 속에서도 자기동일성을 유지할 수 있도록 하는 자기참조적 메커니즘이다. 시냅스의 가소성과 기억의 안정성은 긴장 속의 균형을 통해 구조의 변경과 조직의 보존을 동시에 이뤄낼 수 있다.

시뮬라리움 또한 이와 동일한 자기생산적 체계성을 지향한다면, 그 내부에는 생물학적 뇌신경계에 상응하는 체계적 장치가 반드시 설계되어야 하며, 그 역할을 담당하는 것이 바로 학습분석시스템이다. LAS는 시뮬라리움의 뇌 신경계로서 단순한 분석 도구가 아니라, 설계자와 학습자, 도구와 공동체, 규칙과 결과 사이의 순환을 매개하며, 체계 전체의 창발 속에서 교수학습목표, E-CHAT의 이중삼각형을 구성하는 요소는 변함없이 보존하는 자기생산체계의 뇌 신경계 역할을 수행한다.

시뮬라리움에서 LAS는 전체 교수학습체계로서의 목표 정체성, 조직 정체성을 유지하는 대 전제 하에서 각 요소의 작동과 요소 간 상호작용을 조율하며, 설계자의 의도를 체계 전체에 반영할 수 있도록 하는 컨트롤 센터로 기능한다. 생물학적 뇌가 감각 신호를 해석하고, 그 해석을 바탕으로 운동 기관에 적절한 반응을 조율하듯, LAS는 학습자의 행위, 정서, 성과, 환경적 조건 등을 감지하고, 이 정보를 기반으로 설계자와 교수자, 시스템 전체에 피드백을 제공하여 설계와 실행을 유기적으로 조정한다.

유기체의 뇌 신경계와 시뮬라리움의 LAS 간의 유비 관계는 여러 차원에서 확인할 수 있다: 첫째, 조직적 폐쇄성의 측면에서 LAS는 시뮬라리움의 일관성과 자기동일성을 유지하는 기반이다. 생물학적 뇌가 뉴런을 중심으로 고정된 세포 구조를 유지함으로써 존재의 지속성을 보장하는 것처럼, LAS는 핵심 알고리즘, 분석 프레임, 설계 의도에 따라 시뮬라리움의 구조적 정체성을 유지한다. 이 구조는 학습자가 바뀌고 설계자가 교체되더라도 시뮬라리움이 시뮬라리움으로 작동할 수 있게 하는 내부의 일관된 자기참조적 기준을 제공한다. LAS는 단지 설계의 기능 일부가 아니라, 설계의 동질성을 지속적으로 재구성하는 기억의 저장소이자 재구성의 메커니즘이다.

둘째, 작업적 폐쇄성의 측면에서 LAS는 단순히 데이터를 반응적으로 처리하는 수동 시스템이 아니라, 과거 학습자의 맥락, 현재의 시스템 상태, 공동체의 의사 결정 구조 등을 통합적으로 반영하여 정보를 선별하고 의미를 구성하는 능동적 기제로 작동해야 한다. 뇌가 자극을 해석할 때 과거의 기억, 현재의 내적 상태, 문화적 지각 틀 등을 동원하여 의미를 구성하듯, LAS는 축적된 데이터의 시간적 흐름을 자기참조적으로 재해석하고, 이를 기반으로 실천적 설계와 예측적 개입을 가능하게 한다. 이는 시뮬라리움이 단순한 반응형 시스템이 아니라, 의미를 생성하고 미래를 설계하는 자기생산체계로 진화하는 토대가 된다.

셋째, 구조적 커플링의 관점에서 LAS는 시뮬라리움 내 다양한 요소들과 연결되며, 전체 체계가 살아 있는 시스템으로 기능하도록 한다. 이는 뇌에서 뻗어 나오는 말초신경계가 감각 기관과 운동 기관을 연결하는 것과 유사하다. LAS는 학습자의 활동 데이터를 수집하는 감각계 역할을 수행함과 동시에, 그 결과를 설계자에게 전달하거나 시스템 실행부에 반영하는 운동계 역할도 수행한다. 감각계-처리계-운동계가 구심성과 원심성의 회로를 통해 상호작용하듯, LAS는 시뮬라리움 내부의 실천적 데이터와 해석적 구조, 설계적 실행 사이를 잇는 신경 축이다.

넷째, LAS는 정체성의 보존과 유연성의 긴장 속에서 작동해야 한다. 뇌는 구조적으로 안정되어 있으나 시냅스의 가소성을 통해 유연하게 반응한다. 마찬가지로 LAS는 설계 프레임과 판단 기준이라는 구조적 기반을 고정된 뼈대로 유지하면서도, 새로운 데이터, 돌발 상황, 학습자의 다양성에 유연하게 적응해야 한다. 이는 LAS가 통제적 장치나 통계적 관리자에 머무르지 않고, 변화하는 시뮬라리움의 내부 흐름을 따라 실시간으로 재구성되며, 동시에 그 전체 방향을 놓치지 않도록 기능하는 이중 역할을 수행해야 함을 의미한다.

마지막으로, LAS는 뇌 신경계처럼 자기생산성을 조직하는 중심 장치로 기능한다. 살아 있는 유기체에서 뇌는 단순한 조정자가 아니라, 과거의 경험을 현재화하고, 그로부터 미래를 설계하는 공간이다. 시뮬라리움에서도 LAS는 단순한 진단-처방 체계를 넘어, 학습자와 설계자의 행위, 공동체의 피드백, 시스템의 실행 결과를 모두 통합하여 시뮬라리움의 다음 단계를 설계하고 예비하는 존재이어야 한다. 이때 LAS는 단지 데이터를 분류하거나 시각화하는 기계가 아니라, 시뮬라리움의 기억이자,

예지이며, 자기생산을 위한 창발 조건을 조성하는 시스템의 뇌로서 작동한다.

요컨대, 생물학에서 뇌 신경계가 자기생산체계의 유지와 진화를 위한 중심축이듯, 시뮬라리움에서는 학습분석시스템이 설계, 실행, 평가를 연결하고, 설계자의 판단을 구조화하며, 시뮬라리움 전체를 자기조직적 생태계로 작동하도록 조율하는 핵심 기관으로서 기능해야 한다. 그리고 이러한 설계는 우연이 아닌, 포이에시스의 원리에 따라 구현되는 자기생산적 창발 구조로 정립되어야 한다. LAS는 기술이 아니라, 존재이다. 체계적 분석기가 아니라, 살아 있는 자기참조적 신경계이다. 이 구조가 완성될 때, 시뮬라리움은 단지 교육 환경이 아니라 하나의 생명체처럼 살아 움직이는 미래 학습 생태계로 성장하기 시작한다. 이제 비로소 설계된 자기생산체계가 구현된 것이다.

### (2) 학습분석시스템 설계 모형

본 절에서는 시뮬라리움의 뇌 신경계로서 작동하는 학습분석시스템(LAS)의 세 가지 작동 모형—측정 모형, 분석 모형, 처방 모형—을 각각 감각계(sensory system), 처리계(processing system), 운동계(motor system)에 대응시켜 서술하고자 한다. 이는 LAS가 단순한 기술적 장치가 아니라, 시뮬라리움이라는 자기생산체계 내부에서 정보의 감지, 해석, 실행이라는 전 과정을 유기적으로 통합하는 중심축이라는 점을 강조하려는 시도이다. 본 저자는 학습분석시스템의 아키타입이 시뮬라리움 전체의 구조를 구성하는 E-CHAT 아키타입과 동형사상 관계를 가져야 한다는 가정 위에서 논의를 전개하고자 한다. 즉, LAS의 작동 구조는 시뮬라리움 내부의 활동체계 구성 원리와 구조적으로 정합적이어야 하며, 그 내부 작동 원리는 활동의 본질적 구성 요소—주체, 도구, 객체, 산출물, 규칙, 공동체, 역할 분담—들과 구조적으로 커플링되어야 한다. 이때 측정은 감각적 감지로서, 분석은 의미화와 판단으로서, 처방은 실천적 반응으로서 작동하며, 이 삼중 구조는 곧 시뮬라리움의 정보 순환과 자기조직화의 신경계적 메커니즘을 이루는 기본 토대를 구성한다.

#### 1) 측정 모형

'측정'이 왜 자기생산체계에서 뇌 신경계의 감각계에 해당하는지에 대한 논의는, 생물학적 유기체의 구심 신경계 개념에서 그 실마리를 찾을 수 있다. 구심 신경계는 유기체의 말초 감각기관—눈, 귀, 피부, 관절 등—으로부터 환경의 자극을 감지하고, 이를 전기적 신호로 변환하여 중추신경계로 전달하는 구조다. 이 구조는 단순한 정보 수집을 넘어, 유기체가 자기 외부 세계를 '의미 있게' 감각하고 해석하게 만드는 통로이며, 존재와 환경 사이의 살아 있는 연결선이다.

자기생산체계 역시 외부 환경과의 구조적 결합 속에서 자신을 유지하고 재생산하는 체계이다. 그러나 이 체계는 외부 자극에 수동적으로 반응하는 것이 아니라, 고유한 체계 경계와 목적 구조를 기반으로 외부 세계와 '선택적'으로 상호작용한다. 이때 측정은 체계 내부로 정보를 들여오는 유일한 통로이며, 이는 구심 신경계의 작동 원리와 본질적으로 유사하다. 즉, 자기생산체계에서의 '측정'은 외부 환경으로부터의 무작위 데이터를 받아들이는 것이 아니라, 체계의 목적과 구조에 따라 '의미 있는 차이'를 선택적으로 감지하고 해석하는 과정이다.

이러한 점에서 측정은 감각계에 해당한다. 감각은 생물학적 유기체에게 생존의 전제 조건이 되듯, 측정은 자기생산체계에게 구조 조정과 목적 정합성을 가능케 하는 전제 조건이 된다. 측정이 없다면 체계는 외부 세계로부터의 자극을 해석할 수 없으며, 변화에 적절하게 대응할 수도 없다. 이는 마치 감각을 상실한 유기체가 세계를 인식하지 못하고, 궁극적으로 생존의 위기에 처하는 것과 같다. 자기생산체계는 측정을 통해서만 외부 환경에 대한 감각을 지니고, 그 감각을 바탕으로 내부 구조를 조정하며, 목적에 맞게 자신의 경로를 재구성한다.

이러한 구조는 움벨트 이론과도 유사하다. 유기체는 물리적 세계 전체를 인식하는 것이 아니라, 자신의 생존과 목적에 관련된 정보만을 선택적으로 감지함으로써 자기만의 의미 세계를 구성한다. 자기생산체계 역시 측정을 통해 '모든 것'을 수용하는 것이 아니라, 체계적으로 선별된 정보만을 감각하고, 이를 기반으로 자기 조직을 갱신한다. 따라서 측정은 단순한 정보 수집이 아니라, 체계가 살아 있다는 것을 증명하는 감각의 작용이며, 존재를 세계에 열어 놓는 통로이다.

결국 측정은 자기생산체계에 있어서 감각계 그 자체이며, 이는 단순한 은유가 아니라 구조적이고 기능적인 대응에 기초한 사실이다. 측정이 감각일 때, 체계는 외부 세계와 의미 있는 관계를 맺으며, 자기 자신의 구조를 조율하고 진화시킬 수 있다. 측정 없는 체계는 감각 없는 유기체와 같으며, 결국 자기 확증과 폐쇄의 오류에 빠지게 된다. 반대로, 살아 있는 측정은 체계를 열어두고, 외부와 호흡하게 하며, 자기설계의 실천을 가능하게 만든다. 이로써 측정은 감각이며, 곧 존재를 향한 체계의 반응 조건이자, 자기생산의 사유적 기원이 된다.

측정 모형(Measurement Model)은 학습분석시스템(LAS)이 '시뮬라리움'이라는 자기생산체계 내부에서 뇌 신경계의 '감각계'로 작동하기 위한 기능을 명확히 규정한다. 이는 단순히 눈에 보이는 결과나 정태적인 지표를 수집하는 수준에 머물지 않는다. 오히려 살아 있는 활동 체계 내부에서 구성 요소들이 어떻게 상호작용하고, 시간 속에서 어떤 방식으로 변화하는지를 정밀하게 감지하는 기능을 수행한다.

E-CHAT 아키타입 구조는 측정의 방향성을 체계적으로 제시한다. 이 구조 안에서 LAS는 외부 자극을 감지하고 내부 상태를 조율하는 생물학적 감각계처럼 작동한다. 다시 말해, 시뮬라리움 내부에서 활동의 흐름을 감지하고 해석하며 전환을 가능케 하는 구조적 토대로 기능한다. 최근에는 시선 추적기, 피부 전기 반응 측정기, 음성 정서 분석기, 키보드와 마우스의 행동 로그, 얼굴 표정 분석 시스템, 심박 센서 등 다양한 형태의 멀티모달 센서 기술이 보편화되고 있다. 이로 인해 학습자의 활동은 더 이상 간접적 추정에 의존할 필요가 없는 영역이 되었다. 감지 가능한 데이터의 폭과 정밀도가 비약적으로 확대되면서, 시뮬라리움은 학습 주체의 내적 상태와 외적 행위를 보다 정교하게 포착하고, 그에 따라 실시간으로 구조를 조율할 수 있는 진화적 교수학습 생태계로 나아가고 있다.

이제 LAS는 학습 주체가 객체나 도구와 상호작용하는 과정에서 발생하는 신체 움직임, 음성 반응, 표정 변화, 클릭 패턴, 입력 속도, 지연 시간, 작업 경로의 이탈 정도 등을 실시간으로 수집하고 통합할 수 있다. 이를 바탕으로 정서적 긴장, 인지 부하, 주의 집중도, 몰입 수준, 좌절 감정 등 심리적 상태를 다층적으로 측정할 수 있다. 이러한 측정 기능은 곧 주체의 '조직적 폐쇄성'과 '작업적 폐쇄성' 상태를 정량적으로 추적하고, 학습 시스템과의 구조적 커플링 정도를 마치 유기체의 감각계를 통해 감지할 수 있는 기반을 제공한다.

E-CHAT의 요소인 도구는 단순한 기능적 매개물이 아니라, 사용자의 맥락적 선택과 전략적 사용 양태에 따라 용재성을 획득하거나 전재성으로 후퇴할 수 있다. 따라서 도구 사용의 빈도, 선택 경로, 중도 이탈률, 선택 패턴의 반복 여부, 도구 간 전환 시의 반응 시간 등을 측정하는 것은 단순한 행위 로그 수집이 아니라, 도구의 기능적 유인가(valence)'를 살아 있는 실천 데이터로 정량화하는 작업이라 할 수 있다. 또한 공동체, 규칙, 분업과 관련된 활동은 다중 사용자 간의 정보 흐름을 추적하는 네트워크 기반의 측정으로 확장된다. 여기에는 발화 빈도, 회신 간격, 메

시지 방향성, 협업 참여 밀도, 역할 분포의 불균형성 등이 포함되며, 이는 협력 구조의 효율성과 사회적 역학의 질을 동시에 평가할 수 있게 한다. 도식 내의 선들 —즉 구성 요소 간 연결선—은 이제 단순한 관계의 시각화가 아니라, 상호작용의 강도, 방향, 빈도, 지연 시간 등의 '감각적 시계열 데이터'를 표현하는 공간으로 재정의된다. 이는 마치 시냅스를 통해 신경 신호가 흐르듯, 각 요소 간 작동 흐름을 실천 단위로 세분화하고, 시간 축 위에서 감지 가능한 측정 구조로 조직하는 작업이다.

요컨대, 측정은 더 이상 단순히 "무엇을 기록했는가"를 묻는 수집 행위가 아니다. 이제 측정은 "무엇이, 어디서, 어떻게 발생하고 있으며, 그것이 체계 전반에 어떤 영향을 미치고 있는가"를 실천적으로 감지하고, 감각적으로 추론하는 구성적 해석 행위로 전환되고 있다. 이러한 전환이 가능하기 위해서는, 학습분석시스템(LAS)이 단순한 데이터 창고가 아니라 시뮬라리움의 감각계로 작동해야 한다. LAS는 데이터를 수동적으로 저장하는 시스템이 아니라, 실시간으로 다차원적 신호를 해석하고 감지하는 체계적 감각 기관으로 진화해야 한다. 이와 같은 측정의 재구성은 분석 모형과 처방 모형으로 확장되며, 시뮬라리움 전체의 자기생산성과 진화 과정을 정량적이면서도 정성적으로 뒷받침하는 핵심 기반이 된다. 나아가, 이 기반은 살아있는 교육공학, 즉 동적인 존재로서의 교육 체계가 구현될 수 있는 존재론적 조건을 제공한다.

## 2) 분석 모형

자기생산체계로서의 시뮬라리움에서 '분석'은 단순히 외부 입력을 해석하거나 정보를 가공하는 기능에 머무르지 않는다. 그것은 체계의 생존과 진화를 가능하게 하는 중추신경계에 해당하는 구조적 핵심 기능으로 작동한다. 분석은 체계 내부의 복잡한 데이터 흐름을 통합하고, 환경 변화와의 상호작용 속에서 체계의 목적성과 자기동일성을 조율하며, 변화 가능성과 안정성 사이의 긴장을 조절하는 판단의 중추이다. 다시 말해, 분석은 단순한 '정보 처리'를 넘어서, 시뮬라리움 전체가 자기조직적으로 진화하고 유지될 수 있도록 하는 존재론적 처리계로 기능하며, 체계의 방향을 감지하고, 구조를 반성하며, 새로운 실행을 유도하는 자기참조적 뇌라 할 수 있다.

생명체의 중추신경계는 수용기(감각계)로부터 받은 자극을 통합적으로 처리하고, 그에 따라 반응을 조율하는 의사결정의 중추이다. 이는 단순한 자극-반응 기계가 아니라, 환경과의 끊임없는 상호작용 속에서 의미 있는 패턴을 식별하고, 이를 체계 내부의 목적과 맥락에 따라 해석하여 적절한 실행을 가능하게 하는 자기조직화된 정보 처리 장치이다. 즉, 중추신경계는 감각 입력을 분절적으로 받아들이지 않고, 체계 전체의 정합성과 생존 논리에 따라 선택적으로 가공하고 필터링하며, 그 결과를 기반으로 운동계에 명령을 전달한다.

이와 유사하게, 시뮬라리움 내의 분석 기능은 학습자나 환경으로부터 유입되는 다층적 데이터를 수집하는 것에 그치지 않고, 그것을 체계 내부의 의미망 속에서 해석하고 조직하여, 실행과 변화의 근거로 가공하는 처리계의 역할을 수행한다. 분석이 없으면 체계는 단순히 감각 자극에 수동적으로 반응하거나, 과거의 경로에 따라 경직된 처방만을 반복하게 된다. 그러나 분석은 환경의 변화와 학습자의 상태를 맥락화하고 구조화하며, 그 결과를 바탕으로 시뮬라리움이 스스로 자신의 구조를 조정하고, 더 나은 방향으로 진화하도록 돕는다. 이는 마치 뇌가 자극에 반사적으로 반응하기보다, 기억, 주의, 목적, 상황 판단을 통합한 고차 처리를 통해 행동을 결정짓는 것과 같다.

요컨대, 분석은 시뮬라리움이라는 자기생산체계 내부에서, 데이터를 의미화하고 목적에 따라 처리하는 중심적 정보 회로로서 기능한다. 그것은 단순한 통계 연산이나 정보 요약의 기능을 넘어서, 체계의 자기참조적 구조 속에서 자기 이해의 수단이자 자기 변화의 가능성을 열어주는 인식적 뇌 신경계이다. 바로 이 지점에서, 분석은 감각적 수용기(데이터 수집 장치)와 운동계(처방 및 실행 모형)를 연결하는 의미 생성의 중심 회로로 자리매김한다. 분석 없는 처방은 맹목이며, 분석 없는 실행은 반복일 뿐이다. 처리계로서의 분석은 체계가 단지 살아 있는 것이 아니라, 스스로를 이해하고 재구성할 수 있는 자기생산적 존재로 거듭나는 전제 조건인 것이다.

분석모형(Analytical Model)은 LAS가 시뮬라리움이라는 자기생산체계 내부에서 뇌 신경계의 '처리계'로 작동하기 위한 기능 알고리즘에 해당한다. 이 모형은 측정된 데이터를 단순한 정태적 성취도 분석이나 통계적 분류로 환원하지 않는다. 오히려, 시뮬라리움 내부의 구성 요소—주체, 도구, 객체, 규칙, 공동체, 분업—가 산출물의 달성에 어떻게 기여하는지를 통합적으로 해석한다. 그리고 그러한 기여 구조를 시간성과 맥락성 위에서 역동적으로 구조화하는 분석 체계이다. 이는 전통적인 인과적 설명을 넘어서, 다양한 요인 간 상호작용이 맥락 속에서 어떤 중요성과 영향을 가지는지를 평가하는, 이른바 기여도 분석[61]의 방식에 가깝다. 분석모형은 정태적 결과보다 과정의 동역학을 중시하며, 시뮬라리움이 살아 있는 체계로서 자기조직화하고 자기진화하는 방식을 밝혀내는 도구로 기능한다.

분석은 단순히 결과를 소급하여 원인을 밝히는 직선적 행위가 아니다. 그것은 복수의 인과 경로를 다층적으로 탐색하는, 구조적 경로 추적의 과정이다. 예컨대, 학습자가 목표 도달에 실패했다면, 이는 단순한 능력 부족 때문이 아닐 수 있다. 도구의 설계가 학습자에게 적합하지 않았거나, 공동체 내 상호작용의 밀도가 낮았거나, 규칙이 과도하게 통제되었거나, 학습 객체 자체가 모호하게 설정되었을 가능성이 있다. 즉, 실패는 여러 요소들이 상호작용한 결과일 수 있으며, 개별 요소의 영향만으로는 충분히 설명되지 않는다. 따라서 분석은 개별 요인을 분리하여 평가하는 것이 아니라, 이들이 시간 속에서 어떻게 상호작용하며 구조를 형성해 왔는지를 해석하는 작업이 되어야 한다. '무엇이 잘못되었는가'를 묻기보다는, '어떤 구조가, 어떤 방식으로, 전체 산출물 형성에 기여했는가'를 밝히는 것이 분석의 핵심이다.

이러한 분석은 시뮬라리움의 이론적 기반인 E-CHAT 아키타입에 뿌리를 두고 있다. E-CHAT은 각 구성 요소를 고정된 단위로 보지 않으며, 맥락 속에서 유동적으로 관계 맺는 구조로 이해한다. 이들 요소는 특정 목적을 중심으로 동적으로 재정렬되며, 그 자체로 자기생산적 활동체계를 구성한다. 분석은 이러한 아키타입에 따라 구성 요소 간의 상호작용을 시공간적 맥락과 역사적 인과성에 기초하여 해석하고, 변화의 경로를 추적하며, 체계의 목표와의 정합성을 점검하는 데 초점을 맞춘다. 이는 단순한 요소별 기여도 분석을 넘어, 체계 전체의 방향성과 생명성을

---

61) Mayne, J. (2001). Addressing attribution through contribution analysis: using performance measures sensibly. *Canadian Journal of Program Evaluation, 16*(1), 1-24.
기여도 분석(contribution analysis)은 전통적인 원인-결과의 선형적 인과관계를 밝히는 방식과는 본질적으로 다르다. 그것은 특정 결과가 발생한 유일한 원인을 규명하려는 것이 아니라, 복수의 요인들이 어떻게 상호작용하며 결과에 '기여'했는지를 맥락 안에서 해석하는 분석 방식이다. 이 분석은 단일 변수의 영향력을 분리해내기보다, 전체 체계 내 요소들 간의 상호작용, 그리고 시간에 따른 변화 흐름 속에서 각 구성 요소가 결과 형성에 어떤 방식으로 작용했는지를 통합적으로 평가한다. 다시 말해, 주체의 학습 전략, 도구의 매개 방식, 공동체의 협력 구조, 규칙의 실행 양상, 분업의 분화 정도 등이 결과에 어떻게 기여했는가를 밝히는 것이다. 따라서 기여도 분석은 복잡계적 사고에 기반한 해석 프레임이며, 시뮬라리움처럼 자기생산성과 맥락성이 중요한 교수학습 생태계에서 핵심적으로 요구되는 분석 접근이라 할 수 있다. 이는 LAS가 단순히 '무엇이 효과적인가'를 넘어, '왜, 어떻게, 어떤 맥락에서 효과적인가'를 밝히는 존재론적 분석 도구로 진화해야 함을 시사한다.

유지하는 해석 행위라 할 수 있다.

이처럼 분석 기능은 인간의 뇌 신경계 중 허브에 해당하는 처리계에 비유할 수 있다. 측정 모형을 통해 감각기관처럼 수집된 데이터는 구심성 신경계를 따라 LAS의 중심으로 유입되며, 이는 마치 자극이 생물학적 뇌로 전달되듯 시뮬라리움 내부의 분석 모듈, 즉 지능화된 정보 처리 핵심으로 흐르게 된다. 특히 인공지능이 학습분석시스템의 기반 기술로 통합되면서, 이 분석 기능은 기존의 통계적 처리 수준을 넘어서 패턴 인식, 의미 예측, 실시간 피드백 생성과 같은 고차원적 추론과 판단 기능으로 획기적으로 강화되었다. LAS는 이제 단순한 데이터 수집기나 분석 도구가 아니라, 스스로 판단 기준을 설정하고, 의미 있는 해석을 생성하며, 설계 개입의 방향성을 능동적으로 결정하는 정보기관으로 작동한다. 이 지능화된 분석 모듈은 단순한 변화 감지가 아닌, 조직적 폐쇄성을 유지하면서도 환경 변화에 적응 가능한 유연성을 동시에 갖춘다. 이는 교육공학적으로도 중대한 의미를 지니며, LAS가 단순한 보조 장치를 넘어 시뮬라리움 체계 전체의 자기생산성과 진화 가능성을 뒷받침하는 핵심 중추임을 의미한다. 마치 생물학적 뇌가 자신의 구조를 근본적으로 바꾸지 않고도 신체 전체의 항상성과 목적 지향성을 유지하듯이, 인공지능 기반 LAS의 분석 기능도 시뮬라리움의 자기동일성을 보존하면서, 동시에 외부 환경의 변화에 정교하고 유기적으로 반응하도록 체계를 조정한다.

이러한 조정 능력은 LAS가 단순한 사후적 해석 도구가 아니라, 설계 - 실행 - 환류의 전 과정을 관통하는 메타 지능으로 작동해야 함을 의미한다. 도식의 중심에 위치한 조정적 인공지능은 실시간으로 데이터를 감지하고 해석하며, 각 요소가 산출물 형성에 어떤 방식으로 기여했는지를 시각화한다. 이를 통해 설계자는 복잡한 상호작용 속에서 의미를 구성할 수 있는 인지적 기반을 확보하게 된다. 이는 단순한 통계 분석이나 데이터 시각화를 넘어서는, LAS의 고유한 기능과 존재 방식을 보여 준다. LAS는 실시간 분석 결과를 바탕으로 설계자에게 실천적 의사결정을 유도하는 구조적 피드백을 제공하며, 그 자체로 설계의 방향과 구조를 동적으로 재구성하는 조정적 매개체로 기능한다.

분석은 데이터가 세계를 있는 그대로 비추는 객관적 거울이라는 환상을 거부한다. 데이터는 세계를 '해석'하는 관점의 산물이며, 중립적 실체가 아니라 의미 구성의 결과이다. 이 전제 위에서, LAS는 단순히 데이터를 수집하고 분류하는 도구가 아니다. LAS는 학습과 설계, 기술과 사람, 실행과 피드백 사이를 유기적으로 연결하는 존재론적 해석 장치로 기능한다. 분석은 설명에 머물지 않는다. 그것은 다음 설계 개입을 위한 판단의 기준점이며, 실천적 결정에 도덕적 책임이 수반되는 해석 행위이다. 따라서 분석은 기술적 절차가 아니라 의미의 지형을 재구성하고, 그 위에 실천을 이끌어 내는 처방적 기획이기도 하다.

### 3) 처방 모형

처방(Prescription)은 자기생산체계 내부에서 뇌 신경계의 '운동계'에 해당한다. 이는 단지 실행 명령을 출력하는 기계적 기능이 아니라, 체계 전체의 목적과 정합성을 유지하면서도 환경 변화에 유연하게 반응하고 구조를 조정할 수 있도록 하는 자기조정적 실행 기능이다. 이 구조는 생물학적 유기체의 원심 신경계와 기능적으로 상사적이다. 유기체에서 감각계는 외부 자극을 수용하고, 중추신경계는 이를 해석한 뒤, 원심 신경계를 통해 근육이나 분비 기관에 명령을 전달한다. 이는 단순한 반사가 아니라, 생존 전략과 목적에 따른 판단의 결과이며, 외부 환경에 능동적으로 대응하고 상황에 개입하는 행동이다.

이와 마찬가지로 LAS에서의 측정 모형은 감각계에 해당하며, 외부와 내부의 다양한 신호를 체계 내부로 받아들이는 역할을 수행한다. 이어서 분석 모형은 중추신경계처럼 이 감각 정보를 통합·해석하고, 체계 전체의 방향성과 정합성을 점검하며, 변화 가능성을 판단하는 처리 중심 기능을 맡는다. 이 분석의 결과는 다시 처방 모형으로 전달되며, 처방은 단순한 출력이 아닌, 중추신경계의 해석을 바탕으로 체계 내부를 실제로 작동시키는 운동계로 기능한다.

그러나 처방은 분석 결과를 기계적으로 실행하는 수동적 메커니즘이 아니다. 처방은 체계가 처한 상황, 존재 목적, 구조적 조건을 모두 고려하여 실행 방식 자체를 조율하고, 필요할 경우 체계의 구조를 근본적으로 재편하는 고차원적 실행 장치로 작동한다. 따라서 처방은 외부로부터 명령을 수신하여 단순 수행하는 방식이 아니라, 자기생산체계가 스스로 판단하고 결정하며 실행하는 자기조절적 의사결정 행위이며, 그 자체가 하나의 자율적 판단 체계이다. 이러한 의미에서 처방은 곧 시뮬라크르이 살아 있는 체계로서 스스로 움직이고 변화하며 진화해 가는 내적 의지의 표현이자, 생명적 실행의 메커니즘이라 할 수 있다.

처방의 주체는 LAS이고, 그 대상은 자기생산체계로서의 인간, 곧 학습자이자 교수자, 그리고 교수설계자이다. LAS는 인간을 외부로부터 조작하거나 지시하는 기술이 아니라, 체계 내부의 인간 주체가 스스로를 이해하고, 자신의 존재 조건과 목적을 반성하며, 거기에 따라 행동하게 만드는 내적 설득의 기제로 작동한다. 분석이 인간을 외부에서 관찰하고 해석 가능한 정보로 전환하여 체계화하는 기능이라면, 처방은 그러한 분석의 결과를 바탕으로, 체계 안의 인간에게 '왜 이것이 필요하며, 지금 이 실행이 왜 타당한가'를 설득하는 실천적 장치이다. 이 설득은 단순히 논리적 동의를 요구하는 것이 아니라, 인간 주체 내부의 자기생산 메커니즘을 자극하여, 의미를 수용하고 내면화한 후 자율적으로 행동으로 이끌어 내는 인식-실천의 연결 고리이다.

따라서 처방은 '무엇을 하라'는 명령이 아니라, '왜 그렇게 해야 하는가'를 체계 내부에서 성찰하고 실천하게 만드는 존재론적 설득 행위이다. LAS는 이 설득을 통해 인간 주체가 자기 존재를 재해석하고, 환경과 상호작용하며, 자기결정적으로 실행할 수 있도록 조율하는 중재자로 작동한다. 처방은 인간 주체의 행동을 유도하는 외부 장치가 아니라, 체계 내부의 인간이 스스로 의미를 깨닫고, 자기 존재의 방향성을 실천으로 옮기게 만드는 촉매이며, 시뮬라리움이라는 자기생산체계가 정지된 구조를 넘어 살아 있는 교육 생태계로 진화해 가기 위한 본질적인 운동 계기이자 설득적 작동 장치라 할 수 있다. 결국 처방은 기계적 지시가 아니라 설득의 기술이며, 이는 기술이 인간을 조정하는 것이 아니라, 인간이 기술과 더불어 자기 자신을 다시 해석하고 스스로를 실행하는 존재로 나아가도록 돕는 방식으로, 인간-기계 협력의 윤리적이며 존재론적인 가능성을 열어주는 핵심 구조라 할 수 있다.

처방 모형(Prescriptive Model)은 LAS가 시뮬라리움이라는 자기생산체계 내부에서 뇌 신경계의 '운동계'로 작동하기 위한 기능을 명세한다. 이는 단순한 알고리즘 기반 처방이 아니라, 분석모형의 결과를 기반으로 하여 전체 체계의 목적 정합성을 유지하면서도 유연한 구조 조정을 가능하게 하는 설득적 개입 장치이다.

처방은 크게 두 축으로 구성된다. 첫째, 학습이 일어나는 과정에서 애자일 설계를 통한 넛지의 제공이다. 이는 학습자(또는 교수자)가 자신의 목표를 향해 보다 적절한 방향으로 이동할 수 있도록, 동기적 · 인지적 · 정서적 차원에서 정밀하고 미세한 개입을 수행하는 전략적 실행 장치이다. 이때 LAS는 단순한 정답 제공자가 아니라, 학습자의 현재 상태를 실시간으로 감지하고, 그 상태에 맞는 최적의 개입 형태를 설계하는 정황 반응적 조정자로 작동한다. 예컨대, 학습자가 도구와의 상호작용에서 낮은 효율성을 보일 경우, LAS는 피드백의 난이도와 제공 방식을 조절하거나, 개입 타이밍을 재조정함으로써 인지적 과부하를 줄이고 학습 흐름을 회복시킨다. 나아가, 설명 에이전트를 실시간으로 활성화하여 절차적 안내나 의미 연결을 도와주는 방식으로, 학습자가 자기 주도성을 유지하면서도 인지적 전이를 경험할 수 있도록 돕는다. 또한 정서적 저하 상태가 감지될 경우, LAS는 단순히 위로하는 수준을 넘어, 사회적 상호작용의 재구성이나 자기 효능감의 회복을 유도하는 설계된 활동 흐름을 제시할 수 있다. 예를 들어, 동료와의 비동기적 상호작용 기회를 안내하거나, 학습자가 과거의 성공 경험을 회고할 수 있도록 구조화된 반성적 활동을 권장함으로써, 정서적 안정성과 동기의 회복을 동시에 꾀한다. 이러한 넛지 전략은 인간의 자유 의지를 존중하면서도, 학습자가 보다 나은 선택을 하도록 부드럽게 설득하는 실행적 배려의 기술이며, LAS의 처방 기능이 기술적 개입을 넘어 존재론적 조율자로 확장되는 지점이라 할 수 있다.

처방의 두 번째 축은 시뮬라리움을 구성하는 비인적(non-human) 요소들 — 도구, 규칙, 공동체, 분업 구조 등 — 에 대한 구조적 조정이다. 과거에는 이러한 조정이 주로 학습 종료 이후의 형성평가적 피드백에 의존했으나, 생성형 인공지능의 발달은 이 지형을 근본적으로 바꾸었다. 이제 LAS는 단순한 사후 피드백 기능을 넘어, 문제 진단 → 수정안 생성 → 실행 가능성 평가 → 조건부 실행까지 포괄하는 능동적 처방 주체로 작동한다. 이 과정에서 핵심적으로 활용되는 것이 바로 what-if 시뮬레이션 알고리즘이다.

what-if 알고리즘은 단일 수정안의 정적 효과 예측이 아니라, 여러 수정 시나리오의 상호 영향을 비교적 조건에서 병렬적으로 시뮬레이션하는 동적 비교 분석 도구이다. 예컨대 공동체 내의 상호작용 밀도가 낮다는 진단이 이루어졌을 때, LAS는 역할 분담 재조정, 피드백 루틴 강화, 협업 인터페이스 개편 등 다양한 수정 옵션을 생성하고, 각 옵션이 체계 전체의 실행 안정성, 의미 정합성, 상호작용 밀도, 자율성 유지 등에 어떤 기여도를 보이는지를 수치적으로 산출한다. 이 기여도는 단일 기준이 아닌 다차원적 지표군으로 구성되며, 설계자는 이를 시각화된 비교 프레임 안에서 직관적으로 파악할 수 있다.

이러한 시뮬레이션은 단순한 예측 도구가 아니다. LAS는 각 수정안의 기여도 점수, 리스크 지수, 실행 가능성 등급, 체계 적합성 판단 등을 종합하여 우선순위를 자동으로 평가한 뒤, 복수의 대안을 정렬해 설계자에게 제시한다. 이 과정은 인간-기계 간의 명확한 역할 분리를 전제로 한다. 수정안의 생성과 비교, 잠정 실행 제안까지는 인공지능이 담당하되, 최종 의사결정과 윤리적 승인 권한은 교수설계자에게 명확히 귀속된다. 이는 단지 책임 소재의 문제를 넘어, 시뮬라리움 내 인간 주체의 존재론적 위상을 보존하고 강화하는 설계 원리이기도 하다.

도구 사용과 인터페이스 배열에서도 마찬가지다. 예를 들어 도구의 매개 효과가 저조하다고 판단되었을 때, LAS는 시각적 인터페이스의 재배치, 기능 구성의 조정, UX 흐름의 재구성 등 복수의 구조 재배열 옵션을 제안한다. 각각의 옵션은 WHAT-IF 시뮬레이션을 통해 상호작용 유도력, 사용자 몰입도, 과업 완수 시간, 오류율 변화 등의 항목에서 예측 기여도를 수치화하며, 이 결과가 설계자의 판단 테이블에 실시간으로 피드백된다.

규칙 역시 주요 비인적 요소다. 규칙이 지나치게 제한적이거나 모호하게 적용될 경우, LAS는 자율성 확장, 규칙 해석 유연화, 예외 조건 설정 등 복수의 제어 구조를 생성하고, 각각의 규칙 조정이 체계의 실행 안정성과 의미 정합성에 어떤 영향을 미치는지에 대해 동적으로 비교 분석한다. 이러한 비교는 단순히 '좋은' 규칙을 고르는 작업이 아니라, 체계 전체의 커플링 구조에 어떤 방식으로 긴장과 여유를 재분배할 것인가를 설계자에게 질문하게 만든다.

결과적으로 이러한 구조는 시뮬라리움의 자기생산체계적 특성을 충실히 반영한다. LAS는 조직적 폐쇄성을 침해하지 않는 범위 내에서 구성 요소 간의 결합 구조를 재조율하며, 체계의 자기동일성과 목적 정렬을 유지한다. 이때 WHAT-IF 시뮬레이션은 단일 선택을 강제하는 도구가 아니라, 선택 가능한 미래들의 스펙트럼을 설계자에게 열람 가능하게 만드는 철학적 도구이기도 하다. 다시 말해, 설계자는 더 이상 단일 해답을 찾는 존재가 아니라, 복수의 의미 있는 가능성들 사이에서 가장 적절한 미래를 선택하는 행위적 사유자로 자리매김하게 된다.

E-CHAT 아키타입 도식이 전제하듯, 처방은 수직적 명령 전달이 아니라, 관계망 속에서 발생하는 지능적 구조 재배열의 과정이다. LAS는 관계망을 탐색하고 분석하며, 그 위에서 발생 가능한 개입점의 밀도, 상호작용 전이 가능성, 의미의 지속성을 정량·정성적으로 종합 판단하여 설계자에게 제공한다. 생성된 대안 중 일부는 시뮬레이션을 통해 임계치를 초과하면 자동 반영될 수 있으며, 나머지는 설계자의 인지 판단과 윤리적 기준에 따라 최종 확정된다. 이와 같은 인간-기계 간 비대칭 협력 구조는 시뮬라리움이라는 존재론적 설계 체계가 지닌 가장 정교한 작동 방식이며, 기술의 능동성과 인간의 책임성이 긴장 속에서 조화를 이루는 진화된 설

계 생태계의 구현이라 할 수 있다.

LLM은 LAS의 작동 범위를 분석과 평가를 넘어 설계, 개발, 실행 전반으로 확장시키며, 시뮬라리움을 구성하는 자기생산적 학습 생태계의 신경망으로 LAS를 진화시킨다. LLM은 학습자의 맥락과 감정, 인지 상태를 실시간으로 해석하고, 교수설계자의 관점을 메타적으로 학습하여 상황에 적합한 설계안을 생성하며, 실행 중 발생하는 데이터를 기반으로 구조적 조정을 수행하는 동반자적 존재로 작동한다. 이로써 처방 모형은 단순한 진단이나 행동 유도 도구를 넘어, 학습자-설계자-체계가 공동으로 구성하는 의미 공간에서 윤리적 조율을 수행하며, 시뮬라리움의 생태적 자기생산성을 유지하고 진화시키는 존재론적 실행 메커니즘으로 자리 잡는다.

## (3) 넛지와 설득의 기술

### 1) 처방이 개입이 아니라 설득이어야 하는 이유

처방(prescription)이 개입(intervention)이 아니라 설득(persuasion)이어야 하는 이유는, 단순한 행동 유도나 문제 해결을 넘어, 학습자와 설계자가 자율성을 보존하는 자기생산체계로서 폐쇄적에서 의미를 구성하고 선택할 수 있도록 돕는 구조를 설계해야 하기 때문이다. 이를 위해 먼저 세 개념, 즉 처방, 개입, 설득을 명확히 정의하고, 그 차이를 비교해 볼 필요가 있다.

'처방'은 특정한 조건 아래에서 바람직하거나 효과적인 방향으로의 구조적 조정을 제안하는 설계적 판단이다. 이는 단지 현재의 문제를 고치는 해결책이 아니라, 체계가 자율성과 목적성을 유지하며 진화할 수 있도록 의미 있는 변화를 유도하는 설계적 제안이다. 특히 시뮬라리움과 같은 자기생산체계에서는, 처방이 곧 생태계 내부의 상호작용 질서를 재구성하는 행위가 되며, 이는 결과를 향한 수단이 아니라 의미를 생성하는 과정을 열어 주는 역할을 한다.

반면 '개입'은 외부의 주체가 내부 체계의 판단이나 흐름을 일방적으로 차단하거나 수정하려는 행위다. 이는 보통 문제가 발생하거나 실패 가능성이 감지될 때 위험을 줄이거나 효율을 높이기 위해 실행되는 수단적 행위로 나타난다. 개입은 일반적으로 시간적 선제성과 권한의 우위를 바탕으로 하며, 그 행위가 정당화되는 근거는 체계의 자율성보다는 외부의 판단 기준에 있다. 개입이 반복되면 체계 내부의 판단 능력은 약화되고, 점차 수동성과 종속성의 구조가 고착된다.

이에 반해 '설득'은 체계 내부의 주체가 자신의 기준과 관점에서 자율적으로 판단하고 행동할 수 있도록 해석과 선택의 여지를 제공하는 언어적·구조적 행위이다. 설득은 단순한 정보 전달이 아니라, 로고스(논리)의 명확성, 파토스(감정)의 감응, 에토스(신뢰)의 진정성이 결합된 복합적 커뮤니케이션이다. 설득은 결과를 강제하지 않으며, 주체 스스로가 자신 안에서 의미를 구성하고 그것에 근거해 행동을 선택하게 만든다. 따라서 설득은 행동을 조정하는 방식이 아니라, 존재의 구조를 반영하고 존중하는 윤리적 실천이다.

이 세 개념은 모두 체계 변화에 관여하지만, 그 방법과 목적, 주체에 대한 태도에서 근본적으로 다르다. 개입은 외부에서 안으로, 처방은 구조에서 구조로, 설득은 주체 안에서 주체로 작동한다. 개입은 통제이고, 처방은 설계이며, 설득은 해석과 선택의 공간을 여는 대화이다.[62] 시뮬라리움이 지향해야 할 방향은 바로 이 세 차이를 인식하고, 자기생산성을 보존하며 진화할 수 있는 처방의 방식으로 설득을 채택하는 것이다. 이는 단지 학습자의 행동을 바꾸는 것이 아니라, 의미 있는 선택을 가능하게 하는 존재론적 설계가 되어야 한다.

### 2) 선제적 개입의 문제

시뮬라리움에서의 설득은 단지 정보를 제공하거나 행동을 유도하는 기술이 아니라, 존재의 구조에 의미를 부여하고 그것을 내면적 자기변형의 계기로 전환하는 언어적 기술이다. 작업적 폐쇄성을 가진 자기생산체계를 설득하여 행동을 변화하도록 마음먹게 하기 위해는 로고스의 명확함, 파토스의 감응, 에토스의 신뢰가 삼중적으로 결합된 설득이어야 한다. 이 구조는 행동의 결과를 단순히 예측하거나 통제하려는 것이 아니라, 각 주체가 자기 폐쇄성을 유지한 채로 커플링되며, 자율적 판단과 존재론적 반응을 가능하게 하는 장을 구성한다.

기존 학습분석시스템은 데이터 기반의 행동 예측 기술이 고도화됨에 따라, 넛지 기술이 본래의 의미를 벗어나 규범적 판단이나 선제적 통제의 수단으로 변질될 위험에 놓여 있다. 이러한 기술적 전회는 영화 『마이너리티 리포트』의 "PreCrime" 시스템이 보여 주듯, 행동이 발생하기 이전에 그것을 예측하고 개입함으로써 인간의 자유와 책임, 선택의 여지를 구조적으로 박탈하는 방향으로 작동할 수 있다. 이

62) Bakhtin, M. M. (2010). *The dialogic imagination: Four essays* (*Vol. 1*). University of Texas Press.

경우 넛지는 더 이상 설득의 기술이 아니라 억제의 메커니즘이며, 교육은 자율적 주체의 형성이 아니라 데이터에 의해 미리 지정된 경로로 인간을 이끄는 프로그래밍으로 축소된다.

PreCrime 시스템이 보여 주는 선제적 개입의 문제는 단순히 통계적 판단의 정확도나 기술적 신뢰도와는 본질적으로 다른, 윤리적이며 존재론적인 차원의 문제이다. 표면적으로 볼 때, 미래의 범죄를 예측하고 가해자를 사전에 체포한다는 이 시스템은 일종의 통계적 추론 모델처럼 보인다. 그러나 이때 흔히 통계적 판단에서 발생할 수 있는 1종 오류와 2종 오류는 단지 확률적 예측의 한계로 간주되며, 그것은 수정 가능하고 보정 가능한 '리스크 관리의 문제'로 처리된다. 1종 오류는 실제로는 참인 사실을 거짓이라고 잘못 판단하는 오류로, 예컨대 죄 없는 사람을 유죄라고 판단하는 경우에 해당한다. 반대로 2종 오류는 실제로는 거짓인 사실을 참이라고 판단하는 오류로, 범죄자를 무죄라고 간주해 놓치는 상황에 해당한다. 통계적 모델에서는 이 두 오류 사이의 균형, 즉 민감도(sensitivity)와 특이도(specificity) 간의 조절이 기술적 목표가 되며, 오류가 발생하더라도 그것은 "정확도 문제"로 환원된다.

하지만 PreCrime 시스템이 문제가 되는 이유는 단지 1종 오류를 범했기 때문이 아니라, 오류라는 개념 자체를 무효화하는 작동 논리를 가진 데 있다. PreCrime은 아직 발생하지 않은 사건, 다시 말해 존재하지 않는 미래를 '예측 가능한 현실'로 간주함으로써, 가능성과 현실 사이의 존재론적 경계를 삭제한다. 이로 인해 인간의 자유, 선택, 주체성이라는 미결정된, 열려 있는 가능성들이 기계적 확률값에 의해 폐기되는 결과를 낳는다.

여기서 핵심 쟁점은, 행위가 실제로 발생했는가가 아니라, 그것이 예측되었는가에 따라 개입이 이루어진다는 점이다. 이 구조는 더 이상 1종·2종 오류를 구분할 수 없는 상태를 만들어 낸다. 왜냐하면, 어떤 선택이 일어나기 이전에 그것이 '발생한 것처럼' 취급되기 때문에, 오류를 판별할 실제 사건 자체가 존재하지 않기 때문이다. 이것은 기술의 영역이 아니라, 윤리와 자유, 주체성의 문제이며, 예측 자체가 현실을 대신하게 되는 존재론적 역전의 상황이다.

더 나아가 이 구조는, 실패와 실험 가능성 자체를 제거하는 교육 설계에서도 반복된다. 예컨대 학습자의 클릭, 뇌파, 응시 시간 등 실시간 데이터를 분석해 실패 가능성이 높은 행동을 사전에 차단하려는 학습분석 시스템은, PreCrime이 가진 예측의 전체주의적 구조를 닮아간다. 이 경우 학습자는 더 이상 시행착오를 통해 자기 자신을 구성하는 '호모 테크놀로지쿠스'가 아니라, 사전 확률에 따라 최적화된 경로를 따르는 반응적 존재로 전락한다.

결국 시뮬라리움이 지향해야 할 설계는, 통계적 오류를 줄이기 위한 기술적 최적화가 아니라, 가능성 자체를 보존하고 판단 주체에게 해석과 선택의 공간을 열어주는 윤리적 설득의 구조여야 한다. 설계자는 예측된 위험을 차단하기보다, 그 위험이 어떤 의미를 구성하고 어떤 방식의 변형을 유도할 수 있는지를 질문해야 한다. 다시 말해, 시뮬라리움에서 오류는 제거해야 할 실패가 아니라, 자기 생산적 학습을 위한 필연적 조건이며, 그 가능성을 설계가 어떻게 다루는가가 바로 기술이 윤리로 승화되는 지점이다.

PreCrime은 범죄가 발생하기 전에 가해자를 체포하는 시스템으로, 그것은 범죄의 가능성을 현실화된 사실로 간주함으로써 인간 행위의 윤리적 모호성과 존재론적 잠재성을 삭제한다. 이는 곧 미래를 고정된 경로로 상정하고, 가능성을 통제 가능한 변수로 환원함으로써 인간의 자유를 기술의 영역 안에 종속시키는 결과를 낳는다. 이와 유사하게, 학습자의 클릭 패턴, 몰입 시간, 뇌파 반응 등 실시간 데이터가 지나치게 상세하게 분석될 경우, 시스템은 학습자의 다음 행동을 예측하고 그것이 실패로 이어질 가능성을 선제적으로 차단하려 들 수 있다. 이때 넛지는 더 이상 '부드러운 개입'이 아니라 강압적 통제로 전환되며, 학습자는 시스템이 제시하는 최적의 선택지를 벗어나는 행위를 점차 시도하지 않게 된다. 자율성은 형식적으로는 존중되는 듯 보이지만, 실제로는 기술적 결정 구조에 의해 철저히 포섭된 상태가 되는 것이다.

이러한 넛지는 표면적으로는 학습자의 실패를 방지하고 최적의 학습 경로를 안내하는 친절한 도구로 기능하지만, 그 내면에는 인간의 불확실성과 실험 가능성을 제거해 버리는 위험 요소가 내재되어 있다. 학습이란 본질적으로 시행착오와 오류, 실패와 실험을 통해 형성되는 자기생산적 변형의 과정이다. 그러나 행동 예측 기반 넛지가 이 과정을 위험 요소로 간주하고 선제적으로 제거하려 한다면, 이는 학습자의 존재를 결과를 향해 최적화되도록 통제해야 할 대상으로 바라보는 것이다. 이 관점하에서 학습자는 더 이상 호모 테크놀로지쿠스로서 스스로 도구를 구성하고 진화를 선택하는 존재가 아니라, 도구에 의해 사전에 길들여지고 설계된 경로를 따라가는 비자율적 행위자, 즉 생물학적 기계, 유기체적 인공지능으로 전락하게 된다.

### 3) 설득을 위한 로고스, 파토스, 에토스 기반 맞춤형 넛지

시뮬라리움의 학습분석시스템이 지향하는 처방은 선제적 조치의 함정을 회피하면서도, 설계자의 의도와 학습자의 자율성 사이에 살아 있는 구조적 긴장을 유지하는 것을 목표로 한다. 넛지는 단지 예측이 아니라 해석이며, 행동의 가능성을 제거하는 것이 아니라, 다양한 가능성 사이에서 선택의 이유를 자각하게 만드는 설계적 물음이어야 한다. 그것은 "네가 실패할 가능성이 있으니 지금 이 행동은 막아야 한다."가 아니라, "이 선택이 네 안에서 어떤 의미를 구성하고 있으며, 너는 왜 그것을 계속 선택하려 하는가"라는 내면적 질문을 유도하는 설득이어야 한다.

그러므로 시뮬라리움의 넛지는 로고스를 통해 선택의 인과적 구조를 명확히 보여 주고, 파토스를 통해 그 선택이 감정적 울림을 가질 수 있드록 설계하며, 에토스를 통해 시스템이 그 선택을 존중하고 해석할 수 있는 신뢰 기반의 언어로 말 걸어야 한다. 이 세 요소가 삼중적으로 작동할 때, 넛지는 행위를 사전에 통제하는 예측 시스템이 아니라, 학습자가 학습이 일어나는 상황에서 자신의 행동을 자각하고, 그것을 자기 이야기로 해석하며 선택할 수 있도록 돕는, 다시 말해 'data-informed decision making'을 지원하는 행동 촉진적 넛지로 작동하게 된다.

시뮬라리움은 단순히 학습자의 행동을 수정하거나 동기를 유발하는 도구가 아니다. 그것은 전체 생태계가 스스로를 갱신하고 진화할 수 있도록 설계된 자기생산적 구조이다. 이 구조 안에서 학습자뿐만 아니라 교수자와 교수설계자 역시 기능 수행자가 아닌 자기변형적 학습자로 간주된다. 즉, 시뮬라리움은 세 주체 모두가 각자의 조직적 폐쇄성을 유지한 채 상호 커플링되며, 자기 재구성을 유도할 수 있는 존재론적 장으로 작동한다.

이러한 구조는 학습분석학의 기존 넛지 설계가 주로 학습자 개인에 집중되어 왔다는 한계를 넘어서고자 한다. 시뮬라리움은 학습자-교수자-설계자라는 이질적 주체들이 각각 고유한 인식 구조와 존재 조건을 갖고 있으며, 동일한 메시지에도 다르게 반응하고 다르게 해석한다는 사실을 전제로 삼는다. 따라서 시뮬라리움의 넛지는 단순한 피드백이나 행동 유도 장치가 아니라, 존재의 다양성을 고려한 섬세한 설계적 말 걸기로서 기능해야 한다.

이를 위해 시뮬라리움의 넛지는 로고스, 파토스, 에토스라는 수사학적 설득의 3요소를 기반으로 구성된다. 그리고 각 주체에게는 그들의 역할과 맥락에 따라 서로 다른 설득 방식이 맞춤형으로 강조되어야 한다. 학습자에게는 파토스 중심의 감응적 설계가, 교수자에게는 에토스 기반의 신뢰와 윤리적 조율이, 교수설계자에게는 로고스 기반의 구조적 정합성과 분석이 중심이 되어야 한다. 결국 시뮬라리움의 넛지는 단순한 기능적 메시지가 아니라, 존재를 이해하고, 의미를 구성하며, 자율을 존중하는 설계적 언어로 작동한다. 이는 각기 폐쇄된 자기생산체계들이 서로를 변형시킬 수 있도록 연결하는 설득 기반의 구조적 처방이며, 모든 구성원이 자기생산적 학습자로 성장하는 생태계를 가능하게 하는 핵심 장치이다.

교육공학 전문가인 교수설계자에게는 로고스가 핵심이다. 그(녀)는 체계적이고 이론정합적인 분석 결과가 없으면 잘 설득하기 어렵다. 복잡한 교수학습체계의 구조를 분석하고, 다양한 설계 옵션의 인과 관계와 기여도를 이해하며, 그중에서 체계적 타당성이 높은 설계안을 선택하기 위해서는 분석 가능한 명료한 논리와 정합성 기반의 설득이 전제되어야 한다. 이때 LAS는 WHAT-IF 시뮬레이션 알고리즘을 활용하여, 다양한 설계 대안 간의 구조적 효과를 수치화하고 시각화된 피드백으로 제시함으로써, 설계자의 메타적 판단을 돕는다. 로고스는 설계자의 책임적 결정 행위의 기반이며, 시스템은 그것을 가능하게 하는 투명한 인지 프레임을 제공해야 한다.

교수설계자에게 제공되는 넛지는 시뮬라리움 전체의 구조 진화를 위한 존재론적 조율 도구로 작동한다. 로고스의 넛지는 분석 결과를 설계 이론의 프레임에 따라 구조화하여, 설계-운영-분석 간의 비정합을 식별하고 조정의 실마리를 제시한다. "현재 설계는 사회적 구성주의에 기반하고 있지만, 교수자의 피드백 패턴은 행동주의적 보상구조를 따르고 있어 학습자의 인지-사회적 자기조직이 억제되고 있습니다."라는 피드백은 존재론적 긴장을 해석하고 조율할 수 있는 실천적 안내이다. 파토스의 넛지는 설계자가 만든 구조가 현실 속에서 살아 움직이고 있으며, 학습자의 성장과 상호작용을 유도하고 있다는 감정적 실재감을 준다. "당신이 설계한 피드백 구조 덕분에 학습자들이 서로 질문하고 협력하고 성찰했습니다. 그 구조는 지금 살아 있습니다."라는 메시지는 설계자의 존재를 기술자에서 생태적 정원사로 전환시키는 감응적 매개이다. 에토스의 넛지는 설계자가 단지 조작자가 아니라, 문명적 교육 생태계를 형성하는 존재론적 설계자로 인식되고 있다는 점을 체계적으로 상기시킨다. 시뮬라리움의 진화 가능성은 설계자의 윤리적 직관, 통합적 사유, 설계적 감수성에 달려 있으며, 시스템은 이를 반복적으로 강화하는 방식으로 작동해야 한다.

반면, 자기주도적 판단과 실천이 요구되는 학습자에게는 파토스가 중심에 놓여야 한다. 특히 학습자는 통상 다수이며, 각자의 개인 특성, 상황 맥락, 학습 경로가 상이하기 때문에, 이질적 정서와 의미 구조를 충분히 고려한 설계가 전제되어야 한다. 학습자는 단순히 정답을 따라가는 존재가 아니라, 자신의 선택이 어떤 감정적 울림과 정서적 의미를 지니는지를 인식하고, 그것을 자발적인 행위로 전환할 수 있어야 한다. 학습분석시스템은 학습자의 실패 경험, 몰입 리듬, 감정 반응, 실천의 계기 등을 실시간으로 감지하여, 정서적으로 공명할 수 있는 언어와 피드백으로 말 걸어야 한다.63) 이때 제공되는 메시지는 단순한 감성적 장식이 아니라, 자기 변화와 재구성을 유도하는 감응적 설계이어야 한다. 파토스는 학습자가 자신의 삶의 맥락 안에서 학습을 해석하고, 실패조차도 성장의 일부로 수용할 수 있도록 이끄는 존재론적 매개이며, 이는 시뮬라리움에서 진정한 학습이 일어나는 조건이 된다.

학습자에게 제공되는 넛지는 단지 외재적 동기를 유도하는 것이 아니라, 스스로의 의미 구조를 재구성하게 하는 계기를 제공해야 한다. 로고스의 넛지는 학습자의 현재 학습 상태, 행동 경향, 몰입 시간, 전략 사용 패턴 등을 분석하여 구체적이고 실행 가능한 피드백을 제공하되, 단순한 지시가 아닌 인과적 해석을 중심으로 구성된다. 예를 들어 "지난 3주간 당신은 평균보다 훨씬 더 집중된 시간에 짧고 자주 공부했습니다. 이 패턴은 장기 기억 강화에 긍정적 영향을 줍니다."라는 메시지는 인지주의적 학습 모델의 이론적 정합성을 바탕으로 분석 결과를 해석한 것이다. 파토스의 넛지는 학습자의 정서적 리듬을 감지하고, 그것을 자기 인식의 계기로 전환할 수 있도록 감응적 언어로 구성된다. "지금 당신은 조금 지쳐 있을 수 있습니다.

---

63) Park, S., Subramonyam, H., & Kulkarni, C. (2023). Thinking assistants: LLM-based conversational assistants that help users think by asking rather than answering. arXiv preprint arXiv:2312.06024
"Thinking Assistants"는 학습자의 행동 데이터(예: 과제 제출 지연, 오류 패턴)를 실시간 분석하여 반사적 질문을 자동 생성하는 LLM 기반 시스템으로, 학습자가 스스로 사고 과정을 점검하도록 유도한다. 예를 들어, 논리적 오류가 반복되면 "이 접근 방식의 한계는 무엇이라 생각하나요?"라는 질문을 제시하며, 학습자의 응답 여부와 관계없이 활동 로그(예: 문제 풀이 시간, 클릭스트림)를 기반으로 추론한 맞춤형 피드백을 제공한다. 2023년 223회 대화 분석 결과, 65%의 학습자가 이러한 질문형 피드백에 대해 "사고의 폭을 넓히는 데 도움이 되었다."라고 응답하였으며, 특히 자기주도적 학습 능력이 낮은 집단에서 효과가 두드러졌다. 이 시스템은 단순한 답변 제공을 넘어 학습자의 메타인지를 활성화하는 데 중점을 둔 대화형 AI의 사례로, 교육용 LLM의 정서적·인지적 개입 가능성을 보여 준다.

하지만 이 시점에서 포기하지 않은 당신의 선택이, 다음 단계를 준비하는 데에 크게 기여하고 있습니다."와 같은 메시지는 학습자가 자기 존재를 회복하는 기회를 제공한다. 에토스의 넛지는 분석 결과와 피드백이 신뢰 가능한 시스템에서 비롯되었음을 느낄 수 있도록 설계된다. 이때 중요한 것은 정확도 이상의 신뢰성, 다시 말해 학습자의 자율성과 의미 구성의 권리를 침해하지 않는 존중의 태도이다. "너를 바꿔라."가 아니라, "나는 네 안에서 이미 일어나고 있는 변화를 감지하고 있다."라는 메시지는 학습자의 자기생산적 폐쇄성과 커플링되도록 설계된 설득의 언어이다.

교수자에게는 에토스가 핵심적 설득 자원이다. 교수자는 단지 지식을 전달하는 매개자가 아니라, 학습자와 설계자 사이를 연결하며 교육 공동체의 신뢰 구조를 유지하는 윤리적 행위자이다. 따라서 시스템은 교수자의 판단을 존중하고, 그들이 맡은 책임과 역할에 적합한 설득 방식으로 정보를 제공해야 한다. 이는 단순한 실행 지침이 아니라, 교수자의 지도 행위를 해석하고 정당화할 수 있는 윤리적 언어로 구현되어야 하며, 에토스는 교수자가 기술과 협력하면서도, 여전히 교육의 주체로서 존엄을 유지할 수 있도록 하는 정서적 권위의 근거가 된다.

교수자에게 제공되는 넛지는 그가 의도한 교육적 철학과 실천이 학습자에게 어떤 영향을 주었는지를 해석적으로 조명한다. 로고스의 넛지는 수업 전략과 활동이 학습자의 반응과 어떻게 상호작용했는지를 분석하고 구조화하여 제시한다. "구성주의적 접근을 시도하신 교수님의 토론 유도 방식이 학습자의 개념망 확장에 유의미한 영향을 주었습니다."라는 피드백은 교수자의 실천이 이론적으로 정당한 효과를 발휘했음을 보여 준다. 파토스의 넛지는 교수자의 실천이 학습자의 감정적 구조에 어떤 울림을 남겼는지를 반영한다. "학생들이 '교수님이 나를 믿어주는 것 같다.'라고 느낄 때 학습 유지율이 크게 높아졌습니다."라는 메시지는 실천이 감정적 신뢰를 매개로 학습을 유도했다는 점에서 교수자에게 존재론적 공명을 제공한다. 에토스의 넛지는 시스템이 교수자의 철학을 외재적으로 평가하거나 통제하는 것이 아님을 분명히 하며, 교수자의 판단과 신념이 시스템의 피드백과 이론적으로 정렬되어 있다는 감각을 통해 시스템을 감시자가 아닌 동료 해석자로 인식하게 만든다.

이처럼 시뮬라리움의 넛지는 하나의 고정된 구조가 아니라, 데이터 기반으로 학습자-교수자-설계자의 특성과 맥락을 실시간 분석하고, 그에 적합한 설득 방식의 비율과 전략을 가변적으로 조율하는 지능화된 알고리즘 구조여야 한다. 각 주체에게는 동일한 정보가 전달되더라도, 어떤 요소를 강조해 어떻게 언어화하여 제시하느냐에 따라 완전히 다른 작용을 불러일으킬 수 있기 때문이다.

결과적으로 시뮬라리움에서 넛지는 단순한 행동 유도 장치가 아니라, 각 주체의 내면에 존재론적 물음을 건네는 설계적 실천이다. 그것은 "무엇을 하라."라는 명령이 아니라, "지금 당신이 있는 이 자리에서 다음 한 걸음을 어떻게 시작할 수 있을까?"라는 질문이다. 이 설계적 말 걸기가 가능할 때, 시뮬라리움은 기술과 철학, 감정과 구조, 설계와 진화가 공진화하는 자기생산적 교육 생태계로 살아 움직이기 시작한다. 리처드 로티가 말했듯, 좋은 학교에는 좋은 학생과 선생이 있지만, 위대한 학교에는 위대한 학습자만 있다.[64] 이 말은 '위대한 학습자'란 고정된 진리를 수동적으로 수용하는 자가 아니라, 새로운 언어와 도구를 창조하며 세계와 협상하고 자신을 끊임없이 갱신하는 존재라는 점을 시사한다. 이때 학습자는 단지 학생만이 아니라, 교수자와 설계자를 포함한다. 시뮬라리움은 설득과 넛지를 통해 학습자-교수자-설계자 모두가 자기생산적 존재로 갱신되는 위대한 학습 환경을 실현하고자 한다.

### 4) 시각화, 대시보드, 그리고 넛지

통계적 시각화(statistical visualization), 대시보드(dashboard), 그리고 넛지(nudge)는 모두 데이터를 기반으로 정보를 제공한다는 점에서는 공통되지만, 설득의 방식, 개별성과 맥락성의 반영 수준, 그리고 자기생산체계에 미치는 영향이라는 측면에서 근본적인 차이를 지닌다. 학습분석학이 기술적 수단에서 관계적 설계로 진화해 온 과정을 이 세 가지 개념의 차이를 중심으로 살펴보면, 설득의 테크놀로지가 단순한 정보 전달을 넘어 존재를 변형하는 윤리적 대화로 나아온 궤적을 명확히 이해할 수 있다.

먼저, 통계적 시각화는 전통적인 통계 분석 결과를 방정식, 함수, 요약 테이블 같은 전문가 중심의 서술에서 벗어나, 누구나 직관적으로 이해할 수 있도록 바 차트, 파이 그래프, 워드 클라우드 등으로 시각적으로 표현한 것이다. 이는 정보 접근성을 높이는 중요한 진보였지만, 여전히 평균 중심의 법칙과학에 머무르며, 개별 학습자의 문맥이나 존재론적 조건은 반영하지 못한다. 학습자는 단지 시스템이

64) Rorty, R. (1999). *Achieving our country: Leftist thought in twentieth-century America.* Harvard University Press.
"위대한 학교"의 예시로 듀이(John Dewey)의 진보주의 학교 모델을 인용하고 있다.

'PUSH'하는 정보를 수동적으로 수용하는 객체로 존재하며, 그 정보가 나에게 왜 필요한지는 학습자 스스로 해석해야만 한다.

대시보드는 통계적 시각화를 기반으로 보다 정교하게 발전한 형태로, 정보 제공의 기능을 넘어 학습자가 스스로 필요한 정보를 선택하고 배열할 수 있게 함으로써, 자기 주도적(PULL) 의사결정을 지원하는 도구이다. 디지털 대시보드는 학습자의 진도, 행동 이력, 시간 사용 패턴 등을 실시간으로 보여 주며, 사용자는 자신의 학습 상태를 평가하고 조정할 수 있다. 이는 자기주도적 결정이 가능한 점에서 진일보한 방식이지만, 정보 요청 이전의 맥락이나 정서 상태, 학습자의 무의식적 한계까지 선제적으로 진단하고 조언하지는 못한다. 다시 말해, 학습자가 문제를 '자각한 후'에야 작동 가능한 도구인 것이다.

이에 비해 넛지는 단순한 정보 제공의 기술이 아니라, 정교하게 설계된 설득의 구조이며, 관계적 교육 생태계 속에서 학습을 촉진하는 정서적 매개자이자 환경적 조율자이다. 넛지는 학습자의 현재 상태, 과거의 학습 이력, 몰입의 리듬, 정서적 변동, 그리고 맥락화된 목표 등을 종합적으로 분석하고, 학습자가 그 정보의 필요성을 자각하기도 전에 조용히 다가가 말을 건넨다. 그 개입은 앞에서 강하게 끌어당기는(pull) 것도, 뒤에서 힘으로 밀어붙이는(push) 것도 아니다. 오히려 곁에 조용히 자리한 채, 은근하게 방향을 틀게 하며 존재론적 변형을 유도하는 측면적 동행자(sidekick)이자, 비고츠키가 말하는 근접발달영역 내의 앞선 동료에 해당한다.

여기서 중요한 점은 넛지가 단순히 시각 정보로 요약된 데이터 시각화나 대시보드와는 근본적으로 다르다는 점이다. 데이터 시각화와 대시보드는 감각적으로는 시각·청각 중심, 심리적으로는 인지 처리에 주로 의존하는 방식이다. 학습자가 이를 바라보고 분석하는 방식은 표상된 정보를 수용하는 수동적 활동에 가깝다. 그러나 넛지는 말 그대로 곁에서 부드럽게, 그러나 의미는 확실히 전달되는 방식으로 작동한다. 그것은 단일 감각 채널이 아닌 멀티모달이며, 단순 정보 이해가 아닌 정서적 공명과 내적 재구성을 유도한다. 넛지는 언어, 이미지, 제스처, 음성, 리듬, 심지어 학습자의 행동 로그에서 감지된 정서적 변화에 이르기까지 다양한 채널을 통합적으로 활용하여, 학습자 내면에 공명하는 방식으로 메시지를 전달한다. 그 결과, 넛지는 인지 기반 인터페이스를 넘어선 정서-맥락-행동이 통합된 자기생산적 피드백 메커니즘으로 기능하며, 인간-기계-환경의 상호작용을 교육적으로 조율하는 존재론적 설계의 일환으로 자리매김한다.

넛지는 한꺼번에 정보를 제공하는 평면적 방식이 아닌, 시점과 방식, 맥락을 고려하여 점진적으로 말걸기를 실행하는 대화적 설계이다.[65] 이 설계는 학습자의 자기생산성을 보존하면서도 내면의 구조 변형을 유도하며, 학습자-시스템 간의 구조적 커플링을 형성해 낸다. 구조적 커플링이란 각기 조직적 폐쇄성을 지닌 두 자기생산체계가 외부에서 직접 조작당하지 않으면서도, 상호 자극을 통해 스스로를 변화시키는 관계를 의미한다. 넛지는 바로 그러한 변화의 미세한 접점에서 작동하는 정교한 설계 언어이다.

예컨대, 통계적 시각화는 "당신의 최근 미적분 퀴즈 점수는 평균보다 낮습니다."라고 말한다. 이는 단지 사실 전달일 뿐, 어떻게 해석하고 행동할지는 학습자에게 전적으로 위임된다. 대시보드는 "당신은 적분 단원에서 하루 평균 2시간을 공부했고, 문제 풀이 시간이 10분에서 6분으로 줄었습니다."라고 제시함으로써, 자기 평가와 조정의 기회를 제공한다. 그러나 넛지는 이렇게 말할 것이다. "최근 당신은 그래프 해석과 정의역 이해에 집중하는 경향을 보이고 있습니다. 지금 '정적분과 넓이' 단원으로 자연스럽게 전환하면 개념 흐름이 이어질 수 있습니다. 이때 연결 개념을 설명하는 시각 자료가 도움이 될 것입니다." 이것은 단순한 정보 제공이 아니라, 시뮬라리움의 교수학습 목표와 학습자의 존재 구조 간의 정합성을 설계하는 존재론적 말 걸기이다.

요컨대, 통계적 시각화, 대시보드, 넛지는 모두 데이터에 기반하지만, 설득의 형식과 목표가 달라진다. 시각화는 '보여줌'에 머무르고, 대시보드는 '선택할 수 있도록' 돕지만, 넛지는 '함께 길을 묻고 걸어가는' 방식이다. 이 변화는 법칙과학에서 개별과학으로, 평균에서 각자로, 일방적 정보 전달에서 상호작용적 설계로 학습분석학이 진화해 온 궤적을 보여 준다. 그리고 그 중심에는 자기생산체계로서의 학습자, 교수자, 설계자를 존중하는 윤리적 설계 철학이 자리한다.

---

65) Bakhtin, M. M. (2010). *The dialogic imagination: Four essays* (*Vol. 1*). University of Texas Press

EPILOGUE

# 에필로그

## 1. 선행 챕터 요약

### (1) 인공지능 활용 교육을 위한 4개의 키워드: 호모 테크놀로지쿠스, 비대칭 인간-기계 협력학습, 시뮬라리움, 그리고 메타설계

프롤로그에서 필자는 인공지능이 마치 '이름 없는 유령'처럼 실체는 모호하지만 인간의 삶 전반에 깊이 관여하고 있다고 진단하며, 이러한 존재와 공존하고 길들이기 위해 가장 먼저 수행해야 할 과제로 '이름 붙이기', 즉 개념화와 이론화의 작업을 제시한다. 인공지능을 교육적으로 활용하기 위해서는 그것을 정확히 이해해야 하며, 이를 위해서는 인간과 테크놀로지의 본질에 대한 철학적 탐구가 선행되어야 한다고 강조한다. 이 책은 이러한 문제의식을 바탕으로, 인공지능이라는 무형의 존재를 교육학적 실천의 장으로 불러오기 위한 시도로 기획되었으며, 필자는 체계이론의 전일론적 관점에 따라 인간과 도구, 테크놀로지의 기원을 따라 장구한 진화의 흐름을 계보학적으로 재구성하였다. 이를 통해 인간은 상시 직립 이족보행 바이오시스템이라는 생물학적 기반 위에서 도구 제작과 협력이라는 고유한 능력을 바탕으로 환경을 개조하고 문명 생태계를 형성해 온 존재임이 드러난다.

이러한 분석을 바탕으로 필자는 인공지능 활용 교육의 이론적 기초를 구성하는 네 가지 핵심 현상에 주목하고, 각 현상에 고유한 이름을 부여함으로써 그 존재론적 조건과 구조적 특징을 정밀하게 분석하고자 하였다. 제시된 개념어들은 각각 '호모 테크놀로지쿠스', '시뮬라리움', '비대칭 인간-기계 협력학습', '메타설계'로, 이는 기존의 통상적 용어인 '학습자', '교수학습체계', '인공지능 교육', '교수설계'에 대응한다. 단순히 기존 개념에 형용사를 덧붙이는 수준을 넘어서, 이들 개념은 교육의 작동 원리와 존재론적 지위를 근본적으로 재정의하려는 시도로 제안된 것이다.

명명은 단순한 개념 분류나 용어 지정의 기술을 넘어, 특정 대상을 하나의 체계 안에 편입시키고 그 의미 작용의 범위를 규정하는 인식론적 행위이다. 명명된 개념은 그 자체로 특정한 현실 구성을 전제하며, 그에 따라 대상의 특정 속성은 부각되고 다른 속성은 비가시화된다. 이러한 점에서, 이름 붙이기는 개념적 명확성을 확보하는 동시에, 해석의 편향 가능성과 설명의 배제 구조를 함께 내포한다. 본서는 이러한 명명 행위를 통해 인공지능 시대 교육학의 실천 지형을 재구성하고자 하며, '호모 테크놀로지쿠스', '비대칭 인간-기계 협력학습', '시뮬라리움', '메타설계' 등 일련의 개념들을 통해 '학습자', '인공지능 활용 교육', '교수학습체계', '교수설계' 등 기존의 언어 체계를 재구조화하려는 시도이다. 이 개념들은 단지 명명의 결과물이 아니라, 실천적 판단과 이론적 분석을 동시에 반영하는 개념 설계의 도구이다.

다음은 네 개념—'호모 테크놀로지쿠스', '비대칭 인간-기계 협력학습', '시뮬라리움', '메타설계'—이 통상적으로 사용되는 '학습자', '테크놀로지 활용 교육', '교수학습체계', '교수설계' 등의 개념과 비교하여 무엇을 새롭게 드러내고 무엇을 감추는지를 분석적으로 서술한 내용이다.

### 1) 호모 테크놀로지쿠스 vs. 학습자

호모 테크놀로지쿠스(Homo Technologicus)는 인간을 단지 '학습자'라는 추상적 교육 대상이 아니라, 도구와 테크놀로지를 통해 자기 신체와 정신을 증강해 온 진화적 존재로 개념화한다. 이는 인간의 학습이 생물학적 기반 위에서 출발하되, 도구적 실천과 협력을 통해 문명 생태계를 재구성해 온 역사적 흐름과 본질적으로 연결되어 있다는 인식을 전제로 한다. 기존의 '학습자' 개념은 주로 인지심리학, 행동주의, 혹은 구성주의 이론에 기반한 교육공학적 추상물로서, 정보 처리 능력이나 동기 수준, 정의적 특성 등 비교적 표면적인 작동 변인에 의해 설명되어 왔다. 이러한 모델은 인간을 특정 입력에 대한 출력으로 환원하거나, 학습 환경의 외적 조건에 따라 성과를 달리하는 수동적 수혜자로 간주하는 경향이 강하다.

반면, 호모 테크놀로지쿠스는 상시 직립 이족보행이라는 생물학적 조건 위에서 신체와 도구의 공진화를 통해 정신을 확장하고, 그로써 자기 자신과 세계를 재구성해 온 존재로 설정된다. 그는 단순히 지식을 수용하고 기능을 익히는 존재가 아니라, 테크놀로지라는 외적 매개를 신체 내부로 체화함으로써 자신의 존재 방식 자체를 재조율하는 능동적 행위자이다. 테크놀로지는 그에게 외부의 수단이 아니라 내면화된 감각기관이며, 존재의 확장으로 작동한다. 이로써 호모 테크놀로지쿠스는 인공지능이라는 기술적 타자와도 명확히 구분되는 고유한 존재론적 지위를 획득한다. 그는 연산하거나 예측하는 기계적 작동이 아니라, 의미를 구성하고 미래를 상상하며 반성적으로 자신을 재설계하는 존재이기에, 단순히 기능적 지능이나 학습 성과로는 설명되지 않는 정체성을 갖는다.

이러한 존재론적 구성을 통해, 호모 테크놀로지쿠스는 도구와 협력을 통해 형성된 문명 생태계의 조건에 반응하며, 동시에 그 조건을 재구성하는 문명 진보의 주체로 등장한다. 여기서 학습은 생존을 위한 기능 습득이 아니라, 세계에의 응답 방식 자체를 새롭게 구성하는 존재적 실천이며, 테크놀로지와의 상호작용은 학습의 외적 수단이 아니라 그 자체로 학습의 구조를 변형하는 메타적 장치가 된다. 이러한 관점은 전통적으로 교육학이 인간을 이성적 판단이나 지식 전달의 대상으로만 바라보는 편향된 시선을 넘어, 도구적·신체적·환경적 요소들과 상호작용하는 복합적 존재로서의 인간을 이해하도록 요청한다.

또한 호모 테크놀로지쿠스는 그 자체로 '반수반인(半獸半人)'의 존재이며, 생물학적 1차성과 기술적 초월성을 동시에 품은 이중적 구조를 지닌다. 이는 인간이 동물성과 기계성 사이에서 끊임없이 자기 자신을 조율해 온 진화적 흔적이자, 교육이 단순한 문화 전달을 넘어 존재 방식의 변형과 재해석을 매개해야 함을 시사하는 키워드이다. 특히 인공지능과의 협력 속에서 이 이중성은 더욱 선명하게 드러난다. 인간은 테크놀로지를 통해 자신의 신체적 한계를 초월하지만, 그 과정에서 오히려 자신의 유한성과 감각성, 그리고 공동체적 의존성을 더욱 절실하게 자각하게 된다.

그러나 이 개념이 모든 문제를 해결하는 이론적 해답은 아니다. 호모 테크놀로지쿠스는 인간의 기술적·진화적 고유성을 강조함으로써, 정서적 취약성, 사회문화적 불균형, 교육 격차와 같은 실제적 조건들을 상대적으로 부차화할 위험도 함께 내포한다. 기술적 능력이나 도구적 감응성이 학습의 핵심 기준으로 과도하게 부각될 경우, 테크놀로지에 접근하기 어려운 환경에 놓인 학습자들은 개념 구조상 배제될 수 있다. 따라서 이 개념은 인간의 존재를 테크놀로지를 중심으로 재정의하는 동시에, 그러한 정의가 발생시키는 새로운 형평성의 문제와 제약 조건에 대해 성찰적으로 열려 있어야 한다.

요컨대, 호모 테크놀로지쿠스는 인간을 학습의 수혜자로 전제하지 않고, 자기생산체계로서 스스로의 존재 조건과 환경을 재구성하는 주체로 전환시킨다. 이 개념은 인공지능 시대의 교육학이 단순한 기능 습득이나 기술 활용의 문제를 넘어, 인간과 기술, 문명 사이의 공진화를 설계하고 돌보는 새로운 존재론적 교육학으로 나아가기 위한 이론적 초석이 된다.

### 2) 비대칭 인간-기계 협력학습 vs. 인공지능 활용 교육

'비대칭 인간-기계 협력학습'은 호모 테크놀로지쿠스의 존재론적 전제 위에 구축된 핵심 개념이다. 이 개념은 인간을 단순한 테크놀로지 소비자가 아니라, 테크놀로지와 함께 자기 자신과 문명 생태계를 공동 설계하고 재구성해 온 주체로 파악한다. 앞서 인간은 상시 직립 이족보행이라는 고유한 신체 구조를 기반으로, 도구와 협력을 통해 생물학적 한계를 초월하고 문명 생태계를 형성해 온 존재로 정의되었다. '호모 테크놀로지쿠스'라는 개념은 이러한 존재가 단지 생물학적 개체에 그치지 않고, 테크놀로지를 통해 인지, 감각, 감정, 사회성까지 체화적으로 증강해 온 주체임을 드러낸다.

이러한 이중적 존재 조건을 지닌 인간이 오늘날 인공지능이라는 고도화된 테크놀로지적 타자와 마주하게 되었을 때, 학습의 장은 단순한 기술 도입의 수준을 넘어서야 한다. 인공지능이 일정 수준의 자율성과 계산 능력을 가진 비인간적 지능으로 기능하게 된 시점에서, 인간-기계 간의 상호작용은 본질적으로 재구성되어야 한다. 이 맥락에서 등장하는 '비대칭 인간-기계 협력학습'은 인간과 인공지능이 서로 대등한 파트너로 협력하는 대칭적 모델이 아니라, 서로 이질적인 존재 조건을 지닌 두 체계가 목적과 과업을 매개로 조율되는 협력 구조를 뜻한다.

이 비대칭성은 단순한 역할의 분화가 아닌, 존재론적 구조의 근본적 차이에서 비롯된다. 인간은 자기생산체계로서 조직적·작업적 폐쇄성을 유지하며, 의미 해석과 자기 참조적 판단, 내면적 성찰을 수행하는 존재이다. 반면 인공지능은 이종생산체계로서 의미를 구성하지 못하고, 계산과 예측, 분류를 통해 효율적인 과업 수행에 특화된 체계이다. 인간은 타자의 고통과 의미의 무게를 직관할 수 있지만, 인공지능은 통계적 상관성과 목적 함수에 기반해 작동할 뿐이다. 이처럼 비대칭적인 협력은 수평적 관계의 부재를 전제로 하면서도, 상보성과 창발성을 이끌어 내는 생산적 긴장 상태를 만들어 낸다.

'비대칭 인간-기계 협력학습'은 이러한 차이를 정면으로 인식한 위에서, 인간의 의미 생성과 목표 설정 능력을 바탕으로 기계의 계산성과 처리 능력을 결합한 새로운 실천 체계를 설계한다. 이 구조에서 인간은 '목표 설정 자율성'을 지닌 존재로, 인공지능은 주어진 목표 구조 내에서 '과제 수행 자율성'을 제한적으로 발휘하는 존재로 기능한다. 인공지능은 인간이 설정한 목적과 의미의 테두리 안에서 작동하며, 스스로 전체 구조를 재정의하거나 새로운 목표를 생성할 수는 없다. 따라서 인공지능은 인간을 보완하고 증강하는 협력자로는 작동할 수 있지만, 결코 인간을 대체하거나 지배하는 존재가 되어서는 안 된다.

이 개념은 기술 결정론적 시각 — 즉 인공지능을 맹목적으로 신뢰하거나 단순한 효율성 도구로 환원하는 관점 — 을 넘어서, 인간과 기계의 존재론적 위상을 정교하게 분리하고 재구성한다. 인간은 의미와 방향을 생성하는 자기목적적 존재이며, 기계는 그 구조 안에서 정해진 작동을 수행하는 도구적 행위자이다. 이 협력 구조는 인간의 학습 체계를 근본적으로 재설계하는 이론적 토대를 제공하며, 모든 인공지능 기반 교수학습 시스템에서 고려되어야 할 윤리적·존재론적 기준을 제시한다. 결국, 진정한 협력이란 인간의 자율성과 존엄성을 전제로 하여 기계의 역량을 조건부로 통합하는 방식에서 실현될 수 있다.

이러한 관점은 전통 교육학의 '테크놀로지 활용 교육'이라는 틀이 포착하지 못하는 근본적 전환점을 드러낸다. 기존의 기술 활용 교육은 교수설계자가 설정한 틀 내에서 테크놀로지를 일방적으로 적용하는 방식이었다. 이는 교사의 기술 역량, 학습자의 수용 태도, 시스템 안정성과 같은 외재적 조건에 주로 초점을 맞추며, 기술-인간 간 상호작용을 기능주의적으로 제한했다. 반면 비대칭 협력학습은 인간과 인공지능이 함께 목표 달성을 향해 협력하면서, 각자의 한계를 인식하고 보완하며, 예측불가능성과 불확실성을 구조 안에 포섭하는 유기적 상호작용을 형성한다. 이는 단순한 인지 능력의 강화가 아닌, 학습자의 존재 방식을 재정의하는 실존적 전환을 의미한다.

그러나 이 개념은 이상적 구조인 동시에 새로운 문제들을 동반한다. 무엇보다 인공지능 기술의 발전은 지역과 계층에 따라 불균형하게 이루어지며, 접근성 또한 전 세계적으로 편중되어 있다. AI는 특정 언어, 문화, 데이터 구조에 기반하여 작동하기 때문에, 디지털 식민주의적 편향을 내포할 위험이 있다. 더불어 정서적 수용성, 감정적 피로감, 기술의 투명성과 신뢰성 문제 등은 교수학습 현장에서 AI 도구의 효과성과 수용 가능성을 결정짓는 주요 변수로 작용한다. 단순한 기술 정합성만으로는 교육적 의미를 보장할 수 없으며, 오히려 인간의 자율성과 감성적 참여를 침해할 위험도 존재한다.

결국 '비대칭 인간-기계 협력학습'은 단일한 해법이 아닌, 다층적 성찰과 설계적 조율이 요구되는 복합 문제 영역이다. 이는 이상적 모델이면서 동시에 해결되지 않은 긴장을 품은 개념적 장이라 할 수 있다. 따라서 이 개념은 시뮬라리움이라는 자기생산적 학습 생태계, 그리고 메타설계라는 존재론적 설계 전략과 유기적으로 결합될 때 비로소 실천 가능한 교육 구조로 정합성을 획득할 수 있다. 인간-기계-환경 간의 구조적 커플링이 전제되지 않는다면, 이 협력 구조는 오히려 새로운 불균형과 소외를 재생산할 가능성도 내포하고 있다.

### 3) 시뮬라리움 vs. 교수학습체계

시뮬라리움(Simularium)은 호모 테크놀로지쿠스의 비대칭 인간-기계 협력학습이 구현되는 물리적·정보적 학습 생태계로, 기존의 '교수학습체계' 개념과는 본질적으로 다르다. 전통적인 교수학습체계는 명시된 학습 목표에 따라 학습자 분석, 설계, 개발, 실행, 평가의 일련의 선형 절차를 따르며, 교수자-학습자-내용 간의 상호작용을 정해진 구조 안에서 최적화하는 데 초점을 둔다. 이러한 체계는 외부 목표와 설계자의 통제하에 작동하는 복합계(complicated system)로서, 닫힌 구조를 전제로 한다.

반면 시뮬라리움은 정태적 절차 중심의 프레임을 넘어, 호모 테크놀로지쿠스가 인공지능이라는 기술적 타자와 비대칭적으로 협력하면서 자기 자신을 재구성하고, 변화하는 문명 생태계에 능동적으로 적응하는 자기생산체계(autopoietic system)로 설계된다. 이는 교수자와 학습자, 콘텐츠 간의 기능적 효율만을 추구하는 기술 환경이 아니라, 인간-기계-문명이 상호 반영하며 공진화하는 삼원적 학습 생태계로 작동한다. 다시 말해, 시뮬라리움은 하나의 '미니어처 문명'이다.

이 체계는 조직적 폐쇄성을 통해 정체성과 자기 동일성을 유지하고, 작업적 폐쇄성을 기반으로 축적된 학습 데이터와 실행 이력을 반영해 자기 조정적 실행을 가능하게 한다. 동시에 문명 생태계와의 구조적 커플링을 통해 열림과 적응성을 확보한다. 특히 HCPS(Human-Cyber-Physical System)에 기반한 이 구조는 물리적 체험 공간과 사이버 연산 환경이 융합된 하이브리드 학습 공간을 제공한다. 이 공간에서는 인간의 직관, 감정, 판단이 인공지능의 계산, 예측, 피드백과 실시간으로 얽히며, 인공지능은 단순한 자동화 도구가 아닌, 학습자의 존재론적 성찰을 유도하는 넛지 제공자로 기능한다.

이처럼 시뮬라리움은 교수학습을 고정된 절차의 반복이 아니라, 자기조직적 성장과 진화의 장으로 재정의한다. 학습자는 지식의 수용자가 아니라, 자기 자신과 문명의 미래를 설계하고 돌보는 주체로 성장한다. 반면 전통적 교수학습체계는 학습자의 주체성을 전제하면서도, 실질적으로는 외부에서 설정된 목표에 학습자를 적응시키는 구조에 머무는 경우가 많았다. 시뮬라리움은 이러한 이원적 구도를 해체하고, 기술을 통해 인간이 자기 자신을 실험하고 문명적 선택을 감행할 수 있는 열린 장(場)을 지향한다.

그럼에도 불구하고, 이러한 철학적·구조적 장점에도 불구하고 시뮬라리움을 교육 현장에 도입하려면 여러 실천적 과제가 따른다. 예컨대 시스템의 실행 가능성, 제도적 수용성, 교사의 설계 역량 차이, 학습자의 디지털 접근성과 감수성 격차 등은 시뮬라리움의 이상을 제약하는 요인들이다. 따라서 시뮬라리움은 단순한 기술 기반의 교육 환경이 아니라, 인간-기계-문명 간 존재론적 관계를 재구성하는 교육 생태계로 설계되어야 하며, 이를 위해서는 이론적, 제도적, 기술적 기반의 공동 구축이 긴요하다.

### 4) 메타설계 vs. 교수체계설계

이제, 시뮬라리움의 자기생산 구조를 설계 가능한 체계로 전환하기 위해 필요한 것이 바로 메타설계(meta-design)이다. 이는 통상적 의미의 '교수설계' 개념이 갖는 절차적 고정성과 일회성 기획의 한계를 넘어서기 위한 존재론적 설계 전략이다. 전통적인 교수설계는 주로 ADDIE 모델과 같은 선형적 절차 틀에 따라, 사전에 정의된 목표를 효과적으로 달성하기 위한 수단적 장치로 기능해 왔다. 그러나 이 접근은 인간과 도구, 기계와 문명이 상호작용하며 공진화하는 복합적 생태계의 실재를 충분히 수용하지 못하며, 학습의 의미를 수행적 기술 습득에 국한시키는 폐쇄적 체계에 머물게 한다.

이에 반해 메타설계는 설계의 개념을 실천적 구조를 넘어 존재의 조건을 조율하는 행위로 전환하며, 설계자의 존재 방식 자체를 외재적 기획자에서 생태계 내부에 참여하는 조율자, 곧 '정원사(gardener)'로 탈바꿈시킨다. 이 '정원사'는 외부로부터 전체를 지휘하는 조감적 설계자가 아니라, 내재적 생장 구조에 감응하며, 돌봄과 조율을 통해 체계 내부의 창발성을 지원하는 존재이다. 메타설계자는 도식화된 계획을 따르기보다는, 학습자-기계-문명이라는 다중 주체들이 상호작용하는 공간 안에서, 의미의 이동과 구조의 진화를 가능하게 하는 열린 경계의 설계를 감행한다.

이러한 관점에서 필자는 '설계된 자기생산체계(designed autopoietic system)'의 구현을 위해 네 단계로 구성된 순환적 메타설계 모형을 제안하였다: ① 조직설계(organizational design), ② 사전설계(a priori design), ③ 애자일 설계(agile-in-action design), ④ 사후설계(a posteriori design).

이러한 '설계된 자기생산체계'의 실현을 위해, 필자는 조직설계-사전설계-애자일설계-사후설계로 구성된 순환적 메타설계 모형을 제시하였다. 이 메타설계는 전통적인 선형 설계 모델인 ADDIE 구조를 기반으로 하되, 실행(Implementation) 단계에서 인공지능과 학습분석시스템이 실시간으로 적응 설계를 가능하게 만드는 프랙탈 구조의 소문자 addie를 내포한다. 이 'ADDIE-addie 이중 구조'는 선형적 설계의 틀 안에서, 비선형적 자기조직화와 실시간 피드백을 가능케 하는 동적 구조를 의미한다. 구체적으로는 실행의 순간마다 미시적 설계가 이루어지며, 그 과정에서 수집된 실시간 학습 데이터는 전체 체계의 재조정에 사용된다. 이를 통해 메타설계는 교수학습 시스템을 정태적 복합계가 아닌 살아 있는 자기생산체계로 전환시키며, 사용자의 선택과 해석, 행동이 체계 내 요소로 통합되는 존재론적 구조를 구현한다.

결론적으로 메타설계는 단순한 설계 기술이 아니라, 호모 테크놀로지쿠스가 비대칭 인간-기계 협력학습을 수행할 수 있도록 시뮬라리움을 구성하고 돌보는 존재론적 전략이다. 그것은 인간-기계-문명의 삼자적 공진화를 가능케 하는 실천적 철학이자, 교육공학을 정태적 절차에서 살아 있는 생태계 설계로 전환시키는 패러다임의 핵심이다. 메타설계는 결국 설계하는 자가 설계된 체계 안에서 다시 설계되도록 만드는 순환적 사유 구조이며, 그 안에서 우리는 인간-기계 복합체로서의 존재 방식을 다시 묻고, 미래 문명에서의 인간됨을 다시 창안하게 된다.

요컨대, '호모 테크놀로지쿠스', '비대칭 인간-기계 협력학습', '시뮬라리움', '메타설계'라는 네 개념은 기존 교육학 담론이 생략하거나 주변화해 온 인간 존재의 진화적 기원, 테크놀로지와의 공생적 관계, 학습의 자기생산성과 창발성, 그리고 설계의 존재론적 전환 가능성을 전면에 배치함으로써, 교육학의 개념 체계를 전복적 방식으로 재구성하려는 시도이다. 이들 개념은 독립적으로 존재하지 않으며, 각각 앞선 개념의 존재론적 기반 위에서 점층적으로 포개지고 말려들며, 서로를 전제하고 서로를 해석하는 방식으로 구성된다. 이러한 점증적 구조는 다치 크루아상처럼 겹겹이 쌓인 의미의 층위를 통해, 단일 개념 이상의 해석학적 공간을 형성한다.

## 2. 학습분석시스템의 윤리적 딜레마

### (1) 자기생산체계로의 메타설계와 학습분석시스템의 역할

시뮬라리움은 '호모 테크놀로지쿠스', '비대칭 인간-기계 협력학습', '시뮬라리움', '메타설계'라는 네 핵심 개념을 중심으로 구성된 자기생산적 학습 생태계이다. 이 체계의 핵심 운영 장치로는 인공지능 기반 학습분석시스템(LAS)이 존재하며, 이는 시뮬라리움 내부에서 실시간 데이터의 수집-분석-환류를 담당하는 '뇌신경계'로 기능한다. LAS는 단순한 정보 처리 도구를 넘어, 메타설계를 실현 가능한 구조로 전환시키는 실행 기반이며, 시뮬라리움의 조직적 폐쇄성과 작업적 폐쇄성, 그리고 외부 문명 생태계와의 구조적 커플링을 동시에 가능하게 만드는 핵심 인프라이다. 이로써 시뮬라리움은 폐쇄된 복합계가 아니라, 끊임없이 변화하고 진화하는 자기생산체계로 자리매김하게 된다. 이러한 시스템의 설계는 일회성 매뉴얼이나 절차서로는 구현될 수 없다. 설계자는 생태계 내부의 흐름에 감응하는 '정원사'처럼 작동해야 하며, 정적인 계획이 아닌 살아 있는 자기생산 구조를 조율하는 감수성과 통찰이 필요하다. 이와 같은 생태계에서 LAS는 단순히 데이터를 전달하는 도구가 아니라, 학습자의 변화와 환경의 변동에 실시간으로 적응하며, '존재를 위한 학습'을 촉진하는 촉매 장치로 작동한다. 결국 시뮬라리움은 기술을 통해 인간을 통제하는 체계가 아니라, 기술을 매개로 인간이 자기 자신과 문명의 미래를 능동적으로 설계할 수 있는 열린 생태적 공간으로 기능한다.

의사소통과 상호작용은 시뮬라리움을 자기생산체계라는 전체로 창발하게 만드는 근본적 단위이자 동시에 그 체계를 구성하는 불가분의 부분이다. 시뮬라리움은 개별 학습자나 교수자, 콘텐츠, 학습활동이라는 단순한 요소들의 집합이 아니라, 이들 요소가 서로 연결되고 교환하며, 의미를 생성하고 변형하는 상호작용의 망으로 성립한다. 다시 말해, 상호작용이 없다면 시뮬라리움은 단순한 구성 요소들의 나열에 불과할 뿐 체계로 존재할 수 없다. 상호작용은 그 자체로 새로운 관계를 창출하고, 기존의 관계망을 재조직하며, 그 결과 체계 전체가 살아 움직이도록 만든다.

이때 의사소통은 상호작용의 핵심 형식으로, 단순히 정보의 교환을 넘어 체계의 자기지속성을 담보한다. 루만이 사회를 의사소통의 자기생산체계로 정의했듯이, 시뮬라리움 역시 학습자와 교수자 사이, 학습자와 콘텐츠 사이, 학습자들 상호 간, 나아가 학습자와 학습분석시스템 사이에서 발생하는 의사소통의 연쇄와 재생산을 통해 존속한다. 하나의 질문, 하나의 응답, 하나의 토론이 단절되는 것이 아니라, 이전 상호작용을 기반으로 또 다른 새로운 상호작용을 촉발하며 체계의 지평을 확장한다. 이러한 의사소통의 흐름 속에서 체계는 단순히 외부로부터 주어진 구조를 따르는 것이 아니라 스스로를 형성하고, 스스로의 경계를 규정하며, 스스로의 목표를 재구성한다.

상호작용은 또한 체계의 이중성을 드러낸다. 한편으로는 개별적인 사건이자 국소적 부분이지만, 다른 한편으로는 체계 전체를 성립시키는 근본적 조건이다. 학습자의 발언, 교수자의 피드백, 콘텐츠에 대한 해석적 반응은 단일 행위에 불과하지만, 이들이 연결되어 구조화될 때 체계 전체가 새로운 위상으로 도약한다. 따라서 상호작용은 부분이자 전체이고, 개별성이자 보편성이다. 이는 마치 뫼비우스의 띠가 안과 밖을 동시에 지니듯, 상호작용은 개별적 사건이면서도 체계 전체의 자기생산적 존재 방식을 가능케 한다.

이러한 맥락에서 학습분석시스템의 역할은 단순한 보조 장치가 아니라 시뮬라리움의 뇌신경계로 이해되어야 한다. 학습분석시스템은 상호작용을 관찰-분석-해석-환류함으로써 체계 내부의 복잡한 역동을 통합하고, 이를 학습자와 교수학습체계 전체로 되돌려준다. 그 결과 상호작용은 단순히 축적되는 것이 아니라 학습자의 Learning-as becoming, 곧 변형 학습을 촉발하며, 시뮬라리움이 자기생산체계로 공진화하도록 매개한다. 의사소통과 상호작용이 시뮬라리움의 기본 단위이자 부분이라는 주장은, 곧 그것들이 전체를 구성하는 최소 단위이면서 동시에 체계를 살아 있게 만드는 근원적 힘임을 강조하는 것이다.

LAS는 시뮬라리움 내부에서 핵심적인 역할을 수행하는 동시에, 피할 수 없는 윤리적 긴장을 내포하고 있다. 데이터 기반의 예측과 최적화는 학습자의 자율성과 자유를 침해할 가능성을 지니며, 인간의 판단과 학습을 기계적 연산으로 환원하는 위험을 동반한다. 특히 LAS가 제공하는 넛지가 학습자의 선택을 유도하거나 특정 가치관을 내면화시키는 방식으로 작동할 경우, 시스템은 교육을 위한 도구가 아니라 통제 장치로 전락할 수 있다. 기술은 결코 중립적이지 않으며, 분석은 항상 해석을 수반하고, 모든 설계는 특정한 인간 존재 양식을 전제한다. 따라서 LAS는 설계자와 학습자 모두에게 지속적인 성찰과 비판적 거리두기를 요청하는 '존재론적 장치'로 이해되어야 한다.

『시뮬라리움의 구상』에서 『시뮬라리움의 구현』으로 이행하는 이 전환점에서, 우리가 직면한 핵심 과제는 기술의 정교화가 아니라 기술과 인간이 공진화하는 생태계를 어떻게 윤리적으로 구성할 것인가에 있다. 어떤 데이터를 수집하고, 어떻게 해석하며, 무엇을 드러내고 무엇을 가리는가 — 이러한 결정 하나하나가 교육의 방향성과 인간 존재의 가능성을 결정짓는다. LAS는 단지 교육의 효율성을 높이기 위한 도구가 아니라, 인간-기계-문명이 어떻게 얽히고 영향을 주고받을지를 묻는 질문 그 자체이며, 따라서 그 윤리적 설계는 기술적 선택이 아니라 교육공학의 존재론적 책무이다.

이러한 윤리적 책무는 시뮬라리움 내부와 외부의 두 차원에서 검토되어야 한다. 내부에서는 첫째, 학습자의 데이터를 수집·해석·환류하는 과정에서 인간이 객체화되지 않고 자기해석적 주체로 존중받고 있는가라는 존재론적 윤리성이 핵심이다. 둘째, 분석 결과를 설계와 실행에 반영할 때 설계자가 어떤 해석을 내리고, 어떤 권한으로 개입하는지에 대한 전문가적 윤리성도 함께 요구된다. 설계자의 역할은 단순한 기술자가 아니라 의미를 조율하는 존재로 재정의되어야 하며, 그 개입의 경계 또한 명확하고 비판적으로 성찰되어야 한다.[1)]

한편, 외부 생태계와의 구조적 커플링 과정에서는 프라이버시와 데이터 주권 문제가 중심 과제로 떠오른다. 시뮬라리움은 학습자의 신체적, 인지적, 행동 데이터를 문명 생태계와 연결시키는 구조를 갖고 있기에, 개인의 민감한 정보가 감시적 기술 체계에 흡수되는 위험을 내포한다. 따라서 시뮬라리움은 단순한 기술적 환류 체계를 넘어서, 학습자는 '데이터 주체'로서, 설계자는 '윤리적 판단자'로서, 공동체는 '시민적 감시자'로서 함께 작동하는 다층적 윤리 메커니즘으로 이해되어야 한다. 이제 우리는 이러한 구조를 바탕으로, 인간의 존엄과 자유를 보장하면서도 자기생산 구조를 실현하는 학습분석시스템의 가능성과 한계, 그리고 그것을 설계하기 위

---

1) Mayer-Schönberger, V. (2011). **잊혀질 권리: 디지털 시대 망각의 미덕** [Delete: The virtue of forgetting in the digital age] (구본권 역). 지식의 날개. (원저 2009년 출간).

한 조건들을 면밀히 살펴보고자 한다.

### (2) 체계 내적 윤리성

LAS와 관련된 윤리 문제는 단순히 규범을 지키는지 여부를 따지는 차원을 넘어선다. 자기생산체계의 관점에서 윤리는 “인간은 어떻게 살아야 하는가?”, “나는 어떤 존재로 살아가야 하는가?”, “나는 누구와 어떤 세계를 함께 만들고 있는가?”와 같은 자기 성찰의 질문에서 출발한다. 이처럼 윤리는 외부에서 주어진 규칙을 따르는 것이 아니라, 주체가 스스로 던지는 내면적 물음이며, 그 응답을 통해 삶의 방식과 방향을 결정하는 행위이다.

자기생산체계란 스스로를 구성하고 갱신하는 살아 있는 체계로, 인간 역시 외부 정보를 수동적으로 수용하기보다는 세계와의 상호작용 속에서 스스로 의미를 만들고 삶을 구성하는 존재이다. 이 관점에서 윤리란 단순히 “해도 되는가” 혹은 “하지 말아야 하는가”의 문제가 아니다. 그것은 “왜 이 선택을 했는가”, “이 결정이 나와 공동체에 어떤 영향을 미치는가”라는 물음에 답하는 자기 이해와 책임의 방식이다. 법이나 도덕은 상황과 문화에 따라 달라질 수 있지만, 윤리는 주체의 내면에서 나오는 지속적인 물음과 선택의 결과로 형성된다.

이러한 윤리적 관점에서 학습분석시스템을 바라보면, 기술의 적절성이나 개인정보 보호 수준만으로는 충분하지 않다. LAS는 단순한 데이터 처리 도구가 아니라, 학습자와 교육자의 삶을 구성하고, 교육 관계를 재편하며, 교육 공동체의 의미를 새롭게 만드는 역할을 한다. 따라서 우리는 이 시스템이 전제하는 인간상과 학습의 의미, 그리고 공동체 안에서 어떤 관계를 만들어 내고 있는지를 질문해야 한다. 중요한 것은 “이 시스템을 어떻게 쓸 것인가?”가 아니라, “이 시스템이 우리를 어떤 존재로 만들고 있는가?”라는 점이다.

이와 같은 맥락에서 시뮬라리움과 같은 자기생산적 학습체계 내에서는 두 가지 주요 윤리적 문제가 제기된다. 첫째는 존재론적 윤리성으로, 이는 인간의 자율성을 존중하면서도 외부의 개입 — 예를 들어, 인공지능 기반 넛지 — 이 정당한지를 묻는 문제이다. 둘째는 전문가적 윤리성으로, LAS가 제안하는 넛지가 통계적으로 맞지 않을 수 있다는 한계와 관련이 있다. 즉, 잘못된 개입(1종 오류)이나 필요한 개입을 하지 않은 경우(2종 오류) 모두가 윤리적 판단의 대상이 된다. 특히 ‘개입하지 않음' 또한 하나의 선택이며, 그 결과에 대한 책임 역시 중요하게 고려되어야 한다.

### 1) 존재론적 윤리성

존재론적 윤리성은 단순히 어떤 행위가 도덕적으로 옳은가 그른가를 판단하는 규범 윤리의 범주를 넘어, 보다 근원적인 차원에서 개입과 판단의 정당성을 묻는 존재론적 물음이다. 이는 곧 "어떤 존재가, 어떤 존재에게, 어떤 권위로 개입할 수 있는가?"라는 질문으로 귀결되며, 인간의 자기결정권, 자유의지, 자기형성의 가능성 등을 존중해야 한다는 철학적 전제와 깊이 맞닿아 있다.

이러한 존재론적 윤리의 문제는 영화 『마이너리티 리포트』에서 극적으로 제기된 바 있다. 이 영화에서 『PreCrime』 시스템은 미래의 범죄를 예측하고, 아직 범죄를 저지르지 않은 사람을 현재 시점에서 체포한다. 이는 통계적 예측에 기반한 개입이지만, 본질적으로는 '개연성'을 증거로 현재의 존재를 처벌하는 행위이다. 이때 논쟁의 핵심은 예측의 정확성이 아니라, 그 개입이 정당한가, 인간의 자유를 어떤 방식으로 다루는가, 그리고 인간 존재를 통제 가능한 객체로 환원하는 것이 윤리적으로 타당한가에 있다. 기술적 예측성과 윤리적 정당성은 별개의 차원이다. 정확한 예측이 윤리적 정당성을 자동으로 보장하지 않는다. 이는 인공지능 기반 LAS 설계에서도 동일하게 적용되는 원리이다. LAS는 학습자의 상태를 정밀하게 예측할 수 있을지라도, 그에 기반한 개입이 인간의 자유와 존엄을 어떻게 다루는가에 따라, 윤리성은 이슈가 불거질 수 있다.

이 문제의식은 시뮬라리움의 학습분석시스템이 학습자에게 넛지를 제공하는 상황에서도 동일하게 적용된다. 예를 들어, LAS는 학습자의 행동 로그, 반응 시간, 마우스 이동, 시선 추적, 정서 인식 데이터 등을 분석하여 "이 학습자는 곧 중도 탈락할 가능성이 높다."라는 예측을 내놓는다. 그 예측에 따라 LAS는 학습자에게 동기 유발 메시지를 제시하거나, 학습 인터페이스를 조정하고, 과제의 난이도를 재배치하는 등 일련의 '개입'을 시도한다.

여기서 핵심적인 윤리적 물음은, 그러한 개입이 어떤 기준과 권위에 의해 정당화될 수 있는가 하는 점이다. 학습자는 자기생산체계로서 스스로 목표와 리듬, 학습의 방법을 구성해 가는 존재이다. 만일 넛지가 이 자기 형성의 과정을 조율하고 지원한다면 윤리적일 수 있다. 그러나 만약 LAS가 학습자의 의도나 내면을 충분히 이해하지 못한 채, 과거 데이터와 통계적 일반화에 기반해 '정상적인 경로'를 설정하고, 거기서 벗어난 학습자에게 일방적으로 개입한다면, 그것은 시스템이 인간을 일정한 방향으로 선도하고 통제하려는 위험한 윤리적 개입이 된다.

더 나아가, LAS는 인간의 심리 상태나 내면의 의도를 정확히 해석할 수 없다. 그 해석은 오직 행위 주체만이 독점적으로 수행할 수 있는, 일종의 퀄리아(qualia)[2]와 같은 것이다. 기계가 감지하는 소위 '정서적 저하'는 표정, 클릭 속도, 발화 빈도 등의 외적 지표일 뿐이며, 그것이 실제로 학습자의 좌절인지, 혹은 몰입 상태인지 판단할 수 없다. 이처럼 불완전하고 불확실한 해석에 근거한 개입은 학습자의 주체성과 자유를 훼손할 가능성이 있다. 따라서 "LAS는 언제, 어떤 기준으로 개입해야 하며, 그 개입은 누구의 존재를 위한 것인가?"라는 존재론적 윤리의 물음이 필연적으로 따라온다.

존재론적 윤리성은 LAS가 개입해서는 안 된다는 금지를 의미하는 것이 아니다. 오히려 개입의 정당성 조건, 개입 이후 발생할 수 있는 책임, 그리고 개입의 방식과 투명성에 대한 지속적인 반성과 구조화가 필요하다는 요청이다. LAS는 권위자가 아니라 조율자로 작동해야 하며, 인간을 예측 가능한 객체로 다루는 대신, 불확실성과 개별성, 존재의 다양성에 대한 존중과 예의로써 넛지를 실행해야 한다. 통계적 확률이 아니라, 인간이라는 존재의 불가피한 예외성과 고유성을 전제로 할 때에만, 넛지는 비로소 윤리적일 수 있다. 이는 두 번째 주제인 전문가적 윤리성을 제기한다.

### 2) 전문가적 윤리성

전문가적 윤리성이란, 시뮬라리움과 같은 학습 시스템을 설계하고 운영하는 이들이 단지 기술적 능력만 갖추는 것이 아니라, 자신이 만드는 시스템이 사람의 삶과 가능성에 어떤 영향을 미칠 수 있는지를 깊이 인식하고 책임지는 태도를 말한

---

2) 퀄리아(qualia)란 앞서 다뤘던 것과 같이, 개인이 주관적으로 경험하는 감각적·정서적 느낌을 의미한다. 예를 들어, 붉은 장미를 볼 때 느끼는 '붉음의 느낌', 고요한 밤에 듣는 음악이 주는 '울림', 따뜻한 햇살 아래에서의 편안함 등은 모두 퀄리아에 해당한다. 이러한 경험은 물리적 자극이나 외부 행동만으로 완전히 설명되거나 타인에게 전이될 수 없으며, 오직 그 느낌을 경험하는 주체 내부에서만 실재하는 고유하고도 질적인 현상이다. 인공지능이나 외부 분석 시스템은 이러한 퀄리아의 본질에 접근할 수 없기 때문에, 인간 행위의 내면적 의미나 의도는 여전히 인간 주체만이 해석하고 책임질 수 있는 영역으로 남는다.

다. 이는 단순히 "옳은 행동을 하자"는 도덕적 선언을 넘어, 실제로 존재와 실천 사이의 관계를 고민하는 설계자의 철학적·실천적 태도라 할 수 있다. 예를 들어 학습분석시스템이 학습자의 데이터—클릭 패턴, 반응 속도, 시선 이동, 표정 변화 등—를 바탕으로 "곧 학습을 포기할 가능성이 높다."라고 판단했다고 하자. 이 판단에 따라 LAS는 해당 학습자에게 "힘든가요?"라는 메시지를 보내고, 과제를 좀 더 쉬운 것으로 바꾸거나, 학습 인터페이스를 조정해 격려하려 한다. 하지만 실제로는 그 학습자가 깊은 몰입 상태에 있었고, 그 개입이 오히려 집중을 방해하고 자율성을 침해하는 결과를 낳을 수 있다. 이는 실제로는 개입이 필요하지 않았던 상황에서 잘못된 판단으로 개입이 발생한 1종 오류에 해당한다.

반면, 다른 학습자는 실제로 학습 동기를 잃고 플랫폼을 이탈할 위기에 처해 있다. 그러나 LAS는 과거에 긍정적인 피드백을 보냈다는 이유로 이 학습자의 위험 신호를 간과하고, 결과적으로 필요한 개입을 놓친다. 이는 2종 오류로, 개입이 필요했음에도 방치함으로써 학습자가 조용히 낙오하게 되는 경우다. 이처럼 LAS는 학습자의 경험에 실제로 개입하는 주체이며, 그 판단의 오류는 학습자의 자기 형성 과정에 실질적인 영향을 미친다. 따라서 이를 설계하는 연구자와 실천가는 오류 가능성을 제거할 수는 없더라도, 그 위험을 줄이고 더 나은 결정을 내리기 위한 윤리적 태도를 지녀야 한다.

전문가적 윤리성은 학습분석시스템의 예측 정확도가 아무리 99.99%에 이르더라도 완전히 해소되는 성질의 것이 아니다. 오히려 그러한 정밀도가 주는 환상적 완전성의 유혹 앞에서 스스로를 절제하고, 그 유혹을 경계하는 태도야말로 윤리성의 본질을 드러낸다. 윤리성은 근본적으로 '태도의 문제'이며, 기술의 수준이 아니라 인간이 그것을 어떻게 마주하고 다루느냐에 달려 있다. 필자는 이러한 전문가적 윤리성을 구성하는 태도를 세 가지 핵심 원칙으로 요약할 수 있다고 본다.

첫째, 겸손함이다. 설계자는 언제나 자신이 만든 알고리즘이 틀릴 수 있다는 전제 위에서 판단을 내려야 하며, 데이터는 언제나 불완전하고 해석은 잠정적이라는 사실을 직시해야 한다. 예컨대 LAS가 정서적 저하로 감지한 학습자의 상태는 실제로는 몰입 상태일 수 있고, 무표정한 얼굴은 평온한 집중의 표상일 수도 있다. 이러한 인식은 설계자가 성급한 개입을 자제하고, 시스템의 한계를 고려하여 보완책을 사전에 설계하는 데 중요한 기반이 된다.

둘째, 지속적인 검증과 조정의 태도이다. LAS의 판단이나 넛지가 실제 학습에 미치는 영향을 실증적으로 분석하고 피드백을 반영해 지속적으로 알고리즘을 조정해야 한다. 예컨대, 어떤 대학에서는 학기마다 LAS의 넛지 개입 효과를 분석하여 학생 설문, 성취도, 스트레스 지표 등 다면적 보완 데이터를 종합적으로 고려해 알고리즘을 업데이트하고 있다. 이는 단순히 정확도를 개선하려는 기술적 조치가 아니라, 인간 중심의 설계를 위한 윤리적 실천이기도 하다.

셋째, 설명 가능성과 투명성의 확보이다. LAS가 어떤 판단을 왜 내렸는지, 어떤 데이터를 기반으로 어떤 개입이 이루어졌는지를 학습자와 교사가 이해할 수 있는 방식으로 설명할 수 있어야 한다. 예측과 개입의 기준이 모호하면 학습자는 시스템에 대한 신뢰를 잃고, 교사나 관리자는 적절한 대응 전략을 마련하기 어려워진다. 설명은 단순한 해명에 그치지 않고, 신뢰에 기반한 교육적 상호작용의 조건이 된다.

이러한 전문가적 윤리성은 개인의 양심만으로 실천되기 어렵다. 따라서 관련 공동체, 즉 학습분석학자나 교육공학자 집단은 공동의 윤리 기준을 마련하고, 이를 자발적으로 실천하는 문화를 만들어야 한다. 실제로 국제적으로는 여러 윤리 기준이 존재한다. 예를 들어, 2017년 제정된 Asilomar AI Principles[3]는 "AI 시스템의 설계는 인간의 가치와 투명성을 중심으로 해야 한다."라고 강조하며, IEEE의 Ethically Aligned Design[4]은 자율적 지능 시스템이 인간의 복지와 설명 가능성을 중심에 두고 설계되어야 함을 명시하고 있다. 특히 "Code of practice for learning analytics"[5]는 LAS 설계 · 운영 시 고려해야 할 핵심 원칙으로 동의, 목적 제한, 최소 개입, 설명 책임 등을 포함한 10가지 윤리 원칙을 제시하고 있다.

학습분석시스템은 단순한 데이터 처리 도구가 아니라, 인간의 학습 여정에 능동적으로 개입하며 그 구조를 설계하는 설계적 존재로 작동한다. 따라서 이 시스템을 다루는 전문가들은 단순한 기술자나 분석가가 아니라, 기술을 통해 인간의 존재 구조에 영향을 미치는 윤리적 설계자이자 성찰자가 되어야 한다. 기술적 정밀성은 필요조건일 뿐이며, 그것만으로는 충분하지 않다. 오히려 그 기술의 한계를 인식하

---

3) Future of Life Institute. (2017, August). *Asilomar AI principles.* Future of Life Institute. https://futureoflife.org/open-letter/ai-principles/

4) IEEE Standards Association. (2019). *Ethically aligned design: A vision for prioritizing human well-being with autonomous and intelligent systems: Version 2* [White paper]. IEEE.

5) Sclater, N. (2016). Developing a code of practice for learning analytics. *Journal of Learning Analytics, 3*(1), 16-42.

고, 인간의 존엄과 가능성에 대한 감수성으로 태도를 확장해 가는 실천적 자각이야말로 전문가적 윤리성의 핵심이다.

이러한 윤리적 성숙은 시뮬라리움이 단순한 인공적 시스템을 넘어, 인간과 기계가 비대칭적으로 협력하며 상호적으로 진화해 가는 자기생산체계로서 정합성과 정당성을 획득하는 근본 기반이 된다. 기술을 통해 무엇을 성취할 수 있는가보다, 그 기술이 어떤 인간상을 전제하고 어떤 세계를 구성하는가를 물을 줄 아는 존재론적 감수성, 그것이야말로 시뮬라리움 시대의 전문가가 갖추어야 할 윤리적 품격이다.

### (3) 체계 외적 윤리성

#### 1) 데이터 프라이버시와 시뮬라리움의 자기생산성

데이터 프라이버시 문제는 앞서 논의한 학습분석학의 윤리성과 밀접하게 관련되어 있지만, 그 성격과 범위에 있어 별도의 논의와 대비가 필요하다. 앞선 체계 내적 윤리성 이슈가 시뮬라리움 내부, 즉 학습분석시스템의 판단, 개입, 설명 가능성 등 시스템 내적 작동과 설계자의 태도에 대한 문제였다면, 데이터 프라이버시는 외부 문명 생태계로 확장될 때 나타나는 구조적 커플링의 문제이다. 그 핵심 이유는 시뮬라리움이 문명 생태계 — 특히 디지털 플랫폼 경제와 감시 자본주의의 질서 — 와 HCPS 테크놀로지를 매개로 구조적 커플링을 지향하고 있기 때문이다. 이로 인해 프라이버시 문제는 단순히 교수학습체계 내부의 사안이 아니라, 일상생활 전체로 확장되는 문명적 수준의 문제로 전이되고 있다. 외부 문명 생태계와의 구조적 커플링을 통해 우리가 기대할 수 있는 가장 큰 효과는, 전통적 교육의 고질적 난제였던 학습 전이 부족 문제 — 즉, 학교에서 배운 지식이 실제 생활에 적용되지 못하는 문제 — 를 해소할 수 있는 가능성이다. 이 문제는 본질적으로 교수학습체계와 문명 생태계 간 커플링 실패에서 기인하며, HCPS 테크놀로지가 보편화되고, 인공지능이 학습자의 삶을 초매개하는 '생활세계의 설계자'로 작용하는 시대가 도래하면서, 학습과 적용의 맥락이 일치되는 새로운 가능성이 점차 현실화되고 있다.

그러나 바로 이 기술적 조건은 시뮬라리움이 자기생산체계로 유지되기 위한 두 가지 핵심 전제 — 조직적 폐쇄성과 작업적 폐쇄성 — 를 침식할 수 있는 역설적인 위험도 동시에 내포하고 있다. 인공지능이 문명 생태계와의 실시간 연결을 통해 학습자의 삶 전체를 매개할 경우, 교수학습체계는 자율성과 존재론적 고유성을 점차 상실할 수 있으며, 이는 곧 교육 체계가 기업 교육이나 현장훈련(OJT)과 같은 외부 목적에 종속된 하위 시스템으로 전락할 위험을 의미한다. 시뮬라리움은 더 이상 자기설계적 존재로 기능하지 못하고, 기술적 효율성에 종속된 단순 순환 장치로 전락할 수 있으며, 이는 전체 교육 생태계의 자기생산 기반을 위협하는 구조적 위기로 이어질 수 있다.

따라서 데이터 프라이버시 문제는 단순한 개인 정보 보호의 기술적 쟁점이 아니라, 시뮬라리움의 자율성과 자기생산성, 교육 생태계로서의 독립적 정체성을 지키기 위한 구조적이자 존재론적 과제로 이해되어야 한다. 이러한 인식은 메타설계의 초기 단계에서부터 학습분석시스템과 커플링 방식에 이르기까지 포괄적이고 치밀하게 반영되어야 하며, 기술의 가능성을 수용하면서도 그로 인해 침해될 수 있는 인간의 자기주권성과 교육의 본질을 방어하는 설계 전략이 반드시 병행되어야 한다.

### 2) 고차원적 학습 목표와 기술문명의 역설

시뮬라리움이 사회 전반에 걸쳐 보편화된다면, 인간의 학습 목표는 단순한 지식의 축적이나 문제 해결 능력의 향상에 국한되지 않고, 보다 근원적이고 존재론적인 차원으로 전환될 가능성이 크다. 이는 인간을 '정보를 처리하는 기계'나 '문제 해결 능력을 가진 유기체'로 환원하는 기존의 기능주의적 학습관을 넘어, 인간을 자율적 존재로 보며, 삶 그 자체를 창조하고 반성하는 '되기(becoming)의 과정'으로서의 학습을 재정립하는 움직임이다. 시뮬라리움은 호모 테크놀로지쿠스로서의 인간이 도구적 진화를 통해 자기 자신을 형성해 왔다는 전제 위에서, 비대칭 인간-기계 협력학습을 통해 인간 내부에 잠재된 존재론적 목표—곧 자기실현, 자연 생태계와의 조화, 예술과 문화의 창발, 그리고 사회적 관계망의 복원과 재구성—를 향해 학습 체계를 재구조화한다.

이러한 전환은 단순히 교육의 목표 항목이 바뀌는 것을 뜻하지 않는다. 그것은 인간-기계-문명 간의 관계 구조가 재편되고, 학습의 물리적·시간적·사회적 경계가 사라지며, 학습이 개별 행위가 아닌 생태적 삶의 일부로 통합되는 것을 의미한다. 곧, 더 잘 먹고 더 많이 소유하기 위한 학습에서, 더 잘 살아가고 더불어 공존하기 위한 학습으로의 패러다임 전환이다. 이 학습은 인간이 문명을 지속 가능하게 만들고, 그 속에서 스스로를 다시 정의하며, 타자와의 관계를 윤리적·심미적으로 재조율하는 방식으로 작동한다.

이러한 고차원적 학습 목표는, 사실상 인간 존재의 본성인 호모 테크놀로지쿠스의 존재론적 특성이 가장 풍부하게 발현되는 조건이기도 하다. 인간은 도구를 단순히 사용하는 존재가 아니라, 도구와 함께 진화하며 그를 통해 자기 자신을 사유하고 변형하는 존재이다. 이때 중요한 것은 테크놀로지를 기능적 유용성의 수단으로만 간주하지 않고, 인간 존재를 매개하고 드러내는 사유의 장치로 회복하는 것이다. 고대 그리스의 테크네(techne)가 본래 유용성을 위한 기예가 아니라, 진리와 아름다움을 드러내는 예술적 창작(poiesis)을 뜻했던 것처럼, 오늘날의 테크놀로지도 인간의 존재론적 성장을 위한 매개로 재사유되어야 한다. 인공지능과 로봇이 계산과 효율이라는 실용성의 영역을 담당하게 될수록, 인간은 오히려 실용성이 없는 것—예술, 성찰, 윤리, 관계, 돌봄 등—에 집중할 수 있는 조건을 확보하게 된다. 이는 인간이 '더 잘 먹기 위한 학습'에서 벗어나, '더 잘 살아가기 위한 학습'에 전념할 수 있는 새로운 기회 구조를 제공한다.

바로 이 지점에서 시뮬라리움은 그러한 비실용적이고 존재 중심적 학습 목표를 학습 체계의 중심축으로 자리매김한다. 특히 예술, 윤리, 생태 감수성, 사회적 연대와 같은 고차원적 가치들은 기존의 성과 기반 교육 체계에서 체계적으로 배제되거나 주변화되기 쉬운 요소들이다. 그러나 시뮬라리움은 인간 내부의 존재론적 질문—"나는 왜 배우는가?", "나는 누구와 더불어 살아갈 것인가?"—을 실천 가능한 설계 대상으로 전환하며, 테크놀로지와 공존하면서도 인간 고유의 성찰성을 잃지 않는 교육 체계를 가능하게 한다. 이는 기능 중심의 테크놀로지를 초월하여, 인간의 존재 가능성과 세계 구성 능력을 최대로 끌어올리는 자기생산적 학습 공간을 구현하고자 하는, 교육공학의 존재론적 실험이자 실천이다.

그러나 이러한 고차원적 학습목표는 역설적으로, 기술 문명이 교수학습체계에 깊숙이 침윤되는 시점에서 위협받을 수 있다. 디지털 플랫폼과 HCPS 기반의 초연결 시스템이 인간의 주의, 시간, 감정, 행동을 끊임없이 모니터링하고 최적화하려는 흐름 속에서, 인간의 자율적 관심과 존재론적 사유의 공간은 점차 축소될 위험이 크다. 스마트 환경과 알고리즘 기반 넛지 체계가 인간의 선택을 단순히 보조하는 수준을 넘어, 정교하게 유도하거나 무의식적으로 길들이는 수준에 이를 경우, 인간의 학습은 본래의 목적지향성과 존재 중심성을 상실하고, 외부 요구에 종속될 수 있다. 특히 자기실현, 생태적 윤리, 예술적 감수성, 관계적 돌봄과 같은 고차원적 학습 목표는 체계적 보상이나 즉각적인 성과로 환원되기 어려운 특성을 지닌다. 이로 인해 플랫폼 경제의 데이터 기반 순환 구조 안에서는 낮은 우선순위로 밀려날 가능성이 크다. 이는 인간 교육이 다시 '문명에 필요한 기능'을 반복 생산하는 통로로 축소될 위험을 내포한다. 결국 기계가 인간을 보조하는 것이 아니라, 인간이 기계에 의해 설계된 의미 공간 안에서 점차 '길들여지는' 구조로 전도될 수 있는 것이다. 이러한 전도의 가능성은 시뮬라리움과 같은 자기생산적 교수학습체계가 반드시 직면하고 대응해야 할 핵심 윤리이자 존재론적 과제이다. 시뮬라리움은 인간의 학습을 문명 생태계로부터 완전히 분리할 수는 없지만, 그렇다고 그 생태계에 완전히 흡수되어서도 안 된다. 교수학습체계는 단순한 기계적 효율성과 기술적 최적화를 위한 도구가 아니라, 인간이 자신을 성찰하고 문명을 재구성하며, 자연과 사회를 존중하는 방식으로 스스로를 형성해 가는 자기생산 보조 장치여야 한다. 따라서 비대칭 인간-기계 협력체계 안에서 교수학습체계가 반드시 견지해야 할 핵심 원칙은, 기술을 통해 '더 잘 살아가는 법'을 배우되, 그 '잘'의 기준은 언제나 인간 내부에서 정의되고 끊임없이 갱신되어야 한다는 점이다.

### (4) 윤리성 문제 대응 전략

#### 1) 시뮬라리움의 윤리적 기술 인프라: IT-ET-CT의 통합적 접근

정치철학자 한나 아렌트, 경영학자 쇼샤나 주보프, 내부고발자 에드워드 스노든처럼 문제의 본질을 날카롭게 비판하고 경고하는 목소리는 매우 중요하다. 그러나 교육공학자인 필자는 단지 경고에 머무르는 것이 아니라, 문제의 현실적 해법을 설계하고 구현할 실천적 책임이 있다고 본다. 테크놀로지로 인해 발생한 문제는 결국 테크놀로지를 통해 해결할 수 있다. 호모 테크놀로지쿠스인 인간의 본성과 교육공학의 존재론적 특성에 부합하는 대응 태도라 할 수 있다.

이를 위해 필자는 세 가지 기술 영역—IT, ET, CT—을 유기적으로 통합하여 감시 자본주의 시대에 맞서기 위한 기술적 대응 체계를 갖출 필요가 있다고 본다. 단순히 데이터를 수집하고 분석하는 기술을 넘어, 인간의 자율성과 존엄을 보장하는 시스템 설계를 가능케 하는 윤리적 테크놀로지가 절실하다.

이러한 관점에서 볼 때, 문제를 만든 기술로 문제를 해결하는 '이이제이(以夷制夷)' 전략은 회피가 아니라 정면 돌파이며, 호모 테크놀로지쿠스로서 인간의 본성과 교육공학의 사명을 반영하는 핵심 전략이다. 이를 위해 필자는 IT(Information Technology), ET(Educational Technology), CT(Civic Technology)라는 세 가지 기술 영역을 핵심 연구 주제로 설정하고 이를 기반을 시뮬라리움을 설계해야 한다고 제안한다.

첫째, IT(Information Technology, 정보기술)는 시뮬라리움의 실시간 작동을 가능케 하는 핵심 기반으로, 학습자의 다양한 상태를 감지하고 분석하며, 교수학습 환경을 역동적으로 조절하는 데 필요한 기술적 인프라를 제공한다. 이에는 생체신호 수집을 위한 센서 기술, 인지 및 정서 상태 분석을 위한 패턴 인식 기술, 학습 맥락을 동적으로 이해하는 상황 인식 시스템, 그리고 결과를 실시간으로 반영하는 클라우드 및 엣지 연산 기술 등이 포함된다. 이러한 기술은 교수학습체계 내에서 정교한 데이터 순환과 피드백 구조를 가능하게 함으로써, 고도로 맞춤화된 학습 경험을 제공한다. 그러나 이 기술적 정밀성과 실시간성은 곧바로 프라이버시 침해와 감시 구조의 위험으로 이어질 수 있다. 학습자의 모든 행동, 반응, 심지어 생체 내부의 미세한 변화까지 데이터화되어 저장되고 해석되는 구조는, 자칫하면 인간을 조작 가능한 정보 객체로 환원시키는 기술 권력의 기제로 작동할 수 있다. 이는 특히 데이터 흐름과 처리 방식이 불투명하고 중앙 집중적일수록 더 심각한 윤리적 문제를 야기한다. 이러한 윤리적 긴장을 해소하기 위해서는 IT를 단순한 기능의 총합으로 보지 않고, 윤리적 설계 원리와 함께 다뤄야 한다. 이를 위해 중요한 기술적 대응 범주로는 첫째, 통신과 저장 과정에서의 고도화된 암호화 기술, 둘째, 데이터의 흐름을 사용자 스스로 관리할 수 있도록 돕는 분산형 신원 관리 기술, 셋째, 학습 데이터를 학습자 개인 기기 내에서 처리하는 분산형 학습 기술, 넷째, 개인 정보가 유출되지 않도록 통계적 흔적을 제거하는 차등 프라이버시 보호 기술, 다섯째, 데이터 처리와 의사결정 과정의 구조를 설명 가능한 형태로 제공하는 설명 가능 인공지능 기술이 있다. 이러한 기능적 범주의 통합은, 시뮬라리움이 지향하는 자기생산적 학습 생태계를 기술적으로 뒷받침하면서도, 인간의 자율성과 존엄성을 보존할 수 있는 윤리적 설계의 출발점이 된다. IT는 단순한 뇌 신경계가 아니라, 인간 중심 문명을 지속 가능하게 만드는 인식론적 메커니즘으로 재구성되어야 한다. 교육공학자는 바로 이 기술-윤리 이중 설계의 중심에 서야 하며, 기술이 어떻게 인간의 조건을 규정할 수 있는지를 사유하고 설계할 수 있는 존재여야 한다.

둘째, ET(educational technology, 교육공학)는 인간 중심 학습의 윤리적 설계를 담당하는 핵심 축으로 작동한다. ET는 IT로부터 전달된 정밀한 데이터를 단순히 기계적으로 적용하는 것이 아니라, 학습자의 자기조절 역량, 반성적 사고, 그리고 존재론적 성장을 고려하여 교수-학습 과정을 설계하고 조정하는 역할을 수행한다. 이 과정에서 ET는 학습자의 인지·정서·사회적 상태를 통합적으로 분석하고, 이를 바탕으로 교육 목표와 내용, 방법, 평가를 상황적으로 조율한다. 그러나 ET 역시 그 설계가 왜곡될 경우, 알고리즘이 학습자의 선택지를 제한하고 학습 과정을 자동화하는 방향으로 흘러가면서 오히려 인간 주체성을 약화시킬 수 있다. 특히 학습자가 시스템의 판단에 무비판적으로 종속되거나, 교육적 의사결정이 기술 시스템에 의해 일방적으로 주도되는 상황에서는, ET는 인간 중심이 아닌 시스템 중심의 설계로 전도될 위험을 내포하게 된다. 이러한 위험을 최소화하기 위해서는 교육공학 기술을 윤리적 지향과 설계 원리에 따라 재구성해야 하며, 무엇보다 불필요한 데이터 수집을 최소화하는 '데이터 미니멀리즘' 접근이 필수적이다. 필자가 실무 현장에서 경험한 바에 따르면, 공공 기관이나 민간 기업이 학습분석을 의뢰할 때 대부분은 기존 데이터를 기반으로 교수-학습적 함의를 추출해 달라고 하거나, 새로운 학습분석시스템을 개발하면서 "일단 최대한 많은 데이터를 수집해 두고 나중에 교육적 고려를 하자"는 방식으로 접근하는 경우가 많았다. 이는 체계적 설계 접근이 아니며, 필자가 강조하는 '교수학습체계의 하위 체계로서 학습분석시스템을 설계한다.'라는 원칙에도 반하는 접근이다. 이에 비해, 필자가 제안하는 E-CHAT 교수학습이론 기반의 학습분석 접근은, 교육적 목표로부터 출발하여 데이터의 수집-분석-활용 방안을 논리적으로 도출하는 체계적 설계 방식이다. 이 접근은 불필요한 데이터를 제거하고, 필요한 데이터만을 수집하는 미니멀리즘을 추구하며, 왜 해당 데이터를 수집하는지에 대한 정당성과 목적, 활용 방식, 폐기 시점에 이르기까지 일관된 설명을 가능하게 한다. 결국, 데이터 프라이버시를 확보하기 위한 ET 접근의 핵심은 단지 기술적 조치에 있는 것이 아니라, 목표 지향적 설계를 통해 필요한 요소들이 상호작용하도록 조직하는 '체계 설계 접근'을 온전히 구현하는 데 있다.

셋째, CT(Civic Technology, 시민기술)는 시민의 권리, 참여, 자율성을 보장하기 위한 기술적 설계를 지향하는 영역이다.[6] 단순한 기술적 도구의 집합이 아니라, 기

6) Schrock, A. R. (2016). Civic hacking as data activism and advocacy: A history from publicity to open government data. *New Media & Society, 18*(4), 581-599.
시민 해킹(civic hacking)을 단순한 기술적 활동이 아니라, 데이터를 통한 정치적 행위와 시민

술을 매개로 시민들이 자신의 삶에 대한 통제력을 회복하고, 사회적 의사결정 과정에 주체적으로 참여할 수 있도록 설계된 실천적 메커니즘이다. 감시 자본주의와 디지털 플랫폼 경제가 일방적 통제를 강화하고 있는 오늘날, CT는 디지털 민주주의의 가능성을 되살리는 윤리적 기술로서 그 중요성이 더욱 커지고 있다.[7] 시민기술은 다양한 기능적 방향으로 전개된다. 첫째, 프라이버시 보호와 데이터 주권을 위한 기술은 탈중앙화 기반의 신원 관리 시스템이나 자기주권형 데이터 저장소 등으로 구현된다. 이들은 사용자의 데이터를 기업이나 국가가 일방적으로 수집·활용하지 못하도록 하고, 데이터에 대한 통제권을 개인에게 돌려준다. 둘째, 시민 참여 플랫폼은 정책 제안, 예산 편성, 공공 의사결정 등 민주적 과정에 시민이 직접 참여할 수 있도록 설계된 디지털 도구들을 포함한다. 이러한 플랫폼은 청원, 투표, 토론 기능을 갖춘 온라인 공간으로, 디지털 공론장을 구현하는 기반이 된다. 셋째, 알고리즘 결정 과정의 투명성과 감사 가능성을 확보하기 위한 설계도 CT의 핵심 기능 중 하나이다. 오픈소스 기반으로 개발된 시스템은 외부의 감시와 검증을 가능하게 하며, 권력의 집중을 견제하는 기술적 장치로 작동한다. 마지막으로, 디지털 정보 접근권을 확대하는 노력도 CT의 중요한 축이다. 기술 소외 계층이 배제되지 않도록 사용자 중심의 인터페이스, 언어 다양성, 접근성 보장 등이 설계에 반영되어야 한다. 이러한 CT는 시뮬라리움 내부에서 ET 및 IT와 상호작용하며, 시스템의 윤리적 방향성과 인간 중심적 설계를 보장하는 역할을 수행한다. 이는 감시 자본주의의 권력 구조에 맞서, 시민이 기술 생태계에서 객체가 아닌 주체로 자리매김할 수 있도록 돕는다. 결국 CT는 단지 기술의 영역을 넘어, 인간성과 시민성을 지키기 위한 윤리적 방어선이자, 시뮬라리움과 같은 자기생산체계가 문명 생태계와 구조적으로 커플링 되기 위한 필수 요소이다.

이 세 가지 기술 체계는 독립적으로 작동하는 것이 아니라, 서로 유기적으로 연결되어야 한다. IT는 ET에 데이터를 제공하고, ET는 CT와 연결되어 윤리적 기준을 설계하며, CT는 IT의 데이터 독점과 알고리즘 불투명성을 감시함으로써 기술

---

참여의 형태, 즉 데이터 액티비즘(data activism)과 정책적 옹호(advocacy)의 실천으로 분석한다.

7) Zuboff, S. (2019). *The age of surveillance capitalism: The fight for a human future at the new frontier of power.* PublicAffairs.
감시 자본주의의 개념과 그것이 민주주의, 인간 자율성에 미치는 영향을 심층 분석하였다. 시민적 연대와 참여 민주주의만이 감시 자본으로부터 인간성을 지킬 수 있다고 주장하였다.

생태계의 균형을 조정한다. IT는 암호화 기술, 익명화 알고리즘 등을 통해 학습자 데이터를 보호하고 이를 교수설계에 적용할 수 있으며, ET는 학습 플랫폼을 시민 참여형 공공 시스템으로 확장하여 시민기술과 연결되고, CT는 플랫폼의 정보 독점을 견제함으로써 IT 기술의 권력화를 막는다. 결과적으로 이 세 기술은 생태계 차원의 상호 환류 구조를 통해 시뮬라리움의 존재론적 균형을 지탱한다.

### 2) 시뮬라리움의 윤리적 진화
### : 호모 테크놀로지쿠스를 위한 교육공학의 새로운 사명

시뮬라리움이 성공적으로 작동하기 위해서는 단순히 기술을 수용하는 것을 넘어, 그 기술이 인간과 문명 생태계에 어떤 윤리적 함의를 지니는지를 끊임없이 성찰해야 한다. 시뮬라리움의 관점에서는, 교수학습체계 또한 개별 학습자의 생존 역량을 담지하면서 동시에 더 큰 문명적 적응과 진화를 위한 "생존 기계"적 성격을 지닌다고 볼 수 있다.[8] 이것이 교육공학이 더 이상 기능 중심의 매뉴얼 설계에 머물 수 없는 이유이며, 기술과 인간, 학습과 사회를 통합적으로 매개하는 설계학으로 거듭나야 할 실존적 요청이다.

정보기술(IT), 교육공학기술(ET), 시민기술(CT)은 시뮬라리움의 '뇌 신경계', '가치 판단 체계', '시민 참여 구조'를 각각 담당한다. 이 세 기술 축은 기능적 역할을 넘어, 인간 중심 문명 생태계로의 이행을 가능하게 하는 윤리적 지주로 작동한다. IT는 데이터 보호와 실시간 피드백을 통해 학습 경험을 정교화하며, ET는 자기생산성과 비판적 사고를 자극한다. CT는 기술 환경에 대한 시민의 감시와 참여를 통해 시스템의 정당성을 뒷받침한다.

시뮬라리움은 단순히 현재의 문명을 모사하거나 학습과 적용의 간극을 메우는 기술적 장치가 아니다. 그것은 인간이 다가올 문명을 미리 살아보고 설계하는 '미래 시제의 실험실'이자, 비대칭 인간-기계 협력 시대를 준비하는 전위로 기능하는 실천적 생태계이다. 그 존재 이유는 호모 테크놀로지쿠스와 문명 생태계, 자연 생태계가 각각 자기생산체계로서 공진화를 이어가도록 하는 데 있다. 이는 역사는 우연을 통해 필연을 관철한다는 헤겔의 진보론[9]과는 다른 차원의 사유로, 이성의 수렴적

8) Dawkins, R. (2023). **이기적 유전자** [The selfish gene] (홍영남, 이상임 역). 을유문화사. (원저 1976년 출간).

9) Hegel, G. W. F. (1997). **역사철학 강의** (권기철 역). 한길사. (원저 1987년 출간).

진보가 아니라 자기생산적 진화를 강조한다.

시뮬라리움의 혁신은 인공지능을 통해 기존의 교수학습 목표를 더 효율적으로 달성하는 데 있지 않다. 그 본질은 인간, 문명, 자연이라는 각 체계가 고유한 조직적·작업적 폐쇄성을 유지하면서도, 서로 간의 구조적 커플링을 긴밀히 활성화하여 상생의 공진화를 가능케 하는 새로운 교육 목표를 세우는 데 있다. 궁극적으로 중요한 것은 우월성의 서열을 매기는 일이 아니라, 각자의 '다름'을 인식하고 타자의 '다름'을 수용하며 끝없이 함께 살아가는 능력을 기르는 것이다.

바로 그러한 호모 테크놀로지쿠스를 길러내는 것, 이것이 인공지능 활용 교육이 도달해야 할 궁극의 성과이다. 그리고 시뮬라리움은 그 목표를 실현하는 공간으로서, 학습자가 단순히 변화에 적응하는 존재를 넘어 문명 자체를 재구성하는 주체로 성장하도록 이끄는 미래 지향적 생태계가 될 것이다.

우리가 지향하는 미래는 기술 진보나 경제적 번영에 머무르지 않는다. 그것은 인간성의 옹호, 자연 생태계의 보호, 문명 질서의 지속적 진보라는 세 가지 목표가 자기생산적 질서로 통합된 세계이다.[10] 이러한 미래는 외부에서 주어진 이상이 아니라, 호모 테크놀로지쿠스의 내면에서 자연스럽게 솟아오르는 가능성이다.

호모 테크놀로지쿠스는 본능과 이성을 동시에 지닌 존재로, 자연의 연장선이며 기술의 창조자이다. 그는 도구를 만들며 자신을 구성하고, 기술을 통해 세계를 바꾸되, 그 세계 안에서 다시 자신을 되묻는다. 시뮬라리움은 그가 스스로를 더 깊이 이해하고, 더 넓은 생태계 속에서 책임 있게 살아갈 수 있도록 돕는 자기생산적 무대이다.

따라서 인간성의 옹호는 기술 환경에서도 인간다운 품위를 유지하려는 윤리적 태도이며, 자연의 보호는 도구 사용이 생태계의 파괴가 아닌 공진화로 이어지도록 하는 생태적 감수성이다. 문명의 진보란 단순한 적응이 아니라, 새로운 질서를 상상하고 실현해 내는 창조적 능력의 표출이다.

미래는 호모 테크놀로지쿠스의 이중성을 억누르거나 제거하는 것이 아니라, 그것이 기술–문명–자연의 관계망 속에서 긍정적으로 발현되도록 정교하게 설계되는 과정이다. 그렇게 인간은 스스로를 초월하고, 문명을 다시 짓고, 자연과 공진화하는 이중 존재로 거듭날 수 있다. 시뮬라리움은 이 여정을 준비하고 리허설하는

---

10) Morin, E. (1993). **20세기를 벗어나기 위하여** [Pour sortir du XXe siècle] (고재정, 심재상 역). 문학과지성사. (원저 1981년 출간).

무대이며, 교육공학은 그 무대를 설계하고 함께 참여하며 조율하는 연출자이다.

시뮬라리움은 호모 테크놀로지쿠스가 기술 문명 속에서도 인간 본연의 가치를 지키며 성장할 수 있는 '증강된 귀향'을 실현하는 장이다. 이 귀향은 단순한 자연 회귀가 아니라, 인공지능과의 비대칭적 협력을 통해 세 가지 문명사적 과제를 동시에 성취하려는 진화적 도약이다. 첫째, 인간성의 옹호이다. 기술이 인간을 대체하는 것이 아니라, 인간의 창의성과 감성을 증폭시키는 도구로 기능하도록 한다. 둘째, 문명의 진보이다. 인공지능과의 협업을 통해 더 공정하고 지속 가능한 사회구조를 설계한다. 셋째, 자연과의 공진화이다. 기술 발전이 생태계 파괴가 아닌 조화로운 공존으로 이어지게 한다.

이제 우리는 '먹기 위해 사는' 생존의 시대를 넘어 '살기 위해 먹는' 성찰의 시대로 나아가고 있다. 시뮬라리움은 이 전환을 가능케 하는 교육적 실험실이자, 호모 테크놀로지쿠스가 자신의 이중적 정체성(자연적 존재이자 기술적 창조자)을 온전히 실현하는 공간이다. 기술 문명 속에서도 인간다움을 지키며 더 나은 미래를 설계하는 것, 이것이 바로 시뮬라리움이 추구하는 진정한 귀향의 의미이다.

프롤로그에서 제기된 '인공지능 활용 교육'에 대한 물음은 이제 단순한 문제 제기의 차원을 넘어, 『시뮬라리움의 구상』을 통해 새로운 이론적 언어와 구조를 갖춘 본질적 질문들로 진화하였다. 이는 단지 교육의 방식을 묻는 것이 아니라, 인간-기계-문명의 공진화를 가능하게 하는 교수학습체계의 존재론적 조건을 재규정하는 물음으로 확장된 것이다.

이제 과제는 분명해졌다. 구상을 현실로 전환하는 구현의 단계가 도래한 것이다. 시뮬라리움이라는 개념이 개념적 구도에서 그치는 것이 아니라, 구체적 제도와 테크놀로지, 공동체의 참여를 통해 윤리적으로 작동 가능한 체계로 구현되어야 한다.

역사는 미리 정해진 궤적을 따라 흘러가지 않는다. 미래의 모습은 우리라는 자기생산체계가 지금 어떤 선택을 하고 어떤 방향으로 나아가느냐에 의해 형성된다. 시뮬라리움을 단순한 기술적 도구로 환원할 것인가, 아니면 살아 있는 문명 설계 체계로 구현할 것인가. 그 책무는 지금 이 시대를 살아가는 우리에게, 이 글의 필자와 독자에게 있다. 우리가 미래를 향해 한 걸음 나아갈 때마다, 비로소 길은 우리 등 뒤에서 드러날 것이다.

# 찾아보기

## ㅇ



## ㅈ

## 기타

QR코드를 스캔하시면 참고문헌을 확인할 수 있습니다.

조일현

Florida State Univ. 교육공학 박사
연세대학교 교육대학원 산업교육학 석사
서울대학교 농경제학과 경제학사
(현) 이화여자대학교 교육공학과 교수, 에듀테크융합연구소 소장, 교육과학연구소 소장
(전) 이화여자대학교 교수학습개발원장, 인재개발원 원장, 한국기업교육학회 회장, ㈜크레듀 이사
삼성인력개발원, 삼성국제경영연구소 과장

시뮬라리움의 구상

초판발행 2025년 10월 17일

지은이 조일현
펴낸이 노 현

편 집 전채린
기획/마케팅 이선경
표지디자인 구지영
제 작 고철민·김원표

펴낸곳 ㈜ 피와이메이트
서울특별시 금천구 가산디지털2로 53, 210호(가산동, 한라시그마밸리)
등록 2014. 2. 12. 제2018-000080호
전 화 02)733-6771
f a x 02)736-4818
e-mail pys@pybook.co.kr
homepage www.pybook.co.kr
ISBN 979-11-7279-177-3 93370



정 가 35,000원